SCHÄFFER
POESCHEL

Harald Dettmer (Hrsg.)

Tourismus 3

Reiseindustrie

Arbeitsbuch für Studium und Praxis

2001
Schäffer-Poeschel Verlag Stuttgart

Bearbeitet von:

Deutschland: Prof. Dr. Harald Dettmer
Dipl.-Betriebsw. Thomas Hausmann
Waldemar Berg
Dr. Martin Bütow
Urs Brandenburger lic. oec. HSG
Paul Degott, RA
Dr. Elisabeth Glück
Dipl.-Finanzw. H. Jürgen Henkel
Dipl.-Kfm. Gerd Hesselmann
Dipl.-Volksw. Fritz Liesen
Dr. Siegfried Malich
Dipl.-Betriebsw. Klaus Steffens
Dipl.-Kfm. Gerd Stimmelmaier
Prof. Dr. Uwe Weithöner

Schweiz: Prof. Dr. Claude Kaspar

Österreich: Dr. Werner Oppitz

Südtirol: Dr. Christoph Engl

Die Deutsche Bibliothek – CIP-Einheitsaufnahme

Tourismus : Arbeitsbuch für Studium und Praxis / Harald Dettmer (Hrsg.).
-Stuttgart : Schäffer-Poeschel

3. Reiseindustrie. - 2001
ISBN 3-7910-1902-3

Gedruckt auf säure- und chlorfreiem, alterungsbeständigem Papier.

www.schaeffer-poeschel.de
info@schaeffer-poeschel.de
Einbandentwurf: Willy Löffelhardt
Satz: Druckerei J. P. Bachem GmbH & Co. KG, Köln
Druck: Franz Spiegel Buch GmbH, Ulm
Printed in Germany
August/2001

Schäffer-Poeschel Verlag Stuttgart
Ein Tochterunternehmen der Verlagsgruppe Handelsblatt

Zum Geleit

Bücher zum Tourismus gibt es viele – aber in welcher Reihe finden Interessierte den Gesamtzusammenhang des Tourismus deutschsprachiger Länder sowie deren Arbeitsgebiete erörtert?

Ein Großteil der auf dem Markt befindlichen Werke betrachtet einzelne Teilbereiche der Tourismuswirtschaft wie Tourismusorte/Destinationen, das Gastgewerbe oder die Reiseveranstalter/Reisemittler nur länderbezogen.

In den vorliegenden Büchern zum Tourismus werden vornehmlich wichtige volkswirtschaftliche und betriebswirtschaftliche Inhalte des Tourismus in ihren gegenseitigen Abhängigkeiten dargestellt, gleichzeitig aber auch die funktionalen Zusammenhänge aufgezeigt. Daher wird das Gesamtsystem Tourismus grundlegend in drei Büchern erläutert.

Die Lehr- und Arbeitsbücher vermitteln den Studierenden fachrichtungsbezogener Studiengänge das theoretische und praktische Basiswissen des Tourismus einprägsam, übersichtlich, funktionsbezogen, anwendungsorientiert und überregional. Dieses wurde dadurch ermöglicht, dass die Autoren als Lehrende an Hochschulen, als Unternehmensberater oder leitende Mitarbeiter in der Tourismusbranche tätig sind und die gesammelten Erfahrungen in das Gesamtwerk eingebracht haben.

Besonders herauszustellen ist an dieser Stelle, dass die Reihe erstmals tourismuswirtschaftliche Aspekte Deutschlands, Österreichs, Südtirols sowie der Schweiz gleichermaßen berücksichtigt. Dieser gemeinsame Ansatz deutschsprachiger Länder und Regionen stellt die Grundlage einer angestrebten multinationalen Tourismuswirtschaft/-industrie dar.

Unser Wunsch ist es, dass die Leserinnen und Leser

- mit den vorliegenden Büchern das angestrebte Ziel in unserer Branche erreichen,
- den hier eingeschlagenen Weg eines länderübergreifenden Tourismus in der Praxis umsetzen,

kurzum die Reihe zum Tourismus am Markt den verdienten Erfolg findet.

Berlin, Bern, Bozen, Wien 2001

Dr. Erich Kaub

Präsident des Bundesverbandes der
Deutschen Tourismuswirtschaft
Präsident des Deutschen
Hotel- und Gaststättenverbandes

Franz Steinegger

Präsident Schweizerischer
Tourismusverband

Kommerzialrat Hansjörg Kröll

Obmann der Bundessektion Tourismus
und Freizeitwirtschaft der
Wirtschaftskammer Österreich

Walter Meister

Präsident des Hoteliers-
und Gastwirteverbandes
Südtirol

Wozu diese Buchfolge?

Die Verfasser von Tourismus 1 = **Tourismuswirtschaft,** 2 = **Hotellerie/Gastronomie** und 3 = **Reiseverkehrsindustrie** haben sich das Ziel gesetzt, zentrale Bereiche des Tourismus im deutschsprachigen Raum grundlegend darzustellen. In seiner Gesamtheit ist dieses Sprachgebiet nachstehend skizziert:

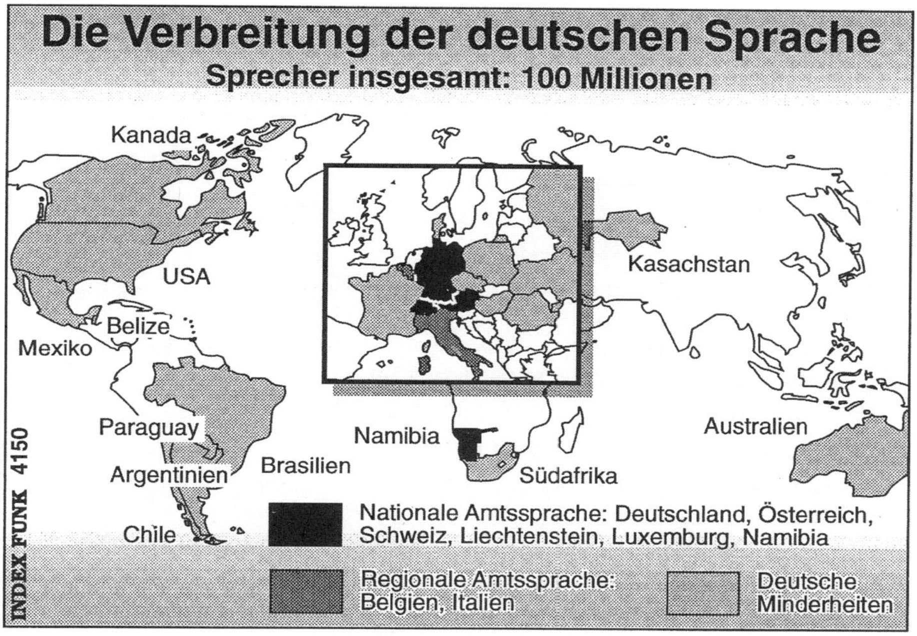

Bestandteil des Gesamtwerkes ist der Tourismus in

- **Deutschland**
- **Österreich**
- **Schweiz**
- **Südtirol**

mit seinen Gegebenheiten, Entwicklungen und Visionen. Somit wird der Ballungsraum deutschsprachiger Regionen touristisch dargestellt.

Die **Lehr- und Arbeitsbuchfolge** bietet darüber hinaus:

- abgeschlossene **Bereiche des Tourismus** in übersichtlicher Form, auf **drei Werke** aufgeteilt;
- eine **problemorientierte,** einführende Darstellung der Tourismuswirtschaft in **Verbindung von Theorie und Praxis;**
- die **Lerninhalte des Tourismus** in sinnvoll aufeinander abgestimmte Lernfelder;
- eine **didaktisch-methodische Aufbereitung** touristischer Problembereiche anhand von Situationen, Beispielen sowie **Übungsaufgaben** in Form von Fragen und Fällen **mit** zugehörigen **Musterlösungen** im letzten Teil jedes Buches; um den Lesefluss zu verbessern, den Wiedererkennungswert zu erhöhen und den Buchaufbau zu veranschaulichen, wurden durchgehend die nachstehenden **Piktogramme** eingebaut:

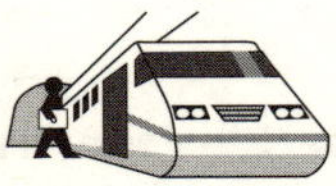 = Situation 

= Beispiele  = Aufgaben

Weiterhin sind **wichtige Begriffe halbfett** gedruckt, was eine schnellere Auffindbarkeit ermöglicht und gleichzeitig einen Behaltenseffekt auslöst;

- aufgrund der vorliegenden Strukturierung die Möglichkeit einer gezielten **Vorbereitung auf Prüfungen** im Tourismusbereich.

Dementsprechend eignet sich die Buchfolge für **Studierende der Fachrichtung Tourismus** an
Universitäten,
Fachhochschulen,
Berufsakademien,
Fachschulen,
Bildungsinstitutionen, z. B. Industrie- und Handelskammern
Fernstudienakademien und für
Teilnehmerinnen und Teilnehmer an Lehrgängen und Seminaren im Tourismusbereich, z. B. zum/zur Tourismusfachwirt/-in sowie nicht zuletzt
für alle Praktiker, die in der Tourismusbranche tätig sind.

Die **dargestellten Bereiche des Tourismus**

- umfassen die **Lern- und Prüfungsinhalte** an Hochschulen -Studiengang/Schwerpunktfach Tourismus-,
- entsprechen den **Richtlinien/Lernzielen** an Tourismusfachschulen sowie
- den **Prüfungsanforderungen für Tourismusfachwirte** bei den zuständigen Institutionen;
- wurden erweitert um die Inhalte touristischer **Problemfelder deutschsprachiger Regionen**, die von Bedeutung für den Tourismus sind.

Weitere **Vorteile der Arbeitsbuchfolge** für Studium und Fortbildung:

- die umfangreichen Lerninhalte des Tourismus werden in straffer Form dargestellt und aufgrund des situativen Einstiegs **handlungs/-praxisorientiert** erläutert, was den Anforderungen entspricht, die in Prüfungen und Leistungsnachweisen gestellt werden;
- die Darstellung der Bücher ermöglicht *Studierenden und Praktikern* gleichermaßen, die ihnen bekannten **Fragestellungen** zu **reflektieren** und damit die Inhalte effizient und zeitökonomisch zu nutzen.

Das umfassende Sachwortverzeichnis der einzelnen Bücher erschließt die dargestellten Bereiche des Tourismus und macht die Folge der Arbeitsbücher damit zu einem profunden **Nachschlagewerk**.

Die Weiterentwicklung der Lehr- und Arbeitsbücher zum Tourismus lebt von Anregungen aus der Leserschaft, so dass die Autoren für konstruktive Kritik dankbar sind.

Zum Fachlichen des Bandes Reiseindustrie

Thema dieses Werkes ist die Reiseindustrie, die aus den Reiseveranstaltern und Reisemittlern unter Mitwirkung der Leistungsträger gebildet wird. Bei dem **Begriff „Reiseindustrie"** erfolgte eine Anlehnung an den englischen Terminus „Travel Industry". „Industry" im englischen Sprachgebrauch umfasst nicht nur die güterproduzierende Industrie, sondern alle Wirtschaftszweige und damit auch den Dienstleistungssektor mit der Tourismuswirtschaft als Ganzem und die Reiseindustrie als Teilbereich.

Um die Position der Reiseindustrie in der Tourismuswirtschaft zu verdeutlichen, bildet die touristische **Wertschöpfungskette** den Ausgangspunkt. Dieses Vorgehen ermöglicht eine differenzierte Betrachtung der Auswirkungen von Entwicklungen im Umfeld der Tourismuswirtschaft auf den einzelnen Stufen der Wertschöpfungskette sowie der dynamischen Veränderungen in der Tourismuswirtschaft selbst. Hiervon ausgehend werden die Rahmenbedingungen für die Branche dargelegt. Ebenso wird die Relevanz der **strategischen Planung** für **Reiseveranstalter und Reisemittler** verdeutlicht; für die Reiseveranstalter werden Fragen der Marktsegmente, Konzentration und Kooperation behandelt, während bei den Reisemittlern neben Kooperationsmöglichkeiten die Standortfrage im Vordergrund steht. Neben der Bedeutung von **Personal- und Organisationsmanagement** für die Reiseindustrie werden die **Marketinginstrumente** und Funktionen des **Controlling** in der Reiseindustrie erläutert. **Wellness, Studienreisen** sowie **Informationssysteme** und tourismuswirtschaftliche Leistungsprozesse werden als ausgewählte Formen bzw. Elemente (in) der Reiseindustrie in spezialisierten Kapiteln ausführlich betrachtet. Gesonderte Rechtskapitel beschäftigen sich umfassend mit den verschiedenen Aspekten des **Pauschalreiserechts** und des tourismusspezifischen **Steuerrechts.**

Ein weiterer Teil des Buches unterstreicht den internationalen Charakter der Buchreihe und stellt **länderspezifische Aspekte** der Reiseindustrie im deutschsprachigen Raum heraus.

Abschließend wird in einem Ausblick auf Realität sowie Vision der Branche eingegangen.

Bad Harzburg 2001 — Der Herausgeber

Inhaltsverzeichnis

1. Wertschöpfungskette im Tourismus

Gewichtige Branche

Wachsender Wohlstand und immer mehr Freizeit haben es möglich gemacht – die Touristikbranche hat sich zu einem gewichtigen Wirtschaftszweig in Deutschland entwickelt. Sie trägt rund 8% zur Wirtschaftsleistung (zum Bruttoinlandsprodukt) bei; das entspricht einem Volumen von rund 275 Milliarden Mark. Die Zahl der Beschäftigten beläuft sich inzwischen auf 2,8 Millionen; das sind 8% aller Arbeitskräfte in Deutschland. Und auch als „Nachwuchsschule der Wirtschaft" kann sich die Branche sehen lassen. Mit 91 000 Auszubildenden stellt sie über 5% aller Ausbildungsplätze.

Abb. 1-1: Wirtschaftsfaktor Tourismus

Die **Wertschöpfungskette** im Tourismus liegt zwischen den natürlichen Standortfaktoren auf der einen und den Reisenden auf der anderen Seite.

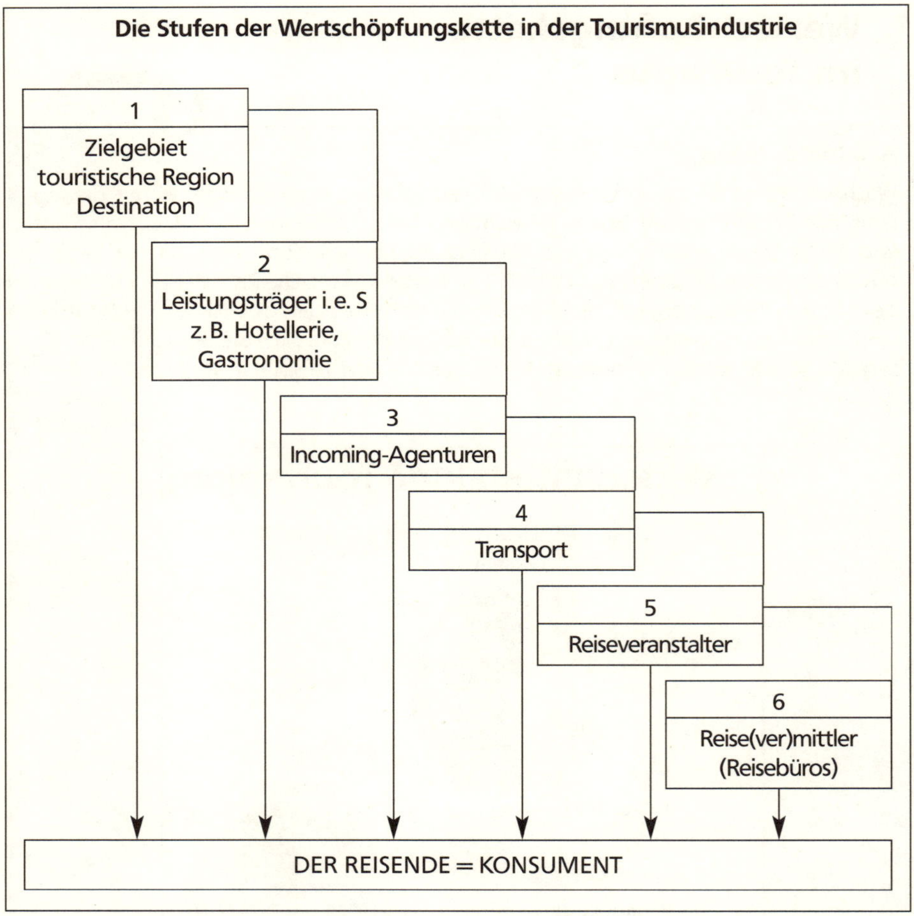

Abb. 1-2: Die Stufen der Wertschöpfungskette in der Tourismusindustrie

Tourismus kann im Inland stattfinden oder ins Ausland führen.

In Deutschland liegt bei den Urlaubsreisen der Auslandsanteil bei ca. 70 % und der Inlandsanteil entsprechend bei ca. 30 %. Auslandstourismus allgemein bedeutet in den Stufen der Wertschöpfungskette, dass die Sektoren Reisemittler (Reisebüros), Reiseveranstalter und zum Teil Beförderungsunternehmen im Aufkommensmarkt liegen. Wir sprechen hier von Outgoing-Tourismus, d. h. der Reisende verlässt („to go out") das Gebiet des Quellenmarktes.

Entsprechend heißen die übrigen Stufen der Wertschöpfungskette, die von den wirtschaftlichen Aktivitäten charakterisiert sind, in den ausländischen Gebieten **Incoming-Tourismus**.

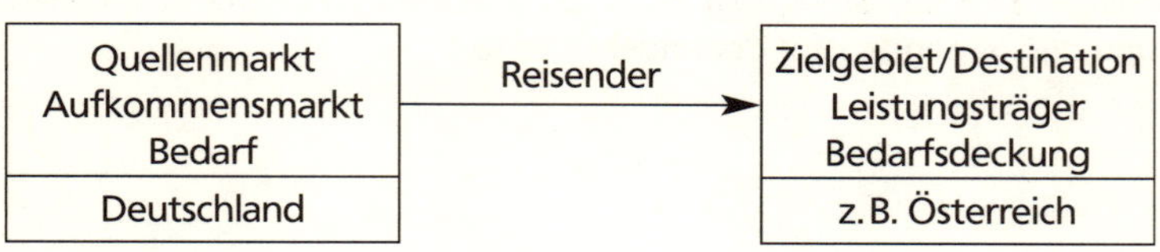

Wenn wir aus deutscher Sicht den Incoming-Tourismus betrachten, dann liegen die ersten Wertschöpfungsstufen im Inland und die Stufen des Quellenmarktes (Aufkommensmarktes) im Ausland. Konkret bedeutet das, dass Reisende aus dem Ausland (Aufkommensmarkt) nach Deutschland als Zielgebiet im weiteren Sinne kommen.

Im Jahr 1998 kamen über 15 Mio. Besucher nach Deutschland, die meisten davon aus den USA.

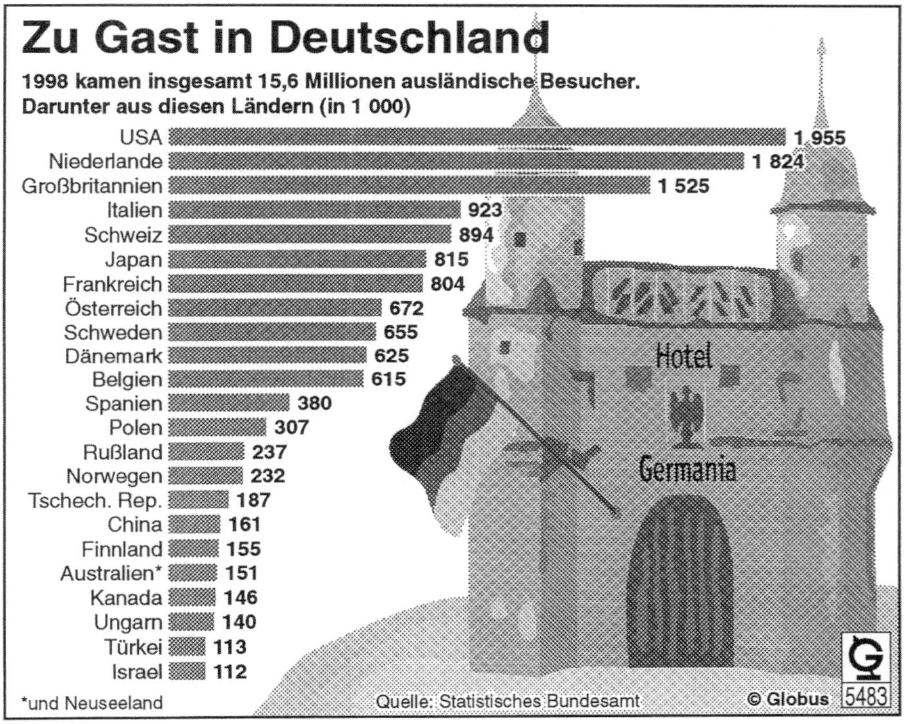

Abb. 1-3: Zu Gast in Deutschland

Beim **Binnentourismus** liegen alle Stufen der Wertschöpfungskette im Inland bzw. im Aufkommensmarkt.

Erst das friktionslose Zusammenspiel der einzelnen Glieder der touristischen Wertschöpfungskette hat den modernen Massentourismus in der heutigen Form ermöglicht. Für breite Bevölkerungsschichten, die sich erst auf Grund der attraktiven Preise eine Flugreise leisten können, ist dies ein Segen, für andere, die um die Auswirkungen des Massentourismus auf die Umwelt und auf die Sozialstrukturen in den Zielgebieten besorgt sind, eher ein Fluch.

Innerhalb der touristischen Wertschöpfungskette werden nicht nur Urlaubsreisen erfasst, die selbst noch nach vielen Kriterien untergliedert werden können, sondern auch Geschäftsreisen und private Besuche bei Freunden und Verwandten.

Im Rahmen der Geschäftsreisen haben Incentive-Reisen sowie Kongress- und Messetourismus eine herausragende Bedeutung.

Bei den Privatreisen haben die Event-Reisen in den letzten Jahren eine immer größere Bedeutung gewonnen. Sie spielen vor allem beim Tagestourismus eine große Rolle.

Die nach Reiseanlässen differenzierten Märkte unterliegen jeweils spezifischen Regeln, Gesetzmäßigkeiten und Besonderheiten. Sie sind daher von den Unternehmen innerhalb der einzelnen Wertschöpfungsstufen auch differenziert zu betrachten.

Bei den Urlaubsreisen ist noch zwischen Veranstalterreisen und Individualreisen zu unterscheiden. Die **Veranstalterreisen** werden traditionell i. d. R. über Reisemittler (Reisebüros) gebucht, der Anteil der direkt beim Reiseveranstalter gebuchten Reisen nimmt allerdings zu. Von allen Urlaubsreisen sind ca. 45 % Veranstalterreisen, d. h. ca. 55 % aller bundesdeutschen Urlaubsreisen werden vom Reisenden selbst organisiert. Dieser große und wachsende Anteil von **Individualreisen** bedeutet hinsichtlich z. B. Markterschließung (Quelle und Ziel), Durchführung und Marketing ein Wachstumspotenzial mit großer zukunftsweisender Herausforderung an die Beteiligten der Wertschöpfungskette. Dieses Potenzial ist im Wettbewerb zu den Direktvertriebsaktivitäten der Anbieter auf den jeweils vorgelagerten Stufen der Wertschöpfungskette zu erschließen.

1.1 Umfeld der touristischen Wertschöpfungskette

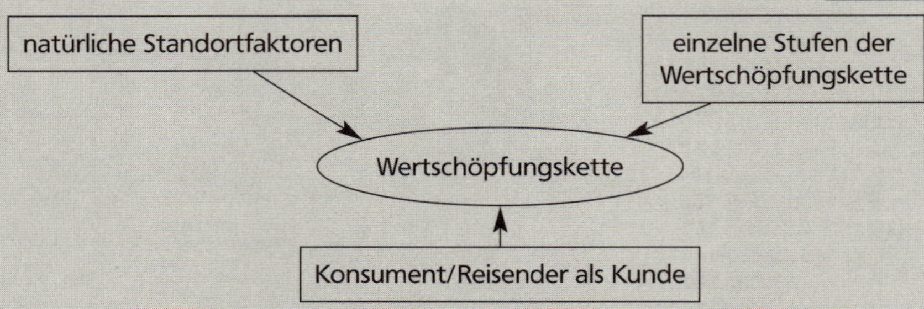

Die touristische Wertschöpfungskette ist nicht isoliert als ökonomischer Leistungsprozess zu betrachten, vielmehr bestehen intensive Interdependezen zwischen den sie beeinflussenden Faktoren und der Wertschöpfungskette.

1.1.1 Natürliche Standortfaktoren

Zu den natürlichen Standortfaktoren gehören Landschaft, Vegetation, Klima und raumgestaltende Faktoren wie Dörfer, Städte, Wirtschaftsbetriebe, Verkehr und Bevölkerung. Die Verkehrsinfrastruktur zur Erschließung und Nutzung touristisch interessanter Regionen umfasst Straßen, das Schienennetz der Bahn, Straßenbahnen, U-Bahn, Flüsse, Seen und Flughäfen.

Die natürlichen Standortfaktoren und deren objektives und subjektives Erscheinungsbild spielen für den Reisenden eine nicht unerhebliche Rolle bei der Wahl des Reisezieles, des Reisetermins usw.

In Band 1 *(vgl. Dettmer,Tourismus 1, 1998, S. 37 bis 45)* wird bei den natürlichen Standortfaktoren zwischen Küstenlandschaften, Flachland, Gebirge und Städten unterschieden, die jeweils differenziert betrachtet werden. Vor allem für die Urlaubsreisen sind die natürlichen Standortfaktoren der wichtigste Aspekt des Gesamtangebotes, denn sie sind entscheidend für die Wahl des Urlaubsortes.

Der Tourist bevorzugt intakte Landschaften, sauberes Wasser und Strände, gute Luft und ein angenehmes Klima. Es besteht ein Interessenkonflikt zwischen der ökonomischen Ausschöpfung der natürlichen Ressourcen mit dem Ziel der Gewinnmaximierung und wirtschaftlichen Wachstums einerseits und dem schützenden Erhalt eben dieser natürlichen Standortfaktoren als Geschäftsbasis für die Zukunft auf der anderen Seite.

Touristische Destinationen und Bedarfsaspekte unterliegen aber noch weiteren Herausforderungen. Immer mehr Länder und Regionen schaffen immer mehr Voraussetzungen innerhalb des Tourismus für die Schaffung neuer Arbeitsplätze, für die allgemeine wirtschaftliche Entwicklung (Wirtschaftswachstum) und zur weiteren außerökonomischen Entwicklung des eigenen Landes, z. B. technologische, kulturelle oder auch infrastrukturelle Entwicklung.

Die weltweiten Kapazitäten im Tourismus wachsen stärker als die Nachfrage auf den bedeutenden Aufkommensmärkten, ein neuer **Zielkonflikt** ist entstanden. Es entwickelt sich hierdurch weiterhin ein intensiver Wettbewerb zwischen touristischen Destinationen, der auch in den nächsten Jahren zu attraktiven Preisen führen wird.

In der Vergangenheit wurde, von wenigen Ausnahmen abgesehen, das Wachstum im Urlaubsreiseverkehr von Engpassfaktoren auf der einen oder anderen Stufe der Wertschöpfungskette bestimmt: Entweder reichte die touristische Infrastruktur, die Hotelkapazität in den Zielgebieten, die Flugkapazität oder der Vertrieb über Reiseveranstalter und Reisemittler und damit die Markterschließung nicht aus. Es mangelte folgemäßig an der Vermarktung größerer potenzieller Kapazitäten.

Eine weitere Herausforderung für Destinationen stellt das Sicherheitsthema dar. **Sicherheitsfragen,** die ein großes Risiko für die touristische Entwicklung von Ländern darstellen, werden durch Kriege, politische Unruhen, Terrorismus, Kriminalität, Sicherheitsmängel der touristischen Infrastruktur, technische Sicherheitsdefizite (Flugzeuge, Airports, Bahn, Schiff – z. B. Fähren –), Gesundheitsgefahren, Umwelt- und Naturkatastrophen ausgelöst. Es ist immer wieder zu beobachten, dass sogenannte Sicherheitsrisiken eine durchschlagende Wirkung auf das touristische Aufkommen haben.

Gerade in Krisenzeiten ist das Zusammenspiel zwischen Destinationen auf der einen Seite und der Tourismusbranche auf der anderen Seite von großer Bedeutung, da die Tourismusbranche, die in den Aufkommensmärkten am nächsten am Kunden ist, hier eine wichtige Berater- und Mittlerfunktion zu übernehmen hat.

1.1.2 Kunden

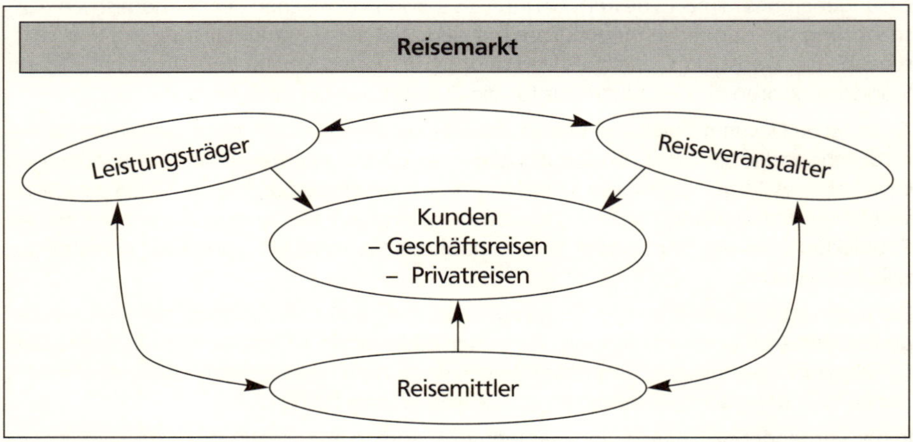

Abb. 1-4: Reisemarkt
(Nach: DRV)

Im Mittelpunkt der wirtschaftlichen Aktivitäten der Unternehmen der einzelnen Stufen der touristischen Wertschöpfungskette steht der Reisende als Kunde.

So ist nicht nur der Reisende als auslösender Kunde den einzelnen Stufen der Wertschöpfungskette „untergeordnet", und zwar in unmittelbarster Zuordnung zu den Reisemittlern, sondern auch jedes Unternehmen der Stufen der touristischen Wertschöpfungskette ist einer anderen – höhergelagerten – Stufe der Wertschöpfungskette „untergeordnet":

- So sind die Incoming-Agenturen Kunden der Hotels sowie der Einrichtungen der touristischen Nutzung und anderer Leistungsträger
- Die Reiseveranstalter sind wiederum Kunden der Incoming-Agenturen und der Airlines
- Die Reisemittler sind wiederum Kunden der Reiseveranstalter und der Anbieter der anderen vorgelagerten Stufen.

Es werden die großen Interdependenzen des Kunden **zu** den einzelnen Stufen der Wertschöpfungskette einerseits und der einzelnen Elemente **innerhalb** der Wertschöpfungskette deutlich.

Dies lässt sich mit dem Satz „In der touristischen Wertschöpfungskette ist jedes Element Kunde" formulieren.

Die Business-to-Business-Kontakte finden jedoch nur zwischen den Stufen der touristischen Wertschöpfungskette statt. Der Reisende als Kunde wird in diese Kontakte nicht (direkt) mit einbezogen.

1.2 Stufen der touristischen Wertschöpfungskette

Abb. 1-5: Werbeprospekt Aquantic

Der Schwimmpark „Aquantic" bietet in seinem Werbeprospekt neben den Angaben über Preise, Zahlungsmöglichkeiten und Öffnungszeiten seine besonderen Leistungen hervorgehoben an. Die Konsumenten werden dadurch auf die speziellen Leistungen aufmerksam gemacht.

1.2.1 Einrichtungen zur touristischen Nutzung

Zu den zur touristischen Nutzung gehörenden Einrichtungen zählen

- Kultur: Theater, Konzertsäle, Museen, Musicaltheater
- Sport und Unterhaltung: Stadien, Sporthallen, Schwimmbäder, Kinos, Freizeiteinrichtungen wie Vergnügungs- und Themenparks, Ferienfahrschule
- Gesundheit im Kur- und Bäderwesen
- Fitness und Wellness
- Messe- und Kongresszentren.

Es ist begrifflich darauf zu achten, dass diese Einrichtungen nicht zu den Leistungsträgern – z. B. Gastronomie und Hotellerie – gehören.

Die Einrichtungen zur touristischen Nutzung und die Verkehrsinfrastruktur ermöglichen auf der einen Seite den Tourismus per se, auf der anderen Seite sind sie für den Reisenden als Kunde wichtige Entscheidungsbasis für das von ihm gewählte Urlaubsziel.

1.2.2 Leistungsträger im Zielgebiet

Zu den Leistungsträgern zählen **Beförderungsmittel** in den Zielgebieten, z. B. Busse, Bahnen, Mietwagen und Schifffahrtsunternehmen.

Die weiteren Leistungsträger sind die Beherbergungs- und Bewirtungsunternehmen. Der Beherbergungssektor umfasst die Spannbreite von internationalen Hotelketten über Clubanlagen, Kongresshotels, familienbetriebenen Hotels bis hin zum Privatquartier.

Auf die Leistungsträger wird in Kapitel 11 dieses Buches explizit eingegangen (s. S. 297 ff.)

1.2.3 Zielgebietsagenturen (Incoming agencies)

Die Aktivität der Zielgebietsagenturen umfasst folgende Punkte:

<table>
<tr><td>1. Information</td><td colspan="2">2. Selektion von Angebotselementen und Bündelung zu einem Angebot</td><td>3. Angebotskalkulation</td></tr>
<tr><td>4. Vermarktung des Angebots</td><td>5. Realisierung des Angebots</td><td>6. Gäste-betreuung</td><td>7. Abrechnung innerhalb der Wertschöpfungskette</td></tr>
</table>

1. **Information** professioneller Partner über die touristischen Möglichkeiten des Zielgebietes;
2. **Selektion der Angebotselemente** der Leistungen der Stufen 1 (Zielgebiet) und 2 (Leistungsträger) und anschließende Bündelung dieser Angebotselemente zu Angebotspaketen, d. h. Analyse potenzieller und faktischer Angebotsmöglichkeiten und -alternativen und Synthese zu einem absatzfähigen „Paket", das auf dem Markt realisiert werden soll;
3. **Kalkulation** dieser Angebote, d. h. aus den vorhandenen Vorgaben ein vermarktungsfähiges, d. h. kosten- und leistungsfähiges Produktmonetär zu berechnen;
4. **Einkauf und Verkauf** dieser Angebote, d. h. Beschaffung von Leistungen, z. B. der Leistungsträger Hotellerie und Gastronomie in den Zielgebieten und Buchung durch Leistungsangebot, z. B. durch Reisemittler;
5. **Reservierung, Abwicklung und Durchführung** der Reisen, d. h. organisatorisch-technische Maßnahmen bei der Buchung durch den Reisenden und Ausführung der Reise;

6. **Gästebetreuung,** d. h. kontinuierliche Beratung, Information und Unterstützung des Reisenden vor Antritt der Reise, während der Reise und ggf. nach der Reise;
7. **Abrechnung** mit den Business-to-Business-Partnern der vorgelagerten Stufen 1 und 2 sowie mit den nachgelagerten Stufen 4, 5 und 6 der Wertschöpfungskette.

Incoming-Agenturen schaffen durch ihre Funktionserfüllung ökonomische und außerökonomische Mehrwerte und haben daher ihren Anteil an der gesamten Wertschöpfung. Sie haben ihre eigene Wertschöpfung und sind deshalb als eigenständiges Glied der touristischen Wertschöpfungskette anzusehen.

Zielgebietsagenturen arbeiten mit Reiseveranstaltern, Reisemittlern und teilweise auch direkt mit dem Reisenden zusammen. Die Bündelung der Nachfrage von Reiseveranstaltern aus verschiedenen Aufkommensmärkten schafft ein Nachfragevolumen, das günstigere Einkaufskonditionen ermöglicht, als wenn jeder Reiseveranstalter separat aufträte. Kleinere Reiseveranstalter und selbstveranstaltende Reisemittler profitieren dadurch in Form von besseren Einkaufpreisen, als wenn sie selbst individuell mit einzelnen Leistungsträgern auf der – kleineren – Basis ihres Aufkommens verhandelten. Große Veranstalter mit entsprechend hohem Teilnehmeraufkommen haben in der Regel ihre eigene Einkaufsorganisation, verhandeln die großen Objekte selbst und nutzen die Incoming-Agenturen zur Ergänzung wie zur Gästebetreuung.

1.2.4 Personenbeförderung

Die Unternehmen dieser Wertschöpfungsstufe befördern die Reisenden vom Abreiseort in das Zielgebiet und wieder zurück.

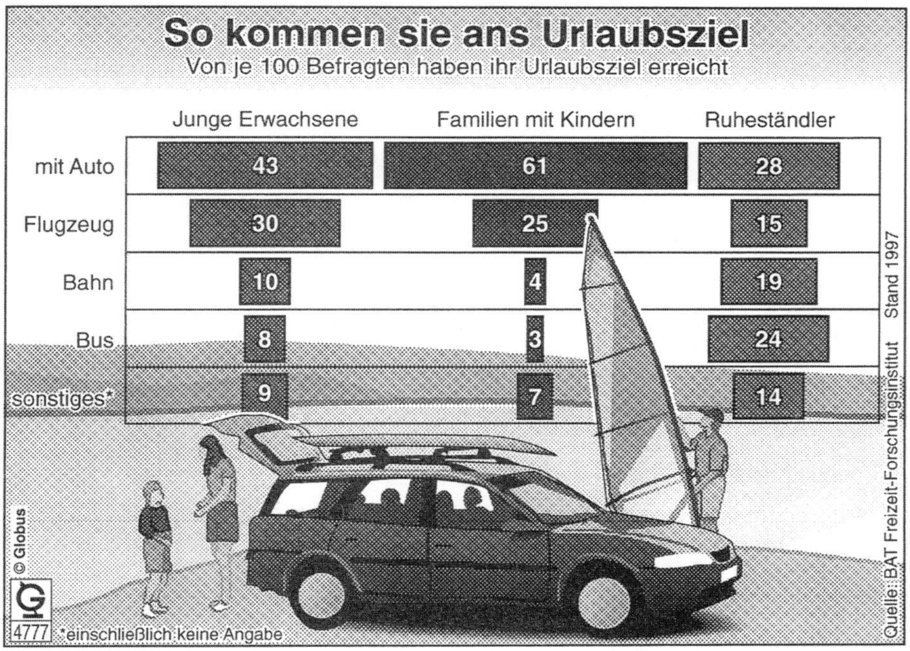

Abb. 1-6: So kommen sie ans Urlaubsziel

Die Abbildung zeigt die Verteilung der Beförderungsmittel, mit denen die deutschen Urlauber ihr Reiseziel erreichen.

Interessant ist, das junge Familien Auto und Flugzeug bevorzugen (zusammen über 60 %), Familien mit Kindern ebenso (zusammen über 80 %), während Ruheständler Auto und Bus favorisieren (zusammen über 50 %).

Diese Faktoren müssen bei Information, Beratung und den Serviceleistungen der Teilnehmer der touristischen Wertschöpfungskette unbedingt berücksichtigt werden, um der unterschiedlichen Bedarfsstruktur der unterschiedlichen Verbraucher gerecht zu werden und weiterhin attraktive Produkte dem potenziellen und faktischen Konsumenten anbieten und verkaufen und damit auf den Märkten wettbewerbsfähig bleiben zu können und die Wettbewerbsfähigkeit zu erweitern.

1.2.5 Reiseveranstalter

Die Reiseveranstalter bündeln die Leistungen der vorgelagerten Stufen der touristischen Wertschöpfungskette zu attraktiven Angeboten, die über Reisemittler, jedoch zunehmend auch über alternative Vertriebskanäle dem Kunden angeboten werden.

Das Umsatzvolumen der Reiseveranstalter bei den Pauschalreisen beträgt rund 14,5 Mrd. Euro. Die Umsatzmilliardäre (in DM) sind folgender Grafik zu entnehmen.

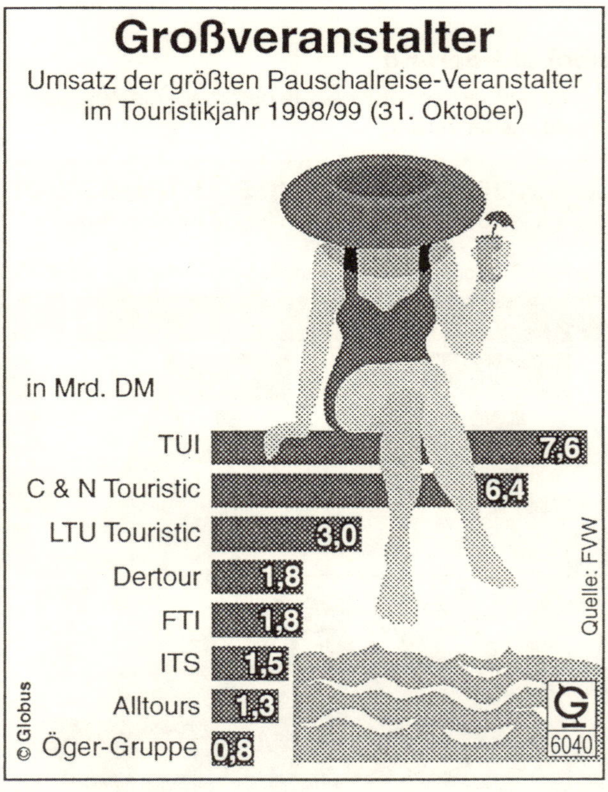

Abb. 1-7: Großveranstalter (C & N ist der Zusammenschluss vom Ferienflieger Condor und dem Reiseveranstalter NUR Touristic)

Die Reiseveranstalter, die die mit Abstand wichtigsten Lieferanten für die Reisemittler sind, erleben seit geraumer Zeit einen extremen Preiswettbewerb. Eine Woche inklusive Flug und Halbpension in einem 3-Sterne-Hotel auf Mallorca für 200,00 Euro macht deutlich, dass die Möglichkeiten, nur über den Einkauf Spielräume für die Preispolitik zu schaffen, nahezu ausgeschöpft sind.

Abb. 1-8: Angebot Mallorca 200,- Euro

Durch die Einführung des **EURO** entfallen Preisvorteile, die durch Kursveränderungen induziert werden. Außerdem schafft der EURO eine Preistransparenz der Veranstalterangebote über Landesgrenzen hinweg und führt damit, vor allem in grenznahen Gebieten, zu einer weiteren Wettbewerbsverschärfung.

Unter Berücksichtigung des Preisdruckes auf den nationalen und internationalen Märkten geraten die Anbieter bei ihrer Preisgestaltung immer mehr in Zugzwang, über ihre Kostensituation und daraus zwangsläufig resultierenden Rationalisierungsmaßnahmen nachzudenken. Der Grund liegt u. a. in der Kostenstruktur:

Bei Kostenmanagement und Rationalisierungsmaßnahmen wird der Grenznutzen mit zunehmender Absatzmenge geringer. Das heißt: Wenn Reiseveranstalter neue Spielräume für die Preispolitik schaffen wollen, müssen sie über die Vertriebskosten nachdenken und damit über die Reisemittlerprovision und/oder über Alternativen zum Vertrieb via Reisemittler.

Hinzu kommt, dass auch nicht-traditionelle Anbieter (z. B. Kaufhausketten, Kaffeehersteller) als Reiseveranstalter auf den Märkten erscheinen, die den traditionellen Veranstaltern zusätzlich Schwierigkeiten bereiten.

Die Kundennachfrage und die Kosteneffizienz wird letztlich den Vertriebswegemix der Reiseveranstalter bestimmen.

Die sich bildenden Reiseveranstalterkonzerne werden versuchen, Rationalisierungspotenziale auszuschöpfen, Synergieeffekte zu nutzen und über Ergebnispolitik auf den einzelnen Wertschöpfungsstufen Spielräume für ihre Preispolitik zu schaffen.

Dem können mittlere und kleine Reiseveranstalter ihrer Kreativität, Flexibilität, möglicherweise höhere Individualität und geringeren Fixkostenanteil entgegensetzen.

1.2.6 Reisemittler

Entwicklung der Reisevermittlungsumsätze
Umsätze aller Reisevertriebsstellen in Mrd. DM

	1975	1980	1985	1990	1995	1997	1998	1999
Gesamtumsatz	9,2	14,4	19,0	26,8	42,4	43,9	44,9	47,4
davon:								
Touristik	6,0	9,0	11,2	16,4	25,0	25,5	25,6	26,8
Linienflug	2,0	3,6	4,8	7,3	12,8	13,8	14,8	15,7
Bahn	0,7	0,9	1,0	1,3	2,1	2,1	2,1	2,2
Sonstiges	0,5	1,0	1,8	1,8	2,5	2,5	2,5	2,7

Der von den Reisemittlern 1999 erzielte Umsatz beträgt ca. 45,2 Mrd. EURO. Im Durchschnitt aller Reisemittler beträgt der Anteil der Touristik (vermittelte und selbst veranstaltete Reisen) ca. 58%, der Anteil von Linienflügen, Bahntickets und sonstigen Geschäften ca. 42 % *(vgl. auch S. 71).*

Es gibt in Deutschland ca. 16 200 **Reisevertriebsstellen,** das sind ca. 5000 Einwohner pro Vertriebsstelle (Reisebüro). Langfristig ist diese Relation für die Vertriebsstellen ökonomisch nicht effektiv, daher wird mit einer weiteren Abnahme der Anzahl der Reisevertriebsstellen gerechnet.

Die Konkurrenz alternativer Vertriebswege der Veranstalter für den Reisebürovertrieb wird bereits deutlich spürbar. Während die Veranstalter in den letzen Jahren ein Umsatzwachstum zwischen 3 % und 5 % verzeichneten, wiesen die Reisemittler in der Touristiksparte eine stagnierende bzw. leicht rückläufige Umsatzentwicklung aus. Dazu tragen der Verkauf von Flughafencountern, also gewissermaßen Factory-Outlets der Veranstalter, von Last-Minute-Spezialisten sowie zunehmend Direktvertriebsmaßnahmen über Call-Center und Internet maßgeblich bei.

Massive Auswirkungen bei den Reisemittlern löst eine Abwärtsbewegung der Preisspirale auf den Reisemarkt aus. Sie führt zu sinkenden Preisen und damit zu sinkenden Provisionserlösen.

Außerdem entstehen durch Preisvergleiche, die die Reisemittler für ihre anspruchsvollen und preissensiblen Kunden anstellen (müssen), sofern sie nicht qualifiziert elektronisch unterstützt werden, längere Beratungszeiten und somit Produktivitätsverluste. Durch Produktivitätsverluste einerseits und Provisionseinbußen andererseits ist die Erlösseite der Reisemittler erheblich bedroht. Hinzu kommt, dass Investitionen in den Ausbau eigener

Stärken unverzichtbar sind und erschwerende Kostensteigerungen – vor allem bei den Fixkosten – zwangsläufig sind.

Damit ist insgesamt – vor allem bei kleinen und mittleren Reisemittlern – die Seite des Geschäftsergebnisses (Gewinn) stark belastet.

Die unzureichende Renditesituation auf der Reisemittlerstufe spiegelt sich in dem unverändert anhaltenden **Konzentrationsprozess** wider. Während 1985 noch über 71 % des Gesamtumsatzes über unabhängige Büros abgewickelt wurden, waren es 1998 nur noch 22 %.

Entsprechend hat sich der Anteil der Reisebüroketten, der Kooperationen und der Franchise-Systeme erhöht. Dabei spielt auch die Strategie der Reise(veranstalter)konzerne, einen Vertrieb über eigenbestimmte Reisebüros – nicht mehr als Reise**mittler** – (Direktabsatz) auf- und auszubauen, eine entscheidende Rolle.

Damit die eigene Position im Wettbewerb der Vertriebswege gefestigt wird, muss die Reisemittlerstufe Anworten auf folgende Fragen finden, um ihre Marktanteile halten bzw. sogar ausbauen zu können.

1. Was macht Reisebüros als Vertriebsform von Reisemittlern unverzichtbar?
2. Wie können die speziellen, individuellen Dienstleistungen des Reisebüros so kundeneffizient gestaltet werden, dass sie auch für die Leistungsträger in den Zielgebieten einerseits und für die Veranstalter andererseits unverzichtbar sind?
3. Wie können die neuen elektronischen Möglichkeiten zur Effizienzsteigerung, Qualitätsverbesserung und für neue attraktive Serviceleistungen optimal ausgeschöpft werden?

1.3 Einflüsse auf die Wertschöpfungskette

Nach Untersuchungen des FVW International betrug im Reisemittlermarkt der Umsatzanteil

	im Jahr 1985	im Jahr 1994	im Jahr 1998	Trend
der ungebundenen Büros	71,2 %	42,9 %	20 %	↓
der Kooperationen	9,5 %	21,5 %	30 %	↗
der Ketten/Franchise-Unternehmen	19,3 %	35,6 %	50 %	↑

(Aus: DRV)

Die Entwicklung ist eindeutig erkennbar: Konzentration auf den Märkten. Sie wird verursacht durch verschiedene Rahmenbedingungen, die auf die Stufen der Wertschöpfungskette einwirken.

1.3.1 Die Konzentrationsprozesse

Die Strukturen auf den einzelnen Stufen der touristischen Wertschöpfungskette und die Beziehungen zwischen den einzelnen Stufen unterliegen dynamischen Veränderungen.

Dazu tragen die horizontalen und vertikalen Konzentrationen innerhalb der Tourismusindustrie, aber auch branchenübergreifende Konzentrationsprozesse, bei. Als Beispiel sei hier die 2000 erfolgte Übernahme der LTU durch die Rewe-Kette genannt.

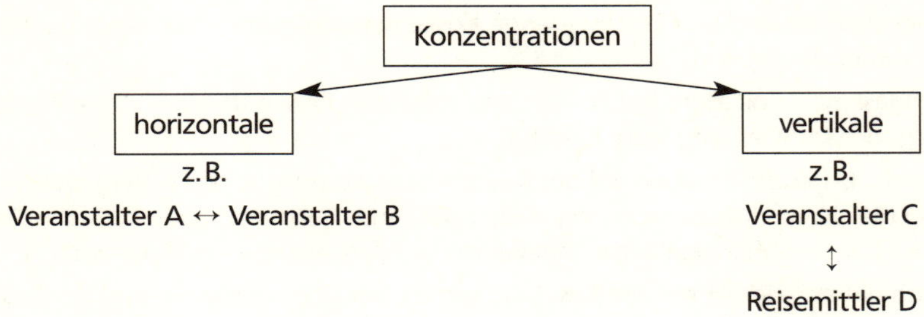

Typisch für eine **vertikale Konzentration** ist das Zusammengehen von Hapag-Lloyd und TUI.

Der Konzern mit Hotels, Incoming-Agenturen und Reiseveranstaltern wird um eine Airline und eine Reisebürokette ergänzt.

Bei C & N findet darüber hinaus durch die Zusammenführung der Veranstalter von Condor und NUR eine **horizontale Konzentration** statt.

FTI mit Airtours UK und LTU mit der Swissair-Gruppe sind Beispiele für Konzentration über nationale Grenzen hinweg.

Die Konzentrationsprozesse verändern maßgeblich die Strukturen auf den einzelnen Stufen der touristischen Wertschöpfungskette. Während 1985 ungebundene Büros noch über 71 % des Umsatzes im Reisemittlermarkt abwickelten, waren es 1998 nur noch ca. 20 %. Entsprechend haben Ketten und Franchise-Unternehmen sowie Kooperationen zugelegt.

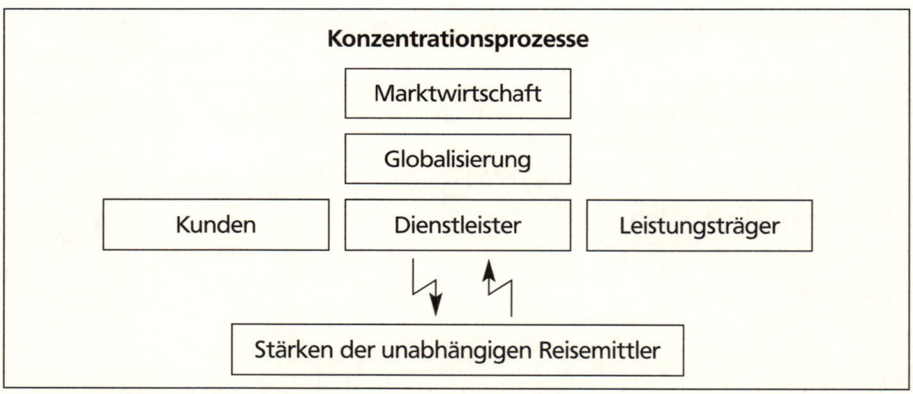

Abb. 1-10: Konzentrationsprozesse
(Nach: DRV)

1.3.2 Informations- und Kommunikationstechnologie

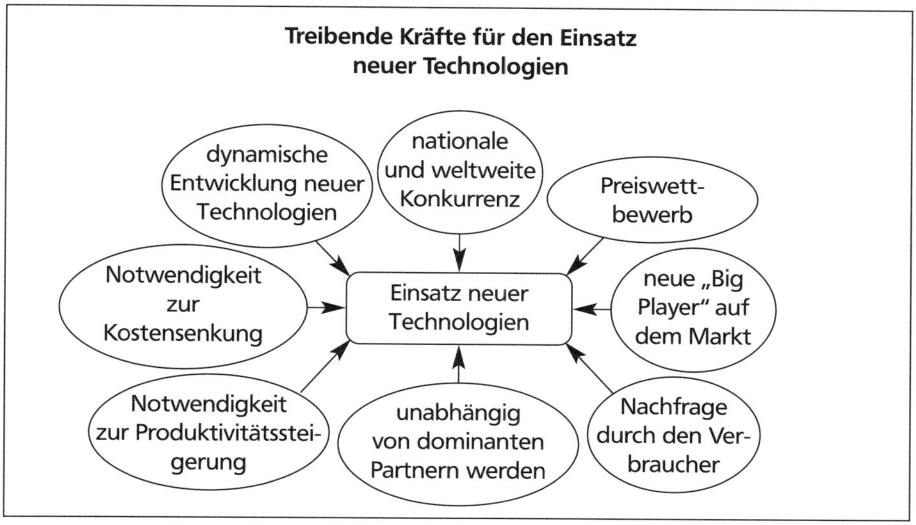

Abb. 1-11: Treibende Kräfte für den Einsatz neuer Technologien (Nach: DRV)

Die treibenden Kräfte für den Einsatz neuer Technologien und damit das Ausschöpfen der Quantensprünge auf dem Gebiet der Informations- und Kommunikationstechnologie können für die Reiseindustrie wie folgt zusammengefasst werden:

Zunächst einmal ist es die schnelle und immer schneller werdende dynamische Entwicklung bei den elektronischen Medien, die immer wieder neue Möglichkeiten eröffnet, gegebenen Drucksituationen gerecht zu werden. Flexibilität und Mobilität werden immer stärker von den Stufen der touristischen Wertschöpfungskette gefordert, weil einerseits die Leistungsfähigkeit der elektronischen Instrumente durch Synergieeffekte progressiv wächst, andererseits der Druck von den Märkten her immer stärker wird.

Der Preiswettbewerb auf dem Reisemarkt, daraus abgeleitet die Notwendigkeit der (Fix-)Kostensenkung und der Produktivitätssteigerung, sind weitere treibende Kräfte.

Die nationale und zunehmend weltweite Konkurrenz auf dem Reisemarkt, der Markteintritt von branchenfremden „Big Playern", z. B. Microsoft, sind weitere Ursachen.

Reiseveranstalter sind zur Erzielung ihrer Wachstums- und Marktanteilsziele von starken Reisemittlergruppierungen abhängig. Umgekehrt brauchen die Reisemittler ihrerseits wiederum „Leitveranstalter", die mit ihrer Werbekraft eine Kundennachfrage im Reisebüro erzeugen („Bedarfsproduktion"). Eine weitere treibende Kraft für den Einsatz neuer Technologien, die zu einer Verlagerung der Marktmacht vom Handel zum Konsumenten (= Reisenden als Kunde) beitragen können, ist das Bestreben, durch den Einsatz neuer Technologien von den großen dominierenden Partnern ein Stück unabhängiger zu werden. Der Einsatz neuer Technologien unterstützt demnach das Streben nach Autonomie auf den Märkten.

Schließlich bestimmt der Konsument den Vertriebswegemix der Leistungsträger und Reiseveranstalter. Tatsache ist, dass die Zahl der Internetnutzer und Internetshopper, wie aufgezeigt, rasant zunimmt und dass die Themen Reisen und Freizeit dabei eine dominierende Rolle spielen. Wenn der Konsument zunehmend über die elektronischen Medien seine Reisevorbereitungen, -entscheidungen und -buchungen (Reisearrangements) treffen will, dann muss sich die Reiseindustrie diesen Medien verstärkt öffnen, wenn sie sich auch in Zukunft auf den nationalen und internationalen Märkten behaupten will.

Die Statistik zeigt die explosionsartig zunehmende Zahl der Internetnutzer:

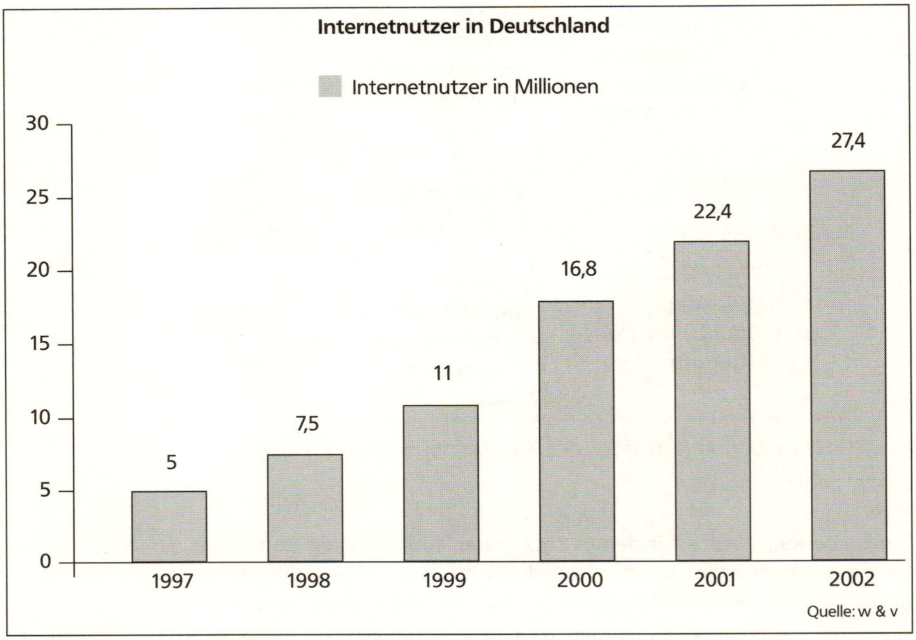

Abb. 1-12: Internetnutzer in Deutschland
(Nach: DRV)

Die aufgezeigten treibenden Kräfte um Impulse können nicht darüber hinwegtäuschen, dass sowohl Anbieter als auch Nutzer des Internets bereits heute vor großen Problemen stehen:

- Zum einen besteht das Problem in der unendlich großen Informationsflut bzw. im Informations-Overkill.
- Des Weiteren ist der Speicherplatz im Netz unendlich groß. Jeder Nutzer will immer mehr Informationen in das Netz stellen.
- Hinzu kommt, dass die Möglichkeiten, immer wieder neue Informationen zu kreieren, nahezu unbegrenzt sind.

Das Problem der Anbieter in diesem chaotischen, unstrukturierten Umfeld ist es, die notwendige Aufmerksamkeit auf sich zu ziehen und dann entsprechende Umsätze zu generieren.

Auf der anderen Seite des elektronischen Marktes hat der Konsument das Problem, die auf seine individuellen Bedürfnisse angepassten Produkte zu finden (Problem der optimalen Bedarfsdeckung). Täglich werden Millionen von Informationen unproduktiv und unrentabel im Netz vergeudet. Das Internet wird nicht umsonst als „Zeitfressmaschine" angesehen. Vor allem Konsumenten surfen zwar zeitaufwendig im Internet, jedoch nur zum Zeitvertreib, d. h. ineffizient.

Während Unterkunft und Beförderung unverzichtbare Bestandteile touristischer Leistungen sind, können die Dienstleistungen von Reiseveranstaltern und Reisemittlern durch Direktvertriebsformen vorgelagerter Stufen in der Wertschöpfungskette komplementiert und darüber hinaus sogar substituiert werden.

Dies ist zumindest theoretisch der Fall.

Ob (irgendwann) Reiseveranstalter und/oder Reisemittler dabei überflüssig werden, hängt zum einen von diesen Teilnehmern der touristischen Wertschöpfungskette selbst, vor allem jedoch vom potenziellen und realen Reisenden (Konsumenten) ab.

Während in diesem Kapitel der Zusammenhang in der touristischen Wertschöpfungskette dargestellt wurde, erfolgen die Darstellung der qualitativen und quantitativen Wertschöpfung, der Instrumente, der Institutionen und Maßnahmen, auch der Wertschöpfungspolitik, in den folgenden Kapiteln dieses Buches.

Aufgaben

1. Beschreiben Sie die volkswirtschaftliche Bedeutung der Tourismuswirtschaft in Deutschland. Zeigen Sie Chancen und Risiken dieses Wirtschaftssektors auf.
2. Familie Schrader geht in ein Münchener Reisebüro, um sich dort für einen geplanten Urlaub im April beraten zu lassen. Der Mitarbeiter des Reisebüros, Herr Freundlich, erfährt nur, dass der Urlaub mit viel Sonne am Meer stattfinden soll.

   Beschreiben Sie kurz, welche Informationen zusätzlich erforderlich sind, um eine qualifizierte Beratung und den Verkauf einer Reise ermöglichen zu können.
3. Stellen Sie die Elemente der touristischen Wertschöpfungskette dar und zeigen Sie die Interdependenzen der einzelnen Glieder der Kette auf.
4. Unterscheiden Sie „Incoming-Agenturen" und „Outgoing-Agenturen".
5. Zeigen Sie einige touristische Einrichtungen (ohne die Leistungsträger Hotellerie und Gastronomie) auf und erläutern Sie die Relevanz dieser Einrichtungen für den Absatz.
6. Welche Funktionen übernehmen die Incoming-Agenturen innerhalb der touristischen Wertschöpfungskette?
7. Die Statistik sagt aus, dass sowohl bei den Reiseveranstaltern als auch bei den Reisemittlern der Konzentrationsprozess immer mehr zunimmt. Welche Herausforderungen ergeben sich daraus für die Beteiligten dieser Wertschöpfungskette?

Quellen und weiterführende Literatur

Dettmer, Harald [Hrsg.]: Betriebswirtschaftslehre für das Gastgewerbe – managementorientiert –, 2., vollständig überarbeitete und ergänzte Auflage, Hamburg 1999

Dettmer, Harald: Wirtschaftslehre für Hotellerie und Gastronomie, 6., neu bearbeitete Auflage, Hamburg 1999

Dettmer, Harald [Hrsg.]: Tourismus 1 – Tourismuswirtschaft –, Arbeitsbuch für Studium und Praxis, Köln 1998

Dettmer, Harald [Hrsg.]: Tourismus 2 – Hotellerie und Gastronomie –, Arbeitsbuch für Studium und Praxis, Köln 2000

Dettmer, Harald, u. a.: Tourismus-Marketing-Management, München/Wien 1999

Freyer, Walter: Tourismus-Marketing: marktorientiertes Management im Mikro- und Makrobereich, München/Wien 1997

Freyer, Walter: Tourismus: Einführung in die Fremdenverkehrsökonomie. 3., ergänzte und aktualisierte Auflage, München/Wien 1991

Freyer, Walter und Pompl, Wilhelm [Hrsg.]: Reisebüromanagement, München/Wien 1999

Füth, Günter [Hrsg.]: Spezielle Betriebswirtschaftslehre für Reiseverkehrs- und Tourismusunternehmen, Verlag DRV Service GmbH, Frankfurt 1999

Haedrich, Günther u. a. [Hrsg.]: Tourismus-Management. Tourismus-Marketing und Fremdenverkehrsplanung, 3., völlig neu bearbeitete und wesentlich erweiterte Auflage, Berlin/New York 1998

Hänssler, Karl Heinz: Management in der Hotellerie und Gastronomie. Betriebswirtschaftliche Grundlagen. München/Wien 1997

Kamphausen, Rudolf E.: Reiseverkehrsbetriebslehre: mit prüfungsrelevanten Fragen und Themen für den Fachaufsatz, 2., überarbeitete Auflage, Wiesbaden 1996

Mundt, Jörn W. [Hrsg.]: Reiseveranstaltung: Lehr- und Handbuch, 4., ergänzte Auflage, München/Wien 1998

2. Rahmenbedingungen des Reisens

Jahr für Jahr reisen weltweit Hunderte Millionen Menschen ins Ausland – jährlich werden es ca. 25 Mio. mehr. Woher kommt dieses Wachstum?

Jahr für Jahr reisen mehr Deutsche ins Ausland als Ausländer nach Deutschland. Ist Deutschland so uninteressant?

Jahr für Jahr machen mehr Franzosen Urlaub im eigenen Land als im Ausland; in Deutschland ist es genau umgekehrt. Sind solche Unterschiede normal?

Jahr für Jahr entstehen neue touristische Attraktionen, neue Reiseziele. Andere stagnieren oder schließen. Steckt dahinter ein Prinzip?

Warum wollen, wieso können Menschen reisen und weshalb muss eine Boombranche so etwas wissen?

„Wenn einer eine Reise tut, ...“ dann kann er nicht nur was erzählen, sondern dann müssen auch verschiedene Voraussetzungen erfüllt sein. So gibt es einen Grund oder ein Motiv für die Reise, es entstehen Kosten, die zu tragen sind, es muss eine akzeptable Erreichbarkeit des Ziels gewährleistet sein und vieles mehr. Auf die Reiseentscheidung haben also vielfältige Rahmenbedingungen einen Einfluss. Um als Reiseveranstalter oder Reisemittler möglichst viele Menschen als Kunden zu gewinnen, ist es wichtig, diese Einflussfaktoren zu kennen und auf ihrer Basis attraktive Angebote zu entwickeln.

Inhaltlich kann das für die Reise relevante Umfeld zunächst grob nach

- allgemeinen gesellschaftlichen Bedingungen,
- räumlich-geographischen Bedingungen und
- spezifischen individuellen Bedingungen

gegliedert werden.

Bedingungskomplexe des Tourismus

Selektionsbedingungen	Realisationsbedingungen	Lokalisationsbedingungen
• Wohnbedingungen • Arbeitsbedingungen • demographische Situation (Familienstand, Geschlecht, Alter ...) • ökonomische Situation (Einkommen, abhängige Beschäftigung ...) • soziologische Situation (Bildung, Sozialstatus ...) • psychische und physische Situation (Gesundheit, Interessen ...)	• Verkehrsbedingungen (Netze, Erreichbarkeit ...) • touristische Infrastruktur (Beherbergung, Versorgung, Erlebnis ...)	• natürliche Bedingungen (Landschaft, Klima) • soziokulturelle Bedingungen (Lebensweise, Geschichte, Sehenswürdigkeiten ...) • materiell-technische Basis (allgemeine Infrastruktur • politisch-administrative Bedingungen (Zielsetzungen, Gesetze, Sicherheit ...)
Wer nimmt an (welchem) Tourismus teil?	**Wie lässt sich Tourismus verwirklichen?**	**Wo siedelt sich Tourismus an?**

Abb. 2-1: Bedingungskomplexe des Tourismus

Ein weiteres Gliederungsprinzip für die Rahmenbedingungen des Reisens ergibt sich durch den betrachteten Raum: Seien es die Bedingungen im Herkunftsgebiet, auf dem Reiseweg oder am Ziel der Reise, die die Entscheidung und das Verhalten des Reisenden beeinflussen.

Aus der Überschneidung der inhaltlichen und der räumlichen Wirkungsfelder ergibt sich schließlich die für den touristischen Leistungsträger wichtige Differenzierung nach Selektions-, Realisations- und Lokalisationsbedingungen des Reisens (Abb. 2-1).

In allen drei Bedingungskomplexen wirken jeweils Elemente aus dem gesellschaftlichen, dem geographischen und dem individuellen Umfeld. Sie sind in unterschiedlicher Art und Weise miteinander verflochten. Dabei ist zu berücksichtigen, dass die auf den ersten Blick allgemeingültigen gesellschaftlichen und räumlichen Bedingungen durch die einzelne Person unterschiedlich wahrgenommen und umgesetzt werden. Deshalb soll auch der potenzielle Kunde mit seinen individuellen Rahmenbedingungen am Anfang der Betrachtung stehen.

2.1 Individuelle Rahmenbedingungen

Andreas und Ole – beide Arbeitskollegen, beide Familienväter – unterhalten sich über ihre Urlaubswünsche. „Ach, weißt Du", sagt Ole, „am liebsten würd' ich mich nach dem ganzen Stress in Ruhe irgendwo an den Strand haun' und endlich mal wieder mit den Kindern spielen." Darauf Andreas: „Fandest Du das Jahr wirklich so stressig? Ich würde ja viel lieber endlich mal ohne Anhang Urlaub machen wollen, so richtig Action machen. Am liebsten was Extremes, so … die eigenen Grenzen austesten. Aber ich werd' wohl kaum Zeit haben – Hausbau geht vor."

Generell ist das Vorhandensein von Zeit eine der wichtigsten subjektiven Rahmenbedingungen für Reisen. Ohne Zeit kann man nicht reisen, ohne Geld und ohne Verkehrsmittel wohl – wenn auch schwerer.

Dabei kann Reisen sowohl in der Arbeitszeit wie in der arbeitsfreien Zeit stattfinden, je nach Reiseanlass/-zweck. Allerdings ist diese Unterscheidung kaum zweihundert Jahre alt, denn bis zur Entstehung der Industriegesellschaft griffen diese Zeiten aufgrund anderer Arbeits- und Lebensweisen kaum trennbar ineinander. Heute unterscheidet man in der Regel drei Zeitkomplexe:

- die erwerbsgebundene Zeit (Arbeitszeit, -pausen, -weg),
- die gebundene freie Zeit (Zeit für individuelle Regeneration und familiäre/soziale Verpflichtungen)
- die individuell verfügbare freie Zeit (Freizeit im eigentlichen Sinne).

Die gegenwärtigen und – noch stärker – die zukünftig zu erwartenden Veränderungen in unserer Arbeits- und Lebenswelt lassen aber den Schluss zu, dass die Grenzen zwischen Arbeits- und Freizeit wieder mehr und mehr verfließen. Daraus entstehen dann auch neue Anforderungen an touristische Angebote.

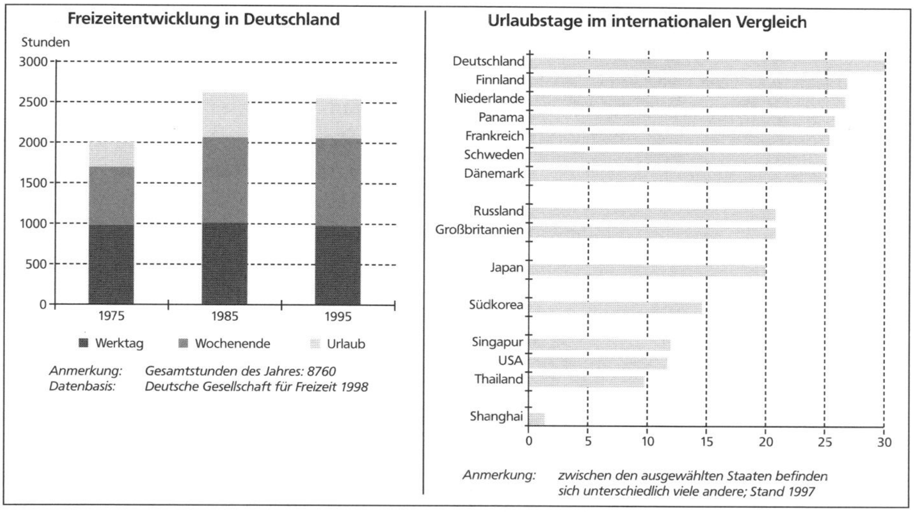

Abb. 2-2: Freizeitentwicklung in Deutschland / im Vergleich

Einen weiteren Rahmen setzt die individuelle soziale und wirtschaftliche Situation, wie z. B. Familie, Bildung, Beruf, Alter, verfügbares Einkommen, Mobilität, soziale Verpflichtungen / Bindungen ... Diese Faktoren bestimmen vor allem die Reisedauer und die Reisehäufigkeit, d. h. insgesamt die **Reiseintensität.**

Gerade im Einkommens- und Mobilitäts-Bereich haben sich in den letzten 50 Jahren erhebliche Veränderungen vollzogen, die maßgeblich dazu beitrugen, dass Tourismus zu einer außerordentlich schnell wachsenden Massenerscheinung wurde. Andere Entwicklungen, z. B. die gestiegene Mobilität (Pkw-Ausstattung der Haushalte, Flugwesen, Hochgeschwindigkeitszüge u. a.), die „Überalterung" der Gesellschaft oder die zunehmende Zahl der kinderlosen oder Einpersonen-Haushalte haben vor allem für neue Reiseziele, verbesserten Reisekomfort und differenziertere Reiseformen gesorgt. Mit dem steigenden Bildungs- und Informationsgrad der Menschen wachsen zudem die Einsichten in, die Ansprüche an und nicht zuletzt der kritische Blick auf touristische Leistungen.

Zu einem erheblichen Teil wird der individuelle Rahmen des Tourismus natürlich durch die im Umfeld vorherrschenden gesellschaftlichen Bedingungen bestimmt. Direkt gilt dies insbesondere für Gesetze und für staatsbürgerliche Rechte, die den individuellen Tourismus fördern oder hemmen können (z. B. Auslands-Reisemöglichkeiten in der ehemaligen DDR), aber auch für die Wirtschaftssituation im Herkunfts- bzw. im Zielgebiet (z. B. Arbeitslosigkeit, dominante Wirtschaftsbereiche, Infrastruktur).

Der eigentlich entscheidende Komplex der individuellen Steuerung von Reiseentscheidung und Reiseverhalten ist die psychisch-physische Situation des Individuums. Sie beeinflusst nicht nur die Mobilitäts- und Leistungsfähigkeit (Gesundheit, Behinderungen), sondern auch die Bewertung von Aktivitäten und Bedürfnissen sowie die Entstehung von Motiven. In diesen Bereich fallen z. B. auch der Einfluss von Moden (nicht selten muss dafür auch der ominöse „Zeitgeist" herhalten) sowie die subjektive Akzeptanz von aktuellen bzw. sich wandelnden Werten und Normen.

Von wesentlicher Bedeutung sind dabei die menschlichen Bedürfnisstrukturen. Zunächst existieren drei grundlegende Klassen von Bedürfnissen: physische, soziale und psychische Bedürfnisse. Der Psychologe A. Maslow hat erkannt, dass diese drei Klassen hierarchisch geordnet sind. Das heißt: Erst müssen die Bedürfnisse auf niedrigerer Ebene – zumindest zum überwiegenden Teil – befriedigt sein, dann werden Bedürfnisse der höheren Ebenen wichtig.

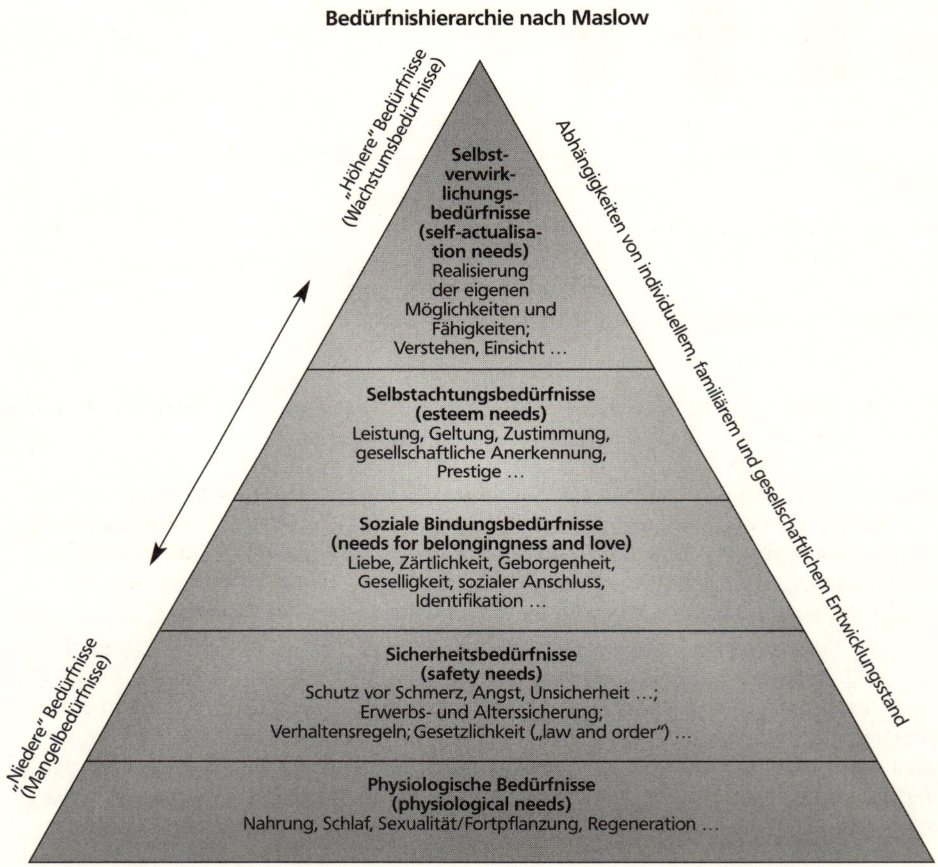

Abb. 2-3: Bedürfnishierarchie nach Maslow

Für die Entwicklung und den Verkauf touristischer Produkte hat dies eine doppelte Bedeutung.

Einerseits müssen grundsätzliche Bedürfnisstrukturen natürlich auch innerhalb der touristischen Leistung berücksichtigt werden: jeder Tourist braucht Essen, Schlaf, Hygiene, Sicherheit, sozialen Kontakt …

Andererseits müssen bzw. können touristische Produkte auf bestimmte Bedürfnisebenen oder -komplexe zugeschnitten werden. Man spricht dafür bestimmte aus den Bedürfnissen resultierende Antriebe menschlichen Verhaltens an: die – unbewussten – Triebe und/oder die – bewussten – Motive.

Für die Kaufentscheidung des potenziellen Kunden ist es wichtig, dass er das Gefühl bekommt, genau dieses touristische Angebot erfülle (nahezu) alle seine aktuellen Wünsche. Dies wiederum bedeutet, dass bei der Werbung oder der Verkaufsargumentation deutlich werden muss, welche Bedürfnisse mit dem Produkt befriedigt werden können. Die Wege dazu sind zwar sehr verschieden und hängen sowohl vom Produkt selbst als auch vom anvisierten Kundenkreis ab, doch gibt es auch hier wieder psychologisch bedingte Grundregeln. Zunächst muss das Produkt die Aufmerksamkeit des Kunden wecken. Dann muss es so interessant sein, dass er sich auch näher damit beschäftigt. Ist das Interesse stark genug – und vor allem stärker als das Interesse für ähnliche Produkte – entsteht zunächst ein Kaufwunsch, bei positiver Abwägung gegenüber der „Konkurrenz" auch eine Kaufabsicht. Doch eine Absicht ist noch kein Kauf – dafür müssen sich persönlicher Kauf-Wille, private Kauf-Möglichkeit und unternehmerisches Angebot auf einem „Markt" treffen. Dies kann z. B. ein Reisebüro sein, ein verschickter Katalog oder auch das Internet.

Der Reisemittler oder -veranstalter muss also wissen, auf welcher Stufe des Kaufverhaltens der Kunde wie zu beraten bzw. zu informieren ist, um einen möglichst großen Verkaufserfolg zu erzielen.

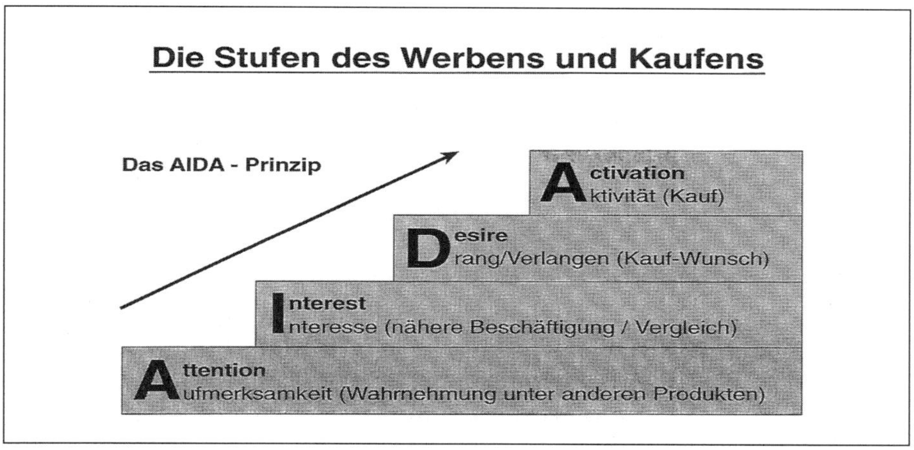

Abb. 2-4: AIDA-Prinzip

Für die Kommunikation mit dem Kunden ist dabei zu berücksichtigen, dass er selten in den gleichen Bahnen denkt wie der Touristiker. Der Kunde hat ein anderes – meist geringeres – Wissen über das Produkt, das Umfeld und die Rahmenbedingungen der Reise. Außerdem unterliegt sein Kommunikations- und Kaufverhalten auch einem bestimmten Gruppenzwang bzw. einer Gruppendynamik. In einer Familie z. B. entscheiden zwar formal die Eltern über das Urlaubsziel – indirekt steuern aber die Kinder mit ihren Ansprüchen die Auswahl des Reiseziels: Wer möchte sich schon die schönsten Tage des Jahres durch unzufriedenene, enttäuschte und quengelnde Kinder verderben lassen.

Kommunikation muss also von den Erwartungen, vom Kenntnisstand und von den Verhaltensweisen des Kunden ausgehen – und nicht vom Fachwissen des Touristikers –, sonst sind Missverständnisse, falsche Vorstellungen und schließlich unzufriedene Kunden geradezu vorprogrammiert. Oder sprichwörtlich gesagt: Der Köder muss dem Fisch schmecken – nicht dem Angler. Dies betrifft sowohl die (allgemeine) Werbung als auch die (persönliche) Beratung.

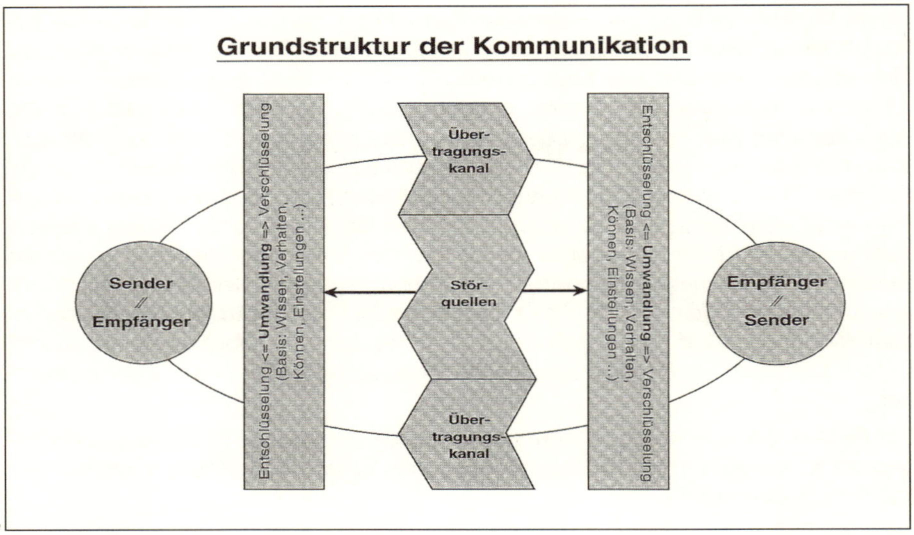

Abb. 2-5: Grundstruktur der Kommunikation

2.2 Gesellschaftliche Rahmenbedingungen

Andreas und Ole – ein Jahr später. „Unsere Reise geht dieses Jahr nur bis zur Verwandtschaft. Das Geld ist knapp und außerdem hat man ja so seine sozialen Verpflichtungen", lässt Andreas die Katze aus dem Sack. Ole hat gegenüber seinem Freund ein schlechtes Gewissen, als er antwortet: „Ich hatte ja Ägypten vorgeschlagen, aber die Kinder waren dagegen. Und außerdem weiß man ja zur Zeit nicht genau, wie sicher man da ist. Also haben wir uns für Tunesien entschieden – all inclusive und mit Kinderbetreuung." Und um sein Gewissen und Andreas zu beruhigen, fügt er hinzu: „Ist ja heute alles nicht mehr so teuer wie früher – oder wie in Deutschland."

2.2.1 Sozio-ökonomische Situation

Wichtige Einflüsse auf und für den Tourismus ergeben sich aus der ökonomischen Situation und dem technischen Entwicklungsstand. So haben Wirtschaftsweise, Produktivität und Wirtschaftskraft maßgebliche Bedeutung für das Zeitbudget, für Einkommen, für Bildungs- und Regenerationsanforderungen oder für Sozialmaßnahmen.

Der Zustand der Infrastruktur wiederum beeinflusst die räumliche wie geistige Mobilität (Verkehrsnetz, Kommunikation ...), aber auch die Standort- bzw. Raumerschließung (Ver-/Entsorgung, Erreichbarkeit ...).

Bei genauer Betrachtung der touristischen Entwicklung wird auch erkennbar, dass grundlegende Veränderungen im Reiseverhalten häufig mit gesellschaftlichen „Sprüngen" – sprich: Systemveränderungen – verbunden sind. Dies belegen einige Beispiele:

- Der Zusammenbruch des Römischen Reiches führte zum Verfall des europäischen Straßennetzes. Die in der römischen Oberschicht verbreiteten Gesundheits- und Vergnügungsreisen entfielen, stattdessen entwickelte sich mit der Ausbreitung des Christentums die Pilgerfahrt als wichtige Reiseform.

- Die industriellen und bürgerlichen Revolutionen in England und Frankreich führten zu einer neuen Mobilität, zur Trennung von Arbeits- und Freizeit, zur Beteiligung neuer Sozialgruppen am Reisen (Bürgertum, Beamte, später: Arbeiter). Es entstanden die ersten Reisebüros (Th. Cook).
- Der nationalsozialistische Staat in Deutschland organisierte als erster einen „echten" Massen-Sozialtourismus („Kraft durch Freude"). Im Zusammenhang damit wurde auch die touristische Bettenburg „erfunden" (Prora auf Rügen – „Das Bad der 20 000").
- In der Phase des eigentlichen Massentourismus nach dem 2. Weltkrieg führte der Aufbau zweier konträrer Gesellschaftssysteme zu grundsätzlich unterschiedlichen Auffassungen und Möglichkeiten von Tourismus (Tourismus als Dienstleistung <=> Tourismus/Erholung als sozial-politische Leistung; Reisefreiheit <=> Reisebeschränkung).
- Der Zusammenbruch des sozialistischen Systems in Osteuropa 1989/90 führte zu einer unvorhergesehenen Reisewelle in beide Richtungen. Gleichzeitig ergaben sich dadurch neue Konkurrenzverhältnisse und es entwickelten sich neue Destinationen.

Zwar zeigt die Entwicklung der letzten Jahrzehnte und sogar Jahrhunderte prinzipiell einen Zusammenhang zwischen ökonomischem Entwicklungsstand der Gesellschaft und touristischem Wachstum, doch sollte man mit einer vereinfachten Übertragung im Sinne etwa von entwickelterer Wirtschaft = kürzere Arbeitszeit + mehr Geld = mehr Reisen vorsichtig sein. Zum einen gibt es die für uns „normale" Unterscheidung zwischen Arbeits- und arbeitsfreier Zeit, wie erwähnt, erst seit der Industrialisierung, zum zweiten wird das konkrete Reiseverhalten, wie gezeigt, durch zahlreiche individuelle Komponenten beeinflusst und zum dritten spielen die gesellschaftlichen Normen und Werte eine differenzierende Rolle zwischen sozialen Gruppen oder auch ganzen Staaten.

Mit jeder Gesellschaftsformation, ja mit jedem einzelnen Staatswesen sind eigene Werte, Normen, soziale Prozesse etc. verbunden, die direkt oder indirekt auf das touristische Verhalten einwirken. So beeinflussen z. B. die verschiedenen Religionen und/oder Ideologien ganz entscheidend die Akzeptanz von touristischen Verhaltensweisen, sie definieren Tabus und wirken auf die Ausbreitung von Moden. Häufig schlagen sich diese traditionellen Einstellungen auch in politischen Verhältnissen und sogar in Gesetzen nieder, die von touristischen Anbietern berücksichtigt werden müssen (s. 2.2.3). Die Bezüge sind dabei sehr verschieden: Feiertags- und Arbeitszeitregelungen, Glücksspielgesetze, Nacktbadeverbote u. v. m.

Auch wenn Experten einen weltweiten Wertewandel und dabei eine allmähliche Annäherung der Werte prognostizieren, so werden nationale und sogar regionale Unterschiede noch lange bestehen bleiben.

Ein ganz anderer Einfluss auf den Tourismus ergibt sich daraus, dass er zwar überall als „Ware" hoch im Kurs steht, die dahinter stehende „Dienst"-Leistung aber – nicht zuletzt in Deutschland und einigen anderen europäischen Ländern – oft noch als minderwertige Arbeit angesehen wird. Zwar ist hier in den letzten Jahren ein Umdenken erkennbar, dennoch entspricht die gesellschafts- und auch wirtschaftspolitische Akzeptanz der Branche noch nicht ihrem sozio-ökonomischen Stellenwert. Dies wiederum beeinflusst natürlich auch das Verhältnis von **Tourist** und **Touristiker:** Auch wenn es sich um eine Dienstleistung handelt, so ist der Touristiker kein Diener, sondern Produzent und/oder Verkäufer einer Ware – ebenso, wie der Kunde sich zwar ruhig als König fühlen soll, aber eben kein Herrscher ist.

2.2.2 Sozio-demographische Strukturen

Um touristische Angebote möglichst effektiv gestalten und vermarkten zu können, versucht man, Kundengruppen ähnlichen Verhaltens zu ermitteln. Lange Zeit erfolgte diese Gruppenbildung über soziale und demographische Kriterien wie Alter, Geschlecht, Familienstand, Haushaltsgröße, Schulabschluss u. Ä. – in der Annahme, dass z. B. Familien mit vielen Kindern ein anderes Reise- und Kaufverhalten haben als Rentnerehepaare, Hochschulabsolventen ein anderes als Hauptschüler, männliche Singles ein anderes als weibliche. Zwar gibt es bestimmte Verhaltens- und Anspruchsunterschiede zwischen solchen sozio-demographischen Gruppen, doch heißt das noch lange nicht, dass eine solche Gruppe in sich gleichartig im Verhalten ist: Rentnerehepaar und Rentnerehepaar können sich erheblich voneinander unterscheiden, gleiches gilt für weibliche Singles und weibliche Singles usw.

Bedeutsamkeit touristischer Potenziale nach sozio-demographischen Lebensphasen

Zielgruppe / Kriterium	Lebensphase 1		Lebensphase 2		Lebensphase 3		Lebensphase 4		Lebensphase 5
	Jugendliche < 17	junge Erwachsene 18–24	Singles 25–49	Paare 25–49	Familien mit Kindern < 14	Familien mit Jugendlichen 14–25	Familien mit Erwachsenen	Jungsenioren 50–64	Ruheständler/ Senioren > 65
Spezifik der Naturlandschaft	2	2	2	3	3	3	3	3	3
Spezifik der Kulturlandschaft	2	2	2	3	2	3	3	3	3
Umweltsituation	1	1	2	2	2	2	3	3	2
Entwicklungsstand der Infrastruktur	1	2	3	3	2	2	3	3	2
Sozialer Entwicklungsgrad	1	1	2	2	3	3	3	3	2
Ökonomischer Entwicklungsgrad	1	1	1	2	2	2	2	2	2
Ausprägung des Freizeitangebots	3	3	3	2	3	3	3	2	2

3 – bedeutsam
2 – bedeutsam
1 – weniger bedeutsam

Abb. 2-6: Bedeutsamkeit touristischer Potenziale nach sozio-demographischen Lebensphasen

(Nach: FTFF 1994)

Eine touristisch sinnvollere, weil stärker inhalts- und aktivitätsbezogene Gruppierung der Bevölkerung ist deshalb die nach Interessen, Zielen, Art und Weise der Lebensgestaltung, d. h. nach den sogenannten Lebensstilen. Sie beeinflussen stärker das Reiseverhalten als die jeweilige Lebensphase, in der sich der Mensch befindet. Grundeinstellungen zum Leben und zur Gesellschaft bleiben oft über Lebensphasen hinweg konstant und prägen das individuelle Verhalten. Dass sich mit jeder Lebensphase auch der Lebensstil ändert, ist eher selten.

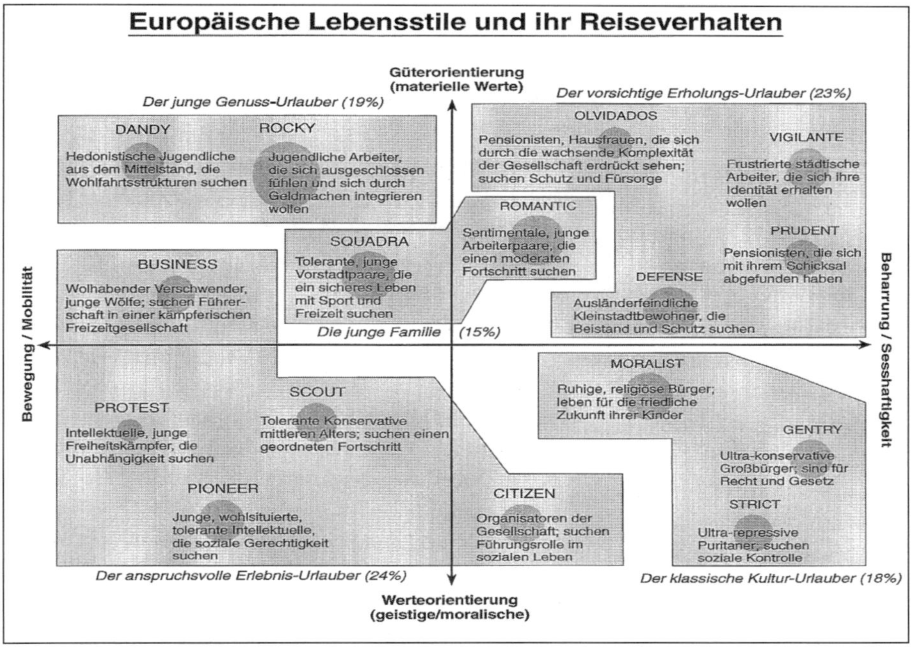

2-7: Europäische Lebensstilgruppen und Urlaubstypen
(Aus: Zius, A. 1993)

2.2.3 Politik, Gesetze, Sicherheit

Bereits bei den allgemeinen sozio-ökonomischen Bedingungen ist deutlich geworden, wie vielschichtig der gesellschaftliche Einfluss auf den Tourismus ist. Vieles wirkt dabei indirekt, über die Beeinflussung individuellen Verhaltens, vieles hat aber auch direkten Charakter. Die Grenzen sind jedoch oft fließend. So stellen allgemeine politische Ziele und die normale Gesetzgebung natürlich auch einen Rahmen für touristische Entwicklung dar. Dies gilt z.B. für die Steuergesetzgebung ebenso wie für den Naturschutz, für Ferienzeitregelungen ebenso wie für das Arbeitsrecht oder das Werberecht.

Da Tourismus erst in jüngster Zeit – und dazu in einzelnen Ländern auch in unterschiedlichem Maße – als „echte" Wirtschaftsbranche verstanden wird, sind spezifische tourismuspolitische Positionen der Regierungen und direkt auf touristische Leistungen bezogene Gesetze (z.B. Versicherungen) noch in einer „Entwicklungsphase". Ergänzungen und Veränderungen sind an der Tagesordnung und müssen entsprechend berücksichtigt werden.

Wichtige touristisch relevante Gesetze in Deutschland		
Allgemeine Planungsgesetze Bundesebene: • Raumordnungsgesetz (ROG) • Baugesetzbuch (BauGB) • Naturschutzgesetz (BNatSchG) • UVP-Gesetz (UVPG) • RO-VO zum Raumordnungsverfahren Länderebene: • Landesplanungsgesetze • Landesnaturschutzgesetze • Landes- und Regionale Raumordnungs- bzw. Entwicklungsprogramme • Landschaftsprogramme/-rahmenpläne	Fachspezifische relevante Gesetze/Verordnungen/Pläne • Waldgesetze • Wassergesetze (Wasserhaushalt, Wasserstraßen, Küstenschutz …) • Straßengesetze/Wegerecht • Kommunalabgabengesetz • Immissionsschutzgesetz • Bergrecht • (Bundes)Verkehrswegeplan • Agrarstrukturelle Vorplanung • Internationaler Schutzstatus (FFH, Vogelschutz, Ramsar-Konv., World Heritage …) • Dorfentwicklungsplanung • Landschafts-/Grünpläne • Förderprogramme	Spezifisch touristische Gesetze/Verordnungen/Pläne • Kurortegesetz • Reise(vertrags)recht • Reitverordnung • MKRO-Entschließungen zu – Ausweisung und Gestaltung von Gebieten für Freizeit und Erholung (1979) – Großflächige Freizeiteinrichtungen in RO u. LP (1992) • Tourismusentwicklungskonzepte/-programme • spezifische Förderprogramme • z.B. MV: Erlass v. 20. 7. 1995 (Def. v. großen Einrichtungen entspr. § 1 Nr. 15 ROVO)
Sonstige relevante Gesetze: Organisationsrecht, Wettbewerbsrecht, Werberecht, Ordnungsrecht, Investitionserleichterungs- und Wohnbaulandgesetz, Einigungsvertrag, Gesundheits-/Sozialgesetze …		

Abb. 2-8: Wichtige touristisch relevante Gesetze in Deutschland

Doch nicht allein die vorhandenen Absichtserklärungen und Gesetze beeinflussen die touristische Entwicklung. Wichtig ist natürlich auch, ob und wie sie wirklich umgesetzt werden. Ein Schlüsselbegriff für die Tourismusbranche ist daher die **Sicherheit.** Sie spielt im Tourismus auf mehreren Ebenen eine Rolle:

- als Handlungssicherheit des touristischen Unternehmens im ökonomischen und gesetzlichen Umfeld,
- als politische Sicherheit in der Zielregion (Sicherheit vor Unruhen, Terrorismus, Kriminalität, Umweltverschmutzung …),
- als individuelles Sicherheitsgefühl des Touristen (Orientierungssicherheit „vor Ort", Sicherheit vor „Belästigungen" aller Art, Arbeitsweise des Veranstalters …).

Für ein touristisches Unternehmen ist es also wichtig, sowohl die politische Situation im Herkunfts- wie im Zielgebiet seiner Kunden gut zu kennen und auf Veränderungen rechtzeitig zu reagieren.

2.2.4 „Globalisierung"

Wenn sich unternehmerische Probleme nicht mehr lösen lassen, wird heutzutage gern auf die „äußeren Umstände" verwiesen; oft vereinfacht zusammengefasst im Begriff der Globalisierung. Dies gilt für den Tourismus in besonderem Maße – und ist falsch und richtig zugleich.

Zunächst ist nicht alles, was international ist, gleich auch global – also weltweit wirksam. Dennoch ist aber gerade der Tourismus eine Branche, die aufgrund nahezu grenzenloser Mobilität und Kommunikation wirklich weltweit agiert und eingebunden ist. Das hat zur Folge, dass sich jeder Tourismus in einem nationalen und einem internationalen Umfeld bewegt. Selbst wenn Touristen „nur" aus dem Inland kommen, so haben sie in der Regel internationale Erfahrungen oder zumindest Kenntnisse, an denen sie die Attraktivität lokaler und regionaler Leistungen bzw. Potenziale messen. Insofern ist jeder einheimische Gast auch ein internationaler. Dies ist gerade für den Tourismus in Deutschland, der zu über 90 % von Inländern bestritten wird, ein im touristischen Marketing leider noch zu wenig beachteter Aspekt.

Wichtige Veränderungen, die sich durch die touristische Globalisierung ergeben, sind im Abschnitt 2.4 berücksichtigt.

2.3 Geographische Rahmenbedingungen

Andreas und Ole – ein weiteres Jahr ist rum: „Nach den Erfahrungen fahr' ich nicht nochmal nach Nordafrika – meine Frau hat bei der Wüstentour fast einen Hitzschlag bekommen, aber was anderes konnte man ja nicht unternehmen. Die interessanten Städte zu weit weg, Mietwagen teuer und Sport bei der Hitze ...? Na, wenigstens war das Essen gut und die Kinder waren zufrieden." „Dafür gönnen wir uns dieses Jahr dein Ägypten", erwidert Andreas. „Ein paar Tage Kultur mit Pyramiden und Tempeln, und ein paar Tage Badeurlaub. Die Kinder können schnorcheln und wir machen einen Tauchkurs, um die Korallenriffs auch unten sehen zu können. Für jeden was dabei – ein abwechslungsreicher Mix. Und Hitze stört uns alle vier überhaupt nicht."

Tourismus lebt wie kaum ein anderer Wirtschaftsbereich von der Ausprägung des **geographischen Raumes.** Der touristische Kunde bezahlt zwar formal für eine Dienstleistung aus Transport, Beherbergung, Gastronomie und Service, „kauft" aber eigentlich die Nutzung bzw. das Image eines Ortes oder einer Region. Er braucht das geographische Umfeld als Raum oder als Kulisse für seine Aktivitäten. Als Reisender hat er konkrete Ansprüche oder diffuse Sehnsüchte bezüglich dessen, was ihn an seinem Reiseziel erwarten soll. Diese sind geprägt von individuellen Bedürfnissen, vom heimischen Umfeld und vom Kenntnisstand über das Zielgebiet. Je besser es einem touristischen Anbieter gelingt, die Darstellung des (touristisch interessanten) Angebots vor Ort mit den Vorstellungen seiner Kunden in Übereinstimmung zu bringen, desto größer ist der Verkaufserfolg.

Abb. 2-9: Bereiche und Leistungen des touristischen Produkts

2.3.1 Wohnumfeld, Reisevorgang

Oft wird der **geographische Aspekt** im Tourismus auf die Bedingungen im Zielgebiet beschränkt. Dennoch sollte nicht unterschlagen werden, dass auch die geographische Situation „zu Hause" Einfluss auf das touristische Verhalten, auf die touristischen Bedürfnisse des Einzelnen hat. Wer inmitten einer dichtbesiedelten Industrieregion wohnt, ist sicherlich einfacher zur Urlaubsreise zu überreden als der Einwohner einer touristisch attraktiven Landschaft. Das **„Weg-von"-Motiv** wirkt bei ungünstigem Wohn- oder Arbeitsumfeld stärker als das **„Hin-zu"-Motiv.** Mit Angeboten, die im deutlichen Kontrast zum eigenen räumlichen Umfeld stehen, lassen sich bei jenen Kunden gute Erfolge erzielen. Je günstiger dagegen auch die heimische geographische Situation ist, desto stärker müssen die Argumente des Anbieters auf „Verlockung", auf „Hin-zu" ausgerichtet sein. Dass die Bewohner der europäischen Mittelmeerländer im Vergleich zu Deutschen oder Skandinaviern viel häufiger Urlaub im eigenen, sonnigen Land verbringen, liegt eben nur z.T. am Geldbeutel oder an mangelndem Interesse für das Ausland.

Auch der eigentliche Reisevorgang, das heißt die Bewegung zwischen Quell- und Zielgebiet bzw. innerhalb des Zielgebiets, ist eng mit der geographischen Situation verbunden. Die wichtigsten Kriterien, die der Tourist damit verbindet, sind die Erreichbarkeit des Ziels (Dauer, Bequemlichkeit) und die Verkehrserschließung/-situation in der Zielregion (Netzdichte, Qualität, Verkehrsdichte). Beides ist nicht nur von der zurückzulegenden Enfernung an sich abhängig, sondern auch von den geographischen Bedingungen auf dem Reiseweg bzw. vor Ort (Berge, Gewässer usw., aber auch Besiedlungsdichte, andere wirtschaftliche Nutzung des Raumes u. Ä.). Die Bedeutung der einzelnen naturräumlichen oder infrastrukturellen Elemente hängt dabei natürlich erheblich vom gewählten Verkehrsmittel ab.

Prinzipiell kann davon ausgegangen werden, dass die Akzeptanz und auch die Nutzung eines touristischen Zieles mit besserer Erreichbarkeit steigt. Es gilt aber auch, dass für besonders attraktive Angebote auch Erschwernisse bei der Anreise in Kauf genommen werden. Gelegentlich kann man solche Erschwernisse sogar als Steuerungsinstrument für die Nachfrage einsetzen, so z.B. um über gezielte Verknappung bzw. Einschränkung den Marktwert des Produkts zu steigern (Exklusivität) oder auch um negative ökologische Auswirkungen zu minimieren.

2.3.2 Zielgebiet

Ganz gleich, wie sich die touristische Nachfrage entwickelt – nur wenn ihr ein adäquates Angebot gegenübersteht, wird sie in konkrete Aktivitäten umschlagen. Die touristische Attraktivität einer Destination, dies wurde bereits deutlich, hängt somit von einem ganzen Bündel verschiedener Faktoren ab.

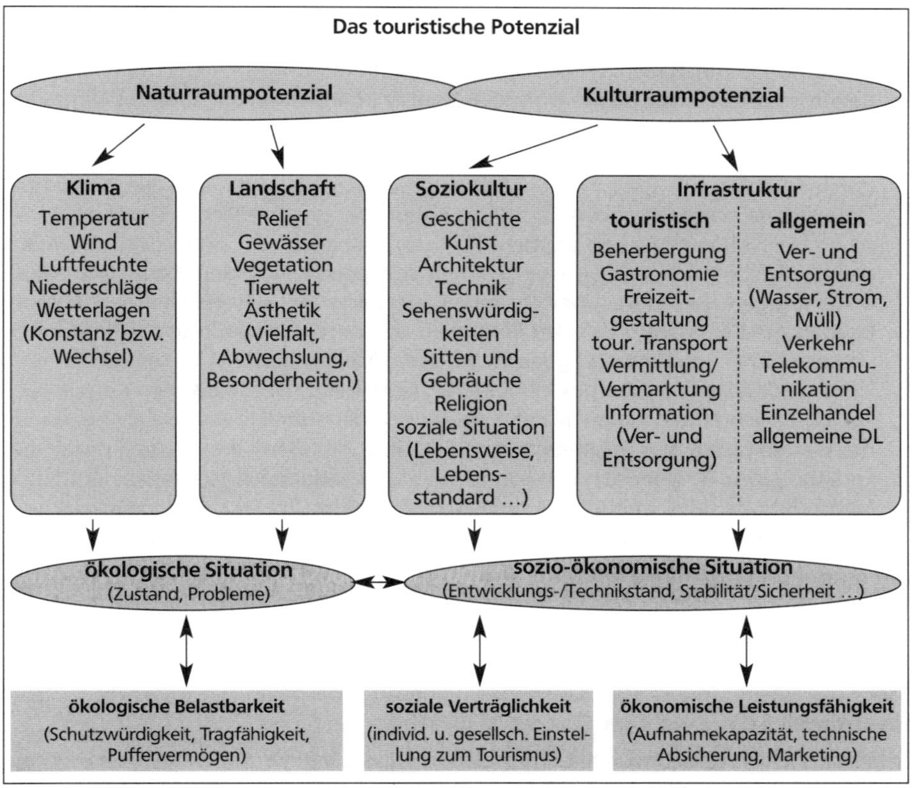

Abb. 2-10: Bestandteile des touristischen Potenzials

Nach wie vor steht die Natur in den Argumenten der Zielwahl ganz oben. Für das touristische Unternehmen heißt dies, dass es die spezifischen Möglichkeiten, die ein Naturraum für die touristische Nutzung bietet, genau kennen und mit ihnen werben muss. Dieses **Naturraumpotenzial** wird maßgeblich durch zwei Komponenten bestimmt: die Landschaft und das Klima.

- **Landschaft:** Durch die Ausstattung mit Gewässern, durch die Ausprägung der Vegetation (z.B. Wald), durch das Relief (Flachland, Hügel oder Berge) eignen sich

Naturräume in unterschiedlichem Maße für touristische Nutzung im Freien (outdoor recreation). Die Auswahl einer Destination nimmt der Tourist zumeist nach der Eignung für die von ihm bevorzugten Aktivitäten vor (Baden, Wassersport, Reiten, Wandern, Bergsteigen, Radfahren ...). Andererseits ist die naturräumliche Situation immer auch „Kulisse" für den gesamten Aufenthalt. Im Gegensatz zur konkreten Nutzungseignung, bei der zumeist die Ausprägung einer einzelnen Komponente der Landschaft im Vordergrund steht, sind für die Kulissenwirkung die Vielfalt und die Abwechslung im Landschaftsbild wichtiger.

Immer wieder sind Versuche unternommen und Verfahren entwickelt worden, die touristische Eignung von Landschaft(en) objektiv und vergleichbar zu bewerten. Doch die Komplexität der Landschaft und der Ansprüche der Touristen haben jedesmal dafür gesorgt, dass die Verfahren entweder zu aufwendig in der Erfassung bzw. zu kompliziert im Berechnungsmodus waren oder sich eben nur speziell für einen Landschaftstyp bzw. eine Erholungsform eigneten. Attraktivität ist eben eine individuelle Auffassungssache – auch im Tourismus.

- **Klima:** Sonne zum Baden, Schnee zum Skifahren, Wind zum Surfen und möglichst kein Regen im Urlaub – auf diesen einfachen Nenner könnte man die Rolle des Klimas für den Tourismus bringen. Doch das Klima ist mehr als eine Voraussetzung für Aktivitäten. Es beeinflusst das individuelle Wohlbefinden quasi rund um die Uhr und trägt dadurch erheblich zum gewünschten Erfholungseffekt bei – oder auch zum Gegenteil. Unter touristischem Aspekt ist das Klima bisher fast ausschließlich in seiner medizinischen Heilwirkung gesehen worden (Kurorte, Heilbäder). Vor allem die Reizklimate der Hochgebirge und der Küsten können sich positiv auf Atemwegs- und Hauterkrankungen auswirken. Über die möglichen negativen gesundheitlichen Auswirkungen des Klimas wird von den Reisenden und auch von den touristischen Unternehmen bisher zu wenig nachgedacht. So ist das Mittelmeerklima im Sommer für den Nord- und Mitteleuropäer gesundheitlich eher belastend. Es stresst den Körper stärker, als er sich erholen kann. Kommt dazu noch der ständige Wechsel zwischen klimatisierten Hotels bzw. Fahrzeugen und der Hitze „draußen", sind Kreislaufprobleme, Erkältungen u. Ä. geradezu vorprogrammiert. Dass dennoch (scheinbar) ein Erholungseffekt einsetzt, ist eher psychologisch begründet: Sonne satt, Tapetenwechsel, interessante Erlebnisse u. v. a. m. überdecken zumeist die körperliche Anstrengung.

Umfragen belegen, dass neben der Landschaft „an sich", dem Landschaftsbild, auch deren Zustand, die Umweltsituation, die Auswahl des Reiseziels beeinflusst. Für den Touristen ist es mittlerweile nahezu selbstverständlich, dass man sich am Zielort um ökologische Belange kümmert. Dies sollte auch für jeden Touristiker selbstverständlich sein. Schließlich hängt das eigene längerfristige Überleben maßgeblich davon ab, wie intakt die touristische Umwelt ist, wie wohl der Gast sich in ihr fühlt.

Sicher lassen sich viele Umwelteinflüsse nicht oder nur indirekt durch Reiseveranstalter oder Reisemittler steuern. Doch oft ist es ja der Tourismus selbst, der ökologische Probleme hervorruft. Zahlreiche Beispiele belegen das: die Trink- und Brauchwasserversorgung auf Mallorca, die Müllentsorgung in Ägypten, Bodenerosion und Vegetationsschäden in den Skigebieten der Alpen, die Ferien-Staus auf deutschen Autobahnen ...

Objektive Grenzwerte für die Belastbarkeit einer Landschaft durch touristische Aktivitäten sind schwer zu ermitteln. Dies hängt z. B. mit neuen Möglichkeiten des technischen Umweltschutzes zusammen, aber auch mit dem unterschiedlichen Vermögen verschiedenartiger Landschaften zusammen, Umweltbelastungen zu verkraften (so genanntes Puffervermögen). Leider zeigt sich daher häufig erst nach vielen Jahren, dass die Grenzen eigentlich schon vor längerer Zeit erreicht oder überschritten wurden. Zum Verantwortungsbereich von touristischen Unternehmen sollte daher auch eigenes ökologisch bewusstes Verhalten sowie eine entsprechende Informationspolitik gegenüber den Kunden gehören.

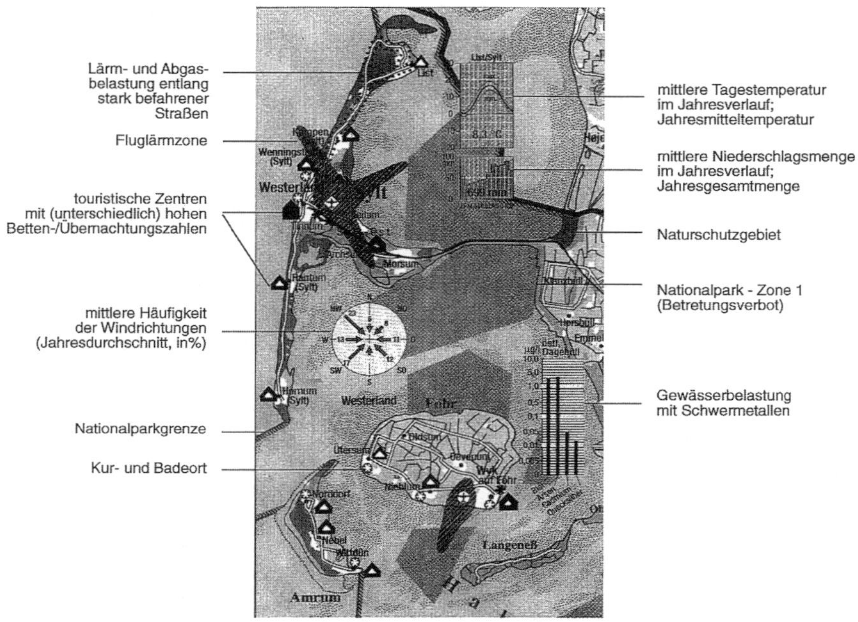

Kommentierter Ausschnitt aus der skip FreizeitUmweltKarte Schleswig-Holstein; Bearbeitung/Kartographie: Studio für Landkartentechnik Norderstedt, 1994 Hrsg.: Lever GmbH, Abt. Öffentlichkeitsarbeit, Hamburg

Abb. 2-11: Kartographische Darstellung naturräumlicher Gegebenheiten und ökologischer Probleme bzw. Nutzungskonflikte

Der zweite wichtige Komplex, der die Attraktivität des touristischen Ziels mitbestimmt, ist das **Kulturraumpotenzial.**

Auch das Kulturraumpotenzial basiert auf zwei wesentlichen Säulen: der Soziokultur und der Infrastruktur.

- **Soziokultur:** Für die meisten Menschen ist nicht nur die natürliche Landschaft eines Raumes touristisch interessant, sondern auch die Geschichte und die Lebensweise der Menschen, die darin wohnen. Beides dokumentiert sich in Sehenswürdigkeiten aus Architektur, Geschichte, Kunst, Wirtschaft usw. Aber auch Sitten und Gebräuche, Traditionen und Feste, Musik und Tänze, Sprache und Alltagsleben sind durch ihre Fremdheit oder einfach durch ihre Andersartigkeit immer wieder faszinierend. Je überraschender, je „exotischer" diese Aspekte ausfallen, umso touristisch reizvoller sind sie. Gerade im Bereich der Soziokultur sollte aber auch immer mit bedacht werden, dass bei touristischen Begegnungen sehr oft unterschiedliche Werte- und Moralauffassungen aufeinander stoßen. Wenn dann sowohl Gast als auch Gastgeber darauf bestehen, dass ihre Verhaltensregeln die zu akzeptierenden sind – und beide Einstellungen sind verständlich und daher nicht selten –, kann es leicht zu sozialen Spannungen kommen. (Solche Situationen zu vermeiden, ist ein wesentlicher Grund für die hohe Akzeptanz von „geschlossenen" Urlaubsformen, wie z. B. Clubs oder

Kreuzfahrten, und auch für das Wiederholer- bzw. Stammkundenverhalten in Regionen, die einem von vornherein vertraut sind oder die man sich einmal erschlossen hat.)

- **Infrastruktur:** Natürlich funktioniert Tourismus längerfristig nur dort, wo auch andere gesellschaftliche und wirtschaftliche Aktivitäten möglich sind. Grundvoraussetzung ist also eine allgemeine technische Infrastruktur (Verkehrsnetz, Energie- und Wasserversorgung, Wasser- und Müllentsorgung). Zu dieser so genannten Basisinfrastruktur können auch Einrichtungen der Versorgung/Dienstleistung gezählt werden, die in erster Linie für die einheimische Bevölkerung gedacht sind, von den Touristen aber ebenfalls in Anspruch genommen werden (Geschäfte für den täglichen Bedarf, Telekommunikation, Banken u. Ä.). Allerdings ist bei diesen Einrichtungen der Übergang zur touristischen Infrastruktur fließend. Denn aufgrund der Ausgaben der Touristen existiert in den Zielorten und -regionen oft ein quantitativ größeres Angebot an solchen Einrichtungen als in „normalen" Orten/Regionen. Das Mehrangebot ist also touristisch induziert. Besonders deutlich wird dies im Bereich der Gastronomie.

  Die für das touristische Produkt und seine Vermarktung wichtigere Infrastruktur-Kategorie ist selbstverständlich die speziell für den Tourismus geschaffene Infrastruktur, oft auch als „abgeleitetes Angebot" bezeichnet. Sie umfasst

  - die Einrichtungen des **touristischen Transports** (vom Charterflug über Shuttle-Busse bis zum Skilift),
  - die Einrichtungen der **Beherbergung** (vom Privatzimmer über Ferienwohnungen oder Pensionen bis zur Hotelanlage; aber auch zielgruppenspezifische Einrichtungen wie Campingplätze, Jugendherbergen oder Kur-Kliniken),
  - die Einrichtungen der **Verpflegung** und der **Versorgung** (von der Imbissbude über das Hotelrestaurant bis zur Erlebnisgastronomie; vom Souvenirgeschäft über Sport- und Spielwaren bis zur medizinisch-gesundheitlichen Betreuung),
  - die Einrichtungen der **Freizeitgestaltung** (von Rad- und Wanderwegen über Sportstätten, Schwimmbäder oder Spielplätze bis zu Museen, Freizeitparks oder Spielcasinos) sowie
  - die Einrichtungen der **Vermittlung/Vermarktung** (von privaten Zimmervermittlungen über touristische Vereine/Verbände bis zu Marketing-Gesellschaften und Reisebüros).

Doch die spezifische touristische Infrastruktur ist nicht nur eine Voraussetzung für den Tourismus. Vor allem in klimatisch benachteiligten Regionen ist sie zugleich wichtiger Faktor der Saisonverlängerung. Nur mit wetterunabhängigen Angeboten der Freizeitgestaltung **(indoor recreation)** wird es in solchen Regionen gelingen, die touristische Nutzungsdauer im Allgemeinen und die Aufenthaltsdauer des Gastes im Speziellen zu verlängern. Doch auch das Vorhandensein solcher Einrichtungen reicht allein nicht aus. Notwendig sind Informationen und Anreize, die den Touristen bewegen, diese Angebote anzunehmen. Hier ist – neben les- und sichtbarer Information – wiederum die Dienstleistungs- und Beratungsfunktion des Personals gefragt. Und diese setzt fachliche, soziale und regionale Kompetenz voraus, sowohl am Reisebüro-Counter als auch „vor Ort".

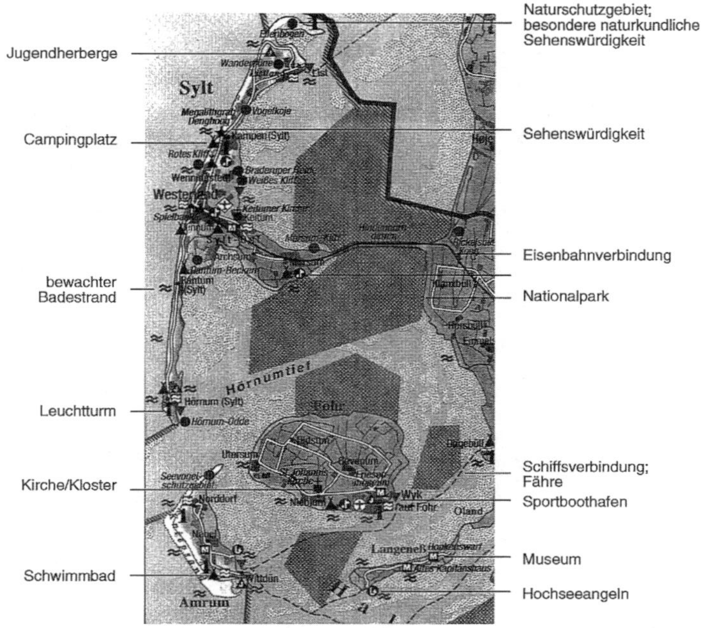

Kommentierter Ausschnitt aus der skip FreizeitUmweltKarte Schleswig-Holstein; Bearbeitung/Kartographie: Studio für Landkartentechnik Norderstedt, 1994 Hrsg.: Lever GmbH, Abt. Öffentlichkeitsarbeit, Hamburg

Abb. 2-12: Kartographische Darstellung des sozio-kulturellen Potenzials und der Infrastruktur

Abschließend sei zum Kulturraumpotenzial noch angemerkt, dass sowohl die einzelnen gebauten Elemente als auch die Lebens- und Wirtschaftsweise der Menschen überhaupt „ihren" Raum, „ihre" Landschaft über Jahrzehnte und Jahrhunderte verändert haben und noch laufend verändern. Deshalb spricht man oft auch von **Kulturlandschaft,** um kenntlich zu machen, dass ein Raum von natürlichen und gesellschaftlichen Entwicklungen gestaltet wurde. Weltweit gibt es fast nur noch Kulturlandschaften. Die meisten der als „natürlich" oder „ursprünglich" angepriesenen Reiseziele entpuppen sich – bei genauerer Betrachtung – als von Menschen veränderte oder zumindest beeinflusste Landschaften. Selbst die riesigen Waldgebiete des Regenwaldes oder der Taiga oder auch die unwirtlichen Kälteregionen der Arktis und der Antarktis zeigen heutzutage deutliche Spuren menschlicher Nutzung. Und der Tourismus trägt dazu maßgeblich bei.

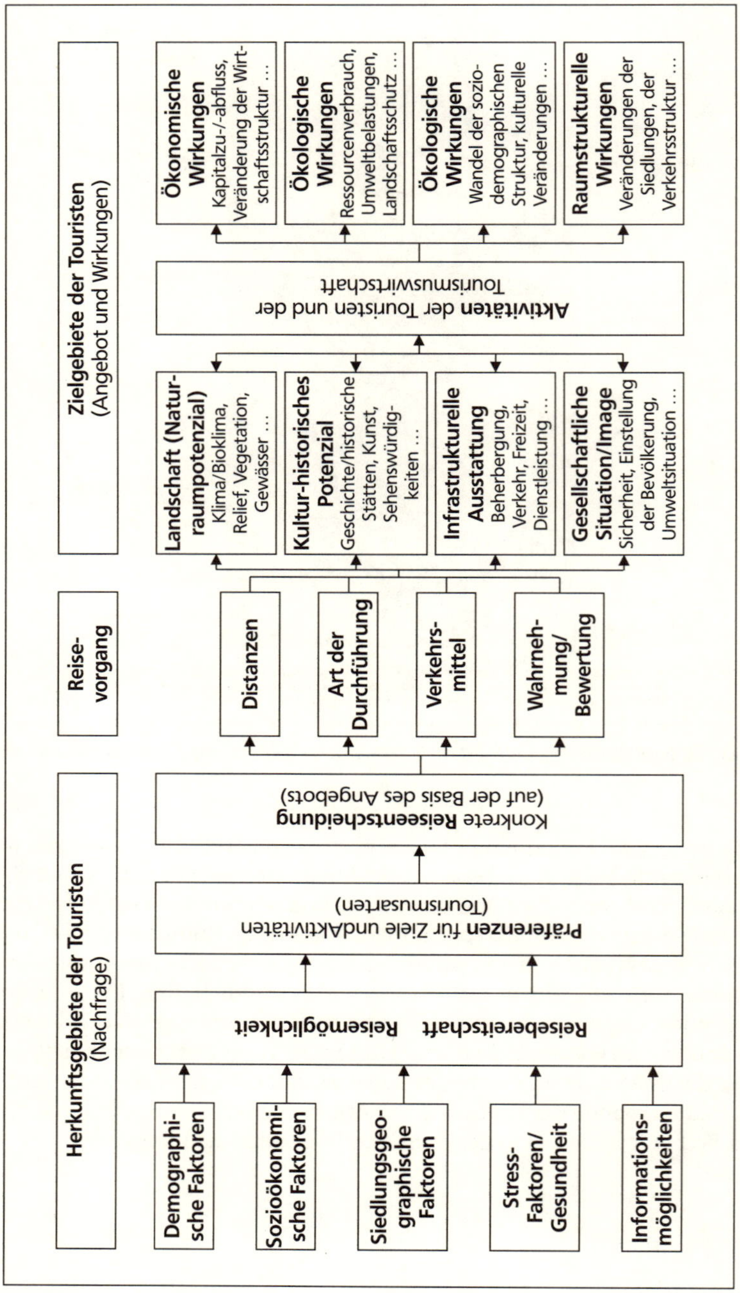

Abb. 2-13: Wirkungszusammenhänge und Rahmenbedingungen im Tourismus (Nach: Kulinat/Steinecke, Geografie des Freizeit- und Fremdenverkehrs)

2.4 Ein Blick in die Zukunft

Sowohl im Bereich der Nachfrage (touristisches Verhalten) als auch im Bereich des Angebots (touristische Produkte, Service) gibt es aktuelle bzw. absehbare Entwicklungen, mit denen der Tourismus bzw. der Touristiker konfrontiert wird. Sicher geschieht dies in dem einen Feld mehr, in einem anderen weniger. Selbstverständlich muss man im konkreten Fall auch die Spezifik des jeweiligen Potenzials bzw. Entwicklungsziels berücksichtigen. Dennoch sollten folgende auch längerfristig und international wirksame Tendenzen im Bereich der **Nachfrage** beachtet werden:

- die Reisezeit wird flexibler => Reisen werden kürzer, dafür aber häufiger,
- die Motive für / die Inhalte bzw. Aktivitäten bei Reisen ändern sich häufiger und weniger logisch => die Reiseziele wechseln schneller / werden vielfältiger,
- das dominante Urlaubsreiseargument bleibt „Sonne, Strand und Meer",
- die Reiseentscheidung fällt spontaner,
- die Ansprüche an das Preis-Leistungs-Verhältnis steigen,
- das Sicherheitsdenken/-gefühl beeinflusst verstärkt die Wahl des Reiseziels,
- die ökologischen Ansprüche an das Urlaubsziel wachsen,
- der Gast denkt bzw. handelt immer „globaler" und sucht (im Gegenzug) die regionale Spezifik.

Im Zusammenhang mit diesen Veränderungen des touristischen Verhaltens stehen die schon angedeuteten neuen Sichtweisen auf bzw. Abgrenzungen von (touristischen) Zielgruppen. Die „klassischen" soziodemographischen Zielgruppen nach Alter, Lebensphase und Familiensituation werden zunehmend überlagert – für das Marketing sogar abgelöst – von Interessen-/ und/oder Lebensstilgruppen. Vor dem Hintergrund des (auf hohem Niveau) stagnierenden/kaum noch wachsenden touristischen Marktes in Deutschland bedeutet das: Der Kuchen „Tourismus" wird in den nächsten Jahren kaum größer – aber er wird anders aufgeteilt!

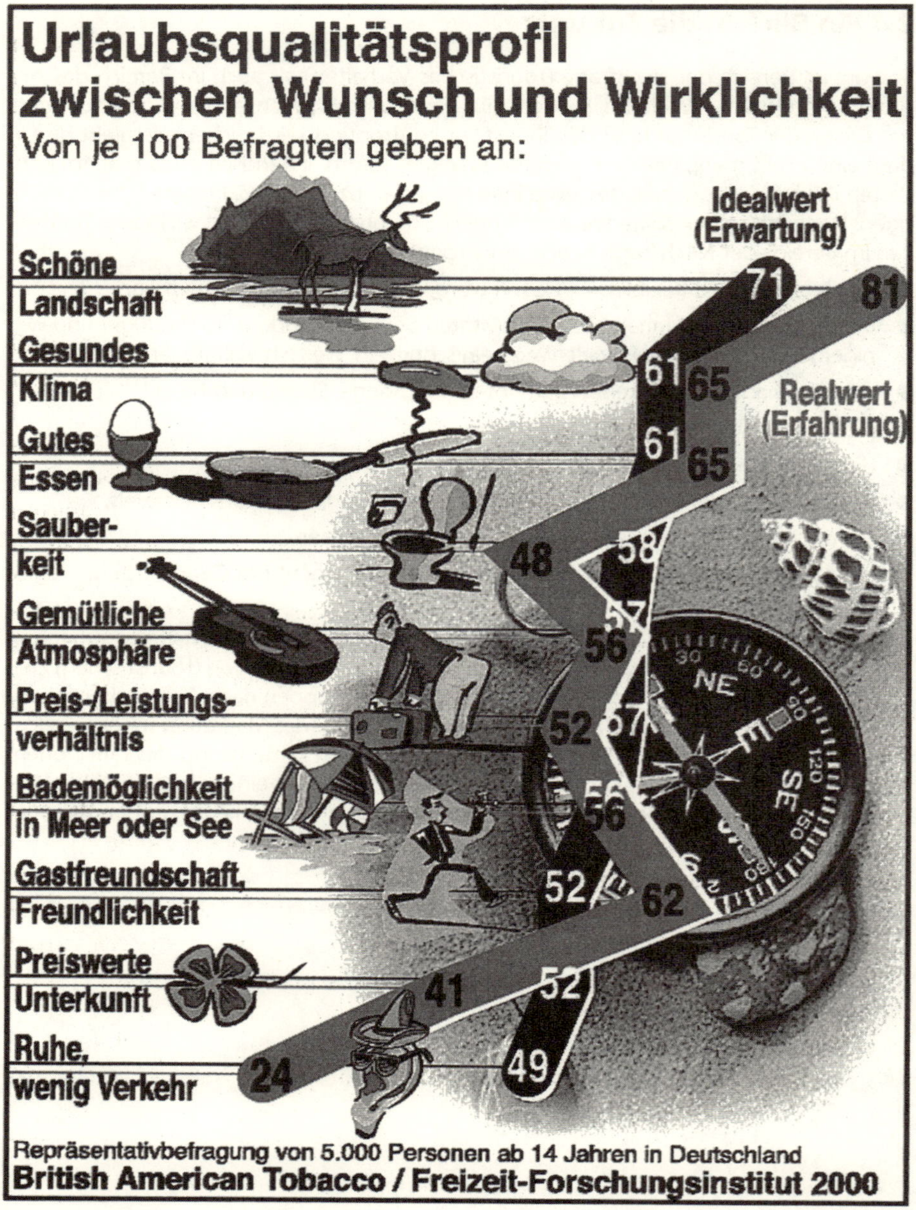

Abb. 2-14: Die zehn Qualitätsmerkmale, die aus Sicht deutscher Urlauber bei der Wahl des Reiseziels wichtig sind

Um an diesen Veränderungen des touristischen Marktes teilhaben zu können, müssen vor allem die Tendenzen im Bereich des **touristischen Angebots** beachtet werden. Diese Entwicklungen zeigen sich vor allem in der Produktgestaltung der großen Tourismuskonzerne, die einerseits die Nachfrage-Veränderungen aufgreifen, andererseits selbst Entwicklungen initiieren und vor allem Standards/Vergleichsmaßstäbe setzen:

- das touristische Produkt wird vielschichtiger/umfassender => „vom Hotel zur Region“,

- die Berechenbarkeit der Produkte steigt (Bausteine, all inclusive) => das Mittelpreissegment wird sich nach oben bzw. unten orientieren,
- die Vergleichbarkeit und die (direkte) Buchbarkeit werden leichter (moderne Kommunikationsmedien),
- die Austauschbarkeit (massen)touristischer Ziele steigt => die konkrete Produktgestaltung wird – scheinbar – individueller (Baukastenprinzip),
- Originalität und Emotionalität steigern Akzeptanz und Bekanntheit des touristischen Produkts,
- Service und Personal bestimmen immer stärker die Zufriedenheit bzw. die (Reise)Entscheidung.

Die erkennbaren Entwicklungen der Rahmenbedingungen des Reisens, sowohl im allgemeinen gesellschaftlichen Umfeld als auch in den der konkreten touristischen Nachfrage sowie im Angebotsbereich spitzen den Wettbewerb um den Touristen auf drei Ebenen zu:

- die **Preisebene:** reale und psychologische Preisgestaltung, Preisstrategien => Pakete, Pauschalen, all inclusive …
- die **Verfügbarkeitsebene:** sie enthält eine „geistige" und eine „materielle" Komponente => Image, Werbung, Information – Vertriebswege, Erreichbarkeit, Buchbarkeit
- die **Qualitätsebene:** hohe Qualität ist nicht mit hohem Preis gleichzusetzen, sondern mit hoher Gästezufriedenheit (Erfüllung von – geweckten – Erwartungshaltungen, Preis-Leistungs-Verhältnis, zielgruppenadäquater Service, Erlebnis-/Neuigkeitseffekte u. v. a. m.); außerdem enthält Qualität auch einen „Verantwortungsaspekt" im Sinne nachhaltiger Tourismusentwicklung => ökologisch (Umgang mit der Umwelt), ökonomisch (betriebs- und regionalwirtschaftliche Effizienz, Arbeitsbedingungen) und sozial (Vereinbarkeit mit anderen Interessen der Bevölkerung vor Ort).

Kein Reiseveranstalter bzw. Reisemittler wird es sich leisten können, auch nur eine dieser Ebenen in seiner Planung bzw. seiner Kommunikation zu vernachlässigen.

Aufgaben

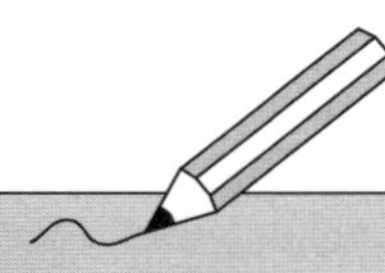

1. Klassifizieren Sie die Rahmenbedingungen des Reisens nach verschiedenen Kriterien (inhaltlich, räumlich, prozessual).
2. Beschreiben Sie die Unterschiede zwischen Freizeit und Arbeitszeit hinsichtlich ihrer touristischen Wirkungen.
3. Erläutern Sie die Hierarchie der individuellen Bedürfnisse und deren touristische Bedeutung.
4. Wählen Sie sich ein (konkretes) touristisches Produkt (Hotel, Ort, Reise) und versuchen Sie, es einem (imaginären) Kunden/Partner zu verkaufen. Berücksichtigen Sie in Ihrem Argumentationsaufbau das AIDA-Prinzip.
5. Begründen Sie die Unterschiede im Reiseverhalten verschiedener Länder ähnlicher bzw. unterschiedlicher kultureller und ökonomischer Entwicklung.
6. Beschreiben Sie den inhaltlichen Unterschied zwischen sozio-demographischer und lebensstil-orientierter Zielgruppendifferenzierung. Vergleichen Sie die Vor- und Nachteile beider Vorgehensweisen für das touristische Marketing.

7. Erläutern Sie die Auswirkungen der Globalisierung auf das touristische Verhalten und auf die Arbeit von Reiseveranstaltern/Reisemittlern.
8. Vergleichen Sie das Naturraumpotenzial einer selbst gewählten Tourismusregion in ihrem Heimatland und einer außereuropäischen Tourismusregion (tabellarisch). Berücksichtigien Sie dabei auch die ökologische Situation.
9. Beschreiben Sie das Kulturraumpotenzial eines selbst gewählten, touristisch bisher wenig genutzten Raumes. Analysieren Sie dabei besonders die spezifisch touristische Infrastruktur. Unterbreiten Sie Vorschläge zu deren Verbesserung.
10. Diskutieren Sie folgenden Ausspruch: „In Zukunft wird es nicht mehr darauf ankommen, dass wir überall hinfahren können, sondern ob es sich noch lohnt, dort anzukommen." (H. Löns, 1908).

Quellen und weiterführende Literatur

Benthien, Bruno, Geographie der Erholung und des Tourismus, Gotha 1997

Deutsche Gesellschaft für Freizeit [Hrsg.], Freizeit in Deutschland 1998, Erkrath 1998

FFTF (Bearbeiter), Landesweites touristisches Marketing-, Organisations- und Kommunikationskonzept für Mecklenburg-Vorpommern, Greifswald/Schwerin 1994 (unveröffentl. Gutachten)

Freyer, Walter, Tourismus-Marketing, München 1997

Haedrich, Günther et al. [Hrsg.], Tourismus-Management, Berlin 1998

Hahn, Heinz; Kagelmann, Jürgen, Tourismuspsychologie und Tourismussoziologie – ein Handbuch zur Tourismuswissenschaft, München 1993

Hopfenbeck, Waldemar; Zimmer, Peter, Umweltorientiertes Tourismusmanagement, Landsberg/Lech 1993

Kaspar, Claude, Die Tourismuslehre im Grundriss, Bern 1996

Kulinat, Klaus; Steinecke, Albrecht, Geographie des Freizeit- und Fremdenverkehrs, Darmstadt 1984

Romeiß-Stracke, Felizitas, Die Veränderungen der gesellschaftlichen Rahmenbedingungen für die Touristik. In: Roth, Peter; Schrand, Axel [Hrsg.], Touristik-Marketing, München 1992, S. 21–28

Zins, Andreas [Hrsg.], Strategisches Management im Tourismus, Wien 1993

3. Strategische Planung

Die strategische Planung hat die Zielsetzung, durch langfristige Strategien den Fortbestand eines Unternehmens zu sichern. Dieser Grundsatz bestimmt auch das Handeln aller Unternehmen in der Reiseindustrie, die für viele Länder zu einem wichtigen Wirtschaftsfaktor geworden ist. Innerhalb der gesamten Reiseindustrie schließt der Begriff „Touristik" alle Leistungsträger ein, deren Dienstleistungen über Reiseveranstalter und Reisemittler angeboten werden. Das sind in der Hauptsache Verkehrsträger und Beherbergungsbetriebe.

Die Zahl der Reisenden, die ein fremdes Land besuchten, hat sich seit 1980 bis heute mehr als verdoppelt.

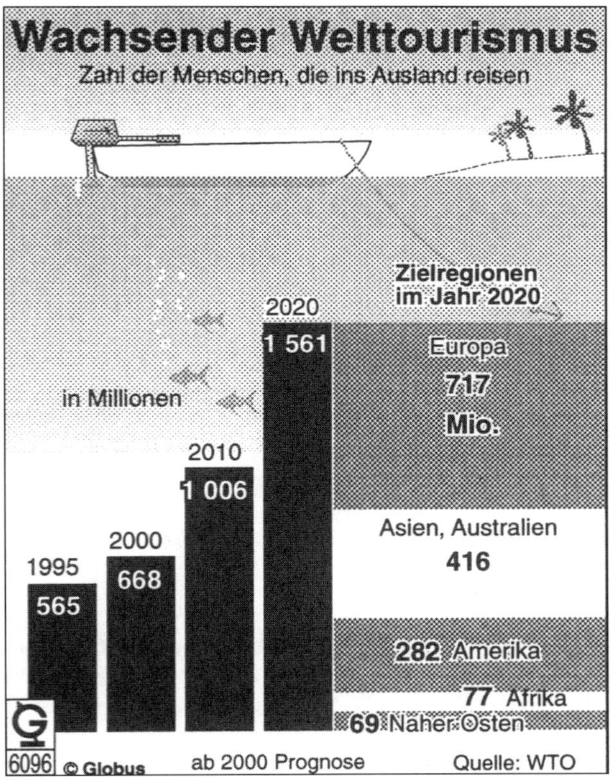

Abb. 3-1: Wachsender Welttourismus

Tourismus gehört zu den Wachstumsbranchen der letzten Jahre. Kaum ein anderer Wirtschaftszweig verzeichnet solche Zuwächse wie das Geschäft mit Urlaub und (Geschäfts-) Reisen. Die Welt-Tourismus-Organisation erwartet, dass sich bis zum Jahr 2020 die Zahl der Reisenden weltweit mehr als verdoppeln wird. Reiseziel Nummer eins wird Europa sein, wo sich die Zahl von 393 Millionen im Jahr 2000 auf 717 Millionen Ankünfte im Jahr 2020 fast verdoppeln wird. Die größten Zuwachsraten verzeichnen der Nahe Osten sowie

Asien und Australien: Mit durchschnittlichen jährlichen Zuwachsraten von mehr als sechs Prozent übertreffen sie das weltweite Wachstum des Tourismus-Marktes von gut vier Prozent deutlich.

Die beliebtesten Reiseländer sind Frankreich, USA, Spanien, Italien, China, Großbritannien. Die wirtschaftliche Bedeutung für ein Empfängerland lässt sich aber eher daran ermessen, wieviel Geld die Reisenden in dem jeweiligen Land ausgegeben haben. Bei diesem Vergleich liegen die USA weit an der Spitze, gefolgt von Italien, Frankreich, Spanien, Großbritannien. Deutschland belegt Rang 10 bezüglich der Besucherzahl; nimmt allerdings hinter Großbritannien Platz 6 ein, wenn es um die Einnahmen geht.

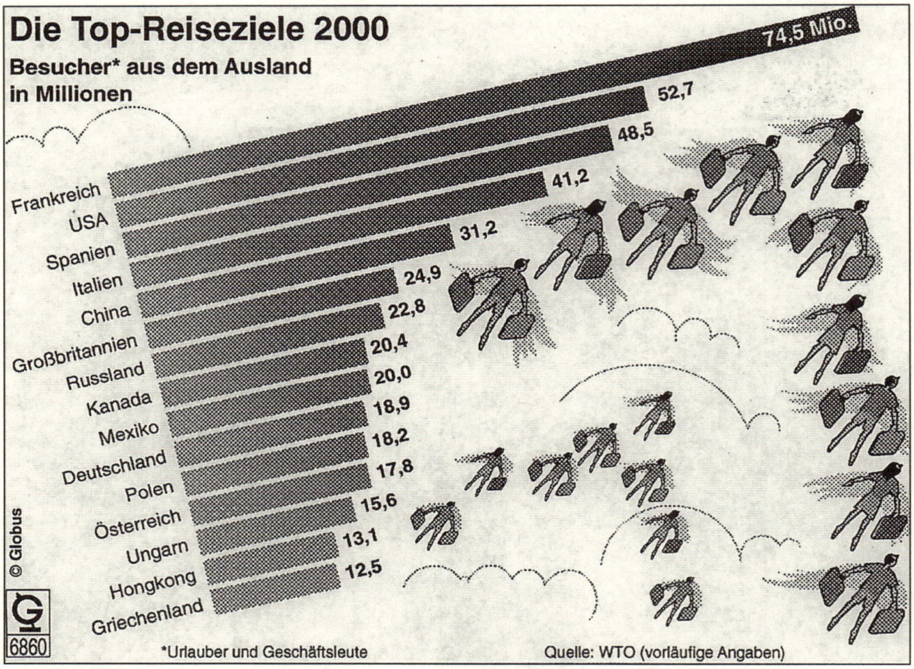

Abb. 3-2: Beliebte Reiseländer

Die **Reiselust** der Deutschen ist zwar ungebrochen, aber Tourismusforscher sehen eine Trendwende bei den **Reisezielen.** So hat bei den Inlandsreisezielen die Ostsee Bayern als gefragteste Ferienregion verdrängt. Von 100 Urlaubern verbrachten acht die schönsten Wochen des Jahres am Ostsee-Strand in Schleswig-Holstein oder Mecklenburg-Vorpommern. Bei den Auslandsreisezielen ist nach wie vor Spanien mit Abstand am beliebtesten, gefolgt von „Bella Italia". Auch in Zukunft will beinahe jeder zweite Bundesbürger eine Reise unternehmen.

Fast die Hälfte der Bundesbürger über 14 Jahren (49 Prozent) ist fest entschlossen, in diesem Jahr in Urlaub zu fahren. Ein knappes Viertel (24 Prozent) will auf jeden Fall zu Hause bleiben. Und eine große Gruppe von 27 Prozent weiß noch nicht, was sie will. Vielleicht packen diese Unentschlossenen noch kurzerhand den Koffer und nehmen ein „Last-minute-Angebot“ wahr. Oder aber sie sparen das Geld und machen Urlaub in Balkonien. Von denen, die eine Reise schon fest eingeplant haben, wollen sich 20 Prozent in Deutschland umsehen, am liebsten an den Küsten oder in Bayern. Mehr als drei Viertel der Reiselustigen dagegen zieht es ins Ausland und dort vorzugsweise in sonnige Gefilde. Spanien, Italien, Griechenland und die Türkei erreichen zusammen 36 Prozent. Im Vergleich zu früheren Jahren ist die Reiselust 2001 eher etwas gedämpft. Dreifach-Sparen ist bei vielen Menschen angesagt, die aufs Reisen nicht verzichten wollen: Weniger reisen, Reisedauer verkürzen, bescheidener mit dem Urlaubsgeld umgehen.

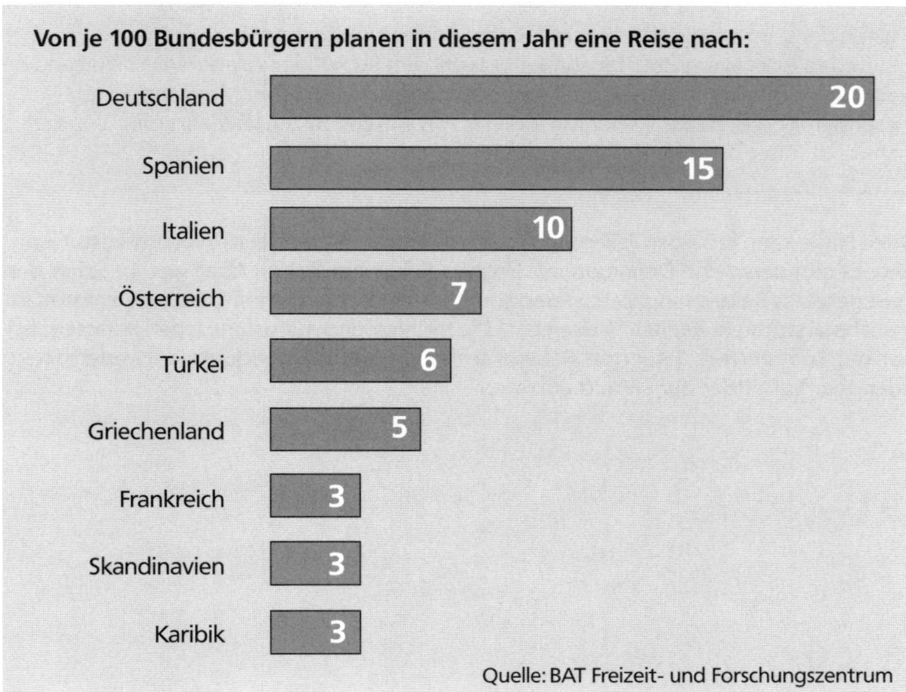

Abb. 3-3: Urlaubspläne 2001

Die Gesamtheit aller Reisenden stellt das **Marktpotenzial** für die **Reiseveranstalter** und **Reisemittler** dar. Als Marktpotenzial wird i.d.R. die überhaupt mögliche Aufnahmefähigkeit eines Marktes für ein Produkt oder eine Dienstleistung bezeichnet. Das Marktpotenzial gibt somit an, wieviel Einheiten eines Produktes auf einem Markt abgesetzt werden können, falls

- alle denkbaren Käufer über das erforderliche Einkommen verfügen würden und
- für den Erwerb „reif“ wären, d.h. ein bewusstes Kaufbedürfnis entwickelt hätten.

In erster Linie bestimmen folgende Faktoren das Marktpotenzial:

- die Zahl potenzieller Nachfrager
- die Bedarfsintensität

- die Markttransparenz
- die Marketingaktivitäten der Anbieter

(vgl. Weis, Hans Christian, Marketing, Ludwigshafen 1995, S. 51).

Das Kundenpotenzial für Reiseveranstalter und Reisemittler besteht aus der Gesamtbevölkerung eines Landes, da bis auf ganz wenige Ausnahmen jeder Mensch in seinem Leben mindestens einmal, in der Regel sogar öfter verreist.

3.1 Reiseveranstalter

Wenn der Vorsitzende eines Kegelklubs aufgefordert wird, für die Klubmitglieder unter Zuhilfenahme der wohl gefüllten Klubkasse einen Wochenendausflug nach Mallorca zu organisieren oder wenn ein Pfarrer in München seinen Gemeindemitgliedern die Teilnahme an einer von ihm geführten Wallfahrt nach Lourdes anbietet, ist er dann ein Reiseveranstalter?

Diese Frage kann in beiden Fällen auf Anhieb nicht klar mit ja oder nein beantwortet werden. Es gibt zwar eine Definition des Begriffs Reiseveranstalter. Aber wer im Sinne des Reisegesetzes Reiseveranstalter ist und somit für alle kontrahierten Leistungen haftet, ist manchmal strittig (s. Kapitel 7, Reiserecht). Die nachfolgenden Ausführungen befassen sich nur mit kommerziell geführten Reiseveranstaltern, die ihre Produkte entweder direkt oder über Vermittler dem Markt anbieten.

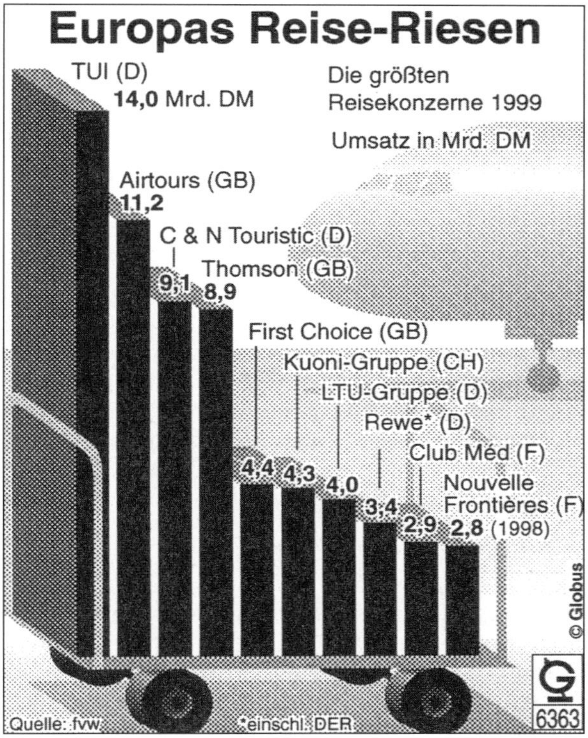

Abb. 3-4: Europas Reise-Riesen

Die TUI-Group ist unangefochten der größte Reisekonzern in Europa. Die Preussag-Tochter erreichte im vergangenen Jahr einen Umsatz von rd. 7,16 Milliarden Euro. Das Wachstum vieler Unternehmen kam zum Teil durch Fusionen und Übernahmen zu Stande. So schluckte die TUI zunächst das britische Reiseunternehmen Thomas Cook; dieser Veranstalter wird nun allerdings aus kartellrechtlichen Gründen wieder abgegeben, da die TUI jetzt den britischen Reise-Giganten Thomson übernehmen wird. Thomson hatte zuvor mit der Nummer 2 auf dem deutschen Reisemarkt, nämlich C & N, in Verhandlungen gestanden, doch diese Übernahme scheiterte überraschend. In die Liste der Top Ten ist jetzt auch das Unternehmen Rewe vorgestoßen, das den DER-Konzern übernahm.

3.1.1 Strukturen

Die Reiseveranstalter in Deutschland entwickelten sich im Laufe der Jahrzehnte nach dem 2. Weltkrieg zu einer Größenordnung, die man bisher nur von großen Unternehmen des produzierenden Gewerbes kannte. Die TUI Touristik Union International z.B. erwirtschaftete im Geschäftsjahr 1995/96 einen Umsatz von rd. 2812 Mio. Euro, 1997/98 waren es rd. 4160 Euro. Eine Größenordnung um die 5 Milliarden Euro ist für das Geschäftsjahr 2000/2001 sicherlich erreichbar.

Zunächst waren es aber örtliche oder höchstens regionale Firmen, die Reisepakete schnürten und zu einem Pauschalpreis anboten. Transportmittel waren die Eisenbahn und der Bus.

Die Rechtsformen der Reiseveranstalter der ersten Generation ergaben sich aus ihrer Entstehungsgeschichte. Es waren Einzelpersonen, die praktisch alles selber machten:

- Festlegung eines Reisezieles
- Vereinbarungen mit den Leistungsträgern Transport und Unterbringung
- Kalkulation des Reisepreises
- Anbieten der Reisen in Anzeigen, erste Reiseprospekte
- Verkauf
- Durchführung der Reise.

Mit den sehr schnell wachsenden Größenordnungen ergab sich zwangsweise die Entwicklung zu Unternehmen mit einer ständig größer werdenden Mitarbeiterzahl. Der Einzelkämpfer der ersten Stunde brauchte Unterstützung.

In den 60er Jahren entwickelte sich der Flugtourismus mit geradezu rasanter Geschwindigkeit. Die Unternehmensrisiken wurden größer. Um aus der persönlichen Haftung herauszukommen, wählte man zunehmend die Rechtsform der GmbH oder der GmbH und Co KG. Die Gründung eines Reiseveranstalters bedurfte keines großen Kapitaleinsatzes. Wie in allen Dienstleistungsunternehmen besteht auch das „Kapital" des Reiseveranstalters hauptsächlich in der Qualität seiner Mitarbeiter.

3.1.2 Produkte

Die Angebotspalette eines Reiseveranstalters entwickelte sich parallel zu den immer komfortabler und weitreichender werdenden Transportmitteln. Der Erholungsurlaub in Form eines reinen Aufenthaltes an einem bekannten Ort im In- oder Ausland war nur der Anfang. Heute ist die individuelle Motivation der Reisenden entscheidend für die Reiseangebote, die ein Reiseveranstalter vorzuhalten hat.

Ein Entscheidungskriterium der Reisenden ist z. B. das Transportmittel. Es gibt Menschen, die niemals ein Flugzeug besteigen. Wer leicht seekrank wird, unternimmt freiwillig keine Hochseekreuzfahrt.

Ein weiteres Entscheidungskriterium betrifft Zweck und Inhalt der Reise. Man will sich z. B. nur erholen, sich sportlich betätigen oder ein richtiges Abenteuer erleben. Auch die Wahl der Jahreszeit für eine Reise ist ein Kriterium.

Der Reiseveranstalter muss also eine sich ständig erweiternde, verändernde und somit vergrößernde **Angebotspalette** vorhalten:

1. Erholungsreisen (z. B. Bade-, Kur-, Cluburlaub)
2. Erlebnisreisen (z. B. Rundreisen, Safaris, Bergwandern, Schiffskreuzfahrten)
3. Sportreisen (z. B. Golfreisen, Reiterferien, Tauchreisen, Skiurlaub)
4. Kulturreisen (z. B. Studienreisen, Festivalreisen)
5. Eventreisen (z. B. Musicalreisen, Weltmeisterschaften, Formel I Rennen).

3.1.3 Marktsegmente

Als Marktsegmentierung bezeichnet man die Aufteilung des Gesamtmarktes in abgrenzbare, möglichst homogene Teilmärkte. Aufgrund dieser Segmentierung lassen sich die infrage kommenden Zielgruppen besser erfassen und gezielter bearbeiten *(vgl. Weis, Hans Christian, Marketing, Ludwigshafen 1995, S. 59).*

Der gesamte Markt, an den sich Reiseveranstalter mit ihren Angeboten wenden können, kann grob in zwei Segmente aufgeteilt werden:

1. Reisende, die entweder alle oder zumindest Teile der Leistungen von Reiseveranstaltern in Anspruch nehmen.
2. Reisende, die alle Leistungen, die ihre Reisen betreffen, mit den entsprechenden Leistungsträgern direkt vereinbaren.

Für den Reiseveranstalter ist also das unter 1.) definierte Marktsegment **sein Markt.** Dieser Markt wird vom Reiseveranstalter unter zwei Aspekten betrachtet:

a) Zielgruppe nach Alter, Geschlecht und Status
b) Zielgruppe nach Reisemotivation.

zu a)

Zielgruppen exakt nach Alter fest abzugrenzen ist problematisch. Wann ist ein junger Mensch noch Jugendlicher, und ab wann ist er ein Erwachsener? Ab welchem Alter gehört man zur Seniorengruppe? Mit 55, 60, 65 oder erst mit 70? Ist ein 13-Jähriger noch Kind oder schon Jugendlicher? Der Reiseveranstalter ist deshalb in der Ansprache einer bestimmten Altersgruppe eher vage und sagt z. B. „Junge Senioren". Lediglich bei echten Kinderreisen findet man genaue Altersangaben, die wegen der Betreuung und der damit verbundenen besonderen Haftung wichtig sind.

Reiseangebote, die sich ausschließlich an ein bestimmtes Geschlecht wenden, sind eher selten zu finden. Es gibt zwar z. B. so genannte „Frauenreisen". Ihre Größenordnung ist jedoch verschwindend gering. Im Zuge der Emanzipation sind auch an sich „typische Männerreisen" wie strapaziöse Entdeckertouren jeglicher Art nicht mehr eine Männerdomäne. Auch das „schwache" Geschlecht nimmt in immer größer werdender Zahl daran teil.

Beim Status ist die Ansprache für den Reiseveranstalter weniger problematisch. Hier kann er z. B., klar definieren „Familien mit Kindern", „Singles", „Alleinreisende" oder auch „Paare", egal ob verheiratet oder nicht.

zu b)

Wichtiger als die Segmentierung nach den Kriterien unter a) ist die möglichst zielgenaue Ansprache des Reisemarktes nach der Motivation der Reisenden. Wenn z. B. eine Familie mit kleinen Kindern einen Erholungsurlaub in gemäßigter Klimazone machen möchte, wird sie sich kaum für Reiseangebote wie Studienreisen oder Golfreisen interessieren. Der Reiseveranstalter muss den Reisemarkt ständig beobachten und daraufhin analysieren, in welcher Größenordnung welche speziellen Reiseangebote (s. unter 3.1.2) nachgefragt werden. Bei Auslandsreisen spielt dabei auch eine Rolle, welches Land besonders beliebt bzw. unbeliebt ist. Der Reiseveranstalter ist zur Vermeidung von Friktionsverlusten bestrebt, alle Angebote marktgerecht sowohl bezüglich der Angebote als auch in der richtigen Größenordnung zu gestalten.

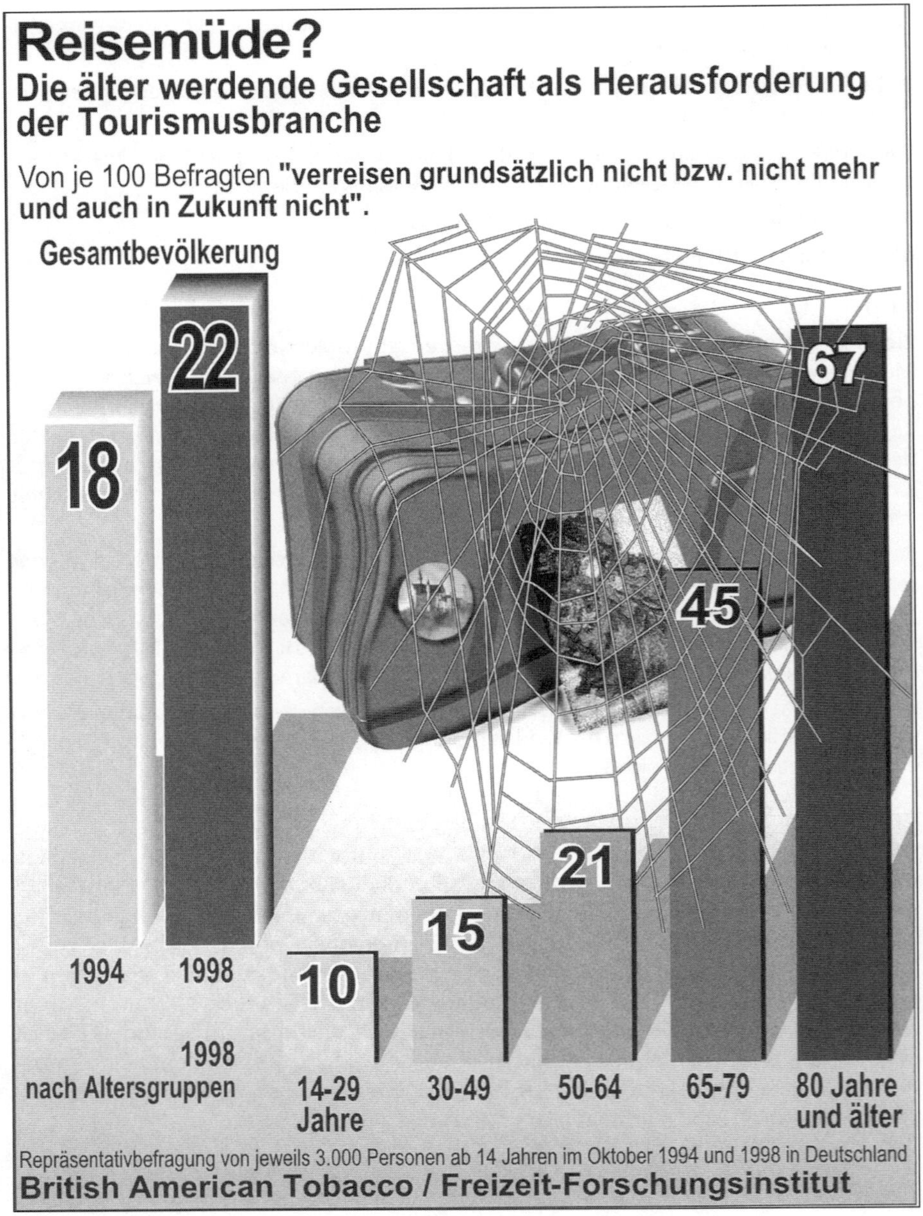

Abb. 3-5: Reisemüde?

3.1.4 Kooperationen

Um Reiseangebote machen zu können, hat der Reiseveranstalter mit den involvierten Leistungsträgern zusammenzuarbeiten. Das geschieht in der Regel auf der Basis von Vereinbarungen in Form von Verträgen, die detailliert beschreiben, wer welche Leistungen erbringt.

Die wichtigsten Leistungsträger für den Reiseveranstalter sind die Verkehrsträger, die Beherbergungsbetriebe und die Zielgebietsagenturen.

Der bedeutendste Verkehrsträger ist heute die jeweilige Fluggesellschaft, wenn man von Reisen mit dem eigenen Pkw absieht.

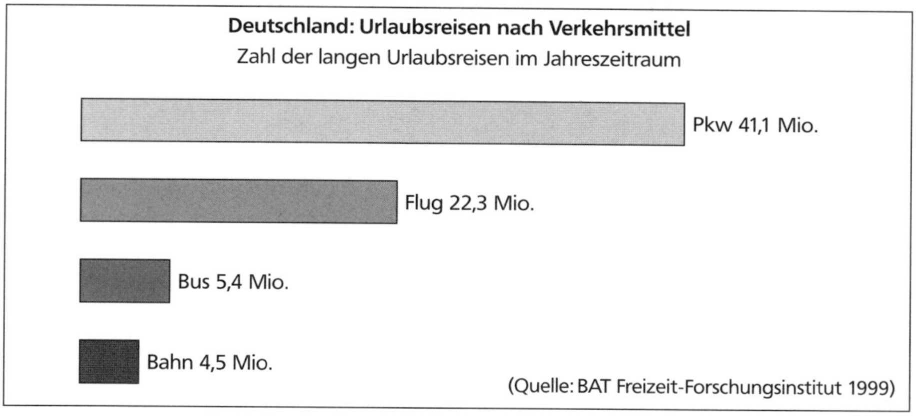

Abb. 3-6: Urlaubsreisen nach Verkehrsträgern, Flugzeug, Bahn, Bus, Pkw

Die Kooperation mit Fluggesellschaften basiert auf unterschiedlichen Verträgen. Mit den Ferienfluggesellschaften, z. B. Condor, LTU oder Hapag Lloyd, werden in der Hauptsache feste Abnahmen von Flugplätzen auf den Charterdestinationen kontrahiert. Entweder schließt der Reiseveranstalter einen **Vollcharter-** oder einen **Teilchartervertrag** ab.

Der **Vollcharter** bedeutet das Mieten eines ganzen Flugzeugs für eine Flugkette über einen bestimmten Zeitraum. Der Reiseveranstalter verfügt somit allein über die gesamte Sitzplatzkapazität.

Beim **Teilcharter** wird nur eine bestimmte Anzahl von Plätzen von einer Charterkette unter Vertrag genommen. Damit kann die restliche Kapazität von anderen Reiseveranstaltern in Anspruch genommen werden.

Beim Voll- und Teilcharter muss der Reiseveranstalter den vereinbarten Vertragspreis bezahlen, unabhängig davon, ob er die Sitzplätze durch seine Gäste tatsächlich belegt.

Eine dritte Möglichkeit zur Sicherung von Flugkapazitäten ist der **Kontingentvertrag.** Hierbei stellt die Fluggesellschaft dem Reiseveranstalter eine bestimmte Anzahl von Sitzplätzen auf einer Flugkette für den Verkauf zur Verfügung. Es wird dabei ein Preis pro Platz (pro rata) festgelegt, der für jeden in Anspruch genommenen Platz in Rechnung gestellt wird. In diesem Fall trägt die Fluggesellschaft das Risiko der Auslastung ihres Flugzeuges. Deshalb enthält ein Kontingentvertrag die Klausel, dass zu einem bestimmten Zeitpunkt vor dem jeweiligen Abflugtag die bis dahin nicht verkauften Sitzplätze der Fluggesellschaft zurückgegeben werden müssen, damit diese Plätze von ihr anderweitig vermarktet werden können. Je kürzer die Verfallsfrist ist, desto länger kann der Reiseveranstalter seinen Verkauf offenhalten.

Bei Destinationen, die nur von Linienfluggesellschaften bedient werden, kann ein Reiseveranstalter nur auf der Basis eines Kontingentvertrages Flugplätze für seinen Verkauf erhalten. Auch hier gelten die gleichen Spielregeln wie bei den Kontingentverträgen mit Ferienfluggesellschaften.

Deutscher Touristikflugmarkt				
Carrier	**Fluggäste 1998 in Mio.**	**Veränderung zu 1997**	**Flottenkapazität im Sommer 1999**	**Veränderung zu 1998**
LTU	7,27[1)]	+ 0,7 %	8 377 Sitze[2)]	+ 3,5 %
Condor	7,27[3)]	– 1,1 %	9 342 Sitze	+ 11,3 %
Hapag-Lloyd Flug	5,36[4)]	+ 9,7 %	5 542 Sitze	+ 5,7 %
Aero Lloyd	3,09[5)]	– 1,9 %	3 394 Sitze	+ 2,8 %
Air Berlin	2,04	+ 28,8 %	2 474 Sitze	+ 45,2 %
Germania	1,34[6)]	– 3,4 %	1 152 Sitze	– 11,1 %
Sun Express	0,73[7)]	– 17,0 %	781 Sitze	± 0 %
Eurowings	0,46	+ 33,6 %	426 Sitze	± 0 %
Britannia	0,46[8)]	k. V.	984 Sitze	+ 50,0 %
Deutsche BA	0,18	± 0 %	k.V.[9)]	k.V.
Fly FTI	–	–	710 Sitze	k.V.
Hamburg Intl.	–	–	296 Sitze	k.V.
Transaer Cologne	–	–	180 Sitze	k.V.
Insgesamt	28,12	+ 4,2 %	33 658 Sitze	+ 12,6 %

1) ex Salzburg und Zürich wurden 52 690 Passagiere geflogen, 2) inklusive sieben von der Germania angemietete Boeing B-737-700, 3) für Touristikjahr (November bis Oktober) und mit 0,04 Mio. Ad-hoc-Verkehr ab Basel und Luxemburg, 4) inklusive Passagiere ex Luxemburg und Schweiz, 5) davon 0,25 Mio. aus Österreich befördert, 6) inklusive 5515 ab ausländischen Flughäfen beförderten Passagieren, aber ohne Subcharter für Condor 498 928, für LTU 43 437 und für Deutsche BA 25 000, 7) davon 85 Prozent ab und an deutschen Flughäfen, 8) davon 0,04 Mio. ab Auslandsflughäfen, 9) da nur Restkapazitäten von Linienmaschinen verkauft werden.

Quelle: fvw international

Abb. 3-7: Deutscher Touristikflugmarkt

Mit den unterschiedlichen Beherbergungsbetrieben, wie Pensionen, Hotels, Ferienclubs, Appartementanlagen, schließt der Reiseveranstalter **Belegungsverträge** ab. Sie gleichen in ihrer Funktion vielfach den Verträgen im Flugbereich.

Bei der **Festmiete** werden entweder die gesamte Bettenkapazität eines Beherbergungsbetriebes oder auch nur ein bestimmter Teil davon für die Dauer einer Saison dem Reiseveranstalter gegen einen Festpreis zur alleinigen Verfügung überlassen. Das Risiko der Auslastung liegt ausschließlich beim Reiseveranstalter. Bei dieser Vertragsart muss er häufig zumindest einen Teil des Festpreises bei Vertragsabschluss und damit weit vor Beginn seines Verkaufs bezahlen.

Eine modifizierte Art der Festmiete stellt ein Vertrag mit **Belegungsgarantie** dar. Hier garantiert der Reiseveranstalter eine bestimmte Auslastung der kontrahierten Bettenkapazität über die ganze Saison, z. B. 80 Prozent. Wenn die garantierte Auslastung nicht erreicht wird, muss der Reiseveranstalter am Ende der Saison die Differenz zwischen Garantie und tatsächlicher Auslastung bezahlen.

Auf der Basis eines **Kontingentvertrages** erhält der Reiseveranstalter eine festgelegte Bettenanzahl zum Verkauf zur Verfügung. Es werden ihm hierbei nur die belegten Betten in Rechnung gestellt. Das Risiko der Auslastung trägt der Beherbergungsbetrieb. Deshalb erhält der Reiseveranstalter das Verfügungsrecht über die kontrahierten Betten nur bis zu einem bestimmten Verfallsdatum. Diese Verfallsfrist kann von mehreren Wochen bis zu wenigen Tagen vor dem jeweiligen Aufenthaltsbeginn reichen.

Reiseangebote schließen außer Transport und Unterbringung bei Bahn- und Flugpauschalreisen den Transfer vom Bahnhof bzw. Flughafen zur Unterkunft ein. Das wird in der Regel von einer **Zielgebietsagentur** durchgeführt.

Die Kooperation des Reiseveranstalters mit der Zielgebietsagentur erstreckt sich oft noch auf weitere Dienstleistungen. Wenn z. B. keine eigenen Mitarbeiter die Funktion des Reiseleiters ausüben, wird diese Tätigkeit von Mitarbeitern der Zielgebietsagentur wahrgenommen. Diese bieten dann den Gästen auch weitere Leistungen an, z. B. Ausflüge und Mietwagen.

In vielen Fällen schließt die Zielgebietsagentur im Auftrag des Reiseveranstalters auch Beherbergungsverträge ab und überwacht während der Saison die korrekte Ausführung der vereinbarten Leistungen.

Zielgebietsagenturen arbeiten fast immer für mehrere Reiseveranstalter aus verschiedenen Herkunftsländern, um den Bestand ihres Unternehmens abzusichern. Das bringt Interessenkonflikte mit sich. Die Kooperation zwischen Reiseveranstalter und Zielgebietsagentur erfordert daher ein besonders gutes Vertrauensverhältnis untereinander.

3.1.5 Beteiligungen

Die beste Möglichkeit für einen Reiseveranstalter, sich die Zuverlässigkeit und Qualität der verschiedenen Leistungsträger zu sichern, besteht nicht allein in vertrauensvoller, guter Zusammenarbeit und Verträgen, mit denen beide Seiten zufrieden sein können. Wenn man direkten Einfluss auf die Führung eines Unternehmens ausüben will, muss man über entsprechende Kapitalbeteiligungen verfügen. Es war nur eine Frage der Zeit, bis Reiseveranstalter so kapitalkräftig geworden waren, dass sie an eine Beteiligung bei ihren verschiedenen Leistungsträgern denken konnten.

iberotel
Beteiligung 100 %
Betten 6.513

RIU
Beteiligung 50 %
Betten 47.425

Grupotel
Beteiligung 50 %
Betten 12.819

GRECOTEL
Beteiligung 50 %
Betten 8.277

Dorfhotel
Beteiligung 100 %
Betten 2.912

ROBINSON
Beteiligung 100 %
Betten 12.742

SWISS INN
Beteiligung 60 %
Betten 1.864

Abb. 3-8: Hotelbeteiligungen TUI Group, Stand März 2000

Bei der Beurteilung der einzelnen Leistungsträger durch die Gäste eines Reiseveranstalters stehen die **Beherbergungsbetriebe** in ihrer Bedeutung an erster Stelle. Das ist verständlich, da ein Reisender auf seiner Urlaubsreise die längste Zeit in seiner Unterkunft verbringt. Deren Qualität und damit die Zufriedenheit eines Gastes sind für den Erfolg eines Reiseveranstalters, neben der Zuverlässigkeit des Leistungsträgers Transport, absolut entscheidend.

Die „Sicherung guter Betten" ist für einen Reiseveranstalter existenziell. Die Beteiligung deutscher Reiseveranstalter an Unternehmen der Beherbergungsbranche hat inzwischen ein solches Ausmaß angenommen, dass ein großer Prozentsatz der Kunden bereits in „eigenen Betten" schläft. Diese Entwicklung geht immer noch kontinuierlich weiter.

Zielgebietsagenturen (s. 3.1.4) sind vor allem in großen Urlaubszielen, z. B. Mallorca, wichtige Partner. Viele Reiseveranstalter haben in den Ländern, wo die Gesetze es zulassen, Beteiligungen an den Agenturen erworben oder sie auch ganz übernommen.

Beteiligungen in anderen Ländern beschränken sich aber nicht nur auf Beherbergungsbetriebe und Agenturen. Deutsche Reiseveranstalter haben sich im Ausland in Unternehmen eingekauft, die dort etablierte Veranstalter sind. Das gilt allerdings auch umgekehrt. Ausländische Beteiligungen an deutschen Unternehmen gibt es ebenfalls seit 1998. Die Globalisierung in der weltweiten Reiseindustrie wird dazu führen, dass – wie in der Autoindustrie – die Zusammenschlüsse immer größer und internationaler werden.

Als Beispiel für das bisher schon erreichte Ausmaß an Beteiligungen im In- und Ausland steht die TUI Touristik Union International, die an mehr als 100 Firmen entweder alle oder entscheidende Anteile besitzt.

<table>
<tr><th></th><th>Reisebüros</th><th>Veranstalter/Marken</th><th>Flugzeuge/ Sitzplätze</th><th>Incoming</th><th>Hotels/ Betten</th></tr>
<tr><td>Deutschland</td><td>1.525</td><td>15</td><td>29/ 5.592</td><td rowspan="7">18 Incoming Agenturen

Reiseleitung in 69 Ländern</td><td rowspan="7">187 Hotels / 92.552 Betten in 19 Ländern</td></tr>
<tr><td>Frankreich</td><td>362</td><td>9</td><td></td></tr>
<tr><td>Belgien</td><td>137</td><td>3</td><td></td></tr>
<tr><td>Schweiz</td><td>61</td><td>3</td><td></td></tr>
<tr><td>Österreich</td><td>43</td><td>3</td><td></td></tr>
<tr><td>Spanien</td><td>64</td><td>2</td><td></td></tr>
<tr><td>Groß-britannien</td><td>1.436</td><td>4</td><td>33/ 8.589</td></tr>
<tr><td>Total</td><td>**3.628**</td><td>**39**</td><td>62/ 14.181</td><td>**18**</td><td>**187/ 92.552**</td></tr>
</table>

Abb. 3-9: TUI-Beteiligungen im Jahr 2000

(Aus: http://www.tui.com/deutsch/zahlen.html)

3.1.6 Konzentration

„Die Europäisierung und Globalisierung schreiten auch in der Tourismusindustrie voran und werden noch weitere Länder in Europa betreffen. Es bleibt spannend." *(Statement des Vorstandsvorsitzenden der TUI Dr. Ralf Corsten anläßlich der Bilanzvorstellung 97/98 am 22. 2. 99 in Hannover).*

In der Anfangsphase der Entwicklung der Reiseindustrie nach 1945 konnten Reiseveranstalter unterschiedlicher Größenordnungen vor allem deshalb wirtschaftlich sprunghaft wachsen, weil die ständig steigende Nachfrage nach Urlaubsreisen einen Verkäufermarkt erzeugte.

Mit dem Einstieg der Versandhäuser Quelle und Neckermann Anfang der 60er Jahre änderte sich die Situation. Das Zeitalter der Auslandsreisen mit gecharterten Flugzeugen brach an. Die bis dahin ohne große Konkurrenz existierenden Firmen wie z. B. Touropa, Scharnow oder Hummel Reise gerieten unter enormen Preisdruck, weil die Versender die übliche konservative Kalkulation durch eine aggressive Preispolitik angriffen.

Gleichzeitig wurden die Flugzeuge immer größer und schneller. Auch die Anzahl der Flughäfen, sowohl der Abflughäfen als auch der Zielgebietsflughäfen, nahm von Jahr zu Jahr zu. Selbst große Reiseveranstalter konnten nicht mehr wie bisher auf Vollcharterbasis für alle Destinationen arbeiten. Nach der Übergangsphase einer mehr oder weniger engen Zusammenarbeit unterschiedlicher Reiseveranstalter, um die großen Flugkapazitäten gemeinschaftlich auszulasten, kam es zu Firmenkonzentrationen.

Beispielhaft dafür steht die Entwicklung der Touristik Union International, die 1968 von den Unternehmen Touropa, Scharnow, Hummel Reise und Dr. Tiggesfahrten gegründet wurde. In der ersten Entwicklungsstufe wurde für alle Firmen der Einkauf bei den einzelnen Leistungsträgern konzentriert. Die Markennamen blieben erhalten; bei den Angeboten gab es weiterhin Überschneidungen.

Sehr schnell wurden dann den Firmen einzelne Produktgruppen zugeordnet. Beispiel: Hummel wurde reiner Bahnanbieter, Dr. Tiggesfahrten wurde reiner Studienreisenspezialist.

Heute sind alle Markennamen bis auf die der Spezialanbieter verschwunden. Die Angebotspalette der TUI richtet sich an den Marktsegmenten aus (s. 3.1.3). Vermarktet werden alle Produkte unter dem Motto „TUI Schöne Ferien".

In den letzten Jahren hat die Konzentration in der deutschen Reiseindustrie eine Form angenommen, die die bisherigen Strukturen völlig veränderte. Die rechtlich und wirtschaftlich eigenständigen Transportunternehmen, Beherbergungsbetriebe, Reiseveranstalter, Reisebüros und Zielgebietsagenturen werden in immer größer werdenden Firmenzusammenschlüssen konzentriert. Die traditionellen Eigentümer werden von kapitalkräftigen Unternehmen abgelöst, z. B. Karstadt AG und Lufthansa AG, da der Wachstumsmarkt Reisen im Gegensatz zu anderen Industrien eine positive Entwicklung verspricht. So hat der Kölner Handelskonzern Rewe vollständig die Düsseldorfer LTU Touristik GmbH übernommen und beteiligt sich mit 40 Prozent an der LTU Fluggesellschaft. Damit schließen die Unternehmen nach eigenen Angaben zum Branchenzweiten in Deutschland, C&N Touristic AG, auf. Die neue Gruppe werde rund 14 Milliarden im Jahr umsetzen und unter anderem aus den Reiseveranstaltern ITS, Dertour, ADAC-Reisen sowie Atlas-Reisen bestehen.

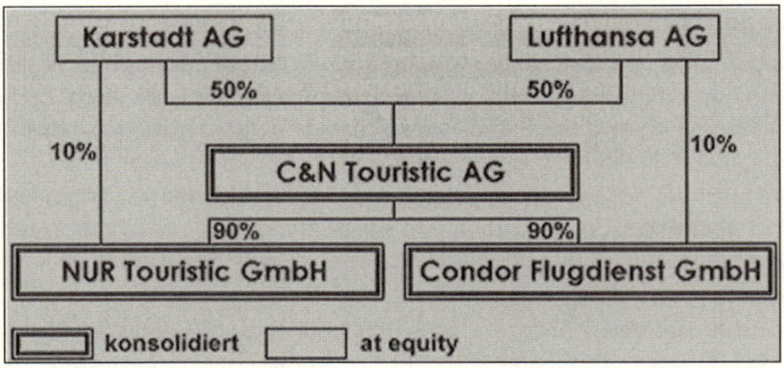

Abb. 3-10: Konzentration „Wer bei wem"

Es ist nicht auszuschließen, dass zukünftig auch andere Kapitalanleger sich am Touristikmarkt beteiligen werden, z.B. Versicherungen, da diese jetzt schon bei allen Leistungsträgern involviert sind.

3.2 Reisemittler

Seit es organisierte Reisen gibt, werden diese in der Hauptsache von Reisemittlern, den Reisebüros, vermarktet. Reisebüros vermitteln aber auch einzelne Leistungen von Fluggesellschaften, Schifffahrtsgesellschaften, der Bahn, Beherbergungsbetrieben, Autovermietern, Versicherungen. Manche Reisebüros erweitern ihr Verkaufsangebot auch um Artikel, die in einem Zusammenhang mit dem Thema Reisen stehen, z.B. Landkarten und Reiseführer.

Reisevermittlungsstellen

		1996	1997	1998	1999
Klassische Voll-Reisebüros		5.374	6.079	6.198	6.348
davon:	Stationäre Reisebüros	4.398	4.863	5.014	5.116
	Business Travel	927	1.175	1.158	1.175
	Gruppenreisedienste	49	41	26	57
Touristik-Reisebüros		8.776	9.696	8.015	7.657
Nebenerwerbsbüros		1.389	1.843	1.935	2.400
Sonstige Buchungsstellen		2.870	3.253	3.470	4.125
Gesamt:		**18.409**	**20.871**	**19.618**	**20.530**
davon:					
● IATA-Agenturen		4.489	4.591	4.690	4.771
● DB-Agenturen		3.609	3.813	3.904	3.980

Abb. 3-11: Reisebüros

(Aus: DRV-Vertriebsdatenbank)

Das Reisebüro als typischer Reisemittler hat einmal Rechtsbeziehungen zum Veranstalter, aber auch Vertragsbeziehungen zum Reisenden. Reisevermittlung liegt vor bei Vermittlung fremder Reiseleistungen *(vgl. Mundt, 1998, S. 167).*

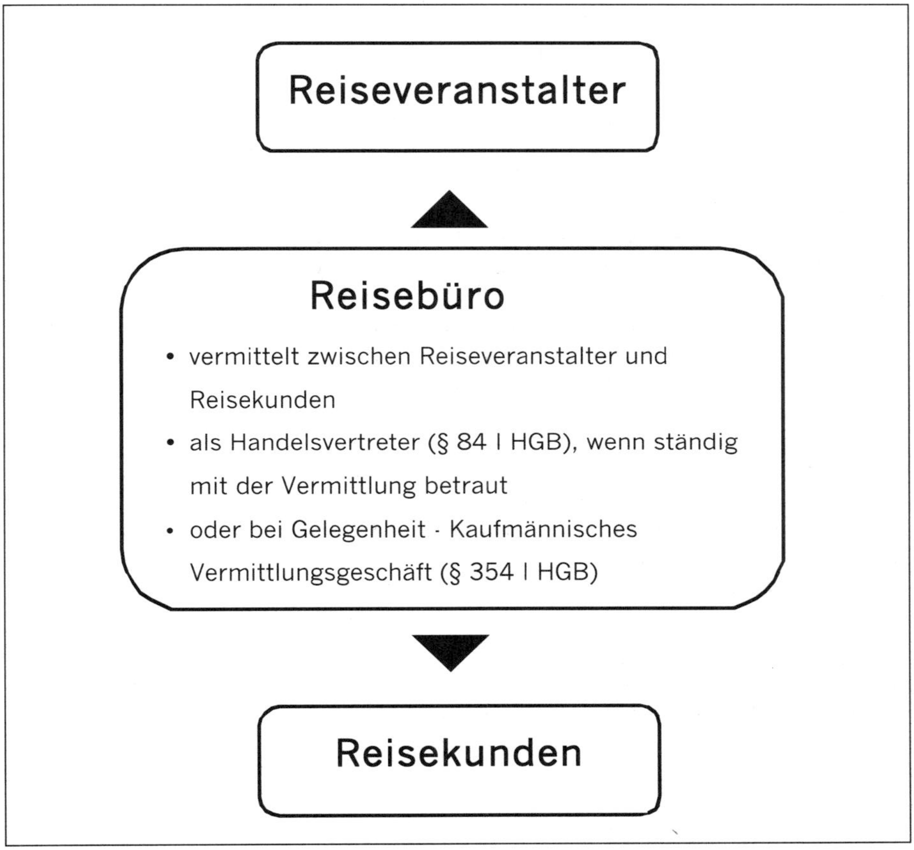

Abb. 3-12: Reiseveranstalter
(Nach: Dettmer, H. [Hrsg.], Tourismus-Marketing-Management, München/Wien 1999, S. 586)

Die exakte Abgrenzung von Reiseveranstalter und Reisemittler beschreibt das Kapitel 9 Reiserecht unter 9.3.

„Die Konzentrationsprozesse bei Leistungsträgern und Veranstaltern verändern die Reisebürolandschaft grundlegend. Nettoraten, Volumenvereinbarungen und Beratungsgebühren verdrängen zusehends das klassische Provisionsgeschäft. Ketten- und Franchisesysteme werden weiter Marktanteile gewinnen." *(Manfred Rudolph in der Sondernummer Dezember '98 der Fachzeitschrift „Touristik R.E.P.O.R.T")*

3.2.1 Strukturen

Im Gegensatz zum Reiseveranstalter hat sich das Reisebüro seine klassische Form von Anbeginn an erhalten. Es ist ein reiner Verkäufer von Dienstleistungen, die es aber nur vermittelt und nicht selbst erbringt. Dafür erhält es ein Entgelt in Form von Provisionen, deren Höhe meistens in einem Prozentsatz vom Verkaufspreis festgelegt ist.

Der Standort eines Reisebüros bedingt den Umfang seiner Geschäftstätigkeit. In zentraler Geschäftslage einer größeren Stadt ist die Kundenstruktur anders als in einer ländlichen Kleinstadt ohne direkte Anbindung an große Verkehrsträger.

Welche innere und äußere Struktur ein Reisebüro hat, hängt aber auch von seiner Größenordnung ab. In einem kleinen Reisebüro, das nicht mehr als 0,5 bis 1,5 Mio. Euro Umsatz generiert, müssen die im Höchstfall bis zu drei Mitarbeiter alles verkaufen können, was Kunden nachfragen. Bei größeren Reisebüros mit allen Lizenzen wird der Verkauf z. B. eingeteilt in Touristik, Flugtickets, Bahnfahrkarten, Sonstiges. Für jeden Bereich gibt es speziell ausgebildete Mitarbeiter.

Die Rechtsform eines Reisebüros hängt in der Regel ebenfalls von der Größenordnung ab. Bei kleinen Büros ist der Inhaber häufig der Eigentümer und führt seinen Betrieb als Einzelhandelskaufmann. Bei größeren Betrieben wird aus Gründen der Haftungsbeschränkung die Rechtsform der GmbH gewählt. In diesen Fällen gibt es häufiger einen verantwortlichen Geschäftsführer, der nicht gleichzeitig Inhaber von Geschäftsanteilen ist, sondern lediglich Angestellter der GmbH.

KETTEN UND FRANCHISE

Durchschnittsumsatz pro Agentur 1998/99 in Mio. EUR					
Unternehmen	**1998**	**1999**	**Unternehmen**	**1998**	**1999**
American Express	6,70	7,77	Atlas	1,59	1,64
Carlson Wagontit	4,09	6,85	Reiseland	1,33	1,59
Travel Overland	5,78	6,14	Alpha	1,48	1,53
Hapag-Lloyd	4,09	4,65	Holiday Land	1,43	1,43
DER	3,53	3,78	Holiday Express	1,33	1,38
BTI Euro Lloyd	3,43	3,58	NVAG	1,18	1,33
First inkl. Th. Cook	3,17	3,17	Uniglobe	1,02	1,23
LCC	3,17	3,07	Quelle	1,02	1,12
Karstadt	2,56	2,61	Flugbörse	1,07	1,07
STA Travel	2,86	2,56	Alltours	0,97	1,02
ADAC	-	2,15	Allkauf/FTI	0,97	0,97
TUI Reise Center	1,89	1,74	Travel Point	0,66	0,82
Neckermann	1,64	1,69			

Abb. 3-13: Ketten und Franchise

(Aus: fvw international, Reisebüro-Ketten und Kooperationen, Beilage Nr. 14 vom 9. 6. 2000, S. 6)

3.2.2 Produkte

Im Verhältnis der Reiseveranstalter und anderer Leistungsträger zu den Reisemittlern gilt immer noch die „Preisbindung der zweiten Hand". Das Reisebüro kann sich zwar die Produkte auswählen, die es seinen Kunden anbieten möchte; die Gestaltung der Verkaufspreise ist ihm aber nicht erlaubt. Das wird sich allerdings in den nächsten Jahren ändern, da die für diese Frage zuständige Europäische Kommission in Brüssel bereits festgelegt hat, dass die Preisbindung aufzuheben ist, so wie dies in den Niederlanden z. B. bereits geschehen ist. Die Auswirkungen sind bis jetzt aber noch nicht erkennbar.

Das von seinem Umfang her bedeutendste Produkt für ein Reisebüro sind die Urlaubspauschalreisen. Der zweitgrößte Umsatzträger ist der Verkauf von Flugtickets. Danach kommt der Umsatzanteil des Bahnfahrkartenverkaufs.

Reisevermittlungsumsätze 1999 in Mio. EUR

	Deutsche Reisebüro-Ketten und Franchise-Systeme	Deutsche Reisebüro-Kooperationen
Gesamtumsatz	**12712,5**	**10405,5**
Anteil Firmengeschäft	43,34 %	16,44 %
Anteil Privatkundengeschäft	56,66 %	83,56 %
Anteile vom Gesamtumsatz:		
Flug	43,31 %	21,01 %
Bahn	5,91 %	4,85 %
Touristik	47,73 %	70,37 %
sonstiges	3,06 %	3,77 %

Abb. 3-14: Reisevermittlungsumsätze mit Anteilen nach Geschäftsbereichen/-partnern (Nach: fvw international: Reisebüro-Ketten und Kooperationen, Nr. 14, 9. 6. 2000 und eigenen Informationen/Darstellungen)

Für welche Angebotspalette sich ein Reisebüro entschließt, hängt von verschiedenen Faktoren ab. Entscheidend ist, ob der für ein Produkt erforderliche Aufwand von den erzielten Erträgen gedeckt wird. Betriebswirtschaftliche Untersuchungen haben z. B. für den Bahnfahrkartenverkauf ergeben, dass nur ein Umsatz, der mehr als 250 000 Euro beträgt, durch die damit zu erzielende Provision die direkten Kosten erwirtschaftet. Der durchschnittliche Verkaufspreis pro Fahrkarte liegt unter 50,00 Euro. Die Vielfalt der Bahntarife für das Inland und das Ausland verlangt für die Beratung der Kunden eine sehr gute Produktkenntnis. Die Beratungsdauer steht in einem schlechten Verhältnis zum erreichbaren Provisionserlös, der im Durchschnitt im einstelligen Bereich liegt. Außerdem ändern sich in kurzen Zeitabständen die Konditionen für Sonderofferten der Bahnen, deren Kenntnis die Mitarbeiter im Reisebüro zu beherrschen haben. Wenn also der Gesamtumsatz des Bahnfahrkartenverkaufs ein zu niedriger ist, bedeutet das Vorhalten dieses Produktes ein Verlustgeschäft.

Der **Touristikverkauf** ist dagegen interessanter. Die großen Reiseveranstalter erreichen einen Durchschnittsverkaufspreis von über 500,00 Euro pro Person bei einer Pauschalreise. Bei einer Provision, die in der Regel 10% und mehr beträgt, decken die erzielten Erlöse den für die Produkte erforderlichen Aufwand in jedem Fall.

Beim Verkauf von Flugtickets hat sich die Situation für die Reisebüros in jüngster Zeit erheblich verschlechtert. Die Fluggesellschaften haben die Provisionssätze stark reduziert, z. B. die Lufthansa für Flüge innerhalb Deutschlands von 9 % auf 6 %. Sie setzen mehr und mehr auf ihren Direktverkauf, um die Mittlerprovision einzusparen.

Viele Reisebüros versuchen, durch Eigenveranstaltungen, z. B. spezielle Gruppenreisen, ihre Ertragslage zu verbessern. Hierbei können sie die Höhe des Deckungsbeitrages innerhalb des Verkaufspreises selbst festlegen. Allerdings sind die Reisebüros dann bezüglich ihres Risikos und der Haftungsfragen einem Reiseveranstalter gleichgestellt.

3.2.3 Marktsegmente

Das **klassische** Reisebüro hat praktisch zwei Marktsegmente:

a) Stamm- und Laufkundschaft

b) Firmenkundschaft.

Zu a) In diesem Segment finden wir die wohl typischste Reisebüroklientel. Es sind Einzelkunden, die entweder ihre Jahresurlaubsreise, ein Flugticket oder auch nur eine einfache Bahnfahrkarte kaufen wollen. Die Qualität der Mitarbeiter im Verkauf ist entscheidend dafür, in welchem Umfang das Reisebüro eine Stammkundschaft aufbauen kann. Die Anzahl der Laufkunden richtet sich dagegen primär nach dem Standort. Welche Motive die Kunden bei der Wahl ihres Reisebüros haben, verdeutlicht nachstehende Untersuchung:

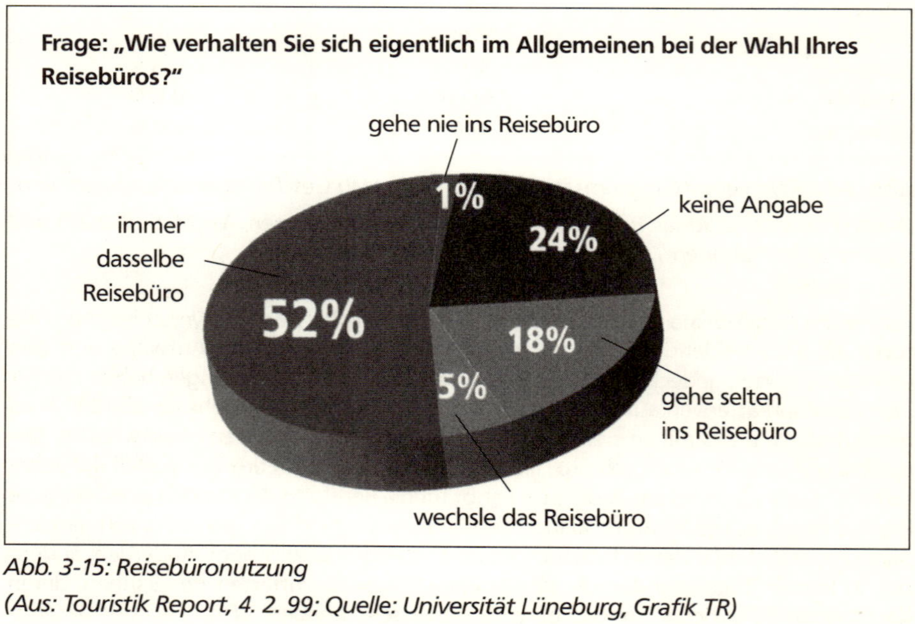

Abb. 3-15: Reisebüronutzung

(Aus: Touristik Report, 4. 2. 99; Quelle: Universität Lüneburg, Grafik TR)

Zu b) Dieses Marktsegment wird auch Firmendienst genannt. Die Leistungen des Reisebüros weisen hier eine breite Palette auf. Sie reicht von der Belieferung der Unternehmen mit Bahnfahrkarten und Flugtickets, die diese bestellt haben, bis hin zur Organisation kompletter Dienstreisen einschließlich Unterbringung und Mietwagen sowie der buchhalterischen Führung des gesamten Reisebudgets eines großen Unternehmens. Bei entsprechendem Arbeitsumfang implantieren Reisebüros eigene „Reisestellen" in den betroffenen Unternehmen. Die Konsequenz ist häufig, dass deren Mitarbeiter auch andere Leistungen der Reisestelle in Anspruch nehmen, sei es für Privatreisen oder die eigene Urlaubsreise.

Das **spezielle** Reisebüro wendet sich innerhalb der gesamten Reisebürokundschaft an ganz exakt abgegrenzte Interessengruppen. So gibt es z. B. Reisebüros, die ausschließlich den „Last Minute" Verkauf betreiben. Andere Spezialisten verkaufen nur Fernreisen in bestimmte Länder. Das gesamte Spektrum von Spezialreisebüros reicht bis hin zu den Studentenreisebüros, die meist auf dem Hochschulgelände angesiedelt sind und heute fast ausschließlich preiswerte Studentenflüge vertreiben.

3.2.4 Kooperationen

Wie unter 3.2.2 ausgeführt, ist der größte Umsatzfaktor im Reisebüro der Touristikverkauf. Er basiert auf Agenturverträgen zwischen den Reiseveranstaltern und ihren Agenturen, den Reisebüros. Diese Verträge beinhalten die Spielregeln der Zusammenarbeit.

Ein wichtiger Punkt ist dabei die Festlegung der Provisionskonditionen. Jeder Veranstalter hat hier sein eigenes Modell. Die Höhe der Provision wird zunächst nach dem zu erreichenden Umsatz festgelegt. Darüber hinaus gibt es eine Staffelprovision, die sich daran orientiert, wie man im Vergleich zum Vorjahr den Verkauf gesteigert hat. Auch andere Elemente können das Entgelt positiv beeinflussen. Ein Veranstalter kann z. B. die Präsentation und die Bewerbung seiner Produkte durch das betroffene Reisebüro besonders honorieren.

Die Konditionen sind entscheidend dafür, mit welchem Reiseveranstalter man überhaupt und in welchem Umfang zusammenarbeiten will. Bei der Vielzahl von großen und kleineren Veranstaltern ist es praktisch unmöglich, alle in einem Reisebüro zu präsentieren. Die heutige Praxis kennt den so genannten „Leitveranstalter", der ganz signifikant dargestellt und verkauft wird. Außerdem werden weitere Reiseveranstalter vorgehalten, deren Verkaufsumsatz auf Grund von Erfahrung positive Erträge erwirtschaftet.

Bei der Kooperation mit den Leistungsträgern Bahn und Flug sieht es ähnlich aus. Das Reisebüro verkauft auf der Basis von Verträgen mit den jeweiligen Leistungsträgern deren Produkte. Wie bei den Reiseveranstaltern erhält der Reisemittler dafür eine Provision, beispielsweise 10 % auf den Verkaufspreis einer Bahnfahrkarte, deren Höhe sich ebenfalls am Verkaufserfolg ausrichtet.

Nach den Gesetzen der freien Marktwirtschaft werden die Kooperationen auf freiwilliger Basis durchgeführt. Kein Reisebüro kann einen Leistungsträger zwingen, ihm seine Produkte zu liefern. Nach der völligen Liberalisierung der Reisebürolandschaft sind Agenturverträge ausgeschlossen, die Angebote von Mitbewerbern in einer Agentur verbieten.

3.2.5 Konzentration

Auch bei den Reisebüros hat das Streben nach Konzentration zwecks größerer Wirtschaftlichkeit nicht haltgemacht. Am Anfang standen die Reisebüros, die kleine und absolut eigenständige Unternehmen waren. Wie heute der Stand der Entwicklung ist, wird im Folgenden angesprochen.

Nur noch gut ein Drittel aller Reisebüros ist heute ungebunden. Alle anderen Reisemittler gehören entweder einem Reiseveranstalter direkt, sind zu einer eigenen Kette zusammengeschlossen, sind Franchisenehmer oder gehören zumindest einer Kooperation an, die z.B. das Einkaufspotenzial der Kooperationsteilnehmer gegenüber Leistungsträgern bündelt, gemeinsame Marketingstrategien entwickelt oder auch den Teilnehmern Gebietsschutz gewährt (s. Kapitel 1, Wertschöpfungskette).

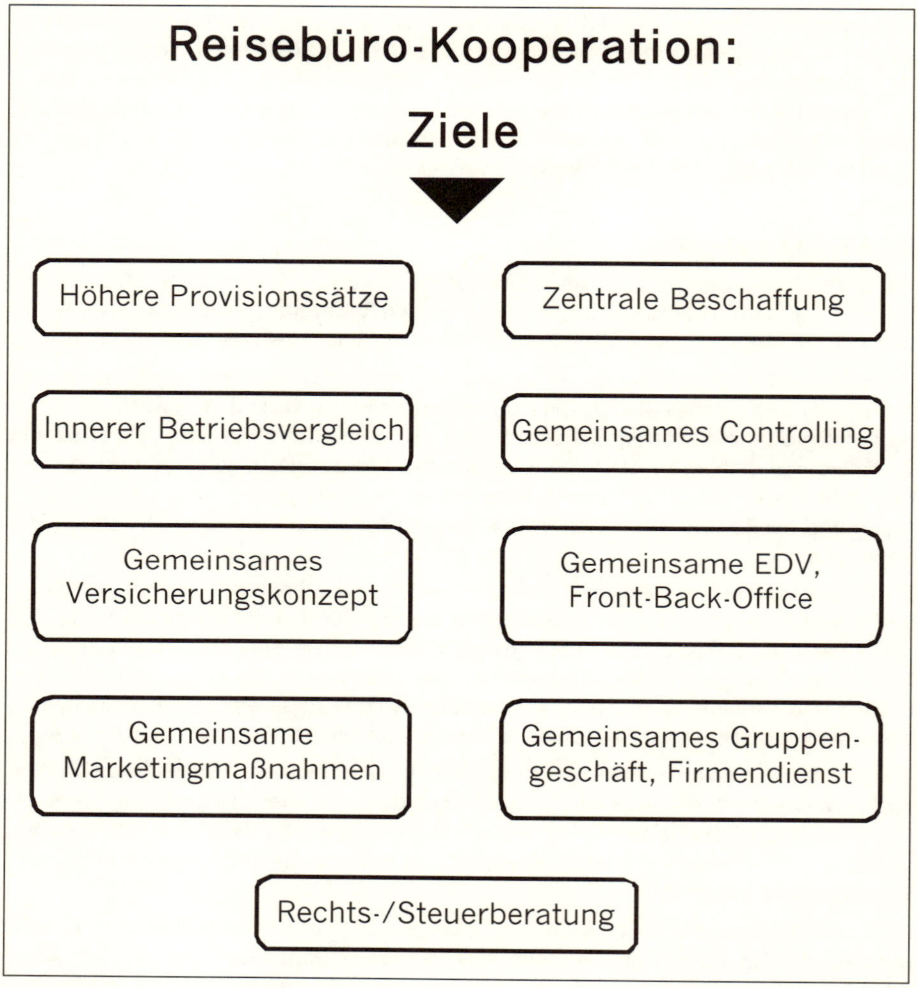

Abb. 3-16: Reisebüro-Kooperation

(Aus: Dettmer, H. [Hrsg.], Tourismus-Marketing-Management, München/Wien 1999, S. 586)

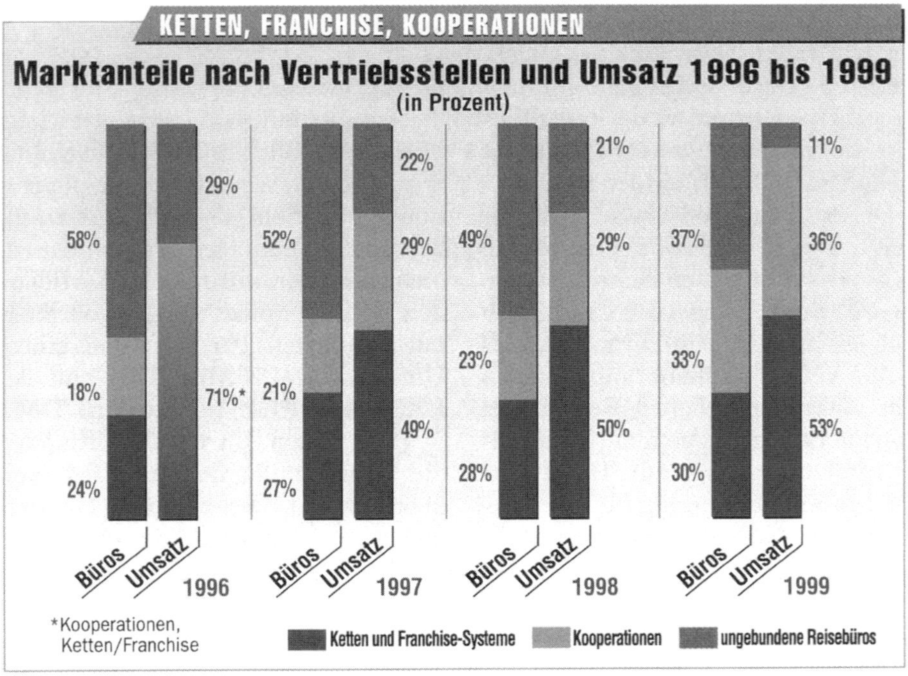

Abb. 3-17: Reisebürokonzentration

(Aus: fvw international, Reisebüro-Ketten und Kooperationen, Beilage Nr. 14 vom 9. 6. 2000, S. 22)

Die immer ungünstiger werdende wirtschaftliche Entwicklung hat die Reisemittler zur Konzentration gezwungen. Der Direktverkauf von Leistungsträgern, z. B. der Fluggesellschaften, aber auch zunehmend derjenige der Reiseveranstalter, wird die Reisebürolandschaft noch weiter verändern. Der teilweise unerbittliche Preiskampf auf allen Ebenen der Reiseindustrie zwingt zu konzentrierten Unternehmensformen, um das Überleben einzelner Anbieter zu gewährleisten.

Letztlich wird der Vertrieb auch nur noch ein Teil der Wertschöpfungskette sein, die sich heute in Deutschland bildet, und deren Eigentümer große, international tätige Unternehmen sein werden.

Aufgaben

1. Bei welcher Vertragsart erhält ein Reiseveranstalter die besten Konditionen von einer Ferienfluggesellschaft bzw. von einem Beherbergungsunternehmen?
2. Welche Vorteile bietet eine Zielgebietsagentur für den Reiseveranstalter, wenn sie Verträge mit Beherbergungsbetrieben für ihn abschließt?
3. Welche Möglichkeit gewähren die verschiedenen Vertragsarten beim Einkauf von Flugkapazität für den Reiseveranstalter und die Ferienfluggesellschaft, um eine optimale Flugauslastung zu erzielen?
4. Herr Schneid bucht in seinem Reisebüro Fixreisen für eine Reise in die USA einen Flug mit der Linienfluggesellschaft Luftreisen. Außerdem kauft er 10 Übernachtungsgutscheine der Hotelgesellschaft Holiday. Auch einen Mietwagen der Firma Auto-Mobil lässt er sich für die Aufenthaltsdauer von zwei Wochen durch sein Reisebüro reservieren.

   Hat das Reisebüro Herrn Schneid eine Flugpauschalreise verkauft und ist damit Reiseveranstalter im Sinne des Reiserechts geworden?
5. Welche Vorteile bieten Mitarbeiter einer Zielgebietsagentur gegenüber eigenen Reiseleitern eines Reiseveranstalters, wenn es um die Betreuung von Gästen geht?
6. Welche Rechtsformen haben Reisemittler und Reiseveranstalter vielfach in Deutschland und aus welchen Gründen?
7. Welche Motive veranlassen einen Reisenden, seinen Urlaub in einem guten Mittelklassehotel auf der Insel Ibiza zu buchen?
8. Welche Kriterien finden bei der Standortwahl für ein Reisebüro ihre Anwendung?
9. Welche Möglichkeiten hat ein unabhängiges Reisebüro, seine Erlöse zu optimieren?
10. Ein Reiseveranstalter will sein Angebot um neue Ziele bzw. neue Urlaubsformen erweitern. Wie geht er vor, um das zu erreichen?

Quellen und weiterführende Literatur

Mundt, J. W., Reiseveranstaltung, München 1998

Weis, H.-C., Marketing, Ludwigshafen 1995

Dettmer, H. [Hrsg.], Tourismus-Marketing-Management, München/Wien 1999

fvw, Zeitung für die Tourismuswirtschaft, Hamburg

TOURISTIK R.E.P.O.R.T, Das Magazin für die Fremdenverkehrswirtschaft, Bad Homburg

4. Organisation und Personalwirtschaft

Gegenstand dieses Kapitels ist die spezifische Betrachtung von Personalmanagement und Organisation, insbesondere der Aufbauorganisation, bei deutschen Reisemittlern und Reiseveranstaltern. Im Bereich des Personalmanagements liegt der Fokus auf der Personalentwicklung.

Ziel der Gesamtdarstellung ist eine anschauliche und leicht erfassbare Verbindung theoretischer Grundlagen und ihrer praktischen Anwendung.

4.1 Definitorische Grundlagen und Ausgangssituation

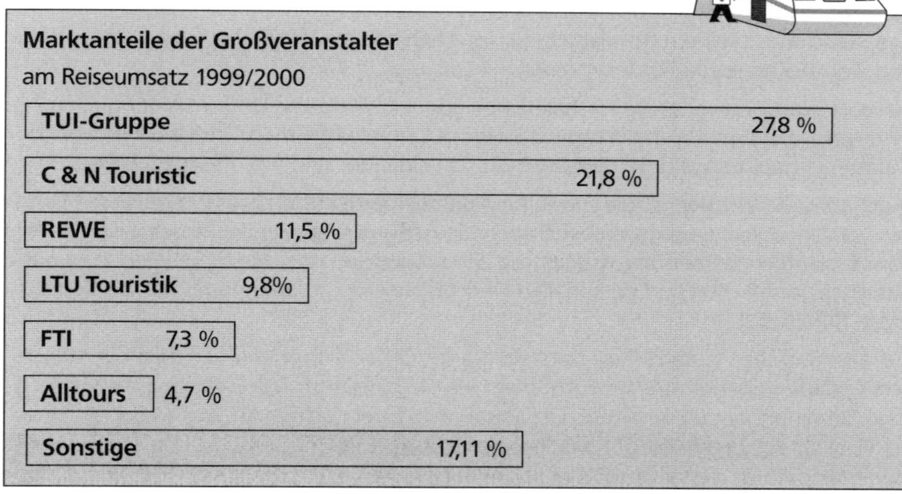

Abb. 4-1: Die Marktanteile der großen Reisekonzerne in Deutschland (Nach: BTW (Hrsg.): Jahrbuch 2000, Berlin 2001, S. 84)

Wer in den Urlaub fahren will, möchte häufig die Wochen vorher nicht mit Chaos und Hektik bei der Organisation verbringen. Abhilfe schaffen Reiseveranstalter, die mit Pauschal- oder Individualreisen dafür sorgen, dass man die „schönsten Wochen des Jahres" nicht benötigt, um sich von den Reisevorbereitungen zu erholen. Der größte unter den europäischen Veranstaltern ist die deutsche TUI, die 1999 mit ihren Urlaubsangeboten rund 7,16 Mrd. Euro Umsatz erzielte. Auf Platz zwei findet sich der britische Reiseveranstalter Airtours, der zwar mit 9,4 Millionen deutlich mehr Reiseteilnehmer hatte als die TUI, aber „nur" ca. 5,73 Mrd. Euro umsetzte. Der drittgrößte europäische Reiseveranstalter, C & N Touristic, ist Anfang 1998 aus der Fusion von NUR und Condor hervorgegangen.

4.1.1 Definitorische Grundlagen

Der Reisemittler bildet vom Kunden aus betrachtet den ersten, der Reiseveranstalter den zweiten Baustein in der gesamten touristischen **Wertschöpfungskette.**

Wertschöpfung kann definiert werden als die von einem Unternehmen in einem bestimmten Zeitraum erbrachte Wertsteigerung bezüglich eines gemeinsamen Produktes.

Berechnet wird diese, indem die außerhalb des Unternehmens erbrachten Vorleistungen von dem am Ende der Leistung vorliegenden Wert des Produktes abgezogen werden *(vgl. Bieger, 1997, S. 52 f.).*

Alle Beteiligten an der touristischen Wertschöpfung des Produktes „Reise" bilden die Wertschöpfungskette, in der die zur Wertschöpfung Beitragenden nach der Reihenfolge der Leistungserstellung geordnet sind.

Eine Besonderheit besteht bei den Reisemittlern darin, dass sie ihre Leistung ausschließlich und die Veranstalter teilweise im Quellgebiet, also in der Heimat der Reisenden erbringen. Die übrigen Bausteine der Wertschöpfungskette sind zielgebietsgebundene Leistungen (vgl. Kapitel 1).

Als **Organisation** soll hier das Ergebnis eines Prozesses verstanden werden, der langfristige Strukturen in einem (touristischen) Unternehmen schafft. Dabei wird nach Aufbau- und Ablauforganisation unterschieden.

Aufbauorganisation ist die formale Einteilung innerhalb der Unternehmung nach Arbeits- und Aufgabenteilung in organisatorische Untereinheiten, die entsprechend der gewählten Organisationsform interdependent zueinander sind *(vgl. Kirstges, 1994, S. 3).*

Durch diese Strukturen ist die mögliche **Ablauforganisation** bereits in gewissen Grenzen vorgegeben. Dementsprechend auch die Art und Weise, in der Arbeits- und Bewegungsabläufe in elementare Arbeitsteile zerlegt werden und wie diese wiederum nach zeitlichen, räumlichen und personellen Gesichtspunkten zusammengefasst werden *(vgl. Jung, 1997, S. 30).*

Zur anschaulichen graphischen Darstellung der Organisation und der damit verbundenen Abläufe in generalisierter Form dient ein **Organigramm.** Dieses zeigt die Verflechtungsbeziehungen der gesamten Organisation in vereinfachter Art und Weise. Der Übersichtlichkeit entsprechend, um das Schema nicht mit Informationen zu überfrachten und es verständlich zu gestalten, gibt es solche für die Aufbau- wie auch für die Ablauforganisation getrennt.

Jede relevante Stelle, Abteilung bis hin zu ganzen Unternehmensbereichen ist im Organigramm als Kästchen o. Ä. dargestellt; durch Pfeile und Linien lassen sich außer den Verflechtungs- und Ablaufbeziehungen bei Aufbauorganigrammen auch Hierarchien, also Unterstellungsverhältnisse und Führungsebenen, anschaulich darstellen.

Weitergehende Möglichkeiten ergeben sich aus der Nutzung von Computerprogrammen, die gegebenenfalls eine dynamische Darstellung von Abläufen im Unternehmen gestatten.

4.1.2 Ausgangssituation

Gegenläufig zu steigenden Arbeitslosenzahlen und Stagnation in vielen Handels- und Dienstleistungsbereichen ist der Tourismusmarkt einer der stärksten Wachstumsmärkte.

Diesem Markt stehen jedoch einschneidende Veränderungen bevor. Der steigende Wettbewerbsdruck generiert einen sich angebotsseitig weiter verstärkenden Konzentrationsprozess, der besonders bei den Veranstaltern sichtbar wird. Als Maß hierfür lassen sich die Marktanteile der einzelnen Veranstalter heranziehen; bei der Überprüfung dieser Daten stellt man schnell fest, dass immer weniger Unternehmen einen immer größeren Marktanteil erreichen.

Dies wird durch Expansion einzelner Unternehmen, vielmehr jedoch durch Fusionen erreicht *(vgl. Weiermair/Wöhler [Hrsg.], 1998, S. 8 f.).*

Dabei wird allerdings einem sich allgemein abzeichnenden Trend in der gesamten Industrie gefolgt.

Bei einem Gesamtanteil von mehr als drei Viertel des Marktes, den die zehn größten Veranstalter innehaben, ist leicht einzusehen, dass kleine oder mittlere Betriebe in der Veranstalterbranche zunehmend eine untergeordnete Rolle spielen.

Für den Reisemittlermarkt gestaltet sich eine sichere Erfassung der Strukturdaten als ungleich schwerer, da es in Deutschland keine offizielle Statistik für diesen Bereich gibt. Zur Zeit zählt der **D**eutsche **R**eisebüro **V**erband etwa 16 000 Reisebüros, wobei ungefähr die eine Hälfte in einer Kooperation gebunden und die andere selbstständig ist. Es kann jedoch davon ausgegangen werden, dass durch den zunehmenden Wettbewerbsdruck die Anzahl selbstständiger Einzelbüros zurückgehen wird und gleichzeitig strategische Kooperationen an Marktanteil gewinnen werden *(vgl. DRV [Hrsg.], 1995, S. 151).*

Andere neue Möglichkeiten eröffnen sich über die sogenannten Neuen Medien, hier besonders durch das Internet. So können Direktbuchungen leicht von zu Hause aus über den PC durchgeführt werden. Die Entwicklung ist hierbei noch lange nicht am Ende, und es ist somit eine Revolutionierung der gesamten Mittlerbranche nicht auszuschließen (vgl. www.TUI.de).

Die Betrachtungen der Marktstruktur ist letztlich für die gewählte Form der Aufbauorganisation und damit in direkter Weise auch für die Personalwirtschaft in dem entsprechenden Tourismusunternehmen bedeutsam, denn das Personal verkörpert den Aufbau des Unternehmens und somit ergibt sich eine unmittelbare Abhängigkeit von Aufbauorganisation und Personalwirtschaft. Daraus leitet sich die Aufgabe des jeweiligen Unternehmens ab, anhand der vorhandenen und geplanten Strukturen das erforderliche Personal qualifikationsgerecht bereitzustellen.

Aufgrund der dargestellten Situation konzentrieren sich die Betrachtungen von Organisation und Personalwesen der Reiseveranstalterbranche auf die großen Unternehmen dieses Industriezweiges.

4.2 Organisation von Unternehmen der Reiseindustrie

Die Aufgabenzuschnitte für Mitarbeiter im Tourismus haben mit den Aufgabenzuschnitten für Mitarbeiter anderer Branchen die Gemeinsamkeit, dass sie sich einerseits hinsichtlich planender, steuernder und kontrollierender Arbeitsfunktionen und andererseits hinsichtlich ausführender Arbeitsfunktionen unterteilen lassen. Die folgende Grafik stellt die **Aufgabenzuschnitte in touristischen Arbeitsorganisationen** idealtypisch dar:

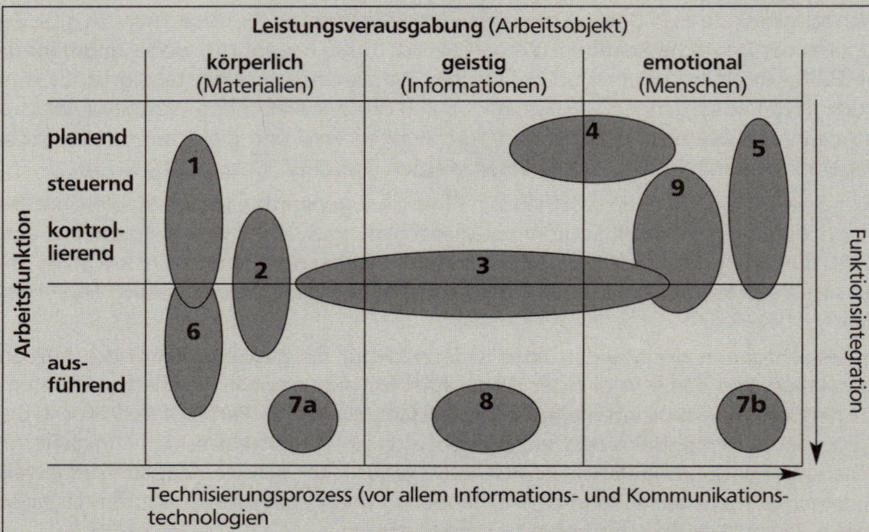

1 Koch	4 Management	7a/7b Stewardess
2 Techniker	5 Reiseleiter	8 Kassiererin
3 Service (Restaurant)	6 Zimmerservice	9 Tresenkraft

(Nach: Wöhler, K.; Saretzki, A.: Abhängigkeiten und Ausnützen von Verhaltensspielräumen, in: Weiermair, K.; Wöhler, K.: Personalmanagement im Tourismus. Konzepte und Strategien, Limburgerhof 1998, S. 70)

Organisation strukturiert den Arbeitsprozess entweder im Rahmen der bestehenden Aufbauorganisation oder führt bei Bedarf deren Veränderung herbei *(vgl. Steinbuch, 1990, S. 187)*.

Bei Reisebüros und Reiseveranstaltern werden die **Abläufe** weitgehend unter Einbeziehung von Computersystemen organisiert. Die Lebenszyklen der speziellen Soft- und Hardwarelösungen verkürzen sich zunehmend, derzeit sind tiefgreifende Umstrukturierungen im Gange. Absehbar ist, dass der Einsatz elektronischer Datenverarbeitung an Komplexität gewinnen wird *(vgl. FVW 21/1998, S. 14)*.

Daher können spezielle Aussagen, die längere Gültigkeit für die Branche hätten, für den Bereich der Ablauforganisation nicht getroffen werden. Entsprechende Prognosen gehören in die Thematik der Informatik. Die Aufbauorganisation ist dagegen durch längere Beständigkeit gekennzeichnet, wenn auch sie im Zuge von Umstrukturierungen, gerade bei den großen Veranstaltern, den aktuellen Erfordernissen angepasst wurde.

4.2.1 Aufbauorganisation bei Reisemittlern

Bei den Reisemittlern existieren Haupt- und Nebenerwerbsbetriebe.

Genau genommen werden nur Haupterwerbsbetriebe als Reisebüros bezeichnet *(vgl. Sülberg, 1993, S. 491 f.).*

Für Nebenerwerbsbetriebe ist die Vermittlung von Reisen lediglich ein untergeordnetes Geschäft, typische Vertreter sind sogenannte shop-in-shop Systeme; die Einordnung solcher Unternehmen in Kauf- und Versandhäusern bereitet einige Schwierigkeiten, wenn sie als eigenständiger Geschäftszweig auftreten, rechnet man sie zu den Haupterwerbsbetrieben *(vgl. DRV [Hrsg.], 1995, S. 154).*

Die Nebenerwerbsbetriebe machen maximal nur 4 % des touristischen Umsatzes aus. Daher werden die Betrachtungen bezüglich der Aufbauorganisation auf die Haupterwerbsbetriebe fokussiert.

4.2.1.1 Rechtlich selbstständige Einzelbüros

Etwa 80 % der Reisebüros sind rechtlich selbstständige Unternehmen. Hierzu zählen auch Kooperationsformen inklusive der häufig anzutreffenden Sonderform des Franchising. Als Abgrenzungskriterium wird die rechtliche Stellung gewählt, weil streng genommen bereits der Anschluss an ein gemeinsames Buchungssystem als Form der Kooperation anzusehen ist.

Zukünftig wird durch die Tendenz ein immer umfassenderes Leistungsangebot zu erstellen, die Rolle der Kooperationen weiter an Bedeutung gewinnen.

Es gibt bereits Anzeichen, dass es das völlig ungebundene, selbstständige Reisebüro in der Zukunft nicht mehr geben wird *(Haimayer [Hrsg.], 1994, S. 123 ff.).*

Besonders bei dem Franchisesystem ist eine extensive Entwicklung zu erwarten.

Franchising

Die Herkunft der Bezeichnung „Franchising" ist nicht hundertprozentig geklärt, sicher ist jedoch, dass es seinen Ursprung im Mittelalter hat und soviel bedeutet, wie die Überlassung von Rechten und Privilegien gegen ein Entgelt. Die Entwicklung von Franchisesystemen als Sonderform einer vertikalen Absatz- und Beschaffungskooperation begann in den 50-er Jahren in den USA mit Herausbildung der Systemgastronomie. Frühe Vertreter sind McDonald's oder PIZZA HUT.

Franchisesysteme werden sich in der Reisemittlerbranche immer mehr durchsetzen; daher ist eine ausführliche Betrachtung dieser Kooperationsform angezeigt *(vgl. DRV [Hrsg.], 1995, S. 158).*

Ein Franchisesystem besteht aus einem Franchisegeber und einem, in der Regel aber zahlreichen, Franchisenehmern. Beide sind wie folgt charakterisiert:

Der **Franchisegeber** vermittelt nach seiner Idee das Recht auf den Vertrieb seiner Produkte unter Verwendung von:

- einheitlichen Marken/Warenzeichen
- vorgegebener gleichartiger Ausstattung (Ambiente) der Verkaufsräume.

Der Franchisegeber verpflichtet sich in einem **Franchisevertrag,** der das Bindeglied zum Franchisenehmer darstellt:

- notwendige Erfahrungen für den Absatz des Produkte zu vermitteln
- gegebenenfalls entsprechendes Personal auszubilden

- laufende Unterstützung und Beratung zu leisten
- Marketingstrategien für einen langfristigen Erhalt und Stärkung der Marke zu verfolgen.

Daraus ergeben sich für den Franchisegeber folgende Vorteile:

- schnellere Expansionsmöglichkeiten mit daraus resultierender besserer Marktdurchdringung
- Vermeidung hoher Fixkosten
- Kontrolle des Absatzsystems
- geringeres Konkursrisiko
- eingeschränkte oder keine Haftung für Schulden der Franchisenehmer.

Der **Franchisenehmer**

- führt Geschäfte in eigenem Namen und auf eigene Rechnung unter dem Markennamen des Franchisegebers;
- verpflichtet sich, seine Geschäfte in Übereinstimmung mit den im Franchisevertrag festgelegten Auflagen zu führen, wie etwa Ausstattung, Qualitätsanforderungen, Produktpalette usw.

Die Vergütung hierfür erfolgt in der Regel variabel als Prozentsatz vom Umsatz, bei Vertragsabschluss kann eine einmalige Abschlussgebühr fällig werden.

Dem Franchisenehmer erwachsen folgende Vorteile:

- Selbstständigkeit im Rahmen des Vertrages
- Beschaffung, Absatz und Marketing nach einem bewährten Konzept, das auch betriebswirtschaftliche Organisation umfassen kann,
- Nutzung einer „starken" Marke
- Imagetransfer vom Franchisegeber
- abzuführende Kosten für die eigentlichen Franchiseleistungen sind umsatzabhängig und damit variabel *(vgl. Dettmer [Hrsg.], 1997, S. 199).*

Jedoch stehen den Vorteilen auch einige Nachteile gegenüber, z. B.:

- Einschränkung der unternehmerischen Freiheit durch die vertraglich formulierten Weisungsgebundenheiten,
- Kontrollen durch den Franchisegeber,
- mögliche Einschränkungen des Wettbewerbes durch Gebietsaufteilungen *(Bleile, 1995, S. 55 f.).*

Die Anforderungen, die viele Franchisegeber stellen, begrenzen oft die Anzahl der Franchisebetriebe; nachstehende Übersicht zeigt exemplarische Planungsdaten, die z. B. Hinweise auf das notwendige Eigenkapital bei einer Existenzgründung geben:

System	Investition in Euro	erwarteter Min.-Umsatz in Euro	Eintritts-gebühr in Euro	Franchise-gebühr in % vom Umsatz
Holiday Land	510 pro qm Ladenfl.	1,25 Mio.	4.350	0,5–3
Lufthansa City Center	etwa 50.000	500.000 LH bezogen	Invest.-Aufwand	keine Angabe
Schmetterling	keine Angabe	500.000	255	600 fix p. a.
TUI Urlaubscenter	keine Angabe	1 Mio.	5.100	0,5
Uniglobe	50.000 – 60.000 inkl. Aufnahme	nicht vorgesehen	28.000	5–10 von den Provisionen

Abb. 4-2: Exemplarische Planungsdaten
(vgl. Bundesverband Mittelständischer Unternehmen [Hrsg.], 1997, S. 242)

In Deutschland kamen erst relativ spät Franchisesysteme auf den touristischen Markt. Im Jahre 1989 lösten sich erste Franchisebetriebe aus dem Unternehmen „Flugbörse", das bis dato bereits als Kette gearbeitet hat; das erste internationale Franchisesystem „Uniglobe Travel" ist seit 1995 am Markt.

In der Tat entstanden viele Franchisesysteme aus Ketten oder anderen Kooperationsformen.

Zahlen zur genauen Aufteilung der Vertriebsstellen nach Franchisebetrieben und Filialen, die bei den meisten großen Reisemittlern nebeneinander existieren, sind bei den einzelnen Unternehmen schwierig zu erhalten und durch die schnelle Entwicklung nur von kurzlebigem Charakter.

Bedeutende touristische Franchiseunternehmen auf dem Reisemittlermarkt in Deutschland sind z. B.:

Name	Gründungsjahr
FIRST Reisebüro Management GmbH	1992
Lufthansa City Center Reisebüropartner GmbH	1991
Flugbörse D+S Reisen GmbH	1983 Franchising seit 1989
Schmetterling Reisebüro GmbH & Co KG	1991
Reiseland GmbH	1990
Terraplan Touristik GmbH & Co. Management KG	1990
Top Reiseklub	1988 Franchising seit1992
Holiday Land	1994
Transmarin Seereise-Büro GmbH	1994

Abb. 4-3: Bedeutende touristische Franchiseunternehmen auf dem Reisemittlermarkt in Deutschland

4.2.1.2 Reisebüroketten

Reisebüroketten existieren in Deutschland schon wesentlich länger als Kooperationen. Frühe Formen der kettenartigen Organisation waren bereits seit den 30er Jahren mit dem Beginn des Massentourismus erkennbar *(vgl. Dettmer [Hrsg.], 1998, S. 229 ff.).*

Prinzipiell ist eine Reisebürokette nichts anderes als ein Filialsystem, das sich in folgenden Punkten von einem Franchisesystem unterscheidet:

- es gibt kein Dauerschuldverhältnis und keinen Vertrag zwischen der Filiale und dem Stammhaus,
- damit aber auch keine Selbstständigkeit im unternehmerischen Sinne,
- Kapitaleinsatz und das damit verbundene Risiko entfallen,
- Weisungen und Kontrollen durch das Stammhaus fallen durch die vollständige Integration in der Regel restriktiver aus als bei einer Kooperation *(vgl. Dettmer [Hrsg.], 1997, S. 199).*

Die Abgrenzung, ab wann ein Einzelbetrieb oder eine Kette vorliegt, ist in der Praxis nicht hundertprozentig geklärt.

Einerseits sind beim DRV in der Kettenstatistik über 400 Betriebe registriert, die Zahl ist allerdings wenig aussagekräftig, da bereits Unternehmen mit mehr als zwei Vertriebsstellen als Kette geführt werden.

Berechtigterweise definieren andere Statistiken die Anzahl der Vertriebsstellen einer Kettenorganisation mit mindestens zehn *(vgl. FVW, 21/1998, S. 46)*; insbesondere unter Berücksichtigung der Tatsache des zunehmenden Konzentrationsprozesses auf dem Mittlermarkt erscheint es vernünftig, nur größere Einheiten zu betrachten *(vgl. DRV [Hrsg.], 1995, S. 160).*

Insgesamt ist die Anzahl der Vertriebsstellen, die einer Kette angehören, in den letzten Jahren stark gestiegen (TUI 1998).

Große Reisebüroketten in Deutschland sind, z. B.:

- DER
- Hapag-Loyd
- Karstadt Reisebüros in Verbindung mit NUR und NVAG
- Euro Loyd
- ITS
- Thomas Cook
- Atlas
- American Express
- Quelle
- Wagonlit Travel.

Zu den großen und umsatzstarken Ketten kommen noch eine Reihe kleinerer, die in der FVW- Statistik unter Beachtung der Prämisse hinsichtlich der Anzahl von mindestens zehn Vertriebsstellen geführt werden, so dass insgesamt etwa 30 Ketten am Markt vertreten sind.

Als Trend bei den Ketten wie auch bei den Franchisesystemen ist zu verzeichnen, dass sie zunehmend vertikal integriert werden, das heißt: Es kommt zu einer Einbindung in die Aufbauorganisation eines Reisemittlers, also dem vorgelagerten Baustein innerhalb der Wertschöpfungskette, oder eines nachgelagerten touristischen Leistungsträgers bezogen auf die Wertschöpfung *(vgl. Bundesverband Mittelständischer Reiseunternehmen [Hrsg.],*

1997, S. 243 f.). Beispiele hierfür sind die TUI, das DER – Deutsches Reisebüro GmbH und der Veranstalter NUR Touristik, die jeweils eigene Mittler und Vertriebsschienen unterhalten, die in die jeweilige Konzernstruktur eingebunden sind.

4.2.2 Aufbauorganisation von Reiseveranstaltern

In Deutschland existiert keine amtliche Statistik, die Größe und Struktur der am Markt befindliche Reiseveranstalter hinreichend beschreibt, vielmehr werden nicht einmal Veranstalter und Mittler getrennt erfasst *(vgl. Mundt, 1998, S. 55).*

Unbestritten wird der deutsche Reisemarkt von den auch als den „Großen Fünf" bezeichneten Veranstaltern (TUI, C & N, ITS und Dertour = REWE, LTU, FTI) mit ihren Tochtergesellschaften bestimmt. Diese Veranstalter haben zusammen einen Marktanteil von 82,9 % (vgl. BTW (Hrsg.) 2001, S. 84). Es handelt sich also um Großbetriebe mit einer komplexen Aufbauorganisation, die in den letzten Jahren immer wieder den Erfordernissen des Marktes angepasst wurden.

4.2.3 Spezielle Aufbauorganisation der TUI

Das enorme Wachstum der TUI-Gruppe, zu der gegenwärtig 160 Unternehmen aller Stufen der touristischen Wertschöpfungskette gehören, machte den Schritt der Reorganisation notwendig. Die Expansion erfolgte durch Neugründungen und den Erwerb von Beteiligungen.

Es stellt sich die Frage, welche Ziele mit den Konzernstrukturen verbunden sind. Hierzu der Bereichsvorstand Touristik des TUI-Mutterunternehmens PREUSSAG:

„1. die Größe des Konzerns handhabender zu machen – wir wollen schneller, flexibler und profitabler sein;

2. ein hohes Maß an Kundennähe zu bewahren und da herzustellen, wo wir erkannt haben, dass wir in Zukunft noch kundennäher sein müssen;

3. die Synergie-Reserven zu nutzen;

4. die Marktpositionen abzustimmen – wir wollen uns im Markt nach geographischen Gliederungen, Marktsegmenten und Zielgruppen mit unseren Unternehmen, Marken, den Programmen und Diensten so ordnen, dass wir uns im Konzern untereinander möglichst wenig Konkurrenz machen.

Was in Zukunft vor allem zählt, ist der Erfolg des Ganzen und inwieweit einzelne Tochter-Unternehmen und Ressorts zu diesem Gesamterfolg beitragen. Allerdings darf der Erfolg einzelner Tochterunternehmen und Ressorts nicht auf Kosten anderer Beteiligungen, Geschäftsbereiche und Abteilungen erwirtschaftet werden."

Diese Aussage kann als allgemeingültig für eine Zielposition bezüglich der Aufbauorganisation von großen Unternehmenskonglomeraten gelten; gerade hierbei wird besonders deutlich, dass der gesamte Unternehmenserfolg der Maßstab ist und die Struktur nicht Selbstzweck ist, sondern zu dem gewünschten Ergebnis beizutragen hat, also zweckgebunden ist.

Die Aufbauorganisation wird aus nachfolgenden Darstellungen deutlich. Die folgenden Ausführungen basieren, soweit nicht anders kenntlich gemacht, auf internen Informationen der TUI, die Charts entsprechen inhaltlich den Original-Unternehmensunterlagen.

Geschäftsverteilung PREUSSAG unter formaler Berücksichtigung der TUI:

Geschäftsverteilung Preussag AG

Vorstandsressort	Vorsitzender des Vorstandes	Finanzen	Personal/ Recht	Touristik 1	Touristik 2	Beteiligungen
Zentrale Aufgaben	•Gesamtvorstandssek. •Konzern-Entwicklung •Konzern-Integration •Konzern-Führungskräfte •Konzern-Kommunikation •Mergers & Acquisitions •Konzern-Revision	•Konzern-Finanzen •Konzern-Bilanzen •Konzern-Steuern •Konzern-Finanzinformationen	•Personal •Konzern-Belegschaft •Konzern-Recht	•Umweltmanagement	•Konzern-Marketing	•Konzern-Controlling •Volkswirtschaft
Funktionale Aufgaben	**Ertragsteuerung / IT / Neue Medien** •Ertragsteuerung Touristik •IT-Strategie •Neue Medien			**Hotelbeteiligungen Zielgebietsagenturen** •TUI-Beteiligungsgesellschaft •TUI Service •TTG Hotels **Zentr. Einkauf, Hotel / Zielgebietsleistungen** •TUI Contracting •TTG Contracting	**Fluggesellschaften** •Britannia •Hapag Lloyd	
Divisionale Aufgaben	**Geschäftsreisen** •TUI Infotec / Preussag Systemhaus •TUI Business Travel •TV Travel Shop D	**Immobilien**		**Quellmarkt Mitte** •TUI Deutschland D-A-C-H-PL •TUI NL •TUI Belgium	**Quellmarkt Nord** •Finanzen •Personal •Spec. Holid. •UK Vertrieb •Change Programm •IT •Kommunikation •Thomson Hol. •Int.ern. Hold.	**Logistik** **Energie** **Gebäudetechnik** **Handel**

Abb. 4-4: Geschäftsverteilung PREUSSAG unter formaler Berücksichtigung der TUI (Quelle: PREUSSAG, Stand März 2001)

Der Vorstand verantwortet die Unternehmensgruppe konzernübergreifend. Der Vorstand besteht aus sechs Mitgliedern, dem Vorsitzenden sowie fünf Mitgliedern für die einzelnen Vorstandsressorts:

- Vorstandsressort Touristik I
- Vorstandsressort Finanzen

- Vorstandsressort Touristik II
- Vorstandsressort Personal und Recht
- Vorstandsressort Beteiligungen.

Die TUI Gruppe gliedert sich in fünf touristische Geschäftsbereiche:

a) Gechäftsreisen, Ertragsteuerung, IT, Neue Medien

b) Zentraler Einkauf Hotel und Zielgebietsleitungen

c) Fluggesellschaften

d) Hotelbeteiligungen, Zielgebietsagenturen, Reiseleiterorganisation.

Das folgende Schaubild zeigt diese ganzheitliche Gliederung der TUI Gruppe nach Gesellschaften:

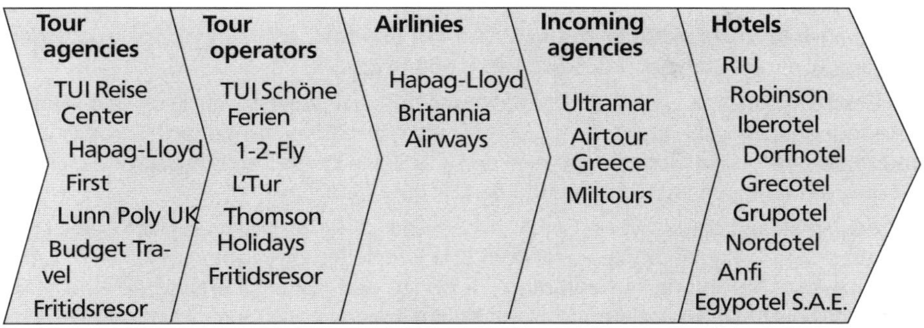

	Travel Agencies	**TO-brands/ guests**	**Aircraft**	**Incoming Agencies**	**Hotels**
Germany	1.573	15	32		
UK & Ireland	989	16	43	18 Incomming	
Scandinavia	20	8		Agencies	
Switzerland	67	3			approx.
Austria	62	7		Guest services	100.000
Netherland	350	9		in more	beds
Belgium	124	4		than	
Poland	71	2		70 countries	
Spain	18	2			
Total	**3.274**	**66/ approx. 18 Mio. guests**	**75**	**18**	**approx. 100.000**

Abb. 4-5: TUI – eine ganzheitliche Tourisgruppe

Da die TUI eigene Hotels betreibt bzw. an ihnen maßgeblich beteiligt ist, wird den Gästen ein wichtiger weiterer Garant für Qualität geboten. Zudem liefern die Hotels einen bedeutenden Beitrag zum Konzernergebnis. Im Jahre 2001 zählten insgesamt neun Hotelgesellschaften mit 176 Hotels (ca. 100.000 Betten) zur TUI Gruppe.

Von den etwa 21 000 Mitarbeitern der TUI Gruppe sind etwa die Hälfte im Bereich Hotelbeteiligungen tätig. Die Bedeutung dieses Zweiges innerhalb des Konzerns wird somit anhand eines wesentlichen Indikators deutlich.

Die Marken *TUI Schöne Ferien, Airconti, Seetours, Wolters* und *1-2-Fly* gehören unter das vorstehende Dach. *Über den Quellmarkt* Europa Mitte erfolgt eine strategische Ausrichtung auf die Erfordernisse von folgenden Märkten: Deutschland, Schweiz, Österreich, Polen, Niederlande und Belgien. Über den Quellmarkt Europa Nord erfolgt die strategische Ausrichtung auf die Erfordernisse der Märkte Großbritannien, Irland und Skandinavien.

Die Veranstaltertöchter, die nicht die Marke TUI unmittelbar erkennen lassen, werden überdies von selbstständigen Gesellschaften geführt.

Die Geschäftsbereiche »Zentraler Einkauf Hotel und Zielgebietsleistungen« und »Hotelbeteiligungen, Zielgebietsagenturen, Reiseleiterorganisation« beinhalten alle Aktivitäten und Funktionen, deren Schwerpunkte in den jeweiligen Zielgebieten liegen, also die Zielgebietsagenturen, die Reiseleitung und den Hoteleinkauf.

Mit der Schaffung dieser neuen Geschäftsbereiche ist der Konzern bestrebt, seine Leistungen in den Zielgebieten zu verbessern. Die Reiseleiterorganisationen können durch die gemeinsame Führung gut zusammen arbeiten und hohe Synergieeffekte erzielen. Hierdurch sollen die Serviceleistungen auf hohem Niveau gehalten werden.

Durch den zentralen Einkauf ist es möglich, alle Veranstalter einzubeziehen und so den spezifischen Ansprüchen der einzelnen Veranstalter orientiert an deren Zielgruppe gerecht zu werden. Der Einkauf findet in Einkaufsteams statt, die konkrete Informationen im Zielgebiet sammeln, vor Ort nach den Erfordernissen einkaufen und gleichzeitig mit

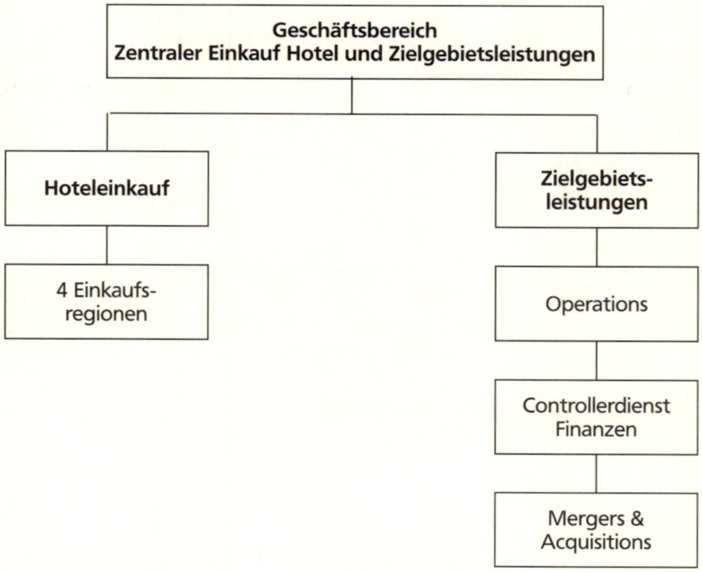

Abb. 4-6: Geschäftsbereich »Zentraler Einkauf Hotel und Zielgebietsleistungen« der TUI

den Veranstaltern in Kontakt stehen. Diese sind dann in der Lage, unmittelbar mit ihrer Produktplanung zu reagieren, beispielsweise auf die allgemeinen Wettbewerbsdaten, Preisentwicklung oder die politische Lage. Ziel ist dabei immer, eine Qualität zu erreichen, die genau den Wünschen der Gäste entspricht.

Diese Geschäftsbereiche zeichnen sich also durch besondere Nähe zum Unternehmensgrundsatz der TUI aus:

„Unsere Gäste und Kunden stehen im Mittelpunkt."

Durch die Aufnahme der Informationstechnologie und der Neuen Medien im Geschäftsbereich »Geschäftsreisen, Ertragssteuerung, IT, Neue Medien« stellt sich die TUI den Anforderungen des heutigen Informationsbedarfes.

Informationen bilden die Grundlage für Analysen und die wiederum die Prämisse für strategische Planungen in allen Unternehmensbereichen *(vgl. Kaspar, 1996, S. 95 f.).*

Ohne eine leistungsfähige Datenverarbeitung sind Unternehmen nicht mehr effektiv zu betreiben, denn der Datentransfer ist ständig im Wachsen begriffen. Welche Möglichkeiten die technische Entwicklung in den nächsten Jahren bieten wird, ist nur schwer absehbar, eine komplette Revolutionierung auf diesem Gebiet erscheint aber durchaus denkbar *(vgl. Mundt, 1998, S. 65).*

Zukünftige Herausforderungen sind also auch aus Sicht der TUI für die Unternehmensgruppe nur zu bewältigen, wenn die verschiedenen Konzerngesellschaften finanzierbare Entwicklungen vorantreiben. Auf Synergien kann die TUI bei dem sich ständig erhöhenden Wettbewerbsdruck nicht verzichten. Deshalb sind in der Organisation drei Kompetenzzentren konzipiert, die das Know-how aller vier Bereiche (Veranstalter-, Mittler-, Agentur- und Hotelgeschäft), in denen die TUI tätig ist, zusammenführen.

In Hannover besteht hierzu vorrangig für das Veranstaltergeschäft die Gesellschaft TUI InfoTec.

Gleichzeitig soll diese Gesellschaft konzernübergreifende Funktionen wahrnehmen, das Rechenzentrum betreiben und den Ausbau der anderen beiden Kompetenzzentren koordinieren.

Für das Veranstaltergeschäft sind Anwendungssysteme in der Weiterentwicklung, die von allen Konzernfirmen genutzt werden, jedoch auch außenstehenden Dritten, wie etwa den LTU Veranstaltern zugänglich sind. Hierdurch ist die Wirtschaftlichkeit aller Systeme spürbar gesteigert.

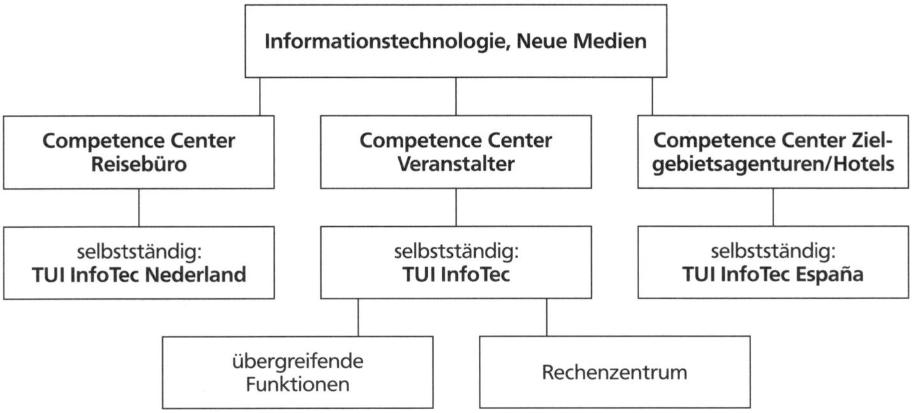

Abb. 4-7: Informationstechnologie, Neue Medien in einem Geschäftsbereich der TUI

Ein anderes Kompetenzzentrum befindet sich in den Niederlanden und ist auf die Erfordernisse des Reisebürogeschäftes angepasst. Ein drittes Kompetenzzentrum für das Agenturgeschäft in Spanien und ein viertes für das Hotelgeschäft sind ebenfalls konzipiert.

Gleichzeitig werden durch den Geschäftsbereich „Geschäftsreisen, Ertragssteuerung, IT, Neue Medien" wichtige zentrale Konzernfunktionen übernommen.

Wie auch bei den Konzernfunktionen, die durch den Bereichsvorstand Touristik wahrgenommen werden, handelt es sich hierbei überwiegend um Dienstleistungen, die die einzelnen Geschäftsbereiche in ihrer Arbeit unterstützen:

- Finanz- und Rechnungswesen
- Konzerncontrolling
- Personal
- Recht.

Die vorstehende Aufbauorganisation des TUI Konzerns basiert auf größtenteils internen Materialien aus der Zentrale der TUI in Hannover aus den Jahren 1998 - 2001. Die Umstrukturierung des Konzerns war mit Redaktionsschluss noch nicht abgeschlossen. Daher können keine weiteren Informationen zur Aufbauorganisation der TUI erfolgen. Es ist aber davon auszugehen, dass die jetzigen Strukturen relativ stabil sind. Abschließend sei darauf hingewiesen, dass die entstandenen Strukturen letztlich das Ergebnis des anhaltenden Konzentrationsprozesses sind. Aus kartellrechtlichen Gründen verläuft die Konzentration weniger horizontal als vertikal, was durch die Komplexität der Tätigkeit des Konzerns in der Praxis veranschaulicht wird *(vgl. Haedrich, Kaspar u. a. [Hrsg.], 1998, S. 719).*

4.3 Personalwirtschaft in Unternehmen in der Reiseindustrie

Das folgende **strategische Dreieck der Personalwirtschaft** verdeutlicht den Grundsatz, dass Unternehmen Organisationen bereitstellen müssen, in denen Menschen (= Organisationsmitglieder = Mitarbeiter) zufrieden Leistungen erbringen, die wiederum beim Kunden/Gast Zufriedenheit hervorrufen.

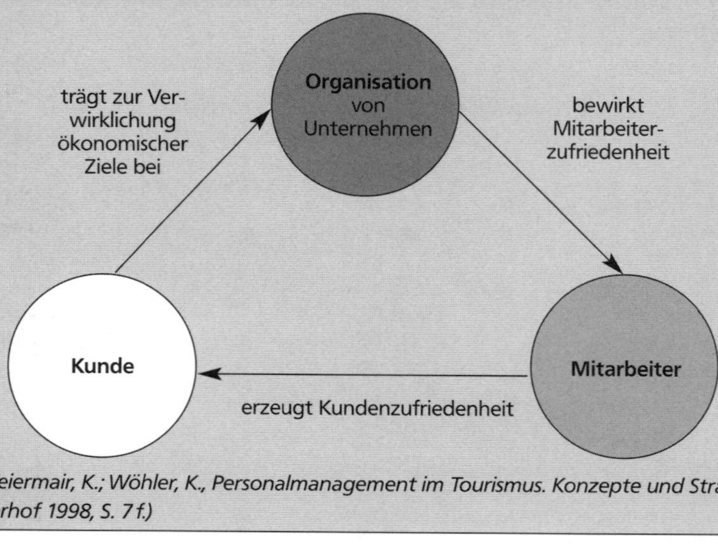

(Nach: Weiermair, K.; Wöhler, K., Personalmanagement im Tourismus. Konzepte und Strategien, Limburgerhof 1998, S. 7 f.)

Eine klare Abgrenzung der vielfach synonym verwendeten Begriffe „Personalwesen", „Personalwirtschaft" und „Personalmanagement" ist in der Praxis durch die Existenz unterschiedlicher Definitionen schwierig.

Das Personalwesen umfasst nur verwaltungstechnische Aufgabenbereiche und ist somit Bestandteil der Personalwirtschaft *(vgl. Dettmer [Hrsg.], 1998, S. 1).*

„Personalwirtschaft" und „Personalmanagement" werden hier gleichwertig verwendet.

Die Personalwirtschaft/-management ist eine klassische betriebswirtschaftliche Funktion mit den Bereichen:

- Planung, Entscheidung, Zielfindung
- Realisierung, Steuerung, Ausführung und
- Kontrolle,

die sich dabei eines breiten Instrumentariums bedient. Das Aufgabenfeld ist das Personal, also der Mensch *(vgl. Bröckermann, 1998, S. 16).*

Insbesondere in Dienstleistungsunternehmen, speziell in fast allen Bereichen der touristischen Leistungserstellung, bilden die Mitarbeiter die Basis für den Erfolg. Hieraus resultiert die große Bedeutung des Personalmanagements für Reiseveranstalter und Reisemittler.

Die Organisation und die wissenschaftlichen Ansätze des Personalwesens sind durch keine wesentlichen Unterschiede zu anderen Unternehmen geprägt *(vgl. Kirstges, 1994, S. 71).* Daher soll im Weiteren auf eine strenge Abhandlung allgemeiner Gesichtspunkte verzichtet werden, da lediglich die Spezifika und Besonderheiten der Personalarbeit bei den Mittler- und Veranstalterunternehmen zum Ausdruck gebracht werden sollen.

Die **Ziele der Personalwirtschaft** bei Reisemittlern und Veranstaltern orientieren sich ebenso an den Unternehmenszielen und Grundsätzen, also allgemein an wirtschaftlichen Interessen, allerdings müssen auch soziale Komponenten Berücksichtigung finden *(vgl. Dettmer, 1998, S. 5).* Die Art und Weise, wie die Personalwirtschaft in einem touristischen Unternehmen organisiert ist, hängt stark mit deren Größe zusammen und ist damit auch von den Anforderungen und Möglichkeiten des Betriebes abhängig. Systematische Personalentwicklung können sich zunächst größere Unternehmen leisten; sie müssen diese in der Regel aber auch betreiben. Die Anforderungen an das Personal in den speziellen, großen Unternehmen oder Konzernen sind bereits so komplex und unternehmensspezifisch, dass die Mitarbeiter alleinig qualifiziert mit einer Berufsausbildung nicht ausreichend in der Lage wären, die gestellten Aufgaben hinreichend zu erfüllen. Grundlage bilden jedoch zunächst die Ausbildungsberufe und Studiengänge in der Tourismuswirtschaft.

4.3.1 Ausbildungsberufe bei Reisemittlern und -veranstaltern

Mit der Bereitschaft zur **Ausbildung** leistet das touristische Unternehmen einen wichtigen Beitrag, den zukünftigen Bedarf an qualifizierten Fachkräften zu sichern. Zugleich wird dem gesellschaftlichen Auftrag entsprochen, Nachwuchs mit entsprechender Qualifikation für die gesamte Wirtschaft bereit zu stellen.

Die Berufsausbildung an sich erfolgt in der Bundesrepublik Deutschland im so genannten dualen System, was bedeutet, dass an zwei Lernorten, also einmal im Unternehmen, z. B. einem Reisebüro, und des Weiteren in einer Berufsschule ausgebildet und gelernt wird *(vgl. Bröckermann, 1998, S. 321).*

Bei Reiseveranstaltern und Reisemittlern werden hauptsächlich Reiseverkehrskaufleute ausgebildet. Diese agieren als Mittler zwischen den Kunden/Gästen und den Verkehrsträgern, z. B. Eisenbahn und Flugzeug, oder anderen touristischen Leistungsträgern, z. B. Hotellerie und Gastronomie.

Kaufmännische Tätigkeiten, insbesondere unter Einbindung modernen Datenverarbeitungstechnik, und der oft ständige Kundenkontakt bilden den Schwerpunkt der Arbeit eines Reiseverkehrskaufmannes/einer Reiseverkehrskauffrau.

Als anerkannter Ausbildungsberuf dauert die Ausbildung drei Jahre; für Auszubildende, die das Abitur haben, kann sich unter Umständen eine kürzere Zeit ergeben oder diese vereinbart werden *(vgl. Dettmer [Hrsg.], 1999, S. 694).*

Weiterhin besteht die Möglichkeit, über eine externe IHK-Prüfung Reiseverkehrskaufmann/Reiseverkehrskauffrau zu werden.

Die Berufsausbildung von Reiseverkehrskaufleuten sieht Schwerpunkte in den Bereichen „Reisevermittlung und Reiseveranstaltung" sowie „Kur/Fremdenverkehr" vor.

Folgende Fächer werden mit besonderer Gewichtung unterrichtet:

- Betriebswirtschaftslehre
- Volkswirtschaftslehre
- Rechnungswesen/Controlling
- Tourismusgeographie
- elektronische Datenverarbeitung
- Fremdsprachen: Englisch/Französisch.

Die Einsatzmöglichkeiten von Reiseverkehrskaufleuten sind danach durchaus vielschichtig; neben Reisemittlern und Reiseveranstaltern, touristischen Leistungs- und Verkehrsträgern kann z. B. eine Tätigkeit bei örtlichen Tourismusverbänden, Kurverwaltungen, Freizeit- und Ferienzentren oder auch im Gastgewerbe aufgenommen werden.

Von Reiseverkehrskaufleuten werden, durch ihre Tätigkeitsspezifik bedingt, besondere Qualifikationen und Fähigkeiten verlangt; dies sind vor allem: soziale Kompetenz, Flexibilität und die Forderung, theoretisch erworbenes Wissen in verschiedenen praktischen Situationen anzuwenden. Ein angenehmes äußeres Erscheinungsbild einer Reiseverkehrskauffrau/eines Reiseverkehrskaufmanns und Kontaktfreudigkeit gehören selbstverständlich zum Berufsbild. Da die Anzahl der Bewerber für diesen Ausbildungsberuf in den letzten Jahren immer größer war als die Zahl der zur Verfügung stehenden Ausbildungsplätze, wählen große Betriebe, insbesondere Veranstalterunternehmen, schon frühzeitig ihre künftigen Auszubildenden nach firmeninternen Gesichtspunkten aus.

Hierzu werden spezielle Eignungstests angewendet, die dem Bewerbungsgespräch vorgelagert sind und einer strengen Vorauswahl der Bewerber dienen. Diese Tests sind auf die jeweiligen besonderen unternehmerischen Anforderungen angepasst und sollen sicherstellen, dass nur gut geeignete Auszubildende ins Unternehmen kommen, die nach der IHK-Abschlussprüfung auch im Betrieb tätig werden können. Die Tests sollen bestimmte Persönlichkeitseigenschaften messen und basieren in der Mehrzahl auf psychologischen Intelligenztestverfahren, dabei werden auch die Allgemeinbildung und die Fertigkeit in ausgewählten Kulturtechniken (z. B. Rechtschreibung, Kopfrechnen) geprüft, da hohe Intelligenz alleine kein ausreichender Garant für erfolgreiches Agieren in der zukünftigen Position ist. Letztlich wird ein Persönlichkeitsprofil des Bewerbers erstellt, das mit den Anforderungen, die vorher genau definiert sind, verglichen wird. Oft erfolgt noch eine verbale Einschätzung durch einen Psychologen und/oder durch eine erfahrene Führungskraft.

Die Zuverlässigkeit dieser Methode ist in der Wissenschaft nicht unumstritten, zumal die Aufgaben, die potenzielle Auszubildenden zu bewältigen haben, sich oft über mehrere Tage erstrecken und teilweise arbeitsrechtlich bedenkliche Fragen beinhalten *(vgl. Hesse/Schrader, 1997, S. 6 f.).*

Sind die Auszubildenden im Unternehmen integriert, enthalten die **betrieblichen Ausbildungspläne** in der Regel folgende Schwerpunkte:

- Aneignung der notwendigen Kenntnisse für die Organisation und Durchführung von Pauschal-/Einzel-/Gruppenreisen in Verbindung mit den verschieden Leistungs- und Verkehrsträgern des Tourismus,
- Erlernen der Besonderheiten des Einkaufs von touristischen Dienstleistungen der entsprechenden Leistungsträger, z. B. das Anmieten/Chartern von Verkehrsmitteln (Busse, Züge, Flugzeuge, Schiffe) sowie Unterkünften (Hotels, Ferienhäuser),
- Planung und Beschaffung touristischer Leistungen für spezielle Reiseangebote, wie etwa Bildungs-/Event- oder Rundreisen.

Ein ausgewogenes Konzept touristischer Einzelleistungen wird nach den Erfordernissen des Wettbewerbs zu Pauschalangeboten zusammengestellt und nach erfolgter Preisfindung in den verschiedenen Medien der Reiseveranstalter/Reisemittler angeboten *(vgl. Dettmer [Hrsg.], 1999, S. 695 ff.).*

Zum Berufsbild der Reiseverkehrskaufleute gehört weiterhin die Beratung der Gäste und die anschließende Abwicklung der Buchungen. Die Reiseleitung und die Betreuung der Gäste in den Zielgebieten liegt ebenfalls in ihren Händen *(vgl. Koriath, 1993, S. 66).* Einige große Reiseveranstalter bilden auch Luftverkehrskaufleute aus. Im Mittelpunkt ihrer Ausbildung steht das Fliegen mit allem was dazu gehört.

Luftverkehrskauffrauen und -männer beschäftigen sich mit der Organisation und Ausführung von Flugreisen – aber es ist auch eine Tätigkeit in einer ausländischen Außenorganisation, im Marketing und Rechnungswesen/ Controlling denkbar *(vgl. Dettmer, 1999, S. 697 und Müller, 1996, S. 96).* Auch hier werden die Bewerber unternehmsspezifisch nach strengen Richtlinien ausgewählt. Eine bereits vorangegangene Ausbildung in einem serviceorientierten Beruf, wie etwa im Bereich des Gastgewerbes, gilt als förderlich.

Reiseverkehrs- wie auch Luftverkehrskaufleute können nach einer mindestens zweijährigen Praxiszeit eine Fortbildung an einer Tourismusfachschule aufnehmen *(vgl. Dettmer, 1999, S. 698).* Die Fortbildung kann auch ohne einschlägige Berufsausbildung erfolgen, wenn der Fortbildungswillige über mindestens sechs Jahre Praxis im Tourismus verfügt. Alternativ kann die nebenberufliche Fortbildung zum Touristikfachwirt mit IHK-Prüfung erfolgen.

Vorteilhaft ist bei den Weiterbildungsmaßnahmen, dass die Fortbildungswilligen weiterhin an ihrem Arbeitsplatz tätig sind und somit dem theoretisch erworbenen Wissen den unmittelbaren Praxisbezug gegenüberstellen können.

Außer den bisher dargestellten Aus- und Weiterbildungsmöglichkeiten gibt es auch Angebote mit privater Trägerschaft in diesem Bereich, die teilweise staatlich gefördert werden. Durch die neuen Anforderungen in der Mittler- und Veranstalterbranche gewinnt die tourismusbezogene Ausbildung an den Fachhochschulen zunehmend an Bedeutung *(vgl. Dettmer [Hrsg.], 1999, S. 702).*

Ausgehend vom Studiengang Betriebswirtschaftslehre, werden meistens im Hauptstudium Vertiefungsrichtungen angeboten, die fachbezogene Kenntnisse vermitteln; der Praxisbezug wird in der Regel durch fachpraktische Tätigkeit während eines speziellen

Praxissemesters sichergestellt. Andere Fachhochschulen offerieren einen eigenen Studiengang Tourismus.

Bei dem Studium an einer Berufsakademie (BA) erfolgt auch hier, wie bei einem Lehrberuf, die Ausbildung im dualen System; sie gestaltet sich am Beispiel der TUI wie folgt:

Die beiden Partner bei der Ausbildung zum Betriebswirt (BA) im dualen System sind

- TUI mit der praktischen Ausbildung in den Fachbereichen
- Leibniz-Akademie Hannover (wirtschaftswissenschaftliches Studium).

Die Ausbildungsabschnitte wechseln jeweils mit 10 Wochen Theorie und 12–14 Wochen Praxis und verlaufen entsprechend dem nachstehenden Studienschema:

Ausbildung zum/zur Betriebswirt/in (BA) bei der TUI

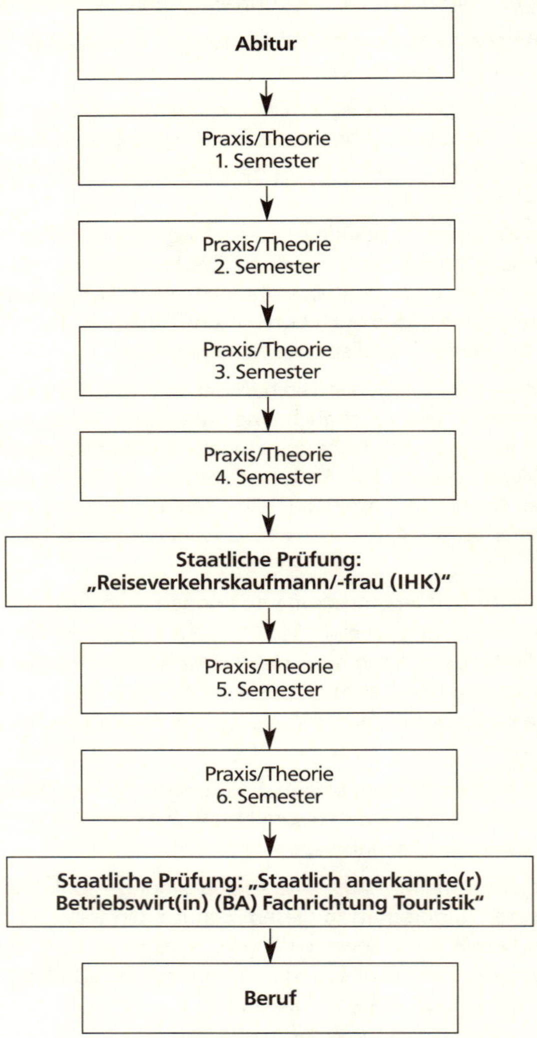

Abb. 4-8: Ausbildung zum/zur Betriebswirt/in (BA) bei der TUI (eigene Darstellung nach Unterlagen der TUI)

4.3.2 Personalorganisation

Der Stellenwert, den die Personalwirtschaft in einem Unternehmen besitzt, ist nicht zuletzt durch dessen Größe bestimmt. Mit wachsender Mitarbeiterzahl nehmen nicht nur die Verwaltungsaufgaben zu, bei größeren Betrieben kommen auch die direkten Abhängigkeiten von Führung und Organisation stärker zum Tragen. Zur Verwirklichung von Unternehmensstrategien oder Konzepten müssen unterstützend Führungskonzepte im Rahmen des Personalmanagements zur Anwendung gebracht werden *(vgl. Dettmer [Hrsg.], 1998, S.7 und Kaspar, 1995, S. 190 f.).*

Generell lassen sich alle theoretischen Organisationsmodelle der Personalwirtschaft auch auf Reisemittler und -veranstalter zur Anwendung bringen. Unter Berücksichtigung der vorhandenen Betriebsgrößen gibt es dennoch Besonderheiten. Bei selbstständigen Kleinbetrieben, auch wenn sie in eine Kooperationsform involviert sind – also vorwiegend in der Mittlerbranche – ist die Personalwirtschaft **allgemeine Führungsaufgabe.** Das bedeutet, die Aufgaben bezüglich des Personals werden von den Vorgesetzten aller Hierarchiestufen und von der Geschäftsleitung wahrgenommen. Dabei ist der Personalsektor im Organigramm nicht sichtbar *(vgl. Jung, 1997, S. 31).*

Mögliche Vorteile sind zum einen der direkte Bezug zu den Mitarbeitern, da die Personalarbeit unmittelbar an der Basis durchgeführt wird und zum anderen, dass kaum zusätzliche Kosten für die Personalarbeit entstehen.

Nachteilig wirkt sich eine fehlende personalwirtschaftliche Kompetenz der einzelnen Vorgesetzten aus, die ihr Vorgehen nicht koordinieren können und durch Aufgaben, wie die Personalverwaltung, weniger Zeit für ihr eigentliches Tätigkeitsfeld finden *(vgl. Dettmer [Hrsg.], 1998, S. 7).*

Großbetriebe, die nach Geschäftsbereichen organisiert sind, räumen dem Personalmanagement oberste Priorität ein. In der TUI ist die Personalwirtschaft z. B. konzernübergreifend dem Geschäftsbereich Informationstechnologie zugeordnet und zugleich nach Funktionsschwerpunkten gegliedert. Die Personalwirtschaft kann sich dabei in folgende Funktionsbereiche aufspalten:

- Personalplanung
- Personalverwaltung
- Personalentwicklung
- Sozialwesen.

Die Vorteile liegen in einer Spezialisierung der Aufgabenträger und der Flexibilität gegenüber den anderen Abteilungen.

Allerdings besteht hier kein festes Betreuungsverhältnis zwischen den Mitarbeitern und der Personalabteilung, so dass diese bei einem Problem immer erst zuordnen müssen, an wen sie sich zu wenden haben; dabei kann es Schwierigkeiten geben. Weiterhin ist es notwendig, dass die einzelnen Abteilungen mit ihren personellen Teilfunktionen die Personalarbeit genau koordinieren *(vgl. Jung, 1997, S. 37).*

Allgemein sollen bei der Personalorganisation folgende Grundsätze in Betracht gezogen werden:

- genaue Abgrenzung der Verantwortungsbereiche
- Verantwortung sollte mit Befugnissen verbunden werden
- Veränderungen bedingen die vorherige Information
- Anordnungen dürfen Mitarbeiter nur von einer Stelle erhalten.

Wichtig ist die Erstellung von konkreten dauerhaft gültigen Arbeitsanweisungen, die notwendigenfalls schriftlich zu formulieren sind, um im Streitfalle eine klare Ausgangsposition zu haben *(vgl. Kaspar, 1995, S. 193).*

4.3.3 Qualifizierung – ein Beispiel aus der TUI

Als großer Konzern mit Unternehmen, die nahezu den gesamten Bereich der touristischen Leistungserstellung abdecken, gibt es in der TUI-Zentrale in Hannover eine eigene Abteilung für die Personalentwicklung. „Die Personalentwicklung dient der Vermittlung jener Qualifikationen, die zur optimalen Verrichtung der derzeitigen und der zukünftigen Aufgaben in einem Unternehmen erforderlich sind. Sie umfasst die Bildungsarbeit, das heißt die Aus- und Weiterbildung von Beschäftigten, aber auch deren Förderung" *(Bröckermann, 1997, S. 23).*

Seit Gründung der TUI aus verschiedenen kleineren Reiseveranstaltern im Jahre 1968 ist die TUI Gruppe zum führenden Tourismusunternehmen in Deutschland und Europa geworden. Die Tätigkeit in fünf Feldern der touristischen Wertschöpfungskette (Travelagencies, Tour operators, Airlines, Incoming agencies, Hotel; s. Abb. 4-5) erfordern eine umfassende Personalpolitik.

Im Jahre 1996 erfolgte eine Anpassung der Managementstrukturen an die neuen Anforderungen auf den Gebieten Produktentwicklung, Verkauf, Kundenbindung und unterstützende Prozesse *(vgl. Weiermair/Wöhler [Hrsg.], 1998, S. 95).*

Derzeit existieren bei der TUI Deutschland drei Führungsebenen, neben der Fachlaufbahn gibt es eine Führungslaufbahn; ein Wechsel ist untereinander in beide Richtungen möglich. Ausgangspunkt für das Selbstverständnis der Mitarbeiter und Führungskräfte drücken sich in den neun Unternehmensgrundsätzen der TUI aus, insbesondere jedoch durch die im Folgenden genannten vier:

a) „Unsere Gäste und Kunden stehen im Mittelpunkt"

b) „Qualität und Service bestimmen unser Handeln"

c) „Auf jeden Einzelnen von uns kommt es an"

d) „Zusammenarbeit ist unser Schlüssel zum Erfolg".

Unter Beachtung der beiden letztgenannten Unternehmensgrundsätze sind die Hierarchien im Unternehmen aufeinander abgestimmt. Diesen Grundsätzen entspricht auch der hohe Stellenwert der Personalentwicklung, der aus den Anforderungen, die an die heutigen und zukünftigen Führungskräfte (insbesondere Service- und Kundenorientiertheit und Teamfähigkeit) gestellt werden, resultiert *(vgl. Weiermair/ Wöhler [Hrsg.], 1998, S. 96).*

Die Personalentwicklung bedient sich bei der TUI eines umfassenden Konzeptes aus Bausteinen und Instrumenten in Form eines Managemententwicklungskonzeptes.

Die nun direkt folgenden Ausführungen zum Qualifizierungsprogramm und die graphische Übersicht sind TUI-Materialien, die hier mit freundicher Unterstützung der TUI dargestellt werden können.

Das Projektleiter-Qualifizierungsprogramm der TUI

Innovationen und komplexe Veränderungsprozesse in Unternehmen fordern den Einsatz von Projektgruppen. Der Erfolg eines Projekts hängt dabei entscheidend von der Fähigkeit des Projektmanagers ab, sein Team steuern und dessen Aktivitäten koordinieren zu können. Um Mitarbeiterinnen und Mitarbeiter gezielt auf die Leitung von Projekten vorzubereiten, bietet der Bereich Personalentwicklung der TUI GROUP ein modulares Qualfizierungsprogramm an.

Projektarbeit bedeutet, nicht auf Routinelösungen zurückgreifen zu können. Projekte haben neuartigen und einmaligen Charakter und stellen hohe Anforderungen an den Projektmanager, der zur Erreichung des Projektziels die Teilaufgaben der Spezialisten im Team koordinieren, die Zusammenarbeit verschiedener Unternehmensbereiche organisieren und mögliche Zielkonflikte bewältigen muss. Projektleiter tragen eine besondere Verantwortung und müssen über hohe Fachkompetenz, Menschenkenntnis und Fähigkeiten in Menschenführung und Moderation von Gruppen verfügen.

Auf die Entwicklung dieser Kernkompetenzen richtet sich das Projektleiter-Qualifizierungsprogramm.

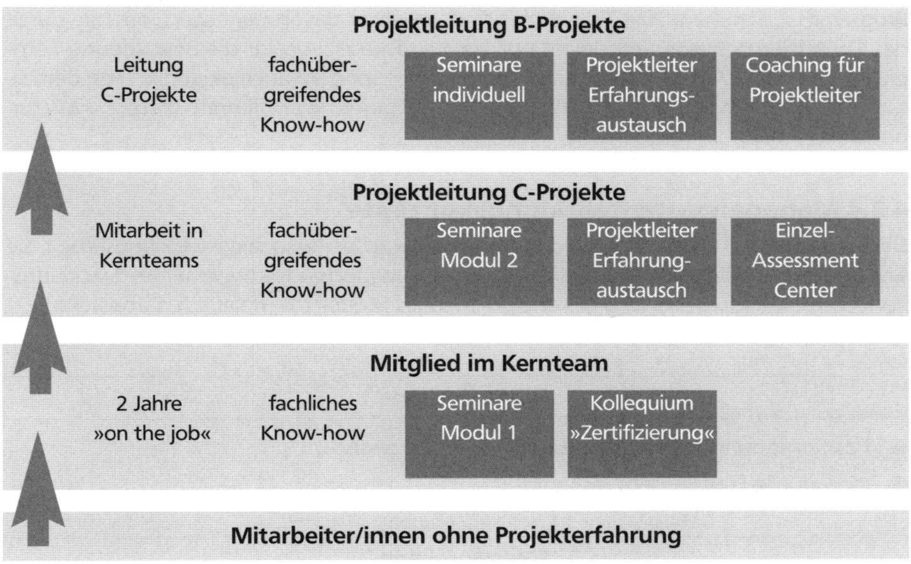

Das Programm im Einzelnen: Zur Zeit nehmen mehrere Gruppen mit jeweils 12 Personen am dreistufigen Programm teil, das die Teilnehmer zunächst für die Mitarbeit im Projekt-Kernteam und danach schrittweise für die Projektleitung auf unterschiedlichen Verantwortungsebenen qualifiziert.

Um Mitglied im Kernteam werden zu können, sind neben zwei Jahren Erfahrung "on the job" und herausragendem fachlichem Know-how die Qualifikationsseminare des ersten Moduls zu absolvieren: Die Teilnehmer machen sich mit den Grundlagen des Projektmanagements vertraut, trainieren Arbeitstechniken, üben sich in Teamarbeit und der Moderation von Gruppen und lernen, Entscheidungstechniken in der Projektarbeit einzusetzen.

Das erste Qualifikationsmodul endet mit einem Kolloquium, in dem ein Projekt aus dem eigenen Arbeitsbereich vor Trainern, Teilnehmern, Projektleitern und Vorgesetzten präsentiert wird.

In der zweiten Stufe des Qualifizierungsprogramms bereiten sich Mitarbeiterinnen und Mitarbeiter auf die Projektleitung vor. Voraussetzung für die Teilnahme sind die erfolgreiche Mitarbeit in Projekten als Mitglied eines Kernteams, fachübergreifendes Know-how und das Beherrschen der Inhalte des ersten Moduls. Die Seminare des zweiten Moduls umfassen die Praxis der Projektsteuerung und -führung und ein Simulationstraining, in dem das Gelernte in typischen Projektsituationen angewendet wird. Bei der Bearbeitung von Projekten im beruflichen Alltag können kleine Gruppen ergänzend einen Coach in Anspruch nehmen, um in individuellen Gesprächen Erfahrungen zu diskutieren und gezielt an der Lösung von Problemfällen zu arbeiten.

Die weitere Entwicklung in der Projektlaufbahn mit dem Ziel, Projekte auf höchster Verantwortungsebene zu leiten, wird von individuell gestalteten Qualifizierungsmaßnahmen begleitet. Im regelmäßigen Erfahrungsaustausch lernen Projektleiter voneinander, wie bestimmte Aufgabenstellungen erfolgreich gelöst werden.

Bei der praktischen Projektarbeit steht den Projektmanagern wiederum bei Bedarf ein Coach zur Verfügung.

Die Personalentwicklungsabteilung, fasst die positive Resonanz auf das 1998 gestartete Programm zusammen: "Die Teilnehmer sind vor allem davon begeistert, dass sie durch das Qualifizierungsprogramm nicht nur ein Handwerkszeug für die Bewältigung komplexer und neuer Aufgaben vermittelt bekommen, sondern auch persönlich von der Zusammenarbeit mit Spezialisten verschiedener Fachbereiche profitieren" (http://www.tui-personal.com/).

4.3.4 Managemententwicklungskonzepte

Die Bausteine und Instrumente bilden die Grundlage der Personalentwicklungsarbeit. Sie sind Mittel zum Zweck zur Realisierung eines integrierten Managemententwicklungskonzeptes. Nachfolgend wird ein entsprechendes Modell exemplarisch dargestellt:

Führungsebene 1

- Positionserfahrungen in verschiedenen Funktionen
- individuelle Führungsentwicklung

Führungsebene 2

- mehrere Jahre Positionserfahrung in verschiedenen Funktionen
- Führungskräfteentwicklungsprogramm (für Führungsmanagement)
- indiv. Entwicklungsprogramm (Fachmanagement)

Führungsebene 3

- Positionserfahrung
- Nachwuchsförderprogramm

Mitarbeiter

Die einzelnen Führungsebenen sind durch die Bausteine und Instrumente miteinander verbunden und dienen zur entsprechenden Qualifikation der Mitarbeiter. Die Wechselwirkungen und Inhalte der Bausteine/Instrumente gestalten sich wie folgt:

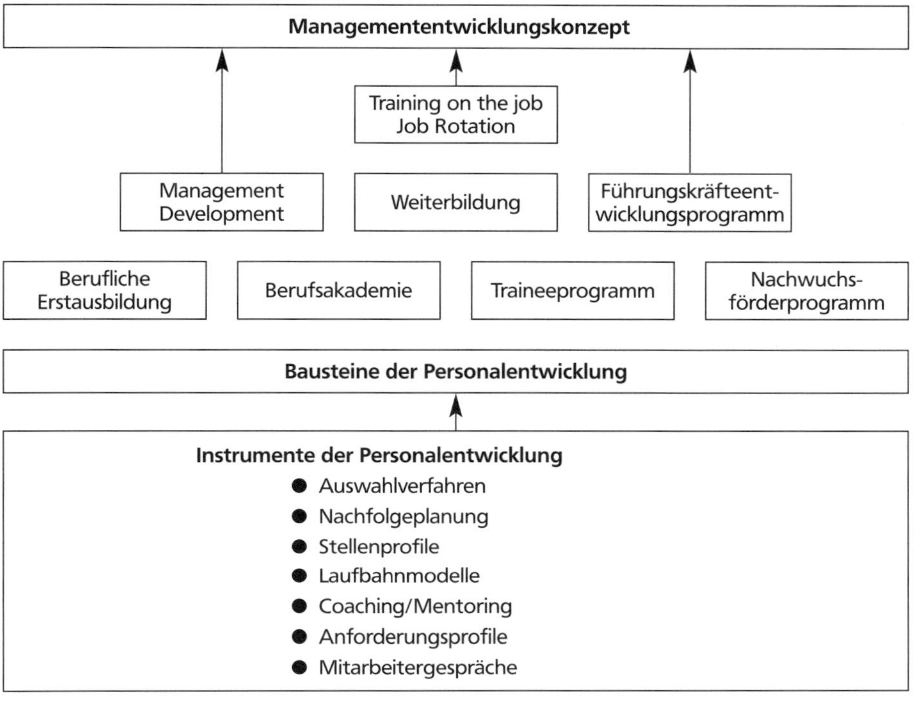

Abb. 4-9: Managemententwicklungskonzept

Im Folgenden sollen die verwendeten Bausteine in Verbindung mit den jeweiligen Instrumenten inhaltlich näher beleuchtet werden:

a) Traineeprogramme

Traineeprogramme gelten als spezielle Einarbeitungsprogramme, in denen Hochschulabsolventen das betriebliche Geschehen kennenlernen sollen *(vgl. Jung, 1997, S. 283).*

Bei Reiseveranstaltern richtet sich das Traineeprogramm an Absolventen der Fachrichtung Wirtschaftswissenschaften, die innerhalb voneiner bestimmten Zeitspanne – i.d.R. 12 bis max. 21 Monate – auf ihre Tätigkeit innerhalb des Unternehmens vorbereitet werden sollen. Da auf die wenigen neu zu besetzenden Stellen, für die spezielle Anforderungsprofile erstellt sind, jeweils eine große Anzahl an Bewerbungen kommen, haben nur Bewerber mit überdurchschnittlichen Leistungen während des Studium überhaupt eine Chance. Im Auswahlverfahren wird Wert auf das Beherrschen von Fremdsprachen, neben fließendem Englisch besonders auf Spanisch, gelegt. Etwa 20 Bewerber werden zu einem ersten Test geladen, die Auswahlentscheidung obliegt letztlich einem zweitägigen **Assessment Center (AC),** bei dem folgende Persönlichkeitseigenschaften hinterfragt werden:

- analytische und konzeptionelle Fähigkeiten
- Systematik und Entscheidungsvermögen
- zielorientierte Initiative
- unternehmerische Orientierung

- Kooperations-/Integrationsvermögen
- Flexibilität
- Kommunikations- und Kontaktfähigkeit
- Motivations-, Überzeugungs- und Durchsetzungskraft *(vgl. Weiermair/Wöhler [Hrsg.], 1998, S. 97 f.).*

Die Praktika im Rahmen des Traineeprogrammes dauern zwischen zwei Wochen und vier Monaten. In der Regel wird im Vertrieb begonnen, um die Produkte des Unternehmens für den Trainee transparent zu machen; weiterhin kommen der Umgang mit Buchungssystemen und Einblicke in das Produkt-/Yieldmanagement u. a. hinzu. Gerne werden die Trainees auch in aktuelle Projekte mit einbezogen, da sie hier einen schnellen und besonders guten Überblick über das Unternehmen bekommen. Nach dem Einsatz in Positionen mit direktem Gästekontakt folgen Erfahrungen in im Ausland angesiedelten Unternehmensbereichen.

Bereits während des Programmes sind die Trainees gefragte Mitarbeiter für gehobene Positionen sowohl in der Fach- als auch in der Führungslaufbahn.

b) Führungskräfteentwicklungsprogramme

Ein solches Programm dient zur Vorbereitung von Führungskräften auf Verantwortung im Führungskreis 2, was dem mittleren von 3 Führungskreisen entspricht (1 = höchste Führungsverantwortung), und ist i.d.R. etwas länger angelegt als Traineeprogramme. Die Grundlage aber bilden ebenfalls Assessment Center zur Potenzialanalyse für individuelle Entwicklungsmaßnahmen. Teilnehmer werden aus den verschiedenen Bereiche eines Unternehmens ausgewählt.

Elemente des Führungskräfteentwicklungsprogrammes sind

- On-the-job-Maßnahmen, z. B. Projekte
- Projektauftrag aus Führungskreis 1
- Management-Seminare
- Workshops mit Führungskräften des Unternehmens
- Unternehmensplanspiele.

Ferner gehört zu den Elementen das **Coaching/Mentoring.** Beim Coaching handelt es sich um eine Betreuungsaufgabe des oftmals direkten Vorgesetzten, wobei die Eigeninitiative des betreuten Mitarbeiters erwartet wird, was letztlich zur Selbstorganistion führen soll. Noch vorhandene Schwächen werden durch Beratung und Vertrauen durch und mit dem Vorgesetzten möglichst in Stärken umgewandelt. Vom Mentoring wird gesprochen, wenn es sich um eine Beziehung zwischen einer erfahrenen Führungskraft und einem Nachwuchsmanager handelt, ein direktes Unterstellungsverhältnis muss im Gegensatz zum Coaching nicht bestehen. Die Nachwuchskraft identifiziert sich mit dem Förderer und Berater; dadurch wird ihre Entwicklung positiv beeinflusst *(vgl. Jung, 1997, S. 280).*

Führungskräfte aus der unteren Führungsebene können nach angemessener Positionserfahrung am Führungskräfteentwicklungsprogramm teilnehmen und werden so auf die mittlere Führungsebene vorbereitet.

Die Teilnehmerzahlen orientieren sich am Bedarf des jeweiligen Unternehmens, der regelmäßig für einen mittelfristigen Zeitraum analysiert wird.

c) Nachwuchskräfteförderprogramme

Neben der externen Beschaffung von Führungskräften werden geeignete interne Mitarbeiter durch Nachwuchskräfteförderprogramme auf erste Führungsaufgaben innerhalb des Führungskreises 3 vorbereitet. Der Mitarbeiter darf in der Regel nicht älter als 29 Jahre sein und kann durch einen Vorgesetzten vorgeschlagen werden. Die endgültige Auswahl erfolgt in einem mehrstufigen Verfahren.

Die Dauer des Programms für den daran teilnehmenden neuen Mitarbeiter liegt im zeitlichen Rahmen eines Führungskräfteentwicklungsprogramms und endet mit einem Abschlusszertifikat. Die Elemente und Instrumentarien sind ebenfalls ähnlich. Neben Mentoring/Coaching und Informationsveranstaltungen zu konzernrelevanten Themen finden Seminare statt, die unter anderem eine Ausbildung im Bereich Management, Betriebswirtschaft aber auch Arbeitsrecht beinhalten. Dem Mitarbeiter werden Sonderaufgaben und Projekte übertragen, die ihn für neue Aufgaben qualifizieren. Für die vorgesehene Führungsverantwortung ist eine komplexe Sicht auf die Anforderungen des Arbeitgebers vonnöten, die durch eigene Erfahrungen am besten erreicht wird. Darum sind wechselnde Einsätze in Form von Hospitationen oder direkter Tätigkeit in verschiedenen Bereichen des Unternehmens ein fester und wichtiger Bestandteil von Nachwuchsförderprogrammen. Die konkreten Einsätze dieser Job-Rotation richten sich nach der beruflichen Ausbildung sowie nach dem bisherigen Tätigkeitsfeld des Mitarbeiters. Die Einsätze orientieren sich zusätzlich immer am unternehmensinternen Qualitätsanspruch und der Kundenorientierung. Daher ist ein wechselnder Einsatz im Zielgebiet, im Reisebüro, im Verkauf und Produktmanagement oder in anderen Beteiligungsgesellschaften vorgesehen.

Kernstück des Programmes ist ein Projektauftrag aus dem obersten Führungskreis 1, dessen Ergebnis auf einer abschließenden Präsentation vor Führungskräften vorgestellt wird und Bestandteil der Zertifizierung der Teilnehmer ist.

Ein derartiges **Managemententwicklungskonzept** ist für ein global operierendes Tourismusunternehmen sicherlich eine entscheidende Basis für die Aus- und Weiterbildung von Mitarbeitern, die permanente Veränderungsprozesse erkennen, aufgreifen und im unternehmensinternen Sinne erfolgreich gestalten.

Aufgaben

1. Vom Kunden werden Reisemittler und Reiseveranstalter in der Wertschöpfungskette unterschiedlich betrachtet.

   a) In welcher Reihenfolge geschieht dies?

   b) Bestimmen Sie den Begriff Wertschöpfung für ein Unternehmen.

2. Die Auszubildenden Martina und Jan unterhalten sich über die Organisation in ihrem Unternehmen. Jan ist im ersten Ausbildungsjahr und kennt nicht den genauen Unterschied zwischen Aufbau- und Ablauforganisation. Martina legt ihm die Differenzierung gerne dar.

   Wie erklären Sie die Bedeutung von Aufbau- und Ablauforganisation?

3. Bei Reisemittlern existieren Haupt- und Nebenerwerbsbetriebe.

   Definieren Sie die Begriffe Haupt- und Nebenerwerbsbetriebe und geben Sie Beispiele für Nebenerwerbsbetriebe.

4. Welches Recht räumt der Franchisegeber dem Franchisenehmer ein?

5. Rechte und Pflichten des Franchisegebers und Franchisenehmers werden in einem Vertrag geregelt. Welche Pflichten ergeben sich für den Franchisegeber aus diesem Vertrag?

6. Welche Vorteile hat ein Franchisegeber, sein Konzept weiterzugeben?

7. Karl und Frieda Fernweh haben ein Reisebüro in einer größeren Stadt. Seit längerem überlegen sie, ob es sich lohnt, einen Franchisevertrag mit einem großen Franchisegeber abzuschließen. Anton Breitling, ein guter Freund des Ehepaars, klärt die beiden über Rechte und Pflichten eines Franchisenehmers auf.

   Welche Pflichten, Nutzen und Nachteile hat ein Franchisenehmer?

8. Unterscheiden Sie das Filialsystem vom Franchisesystem.

9. Der Auszubildende Martin Luftig fragt seine Ausbilderin Andrea Müller, warum es so schwer ist, ein Filial- bzw. ein Franchisesystem als Außenstehender voneinander zu unterscheiden?

10. Ernst Jung möchte sich selbstständig machen und ein Reisebüro eröffnen. Nun überlegt Herr Jung, ob er sich einem Franchisesystem anschließen soll. Ein Freund hat gute Erfahrungen bei seiner Existenzgründung mit einem Franchisesystem in der Gastronomie gemacht.

    Warum entscheiden sich viele Existenzgründer für ein Franchisesystem?

11. Zu der TUI Group gehören 160 Unternehmen aller Stufen der touristischen Wertschöpfungskette. Durch das enorme Wachstum erfolgte eine Reorganisation der Unternehmensgruppe.

    Welche Ziele verfolgte die TUI mit der durchgeführten Reorganisation?

12. Bei den großen Reiseveranstaltern mit Konzernstruktur erfolgt der Einkauf in der Regel zentral durch Einkaufsteams. Welche Vorteile hat diese Art des Einkaufs?

13. Grenzen Sie den Begriff Personalwesen von Personalwirtschaft/Personalmanagement ab.

14. Marianne Weber möchte eine Ausbildung zur Reiseverkehrskauffrau beginnen. Sie hat aber noch einige Fragen zu der Ausbildung und wendet sich an ein ihr be-

kanntes Reisebüro. In einem Gespräch mit einem ausgebildeten Reiseverkehrskaufmann erfährt Marianne mehr.

a) Wie erfolgt die Ausbildung und wie lange dauert diese?

b) Welche Aufgaben haben Reiseverkehrskaufleute hauptsächlich zu erledigen?

c) Wo liegen die Schwerpunkte in der Berufsausbildung und welche Schwerpunktfächer gibt es in der Berufsschule?

d) Wo haben Reiseverkehrskaufleute hauptsächlich ihre Einsatzmöglichkeiten?

15. Welche Vor- und Nachteile hat es, wenn man moderne Personalwirtschaft als allgemeine Führungsaufgabe deklariert?
16. Machen Sie einen Vorschlag für die Einteilung des Personalwesens eines Großbetriebes in verschiedene Funktionsbereiche.
17. Welche allgemeinen Grundsätze sollten bei der Personalorganisation beachtet werden?
18. Definieren Sie die Begriffe Coaching und Mentoring.
19. Was versteht man unter job rotation und warum ist es nicht nur für Nachwuchskräfte wichtig?

Quellen und weiterführende Literatur

Bieger, T., Management von Destinationen und Tourismusorganisationen, München und Wien 1997

Bleile, G., Tourismusmärkte, München und Wien 1995

Bröckermann, R., Personalwirtschaft. Arbeitsbuch für das praxisorientierte Studium, Köln 1997

BTW-Bundesverband der Deutschen Tourismuswirtschaft (Hrsg.), Jahrabuch 2000, Berlin 2001

Bundesverband Mittelständischer Reiseunternehmen e.V. [Hrsg.], Das Reisebüro: erfolgreich gründen und führen, Neuwied u. a. 1997

Dettmer, H. [Hrsg.], Tourismus-Marketing-Management, München und Wien 1999

Dettmer, H. [Hrsg.], Betriebswirtschaftslehre für das Gastgewerbe, Hamburg 1999

Dettmer, H. [Hrsg.], Personalwirtschaft für das Gastgewerbe, Hamburg 1998

Deutscher Reisebüro Verband e.V. [Hrsg.], Tourismusmarkt der Zukunft, Lüneburg 1995

FVW international, Nr. 21–30, Hamburg 1998

Haedrich, G.; Kaspar, C.; Klemm, K.; Kreilkamp, E., Tourismusmanagement, Berlin und New York 1998

Hänssler, K., Management in Hotellerie und Gastronomie, München und Wien 1997

Haimayer, P. [Hrsg.], Wandel im Tourismus-Herausforderung und Chance, Tirol 1994

Hesse, W.; Schrader, J., Eignungstests in der Praxis, Berlin 1995

http://www.tui.de

http://www.tui-personal.com

http://www.fvw.de

Jung, H., Personalwirtschaft, München und Wien 1997

Kaspar, C., Management im Tourismus, Bern, Stuttgart, Wien 1995

Kaspar, C., Management der Verkehrsunternehmungen, München und Wien 1998

Kirstges, T., Management von Tourismusunternehmen, München und Wien 1994

Müller, R., Boombranche Tourismus, Einstieg – Praxis – Chancen, Frankfurt am Main 1996

Mundt, J.-W., Reiseveranstaltung, München und Wien 1998

Preussag AG [Hrsg.], Journal für die Mitarbeiter des Preussag-Konzerns, Nr. 3/01, Hannover 2001

Steinbuch, P., Organisation, Ludwigshafen 1990

TUI [Hrsg.], Chancen 1998. Internes Weiterbildungsprogramm, Hannover 1998

TUI [Hrsg.], Der Konzern. Veränderungen – Fragen – Meinungen, Hannover 1998

TUI [Hrsg.], Ferienprofi. Das TUI Mitarbeiter Magazin, Nr. 5/98, Hannover 1998

TUI [Hrsg.], Unternehmensgrundsätze der TUI, Hannover 2000

TUI [Hrsg.], Zusammenarbeiten und Führen in der TUI, Hannover 1998

Weiermair, K.; Wöhler, K. [Hrsg.], Personalmanagement im Tourismus. Konzepte und Strategien, Limburgerhof 1998

5. Marketing für Reisemittler

„Die Klage über die Schärfe des Wettbewerbs ist in Wirklichkeit meist nur eine Klage über den Mangel an Einfällen." (Walther Rathenau)

Die eigentliche Geburtsstunde des Marketing war der Übergang von der rein handwerklichen Auftragsproduktion zur industriellen Massenabfertigung.

Das muss man sich erst einmal klar machen: Zum ersten Mal in der Geschichte der Wirtschaft wurden Produkte nicht mehr aufgrund einer Einzelbestellung individuell, sondern in größeren Stückzahlen – sozusagen auf Vorrat – hergestellt.

Damit stellt sich die Frage wo, wie und an wen die Produkte verkauft werden. Um die Jahrhundertwende wurden Möglichkeiten der Distribution systematisch untersucht (Hellauer und Hirsch).

Die 4 P's und das Management: In der weiteren Entwicklung wandelte sich das Marketing zu einer primär auf das Verkaufen von Produkten und Dienstleistungen ausgerichteten Disziplin. Hierauf aufbauend entwickelte Mc Carthy zu Beginn der 60er Jahre eine managementorientierte Sicht des Marketing mit der Formulierung der 4 P's – **Price, Product, Place, Promotion** – als Ansatzpunkte für marktgerichtete Aktivitäten. Dies ist die Geburtsstunde des modernen Marketing, das insbesondere durch Philip Kotler weiter ausgearbeitet wurde.

Die Bedürfnisse der Kunden: Mc Carthy und Kotler stellen die konsequente Orientierung der Unternehmensaktivitäten an den Bedürfnissen und Wünschen der Nachfrager in den Mittelpunkt ihrer Überlegungen. Auch andere Autoren haben die Umorientierung von einer kurzsichtigen Produktorientierung hin zu einer weitsichtigen Bedürfnisorientierung erkannt. Damit war der Wandel des Marketing von einer funktionsorientierten Sichtweise zu einer unternehmensbezogenen Denkhaltung vollzogen.

Marketing als Konzeption der Unternehmensführung: Mit diesem Verständnis des Marketing als einer Konzeption der Unternehmensführung ist die Frage nach dem Anspruch des Marketing als Bestandteil der Betriebswirtschaftslehre verbunden. Dabei steht vor allem der umstrittene und oftmals fehlinterpretierte Dominanzanspruch des Marketing im Mittelpunkt des Interesses (Schneider). Dieser Anspruch besagt, dass die Absatz- und Marktorientierung auf alle betriebswirtschaftlichen Teilbereiche des Unternehmens insofern zurückwirkt, als auch die innerbetriebliche Leistungserstellung marktorientiert gestaltet werden muss.

In diesem Sinne sind die drei folgenden Ansatzpunkte zur Integration des Marketing und seines Managementanspruchs hervorzuheben:

- **Marketing als Maxime** – bedeutet die konsequente Ausrichtung aller Entscheidungen an den Erfordernissen und Bedürfnissen der Abnehmer
- **Marketing als Mittel** – bedeutet den koordinierten Einsatz marktbeeinflussender Instrumente zur Schaffung dauerhafter Präferenzen und Wettbewerbsvorteile
- **Marketing als Methode** – bedeutet die systematische und moderne Techniken nutzende Entscheidungsfindung.

5.1 Grundlagen

„Wir verkaufen den Wagen in jeder Farbe, vorausgesetzt, sie ist schwarz." (Henry Ford)

Diese Einstellung und dieses Verhalten spiegelt einen **Verkäufermarkt** wider. Ein Verkäufermarkt ist dadurch gekennzeichnet, dass die Nachfrage größer als das Angebot an Güter und Dienstleistungen ist. Es besteht ein Nachfrageüberhang. Bei einer derartigen Absatzmarktsituation, wie sie zum Teil bis Ende der fünfziger Jahre in Deutschland bestand, war die Marktorientierung von untergeordneter Bedeutung. In einem Verkäufermarkt stellen für ein Unternehmen die Probleme in den Bereichen Produktion, Finanzierung und Beschaffung meist typische Engpässe dar, während der Absatz problemlos ist *(vgl. Weis, 1995, S. 17)*. Kennzeichen der Unternehmenspolitik in einem Verkäufermarkt ist die **produktionsorientierte Ausrichtung.**

Die Märkte wandelten sich in vielen Branchen, auch in der Tourismusbranche, zu Käufermärkten. Als **Käufermarkt** bezeichnet man einen Markt, in dem das Angebot an Gütern und Dienstleistungen die Nachfrage übersteigt und der Käufer, Nachfrager und Kunde auf dem Markt aus einer Vielzahl von Angeboten und Anbietern auswählen kann. Kennzeichen der Unternehmenspolitik in einem Käufermarkt ist die **marktorientierte Ausrichtung.**

Zum besseren Verständnis der Unterscheidung zwischen Käufer- und Verkäufermarkt dient nachfolgende Darstellung.

Gegenstand der Unternehmenspolitik	**Verkäufermarktsituation**	**Käufermarktsituation**
Oberste Instanz:	Das Unternehmen	Der Konsument
Top Management:	Technischer Manager	Marketing – Manager
Sortiment:	Schmal	Breit
Organisation:	Zentralisiert	Dezentralisiert
Ziele:	Intern beeinflusst	Extern beeinflusst
Forschung:	Technik im Vordergrund	Markt im Vordergrund
Preispolitik:	Kostenorientiert	Marktorientiert
Produktpolitik:	Technikorientiert	Nachfragerorientiert
Produktgestaltung:	Funktion im Vordergrund	Stil im Vordergrund
Verpackung:	Schutzfunktion	Verkaufsförderungsfunktion
Firmenstil:	„Friss oder Stirb"	Bedürfnisbefriedigung
Produktnachfrage:	Gegebene Größen	Beeinflussbare Größen
Managementprobleme:	Herstellung und Beschaffung	Absatz und Vertrieb

Abb. 5-1: Käufer- und Verkäufermarkt

Während man sich in den USA schon Jahrzehnte mit den Zielen und Aufgaben des Marketing befasste, begann man in Deutschland erst dann sich eingehender mit Marketing zu beschäftigen, als die Verkäufermärkte, die nach dem Zweiten Weltkrieg vorhanden waren, sich allmählich in Käufermärkte wandelten. Mit diesem Wandel vom Verkäufermarkt zum Käufermarkt waren die Unternehmer und Dienstleister gezwungen, sich auf die Probleme, Wünsche und Bedürfnisse der potenziellen Abnehmer, Nachfrager und Kunden mit ihren Leistungen (Produkte und Dienstleistungen) einzustellen. Es war also erforderlich, das Unternehmen vom Absatzmarkt her zu führen.

5.2 Begriffserläuterung und Definition Marketing

„Der Kluge macht einen Fehler nicht zweimal."

Mit der Ablösung des produktionsorientierten Denkens durch eine marktorientierte Unternehmensführung gewinnt die Beschäftigung mit Marketing, seinem Wesen, seinen Zielen und Aufgaben zunehmend an Bedeutung.

Versucht man das Wesen des Marketing zu ergründen, so wird man schnell feststellen, dass die Meinungen von und über Marketing sehr unterschiedlich sind. Ältere Definitionen setzen Marketing gleich mit dem Begriff „Absatz", d.h. den Bemühungen des Unternehmens unter Einsatz bestimmter Funktionen die Betriebsleistung den Abnehmern zuzuleiten. Andere Definitions- und Erläuterungsansätze lauten wie folgt:

1. Nach *Weinhold – Stünzi* ist Marketing eine marktgerichtete und damit marktgerechte Unternehmenspolitik.
2. *Köhler* versteht Marketing heute überwiegend als Ausdruck für eine umfassende Konzeption des Planens und Handels, bei der systematisch gewonnene Informationen über Marktdaten sowie über voraussichtliche Gestaltbarkeit von Märkten als vorrangige Basis dienen.
3. Für *Meffert* ist Marketing die bewusst marktorientierte Führung des gesamten Unternehmens, die sich in Planung, Koordination und Kontrolle aller auf die aktuellen und potenziellen Märkte ausgerichteten Unternehmensaktivitäten niederschlägt.
4. Nach *Kotler* ist Marketing (Management) der Planungs- und Durchführungsprozess der Konzeption, der Preisgestaltung, der Promotion und Distribution von Ideen, Produkten und Dienstleistungen, um Austauschbeziehungen zu erzielen, die individuelle und unternehmensspezifische Ziele befriedigen.
5. *Tietz* sieht im Marketing eine marktorientierte Unternehmenspolitik mit allen sich daraus ergebenden Konsequenzen.

Wie man sieht, ist auch noch heute der Begriff des Marketing einem permanentem Wandel unterworfen und mit keinem einheitlichen Vorstellungsbild verbunden *(vgl. Weis, 1995, S. 18)*. Am besten lässt sich Marketing wie folgt kennzeichnen: Marketing ist systematisches (strategisches), vorausschauendes und rückkoppelndes aktives Gestalten von Märkten durch simultan gesteuerte:

- **Produktpolitik**
- **Leistungspolitik**
- **Distributionspolitik**
- **Preispolitik**
- **Kommunikationspolitik.**

Dieses Verhalten und Gestalten soll sich an den ermittelten Bedürfnissen und der relevanten Kaufkraft der Konsumenten und den Erwartungen der Absatzmittler definieren.

Ziel ist es dabei, für den Gebraucher und Verbraucher optimale Problemlösungen zu bieten und eine im Vergleich zur Konkurrenz bessere Leistung zu erbringen. Gewinn soll das Ergebnis dauerhafter Kundenpräferenzen sein *(vgl. Geml, 1999, S. 266).*

Ebenso ist es sinnvoll, um den Begriff und den Sinn von Marketing zu verstehen, sich die Wesensmerkmale zu verdeutlichen:

- Führungsphilosophie
- Instrument der Bedürfnisbefriedigung aller Beteiligten
- Absatz- und Kundenorientierung aller Unternehmensbereiche
- Zielorientierte, rational vorgeplante Ausrichtung sämtlicher Aktivitäten auf den Markt hin
- Anpassung der Organisation des Unternehmens an die Ziele der Aktivitäten
- Kreativ systematische und innovative Marktsuche und Markterschließung, die den systematischen Einsatz der Marketingforschungsinstrumente bedingt
- Denken in Systemen sowohl innerhalb des Marketingbereiches als auch im System des Unternehmens
- Anwendung des Prinzips der differenzierten Marktbearbeitung, d.h. die analytische Aufteilung des Marktes und den selektiven Einsatz der einzelnen Aktivitäten.

Schlussfolgerung:

Heute wird Marketing überwiegend als Ausdruck für eine umfassende Philosophie und Konzeption des Planen und Handelns gesehen, bei der – ausgehend von systematisch gewonnenen Informationen – alle Aktivitäten eines Unternehmens konsequent auf die gegenwärtigen und künftigen Erfordernisse der Märkte ausgerichtet werden, mit dem Ziel der Befriedigung von Bedürfnissen des Marktes und der individuellen Ziele.

Die Philosophie und Konzeption des Marketing bestehen in seiner:

- Kundenorientierung
- Marktorientierung
- Problemorientierung
- Gesellschaftsorientierung
- Umweltorientierung
- Entwicklungsorientierung.

Die Funktionen des Marketing liegen in der:

- Zielsetzung
- Planung
- Realisation
- Kontrolle
- Methode.

Die Organisation des Marketing im Unternehmen:

- Funktionsorientierte Marketingorganisation
- Objektorientierte Marketingorganisation
- Mischformen: Produktmanager, Key-Account-Manager, Trade-Manager

Marketing kann sich in unterschiedliche Aufgaben- und Einsatzbereiche unterteilen:

1. nach den betrieblichen Funktionen in:

- Beschaffungsmarketing
- Finanzmarketing
- Personalmarketing

2. nach den Objekten, mit denen sich das Marketing befasst:

- Konsumgütermarketing
- Investitionsgütermarketing
- Dienstleistungsmarketing

3. nach Subjekten (Rechtsträgern):

- Herstellermarketing
- Handelsmarketing

4. nach dem Vorgehen auf verschiedenen Märkten:

- Nationales Marketing
- Internationales Marketing
- Multinationales Marketing
- Globales Marketing

5. nach den spezifischen Aufgaben des Marketing:

- Konversions-Marketing
- Anreizmarketing
- Entwicklungsmarketing
- Revitalisierungsmarketing
- Synchro-Marketing
- Erhaltungsmarketing
- Reduktionsmarketing
- Kontra-Marketing

6. nach den Anwendgruppen:

- Business Marketing
- Marketing für Non-Profit Organisationen

Durch die o.a. Darstellung kann man erkennen, welche eindeutige Bedeutung und Ausdehnung Marketing heute für die Wirtschaft in Deutschland hat. Für die Realisierung des Marketing wurden in der Bundesrepublik Deutschland ca. 65 Mrd. DM ausgegeben. In zunehmendem Maße hat sich Marketing auf alle betriebswirtschaftliche Funktionen des Unternehmens ausgedehnt und die Verbindung mit der Unternehmensführung bewirkt. So sieht es nicht verwunderlich aus, dass zunehmend ein Konvergieren von Marketing und Unternehmensführung erkennbar ist.

5.3 Rechtliche Komponenten des Marketing

„Zu Risiken und Nebenwirkungen fragen Sie Ihren Arzt oder Apotheker."

Gründe für gesetzliche Bestimmungen:

- Wettbewerb aufrechterhalten
- Verbraucher vor unlauteren Geschäftspraktiken schützen
- Bestreben der Gesellschaft nach Ausgewogenheit zwischen wirtschaftlichen und anderen Interessen fördern.

Die wichtigsten wirtschaftlichen Gesetze und Verordnungen in der Bundesrepublik Deutschland unterscheiden sich in:

- **Marktrecht:** Beim Marktrecht sind folgende gesetzliche Grundlagen zu beachten.
  a) **GWB – Gesetz gegen Wettbewerbsbeschränkung:** nach dem Kartellgesetz sind Unternehmenszusammenschlüsse verboten, wenn eine marktbeherrschende Stellung absehbar ist. Nach § 15 GWB wird die vertikale Preisbindung verboten (Absprache der Preise zwischen Hersteller und Händler). Die Ausnahmen gelten lediglich für Verlagserzeugnisse und Preisempfehlungen für Markenware. § 22 GWB ermächtigt die Kartellbehörden zur „Marktergebniskontrolle" bei missbräuchlich überhöhten Preisen.
  b) **UWG – Gesetz gegen unlauteren Wettbewerb:** § 1 UWG ermächtigt zur Inanspruchnahme von Schadenersatz „wenn im geschäftlichen Verkehr zu Zwecken des Wettbewerbs Handlungen vorgenommen werden, die gegen die guten Sitten verstoßen". § 1 ist eine Generalklausel und unterliegt sehr stark der gesetzlichen und richterlichen Auslegung. Folgende Geschäftsgebaren sind sittenwidrig: psychologischer Kaufzwang, vergleichende Werbung und Aufforderung zum Boykott.
  c) **Das Rabattgesetz:** Dieses Gesetz wird unter den neuen EU-Richtlinien voraussichtlich geändert oder sogar hinfällig. Das Rabattgesetz schreibt vor: Grundsätzlich darf dem Endverbraucher kein Preisnachlass eingeräumt werden. Ausnahmen hierzu: Barzahlungsrabatte max. 3 % und Mengennachlass.
  d) **Verordnung zur Regelung von Preisangaben:** Kreditgeber müssen den effektiven Jahreszins angeben. Einzelne, aus dem Gesamtangebot herausgehobene Waren dürfen hinsichtlich des aktuellen Preises nicht mit dem früheren Preis verglichen werden – außer an der Ware selbst oder die Gegenüberstellung der unverbindlichen Preisempfehlung mit dem eigenen Preis.

- **Immaterialgüterrechtsschutz:** Zum Immaterialgüterrechtsschutz gehört auch das Markenrecht. Wesentliche Inhalte sind: das Urheberrechtsgesetz, das Patentgesetz und das Gebrauchsmustergesetz. Diese Gesetze sichern dem Erfinder bzw. Schöpfer ein exklusives Nutzungsrecht zu (jede Nutzung bedarf der Zustimmung des Erfinders). Ausnahme: Erfindung eines Arbeitnehmers.
- **Produktspezifische Rechtsgrundlagen:** dazu gehören das Lebensmittelgesetz, das Bedarfsgegenständegesetz (Lebensmittel, Kosmetika, Reinigungsmittel, Tabakwaren) und das Arzneimittelgesetz.

Der Verstoß gegen diese Gesetze kann für die Unternehmer empfindliche Folgen haben. Dazu zwei Beispiele:

a) Die US-Fastfoodkette Burger King musste im Rechtsstreit mit dem Konkurrenten McDonald's über vergleichende Hamburger-Werbung eine Niederlage verdauen. Der Sprecher des Landgerichtes Köln, bestätigte die einstweilige Verfügung gegen Burger King, wonach Burger King bis auf Weiteres nicht mehr behaupten darf, seine Rindfleischbrötchen und Pommes frites, schmeckten nach dem Urteil von Testessern besser als die des Wettbewerbs. Die Richter sahen darin eine unzulässige vergleichende Werbung. Bei Verstoß gegen die einstweilige Verfügung droht Burger King ein Ordnungsgeld von bis zu DM 500.000,00. Burger King legte gegen dieses Urteil Widerspruch ein.

b) Eine an einer Hotelrezeption nicht selten nachgefragte Dienstleistung ist die Ausgabe von schmerzstillenden Medikamenten bei Kopf- und Zahnschmerzen. Was dem Gast auf unkomplizierte Weise Erleichterung schaffen könnte, bleibt jedoch für den Hotelier nicht ohne Konsequenzen. Oliver Thelen, DEHOGA – Verbandsjurist, weist darauf hin, dass sich der Hotelier mit der Herausgabe von Medikamenten im Sinne des Arzneimittelgesetzes (AMG) strafbar macht. Für den Gast nur schwer nachvollziehbar, kann diese unkomplizierte Hilfe in der Not dem Hotelier Bußgelder bis zu einer Höhe von 50.000,00 DM bescheren. Alle bekannten verschreibungsfreien Schmerzmittel sind laut AMG Arzneimittel (§ 1) und dürfen ausnahmslos nur durch Apotheker in den Verkehr gebracht werden (§ 43, Abs. 1). Bei Herausgabe von verschreibungspflichtigen Medikamenten droht sogar eine Freiheitsstrafe. Die Hilfestellung des Hotelpersonals kann sich daher nur auf Botengänge zur nächsten Apotheke erstrecken, wo ein vom Gast ausdrücklich benanntes Medikament besorgt werden kann – ein Service, der zwar mehr Zeit in Anspruch nimmt, aber sowohl dem Gast Linderung bringt als auch den Hotelier vor Strafverfolgung und weiteren rechtlichen Konsequenzen bewahrt.

Relevanz für die Reiseindustrie (Reiseveranstalter und Reisemittler)

1. Der seit einigen Jahren anhaltende Konzentrationsprozess in der Touristik in der Bundesrepublik Deutschland hat noch nicht sehr oft das Kartellamt bemüht; jedoch ist durch die Expansionsfreudigkeit der TUI-Group, C&N Touristik und REWE Handelsgruppe, vermehrte zukünftige Genehmigung durch die Kartellbehörden nicht mehr auszuschließen. Im Bereich der Reisemittler wird zukünftig ein Eingreifen durch die Kartellbehörden noch nicht nötig werden, da einerseits eine sehr starke Kettenbildung, Kooperationsbildung und Franchisebildung stattfindet, jedoch keines dieser Un-

ternehmen eine marktbeherrschende Stellung, weder lokal, regional noch national erreichen wird.

2. Durch die Diskussionen und Vorlagen der EU-Mitgliedsstaaten zum Thema Handelsvertreterstatus und Preisbindung, können sich entscheidende Konsequenzen für den deutschen Veranstalter- und Mittlermarkt ergeben. Fällt der Handelsvertreterstatus für die Reisemittler, so bedeutet dies, dass das Reisebüro nicht mehr Mittler ist, sondern Händler; dieser Status verträgt sich nicht mit den Festpreisen der Reiseveranstalter. Daraus ist zu folgern: Die Reiseveranstalter werden die Preisbindung ihrer Produkte dem Kunden gegenüber aufheben. Der Reisehändler kauft das Produkt Individual- oder Pauschalreise beim Reiseveranstalter zu einem Nettopreis (Einkaufspreis), berechnet seine Handelsmarge (Handelsspanne) ein und verkauft dieses Produkt Reise an den Nachfrager (Endverbraucher). Diesem Tatbestand wird die Kartellbehörde verstärkte Aufmerksamkeit widmen, da hier Preisabsprachen zwischen Produzenten und Händlern durchaus vorkommen können. Spektakuläre Enthüllungen derartiger Absprachen aus der Vergangenheit in den unterschiedlichsten Branchen zeugen von der gängigen Praxis solcher Verstöße. Denkbar wäre hier eine Preisempfehlung des Reiseveranstalters zu den jeweiligen Produkten – eine Möglichkeit, welche aber dem Reisehändler sowohl die Höchst- als auch die Mindestmarge vorschreiben würde. Hierbei könnte ein Reisehändler in einem lokalen Areal ohne sonstige Konkurrenz keinen missbräuchlich überhöhten Preis verlangen.

3. Viele Reisebüroinhaber nehmen Handlungen vor, welche, sei es auch durch Unwissenheit oder Vorsatz, heute schon gegen geltendes Recht verstoßen. Dies wird durch die Vielzahl von Unterlassungsklagen und Unterlassungserklärungen bei Androhung von Geldstrafen dokumentiert. Gerade kleine und i.d.R. unabhängige und inhabergeführte Reisebüros sind hiervon stark betroffen. Auch auf Reiseveranstalterebene wird häufig gegen geltendes Recht verstoßen. Die häufigsten Verstöße und Verfehlungen sind: Vergleichende Werbung, Verstoß gegen die Zugabeverordnung und gegen das Rabattgesetz.

4. Auch touristische Verbände gehen oftmals, auch gegenüber Ihren Mitgliedern, fahrlässig durch Boykottaufrufe gegen den einen oder anderen Einzel- oder Gesamtleistungsträger vor. Gerade Verbände, die ja in der Regel über Beratungen und Leistungen von Verbandsjuristen verfügen, sollten hier nicht mit schlechtem Beispiel für Ihre zu beschützende Klientel, sondern mit ausgewogenen und rechtlich einwandfreien Handlungen vorgehen.

5. Im Zuge des Wandels vom Mittler zum Händler, wird sich auch der eine oder andere Inhaber eines Reisebüros der Problematik der Verordnungen zur Regelung von Preisangaben nicht entziehen können. Auch hier sollten die Gefahren der vergleichenden Werbung und der noch geltenden Regelungen der Preisangabenverordnung, Zugabeverordnung und Rabattgesetze rechtzeitig erkannt werden.

Vorbeugende Maßnahmen:

1. Alle Mitarbeiter, Auszubildende, Praktikanten und insbesondere die Inhaber, Geschäftsführer, Prokuristen und Handlungsbevollmächtigten in speziellen Rechtsseminaren zu diesen Themenbereiche schulen und trainieren.

2. Den unter 1 genannten Personenkreis sensibilisieren und mindestens zweimal im Jahr zu Auffrischungslehrgängen oder Seminaren anmelden, um auch die laufende Rechtsprechung in die Büros zu transportieren. Die Versorgung mit Rundschreiben und Ak-

tualisierungen, die der Mitarbeiter „nur" lesen muss, beheben die sehr abstrakten Problematiken nicht.

3. Durch Checklisten im laufenden und operativen Tagesablauf sicherstellen, dass bei Rechnungsstellung, Beratung, Unterlagenversand, Mailingaktionen oder bei einfachen Auskünften an Kunden nicht gegen geltendes Recht verstoßen wird.

5.4 Marketing im Reisemittlerbereich/ Reisebüro

„Wer Werbung macht, hat's nötig."

Der Reisemittlerbereich mag sich durch vieles auszeichnen, jedoch keineswegs durch eine noch nicht einmal im Ansatz ausgeprägte Marketingorientierung. Bedingt durch die Größe – überwiegend mittelständische Unternehmen – zum Teil inhabergeführt oder einfache Familienbetriebe und durch die permanente Finanznot dieser Unternehmen, stand in der Vergangenheit das Thema Marketing nicht auf der Agenda der Dringlichkeiten dieser Unternehmer. Aufgeschreckt durch Provisionskürzungen der Reiseveranstalter und Fluggesellschaften, den Einstieg von branchenfremden Konzernen, zunehmende Filialisierung, vertikale und horizontale Konzentrationen und Integrationen, Zusammenschlüsse zu Kooperationen und verstärktes Auftreten von Franchiseorganisationen der Einzel- und der Gesamtleistungsträger, sieht sich der Reisemittler zunehmend mit Marketing im weitesten Sinne konfrontiert.

Die Reisemittler haben es lange Jahre versäumt, aktiv Marketing im Sinne des Kap. 5.1 zu betreiben. Die folgenschwersten Fehler der Reisemittler waren (und sind):

- Sie haben sich stets über die Produkte und Veranstalter definiert
- Sie haben nie das eigene Reisebüro als eine eigene Marke positioniert
- Sie haben nie aktive Preis- und Leistungspolitik betrieben
- Sie haben nie eigene Leitsätze definiert und/oder gelebt,

man war ja schließlich nur der „Mittler", welcher die Produkte der Veranstalter vermittelt hat ohne dabei groß etwas zu bewegen. Man war abhängig dadurch, dass man sich selbst abhängig machte. Oder haben Sie schon mal ein Reisebüro mit einem Leitbild erlebt, einer Mission? Das nachfolgende **Leitbild** der Lufthansa-Bereich-Passage soll verdeutlichen, was eine definierte und auch gelebte Botschaft eines Unternehmens ist, das den permanenten Dialog mit dem Konsumenten sucht:

1. „Wir sind ein Dienstleistungsunternehmen. Unsere Arbeit bezahlt der Kunde. Ihm dienen wir, für ihn leisten wir."
2. „Wir sind Lufthansa: Jeder von uns, jederzeit, überall."
3. „Kundennutzen ist unser Produkt. Vor, während und nach der Reise setzen wir Maßstäbe in Qualität für unsere Kunden."
4. „Wir wollen Wettbewerb. Um im Wettbewerb vorn zu sein, müssen wir kostengünstiger sein als andere. Und besser."
5. „Wir hören zu und lernen von unseren Kunden, von unseren Partnern, von unseren Kolleginnen und Kollegen."
6. „Wir sind ein Team, helfen den anderen und vertrauen einander."

7. „Wir werden als Deutsche Lufthansa in den Märkten der Welt erfolgreich sein."
8. „Wir verstehen als Erfolg: Nutzen für unsere Kunden. Rendite für unsere Eigentümer. Perspektiven für jeden von uns."

5.4.1 Produkt- und Sortimentspolitik im Reisebüro

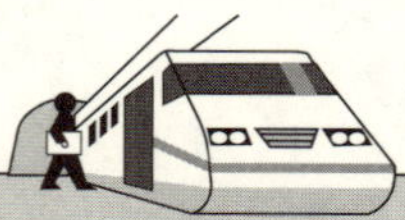

„Nutzen für unseren Kunden, Rendite für unsere Eigentümer und Perspektiven für jeden von uns."

Gegenstand der Sortiments- oder Programmpolitik ist die optimale Gestaltung des Leistungsangebots eines Unternehmens. Dabei sind grundsätzlich drei Entscheidungen zu treffen:

1. Welche Leistungen sollen angeboten werden? (Sortimentsinhalt)
2. Wie viele Leistungen sollen angeboten werden? (Sortimentsumfang)
3. Wann und wie lange sollen die einzelnen Leistungen angeboten werden? (Produkt-Lebenszyklus)

Die inhaltliche Gestaltung des Sortiments betrifft den Gegenstand des Unternehmens. Reisebüros haben hier zweifelsohne eine Sonderstellung, da sie ja „nur" Mittler und keine Produzenten sind. Somit ist die inhaltliche Gestaltung weitgehendst vorgegeben. Damit wird entschieden, welche Märkte bearbeitet werden.

Ausgangspunkte für die Gestaltung des Sortimentsinhaltes sind:

- die Probleme der Nachfrager
- das Material, die Zusammensetzung der Produkte
- das Know-How der Anbieter
- die Produkte der Mitbewerber.

Der **Sortimentsumfang** ist durch die Zahl der zu einem bestimmten Zeitpunkt angebotenen Produktlinien und Produktvarianten definiert. Daraus folgt, dass Breite und Tiefe des Sortiments gleichzeitig optimiert werden müssen. Der Anbieter hat grundsätzlich vier Alternativen:

- Verbreiterung und Vertiefung
- Verbreiterung und Verflachung
- Verengung und Vertiefung
- Verengung und Verflachung.

Für die Lösung dieses simultanen Entscheidungsproblems gibt es bisher kein praktikables Verfahren. Der optimale Sortimentsumfang kann daher nur annäherungsweise bestimmt werden. Im Reisebüro werden diese Entscheidungen oftmals nach folgenden Kriterien getroffen:

- Mindestumsatz der Produzenten
- Provisionen – Basis-, Staffel-, Zusatz-, Sonder- und vor allem die Superprovision
- Werbekostenzuschüsse der Leistungsträger und Reiseveranstalter
- Förderungsprogramme
- Konzernzugehörigkeit
- Markenzugehörigkeit.

Das dritte Problem der Sortimentspolitik besteht darin, das Leistungsangebot im Zielablauf so zu verändern, dass es optimal bleibt. Die dynamische Optimierung des Sortimentsinhaltes und Sortimentsumfanges erfolgt durch:

- die Einführung neuer Produkte
- die Veränderung bestehender Produkte und
- die Eliminierung alter Produkte.

Die Produktpolitik ist ein Instrument der Absatzpolitik, das durch folgende Frage gekennzeichnet ist:

- Welche und wie viele Leistungen sollen wann angeboten werden?

Die **Produktpolitik** umfasst also die optimale Gestaltung des Leistungsangebotes durch:

- Produktinnovation
- Produktvariation
- Produktelimination.

Die Produkte sind Umsatzträger und Kostenträger, d.h. Gewinnbringer oder Verlustbringer. Der Erfolg eines Unternehmens hängt somit wesentlich von seiner Produktpolitik ab. Auch hier haben die Reisemittler wenig Spielraum, denn die Produkte für den Markt bestimmt der Produzent, sprich der Reiseveranstalter und der Leistungsträger. Dieser entscheidet, wann ein Produkt verändert oder vom Markt genommen wird. Der Reisemittler kann sich dieser Entscheidung nur anschließen und versuchen aus den Entscheidungen der Produzenten möglichst schnell eine gewinnbringende Umsetzung zu realisieren.

5.4.2 Kommunikationspolitik im Reisebüro

„Wir hören und lernen von unseren Kunden, von unseren Partnern und von unseren Kolleginnen und Kollegen."

Die Kommunikationspolitik als Bestandteil des Marketing Mix umfasst alle Entscheidungen, die die bewusste Gestaltung der marktgerichteten Informationen eines Unternehmens betreffen. Unter Kommunikationspolitik versteht man auch das bewusste Vermitteln und Interpretieren einer Unternehmensleistung gegenüber einer Zielgruppe.

Die Corporate Identity (CI) ist die Grundlage für die erfolgreiche Kommunikationspolitik. Sie verfolgt das Ziel, alle Handlungsinstrumente des Unternehmens in einheitlichem Rahmen nach innen und nach außen zur Darstellung zu bringen.

Die **Struktur der Corporate Identity:**

a) Unternehmensverhalten – **Corporate Behavior (CB)**
b) Unternehmenserscheinungsbild – **Corporate Design (CD)**
c) Unternehmenskommunikation – **Corporate Communications (CC)**
d) Unternehmenspersönlichkeit / Unternehmensleitbild – **Corporate Identity (CI)**

Die Umsetzung und die Entwicklung eines CI-Programms beinhaltet auch ein Festlegung des sprachlichen Verhaltens im Rahmen der Kommunikation. In den Vorgaben der Umsetzung könnte dies folgendermaßen aussehen:

a) Unsere Kommunikation nach außen und nach innen muss einheitlich sein

b) Unsere Sprache muss für Kunden und Mitarbeiter verständlich sein

c) Unsere Sprache muss unbürokratisch sein

d) Unsere Sprache muss eine herzliche Dienstleistungsatmosphäre verbreiten

e) Unsere Sprache muss den Charakter eines dynamischen Unternehmens wiedergeben.

Bestandteile der Kommunikationspolitik sind:

- Werbung
- Verkaufsförderung
- Public Relation
- Sponsoring
- Product Placement
- Persönlicher Verkauf.

5.4.2.1 Werbung

„Verkaufe einem Eskimo einen Kühlschrank, einem Wüstenbewohner ein paar Skier und einem Nie-Reisenden eine Reise."

In allgemeiner Form umfasst die Werbung alle Formen des Versuchs der bewussten Beeinflussung von Menschen im Hinblick auf jeden beliebigen Gegenstand. Werbung kann aus wirtschaftlichen, politischen oder kulturellen Gründen betrieben werden. Jede Werbung hat vier Hauptaufgaben, die im konkreten Falle mit unterschiedlichen Schwerpunkten realisiert sind:

- **die Information**
- **die Überzeugung**
- **die Veranlassung**
- **die Unterhaltung.**

Der Inhalt und die gesellschaftliche Akzeptanz der Werbung und somit der Stellenwert hängen von den Werbezielen ab. Die Werbeziele im Einzelnen sind:

- Kunden, Nichtkunden oder potenzielle Kunden systematisch und dauerhaft im Sinne des Unternehmens zu beeinflussen
- auf das Produkt aufmerksam machen
- Profilierung des Unternehmens
- Von der Vorteilhaftigkeit des Produktes oder der Dienstleistung überzeugen
- Abverkauf der Produkte
- Imageaufbau
- Steigerung von Umsatz, Gewinn, Marktanteilen
- Bekanntheitsgrad erhöhen.

Die Ziele der Werbung und damit auch ihre Erfolgskriterien sind sowohl ökonomischer als auch nichtökonomischer Natur, wobei die außerökonomischen Ziele indirekt auf die ökonomischen zurückwirken sollen.

Um erfolgreiche Werbung zu betreiben, muss zunächst einmal ein Fahrplan erstellt werden – die Werbeplanung. Die einzelnen Schritte einer erfolgreichen Werbeplanung sind:

1. **Situationsanalyse / Marktforschung:** Ein Reisemittler verfügt i.d.R. nicht über die Mittel, flächendeckende und primäre Marktforschung zu betreiben. Diese ist in dem lokalen oder regionalen Areal i.d.R. auch nicht nötig. Sehr wichtig ist jedoch die Informationsbeschaffung im laufenden Geschäft. Beispielsweise können hier bei der Beratung schon Befragungen über die Reisegewohnheiten und Bedürfnisse geführt werden, die kein Geld, sondern höchstens ein paar Minuten Zeit kosten. Bei regelmäßiger Befragung verdichten sich die Informationen zu einem Kundenprofil. Formulare für Kundenprofile sind üblicherweise auch in den gängigen CRS bereits hinterlegt und warten darauf genutzt zu werden.
2. **Formulierung der Werbeziele für die Zielgruppe:** Es sollte Einigkeit darüber bestehen, warum und wofür man Mittel in die Werbung investiert. Mögliche Ziele der Werbung wären: mehr Umsatz und somit Gewinnsteigerung, Bekanntheitsgrad erhöhen und mehr Kunden in das Reisebüro locken, auf den Service und die Beratungskompetenz hinweisen, u.v.m. Jedoch, jede Zielsetzung erfordert u.U. eine andere Werbestrategie. Eine einheitliche Strategie, mit welcher alle Ziele gleichzeitig erreicht werden, gibt es nicht. In diesem Zusammenhang sollte auch eine Bestimmung der Zielgruppen erfolgen. Der Reisemittler muss eine Aufteilung des Absatzmarktes in Marktsegmente anstreben. Marktsegmente sind in sich möglichst homogene Zielgruppen, die durch messbare äußere Merkmale oder Einstellungen gekennzeichnet sind. Die Kriterien, nach denen eine Segmentierung möglich ist, können folgendermaßen gegliedert werden:
   a) **Geografische Kriterien** – Zielgruppenbestimmung nach Ländern, landsmannschaftlichen Gruppen, Städten, Landkreisen, Regionen, u.s.w.
   b) **Demografische Kriterien** – Zielgruppenbestimmung nach Geschlecht, Alter, Familienstand, Haushaltsgröße, Berufszugehörigkeit, Ausbildung, Einkommensklasse, Hobbys, u.s.w. und
   c) **Psychologische Kriterien** – Zielgruppenbestimmung nach Umweltbezug, sozialer Haltung, politischer Haltung, Rolleneinstellungen, u.s.w.
3. **Bestimmung der Werbeobjekte:** Werbeobjekte sind die Produkte oder Dienstleistungen, für die geworben wird. Für den Reisemittler ist es jedoch nicht ausreichend nur und ganz pauschal für Reisen zu werben. Der Reisemittler sollte vielmehr gezielte Werbung für sein Büro, einzelne Produkte – Reisearten und Reiseformen, seine Leistungen als Mittler und seine Serviceleistungen gekoppelt mit dem Mehrwert für den Nachfrager, betreiben.
4. **Bestimmung des Werbebudgets:** Es sollen finanzielle Mittel zur Verfügung gestellt werden, die für Werbung vorgesehen sind. Es sollte eine Werbemittelbudgetplanung gemacht werden – eine zielorientierte Festlegung der Mittel, die für Werbung verwendet werden sollen. Generell sollte ein Reisemittler ca. 0,3 – 0,5 % seines Umsatzes mindestens für die Werbung bereitstellen und darüber hinaus auch alle Möglichkeiten ausschöpfen, die von den Leistungsträgern gewährten Werbekostenzuschüsse (WKZ) voll einzusetzen.
5. **Bestimmung der Werbemittel und Auswahl der Werbeträger:** Anzeigen sind Werbemittel, Zeitungen, in denen die Anzeigen erscheinen, sind Werbeträger. Oftmals sind beide identisch (Schaufenster), jedoch immer eng miteinander verbunden. Werbeträger ist also das Medium, durch welches eine Werbebotschaft übermittelt wird. Bei der Planung werden zunächst die geeigneten Werbemittel festgelegt und danach die dazugehörigen Werbeträger ausgewählt. Die Aufgaben der einzelnen Werbemittel sind:
   a) **die Außenwerbung** (Schriftzug am Haus) markiert den Standort des Reisebüros,

b) die Anzeige, zumeist in Tageszeitungen, kommt ins Haus des Konsumenten. Ihre Funktion ist es, ein Geschäft und seine Angebote bekannt zu machen und die nötige Breitenwirkung zu erzielen, also auch den entfernt wohnenden Verbraucher zu erreichen,

c) der Werbebrief kommt ebenfalls in das Haus der Konsumenten und dient der persönlichen Ansprache eines ausgewählten Kundenkreises,

d) der Prospekt, als Beilage zu Tageszeitung, in einem Werbebrief, als Hauswurf oder auf dem Counter/Verkaufstheke ausgelegt, dient sowohl der Breitenwirkung als auch besonders der Darstellung eines umfangreichen Sortimentes,

e) das Werbegeschenk dient i.d.R. zur Erzielung von Wirkungen nach dem Kauf. Der Kunde soll sich mit einem „good-will-Präsent" angenehm an das Unternehmen erinnern. Ergänzt werden können die Werbemittel noch durch Werbehilfen. Werbehilfen dienen primär anderen Zwecken und erst sekundär der Werbung. Dazu zählen z.B. beschrifteter Fuhrpark, werblich gestaltete Verpackungsmittel wie Tragetaschen, Kassenzettel, usw. Wenn mehrere Werbemittel gleichzeitig eingesetzt werden, sollten diese aufeinander abgestimmt sein. Nach der Gestaltung und der Produktion der Werbemittel erfolgt die Werbestreuung, d.h. das Werbemittel wird an die Zielgruppen herangebracht. Dies geschieht über die Werbeträger oder Streumedien. Die wichtigsten sind: Zeitungen, Zeitschriften, Rundfunk- und Fernsehanstalten, Plakatsäulen und Anschlagtafeln, Direktwerbeunternehmen, Adressbücher, Schaufenster, elektronische Anzeigetafeln (screen), öffentliche und private Verkehrsmittel. Die Wahl der Werbeträger wird u.a. von deren Reichweite bestimmt. Grundsätzlich sollte auf eine möglichst hohe Übereinstimmung zwischen Streugebiet (Absatzgebiet) des Werbetreibenden und dem Verbreitungsgebiet der Werbeträger geachtet werden. Werbeträger sollten für unterschiedliche geographische Räume verfügbar sein.

Lokal: Filmtheater, Tageszeitungen-, Stadtteilbelegung, Speisekarten von gastronomischen Betrieben, Anzeigen-Blätter, Directmail, Hausverteilungen, Postwurfsendungen, Plakat, lokaler Rundfunk.

Regional: TV (ARD, ZDF, RTL, ...), Hörfunk, Tageszeitungen, Publikumszeitschriften, Supplements.

National: TV – öffentliche und private, Publikumszeitschriften, Fachzeitschriften, Wochen- und Sonntagszeitungen, Internet.

6. **Zeitliche Verteilung des Werbebudgets:** Das Werbebudget sollte zeitlich so sinnvoll verteilt werden, dass über das gesamte Jahr oder über eine definierte Periode Mittel zur Verfügung stehen.

7. **Kontrolle der Werbewirkungen** – Soll-Ist-Vergleich des wirtschaftlichen oder nicht wirtschaftlichen Werbeerfolges. Werbewirkungen sind zu unterscheiden: nach der zeitlichen Wirkungsrichtung/-dauer sowie dem propagierten Produkt bzw. Leistung. Eine Schaufensterwerbung, ein Werbebrief mit einem Sonderangebot (mit zeitlich beschränkten Preiszielen) zielen primär auf „TURN-OVER NOW" – Umsatz jetzt. Traditionelle Fernsehwerbung zielt in der Regel auf Goodwill, auf die Propagierung des Sortiments und auf Dauerwirkung „CARRY OVER" – Werbung wirkt erst in späteren Perioden verkaufsfördernd. Ein Prospekt eines Reiseveranstalters zielt auf den Sortimentsverkauf, auch wenn nur einzelne Produkte herausgestellt werden – „SPILL OVER" – gekauft wird ein nicht beworbenes Produkt = Sortimentseffekt insbesondere bei Markenprodukten und Sortimentsanbietern.

Schlussfolgerung:

Folgende Schritte sollten bei einer **Werbeplanung** überlegt werden:

Schritt	Fragestellung
Überprüfung der Vorjahreskonzeption	Was kann ich übernehmen, was muss anders werden?
Allgemeine Situationsanalyse	In welcher Gesamtsituation befindet sich mein Unternehmen zur Zeit?
Werbeziele / Zielgruppen	Was soll erreicht werden? Wenn will ich ansprechen?
Etatplanung	Wie viel Geld kann und muss ich für Werbung ausgeben?
Zeitlicher Einsatz	Wann soll ich werben? Zu welchen Anlässen?
Werbegrundideen	Welches Motto soll hinter meiner Werbung stehen?
Kooperationen	Mit wem lässt sich zusammenarbeiten und wie?
Werbeobjekte	Welche Produkte empfiehlt es sich, werblich herauszustellen?
Werbemittel / Werbeträger	In welchen Medien will ich werben?
Gestaltung	Welche wesentlichen Komponenten bestimmen die Gestaltung der Werbemittel?
Argumentation und Aussageinhalt	Was kann und will ich in der Werbung auf welche Weise aussagen?
Überprüfung	Habe ich bis hierhin alles optimal gelöst und untereinander abgestimmt?
Werbeplan	Wie kann ich meine Entscheidungen fixieren?
Mitarbeiterinformation	Welche Mitarbeiter müssen vor Inkraftsetzen des Planes worüber informiert werden?
Werbekontrolle	Mit welchen Mitteln lässt sich was in der Werbung kontrollieren ?
Plankorrekturen	Was habe ich laut Kontrolle falsch gemacht und muss daher schnellstens korrigiert werden?

Abb. 5-2: Schritte der Werbeplanung

5.4.2.2 Verkaufsförderung – Sales Promotion

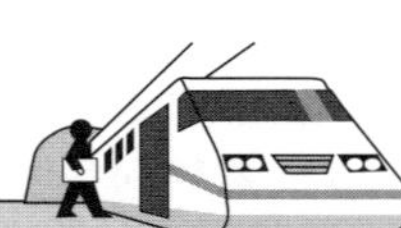

„Wir sind ein Team, helfen uns untereinander und vertrauen uns gegenseitig."

Verkaufsförderungsaktionen sind meist zeitlich begrenzt, werden kurzfristig eingesetzt und haben grundsätzlich zwei Zielrichtungen. Die eigenen Absatz- oder Vertriebsorganisation und die Absatzmittlerstufe.

In der Touristik unterscheiden wir die distributive Verkaufsförderung und die endverbraucherorientierte Verkaufsförderung. Für die Reisemittler kommt nur letztere in Frage, da das Reisebüro die letzte Stufe der gesamten touristischen Wertschöpfungskette darstellt. Der Reisemittler ist die Stufe, die an den Endverbraucher / Kunden die Reisen und Dienstleistungen vermittelt. Hier bietet sich nochmals eine Differenzierung nach **Vermittlerpromotion** und **Verbraucherpromotion** an.

Die **Vermittlerpromotion** ist eine nach innen gerichtete Verkaufsförderung. Diese Form Verkaufsförderung richtet sich an die eigenen Mitarbeiter und lässt sich im Einzelnen wie folgt unterteilen in:

- Ausbildung, Fortbildung, Informationen, Fachzeitschriften, Fachtagungen, Inforeisen, Fachkongresse, Mittlerinformationen
- Beratung: Gestaltung der Verkaufsräume, Katalogplatzierung, Verkaufshilfen, Verkaufshandbücher
- Preisliche Beratung und Förderung – Kalkulationshilfen, betriebswirtschaftliche Aufklärung der Mitarbeiter, Verkaufaktionen, Incentives
- Motivation: Wettbewerbe, Preisausschreiben, Produktdemos, Platzierungs- und Schaufensterwettbewerbe.

Die **Verbraucherpromotion** ist eine nach außen gerichtete Verkaufsförderung und soll den Nachfrager / Kunden animieren, häufig und stets in unserem Unternehmen seine Reisen zu buchen. Im Einzelnen kann dies erreicht werden durch:

- regelmäßigen, unaufgeforderten Versand von Katalogen und/oder Sonderangeboten
- Verlosungen und Preisausschreiben
- regelmäßige Befragung der Kunden
- angenehme Verkaufsräume und Verkaufatmosphäre
- wegfallende Gebühren für Serviceleistungen
- besondere Vorteile beim Kauf der Reise
- Hinweis auf neue Produkte / Reisearten und Reiseformen
- Hinweise auf neue Preisentwicklungen .

5.4.2.3 Public Relations – Öffentlichkeitsarbeit

„Jeder von uns ist jederzeit, überall."

Werbung ist in der Regel produkt- und angebotsbezogen, Öffentlichkeitsarbeit unternehmensbezogen. Die Touristikbranche nimmt allerdings eine Sonderstellung ein. Ihre Öffentlichkeitsarbeit unterscheidet man, bedingt durch das Interesse der Öffentlichkeit am Reisen, in unternehmensbezogene und angebotsbezogene Öffentlichkeitsarbeit.

Wichtig und immer wieder falsch gehandhabt, ist die Zielgruppenauswahl bei der Öffentlichkeitsarbeit. Eine Öffentlichkeitsarbeit nach dem Gießkannenprinzip hat noch keinem Unternehmen gut getan. Vielmehr sollte eine zielgruppenorientierte Öffentlichkeitsarbeit betrieben werden. Welches sind aus meiner Sicht Zielgruppen, mit denen ich täglich kommuniziere, von denen mein Unternehmen etwas will, die aber auch vom Unternehmen etwas wollen? Diese Personenkreise sind im Einzelnen:

a) Unsere Kunden

b) Nichtkunden, potenzielle Kunden

c) Die Öffentlichkeit / die Allgemeinheit

d) Unsere Geschäftspartner – Reiseveranstalter, Fluggesellschaften, Hotels

e) Öffentliche Institutionen – IHK, Ämter

f) Private Institutionen – Banken, Versicherungen, Vereine.

Eine Öffentlichkeitsarbeit wird spätestens dann unglaubwürdig, wenn man sich dem Kunden als moralisch integeres Unternehmen mit hohem moralischem Anspruch, Seriösität und Glaubwürdigkeit präsentiert, und dem Vermieter bereits Pfändungsbescheide wegen Mietrückständen ins Haus kommen lässt.

Für Reisemittler/Reisebüros ist eine derartig differenzierte Öffentlichkeitsarbeit oftmals aus Kostengründen nicht handhabbar. Dennoch bietet sich ein Weg an, alle o.g. Zielgruppen gleichermaßen mit den gleichen Informationen, regelmäßig zu versorgen. Diese Möglichkeit besteht in der Herausgabe einer Kundenzeitschrift/Kundenzeitung.

Die Kundenzeitschrift/Kundenzeitung ist ein Schlüsselmedium in der Kommunikations-Strategie.

Mit kaum einem anderen Medium kann man so viele Kommunikationsziele abdecken wie mit Kundenzeitschriften. Immer mehr Unternehmen nutzen diese Erkenntnis für sich: Innerhalb weniger Jahre ist die Zahl der deutschen Titel auf ca. 2.500 angewachsen. Sie ermöglichen eine regelmäßige persönliche und interaktive Kommunikation mit dem Kunden.

Je nach Marketingstrategie können Kundenzeitschriften unterschiedliche Funktionen erfüllen. Sie dienen vor allem:

- der Kundengewinnung
- der Kundenbindung
- der Imagepflege
- als Ratgeber
- als Kaufhilfe.

In der Zeit in der die klassische und undifferenzierte Werbung immer mehr an Bedeutung verliert, können Unternehmen durch ein seriös gestaltetes Magazin oder Newsletter eine Vielzahl von Inhalten transportieren. Seriös heißt dabei, dass es sich nicht um eine Jubelpostille handelt, sondern eher glaubwürdig und offen über die Zielgruppe interessierenden Themen berichtet wird. Diese umfassen neben den objektiven Unternehmensnachrichten auch allgemeine Informationen aus dem gesellschaftlichen Umfeld der Leser. Gerade letztere sorgen für das Interesse, sich mit dem Heft zu beschäftigen und sind Basis für die Akzeptanz des Mediums und seiner Herausgeber.

Damit ist klar: Sobald die journalistische und informative Berichterstattung zur Schleichwerbung degradiert wird, verliert das ganze Medium an Glaubwürdigkeit. Das bedeutet allerdings nicht, dass in Kundezeitschriften/Kundenzeitungen keine Werbung gemacht werden darf. Eindeutig vom redaktionellen Inhalt abgegrenzte Anzeigen (auch zur Finanzierung des Objekts) sind genauso wie in normalen Zeitschriften erlaubt.

Während Kundenzeitschriften früher oftmals firmenintern erstellt wurden, beauftragen heute immer mehr Unternehmen Profis mit der Aufgabe. Kommunikationsexperten bieten je nach Kundenwunsch von der Konzeption bis zur Abwicklung eine Rundumbetreuung an.

Bei der **Konzeption einer Kundenzeitschrift** müssen folgende Aspekte berücksichtigt werden:

- Informationsbedürfnis der Zielgruppe
- Bereitschaft des Unternehmens zu offener Kommunikation
- Journalistische Aufbereitung der Texte
- Leicht verständliche Aufbereitung der Inhalte durch Infokästen und Graphiken
- Professionelle Qualität des Bildmaterials
- Zeitgemäßes und leserorientiertes Layout
- Nutzung der Zeitschrift als Dialoginstrument und zur Leserforschung.

Werden diese Punkte professionell umgesetzt, profitieren Unternehmen und Leser gleichermaßen. Die Herausgeber können ohne Streuverlust Kompetenz vermitteln und damit ihr Image beeinflussen. Der Leser erhält wissenswerte Informationen und bekommt interessante Anregungen.

Inhalte einer Kundenzeitschrift/-zeitung für ein Reisemittler/Reisebüro

- Vorstellung des Unternehmens als Dauerbestandteil in jeder Ausgabe
- Geschichte des Unternehmens
- Gründungsgeschichte
- Vorstellung aller Mitarbeiter mit der jeweiligen Qualifikation und Foto sowie deren Funktion im Unternehmen
- Zielgebietsinformationen
- Ein-/Ausreisebestimmungen zu einzelnen Länder, welche kurzfristig geändert wurden
- Vorstellung eines Landes / einer Region in jeder Ausgabe – zum Sammeln
- Neue Produktinformationen
- Schnäppchen der Reiseveranstalter
- Allgemeine Informationen zum Thema Reisen – Statistische Auswertungen der Marktforschungsinstitute
- Komik-Ecke
- Werbeanzeige anderer – benachbarter Unternehmen um einen Teil der Kosten zu finanzieren
- Coupon/Postkarte für Zusendung von Katalogen, andere Informationen
- Neuerungen im Unternehmen – technische Aufrüstung, neue Agenturen, Verbesserungen im Service
- Verlosung/Ratespiel mit angemessenen Preisen
- Erscheinungszeitraum – einmal monatlich

5.4.2.4 Sponsoring

„Tu Gutes und sprich darüber."

Unter Sponsoring versteht man die Bereitstellung von Geld, Sachmitteln, Know-How und organisatorischen Leistungen für

- Sportler und Sportveranstaltungen (Sportsponsoring)
- Künstler und Kulturinstitute (Kultursponsoring)
- Soziale Einrichtungen und bedürftige Personenkreise (Sozialsponsoring)
- Ökologische Projekte und die Umwelt (Umweltsponsoring)

mit dem Ziel, eine wirtschaftlich relevante Gegenleistung zu erhalten. Diese Gegenleistung ist fast ausnahmslos eine kommunikative Leistung. Unternehmen, die Personen, Einrichtungen und Veranstaltungen fördern und finanzieren, können auf diese Tatsache mit Hilfe von Werbung und Öffentlichkeitsarbeit hinweisen und damit Ziele verfolgen wie:

- Steigerung des Bekanntheitsgrades
- Aufbau und Veränderung des Unternehmens- und Markenimages
- Kontaktpflege zu wichtigen Zielgruppen
- Integration in das gesellschaftliche Umfeld eines Landes oder einer Region.

5.4.2.5 Product Placement

„Wir machen keine Schleichwerbung, sondern präsentieren eine Idee."

Product Placement ist eine Spielart der „verdeckten Werbung", bei der ein Produkt in Filmen, Literatur oder Presseberichtserstattungen geplant und gegen eine Gegenleistung – Abgrenzung zur so genannten „Schleichwerbung", bei der die Werbung ohne Gegenleistung oder durch Bestechung „erschlichen" wird –, im Verwendungszusammenhang als Requisite gezeigt wird. Sinn ist es, das Produkt oder die Dienstleistung

a) im Verwendungszusammenhang
b) benutzt von Prominenten, Schauspielern mit möglichst positivem Image/Leitbildfunktion
c) mit positivem Gebrauchs- und Verbrauchserlebnis

zu zeigen.

5.4.2.6 Persönlicher Verkauf

> *„Ein Mitarbeiter, der nicht alle Informationen hat, kann keine Verantwortung übernehmen. Ein Mitarbeiter aber, der alle Informationen hat, kommt nicht drum herum, die volle Verantwortung zu übernehmen." (Jan Carlzon, Präsident SAS)*

Kennzeichnend für den persönlichen Verkauf ist der unmittelbare Kontakt zwischen Verkäufer und Kunde. Der persönliche Verkauf ist das wirksamste und teuerste Instrument der Kommunikationspolitik. Es gibt mehrere Formen des persönlichen Verkaufs, die sich wie folgt systematisieren lassen:

Verkaufspersonal:
- Eigenpersonal
- Fremdpersonal
- Innendienst
- Außendienst.

Das Eigenpersonal umfasst angestellte Verkäufer im Innendienst und eher seltener (ausgenommen Ketten und Business Travel Center) alle angestellten Verkäufer im Außendienst.

Den Reisebüroinhabern, Geschäftsführern und leitenden Angestellten ist zwar bewusst, dass der Mitarbeiter den höchsten Kostenfaktor darstellt, jedoch ist diesen Führungskräften oftmals nicht bewusst, welches aktive Potenzial Mitarbeiter besitzen und wie dieses Potenzial auszuschöpfen ist.

Um die richtigen Voraussetzungen für eine gute Beratung und einen gewinnbringenden persönlichen Verkauf sicherzustellen, sind zunächst einmal die Mitarbeiterbedürfnisse wichtig.

Die **Mitarbeiterbedürfnisse** im Einzelnen:

- Anerkennung für gut geleistete Arbeit
- genaue Kenntnis des Angebots und der Unternehmenszielsetzung
- Eingehen auf private Probleme
- gutes Einkommen
- interessante Arbeit
- gesicherter Arbeitsplatz
- Wohlergehen des Unternehmens
- Loyalität zwischen Arbeitgeber und Arbeitnehmer
- gute Arbeitsbedingungen
- Respekt und Höflichkeit der Führungskräfte.

Jede Führungskraft muss erkennen, dass eine Kausalität zwischen persönlichem Verkauf – welcher auch gewinnbringend für beide Seiten (sowohl Kunde als auch Unternehmen) ist – und befriedigten Mitarbeiterbedürfnissen besteht. Die Frage sollte nicht sein: Was kostet mich der Mitarbeiter, sondern vielmehr: Was bekomme ich von diesem Mitarbeiter? Welchen Nutzen bringt mir dieser Mitarbeiter, der zweifelsohne mein wichtigstes „Betriebskapital" ist?

5.4.3 Preispolitik

„Ein fairer Preis kommt dann zu Stande, wenn Käufer und Verkäufer einen ungehinderten Zugang zum Markt haben."

Preispolitisch können Reisemittler, da sie ja nur Leistungen der Einzel- und Gesamtleistungsträger vermitteln, wenig bewegen, da durch den Agenturstatus (Handelsvertreterstatus) auch eine Preisbindung gegeben ist. Der Reisemittler darf die vom Reiseveranstalter ausgewiesenen Preise nicht über- oder unterschreiten.

Berücksichtigt man die Entwicklung und trägt der Tatsache Rechnung, dass auch ein Reisemittler bald Reisehändler sein könnte – ebenso im Bereich der Eigenveranstaltung eines Reisebüros – sind Grundkenntnisse im Bereich der Preispolitik wichtig.

Unter Preispolitik versteht man alle marktbezogenen Maßnahmen und Entscheidungen, die durch Preisfestsetzung das Erreichen bestimmter Ziele fördern sollen. Es geht hierbei nicht um die Festlegung objektiv gerechter, sondern zweckentsprechender Preise. Relevant wird die Thematik der Preispolitik für einen Reisemittler dann, wenn Überlegungen und Festsetzungen zu Beratungs- und/oder Bearbeitungsgebühren bestehen oder wenn ein Mittler Händler wird und seine Marge selbst bestimmen und festlegen kann.

Die **Preisbildung** wird von folgenden Faktoren beeinflusst:

- unternehmensspezifische Kosten
- Nachfragesituation
- Konkurrenzsituation
- Zielsetzung des Unternehmens – Gewinn, Umsatz, Image, Marktmacht
- gesetzliche Preisvorschriften
- Verbraucherschichten – Preisvorstellungen.

Die **wichtigsten Einflussgrößen auf den Marktpreis sind:**

1. **Marktform:** Monopol, Oligopol, Polypol
2. **Die Elastizität der Nachfrage:** Es ist von Bedeutung, wie der Verbraucher auf die Änderung eines Preises reagiert. Eine Erhöhung des Preises führt zu keiner nennenswerten Reaktion der Verbraucher bei einer starren **oder unelastischen Nachfrage.** Wenn eine Erhöhung des Preises zu einer intensiven Reaktion der Verbraucher führt, liegt eine **elastische Nachfrage** vor.

Arten der Preisbildung:

- kostenorientierte Preisbildung – auf Vollkostenbasis oder auf Teilkostenbasis
- nachfrageorientierte Preisbildung
- konkurrenzorientierte Preisbildung

Bei der kostenorientierten Preisbildung, also einer Preisbildung auf Vollkosten- oder Teilkostenbasis, errechnet sich der Preis auf der Basis der Zuschlagskalkulation. Die absetzbare Menge und die erzielten Marktpreise finden keine Berücksichtigung.

Bei der nachfrageorientierten Preisbildung werden die Struktur der Nachfrageseite, die Preisvorstellung der Nachfrager, die Kaufbereitschaft der Nachfrager sowie Qualität und Image des Produktes berücksichtigt.

Bei der konkurrenzorientierten Preisbildung erfolgt die Preisgestaltung weitgehend unabhängig von der unternehmensindividuellen Kosten- und/oder Nachfragesituation – eben nach den Preisen der Konkurrenz. Hier kann eine Orientierung an Branchenpreise oder am Preisführer erfolgen.

Preisdifferenzierung

Die Preisdifferenzierung ist eine diskriminierende Preismodifikation und ist dadurch gekennzeichnet, dass für ein und dasselbe Produkt unterschiedliche Preise verlangt werden.

Folgende Tabelle stellt die **Arten der Preisdifferenzierung** dar:

Preisdifferenzierungsarten	
nach der Erkennbarkeit	● offene Preisdifferenzierung ● verdeckte Preisdifferenzierung
nach dem Differenzierungsgrund	● räumliche und zeitliche ● personen- und gruppenbezogene ● mengenmäßige ● örtliche ● verwendungszweckbezogene ● abnahmekomplexbezogene ● nach der Kaufkraft

Abb. 5-3: Preisdifferenzierungsarten

Die Motive der Preisdifferenzierung sind:

- Umsatzsteigerung
- Erlösstabilisierung
- Abschöpfen von Konsumentenrenten
- soziale Motive
- Kapazitätssteuerung
- Risikostreuung.

Psychologische Preisgestaltung

- Preise unterhalb „runder Preise" – außer beim Hochpreisimage
- Multipacks anbieten
- Preis zeigt Produktqualität – insbesondere bei Produkten, die auf das Ego des Käufers wirken
- Referenzpreise – Ankerpreise
- Bekanntheitsgrad des Produktes

Rabattpolitik

- Skonto
- Mengenrabatte

- Funktionsrabatte – Händlerrabatte
- Saisonrabatte
- Sonderrabatte

Preismodifizierungen zur Absatzförderung – taktische Preisbildung

- Lockvogelpreise
- Sonderaktionspreise
- Barrückvergütungen vom Hersteller – in den USA üblich
- Zinsgünstige Finanzierungsangebote
- Garantieleistungen und Wartungs-/Serviceverträge
- Psychologische Preismodifizierungen

Im Tourismus finden solche taktische Preisbildungen statt:

- nach Abreisetermin
- nach Saisonzeit
- nach Abreiseort
- nach Buchungszeitpunkt
- nach Zielgruppe.

Preisabstufungen im Produktverbund

- Preisabstufungen in der Produktlinie
- Preisabstufungen bei der Sonderausstattung
- Preisabstufung für Folgeprodukte im Funktionssystem
- Abstufung in Grund- und Nutzungspreise
- Preisabstufung für Angebotspakete

Preisänderungen

- **Preissenkungen:** Mögliche Gründe sind Überkapazitäten, schrumpfender Marktanteil, Taktik der Marktbeherrschung. Die Risiken bei einer Preissenkung wären eine „Billigwarenfalle", „Unbeständigkeitsfalle" (es können keine treuen Kunden gewonnen werden, da die Kunden bei dem günstigsten Anbieter kaufen) und die Kurzläuferfalle (Konkurrenz hat größeres Durchhaltevermögen).
- **Preiserhöhungen:** Eine erfolgreiche Preiserhöhung kann zu beträchtlichen Gewinnsteigerungen führen. Die Gründe für eine Preiserhöhung können in der Kostensteigerung und/oder in einem Nachfrageüberhang bestehen. Mögliche **Preisanpassungsmaßnahmen** zu Gunsten des Verkäufers:
  a) Vereinbarung der genauen Preisfestsetzung zu einem späteren Zeitpunkt
  b) Einsatz von Preisgleitklauseln
  c) Entflechtung von Produkten und zusätzlichen Dienstleistungen
  d) Rabattsenkungen
  e) Verkleinerung des Packungsinhalts
  f) kostengünstige Materialien

g) Produktausstattung abspecken
h) Zahl der angebotenen Produktausführungen reduzieren
i) Billigmarken anbieten.

Strategie für Reisebüros:

Wie eingangs schon erwähnt, hat ein Reisemittler sehr wenig Einfluss auf aktive Preispolitik und Preisgestaltung, da die Preise von den Einzel- und Gesamtleistungsträgern vorgegeben sind und durch das Agenturverhältnis zwischen Reisebüro und Reiseveranstalter eine Preisbindung festgesetzt ist. Ein Reisemittler kann sich jedoch die preispolitischen Taktiken der Reiseveranstalter zunutze machen,

- indem er werbe- und marketingpolitisch diese zu seinem Gunsten ausbaut und anwendet,
- auch im Bereich der Eigenveranstaltung preispolitisch bewusst und nicht nach Gefühl agiert,
- sich der Preisempfindlichkeit der Nachfrager bewusst ist und seine Leistungs- und Servicepalette darauf ausrichtet.

5.4.4 Leistungs- und Servicepolitik

„Vor, während und nach der Reise setzen wir Maßstäbe in Qualität und Service für unsere Kunden."

Die Leistungs- und Servicepolitik im Reisebüro wird selten zielgerichtet und bewusst gesteuert. Dieser Haltung liegt die Meinung zu Grunde, dass ein Kunde, der verreisen möchte, i.d.R. ohnehin in ein Reisebüro gehen muss.

Was erwartet der Kunde von einem Reisemittler und seinen Mitarbeitern? So sollte die Frage jeder Führungskraft im Reisebüro lauten. Und weiter: Erfüllen wir diese Erwartungen des Kunden vollständig und zu seiner vollsten Zufriedenheit? Diese zwei zentralen Fragen, so sie beantwortet werden, beleuchten auch das zentrale Dilemma vieler Reisebüros und zeigen deren Defizite auf.

Was erwartet ein Kunde wirklich von seinem Reisebüro?

- vollständiges, breites und tiefes Sortiment an Einzel- und Gesamtleistungsträgerangeboten
- qualifizierte und ausführliche Beratung
- jederzeitige Erreichbarkeit
- Problemlösungen für „die schönsten Wochen des Jahres"
- Zuverlässigkeit der Information
- Schnelligkeit bei der Auskunft über die Verfügbarkeit der Angebote und Preise
- sehr gute Zielgebietskenntnisse der Mitarbeiter
- kurze Wartezeiten sowie eine zügige und schnelle Bearbeitung des Kundenwunsches

- Kenntnisse des Beraters über Unterkunft, Beförderung, Einreisebestimmungen und Impfbestimmungen
- Vermittlung und Verkauf von Einzelleistungen der Leistungsträger; Bahnfahrkarten, Flugscheinen, Versicherungen und anderen Produkten und Dienstleistungen
- angenehme und störungsfreie Beratungsatmosphäre
- neuester technischer Standard zur Abwicklung der Beratung und Buchung
- Kenntnisse über Freizeit- und Gestaltungsmöglichkeiten am Urlaubsort
- Angebot aller Reisearten und Reiseformen
- Angebot exklusiver Nischen- und Spezialreisen
- urlaubsvermittelnde Raumgestaltung des Reisebüros
- Selbstbedienungsecke mit freiem Zugang zu den Katalogen
- umfassendes Angebot von Reiseveranstaltern und Leistungsträgern
- zügige und schnelle Bearbeitung von Reklamationen
- kundenorientierte und durchgehende Öffnungszeiten
- durchgehende telefonische Erreichbarkeit ggf. auch an Wochenenden und an Feiertagen
- Spielecke für Kinder
- kostenlose, kompetente und neutrale Beratung.

Diese Erwartungshaltungen des Kunden erfordern eine professionelle Anpassung der Leistungs- und der Servicequalität. Die Qualität der Leistung und des Service liegt nur zum Teil in der Auswahl des passenden Produktes. Im ganz wesentlichen Teil liegt diese Leistungs- und Serviceorientierung in der Ansprache des Kunden auf dessen Weg zur Produktentscheidung. Dieser Weg beginnt schon vor dem Eintritt des Kunden ins Reisebüro.

Wird die Frage des Kunden nach seiner Erwartung an den Reisemittler schlüssig und passend beantwortet, findet eine feinfühlige und kompetente Ansprache seitens des Reisebüros statt, werden die tatsächlichen Kundenwünsche mit präzisen Produkten und überzeugenden Serviceleistungen erfüllt, dann und nur dann gewinnt und behält man einen hochzufriedenen Kunden.

5.4.5 Distributionspolitik

„Verkaufe, verkaufe und verkaufe."

Die wirtschaftliche Situation breiter Bevölkerungsschichten führt zu immer kritischeren Angebotsvergleichen, wobei eine starke Polarisierung in Niedrigpreis- und Hochpreissegmenten unter gleichzeitigem Wegfall bisheriger mittlerer Nachfragesegmente feststellbar ist. Dies führt zum Verlassen traditioneller Verhaltensmuster der Reiseinformation und der Buchungszeiträume. Der Reisepreis als Entscheidungsmaxime wird immer dominanter. Derzeit ist eine Polarisierung in ein starkes Frühbucher- und Spätbucherverhalten bemerkbar. Dieses Verhalten führt aber auch dazu, dass etablierte Reisebüroleistungen austauschbarer werden und die Reisebürotreue abnimmt. Die zunehmende Aufgeschlossenheit gegenüber alternativen Reisevertriebsformen und der Zugang über die Nutzung elektronischer Medien fördern das sprunghafte Verhalten der Kunden und macht diese schwer einschätzbar. Mit der alleinigen Konzentration auf die bewährte Ausübung der Vermittlerfunktion im traditionellen Stationärvertrieb ist eine Zukunftssicherung nicht zu realisieren.

Die Sicherung des Reisebürogeschäftes wird zukünftig von folgenden Erfolgsfaktoren geprägt sein:

- Bildung eines nachhaltigen Mehrwertes für die Kunden durch Anbieten serviceorientierter Leistungen,
- Langfristige Bindung der Kunden an das Unternehmen durch einen dauerhaften Kundendialog,
- Ertragssicherung durch Umsatzsteigerung zur Provisionsmaximierung und den Aufbau zusätzlicher Geschäftsfelder.

Zur Existenzsicherung muss ein Reisemittler / Reisebüro seinen Kunden ein abgestimmtes Portfolio mehrerer Vertriebsformen und Vertriebsplattformen sowie Zugangsmöglichkeiten bieten. Zudem ist durch Kenntnis der Kundenbedürfnisse in jeder Vertriebsform eine kundenorientierte Angebotspalette und eine adäquate Servicedienstleistung zu erbringen.

Hierdurch wird eine langfristige Kundenbindung und dadurch wiederum die erforderliche Ertragssicherung hergestellt.

Vertriebsformen / Vertriebsplattformen:

- **Stationäres Reisebüro:** Ziel ist es, durch Verhaltenstraining der Mitarbeiter, kundenorientierte Serviceabläufe der Informations- und Buchungsvorgänge sowie durch die Präsentation eines anmutenden Ambientes für die Kunden einen spürbaren und nicht austauschbaren Mehrwert zu schaffen – Kompetenz- und Wohlfühleffekt. Zusatzgeschäfte wie der Verkauf von Reisebekleidung, Reiseliteratur, u.v.m. sind zur Ertragssicherung erforderlich.
- **Reisebüro am Telefon:** Viele Kunden meiden aus unterschiedlichen Gründen den Gang in das Reisebüro und stehen der Informationsbeschaffung und Reisebuchung per Telefon aufgeschlossen gegenüber. Für dieses Kundensegment ist das Angebot von Telefondienstleistungen als alternative Vertriebsform wichtig. Der Aufbau eines "Call Center Reisebüros" bildet hierzu die Voraussetzung für den Service der Erreichbarkeit insbesondere in den Abendstunden und am Wochenende.
- **Elektronisches Reisebüro:** In Zeiten der Öffnung elektronischer Medien ist die Besetzung dieser Form des Absatzweges für den Reisevertrieb als weitere Chance für die Gewinnung neuer Kunden zu bewerten, zumal hiermit ein Instrument für die kurzfristige Absatzsteuerung besteht, auch wenn in der Anfangsphase noch keine signifikanten Umsatzgrößen erzielt werden. Da zahlreiche Leistungsträger die Vorteile dieses Mediums bereits nutzen, aber durch bestehende Abhängigkeit vom Reisemittler einen Direktvertrieb nur in ersten Tests über Internet anbieten, ist hier das Zwischenschalten des Vermittlers durch einen „link" zum Call Center oder zum Reisebüro eine zusätzliche Chance. Diese Variante führt bereits jetzt in zahlreichen Reisebüros zu Zusatzumsätzen.
- **Mobiles Reisebüro – Home Selling:** Zahlreiche Kunden wünschen sich analog der Usancen im Versicherungsbereich aber auch auf Grund von Erfahrungen aus anderen Produktbereichen, eine Reiseberatung zu Hause – analog im Verein oder an der Arbeits- und Betriebsstätte. Diese Form der Reisevermittlung findet man heutzutage bereits bei Gruppenreisen; sie ist aber auch im Individualreisenbereich durchaus denkbar. Durch ein Modell beispielsweise auf Franchise-Basis mit Anbindung an das Call

Center kann diese Form der Buchungszugänglichkeit mit erwartungsgemäß hohem Umsatzwert zu einem hohen Grad der Kundenzufriedenheit und somit zur Kundenbindung beitragen *(vgl. Schultzendorff, 1999).*

Strategie für Reisebüros:

Einige Reisebüroketten bieten bereits – oder planen – das Angebot einer Kombination der Vertriebsformen – z.B. stationäres Reisebüro und Internet-Präsenz oder mit Call Center oder Buchungs- und Informationsbeschaffungsautomaten. Kein Vertriebsunternehmen bietet gleichzeitig alle vier Vertriebsformen in abgestimmter Leistungspalette für die Kunden an.

Hier besteht die Chance, als Pionier dieses Feld der ganzheitlichen Abdeckung touristischer Vertriebsformen zu bilden und somit einen Mehrwert für den Kunden zu schaffen. Je nach Bedarf und situationsbedingter Verhaltensweise kann der Kunde den für ihn komfortabelsten Zugang zur Reiseberatung und Reisebuchung auswählen. Gleichzeitig eröffnen sich zahlreiche Möglichkeiten zur Gewinnung neuer Kundensegmente. Die Herausforderung dieser Pionierarbeit liegt in der preisadäquaten Ansprache bestehender und potenzieller Kunden. Durch die Nutzung von Synergie-Effekten zu anderen Werbemaßnahmen und durch den Aufbau von Gegengeschäften mit touristischen Partnern wird eine Reduktion der Werbekosten erzielt *(vgl. Schultzendorff, 1999).*

5.5 Marketingmanagement

5.5.1 Marketingkonzept

„Ein Unternehmen gut zu führen heißt, seine Zukunft zu lenken; und die Zukunft zu lenken heißt, richtig mit Informationen umzugehen." (Marion Harper)

Das Marketingkonzept besagt, dass der Schlüssel zur Erreichung unternehmerischer Ziele darin liegt, die Bedürfnisse und Wünsche des Zielmarktes zu ermitteln und diese dann wirksamer und wirtschaftlicher zufrieden zu stellen als die Wettbewerber. Aus dieser Aussage ergeben sich vier zentrale Fragen:

1. **Wer sind unsere Kunden (Zielgruppe)?**
2. **Welche sind unsere Zielmärkte?**
3. **Welche Bedürfnisse haben unsere Kunden?**
4. **Was müssen wir tun, damit sie uns bevorzugen?**

Die Einzel- und Gesamtleistungsträger, i.d.R. Großunternehmen, verfügen über die finanziellen Mittel, um regelmäßige Marktforschung zu betreiben und oftmals auch die Weitsicht, die gewonnenen Ergebnisse der Marktforschung auch konsequent und zielstrebig umzusetzen. Beispiele hierfür gibt es zuhauf. Anbei seien nur einige genannt:

- unterschiedlichste Tarife der Fluggesellschaften für einzelne Zielgruppen wie: Jugendliche, Rentner, ausländische Arbeitnehmer, Ehegatten, Familien, Gruppen, u.v.m. sowie unterschiedliche Tarifkategorien für einzelne Destinationen wie: USA, Asien, Osteuropa, u.v.m.,

- unterschiedlichste Produkte (i.d.R. sind dies auch Einzelmarken der Reiseveranstalter) für wiederum unterschiedliche Zielgruppen: Pauschalreisende, Cluburlauber, Sonnenanbeter, Abenteuerreisende, All-Inclusive-Nachfrager, Asien-, Afrika-, Südamerika-, Europa-, Deutschand-, Nordamerika-, Südsee- und Australiennachfrager, Langzeiturlauber, Kurzurlauber, Städte- und Eventreisende, u.v.m.,
- Preisdifferenzierungen der Hotels- und Mietwagenunternehmer,
- unterschiedliche Preise nach dem Bezahlungszeitpunkt und der Bezahlungsart,
- unterschiedliche Leistungen nach dem Kriterium der Nachfrageintensität und dem Wiederholungsgrad der gekauften Leistung.

Die Reisemittler verfügen – Ausnahmen sind die Ketten, Kooperationen und Franchiseunternehmen – nicht über solche finanzielle Mittel, Marktforschung im großen Stil zu betreiben. Jedoch widmen sich diese auch keiner Marktforschung im Rahmen ihrer Möglichkeiten, wie beispielsweise:

- konsequente Auswertung von Reklamationen,
- gezielte Nachfrage bei der Beratung, aus welchen Gründen der Kunde gerade in diesem Reisbüro seine Reise bucht,
- Bedienung von statistischen Daten, die käuflich und in ausreichenden Mengen preisgünstig zu erwerben sind,
- Initiierung von kleinen Projekten zu den unterschiedlichsten Themenbereichen; Studenten von Fachhochschulen würden hierzu kostengünstig zur Verfügung stehen,
- Verpflichtung von Beratern, wobei Projektberatung für kleine und mittelständische Unternehmen, so es dem Existenzerhalt dient, von Arbeitsämtern, IHK's und den Wirtschaftministerien der jeweiligen Länder finanziell gefördert werden.

Die Folgerung: Jedes touristische Unternehmen und in erster Linie die Reisebüros müssen, so sie wirtschaftlich überleben wollen, sich mehr um Marktforschung und die Umsetzung der Ergebnisse von Marktforschung kümmern sowie Marketing-Informationssysteme schaffen. Die Summe der Entscheidungen eines Unternehmers, einer Führungskraft darf und soll nicht mehr zufällig und emotional, sondern zielgerichtet, fundiert und professionell erfolgen.

Die wesentlichen **Leitsätze der Geschäftsphilosophie** sollten folgende sein:

1. Der Kunde/Gast ist die wichtigste Person in diesen Räumen – ganz gleich, ob er persönlich, telefonisch oder per Brief „anwesend" ist.
2. Der Kunde braucht nicht uns, sondern wir ihn.
3. Der Kunde hilft nicht uns bei der Arbeit, sondern gibt uns Arbeit. Nicht wir tun ihm einen Gefallen, wenn wir ihn bedienen, sondern er tut uns einen Gefallen, wenn er uns die Möglichkeit bietet, ihn zu bedienen.
4. Mit einem Kunden streitet man weder, noch testet man seine Klugheit. Noch niemand hat vom Streit mit einem oder seinem Kunden einen nennenswerten Vorteil gehabt.
5. Ein Kunde bringt uns seine Wünsche nahe. Es ist unsere Aufgabe, diese Wünsche zu seinem und unserem Vorteil zu erfüllen.

5.5.2 Marktforschung und Marketing – Informationssysteme

„Um Stierkämpfer zu werden, muss man erst lernen, Stier zu sein.“ (Spanisches Sprichwort)

Die Entwicklungen zeigen, das marketingrelevante Informationen immer wichtiger werden. Diese Entwicklungen sind im Wesentlichen:

- Entwicklung vom lokalen zum regionalen über das nationale zum internationalen Marketing,
- die Verschiebung vom Kundenbedürfnis zum Kundenwunsch,
- Tendenz vom preislichen zum nichtpreislichen Wettbewerb.

Schlussfolgerungen:

- Gerade für Einzelreisebüros, deren Aktionsraum sich sehr stark über die Nähe der Nachfrager definiert (Nachbarschaft, Wohngebiet, Stadtteil), ist es wichtig, auch Kundenströme aus der Region an ihr Unternehmen heranzuführen. Dies ist jedoch nur möglich, wenn dieses Reisebüro sich als Marke definiert und etabliert. Diese Markenorientierung kann als Einzelkämpfer mit Alleinstellungsmerkmalen erfolgen oder in einer Kooperation mit anderen gleichgesinnten Reisebüropartnern. Als Beispiel kann hier die Strategie der einzelnen Franchiseunternehmer dienen, die konsequent die Marke (den Namen des Franchiseunternehmers) im Markt etablieren und somit beim Nachfrager einen hohen Wiedererkennungswert schaffen und darüber hinaus mit den gleichen Leistungsstandards aufwarten können.
- Im Wandel der Zeit entwickelte sich die Reise vom Luxusgut hin zum Massengut. Die Marktforscher sprechen hier von der „Demokratisierung des Reisens“. Im Zuge dieser Entwicklung wurde die Reise oftmals im Spiegel der Maslowschen Bedürfnispyramide gesehen. Daraus entstanden auch die zwei Thesen: a) Weg von … und b) Hin zu … -Tourismus. Denkt man diesen Ansatz weiter, so ergibt sich folgende Erkenntnis: Der Anteil der Reisenden, welche die Urlaubsreise als eine Ortsveränderung zum Zwecke der Erholung und vor allem der Regeneration sehen, bedingt durch kürzere Arbeitszeiten, starke Technisierung von harten körperlichen Arbeiten, u.v.m., schwindet. Die Einstellung „Weg von …“ im Sinne einer Ortsveränderung, die eine Regeneration und somit den Erhalt der physischen Arbeits- und Leistungsfähigkeit zum Zweck hat, ist nicht mehr in dem Maße gegeben wie vor 10 Jahren. Somit kann man nicht mehr von einem Bedürfnis sprechen. Die Zielgruppe der Reisenden entwickelt sich stetig zu einem Nachfrager mit einer „Hin zu …“-Einstellung. D.h., der Wunsch zu verreisen entspricht nicht mehr einem Bedürfnis, sondern einem Wunsch. Dieser Tatsache müssen die Reisemittler künftig verstärkt Rechnung tragen.
- Durch die Austauschbarkeit heutiger Reiseangebote und weitgehende Preisanpassungen der Einzel- und Gesamtleistungsträger wird eine Tendenz sichtbar. Der Reisende interessiert sich nicht mehr in dem Maße für preisliche Differenzen, sondern vielmehr für qualitative Unterschiede und wird bei seiner Entscheidung vom Erlebniswert der Reise beeinflusst.

Analyse des Käuferverhaltens

Zunächst einmal müssen folgende Tatbestände geklärt und hinterfragt werden:

a) Wer bildet den Markt?	Kunden
b) Was wird gekauft?	Kaufobjekt
c) Warum wird gekauft?	Kaufziele
d) Wer spielt mit im Kaufprozess?	Kaufbeeinflusser
e) Wann wird gekauft?	Kaufanlässe
f) Wie wird gekauft?	Kaufprozesse
g) Wo wird gekauft?	Kaufstätten

Für ein Unternehmen ist es von existentieller Bedeutung, eine solche Analyse durchzuführen und die Einflussfaktoren auf das Konsumverhalten zu erfahren. In der Touristik, ausgenommen die „großen" Einzel- und Gesamtleistungsträger, wird oftmals auf derartiges Untersuchen i.d.R. aus finanziellen Gründen oder aus Unwissenheit heraus verzichtet. Gerade für kleine und mittelständische Unternehmen ist es nicht nur wichtig, die oben genannten Fragen beantworten zu können, sondern sich daraus ergebende Erkenntnisse und Faktoren sollten unbedingt auch visualisiert werden.

Im Einzelnen sind die **Einflussfaktoren auf das Konsumverhalten** folgende:

1. **Kulturelle Faktoren: Kulturkreis, Subkultur** und **soziale Schicht**
2. **Soziale Faktoren: Bezugsgruppen** – Primärgruppen, Sekundärgruppen, Leitbildgruppen, Anti-Leitbildgruppen, **Familie** – Herkunftsfamilie, eigene Familie mit unterschiedlichster Dominanz der Ehepartner, **Rolle und Status** – jede Rolle ist mit einem Status behaftet, der ihr Ansehen in der Gesellschaft widerspiegelt. Die fünf wichtigsten Statuskriterien sind aus der Sicht der Zeitgenossen: a) der Bekanntenkreis, in dem man verkehrt; b) die Kleidung, die man trägt c) die Bücher, die man liest; d) der Beruf, den man ausübt; e) die Gegend, in der man lebt.
3. **Persönliche Faktoren:**

   Alter und Lebensabschnitt – Lebenszyklus der Familie, psychologische Lebensabschnitte,

   Beruf, wirtschaftliche Verhältnisse – frei verfügbares Einkommen, Ersparnisse und Vermögenswerte, Kreditrahmen, Spar- und Ausgabeneigungen,

   Lebensstil – der Lebensstil zeigt den „ganzen Menschen" in Interaktion mit seiner Umwelt,

   Persönlichkeit und Selbstbild, Motivation (Maslowsche Motivationstheorie),

   Wahrnehmung mit den fünf Sinnesorganen, Lernen – wenn Menschen handeln, lernen sie; erfolgt durch das Zusammenspiel von Bedürfnissen, Stimuli, Auslösern, Reaktionen und Bestärkung,

   Ansichten – sind gedankliche Beschreibungen des Bildes, das sich ein Mensch von etwas macht,

   Einstellungen – sind feste subjektive Bewertungen von Objekten.
4. **Der Kaufprozess – zentrale Fragen:**

a) Warum kommt es zu Kaufentscheidungen?

b) Wer trifft die Kaufentscheidung?

c) Welche Schritte führen zu der Kaufentscheidung?

Von entscheidender Bedeutung im Kaufprozess sind die Rollen, die einzelne Personen spielen:

a) der Initiator,
b) der Einflussnehmer,
c) der Entscheidungsträger,
d) der Käufer und
e) der Benutzer.

Ferner spielt im und beim Kaufprozess die Art des Kaufverhaltens eine wichtige Rolle:

a) komplexes Kaufverhalten – der Konsument beschäftigt sich intensiv mit dem Kauf,
b) dissonanzmilderndes Kaufverhalten – Missklangmilderndes Kaufverhalten,
c) habituelles Kaufverhalten durch Markenvertrautheit sowie
d) Abwechslung suchendes Kaufverhalten.

5. **Erforschung des Kaufprozesses: Wie lassen sich für den Entscheidungsträger die typischen Phasen im Kaufprozess ermitteln?**

- Nachsehen, wie man sich selbst verhalten würde (introspektive Methode)
- Kunden befragen, die das Produkt erworben haben (retrospektive Methode)
- Konsumenten finden, die das Produkt kaufen möchten und über den Kaufentscheidungsprozess befragen (prospektive Methode)
- Konsumenten befragen, wie der Kaufentscheidungsprozess gestaltet werden soll (präskriptive Methode).

6. **Phasen des Kaufprozesses:**

- Problem – oder Bedürfniserkennung (Diskrepanz zwischen dem tatsächlichen und dem Wunschzustand)
- Informationssuche: erhöhte Wachsamkeit und aktive Informationssuche
- Informationsquellen: persönliche Quellen, kommerzielle Quellen, öffentliche Quellen und Erfahrungsquellen
- Bewertung der Alternativen unter Berücksichtigung der Produktattribute; Beispiel: Hotel = Lage, Sauberkeit, Atmosphäre, Preisklasse
- Kaufentscheidung kann beeinflusst werden durch: Einstellungen anderer und unvorhergesehene situative Faktoren
- Verhalten nach dem Kauf: a) Zufriedenheit und b) Unzufriedenheit – es wird versucht, die Dissonanz abzubauen durch Rückgabe oder Wegwerfen und Suche nach Informationen, die seinen Wert hoch halten.

Exkurs: Trendanalyse

Im Rahmen einer Situationsanalyse ist es wichtig, künftige externe Rahmenbedingungen, d.h. wichtige Trends und Entwicklungen auf dem touristischen Markt zu ermitteln und damit Chancen und Risiken für die wichtigsten tourismusrelevanten Entwicklungstendenzen erkennen zu können.

Die zehn **Megatrends für die Zukunft** (nach Faith Popcorn):

1. **Trend: Kokon-Dasein;** „Heute spinnen wir uns in einen Kokon ein, um zu überleben."
2. **Trend: Fantasy-Abenteuer;** „Entführt mich in ein anderes Leben. Aber holt mich zum Abendessen zurück."

3. **Trend: Kleine Genüsse;** „Und wir haben sie, weiß Gott, verdient."
4. **Trend: Egonomics (Ichbezogene Wirtschaft);** „Das finde ich toll. Es ist wie für mich geschaffen."
5. **Trend: Aussteigen;** „Haltet die 90er an, ich will aussteigen."
6. **Trend: Länger jünger bleiben;** „Eine ganze Generation wird zu einem großen, übermütigem Kind."
7. **Trend: Möglichst lange leben;** „Tu das Richtige und du wirst niemals sterben müssen."
8. **Trend: Der wehrhafte Verbraucher;** „Wir sind total sauer und werden das Zeug nicht mehr kaufen."
9. **Trend: 99 Leben auf einmal;** „Du musst so schnell laufen, wie du nur kannst, um dort zu bleiben, wo du bist. Willst du woanders hin, musst du mindestens doppelt so schnell laufen."
10. **Trend: S.O.S. – rettet unsere Gesellschaft;** „Wir können nie die Überzeugung aufgeben, dass die Guten immer gewinnen. Und dass wir die Guten sind."

Faith Popcorn gilt als die populärste und erfolgreichste Marketingberaterin in den USA. Ihren „Signalen der Wirtschaft", die Wirtschaft und Gesellschaft in diesem Jahrzehnt grundlegend verändern werden, wird weltweit Glauben geschenkt.

Implementierung des Verbraucherverhaltens im Handel und in der Dienstleistung		
Einflussfaktor	**Beobachtbare Änderung**	**Einfluss auf Kaufprozesse**
Bevölkerungs-entwicklung	abnehmende Bevölkerung Wandel in der Altersstruktur Zunahme kleinerer Haushalte	verstärkte Nachfrage nach Dienstleistungen Seniorenmarkt gewinnt an Bedeutung
Einkommen/ Vermögen	abnehmende finanzielle Restriktionen	stärkere Akzeptanz hochwertiger / teuerer Produkte Kosten- und Preisführeschaft Keine Garantie für Wettbewerbsvorteil
Bildungs-niveau/ Konsum-erfahrung	steigendes Bildungsniveau Zunahme der Konsumerfahrung	konsumkritisches Verhalten der Konsumenten (Profi) Verstärkte Nachfrage nach neutralen Informationen (Produktnachrichten) Generell zunehmende Informationsnachfrage aufgrund Informationsparadoxon (Konsument hat mehr Informationen denn je und dennoch Infobedarf wie nie zuvor) Verstärkte Nutzung der neuen Medien zur Informationsgewinnung und -verarbeitung, Verstärkte Preisvergleiche bei unauffälligen Produkten Abnehmende Bindungsbereitschaft (Kunde wandert zwischen Produkten, Marken und Geschäften)
Wertewandel/ Rückgang traditioneller Werte	Arbeit nicht mehr im Mittelpunkt, Betonung von Unabhängigkeit, Individualität und Spontaneität	Abnahme von Produkt-, Marken- und Geschäftstreue, Suche nach individuellen Produkten, schnellere Test-Akzeptanz neuer Produkte und Betriebstypen

Aufkommen eines Wertepluralismus	ausgeprägte Meinungsvielfalt zu allen aktuellen Fragen	stark voneinander abweichende Verbraucherwünsche, stark differenzierte Kundenansprüche an Geschäftstypen und Waren
Freizeitorientierung	Zeitparadoxon: obwohl Konsument mehr Zeit denn je hat, sucht er Zeitersparnis bei Routineangelegenheiten	Routinekäufe müssen schnell und bequem abzuwickeln sein, Nachfrage nach Produkten mit hohem Convenience Potenzial (Schnellgerichte)
Erlebnisorientierung	Suche nach Spannungs- und Erlebnisfeldern, Realisierung des jeweils nächsthöheren Lebensstandardniveaus durch Lifestyle	Kauf von hochwertigen Produkten im erlebnisorientierten Ambiente, Suche nach Produkten und Dienstleistungen, die Erlebnisfelder erschließen, Konsum als Lifestyle
Trend zur Selbstverwirklichung	Anstreben von Selbstverwirklichung in allen Lebensbereichen	Suche nach individuellen Produkten (maßgeschneidert) Partizipation an Hersteller und Handelspolitik, Demonstration von Lebensstil durch Konsum (exklusive Produkte, sozial auffällige Produkte; Individualität braucht Masse) Nutzung von Konsumgüter als Bausteine des Lebensgefühls

Abb. 5-4: Implementierung des Verbraucherverhaltens im Handel und in der Dienstleistung

5.5.3 Marketing – Informationssysteme

„Traue keiner Statistik – es sei denn sie stammt von Dir."

Jeder Unternehmer sollte in der Lage sein, jederzeit über den Abwicklungszyklus seiner Dienstleistung sowie über Reklamationen und viele andere betriebs- und entscheidungsrelevanten Informationen verfügen. Hierzu eignen sich Informationssysteme.

Bausteine / Inhalte dieser Systeme sollten sein:

1. Abwicklungszyklus des Unternehmens: Auftragsgewinnung – Durchführung – Fakturierung
2. Verkaufsmeldesystem
3. Marketing – Nachrichtensystem
4. Reklamationsmeldesystem
5. Marketing – Forschungssystem (systematische Durchführung von Datenerhebungen)
6. Marketing – Controlling
7. Analyse der Konkurrenten: Jeder Unternehmer sollte seine Produkte, Preise, Absatzwege und Verkaufsförderungsmaßnahmen ständig mit der Konkurrenz vergleichen.

Der Unternehmer sollte Folgendes wissen:

- Wer sind unsere Konkurrenten?

- Was sind unsere Strategien?
- Was sind unsere Ziele?
- Wo liegen ihre Stärken und Schwächen?

Aus dieser Analyse der Konkurrenz lässt sich eine Strategie ableiten; Benchmarking, die Ausrichtung aller Betriebs- und Leistungseinheiten an Branchenbesten.

5.5.4 Aufgaben des Marketing – Management

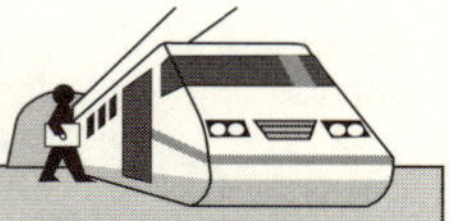

„Das Marketing-Management hat die Aufgabe, das Niveau, die zeitlichen Aspekte und die Art der Nachfrager in Übereinstimmung mit den Organisationszielen zu regulieren." (Philip Kotler, aus: "The Major Tasks of Marketing Management", Journal of Marketing S. 42-49)

Nach einer allgemeinen und weitverbreiteten Auffassung versucht das Marketing in erster Linie, die Nachfrage nach den Produkten des Unternehmens oder die Nachfrage nach Dienstleistungen und Beratung der Reisemittler zu steigern. Mit dieser Vorstellung wird nur ein sehr kleiner Teil jener Aufgaben erfasst, die Marketing-Manager und Unternehmensleiter zu erfüllen haben, wie das einführende Zitat von Philip Kotler zeigt.

Die Organisation erarbeitet sich eine Vorstellung über das erwünschte Austauschniveau auf einem spezifischen Markt. Das gegenwärtige Nachfrageniveau kann somit unter oder über dem erwünschten Nachfrageniveau liegen oder ihm entsprechen. Damit sind die acht Nachfragekonstellationen, die in nachfolgender Tabelle aufgezählt werden, gegeben.

Nachfragekonstellation	Marketing-Aufgabe	Bezeichnung
1. Negative Nachfrage	Nachfrage umkehren	Konversions-Marketing
2. Fehlende Nachfrage	Nachfrage schaffen	Anreiz-Marketing
3. Latente Nachfrage	Nachfrage entwickeln	Entwicklungs-Marketing
4. Stockende Nachfrage	Nachfrage beleben	Revitalisierungs-Marketing
5. Schwankende Nachfrage	Nachfrage synchronisieren	Synchro-Marketing
6. Optimale Nachfrage	Nachfrage erhalten	Erhaltungs-Marketing
7. Übersteigerte Nachfrage	Nachfrage reduzieren	Reduktions-Marketing
8. Schädigende Nachfrage	Nachfrage eliminieren	Kontra-Marketing

Abb. 5-5: Nachfragekonstellationen

1. **Konversions-Marketing.** Der Konstellation einer negativen Nachfrage entspricht die Aufgabe des Konversions-Marketing. Eine negative Nachfrage ist dann gegeben, wenn alle oder ein Großteil der wichtigen Segmente des potenziellen Marktes dem Produkt oder der Dienstleistung ablehnend gegenüberstehen und die Angehörigen dieser Segmente es sich u.U. etwas kosten lassen würden, jeden Kontakt mit dem Angebot zu vermeiden. Die negative Nachfrage ist keinesfalls ein Ausnahmezustand, sie trifft ganz im Gegenteil auf eine beachtenswerte Anzahl von Produkten und Dienstleistungen zu. Unter Vegetariern besteht eine negative Nachfrage nach Fleischpro-

dukten aller Art. Ebenso zeigen viele Nichtvegetarier eine negative Nachfrage nach bestimmten Fleischsorten. Eine beträchtliche Anzahl von Reisenden weist eine negative Nachfrage nach Flugreisen, Bahnreisen und vor allem nach der Dienstleistung „Reiseberatung" auf. Gerade um der Beratung zu entgehen, nimmt der Reisende „Mehrkosten" in Kauf, weil er der Meinung ist, dass er im Reisebüro nur zu etwas „überredet" wird, was er eigentlich gar nicht will. Unter Urlaubern besteht auch eine negative Nachfrage nach einigen Regionen (Nordpol, Wüsten). Angesichts der negativen Nachfrage – vor allem bei einem bestehenden Angebot – liegt die Herausforderung an den Marketer in der Entwicklung eines Plans, der die Nachfrage von einer negativen in eine positive umkehrt und im Laufe der Zeit auf das Niveau des Angebotes bringt. Diese Aufgabe bezeichnen wir als Konversions-Marketing und sie ist die schwierigste Aufgabe, die ein Marketer in Angriff nehmen kann. Er muss herausfinden, aus welchen Gründen der Markt das Produkt ablehnt – sind es ideelle Gründe, falsche Vorstellungen, Emotionen oder ist es eine Frage der Kosten.

Vieles spricht gerade im Reisemittlerbereich für mangelndes Vertrauen der Reisenden gegenüber dem Mitarbeiter in der Beratung. Darüber hinaus haben viele Reiseinteressenten Angst, überrumpelt zu werden, weil sie befürchten, gegen die Argumentation des Beraters nicht anzukommen und nicht selbstbewusst genug sind, gemachte Angebote abzulehnen.

Strategien für Reisemittler:

- auf die Unverbindlichkeit der Beratung und Optionsbuchungen hinweisen,
- aufklären, welche Leistung Geld kosten und welche Leistungen kostenlos und als Service angeboten werden,
- auch Kunden, die ein- oder mehrmals nur Informationen, Anschriften und Telefonnummern von Hotels, Fluggesellschaften und Einzelleistungsträgern benötigen, bedienen. Dieser Personenkreis wird ebenfalls die Vorteile der Reisemittler auf längere Sicht zu schätzen wissen – auch wenn er nicht sofort und beim ersten Mal eine Reise bucht,
- sich dem Kunden als Dienstleister und nicht „Erfüllungsgehilfe" anbieten.

2. **Anreiz-Marketing:** Es gibt eine ganze Reihe von Produkten und Dienstleistungen, die überhaupt nicht nachgefragt werden, d.h. es liegen ihnen gegenüber weder positive noch negative Gefühle vor; es herrscht vielmehr Desinteresse und Indifferenz. Die als fehlende Nachfrage definierte Konstellation ist dadurch gekennzeichnet, dass alle oder zumindest die wichtigen Segmente eines potenziellen Marktes einem Angebot desinteressiert oder gleichgültig gegenüberstehen. Angebote, für die keine Nachfrage besteht, lassen sich in drei Kategorien unterteilen. Eine erste Gruppe bilden jene alltäglichen Gegenstände, die als wertlos angesehen werden, z.B. Einwegflaschen, alter Draht, politische Anstecknadeln nach dem Wahlkampf. Eine zweite Gruppe besteht aus alltäglichen Gegenständen, denen zwar ein Wert zugesprochen wird, die aber für einen bestimmten Markt trotzdem nicht begehrenswert sind, z.B. Boote in wasserarmen Gebieten, Schneemobile für Gebiete, in denen es niemals schneit und Einbruchsalarmsysteme in kriminalitätsfreien Städten. Eine dritte Gruppe setzt sich aus Gegenständen zusammen, die neu oder unbekannt sind, d.h. für die keine Nachfrage besteht, weil der relevante Markt von ihrer Existenz nichts weiß. Beispiele dafür sind schmückende Gegenstände oder etwa Scherzartikel, die man u.U. kauft, wenn man sie sieht, ohne sie aber vorher vermisst zu haben.

Die Aufgabe, aus fehlender Nachfrage eine positive zu schaffen, bezeichnen wir als Anreiz-Marketing. Sie ist ein zähes Stück Arbeit, weil sich der Marketer mit einem Markt konfrontiert sieht, der keinen Wunsch nach einem Angebot enthält. Im Grunde stehen ihm drei Vorgehensweisen zur Auswahl: eine Möglichkeit liegt in dem Versuch, das Produkt oder die Dienstleistung mit einem auf dem Markt vorhandenen Bedürfnis zu koppeln. Eine zweite Möglichkeit ist die Veränderung der Umwelt und des Umfeldes, und zwar so, dass die neuen Umwelt- und Umfeldcharakteristika das Angebot wertvoll machen. Eine dritte Möglichkeit besteht in der Verteilung von Informationen über den Gegenstand in der Hoffnung, dass seine Präsenz zu entsprechenden Wünschen und Kaufentscheidungen führt.

Strategien für Reisemittler:

- Kundenkarten: Einige Reiseveranstalter und Verkehrsträger bieten Kundenkarten, die mit Leistungen versehen sind, welche der Konsument seltener bis gar nicht nachfragt; sei es aus Kostengründen oder weil er die Leistung gar nicht kennt. Bezahlt wird diese Leistung über die Gebühr dieser Kundenkarte oder über den Mehrumsatz, der durch dieser Karte realisiert wird. Auch Reisemittler haben die Möglichkeit solche Kundenkarten einzusetzen und erreichen damit zum einen ein höheres Maß an Kundenbindung und zum anderen fördern sie den Verkauf/die Vermittlung weniger bis nie nachgefragter Leistungen. Denkbar und vor allem auch für kleine Reisemittler finanzierbar, wäre das Co-Branding Modell (Kreditkartenunternehmen & Reisemittler). Dieses Modell wird bereits von namhaften Unternehmen wie TUI, LTU, ADAC praktiziert. Es entsteht eine Win-Win Situation. Beide Partner profitieren.

- Zusatzangebote: Der Reisemittler kann/soll zusätzlich noch weitere Leistungen verkaufen, nach denen der Kunde nicht nachfragt, weil er gar nicht weiß, das diese Leistungen in einem Reisebüro angeboten werden; Reisebedarf, Literatur, Eintrittskarte, Bekleidung,...

- Versicherungen: Nachfrager kennen in der Regel die Risiken, die eine nicht abgeschlossene Reiseversicherung nach sich zieht, nicht. Ferner kennen die Nachfrager auch nicht das Angebot der Versicherungsleistungen, die genau auf ihre Bedürfnisse und Notwendigkeiten maßgeschneidert sind. Hier kann Aufklärung und Abverkauf einen Mehrumsatz, positive Beratungskompetenz und zufriedenere Kunden schaffen.

3. **Entwicklungs-Marketing:** Das Entwicklungs-Marketing entspricht der Konstellation einer latenten Nachfrage, die dann gegeben ist, wenn bei einer bedeutenden Anzahl von Personen ein starkes Bedürfnis besteht, das nicht durch ein vorhandenes Angebot befriedigt werden kann. Die latente Nachfrage bietet dem innovativ denkenden Marketer die Chance, jenes Produkt oder jene Dienstleistung zu entwickeln, auf das bzw. auf die die Leute warten. Für Produkte und Dienstleistungen, nach denen eine latente Nachfrage vorhanden ist, gibt es zahlreiche Beispiele. Viele Zigarettenraucher hätten gern eine gut schmeckende Zigarette, deren Nikotin- und Teergehalt gesundheitlich unbedenklich ist. Ein solcher Produktdurchbruch würde unverzüglich zu einem großen Erfolg führen – als die erste Filterzigarette auf den Markt kam, war ihr ein hoher Anteil sicher. Viele Autofahrer hätten gern ein Auto, das bedeutend mehr Sicherheit bei Unfällen bietet und die Umwelt wesentlich weniger verschmutzt als die heute erhältlichen. Es besteht eine starke latente Nachfrage nach innerstädtischen Schnellstraßen, effizientem Eisenbahnverkehr, noch nicht überfüllten Erholungsgebieten, sauberen Stränden, sicheren Straßen und guten Fernreisebedingungen.

Die Aufgabe der Verwandlung einer latenten in eine reale Nachfrage wird als Entwicklungs-Marketing bezeichnet. Sie erfordert hohe Ausgaben für die Marketing-Forschung und für die Produktentwicklung, damit die Grundlagen für die Gestaltung eines Angebotes geschaffen werden können, das die latente Nachfrage zu befriedigen verspricht. In der Touristik wird diese Marketingform hauptsächlich und permanent von den Einzel- und von den Gesamtleistungsträgern praktiziert. Dies lässt sich an den laufenden Produktvariationen und Produktmodifikationen der Reiseveranstalter darstellen. Es gibt kaum einen Reiseveranstalter, der nicht in den letzten Jahren seine Produkte und Dienstleistungen neu gestaltet und modifiziert hat, um latente Nachfrage in reale Nachfrage umzuwandeln.

Strategien für Reisemittler:

Für den Reisemittler bedeutet dies eine bessere Produktkenntnis der Angebote der Reiseveranstalter und Kenntnis darüber, was der Kunde tatsächlich wünscht. Der Kunde wünscht nicht nur ein auf ihn zugeschnittenes Reiseprodukt, sondern auch seinen Wünschen Rechnung tragend die Beratung, die Buchbarkeit und den Unterlagenversand. Während der Kunde mit dem gebuchten Produkt hoch zufrieden ist, ist er häufig mit dem Vermittlungsprozess unzufrieden, weil dieser seiner Meinung nach zu umständlich, zum Teil zu bürokratisch und zu zeitintensiv ist. Hier empfiehlt es sich:

- schnelle, individuelle und zeitlich kurze, dennoch ausführliche Beratung der Kunden,
- Unterlagenversand, wenn dies der Kunde wünscht und keine Verpflichtung, diese im Reisebüro abzuholen, wenn dies nicht gewünscht wird,
- Vereinfachung der Buchungs- und Beratungsabwicklung.

4. **Revitalisierungs-Marketing:** Alle Arten von Gegenständen, Dienstleistungen, Tätigkeiten, Orten, Organisationen, Personen und Ideen erfahren früher oder später eine stockende Nachfrage. Von stockender Nachfrage wird dann gesprochen, wenn die Nachfrage nach einem Produkt oder einer Dienstleistung ohne den Einsatz veränderter Maßnahmen geringer ist als zuvor. Eisenbahnreisen sind z.B. eine Dienst- bzw. Verkehrsleistung, die seit einigen Jahren ständig an Beliebtheit abnimmt und dringend einer Neubelebung bedarf. Viele Kirchen haben angesichts der von weltlichen Veranstaltungen und Aktivitäten ausgehenden Konkurrenz mit schwindender Teilnahme an Gottesdiensten zu rechnen. Die Stadtkerne vieler großer Städte haben eine Wiederbelebung nötig. Viele Entertainer und politische Kandidaten büßen an Anhängern ein und bedürfen dringend einer Auffrischung ihrer Popularität. Ebenso sind bestimmte Zielgebiete und Urlaubsformen einer nachlassenden Nachfrage ausgesetzt, ohne dass dafür objektiv nachvollziehbare Gründe vorliegen.

   Von einer Situation der stockenden Nachfrage geht die Herausforderung aus, eine Wiederbelebung zu Stande zu bringen, so dass die hier angesprochenen Marketing-Aufgaben als Revitalisierungs-Marketing bezeichnet werden können. Revitalisierungs-Marketing wird in der Überzeugung betrieben, dass es oft möglich ist, einem unpopulär gewordenen Produkt bzw. einer Dienstleistung zu neuem Aufschwung zu verhelfen. Das Revitalisierungs-Marketing befasst sich mit der Suche nach neuen Möglichkeiten, das Angebot mit seinen potenziellen Märkten in Beziehung zu bringen.

Strategien für Reisemittler:

- bessere Bedarfsermittlung und Verkauf unpopulärer Produkte,

- Kunden auch auf Produkte aufmerksam machen, welche von diesen nicht wahrgenommen werden oder in ihre Überlegungen einbezogen werden,
- Vorsicht! Keine Kannibalisierung anderer Produkte!

5. **Synchro-Marketing:** In vielen Fällen ist das durchschnittliche Niveau der Nachfrage zufriedenstellend, nicht jedoch seine zeitliche Verteilung. Saisonale Schwankungen bewirken, dass zu manchen Zeiten die Nachfrage die Kapazität einer Organisation bei weitem übersteigt, während in anderen Perioden die Kapazität größtenteils unausgelastet ist. Eine fluktuierende Nachfrage besteht dann, wenn die gegenwärtige zeitliche Verteilung der Nachfrage von saisonalen oder unvorhersehbaren einsetzenden Schwankungen gekennzeichnet ist, die der zeitlichen Verteilung des Angebots nicht entsprechen.

   Beispiele für schwankende Nachfrage sind nicht schwer zu finden. Zahlreiche Straßenbahnen, Busse und andere öffentliche Verkehrsmittel stehen einen Grossteil des Tages leer und sind während der Stoßzeiten völlig überlastet. In den Hotels von Miami Beach sind die Betten im Sommer frei und im Winter ausgebucht. Weil Chirurgen mit Vorliebe am Anfang der Woche operieren, sind die Operationssäle in den ersten Tagen der Woche ausgebucht und mit Annäherung an das Wochenende nicht voll ausgelastet. Gerade in der Touristik kommt diese Problematik sehr oft zum Tragen, zumal gerade die touristischen Produkte einer gleichmäßigeren Nachfrage über das Jahr verteilt bedürfen. Bei touristischen Produkten handelt es sich ja im Wesentlichen um nicht lagerfähige und haltbare Produkte. Weiterhin ist die Angebotsmenge relativ starr.

   Der Versuch einer Lösung des Problems der schwankenden Nachfrage wird Synchro-Marketing genannt, weil es darum geht, die Schwankungen der Nachfrage und des Angebots besser miteinander in Einklang zu bringen, d.h. zu synchronisieren. Zur Änderung der zeitlichen Verteilung der Nachfrage sind zahlreiche Marketing-Maßnahmen möglich. Ein Museum, dass an Wochentagen nicht genug Nachfrage und an Wochenenden zu viele Besucher hat, könnte zum **Beispiel**

   a) einen Großteil der Sonderausstellungen und andere interessante Ereignisse an Wochentagen statt an den Wochenenden stattfinden lassen,
   b) die Werbung auf Programme beschränken, die an Wochentagen laufen und
   c) an den Wochenenden einen höheren Eintrittspreis verlangen. In manchen Fällen lässt sich die zeitliche Verteilung der Nachfrager durch einfache Änderungen der Anreize oder der Absatzförderung beeinflussen; in anderen stellt sich ein solcher Erfolg erst nach jahrelangen geduldigen Versuchen ein, die Gewohnheiten und Wünsche der Konsumenten zu ändern.

   Am konsequentesten setzten Verkehrsträger diese Marketing-Strategie um. Am Beispiel einer Fluggesellschaft soll dies dokumentiert werden. Ein Flug über den Nordatlantik, nach Boston, kostet unter der Woche weniger als am Wochenende. Ein Flug von München nach Berlin weist unter Tags mehr Vergünstigungen und mehr Preisdifferenzierungen auf als in den ohnehin gut nachgefragten Tagesrandzeiten.

   Ebenso wenden einige gastronomische Betriebe ein Synchro-Marketing an, indem sie in nachfrageschwachen Zeiten Nachfrage schaffen durch: kostengünstige Mittagsmenüs, Happy Hour-trinken zum halben Preis, Einschränkungen des Tageskarte.

   Reisemittler haben sich mit dieser Form des Marketing noch nie beschäftigt, weil sie der Meinung waren und sind, Synchro-Marketing kann lediglich von produzierenden Unternehmen, jedoch nicht von vertreibenden Unternehmen angewendet werden. Auch eine Reisemittler kann Elemente des Synchro-Marketing für seine unternehmerischen Ziele einsetzen.

Öffnungszeiten eines Reisebüros: 09.00 bis 19.00; von 09.00 bis 12.00 wird kaum ein Kunde gesichtet. Die vier Mitarbeiter sind nicht voll ausgelastet. Von 12.00 bis ca. 14.30 Uhr stehen die Kunden Schlange, von 15.00 bis 17.00 Uhr geht's abermals sehr ruhig zu und ab 17.30 Uhr beginnt die große Hektik, die Mitarbeiter können gar nicht so viele Anfragen und Buchungswünsche befriedigen wie an sie herangetragen werden. Auch hier kann durch ganz gezielte Kundensteuerung Abhilfe geschaffen werden.

Strategie für Reisemittler:

- für Buchungen außerhalb der nachfragestarken Zeiten Anreize und incentives geben; so könnte dies ein Gutschein für die Entwicklung eines Urlaubsfotos sein, eine kostenlose Reisegepäckversicherung oder andere Kleinigkeiten und Nützlichkeiten,
- für Anfragen, die nur einen informativen Charakter haben und zunächst keine sofortige Buchung auslösen, dem Kunden Hilfsmittel zur Verfügung stellen; Automaten, Formulare, und ihn bitten, seine Wünsche zu kanalisieren und zu artikulieren. Diese Tätigkeit, die auf den Nachfrager „abgewälzt" wird, wird ebenfalls belohnt.

6. **Erhaltungs-Marketing:** Wie schon die Bezeichnung sagt, ist die optimale Nachfrage die günstigste Nachfragesituation, die ein Anbieter vorfinden kann. Eine optimale Nachfrage besteht dann, wenn das gegenwärtige Niveau und die gegenwärtige zeitliche Verteilung der Nachfrager dem erwünschten Niveau und der erwünschten Verteilung entsprechen. Viele Produkte und Dienstleistungen kommen hin und wieder in den Genuss einer optimalen Nachfrage. Ist diese gegeben, so darf man sich jedoch nicht auf den Lorbeeren ausruhen und ein simples, automatisches Marketing betreiben. Die Nachfrage ist der Wirkung zweier Erosionskräfte ausgesetzt, die plötzlich oder allmählich das Gleichgewicht zwischen Nachfrage und Angebot stören können. Die sich verändernden Bedürfnisse und Geschmacksrichtungen des Marktes bilden die ersten dieser Kräfte. Die Nachfrage nach den Dienstleistungen der Friseure, nach undifferenzierten „Massenzeitschriften" und nach einer College-Ausbildung hat zum Beispiel auf Grund veränderter Marktpräferenzen überraschend nachgelassen. Die aktive Konkurrenz bildet die zweite bedrohende Kraft. Wenn ein neues Produkt gut geht, erscheinen blitzartig neue Anbieter auf der Bildfläche und versuchen, einen Teil der Nachfrager an sich zu ziehen.

   Die Aufgaben des Marketer in einer Situation der optimalen Nachfrage ist also die der Erhaltung der Nachfrage; er betreibt Erhaltungs-Marketing. Die laufenden Marketingaktivitäten müssen weiterhin in allen Einzelheiten effizient ausgeführt werden und eine kontinuierliche, aufmerksame Überwachung möglicher Bedrohungen ist notwendig. In der Praxis des Erhaltungs-Marketing sind in erster Linie taktische Fragen wie zum Beispiel die Aufrechterhaltung der Qualität, des richtigen Preises und der Reaktionsfähigkeit der Mitarbeiter auf veränderte Marktbedürfnisse zu lösen, und es gilt, die Kosten streng zu überwachen.

Strategien für Reisemittler:

- keine Überheblichkeit bei einer gutgehenden und positiven Geschäftentwicklung, da sich diese schnell ändern kann
- jede Kundenanfrage und jeden Buchungswunsch realisieren, auch wenn man es gerade „nicht nötig hat", sich mit „Kleinvieh" abzugeben.

7. **Reduktions-Marketing:** Gelegentlich weist die Nachfrage nach einem Produkt oder einer Dienstleistung eine Tendenz auf, das Angebot in bedeutendem Ausmaß zu übersteigen. Eine übersteigerte Nachfrage besteht dann, wenn die Nachfrage über einem Niveau liegt, das der Anbieter bereitstellen kann oder will.

   Die Nachfrage kann aus zwei verschiedenen Gründen übersteigert sein; entweder besteht eine vorübergehende Verknappung des Produktes oder der Dienstleistung oder das Angebot der Organisation ist chronisch überfragt. So durchlebte z.B. der Staat Oregon eine Periode, während der viel zu viele neue Bewohner zuzogen und der Umwelt Schaden zufügten; und die Golden Gate Bridge in San Francisco wird ständig von so vielen Autofahrern benutzt, dass ihre Tragkraft nachzulassen beginnt.

   Die Aufgabe der Einschränkung einer übermäßigen Nachfrage wird Reduktions-Marketing genannt. Das Reduktions-Marketing befasst sich mit Versuchen, die von den Kunden im Allgemeinen oder einer speziellen Kundengruppe ausgehende Nachfrage entweder vorübergehend oder permanent zu verkleinern. Im Grunde erfordert das Reduktions-Marketing ein Marketing mit umgekehrten Vorzeichen. Statt die Kunden zu ermutigen, ist hier die Kunst gefragt, sie zu entmutigen. Entsprechende Maßnahmen sind z.B. Preiserhöhungen, eine Herabsetzung der Produktqualität oder des Kundendienstes, der Absatzförderung oder der Bequemlichkeit des Einkaufs. Der Reduktions-Marketer muss ein „dickes Fell" haben, denn diese Tätigkeit macht unbeliebt.

8. **Kontra-Marketing:** Zahlreiche Produkte und Dienstleistungen haben schädigende Auswirkungen auf Gesundheit und Wohlfahrt der Käufer, der allgemeinen Öffentlichkeit oder des Anbieters. Eine schädigende Nachfrage besteht dann, wenn auf Grund unerwünschter, mit dem Output verbundener Auswirkung jede bestehende Nachfrage, ob auf niedrigem oder auf hohem Niveau, als übersteigert angesehen wird. Klassische Beispiele sind harte Drogen sowie schädigende Genussmittel wie Zigaretten und Alkohol.

   Der Versuch, die Nachfrage nach einem Produkt oder einer Dienstleistung völlig zu eliminieren, wird Kontra-Marketing genannt. Im Gegensatz zum Reduktions-Marketing, das einen Versuch der Nachfragereduzierung ohne Verdrängung des Angebots selbst darstellt, bedeutet das Kontra-Marketing den Versuch, das Angebot selbst verschwinden zu lassen. Die Bemühungen organisierter Gruppen, durch Kontra-Marketing unerwünschte gesellschaftspolitische Ideen oder Praktiken auszuschalten und erwünschte durchzusetzen, werden Sozial-Marketing genannt.

5.6 Strategisches Marketing

„Irrend lernt man."

Bestandteile des strategischen Marketing für Reisemittler/ Reisebüros:

1. Marktforschung inkl. Trendanalyse
2. Marketingziele
   a) quantitative
   b) qualitative
3. Marketinginstrumente
   a) Standortpolitik
   b) Produktpolitik
   c) Preispolitik
   d) Distributionspolitik
   e) Kommunikationspolitik
4. Marketingausrichtung
   a) intern – Mitarbeiter
   b) extern – Kunden/Gäste
   – Öffentlichkeit
   – Geschäftspartner
   – Banken, IHK, Verbände
5. Marketingarten
   a) Anreiz-Marketing
   b) Konversions-Marketing
   c) Entwicklungs-Marketing
   d) Revitalisierungs-Marketing
   e) Synchro-Marketing
   f) Erhaltungs-Marketing
   g) Reduktions-Marketing
   h) Kontra-Marketing

5.7 Marketingsteuerung durch Controlling

„Vertrauen ist gut, Kontrolle ist noch besser."

Das Controlling dient dem Aufdecken von Problemen und Chancen im Marketing. Im Voraus festgelegte Schlüsseldaten werden periodisch in Soll-Ist-Vergleichen überprüft und bewertet. Solche Schlüsseldaten können sein:

- Betriebswirtschaftliche Kennzahlen
- Reklamationsquote
- Verhältnis der Stammkunden zu der Gesamtheit der Kunden
- Zufriedenheitsgrad der Kunden
- Kundenfluktuation und Kundenfrequenz.

Wichtig ist, dass Toleranzgrenzen festgelegt werden, deren Über- bzw. Unterschreitung zu bestimmten Steuerungsmaßnahmen führt.

Die vier wesentlichen **Instrumente des Marketingcontrolling** sind:

a) Jahresplankontrolle (durch Umsatz- und Marktanteilsvergleich)

b) Aufwands- und Ertragskontrolle (durch Finanzzahlenvergleiche)

c) Effizienzkontrolle (durch Kontrolle der Effektivität im Verkauf, in der Werbung, in der Verkaufsförderung, in der Distribution)

d) Strategiekontrolle.

Durch regelmäßige **Marketingaudits** werden Schwächen im Marketing rechtzeitig erkannt. Folgende Forderungen sind an ein Marketingaudit zu stellen:

- Es muss umfassend sein.
- Es muss systematisch folgende Bereiche erfassen: Marketingumfeld, internes Marketingsystem, Marketingziele und Marketingstrategien sowie einzelne Marketingaktivitäten.
- Es sollte möglichst nicht weisungsgebunden durchgeführt werden.
- Audits sollten regelmäßig nach dem Motto: „Kein Marketing ist so gut, dass es nicht verbessert werden könnte", durchgeführt werden.

Abschließend zu diesem Kapitel noch ein paar Einschätzungen und richtungsweisende Tendenzen über die Zukunft der Reisebüros von einigen bekannten Managern touristischer Unternehmen in Deutschland. Diese Befragung wurde durchgeführt von der Fachzeitschrift „travel talk" 01.2000.

Die Fragestellung:

1. Welche Veränderungen stehen den Reisebüros bevor?
2. Wo sind die Chancen, wo lauern die Risiken?

Die Antworten:

1. **Peter Landsberger** (Vorsitzender der Geschäftsführung Deutsches Reisebüro) **„ Mehr Beratung gefragt." „1. Trend:** Die Konzentration in der Touristik setzt sich fort. Vorangetrieben wird sie durch die vertikale Integration der Touristikunternehmen, die viele Reisebüros zwingen wird, sich Großunternehmen anzuschließen. **2. Trend:** Mit der großen Reiseerfahrung der Gäste wächst der Anspruch in Bezug auf die Beratung. In der Zeit der Informationsüberflutung sind Reisebüros stärker als kompetente Berater gefragt. **3. Trend:** Neue Medien spielen eine größere Rolle. Sie werden von Reisebüros noch stärker zur Information und Kommunikation genutzt. Internetbuchungen werden für preissensible, einfach strukturierte Produkte zunehmen. Mehr Reisebüros werden ihr eigenes Internet-Reisebüro eröffnen."

2. **Ralf Corsten** (Vorstandsvorsitzender TUI) **„Reisen schafft Arbeitsplätze."** „Für die kommenden Jahre lässt sich die Entwicklung des Tourismus auf eine olympische Formel bringen: schneller, weiter, öfter. Der Reisemarkt wird weiterhin stark wachsen. Das schafft Arbeit und damit neue Arbeitsplätze. Auch wenn die Reiseerfahrung der Gäste weiter deutlich zunimmt und den potenziellen Urlaubern immer mehr gedruckte und elektronische Informationen zur Verfügung stehen, wird für das stark wachsende Segment beratungsintensiver Reisen die Rolle des Urlaubsverkäufers noch wichtiger werden. Anforderungen an die Arbeitsumgebung und Arbeitsinstrumente und vor allem auch wachsende Anforderungen an die Qualifikation der Urlaubsverkäufer":

3. **Willi Verhuven** (Geschäftsführer Alltours Flugreisen) **„Internet-Konkurrenz wird stärker."** „Reisebüros müssen mit mehr Wettbewerb rechnen. Nachdem viele Veranstalter den Direktvertrieb suchen, wird sich das Internet verstärkt als Konkurrent der Reisebüros entwickeln. Alle Agenturen müssen sich noch mehr als Dienstleister mit noch mehr Service, Freundlichkeit und besserem Umgang mit der EDV verstehen. Den Namen Reisebüro-Expedient könnte man durch Reise-Fachverkäufer ersetzen um das Bewusstsein des Umsatzzieles zu stärken. Beratungsgebühren für Pauschalreisen haben wenig Zukunft, denn Derartiges aktiviert den Verbraucher nur, von den Möglichkeiten des Direktvertriebs oder des Internet stärker Gebrauch zu machen."
4. **Dietmar Kastner** (Geschäftsführer I T S Reisen) **„Halten an Vertriebspartnern fest."** Alles spricht vom Wechsel ins nächste Jahrtausend. Veränderungen für den Vertrieb von Seiten der I T S wird es nicht geben. Für uns ist es ein ganz normaler Jahreswechsel, mitten in einem normalen Geschäftsjahr. Das Datum hat keine Auswirkungen auf unsere Vertriebspolitik. Wir halten an unseren Vertriebspartnern fest. Es ist manchmal gut, dass Dinge bleiben, wie sie sind. Das soll aber nicht darüber hinwegtäuschen, dass sich die ganze Touristik-Branche im Wandel befindet. Die Zeiten für uns alle werden härter. Die gilt für den Veranstaltermarkt genauso wie für den Vertrieb."
5. **Peter Fankhauser** (CEO LTU Group) **„Auch Einzelbüros mit Chancen."** „E-Commerce heißt das Top Thema. Branchenfremde wie Bertelsmann und die Kirch-Gruppe entdecken das Reisegeschäft. Wenn sich erst beliebte TV-Sender dem Urlaubsgeschäft widmen, wird der Trend nicht aufzuhalten sein. Außerdem forcieren die Reisekonzerne ihren Agenturvertrieb. Aber auch Einzelbüros haben Chancen, wenn sie mehrgleisig fahren: der Verkauf im Ladenlokal parallel zu den neuen Medien. Als Zusatzgeschäft kommt der Home-Service, die Reiseberatung zu Hause".
6. **Dietmar Gunz** (CEO von FTI) **„Starke Marken sind erfolgreich."** Vor allem jene Reisebüros, denen es gelingt, ihre Vertriebskosten zu senken, und die sich einer starken Marke anschließen, haben Zukunft und werden in Zukunft überdurchschnittliche Renditen erzielen können und am Markt bestehen bleiben."
7. **Jürgen Büchy** (Geschäftsführer START AMADEUS) **„Technik eröffnet neue Vertriebswege."** „Ich sehe in den nächsten Jahren drei prägende Entwicklungen: die Optimierung der Prozesse durch den Einsatz aller technischen Möglichkeiten, darauf aufbauend eine neue Positionierung der Reisebüros bei der richtigen Nutzung von Vertriebskanälen wie Internet und nicht zuletzt ganz neue Technologien wie die WAP-Handys, die auch dem Reisevertrieb wiederum neue Wege eröffnen."

Aufgaben

1. Unterscheiden Sie zwischen Käufer- und Verkäufermarkt.
2. Wie gestaltet sich in einem Käufermarkt die Preis- und die Produktpolitik und welche Funktion kommt der Verpackung zu?
3. Definieren Sie den Begriff Marketing mit eigenen Worten.
4. Mittels welcher Instrumente sollte ein Unternehmen simultan, systematisch und vorausschauend gesteuert werden?

5. Heute wird Marketing überwiegend als Ausdruck für eine umfassende Philosophie des Planen und Handelns gesehen. Worin besteht die Philosophie und Konzeption des Handelns?
6. Nennen Sie fünf Funktionen des Marketing.
7. Warum sieht sich der Gesetzgeber veranlasst, gesetzliche Bestimmungen für den Vertrieb von Produkten und Dienstleistungen zu definieren?
8. Nennen Sie vier wichtige Gesetze/Verordnungen, die der Produzent/Dienstleister im Rahmen seiner Tätigkeit beachten muss.
9. Was verstehen Sie unter Immaterialgüterrechtsschutz?
10. Nennen Sie fünf vorbeugende Maßnahmen eines Unternehmens, um sich gegen Verstöße seitens der Mitarbeiter den Kunden und der Konkurrenz gegenüber abzusichern.
11. Reisemittler haben nie aktives Marketing betrieben. Nennen Sie wesentliche Fehler der Reisemittlerindustrie, welche in der momentanen Lage sich zu einem Wettbewerbsnachteil entwickeln.
12. Definieren Sie den Begriff Sortimentspolitik.
13. Zeigen Sie die Struktur der Corporate Identity auf. Aus welchen Elementen setzt sich diese zusammen?
14. Nennen Sie die Bestandteile der Kommunikationspolitik.
15. Welche Überlegungen/Schritte sind bei einer Werbeplanung wichtig?
16. Welche Funktionen kann eine Kundenzeitschrift erfüllen?
17. Nennen Sie vier Arten von Sponsoring.
18. Zeigen Sie Arten der Preisbildung auf.
19. Welche Instrumente zählen zur Rabattpolitik?
20. Nennen Sie mögliche Vertriebsformen/Vertriebsplattformen im Reisebüro.
21. Welche Einflussfaktoren auf das Kaufverhalten kennen Sie?
22. Was verstehen Sie unter „abnehmender finanzieller Restriktion"?
23. Mit welcher Nachfragekonstellation ist modernes Marketing konfrontiert?
24. Welches sind die Bestandteile des strategischen Marketing für Reisemittler?
25. Nennen Sie die vier wesentlichen Instrumente des Marketingcontrolling.

Quellen und weiterführende Literatur

ASR – Bundesverband mittelständischer Reiseunternehmer – Das Reisebüro erfolgreich gründen und führen, Berlin 1996

Dettmer, H.; Hausmann T.; Kloss, I.; Meisl, H.; Weithöner, U., Tourismus – Marketing – Management, Oldenbourg 1999

Dettmer, H. [Hrsg.], Tourismus 1 – Tourismuswirtschaft – Arbeitsbuch für Studium und Praxis, Köln 1998

Geml, R.; Geisbüsch, H.-G.; Lauer, H., Das Kleine Marketing-Lexikon, Düsseldorf 1999

Gruner, A., gastro consulting & training, München/Hamburg, 1998

Gruner, A., Konzepte & Dokumentationen zu Marketing im Tourismus, München 1999

Gruner, A., Marketing – Leistungspolitik in der Touristik, München 1999

Heller, M., Das Management der Dienstleistungsqualität im Reisebüro, München 1996

Hofe, K., Praktisches Werbe- und Marketing ABC, Freiburg 1995

Olfert, K.; Rahn, H.-J., Lexikon der Betriebswirtschaftslehre – Kompendium der Betriebswirtschaft, Kiel 1997

Popcorn, F., Der Popcorn Report – Trends für die Zukunft, München 1992

Schroeder, G., Lexikon der Tourismuswirtschaft, Hamburg 1995

Schultzendorff, P. von, Vorträge, 1999

Tourismusjahrbuch – Jahrgang 2, Heft 1, 1998

Tourismusjahrbuch – Jahrgang 2, Heft 2, 1998

Tourismusjahrbuch – Jahrgang 3, Heft 1, 1999

Tourismusjahrbuch – Jahrgang 3, Heft 2, 1999

VDR, 25 Jahre Modernes Geschäftsreisemanagement, München 1999/2000

Vögele, S., Erkenntnisse über die Wirkung von Mailings – Institut für Direktmarketing, Gelting (bei München) 1993

Weis, H. C., Marketing – Kompendium der praktischen Betriebswirtschaft, Kiel 1995

Zentes, J., Grundbegriffe des Marketing – Sammlung Poeschel, Stuttgart 1996

6. Zukunftsszenario Wellness

Wellness. „Diese weichen Hände, wie kräftig sie sind. Können so zart streicheln. Öffne ich die Augen, sehe ich Mariams weichen Busen. Sie hat die Augen geschlossen. Hingabe total." Mariam ist die ausgebildete Masseuse, die in den Schaumlandschaften von *Shape* ihr Wesen treibt. Alle Leistungen sind im Reisepreis inbegriffen und völlig unverfänglich. Wellness („Sag Du zu Dir") heißt ein Verwöhnprogramm, und die erschöpfte Lifestyle-Existenz rühmt es als Aufwandsentschädigung an sich selbst. Doch wofür Wellness entschädigt, bleibt ein Geheimnis. Für die Mobilmachung der Dienstleistungsgesellschaft? Für die Animositäten gegen das verbleibende Leben? Dieses Leben erscheint so alternativlos wie die Sonne über Hawaii und der Stau auf der Autobahn. Alles, was sich ihm vorwerfen lässt, ist der Umstand, dass es das ganz persönliche Dasein aus dem Gleichgewicht bringt. Wellness antwortet darauf mit der Ästhetik der Existenz, mit einer asketischen Orgie aus „Beautybehandlungen, Stretching, Anti-Stresskuren, Regenerationswochen, Intensivwochen, Body-Sculpturing. Mit den Non-plus-Ultra-Produkten von QMS, Grity, Decleor, Shiatsu, Digitopressur." So pudert sich die Singlegesellschaft mit konkreter Apathie, mit dem Parfüm konzentrierter Geistesabwesenheit zwischen Dasein und Fernsein, aktiv, passiv und neutral. Wie im richtigen Leben. „Pünktlich um neun wird es ernst. Der Roomservice serviert das Frühstück. 200 Kalorien. Die tägliche Nelke und eine Birne als liebevolles Extra belegen das Mitgefühl des Küchenpersonals." In jedem Reisebüro zu buchen.

(Aus: Thomas Assheuer Der Holla-Effekt, in: DIE ZEIT, Hamburg, Nr. 34 vom 19. 8. 1999, S. 33)

Der zitierte Text apostrophiert auf treffliche Weise eine Sprachverwirrung, welche hierzulande besonders im Tourismus seit etlichen Jahren um sich greift. Mit frei schwebender Sinngebung werden kundenorientierte Lockrufe verbreitet, die für Aufenthalte in den jeweiligen Kurorten, Ferienhotels, Freizeiteinrichtungen usw. ein angeblich noch nie da gewesenes Wohlbehagen verheißen.

Derart vollmundige Offerten findet man dann häufig – hochglanzgedruckt und im Marktschrei kaum gedämpft – in Prospekten und Broschüren von Reiseveranstaltern wieder. Der Kunde ist zunächst beeindruckt und zahlt seinen Buchungspreis. Freilich oft einen zu hohen – was er spätestens dann übel nimmt, wenn sich der erhoffte Gegenwert als schillernde **„Marketingluftblase"** (K. Kneissl) entpuppt.

6.1 Definitionsdilemma

Seriöse Branchenbeobachter warnen davor, den Ausdruck als modisches Aushängeschild für ein Sammelsurium von Dienstleistungen oder Produkten misszuverstehen und deshalb gar nicht erst nach einem tieferen Sinngehalt zu suchen. Eine solche Mühe scheinen allerdings auch viele PR-Kontakter, Werbeagenturen, Interessenverbände und Reisevermittler für entbehrlich zu halten. Andernfalls wären die Bereitschaft zur Kooperation mit kompetenten Wellness-Beratern deutlich größer und demzufolge die vermeidbaren Streuverluste erheblich geringer.

Auslösende Ursache der Fehlentwicklung ist offenbar ein Übersetzungsfehler, der vielen Touristikern (sogar bis hin zu sonst respektablen Wissenschaftlern einschlägiger Fachbereiche) wegen eines etwas saloppen Umgangs mit der angelsächsischen Sprache und klangvollen Amerikanismen unterläuft. Die korrekte englische Vokabel für Wohlgefühl oder Wohlsein lautet nämlich schon seit 350 Jahren **„Well-being"**, wie auch heute noch jedem guten Wörterbuch zu entnehmen ist. Dabei handelt es sich also um den genau passenden Ausdruck für jene durchaus wünschenswerte Empfindenslage, die sich z.B. während eines Regenerationsurlaubs unter den Streicheleinheiten ausgeklügelter Verwöhnprogramme vor Ort (aber eben hauptsächlich nur dort!) einzustellen pflegt.

Wellness hingegen bedeutet entscheidend mehr. Im Sinne des von Sachkennern weltweit akzeptierten Sprachgebrauchs definiert die EUROPÄISCHE WELLNESS UNION (EWU) den Begriff als eine ganzheitliche Lebensrezeptur mit Langzeitwirkung. Ihr Ziel ist das optimale körperliche, geistig-seelische und kommunikative Wohlbefinden – auch und gerade unter den oft belastenden Alltagsbedingungen im privaten, gesellschaftlichen sowie natürlichen Umfeld. „Wellness-Hotels" etc. verdienen ein solches Prädikat also nur dann, wenn sie ihren Gästen dauerhaft nachvollziehbare Anregungen und Anleitungen zur eigenständigen Befindenssteuerung und selbstgestalteten Gesundheitskultur vermitteln – über die „weichen Hände der vollbusigen Masseuse Mariam" und andere momentane Events hinaus. Ein sympathisches lokales Ambiente kann dabei wichtige Einsteighilfe sein.

Die Unterschiede lassen sich anhand zweier Skizzen optisch verdeutlichen. Wie bereits in Band 2 dieser Buchreihe etwas ausführlicher dargelegt (vgl. insbesondere Abschnitt 5.3), zeigt die langfristige Befindenslage eines „Normalurlaubers" im Jahresablauf deutlich positive Ausschläge während der Ferienzeiten, um danach wieder auf das Alltagsniveau abzusacken.

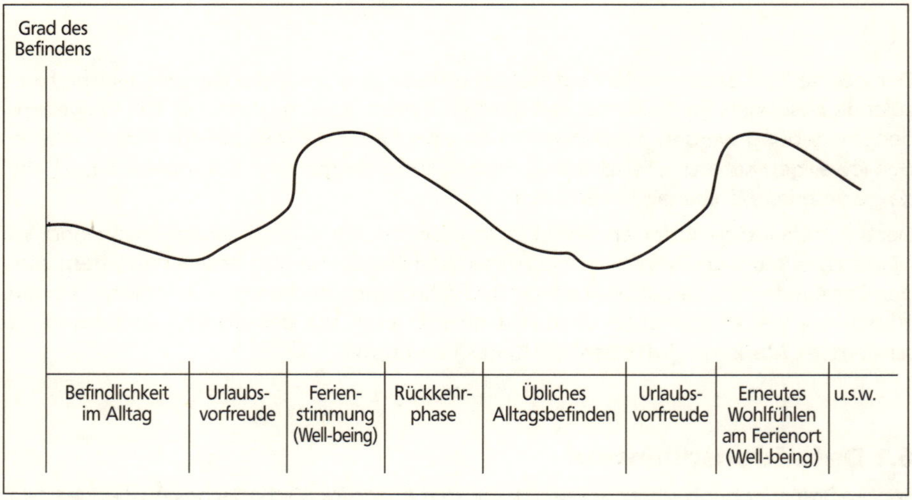

Abb. 6-1: Langfristiges Stimmungspanorama eines „Normalurlaubers"

Wer sich die exklusiven Erlebnis- und Rekreationsprogramme der Luxusanbieter leisten kann, wird vermutlich ausgeprägtere Höhepunkte registrieren. Allerdings könnte dann der Jo-Jo-Effekt zyklischer Auf- und Abschwünge noch krasser ausfallen.

Im Unterschied dazu veranschaulicht das folgende Diagramm die immer weniger tief absinkende Talsohle im Gesundheitsbefinden und Stimmungspanorama eines **„Wellness-Touristen".** Der Grund hierfür liegt in der am Urlaubsort gezielt vermittelten (und bei späteren Aufenthalten stabilisierten) Fähigkeit,

- Krankheitsrisiken eigenverantwortlich zu vermeiden
- das Persönlichkeitsprofil und das Selbstwertgefühl mental und emotional so zu festigen, dass sie künftig auch belastenden Bedingungen besser standhalten
- sowie insgesamt eine neu definierte Lebensqualität konsequent zu verwirklichen.

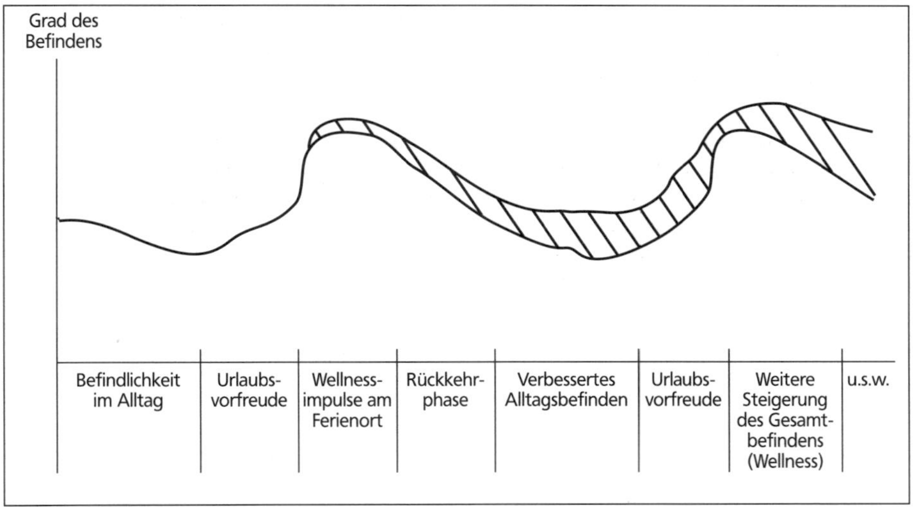

Abb. 6-2: Langfristiges Stimmungspanorama eines „WELLNESS-Touristen"

Eine detaillierte Beschreibung des bereitstehenden Instrumentariums würde den Rahmen des vorliegenden Kapitels sprengen. Weitergehende Ausführungen sind aber in den beiden vorausgehenden Bänden dieser Buchreihe enthalten (Bd. 1: Tourismuswirtschaft, Abschnitt 6.5 „Strategieleitlinie Wellness" sowie Bd. 2: Hotellerie und Gastronomie, Abschnitt 5 „Wellness in der Hotellerie").

6.2 „Hoffnungsträger Wellness"

Das Definitionsdilemma der Leistungsanbieter im Tourismus hängt nicht zuletzt damit zusammen, dass man für ernsthaftes Recherchieren keine Zeit zu haben glaubt. Mit dem generellen Wandel des einstigen Verkäufermarktes zum Käufermarkt, bei gleichzeitig wachsender Nachfrageelastizität und zunehmender Globalisierung auch im Fremdenverkehr, erhöhte sich der Konkurrenzdruck stetig. Offenbar entstand so der Eindruck, sich mit gerade gängigen Worthülsen als mindestens ebenso „innovativ" wie vordergründig erfolgreich erscheinende Wettbewerber präsentieren zu müssen – ungeachtet des falschen Zungenschlags.

Ein Brancheninsider sprach vor einiger Zeit von „Luftnummernjongleuren" (K. Reppel). Davon gibt es inzwischen mehr als genug. Etwas mitfühlender zeigte sich später die Hotelberaterin H. Dorn-Petersen. Sie nannte das „Zauberwort Wellness" einen „lukrativen Hoffnungsträger" der deutschen Hotellerie und vermeintlichen „Rettungsring in der stürmischen See des steigenden Wettbewerbs".

Diese Assoziation des Sich-Festklammerns an unverzichtbar erscheinenden Besitzständen oder Neuerwerbungen wird übrigens von amerikanischen Wellness-Lehrern gern in einem anderen Zusammenhang benutzt. Um zur Selbstbefreiung der Mitbürger aus gesundheitsschädlichen Verhältnissen, Wertvorstellungen, Verhaltensweisen und Routinehandlungen beizutragen, verwendet man gelegentlich das Gleichnis der **„Affenklemme"**. Es geht auf eine anscheinend in Asien und Afrika gebräuchliche Methode zum unblutigen Einfangen einer begehrten Spezies zurück. Erfolgsrezept ist dabei die Beobachtung, dass Affen eine erbeutete Frucht unter keinen Umständen mehr hergeben wollen. Man präpariert also in einer von Affen bevölkerten Gegend verschiedene hohle Bäume derart, dass ein handschmaler Zugang ins Innere entsteht. Durch das Schlupfloch werden dann z. B. Bananen sehr auffällig in den Hohlraum geschoben. Sobald die Menschen verschwunden sind, nähern sich die Mutigsten (oder Gierigsten) der Horde dem erspähten Vorratsversteck, schieben einen Arm mit schlank ausgestreckten Fingern durch das enge Loch, ertasten und umklammern die begehrte Beute – und sitzen fest: Mit einer senkrecht in besitzergreifender Faust stehenden Banane führt kein Weg durch die schmale Öffnung zurück. Nicht einmal zur Vermeidung dramatischer Nachteile scheinen aber die meisten bereit zu sein, die ersehnte Beute loszulassen.

Abb. 6-3: Die „Affenklemme"

Das etwas drastische Beispiel propagiert den Verhaltenskodex des **LETTING GO** (d. h. des Loslassenkönnens, der Selbstdistanzierung von vordergründig vorteilhaften und deshalb verinnerlichten, in Wirklichkeit aber langfristig nicht förderlichen Einstellungen als bessere Alternativen).

Auf das Dilemma der Touristiker übertragen, bedeutet das die dringende Empfehlung, sich aus den Verstrickungen falsch verstandener „Wellness"-Konzepte raschestmöglich zu lösen und stattdessen mit Hilfe vorausschauender Experten langfristig erfolgversprechende Programme zu entwickeln (Adressen der von der EWU anerkannten Fachleute beim Verfasser).

6.3 Beratungsaufgaben

Auf dem Wege zu besseren Horizonten können branchenvertraute (und aus bisheriger Kooperation in traditionellen Tätigkeitsbereichen akzeptierte) Einrichtungen eine zielführende Multiplikatorenrolle übernehmen. Erforderlich ist allerdings ein höheres als das bisher im Durchschnitt angestrebte Wissensniveau bezüglich der **Zukunftschance Wellness.** Sobald diese unerlässliche Basis vorliegt, kann sachkompetent daran mitgewirkt werden, den vielfach missverstandenen Begriff aus seinem Dunstschleier zu befreien. Das läge auch im Interesse eines wichtigen Wirtschaftszweiges, dessen Glaubwürdigkeit bei den Kunden in diesem Punkte schon unnötig gelitten hat.

„Es wird immer schwieriger, Wellness zu definieren", lautete der Stoßseufzer eines terminologisch überforderten Fernsehmoderators, der es allerdings versäumt hatte, sich zuvor von seriösen Sachkennern beraten zu lassen (ZDF-Sendung Reiselust, 10. Januar 1999). Seine Verwirrung ist insofern verständlich, weil es inzwischen fast ebensoviele Programmversionen wie Anbieter gibt – was sich in den Publikationen der Reiseindustrie ebenfalls widerspiegelt.

Diese (von vielen wohlmeinenden Beobachtern ebenso wie von kritischen Kommentatoren) als chaotisch empfundene Situation legt es nahe, eine Lösung nach den Regeln des **Chaos-Managements** zu suchen.

Die Umgangssprache verwendet den Ausdruck Chaos für ein ungewöhnliches Durcheinander, welches keinen erklärbaren Regeln zu folgen scheint. In Wirklichkeit können bei allen flexiblen, verzweigten Systemen (einschließlich des von zahlreichen Ordnungsprinzipien gesteuerten Wirtschafts- und Gesellschaftslebens) spontane, nicht exakt vorausberechenbare Ereignisse mit weitreichenden Folgewirkungen eintreten. Einem schematisch denkenden Geist erscheinen sie zumeist unfassbar und in destruktivem Sinne willkürlich. Eingehendere Beschäftigung mit derartigen Phänomenen lässt jedoch unterschwellige Gesetzmäßigkeiten erkennen oder zumindest erahnen.

Ein anschauliches Beispiel bietet das Delta des Colorado-River am Golf von Mexiko mit seinen häufig, oft sprunghaft wechselnden Mäandern. Die folgende Abbildung zeigt gewissermaßen eine „Momentaufnahme", deren auffällige Abweichungen von etwas früheren oder wenig späteren Zuständen nicht sofort einleuchten.

Bei genauerer Betrachtung der naturgesetzlichen Vorgänge werden ausschlaggebende Ursachen deutlich: Jede der Verästelungen kann zu jedem beliebigen Zeitpunkt durch eine Wasserpflanze, die zu keimen und alsbald wild zu wuchern beginnt, durch Nesterkolonien brütender Wasservögel in sonst durchlässigeren Schilfgebieten, durch angeschwemmte und als Sandbänke abgelagerte Steinkörnchen, durch Tornados oder andere Wolkenbrüche etc. gezwungen werden, ihren Lauf zu ändern und somit eine Kettenreaktion im gesamten System auszulösen.

Auf die aktuelle Situation der **begriffs-chaotischen** „Wellness"programme im Tourismus deutschsprachiger Länder übertragen, laufen hier viele Rinnsale und Bäche kreuz und quer durch die Landschaft, beanspruchen den gleichen Namen, versickern zum Teil in unwegsamen Niederungen oder finden aus anderen Gründen keinen Zugang zum Hauptstrom, der sie zielstrebig in die eigentlich gesuchte Richtung mitnehmen könnte.

Empfehlenswert zur Begradigung verlustreicher Irrläufe wären routinierte Kanalisierungs- und Sanierungsmaßnahmen. Unter den gegebenen Umständen bedeutet das konkret: qualifizierte Vermittlung von **Orientierungshilfen,** namentlich in der Form von

- Wissensübertragung, Bewusstseinsschärfung, Definitionsklarheit
- Einführung in eine langfristig erfolgversprechende Wellness-Strategie

Abb. 6-4: Naturgesetzliches Chaos – Delta des Colorado-River
(Aus: Ganzheitsmedizin, Wien 1991)

- Aufzeigen seriöser Profilierungsmöglichkeiten, bei gleichzeitiger Motivation zur synergetischen Bündelung der sonst gegenläufig konkurrierenden Bestrebungen

- Einbindung der Anbieter in ein fachübergreifendes Kooperationsnetzwerk
- Auflistung echter Wellness-Adressen für ratsuchende private Kunden …

(Detailliertere Anregungen hierfür finden sich in Band 1 dieser Fachbuchreihe, Kapitel 6.5, insb. Seite 219 „Wege zur Umsetzung des Europäischen Wellness Modells im Tourismus" sowie in Band 2, Kapitel 5.)

Wohlverstandene Belange der Reiseindustrie legen es nahe, den in der Regel weitreichenden Überblick über Angebot und Nachfrage künftig vermehrt in den Dienst einer **beratenden Horizonterweiterung** touristischer Leistungserbringer zu stellen. Das setzt hinlängliche Vertrautheit mit den international einhellig definierten Inhalten der fachübergreifenden Gesundheitswissenschaft WELLNESS und ihrer praxisbezogenen Anwendungskonzepte für sämtliche Daseinsbereiche des menschlichen Lebens voraus.

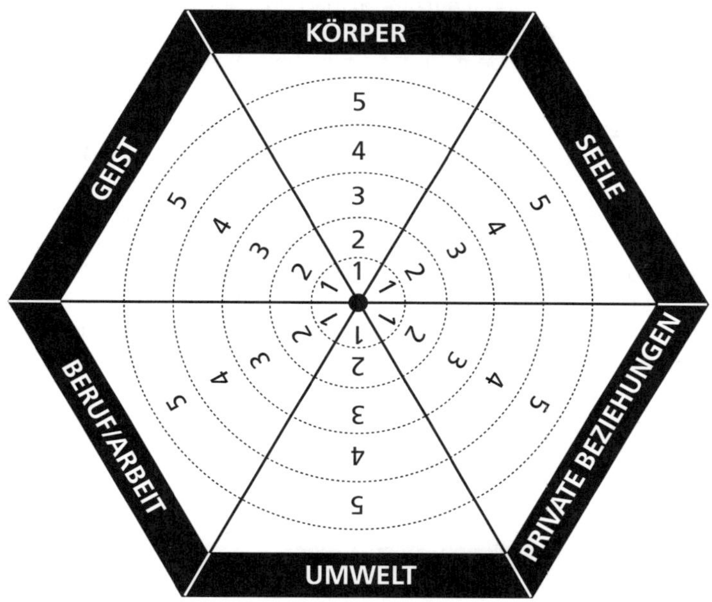

Abb. 6-5: Das Europäische Wellness Modell (näher beschrieben in Band 1 „Tourismuswirtschaft", S. 210 f.)

Die erforderliche Sachkompetenz kann insbesondere erreicht werden

- durch systematische arbeitsteilige Kooperation mit einschlägig erfahrenen Experten und/oder fachlich qualifizierten Institutionen (in Europa zum Beispiel Mitglieder der multinationalen EWU),
- durch Erwerb des erforderlichen Wissens mittels Literaturauswertungen, Inanspruchnahme von Beratungen, Besuch von Seminaren, Teilnahme an längerfristigen Schulungen.

Sehr wichtig für die (auch kommerziell förderliche) Überzeugungskraft gegenüber den Anbietern und Nachfragern touristischer Dienstleistungen sind der **Kenntnisstand** und das entsprechend zielbewusste **Auftreten des Personals** bei themenbezogenen Kundenkontakten. Um dabei ein Optimum zu erreichen, empfiehlt sich die Nutzung berufsbegleitender Weiterbildungsprogramme.

6.4 Qualifizierungstransfer

Im nordamerikanischen Ursprungsland der Lebensstilrezeptur Wellness stellen Wissensvermittlung und Verhaltenstraining auf hohem Niveau kein Problem dar. Die fachübergreifenden Grundlagen entstanden von vornherein auf akademischer Ebene – beginnend vor nahezu 30 Jahren an der Universität Stevens Point/Wisconsin (seither zugleich Sitz des Dachverbandes NATIONAL WELLNESS ASSOCIATION). Inzwischen besitzen praktisch alle namhaften Hochschulen eigene Institute und interdisziplinäre Studiengänge für Wellness, deren wissenschaftliche Kompetenz und praxisorientierten Impulse über die auch dort nicht ganz ausgebliebenen kommerziellen Verfälschungen erhaben sind.

In Europa fehlt das fachlich stabilisierende Element des unmittelbaren Bezugs zu eigenen Universitätscurricula. Das während der achtziger Jahre ersatzweise in Gang gesetzte Bestreben, erfolgreiche amerikanische Konzepte auf die andersartigen hiesigen Lebensverhältnisse zuzuschneiden und somit nutzbar zu machen (vgl. insbesondere das schon mehrfach zitierte Europäische Wellness Modell), konnte den parasitären Wildwuchs oberflächlicher Werbeslogans nicht in dem Umfang eindämmen, wie es um der Sache willen erwünscht gewesen wäre.

Nicht zuletzt wegen der begrifflichen Turbulenzen in wichtigen Wirtschaftssektoren (namentlich Tourismus, Lebensmittelindustrie, Kosmetikbranche) sah sich die EUROPÄISCHE WELLNESS UNION in den letzten Jahren veranlasst, die Gründung ihrer **Akademie für ganzheitliche Gesundheitskultur** (European Wellness University), welche zunächst nur als eine von mehreren längerfristigen Aufgaben geplant war, zu beschleunigen. Für Absolventen gesundheitsbezogener Ausbildungsgänge mit oder noch ohne praktische Berufserfahrung eröffnet sich demnach die Möglichkeit, durch insgesamt mehrmonatiges Fern- und Präsenzstudium eine **zertifizierte Zusatzqualifikation** als

- Wellness-Trainer
- Wellness-Coach
- Wellness-Fachwirt
- Wellness-Tutor
- Wellness-Dozent

(alternativ oder aufeinanderfolgend) zu erwerben.

Auf das hierdurch – zusätzlich zu den bisherigen Beratungs- und Schulungsangeboten – konsequent ausgebaute **Fachpotenzial** kann auch die **Reiseindustrie** zur Steigerung der eigenen Sachkompetenz und Glaubwürdigkeit **zurückgreifen.**

Aufgaben

1. Was verstanden Sie unter „Wellness", bevor Sie dieses Kapitel gelesen haben?
2. Hier bei uns wird der Begriff Wellness zumeist durch Wörter, die ein angenehmes Empfinden signalisieren sollen, „eingedeutscht" (z. B. Wohlbehagen, Wohlgefühl). Die richtige Vokabel hierfür im Englischen lautet jedoch anders. Wie?
3. Worin besteht der wesentliche Unterschied zwischen einem richtig verwendeten Ausdruck Well-being und dem international einhellig definierten Fachterminus Wellness?

4. Wodurch unterscheidet sich das langfristige Stimmungspanorama eines „Normalurlaubers" von dem eines „Wellnesstouristen"?
5. Notieren Sie die in den Broschüren der Reisevermittler, in Hotelprospekten usw. angepriesenen oder Ihnen aus bisheriger eigener Erfahrung begegneten „Wellness"-Angebote. Versuchen Sie anschließend, diese im Lichte der Darlegungen des obigen Kapitels folgendermaßen zu klassifizieren:
   a) echte Wellness-Konzepte
   b) respektable Wellbeing-Offerten (deren Schönheitsfehler oft nur in der Verwendung einer falschen Vokabel liegt)
   c) unpassende Worthülsen oder bloße Etikettenmogeleien.
6. a) Übertragen Sie das Beispiel der „Affenklemme" (selbstschädigendes Festhalten an vermeintlichen Vorteilen oder Errungenschaften) auf vorhersehbare Entwicklungen im falsch verstandenen Wellness-Tourismus.
   b) Welche konkreten Problemlösungen sind – zumindest andeutungsweise – in dem darauf zugeschnittenen Buchkapitel erwähnt?
7. Welche wichtige Rolle könnte die Reiseindustrie – nicht zuletzt im eigenen Interesse – künftig verstärkt übernehmen, um auf eine sprachlich korrektere und inhaltlich seriösere Verwendung des Ausdrucks Wellness in touristischen Marketingbotschaften und sonstigen Selbstdarstellungen hinzuwirken?

Quellen und weiterführende Literatur

Ardell, Donald B.; Langdon, John G., Wellness – The Body, Mind and Spirit, Dubuque 1988

Assheuer, Thomas, Der Holla-Effekt, in: DIE ZEIT, Hamburg, Nr. 34 vom 19. August 1999, insb. S. 33

Cramer, F., Chaos und Ordnung – die komplexe Struktur des Lebendigen, Stuttgart 1990

Dettmer, Harald [Hrsg.], Tourismus 1, Tourismuswirtschaft, Köln 1998

Dettmer, Harald [Hrsg.], Tourismus 2, Hotellerie und Gastronomie, Köln 2000

Dorn-Petersen, Hildegard [Hrsg.], PR-Mailing „hotel consult", Köln, Dezember 1998

EUROPÄISCHE WELLNESS UNION/EUROPEAN WELLNESS UNION, Satzung/Statutes, Wesseling 1990

EUROPÄISCHE WELLNESS UNION, Materialsammlung und Planungsunterlagen zum Aufbau der „EWU-Akademie für ganzheitliche Gesundheitskultur/European Wellness University" (internes Arbeitsdokument), Wesseling 1996–1998

Kälin, Guido, Hochschule St. Gallen, Integrationsseminar Tourismus- und Verkehrsprobleme II: Wellness-Segment (Schlussbericht der Gruppe 7), St. Gallen 1995, insb. S. 33–40

Kneissl, Kornelia, in: touristik management, Nr. 5/1995

Köcher, Karolin, Spagat zwischen Action und Ayurveda, in: Braunschweiger Zeitung, 5. Juni 1999, Sonderseite URLAUB – FREIZEIT – KUR

Malich, Gisela; Malich, Siegfried: Wellness – Werbefloskel oder innovatives Tourismuskonzept? (Vortrag und Workshop beim 35. Pirmasenser Fachkursus für die Fremdenverkehrswirtschaft, 24.–27. 1. 1993), Veranstalter und Dokumentation: Fremdenverkehrs- und Heilbäderverband Rheinland-Pfalz e.V., Koblenz 1993

Malich, Siegfried, Wellness als Mogelpackung?, in: EWU-Wellness-Journal, Wesseling, Nr. 4/1997, S. 2–4

Malich, Siegfried, Strategieleitlinie Wellness, in: Dettmer, Harald [Hrsg.], Tourismus 1, Köln 1998, S. 207–226 (einschl. Literaturverzeichnis) sowie S. 359/360

Malich, Siegfried, Wellness in der Hotellerie, in: Dettmer, Harald [Hrsg.], [Lösungen] Tourismus 2, Köln 2000, S. 288–306 (einschl. Literaturverzeichnis) sowie S. 433 f.

Ploberger, Konstantin, Beispiele für Einsatzmöglichkeiten der komplexen Wellness-Strategie im Tourismus (Vortrag bei der Herbstkonferenz 1996 der EUROPÄISCHEN WELLNESS UNION im Rahmen von Messe und Kongress MEDICA), Düsseldorf, 23. 11. 1996

Reppel, Klaus, Vortrag beim 2. Tourismustag Nordrhein-Westfalen, Schmallenberg 1994 (Veranstalter: NRW-Ministerium für Wirtschaft, Mittelstand und Verkehr, Düsseldorf)

Samitz, Günther, Das Wellness-Programm (Vorwort: Malich, S.), Reinbek bei Hamburg 1995

Schellenberger, Brigitte, Aus- und Weiterbildungskonzept der EWU/Zielgruppen, Struktur, Lernschritte, Lerninhalte, Abschlusszertifikate (interne Diskussionspapiere und Arbeitsergebnisse des wissenschaftlichen Beirats der EUROPÄISCHEN WELLNESS UNION sowie des Fachkomitees „Akademie"), Leipzig und Wesseling 1998–1999

Südwestrundfunk/Fernsehen (SWR), Programmreihe Treffpunkt Freizeit, Sendung „Schöner neuer Mensch – Wellness" (insbesondere Experteninterview mit S. Malich, EWU), Stuttgart, 3. Februar 2000

Travis, John W.; Ryan, Regina Sara: Wellness Workbook, Berkeley, 2. Aufl. 1988

Zweites Deutsches Fernsehen (ZDF), Sendung „Reiselust/Wellness", 10. Januar 1999 (Moderation: Mathias Münch)

7. Studienreisen

Studienreise für Gastronomen und Hoteliers in die Toskana

Frankfurt/Oder (hd). Der Förderverein für Hotellerie, Gastronomie und Zulieferindustrie in Ostbrandenburg e.V. bietet auch im kommenden Jahr eine Studienreise an. Ziel ist vom 7. bis 12. Mai 1999 die Toskana. Die Studienreise steht allen Gastronomen, Hoteliers und solchen, die es werden wollen, sowie Ausbildern in der Gastronomie offen. Neben Besichtigungen von Sehenswürdigkeiten sollen die Teilnehmer vor allem mit der italienischen Küche, Gastronomie und Hotellerie vertraut gemacht werden. Reiseziel sind auch die Weinbaugebiete von Alba, es gibt Diskussionsrunden mit italienischen Gastronomen und vieles mehr. Der Preis pro Person inkl. Übernachtung, Frühstück und Busfahrt beträgt ... DM.

Anmeldungen bitte an die Geschäftsstelle unter ...

(Aus: AGHZ Nr. 47 vom 21. November 1998)

Die Toskana als klassisches Zielgebiet für Studienreisen, eine klar definierte Zielgruppe, der sowohl für die berufliche als auch die Allgemeinbildung ein abwechslungsreiches Programm geboten wird – damit wird deutlich, dass sich die Studienreise den zeitgemäßen Trends des Reisens anpasst. Dennoch ist eine gewisse Voreingenommenheit der Studienreise gegenüber noch immer weit verbreitet: Sind Studienreisen nur etwas für ältere Leute, Lehrer und Akademiker? So oder ähnlich klingen viele Vorurteile gegenüber dieser Reiseart, die leider auch oft genug aus der Branche selbst, aus den Reisebüros und Mittlerstellen heraus, zu hören sind. Die Ursachen dafür sind leicht auszumachen: Studienreisen bringen einen erhöhten Beratungsaufwand mit sich, sind normalerweise einem höheren Preisniveau zuzuordnen und scheinen dadurch „schwerer verkaufbar" und schließlich gelten sie im allgemeinen als anstrengend und mühsam. So kommt es, dass Studienreisen nicht die Aufmerksamkeit geschenkt wird, die sie eigentlich verdienen. Zur vorhandenen Reserviertheit gegenüber dieser Reiseform trägt außerdem bei, dass in Prospekten und Katalogen oft von „Studienreisen" die Rede ist, ohne dass im Voraus Klarheit über die eigentliche Bedeutung dieser Reisebezeichnung geschaffen wurde.

Befasst man sich näher mit dieser Reiseart, sollte am Anfang die Definition stehen, was genau unter Studienreisen zu verstehen ist. Aber schon die Erklärung dieses Begriffes bringt einige Schwierigkeiten mit sich.

Um zur Definition zu gelangen, stehen mehrere Möglichkeiten zur Verfügung.

Zunächst könnte danach in einem Tourismuslexikon nachgeschlagen werden, das Studienreisen dahingehend erklärt, dass darunter Rundreisen als Gruppenreisen mit begrenzter Teilnehmerzahl, festgelegtem Reiseverlauf und qualifizierter Reiseleitung zu verstehen sind *(vgl. Schroeder, 1995, S. 229).* Im heutigen Sinne wird die Definition erweitert um die im Verlauf der Studienreise notwendige Vermittlung nicht nur von Kunst und Geschichte, sondern auch von wirtschaftlichen und sozialen Besonderheiten der entsprechenden Destination.

Die Voraussetzung **Rundreise** ist nicht unabdingbar für die Studienreise, da beispielsweise auch Städtereisen Studienreisen sein können, aber nicht jede Rundreise gleichzeitig auch eine Studienreise sein muss *(vgl. Dreyer [Hrsg.], 1996, S. 72 f.).* Am häufigsten werden Studienreisen in Gruppen durchgeführt, die entweder schon bestehen, z.B. bei Volkshochschulen im Anschluss an einschlägige Kurse (zur Bedeutung der Studienreise in der Erwachsenenbildung *vgl. Schäfer, 1995)* oder in Vereinen, oder sie werden durch Buchung beim Veranstalter zusammengestellt, wobei sich die Teilnehmer vorher meist nicht persönlich kennen, sondern erst bei Reiseantritt zusammentreffen.

Die **Vorteile** der **Gruppenreise** liegen auf finanzieller und sozialer Ebene. Größere Studienreiseveranstalter, die bei den Leistungsträgern höhere Kontingente buchen als kleinere oder Gelegenheitsveranstalter, können die Preise vorteilhafter für die Kunden gestalten. Demgegenüber ist der Individualgast wie bei anderen Reiseformen ebenfalls auf die Preise angewiesen, die direkt vor Ort oder von Agenturen für einzelne Leistungsbestandteile verlangt werden. Auch der finanzielle Aspekt bei Eintrittsgeldern soll erwähnt werden: Individualgäste bezahlen oft höhere Eintrittspreise als in Gruppen Reisende. Auch der leichtere Zugang in Gruppen zu Monumenten oder Bauwerken ist vorteilhaft für die Reisenden: Müssen oftmals Individualbesucher in langen Schlangen vor dem Museum auf ihren Einlass warten, werden Gruppen durch die Agentur oder den für die Gruppe vorgesehenen örtlichen Guide vorangemeldet und können daher ohne größere Wartezeiten eintreten.

Einer der gravierendsten **Nachteile** der Reise in der Gruppe ist die Verbindlichkeit des Programms, d.h. wenn das Programm heute die Fahrt in die nächste Stadt vorsieht, kann sich der einzelne Reiseteilnehmer kaum ohne größere Nachteile von der Gruppe absetzen und länger am Ort bleiben, da er sonst den Anschluss verpassen und evtl. weitere Besichtigungspunkte versäumen würde. Ebenso wenig kann der Einzelne normalerweise noch nach der geführten Besichtigung „allein" vor einem Kunstwerk in eigener Betrachtung verweilen, weil der Reiseleiter zum Aufbruch aufgefordert und die Gruppe bereits den Ausgang aufgesucht hat, um zum nächsten Besichtigungsziel zu gelangen.

Die **Begrenzung der Teilnehmerzahl** liegt in der Natur der Reiseart selbst, denn ein Museumsrundgang mit Erklärungen ist mit einer Gruppe von 40 Personen sicherlich nicht zur Zufriedenheit der Teilnehmer durchführbar – sei es, dass nur die vorne stehenden Personen im Museum sehen können, auf welche Objekte in den Vitrinen der Führer hinweist oder seine Hinweise auch akustisch gut verstehen können, weil sie eben vorne stehen. Daher empfiehlt sich in jedem Fall eine Begrenzung der Gruppengröße, die auf 15, 20 oder max. 25 Personen festgelegt sein kann *(vgl. Angaben in den jeweiligen Veranstalter-Katalogen).*

Der **im Voraus festgelegte Reiseverlauf** sollte nur in seinem Ablauf, nicht jedoch in den Besichtigungspunkten an sich verändert werden.

Nicht zu vernachlässigen ist die **soziale bzw. zwischenmenschliche Ebene,** die bei in Gruppen durchgeführten Studienreisen eine große Rolle spielt. Der Kontakt und die Möglichkeit zu Gespräch und Austausch bezieht sich nicht nur auf die Reisedauer an sich, wo beispielsweise während der gemeinsamen Busfahrten oder Mahlzeiten reger Gespächskontakt besteht, sondern erstreckt sich weit in die Vorbereitungs- und Nachbereitungsphase hinein: Einführungsveranstaltungen mit Vorträgen über das Zielgebiet und Hinweisen für die Reise vor Reiseantritt und Fototreffs oder Diaabende nach der Reise zeigen das Bedürfnis der Kunden nach sozialen Kontakten, die über die Reisedauer hinaus reichen und einen wichtigen Bestandteil des Reiseerlebnisses an sich darstellen. Dies machen auch die bei dieser Reiseart deutlich vorhandenen Repeater oder Wiederholungsbucher deutlich: Man trifft sich wieder bei der nächsten Gruppenreise und freut sich auf die Begegnung mit Bekannten von der letzten Reise.

Ein wesentlicher Bestandteil der Studienreise, der von größter Bedeutung für den Erfolg dieser Reiseart ist, ist die **Person des/der Reiseleiters/in** als Vermittler/in fremder Kulturen, Kunstwerke und Besonderheiten. Die Bedeutungstiefe, die der Reiseleiter/die Reiseleiterin den Ausführungen verleiht, ist ein weiteres Kriterium für eine Studienreise, d.h. nur die fundierte, sachlich kompetente Erklärung bestimmt eine Studienreise als solche. Oberflächliche Erläuterungen, die in bestimmten Reisearten und -formen durchaus ihre Berechtigung haben, sind nicht mit der Studienreise vereinbar.

Im Gegensatz zur „akademischen" Studienreise der Vergangenheit, bei der die Gelehrtheit des Reiseleiters und der akademische Anspruch im Vordergrund standen, ist die Studienreise mit der vorrangigen Vermittlung von Kunst- und Kulturgeschichte heutzutage erweitert im Sinne der Vermittlung auch wirtschaftlicher und sozialer Besonderheiten des Reiseziels, damit die Gäste möglichst umfassend „Land und Leute" kennenlernen können. Dies sollte ohne „Wissensüberfrachtung" und einfühlsam seitens der Reiseleitung geschehen.

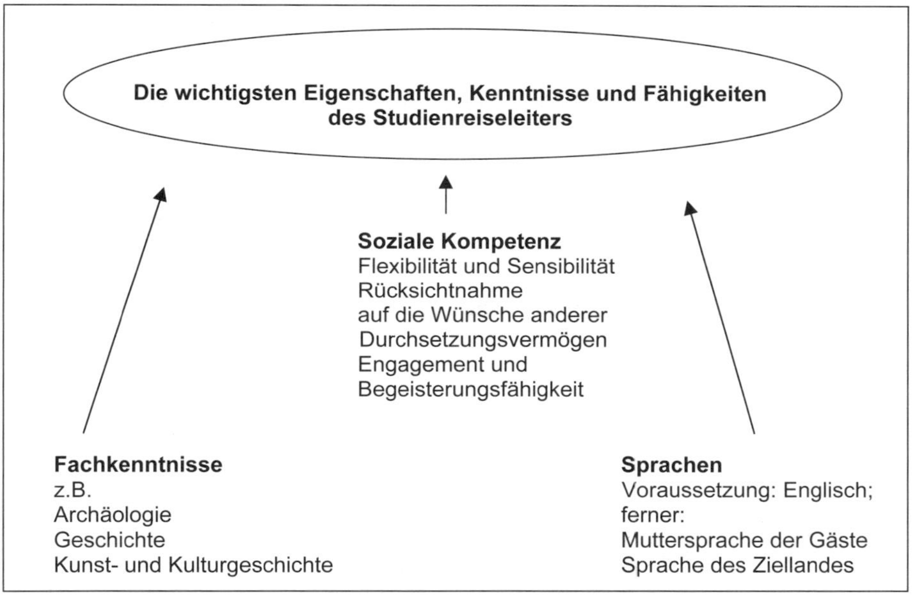

Abb. 7-1: Zur Bedeutung von Fachkenntnissen, sozialer Kompetenz und Sprachen für die Persönlichkeit des Reiseleiters

Als **Destinationen** für Studienreisen zählen nach wie vor Länder oder Landschaften mit bedeutenden Zeugnissen der Kunst- und Kulturgeschichte. Auch können kulturhistorisch bedeutende Städte in Frage kommen und ebenso alle Zielgebiete mit kulturhistorisch interessanten Themenbereichen – z.B. die Stabkirchen in Skandinavien, die sicherlich ein nicht gerade populäres, aber dennoch eindrückliches Thema einer Studienreise wären. Am bekanntesten für Studienreiseziele sind die Mittelmeerländer wie Italien, Griechenland als „Wiege der Antike", Spanien; aber auch Fernreiseziele in Asien und Südamerika. Daher sind die **Verkehrsträger,** die bei Studienreisen eingesetzt werden, genauso vielfältig wie bei Urlaubsreisen und hängen ab von der Entfernung vom Ausgangsort zum Reiseziel: Studienreisen werden angeboten per Bus, Bahn, Flugzeug und Schiff sowie in diversen Transportkombinationen.

Betrachtet man die Studienreise unter dem **Aspekt der individuellen Motivation,** die den Reisenden zu einer Studienreise veranlasst, dann wäre zu prüfen, ob sie eher als „Fluchtreise" oder als Reise mit dem Wunsch, gezielt ein Land oder eine Kultur aufzusuchen, zu verstehen ist *(vgl. Freyer, 1995, S. 57 f.).*

In diesem Sinne wäre eine Studienreise wahrscheinlich weniger eine Weg-von-Reise (= „Push-Effekt"), die als primäres Motiv die Flucht vor dem Alltag aufweist, als eine Hin-zu-Reise (= „Pull-Effekt"), die sich durch Forschungsdrang und Freude an anderen Menschen und Kulturen auszeichnet. Diese Abgrenzung macht deutlich, dass die Grenzen in Definitionsfragen des Tourismus fließend sind: Die Flucht aus dem Alltag, die heute als Hauptmotiv für die Urlaubsreisen angesehen werden kann, schließt keinesfalls aus, dass diese Flucht hin zu einer anderen Kultur, zu fremden Ländern und Menschen führt, die erkundet werden wollen. Das berühmteste Beispiel aus der Geschichte des Reisens, die aufgrund ihrer Länge lt. Definition nicht mehr zum Tourismus zugerechnet wird, die aber gerade diese Spannung zwischen Flucht und gezieltem Aufsuchen widerspiegelt, ist die Reise nach Italien, die J. W. von Goethe von Anfang September 1786 bis Juni 1788 unternahm: Als heimliche Flucht aus Karlsbad begonnen, um allen lästigen Problemen zu entfliehen, führt die Reise hin zu Zielen, die auch heute noch mit zu den attraktivsten Zielgebieten von Studienreisen zählen. In Italien, besonders in Rom und später in Sizilien, spürt Goethe die Antike auf, um sich auf Sizilien einer besonderen Forschung, der Suche nach der Urpflanze, zu widmen. Ein ähnliches Spannungsverhältnis lässt sich auch heute beim Reisen an sich beobachten: Der grundlegende Wunsch, den Alltag hinter sich zu lassen, ist mit auslösend für die Entscheidung, zu verreisen; unmittelbar nach dieser Entscheidung wendet sich die Aufmerksamkeit des Reisenden dann der Auswahl der Destination, die aufgesucht werden kann, zu. Danach würde die Entscheidung über die Reiseart folgen und festgelegt, ob ein Badeurlaub oder eine andere Reiseart gewählt wird. Eine beliebte Kombination – eine Woche Studienreise und eine Anschlusswoche als Badeaufenthalt – wird diesen ambivalenten Reisemotiven gerecht.

So bleibt die Frage, wie und wo sich also die endgültige Bestimmung finden lässt, die eine Reise zu einer Studienreise macht.

Alle Reisen, die dem Oberbegriff **„Kulturtourismus"** zugeordnet werden können, so auch die Studienreise, haben etwas zu tun mit Reisen, um etwas zu erfahren und zu lernen, um sich im positivsten Sinne zu bilden. Diese Reisen sollen demzufolge Bildung und Wissen vermitteln, nicht mehr in einer betont akademischen Form wie zu Beginn der Studienreise, sondern in unterhaltsamer, kurzweiliger Art, die stark von der Persönlichkeit des Reiseleiters abhängig ist. Eine genauere Abgrenzung von „Bildungsreise" und „Studienreise" ist bereits dahingehend unternommen worden, dass „Studienreisen" eine bestimmte Thematik oder Problemstellung verfolgen und in der Tradition von Forschungsreisen stehen *(vgl. Günter [Hrsg.], 1991, S. 29 u. S. 34).* Sie sollen den oben aufgezeigten äußeren Kriterien genügen, während „Bildungsreisen" der Bildung im allgemeinen zugute kommen, sofern der Reisende diese Intention mit der Reise verbindet *(vgl. Schäfer, 1995, S. 23 f.).* Doch auch dabei sind die Grenzen fließend, da sich beide Reisearten gegenseitig beeinflussen und durchdringen können. In der moderneren Definition kann die Bildungsreise im weitesten Sinne der Aus- und Weiterbildung des Einzelnen zugute kommen, also spezifische Kenntnisse vermitteln, die dem beruflichen Weiterkommen dienlich sind *(vgl. Schröder, 1995, S. 40).* Darin können, müssen aber keineswegs kulturelle Elemente enthalten sein, wie sie die Kultur- oder Studienreise aufweisen muss.

Zum Oberbegriff „Kulturreisen" können Städtereisen, Sprachreisen, Studienreisen oder themenorientierte Reisen gerechnet werden *(vgl. Dreyer [Hrsg.], 1996, S. 26 und 51 ff.),* je nachdem, ob der Schwerpunkt der Reise ausschließlich eine Stadt, ein bestimmter Ort in einem fremden Land der Sprache wegen, eine Kulturlandschaft wie etwa die Toskana oder ein umfassenderes Thema ist, das während der Reise erarbeitet werden soll. Daher weist die Studienreise immer eine kulturelle Komponente auf, wodurch sie sich deutlich von anderen Reisearten und -formen unterscheidet. Wird unter Kultur die Gesamtheit dessen verstanden, was ein Volk oder eine Nation als geistig-künstlerisches Erbe aufweist, wird deutlich, dass mit Kulturreisen die Erforschung dieser Ebene gemeint ist, die sich nicht an der Oberfläche abspielen kann, sondern in die Tiefe gehende Auseinandersetzung verlangt.

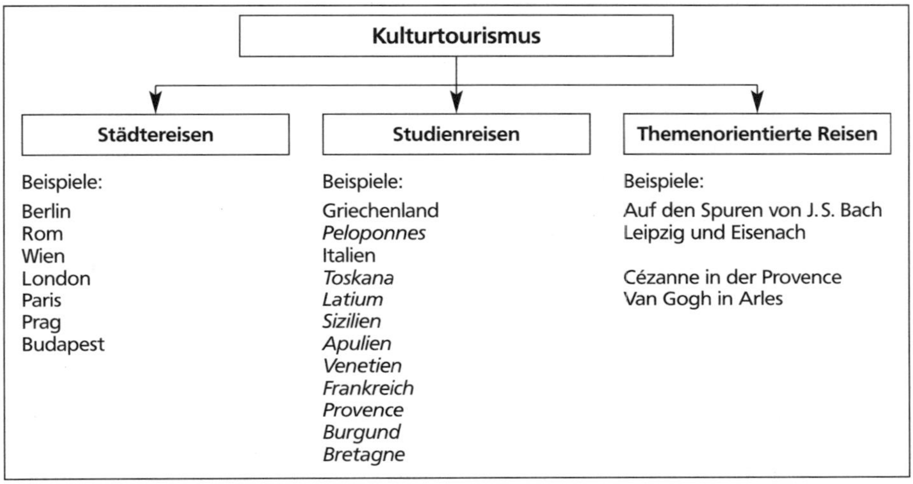

Abb. 7-2: Studienreise und verwandte Reisearten
(Nach: Dreyer, 1996, S. 51 ff.)

Nachfolgend ein Beispiel für eine einwöchige Studienreise in die Toskana per Bus; Thema der Reise: **Toskana zum Kennenlernen**

1. Tag Anreise per Bus nach Florenz; dort Zimmerbezug, abends gemeinsamer Bummel zur Piazza della Signoria, dem „Zentrum" der Stadt
2. Tag Florenz: Besichtigung des Dombezirks und der Signoria
3. Tag Ausflug per Bus nach San Gimignano, zur Stadt der mittelalterlichen Türme
4. Tag Florenz: San Lorenzo und der Palazzo Medici; Bummel über den Mercato
5. Tag Ganztagesausflug nach Lucca und Pisa
6. Tag Vormittags Besuch von Sta. Maria Novella; nachmittags zur freien Verfügung
7. Tag Ausflug nach Siena, deren „Campo" zu den schönsten Plätzen der Welt gehört
8. Tag Heimreise

Ebenfalls deutlich wird auch, dass eine genaue Abgrenzung der aufgeführten Reisearten bzw. -formen gar nicht ohne Weiteres möglich ist.

Eine Städtereise nach Wien etwa, die den Besuch der kunsthistorisch relevanten Denkmäler wie der Hofburg und Schloss Schönbrunn, den Besuch von Museen wie des kunsthistorischen Museums und der Albertina sowie den Besuch der bedeutendsten Kirchen umfasst, wäre ebenso auch als Studienreise zu bezeichnen wie ein einwöchiger Aufenthalt in der Toskana, der der Kultur der Etrusker nachspürt. Gleichfalls aber wäre eine Reise nach Wien, die die Kunst der Stadt völlig außer Acht ließe und die den Reisenden per Gutschein des Tourismus allenfalls zum Genuss von Sachertorte verhilft, keinesfalls eine Studien-, wohl aber eine Städtereise, da ja die Stadt Wien Ziel der Reise ist. Auch dieses Beispiel verdeutlicht, dass die Art der Auseinandersetzung mit der Kultur eines Landes oder einer Stadt zur Definition von Studien-/Kulturreisen herangezogen werden muss oder anders ausgedrückt: Die Reiseart, die aus der Motivation der Reise resultiert, ist bestimmend, nicht die Reiseform *(vgl. Freyer, 1995, S. 72).*

Eine weitere Problematik steckt in der Definition „Studienreise als Gruppenreise", da nicht unbedingt vorausgesetzt werden muss, dass nur der in einer Gruppe reisende Pauschaltourist organisiert Kunst und Kultur kennenlernen kann. Der kunstbeflissene Individualtourist könnte durchaus sein eigenes Kulturprogramm absolvieren, ohne ständig mit einer Gruppe unterwegs zu sein. Es ist zwar anzunehmen, dass sich jedes Kunsterlebnis in irgendeiner Weise im Gruppenkontakt abspielt – sei es im Louvre vor der Mona Lisa oder auf der einstündig geführten Museums-Highlights-Tour im Metropolitan Museum of New York. Der kunstinteressierte Individualtourist kann sich während seiner Reise gezielt Führungen anschließen, um sich mit Kirchen und Museen vertraut zu machen, oder sich an geführten Stadtbesichtigungen beteiligen. Der Unterschied besteht jedoch darin, dass der individuell Reisende das Ausmaß des Gruppenkontaktes selbst bestimmen und bei einer selbstständig gestalteten Studienreise die Mitglieder der jeweiligen „Kontaktgruppen" wechseln kann im Gegensatz zur organisierten Studienreise als Gruppenreise, deren Teilnehmer von vornherein feststehen und auch im Verlauf der Reise normalerweise unverändert bestehen bleiben.

Es muss also noch weitere Kriterien geben, die die Besonderheit dieser Reiseart deutlich machen. Möglicherweise kann ein Blick auf die Geschichte des Tourismus hilfreich sein. Dieser ist vorauszuschicken, dass die Pauschalreiseform „Studienreise" eine typisch deutsche Erscheinung ist, die in ebenfalls „reisefreudigen" Ländern Europas oder auch in den USA in vergleichbarer Art nicht existiert *(vgl. Roth/Schrand [Hrsg.], 1995, S. 276).*

Bereits in der Antike wurden Reisen zu Bildungszwecken unternommen: Der Weg in die Vergangenheit führt bis ins 15. vorchristliche Jahrhundert, in dem aus Inschriften an den ägyptischen Pyramiden bereits eine Reisetätigkeit aus Gründen des Aufsuchens berühmter Denkmäler abgelesen werden kann *(vgl. Günter [Hrsg.], 1991, S. 4).* Die Vorläufer der heutigen Studienreise könnten in der „Grand Tour" gesehen werden, einer zwei bis drei Jahre dauernden Reise junger englischer Adliger des 17. und 18. Jahrhunderts, die ins südliche Europa, zu den bedeutendsten Monumenten der Vergangenheit führte *(vgl. Freyer, 1995, S. 6 f.).* Um diese Rückerinnerung zu präzisieren: Viele der uns heute vertrauten Denkmäler, etwa der Kölner Dom oder die Fassade des Domes von Florenz, zahlreiche Museen und Kirchen, waren zum damaligen Zeitpunkt entweder noch nicht vollendet oder zeigten ein anderes Äußeres als das uns heute bekannte! Das Interesse galt hauptsächlich berühmten Monumenten aus der Antike, sofern sie bereits aufgefunden und daher bekannt waren. Sie stellten sich teilweise ebenfalls anders als heute dar, weil sie noch nicht durch spätere Epochen überbaut und/oder von neueren Gebäuden umgeben waren.

Aber selbst dieses historische Beispiel „hinkt", zählt doch die Grand Tour gerade deshalb auch als Vorläufer des heutigen Tourismus, weil nicht nur die Bildung allein, sondern auch das Vergnügen, d.h. Reisen aus Freude, als neues Motiv hinzukam, nachdem in der Geschichte des Reisens bis dahin hauptsächlich Kriegszüge, Handelsreisen, Pilgerreisen und Eroberungsfahrten zu verzeichnen waren, deren Motive sich von selbst verstehen *(vgl. Freyer, 1995, S. 5 ff.).*

Als Ahnherr der Studienreise in unserem Jahrhundert gilt Dr. Hubert Tigges, der im Jahr 1928 mit einer kleineren Gruppe die „moderne" Bildungs- und Studienreise begründet hat und dessen Name auch heute noch mit dem eines bedeutenden Studienreiseveranstalters verknüpft ist *(vgl. Dreyer, 1996, S. 74).* Marktführer der Studienreise in Deutschland ist die Studiosus Reisen München GmbH, die 1954 gegründet wurde *(vgl. Roth/Schrand [Hrsg.], 1995, S. 276),* die 1997/98 nach Umsatz bemessen Rang 11 unter den deutschen Reiseveranstaltern einnimmt *(vgl. FVW 28/98, Dokumentation 1997/98, S. 3).* Schon diese Namensgebung verweist auf die Bedeutung des „Studierens" während der Reise, das Studientreiben, das – sobald es in der gebotenen Form unternommen wird – im Gegensatz zur Erholungsreise körperliches und geistiges Engagement vom Reisenden fordert. Innerhalb der Geschichte des Tourismus fest etabliert findet sich die Studienreise in Deutschland in den fünfziger Jahren des 20. Jahrhunderts, als nach dem Zweiten Weltkrieg Wissensdrang und wieder vorhandene Reisemöglichkeiten bei der Bevölkerung den Wunsch nach dieser Reiseart erneut hervorriefen.

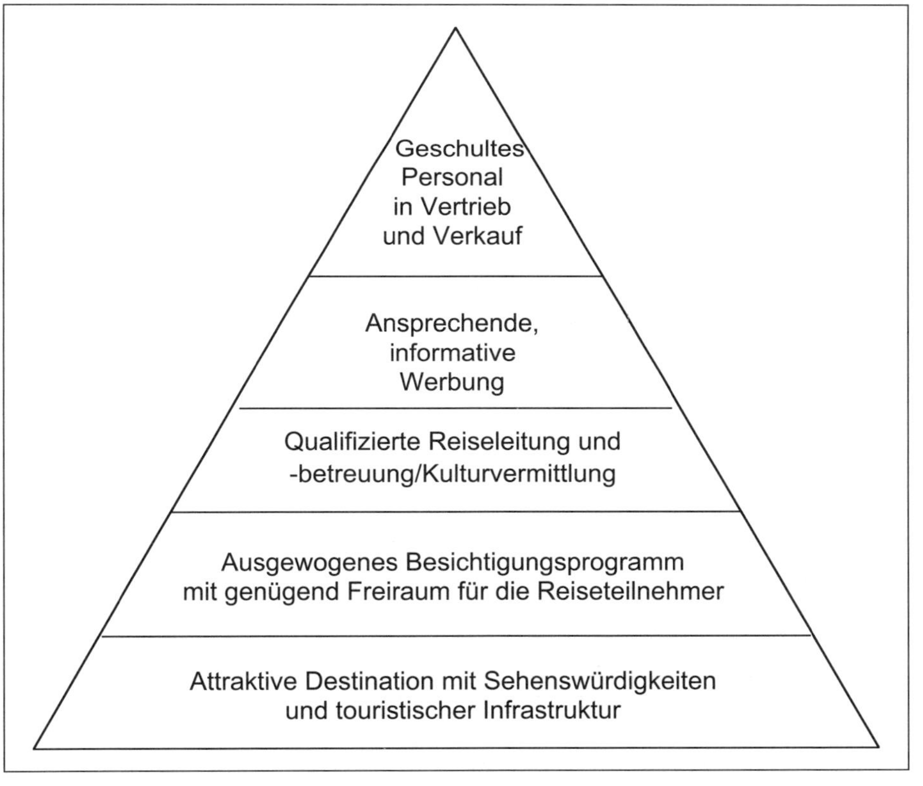

Abb. 7-3: Bausteine erfolgreicher Studienreisen

Die aktuelle Motivationsforschung besteht auf der Notwendigkeit einer weiteren Dimension für den Kunden von heute und morgen: dem Erlebnis. Diese neue Seite der Reise kann auch dem Studienreisekunden die Möglichkeit eröffnen, seinen individuellen Zugang zu einem Reiseziel zu finden und seine persönliche Erlebnisart zu bestimmen.

Genauso wenig wie die Städtereise „nur" Anreise, Unterkunft, Verpflegung und eine Auswahl an Besichtigungspunkten der jeweiligen Stadt umfassen darf, um heute und auch zukünftig als attraktive Reiseform zu gelten, muss auch die Studienreise um die „Erlebnisdimension" erweitert werden. Die „klassische Studienreise" von früher muss also um verschiedenartigste „Erlebnisse" bereichert werden.

Dieser Herausforderung begegnen die Veranstalter-Partner Frankfurter und Karawane StudienReisen mit dem Programm „Erlebnis StudienReisen".

Reisen in alle Kontinente werden dort unter verschiedenen Schwerpunkten angeboten:

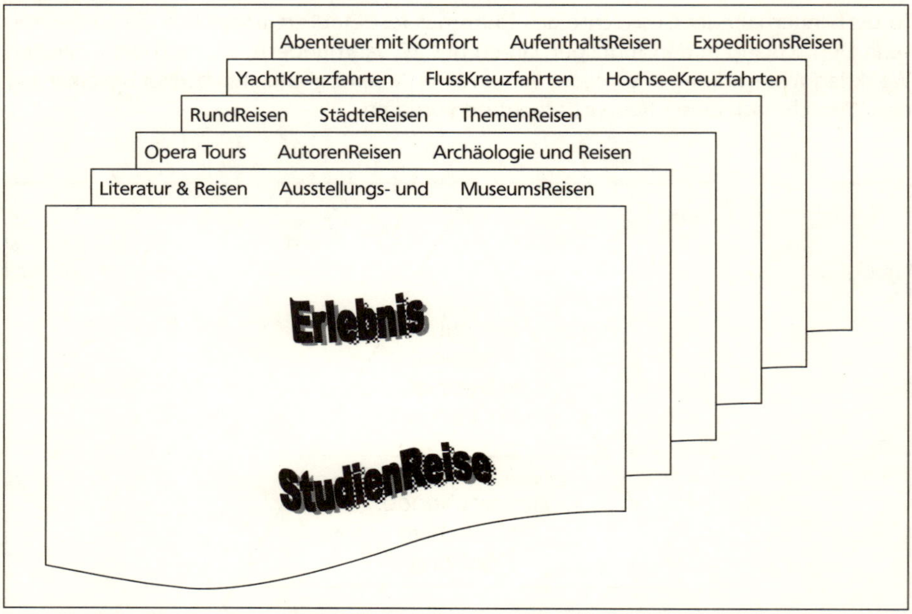

Abb. 7-4: Erlebnis StudienReise von Frankfurter/Karawane Studienreise (eigene Darstellung nach: Veranstalter-Katalog 1998, S. 2)

So wird die Möglichkeit geschaffen, dem Kunden ein Studienreiseerlebnis zu vermitteln, das auf seine Persönlichkeit und Interessen ausgerichtet ist und daher seinen Zugang zu einem fremden Land direkter gestaltet, in Ausübung von Hobbies oder dem Verfolgen eigenster Interessen. Aus Marketingsicht ist diese Reiseart eine Möglichkeit, neue Kunden für das Produkt „Studienreise" zu gewinnen, da idealerweise Kunst und Hobby miteinander kombiniert werden können.

Die Definitionsproblematik der Studienreise soll hier nochmals aufgegriffen werden. Eine Annäherung an eine gültige Definition der „Studienreise" kann nur aus der Synthese der gängigen Definitionen unter Einbeziehung der heute mehr als jemals zuvor relevanten Einstellung des Reisenden, des Kunden/der Kundin selbst zur eigenen Reise, hergeleitet werden. Das heißt, dass bestimmte Kriterien erfüllt sein müssen, um von einer wirklichen Studienreise zu sprechen:

- begrenzte Teilnehmerzahl
- Gruppenreise
- qualifizierte Reiseleitung
- im Voraus festgesetztes Thema der Reise und entsprechender Reiseverlauf

- Kultur- und Erlebnisdimension
- Haltung und Einstellung des Reisenden.

Letzterer Punkt ist entscheidend, ob die Studienreise für ihn selbst eine solche ist/war oder nicht, ob er in der Lage sein wollte und war, Neues zu erfahren und auf sich wirken zu lassen oder ob die Studienreise – austauschbar mit jeder anderen x-beliebigen Unternehmung – eine Reise war nur „um zu verreisen", aus Prestigesucht oder gar aus Langeweile. Die äußere Form der Reise wäre zwar im letztgenannten Fall die einer Studienreise, allerdings ohne das innere Erleben, das erst eine Studienreise im eigentlichen Sinne ausmacht.

Im Rahmen des Tourismus wird die sog. Integration des externen Faktors, des Kunden also, als eines der wesentlichsten Unterscheidungsmerkmale angesehen, das den Dienstleistungsbereich Touristik von anderen Produktionszweigen unterscheidet *(vgl. Roth/Schrand [Hrsg.], 1995, S. 37)*. Der Kunde selbst ist ein wichtiger Bestandteil der Reise, ohne ihn gäbe es schlichtweg keine Reise. In weit größerer Dimension gilt dies für die Studienreise, weil bei dieser Reiseart nicht nur die Zeit während, sondern auch nach der Reise eine bedeutende Rolle spielt bzw. spielen sollte. Kunst und Kultur eines Landes können nicht konsumiert werden wie ein zweiwöchiger Badeaufenthalt an einem südlichen Strand. Sie erfordern Einfühlungsvermögen und Lernbereitschaft, Offenheit und Ehrlichkeit. Die beiden letztgenannten Eigenschaften und Anforderungen an die Kunden sind unabdingbar zum einen, wenn es überhaupt um Reisen geht, um das Sich-Einlassen auf eine fremde Kultur, zum anderen wenn es darum geht, sich selbst gegenüber Vorurteile und Irrtümer einzugestehen, die bislang das wirkliche Verständnis einer anderen Kultur verhindert haben.

Die beiden angesprochenen Erfahrungsebenen, die für den Kunden heute relevant sind – **KULTUR UND ERLEBNIS** – scheinen die bestimmenden Faktoren der Studienreise zu sein.

Gerade heute wird immer wieder betont, dass die Studienreise von gestern, in der Akademiker akademisch über die bedeutendsten Bauwerke der Antike in Euphorie gerieten und die Reisegruppe mit Zahlen, Daten und Fakten überschüttet haben, abgelöst wurde durch eine modernere Form der Studienreise, in die auch die Vermittlung von Wissenswertem über Land und Leute, das tägliche Leben, Politik und vieles mehr eingeschlossen wird. Gerade dann ist der Reisende gefordert, Stellung zu beziehen für sich selbst, seine Haltung gegenüber dem Land und seiner Kultur zu überprüfen.

Dieser Prozess lässt sich sicherlich nicht auf zwei Wochen Studienreise beschränken, sondern er erfordert weit längeres Auseinandersetzen mit der Materie als die Reisedauer vorsieht. Nur dann ist die Studienreise nicht nur äußerlich, sondern auch von innen eine solche. Bei dieser Betrachtungsweise ist nicht relevant, ob der Reisende allein oder in einer Gruppe, pauschal oder individuell reist, sondern sein Lernwille und seine Lernfähigkeit sind die eigentlichen Kriterien. Diese sind selbstverständlich nur schwer von außen messbar; möglicherweise verspürt der Reisende selbst eine Veränderung seiner Einstellung zum Reiseland und vielleicht auch zu seinem „Heimatland", möglicherweise betrachtet er irgendwann „die Welt mit anderen Augen".

Diese innere Veränderung hat keine spezielle Zielrichtung, sie muss weder ökologisch noch ökonomisch oder andersartig ausgerichtet sein; es geht ausschließlich um den Bewusstseinsprozess, der in einem besonderen Erleben eines Landes in der Reiseart und Reiseform der Studienreise idealerweise in Gang gesetzt werden kann. So könnte aus dem Erleben von Kultur auf Reisen Reisekultur entstehen.

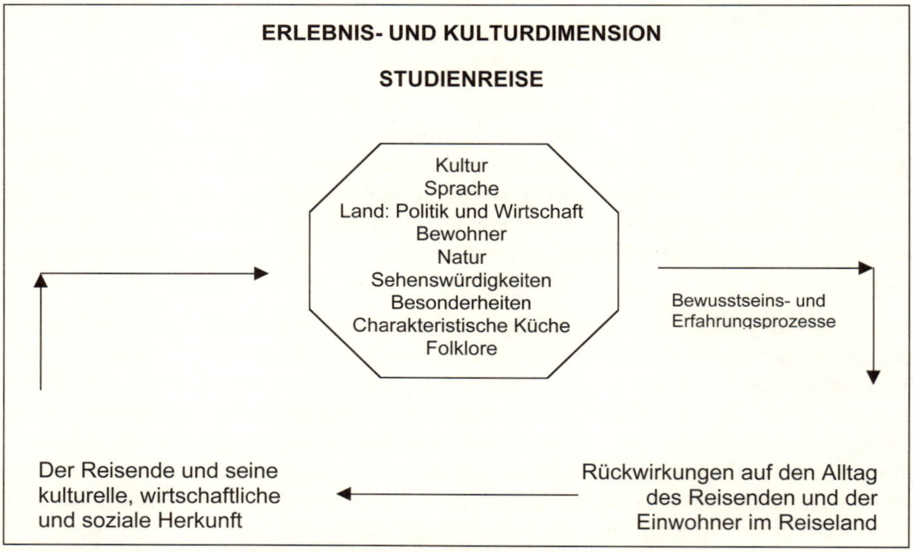

Abb. 7-5: Erlebnis- und Kulturdimension Studienreise

(Nach: Das „Industriegesellschaftliche Lebensmodell" von Krippendorf; vgl. Freyer, 1995, S. 28)

Die Hinführung zur ERLEBNIS- UND KULTURDIMENSION STUDIENREISE könnte früher und weiter verbreitet beginnen – in der Branche selbst, bei den Reisemittlern wie einzelnen Leistungsträgern vor Ort und auch beim Kunden vor der Reise. Wenn das ERLEBNIS beim Kunden heute im Vordergrund steht, unabhängig von Alter, gekauftem Produkt oder gewählter Dienstleistung, sollte es als Chance genutzt werden, die Studienreise nicht länger als antiquierte Reiseart für Kunstbesessene zu betrachten, sondern sie aktiv zu verändern und zu dem zu gestalten, was sie sein kann: ein bereicherndes Erlebnis für alle daran Beteiligten, den Reisenden und die Menschen, denen er während der Reise begegnet. Wenn KULTUR ein wesensbestimmender Faktor menschlichen Zusammenlebens ist, sollte das Reisen als Möglichkeit gesehen werden, einen wichtigen Beitrag zum Kulturverständnis zu leisten.

In diese Richtung orientiert sich der zukünftige Tourismus aufgrund weitreichender Veränderungen, die anstehen und realisiert werden müssen – Lösungen für Umweltprobleme, sanfter Tourismus, Tourismus in Entwicklungsländern usw.

Dieser Entwicklung kann sich auch die Studienreise nicht verschließen.

Aufgaben

1. Beschreiben und begründen Sie kurz, welche Reisearten dem Begriff „Kulturtourismus" zuzuordnen sind.
2. Grenzen Sie folgende Begriffe gegeneinander ab und geben Sie dafür ein Beispiel: Studienreise – Rundreise – Gruppenreise.
3. Beschreiben Sie die unterschiedlichen Aufgaben der Reiseleitung bei einem pauschal gebuchten Badeaufenthalt und bei einer Studienreise: Worin liegen Gemeinsamkeiten, worin Unterschiede?
4. Skizzieren Sie kurz die Kriterien, die eine Studienreise erfüllen muss.
5. Entwerfen Sie anhand dieser Kriterien selbst einen einwöchigen Studienreiseverlauf Ihrer Wahl hinsichtlich Verkehrsmittel und Besichtigungsschwerpunkten.
6. Nennen Sie bitte je 4 europäische und außereuropäische Destinationen in jeweils verschiedenen Ländern, die Sie für Studienreisen geeignet halten und erklären Sie, welche Schwerpunkte der Besichtigung Sie setzen würden. Nehmen Sie dazu evtl. einen Studienreise-Katalog zur Hand (empfehlenswert: Studiosus oder Hirsch-Reisen).
7. Worauf muss bei der Gestaltung der Studienreise hinsichtlich Programmabläufen besonders geachtet werden?

Quellen und weiterführende Literatur

AHGZ Nr. 47 vom 21. 11. 1998

Dreyer, A. [Hrsg.], Kulturtourismus, München 1996

Freyer, W., Tourismus – Einführung in die Fremdenverkehrsökonomie, München 1995

FVW International Nr. 28 vom 18. 12. 1998

Günter, W. [Hrsg.], Handbuch für Studienreiseleiter, Starnberg 1991

Roth, P.; Schrand, A. [Hrsg.], Touristik-Marketing, München 1995

Schäfer, K. H., Reisen, um zu lernen, Paderborn 1995

Schroeder, G., Lexikon der Tourismuswirtschaft, Hamburg 1995

8. Informationssysteme und tourismuswirtschaftliche Leistungsprozesse

„Tulpen aus Amsterdam – im Frühjahr blühen in Holland die Tulpen."

Dies zu wissen, ist für einen Hotellier auf Mallorca zwar nett, aber für das Management seines Hotelbetriebes unerheblich; es dient keinem Unternehmenszweck und führt nicht zu Handlungen im Sinne der Unternehmensziele.

Das Wissen um die holländische Tulpenblüte veranlasst aber einen Busreiseveranstalter aus dem deutschen Ruhrgebiet, Wochenendpauschalreisen „Zur Tulpenblüte nach Amsterdam" zu produzieren und anzubieten. Das Wissen ist für ihn ziel- und handlungsbezogen, es wird zur Information und löst einen tourismusbetrieblichen Prozess aus:

Der Busveranstalter kommuniziert mit holländischen Hotelbetrieben und beschafft damit Informationen über verfügbare Unterkunftsangebote zur Blütezeit. Er verarbeitet diese Informationen, indem er Busbeförderungen und Unterkunftsleistungen zu Pauschalangeboten zusammenfasst. Er kommuniziert mit kooperierenden Reisebüros und gibt die Informationen über seine Angebote zur Vermittlung weiter.

8.1 Integration tourismuswirtschaftlicher Prozesse durch informationstechnologische Systeme

Mit diesem Eingangsbeispiel wird der Begriff **„Information"** als ziel- und handlungsorientiertes Wissen definiert *(vgl. Weithöner, U., 1999 a, S. 501 ff.)*, und es zeigt ansatzweise einen tourismusbetrieblichen Wertschöpfungsprozess.

Der **Wertschöpfungsprozess** einer Branche **(Makroebene)** ist ein mehrstufiger vertikaler Prozess der Leistungserstellung. In jeder Prozessstufe wird durch spezialisierte Unternehmen oder Unternehmensbereiche ein Mehrwert des Produktes geschaffen. Abbildung 8-1 skizziert die Wertschöpfungsprozesse/Leistungsprozesse der Tourismusbranche und einzelwirtschaftliche, tourismusbetriebliche Leistungsprozesse **(Mikroebene)** in den jeweiligen Prozessstufen der Makroebene.

Die Begriffe „Leistungsprozess" und „Wertschöpfungsprozess" werden hier synonym verwendet, auch wenn mit dem Begriff „Leistung" die Aktivitäten im Prozessablauf und mit dem Begriff „Wertschöpfung" die durch die Aktivitäten geschaffenen Werte im Sinne von Gewinnen und Deckungsbeiträgen im Vordergrund stehen *(vgl. Freyer, W., 1997, S. 82 ff., Kirstges, T., 1996, S. 15 ff., ders. 2000, S. 26 ff., zur Bedeutung der Prozessstufen in der Tourismusbranche vgl. Hesselmann, G., 1998, S. 715 ff., zur rechtlichen Stellung der in den tourismuswirtschaftlichen Wertschöpfungsprozess einbezogenen Unternehmen vgl. Degott, P., 1999, S. 580 ff.).*

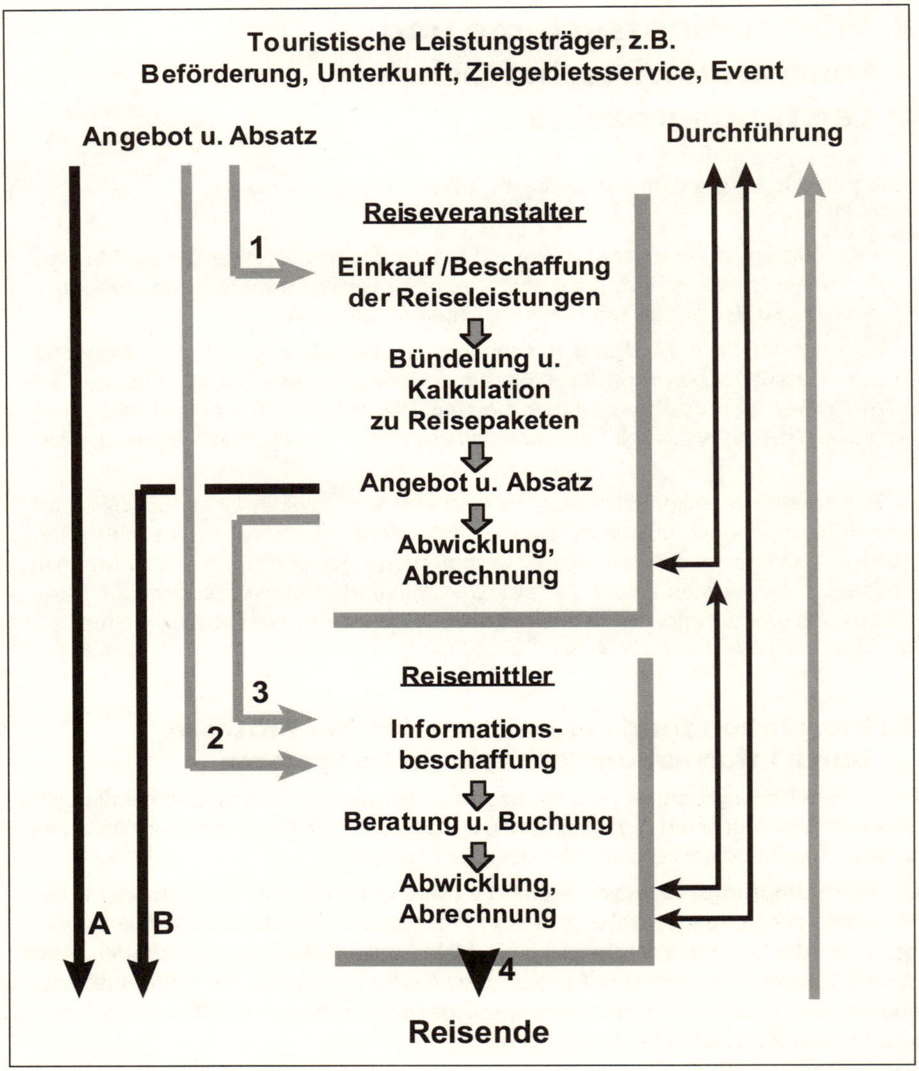

Anmerkung: Leistungsträger werden hier nicht in einer Prozesskette dargestellt (z. B. Hinflug-Transfer-Übernachtungen ...), da der Schwerpunkt dieses Beitrages bei den Reiseveranstaltern und Reisebüros liegen soll. Die Pfeile werden mit ihren Nummerierungen im Text erläutert.

Abb. 8-1: Tourismuswirtschaftliche Leistungs-/Wertschöpfungsprozesse im Überblick

Die Wertschöpfung der touristischen Leistungsträger erfolgt durch die Bereitstellung und Durchführung der Reiseleistungen. Die Leistungsträger verkaufen die Rechte zur Nutzung ihrer Dienstleistungen an Reiseveranstalter (Pfeil 1 in Abb. 8-1), bevollmächtigen Reisemittler durch Agentur-/Lizenzverträge, als Handelsvertreter ihre Reiseleistungen verbindlich zu vermitteln (Pfeil 2), oder sie vertreiben ihre touristischen Leistungen direkt an die Reisenden (Pfeil A).

Die Wertschöpfung der **Reiseveranstalter** erfolgt durch die Bündelung von eingekauften Reiseleistungen zu Reisepaketen *(vgl. Kirstges, T., 1996).* Sie produzieren Reisen und vertreiben sie über bevollmächtigte Reisemittler (Pfeil 3 in Abb. 8-1) oder direkt an die Reisekunden (Pfeil B). Die Reisepreise werden im Rahmen der Saisonplanung und in Abstimmung mit der Unternehmensergebnisplanung kalkuliert. Zur Abwicklung gebuchter Reisen kommuniziert der Veranstalter mit den Leistungsträgern, um z. B. die Reisenden zeit- und sachgerecht zu avisieren.

Die Wertschöpfung der Reisebüros *(vgl. Freyer/Pompl, 1999, S. 3 ff.)* erfolgt durch die Beschaffung und Präsentation von Reiseinformationen am Ort des Kunden, durch kundenindividuelle Beratung und Recherche und durch die verbindliche Vermittlung von Reisen und Reiseleistungen im Kundenauftrag. Sie arbeiten als Handelsvertreter für Reiseveranstalter und Leistungsträger, mit denen Agenturverträge oder Lizenzvereinbarungen geschlossen worden sind. Die Reisebüros wissen, welche Reisen und Reiseleistungen die Anbieter zu welchen Zeiten und Preisen anbieten. Sie werden darüber saisonbezogen informiert (z. B. durch Fahr-, Flugpläne und Kataloge), und sie erhalten kurzfristig Last-Minute-, Restplatz- und Sonderangebote. Zur verbindlichen Reisevermittlung müssen diese Informationen konkretisiert und ergänzt werden. Die Reisebüros kommunizieren dazu gemäß konkreter Kundenanfrage mit den Anbietern, um die aktuellen Verfügbarkeiten, kurzfristige Preis-, Termin- und Leistungsänderungen zu erfahren und um ggf. die sofortige Reservierung zu veranlassen. Für ihre Vermittlungsdienste erhalten die Reisebüros von den Reiseanbietern Provisionen. Darüber hinaus erwägen Reisebüros, nicht nur den Geschäftskunden, sondern auch den Privatkunden Beratungsgebühren zu berechnen *(Transaction Fees, vgl. Touristik REPORT 1999/2000, S. 7 ff.).*

Computer-basierte informationstechnologische Systeme unterstützen oder vollziehen die Verarbeitungs-, Verwaltungs- und Kommunikationsaktivitäten und integrieren sie zu vollständigen, weitgehend automatisierten Abläufen/Prozessen. Ein Informationssystem (IS) setzt sich aus Systemelementen zusammen, die geeignet sind, spezifische Teilaufgaben wahrzunehmen und zur Lösung der Gesamtaufgabe planvoll und zielgerichtet zusammenzuwirken: Hardware, Software, Netzwerke, Datenbanken, MitarbeiterInnen und Ablauf-/Prozessorganisationen *(vgl. Hansen, H. R., 1996, Weithöner, U., 1999 a, S. 500 ff.).*

Ein **Netzwerk** ist ein räumlich verteiltes System von Computern und ergänzenden Geräten (z. B. Drucker), die durch Datenübertragungseinrichtungen zur elektronischen Kommunikation verbunden sind. Lokale (betriebliche) Netzwerke (LAN – Local Area Network) verbinden unternehmenszentral arbeitende Computer und die Arbeitsplatz-PCs der Anwender. Sie ermöglichen die innerbetrieblichen Kommunikationen. In die lokalen Netzwerke werden Verbindungs-/Schnittstellen-Computer (Kommunikationsserver/Gateway/Router) integriert, die den Zugang zu Netzwerken der elektronischen Telekommunikation ermöglichen (WAN – Wide Area Network, z. B. T-ISDN – Integrated Services Digital Network der Deutsche Telekom AG) und die Dienste zur internationalen Kommunikation nutzbar machen (z. B. Fax, Internet, Datentransfer).

Netzwerke arbeiten nach dem **Client-Server-Prinzip.** Server sind zentrale Dienstleister im Netz, sie stellen Daten, Software-Programme und Software-Funktionen sowie Kommunikationsmöglichkeiten zur Verfügung. Die Endgeräte der Anwender sind Clients. Sie können die zentral zur Verfügung gestellten Dienste abrufen und nutzen.

Daten sind binär codierte Informationen, die durch Computer verarbeitbar sind, z. B. über Mengen und Werte (Unterkunfts- und Beförderungskontingente und Reisebuchungen) und über Partner des Unternehmens (Stammdaten der Kunden, Vertragspartner/Leistungsträger und multimediale Angebotsbeschreibungen). Die für die Unternehmensprozesse benötigten Daten werden in **Datenbanken** permanent gespeichert, zentral verwaltet und den Verarbeitungs- und Kommunikationsprozessen kontrolliert zur Verfügung gestellt.

Die Tourismusunternehmen nutzen zur Unterstützung oder Durchführung ihrer Aktivitäten und betrieblichen Leistungsprozesse **unternehmensinterne Informationssysteme.** Im Rahmen dieser Systeme wird **Anwendungssoftware** eingesetzt, die spezialisiert ist auf die Anforderungen und Leistungsprozesse der jeweiligen tourismuswirtschaftlichen Wertschöpfungsstufe (z. B. Hotel-Software, Reiseveranstalter-Software, Reisebüro-Software).

Die in Abbildung 8-1 mit 1 bis 4 nummerierten Pfeilverbindungen kennzeichnen den „traditionellen" Prozess der Tourismusbranche. Teil dieser branchenwirtschaftlichen Wertschöpfungsprozesse sind die jeweils erforderlichen Kommunikationsdienste bzw. -dienstleister. Traditionell erbringen die **Computer-Reservierungssysteme (CRS)** diese informationstechnologischen Dienste. Sie stellen internationale Netzwerke und Distributionssysteme **(GDN/GDS – Global Distribution Network/System)** branchenbezogen zur Verfügung. Die Tourismusunternehmen können im Sinne einer internationalen, nicht öffentlichen Benutzergruppe an diesen Systemen teilnehmen, indem ihre unternehmensinternen Informationssysteme über Telekommunikationsdienste mit den internationalen CRS-Systemen verbunden werden.

Abbildung 8-1 zeigt auch, dass der traditionelle tourismuswirtschaftliche Leistungsprozess durch neue Informationstechnologien verändert/verschlankt oder zumindest ergänzt wird. Durch das öffentlich zugängliche Internet und seine Kommunikationsdienste haben Reiseanbieter und Reisekunden die Möglichkeit, direkt zu kommunizieren. Die Reisebuchung kann vom Kunden selbst, ohne Vermittlung durch ein Reisebüro, vorgenommen werden, und der Kunde kann durch direkte Kommunikation mit den Leistungsträgern seine gewünschten Reiseleistungen selbst bündeln, indem er sie bei den jeweiligen Anbietern bucht. Voraussetzung hierfür ist, dass der Reiseanbieter sein unternehmensinternes Informationssystem mit dem Internet-Dienst **WorldWideWeb (WWW)** elektronisch verbindet. *(Zur Bedeutung für das Tourismus-Marketing vgl. Weithöner, U., 1999 a, S. 507 ff.)*

So wie der Wertschöpfungsprozess branchenwirtschaftlich (Makroebene) und unternehmensintern (Mikroebene) abläuft, sind Informationssysteme in der Tourismuswirtschaft grundsätzlich zu unterscheiden in:

- betriebliche oder unternehmensweite Systeme in den Tourismusunternehmen (Inhouse-Systeme mit spezifischer Anwendungssoftware) auf Basis lokaler oder unternehmensweiter Netzwerke
- internationale Netzwerke und Kommunikationssysteme, z.T. verbunden mit internationalen Reservierungszentralen (z. B. CRS/GDS, Internet)
- (Örtliche und regionale Destinationen-Systeme sollen hier nicht betrachtet werden. Sie haben im Incoming-Tourismus des örtlichen und regionalen Fremdenverkehrs und Stadttourismus in Deutschland besondere Bedeutung, *vgl. Weithöner, U., Informationsmanagement, 1998, S. 107 ff., Weithöner, U., Ehbrecht, O., 1998).*

Die Tourismusunternehmen sind mit ihren betrieblichen Informationssystemen in internationale Systeme eingebunden.

8.2 Computer-Reservierungssysteme (CRS)

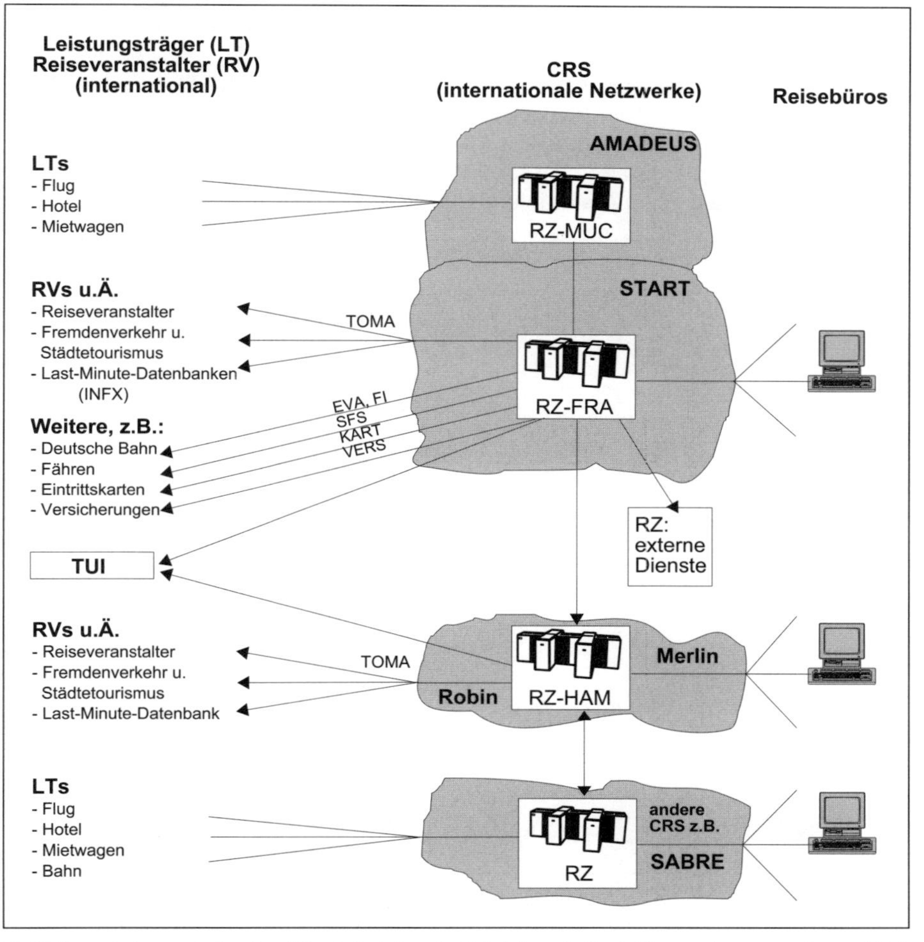

Die Pfeile symbolisieren Online-Zugriffsmöglichkeiten der Reisebüros, die Beschriftungen benennen die von START für die jeweiligen touristischen Leistungsarten standardisierten Verfahren (Beispiele).

Abb. 8-2: Computer-Reservierungssysteme im Überblick (mit Beispielen)
(Aus: Weithöner, U., 1999 a, S. 513)

Abbildung 8-2 gibt mit Beispielen einen Überblick über Computer-Reservierungssysteme in Deutschland und konkretisiert damit die allgemeine Darstellung der Abbildung 8-1 bzgl. der „traditionellen" Kommunikationsstrukturen (Pfeile 2 und 3 in Abb. 8-1).

8.2.1 Kommunikationssysteme

Frau Janßen möchte 1 Woche Urlaub auf Mallorca machen und lässt sich im Reisebüro beraten. Das lokale PC-Netzwerk des Reisebüros ist an ein CRS angeschlossen, das den Zugriff auf Reservierungssysteme von Reiseveranstaltern im TOMA-Buchungsverfahren ermöglicht. Die Reisebüromitarbeiterin fragt die Verfügbarkeiten bei Reiseveranstaltern ab, die im TOMA-Verfahren Reisen anbieten und mit denen ihr Reisebüro einen Agenturvertrag geschlossen hat.

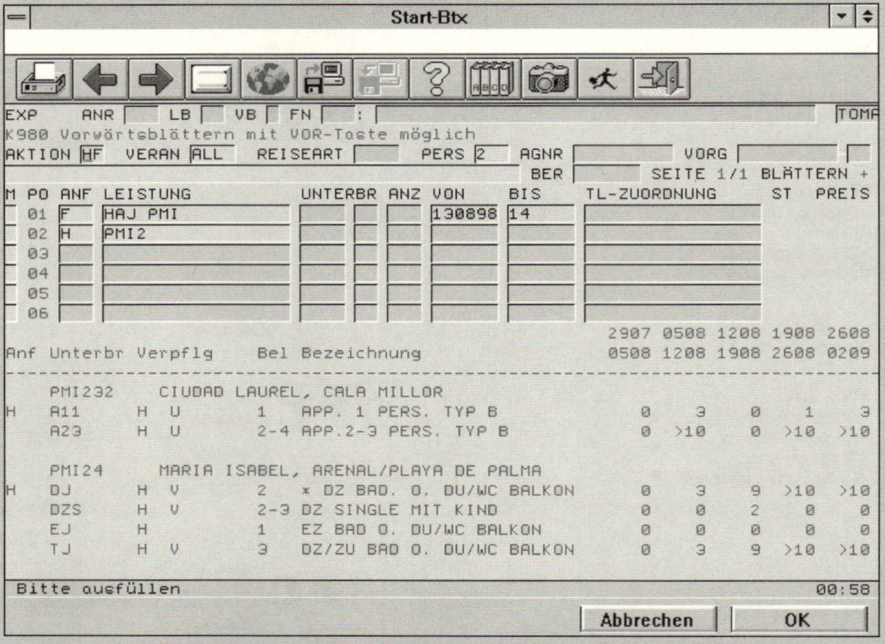

Vakanzanzeige (AKTION **HF**) eines ausgewählten Reiseveranstalter (VERAN **ALL**). Zur Interpretation vgl. die Buchungshinweise in den Katalogen entsprechender Reiseveranstalter und/oder *Weithöner, U., 1999 a, S. 768 f.*

Abb. 8-3: Beispiel einer TOMA-Bildschirmmaske in Reisebüros

START-System

Die Studiengesellschaft zur Automatisierung von Reise und Touristik (START) ist 1971 unter Beteiligung führender Unternehmen der Reisebranche gegründet worden, um ein elektronisches Reisevertriebssystem in Deutschland aufzubauen. Seit 1979 wird das START-System als zunächst nationales, heute internationales Distributionssystem betrieben. Das Besondere dieses START-Systems ist, dass kein zentrales Reservierungssystem, sondern ein zentral gesteuertes Netzwerk zur Kommunikation zwischen den angeschlossenen Reisemittlern und den Anbietern touristischer Leistungen aufgebaut worden ist. Auf der Basis öffentlicher Datenfernübertragungsdienste und exklusiver START-Datenverbindungen werden die PC-Systeme der angeschlossenen Reisebüros mit den Inhouse-Reservierungssystemen der Reiseanbieter verbunden *(vgl. DRV [Hrsg.], 1998, S. 55 ff.)*. Die Kommunikationen werden von START durch technische Vorgaben und durch Vereinheitlichung der Systembedienung standardisiert und zentral gesteuert. Ein Reisebüro erhält also via START online Zugriff zu dem betrieblichen Reservierungssystem eines ausgewählten Reiseanbieters. Abbildung 8-2 zeigt u.a. die Kommunikationsverbindungen im START-System. Alle Datenflüsse laufen zum zentralen START-Rechenzentrum und werden dort geprüft und weitergeleitet.

Zur Standardisierung des Anschlusses von Reiseveranstaltern und ihrer Kommunikationen mit den Reisebüros hat START das **TOMA-Verfahren** (Touristik-Maske) entwickelt und verbindlich vorgeschrieben. (Die Touristik Union International **[TUI]** ist als einziger Reiseveranstalter nicht im TOMA-Standard eingebunden, sie nutzt im START-Verbund ein eigenes Verfahren mit einer eigenen Bildschirmoberfläche in den Reisebüros.) Der TOMA-Standard definiert die technischen Abläufe und Komponenten der Kommunikation, er beschreibt die Formate der zu übertragenden Daten und die Anwendung in den Reisebüros (Bildschirmmasken und Eingaben, vgl. Abb. 8-3 im Eingangsbeispiel zu diesem Kapitel). Um als Reiseveranstalter angeschlossen zu werden, ist als Schnittstelle zur Reservierungssoftware ein TOMA-Modul erforderlich. Diese Schnittstellen-Software interpretiert die von den Reisebüros kommenden Daten, so dass das Veranstaltersystem sie automatisch gemäß der gewünschten Aktion (z.B. Vakanzanfrage, Buchung) verarbeiten kann, und versendet die Antwortdaten zu der Aktion, so dass sie durch die PCs in den Reisebüros, die mit START-Software ausgestattet sind, sachgerecht dargestellt werden. START überwacht die technische Sicherheit und Geschwindigkeit der Systeme.

Ca. 150 Reiseveranstalter sind im TOMA-Verfahren an START angeschlossen, wobei aber einige Veranstalter nicht direkt angeschlossen sind, sondern sie werden über ein **„Umbrella-System"** mit START verbunden. Das heißt, diese Veranstalter werden über ein Rechenzentrum (z.B. **ROBIN** in Abb. 8-2) gebündelt und nutzen gemeinsam die START-Anbindung dieses Rechenzentrums.

Via START werden zurzeit über 8 Millionen touristische Buchungen jährlich getätigt. Ca. 17 000 Reisebüros mit über 32 000 Arbeitsplätzen sind an das START-System angeschlossen. Sie haben damit in technischer Sicht die in Abbildung 8-2 skizzierten Zugriffsmöglichkeiten. (Diese technischen Möglichkeiten können jedoch zur Reisebuchung nur genutzt werden, wenn das Reisebüro Agenturverträge mit den jeweiligen Reiseveranstaltern geschlossen hat, über IATA-, Bahn-Lizenzen u.Ä. verfügt.)

Alternative Kommunikationssysteme

Merlin/Robin und **StiNET** sind mit START vergleichbare touristische Kommunikationssysteme, die erst vor wenigen Jahren aufgebaut worden sind und zunehmend Bedeutung erlangen.

Das Umbrella-System Robin beispielweise bündelt die technischen Kommunikationswege der angeschlossenen Reiseanbieter (vgl. Abb. 8-2). Dieser Robin-Verbund ist nicht mehr nur an START angeschlossen. Da das TOMA-Verfahren nicht rechtlich geschützt ist, konnten andere diesen Standard nachbilden, so dass heute z.B. an SABRE (s.u.) angeschlossene Reisebüros Zugriff auf die Angebote der an Robin angeschlossenen Reiseveranstalter haben. Darüber hinaus hat das Robin betreibende Unternehmen ein eigenes Reisebüro-System aufgebaut (Merlin). Die über die Merlin-Software und -Kommunikationsverbindungen angeschlossenen Reisebüros haben damit Zugriff zu den Systemen der an Robin angeschlossenen Veranstalter, zu dem TUI-System und zu einem mit Merlin verbundenen globalen CRS (vgl. Abb. 8-2).

Die dargestellten Systeme bieten ihre Kommunikationsdienstleistungen allen Reisemittlern und allen entsprechenden Reiseanbietern kostenpflichtig an. Im Zuge der vertikalen

Unternehmenskonzentrationen haben große Reiseveranstalter-Konzerne **Reisebüroketten** und **Franchise-Systeme** integriert, z. B. die TUI mit den TUI Reise Centern, C&N Touristik mit HolidayLand, die FTI-Gruppe mit den Flugbörsen. *(Zum „Franchise" vgl. Freyer/Pompl, 1999, S. 8 ff., Degott, P., 1999, S. 649 ff. sowie die jährlich als Beilage der Fachzeitschrift FVW International erscheinende Dokumentation „Reisebüro-Ketten und Kooperationen", zuletzt in FVW, Heft 14, 1999.)* Während beispielsweise die TUI Reise Center das START-System wie oben beschrieben nutzen, auch um die Reisen konzerninterner Veranstalter zu vermitteln, haben die beiden anderen oben genannten Konzerne eigene, konzerninterne Kommunikationssysteme für ihre Franchise-Nehmer aufgebaut. Die Reisebüro-PCs kommunizieren über öffentliche oder exklusiv angemietete Telekommunikationsdienste mit einem konzernzentralen Rechenzentrum, das die elektronische Verbindung zu den konzerninternen Reiseveranstalter-Systemen bereitstellt. Zusätzlich stellt diese Kommunikationszentrale auch Verbindungen zu ausgewählten konzernexternen Veranstaltern (z. B. FTI – TUI) und zu einem globalen Computer-Reservierungssystem (z. B. FTI – GALILEO) online zur Verfügung.

8.2.2 Globale Computer-Reservierungssysteme (i. e. S.)

Herr Fischer, Projektleiter in einem Software-Haus in Wilhelmshaven, muss kurzfristig zu Gesprächen mit Geschäftspartnern nach München. Sein Unternehmen kooperiert bzgl. der Dienstreisen mit einem örtlichen Reisebüro (Firmendienst). Er ruft dort an und bestellt ein Ticket für einen Hin-Rück-Flug „Bremen–München" am nächsten Tag. Er will das Ticket in einer Stunde aus dem Reisebüro abholen. Das Reisebüro ist mit seinen PCs via START auch an das AMADEUS-CRS angeschlossen (vgl. Abb. 8-2). Die Reisebüromitarbeiterin fragt die Flug-Verfügbarkeiten im AMA-Verfahren ab (Abb. 8-4), um anschließend einen Flug zu buchen. (Der Datensatz der Flugbuchung wird PNR [Passenger Name Record] genannt.) Da das Reisebüro eine IATA-Lizenz hat und über einen speziellen Dokumentendrucker verfügt, kann sie das Ticket sofort ausdrucken lassen und für Herrn Fischer bereit legen.

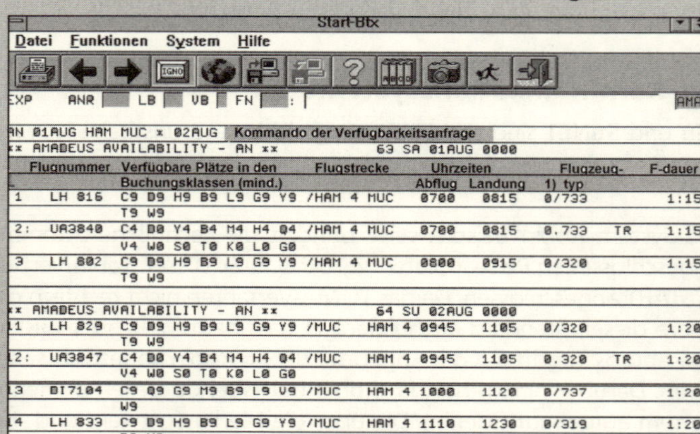

```
Start-Btx
Datei  Funktionen  System  Hilfe
EXP    ANR    LB    VB    FN    :                                              AMA

AN 01AUG HAM MUC * 02AUG  Kommando der Verfügbarkeitsanfrage
** AMADEUS AVAILABILITY - AN **              63 SA 01AUG 0000
   Flugnummer Verfügbare Plätze in den     Flugstrecke   Uhrzeiten          Flugzeug-     F-dauer
              Buchungsklassen (mind.)                    Abflug  Landung   1) typ
 1    LH 816  C9 D9 H9 B9 L9 G9 Y9 /HAM 4 MUC   0700    0815    0/733               1:15
              T9 W9
 2:   UA3840  C4 D0 Y4 B4 M4 H4 Q4 /HAM 4 MUC   0700    0815    0.733     TR        1:15
              V4 W0 S0 T0 K0 L0 G0
 3    LH 802  C9 D9 H9 B9 L9 G9 Y9 /HAM 4 MUC   0800    0915    0/320               1:15
              T9 W9

** AMADEUS AVAILABILITY - AN **              64 SU 02AUG 0000
11    LH 829  C9 D9 H9 B9 L9 G9 Y9 /MUC    HAM 4 0945    1105    0/320               1:20
              T9 W9
12:   UA3847  C4 D0 Y4 B4 M4 H4 Q4 /MUC    HAM 4 0945    1105    0.320     TR        1:20
              V4 W0 S0 T0 K0 L0 G0
13    BI7104  C9 Q9 G9 M9 B9 L9 V9 /MUC    HAM 4 1000    1120    0/737               1:20
              W9
14    LH 833  C9 D9 H9 B9 L9 G9 Y9 /MUC    HAM 4 1110    1230    0/319               1:20
              T9 W9
```

AN (availability) für Flüge von Bremen **(BRE)** nach München **(MUC)**, Hinflug am 01. August und Rückflug (*) am 02. August – **Anzeige der Flüge** und ihrer Verfügbarkeiten (die wichtigsten Daten werden durch die vom Verfasser eingesetzten Spaltenüberschriften erläutert).

Abb. 8-4: Beispiel einer AMADEUS-Verfügbarkeitsanzeige im Reisebüro

Die von Linienfluggesellschaften gegründeten globalen Computer-Reservierungssysteme **AMADEUS, GALILEO, SABRE** und **WORLDSPAN** verwalten die Reiseangebote mit ihren Kontingent-, Preis- und Leistungsdaten in ihren zentralen Rechenzentren. Sie arbeiten als Kommunikations- und Reservierungszentralen. Sie nehmen die Buchungen zentral entgegen, verarbeiten und verwalten sie und kommunizieren dazu periodisch oder situativ (zum Zeitpunkt einer Buchung) mit Systemen der angeschlossenen Leistungsträger zur Kontingentabstimmung und Buchungsbestätigung *(vgl. Schulz, A., 1996, S. 77 ff.)*. Die im Wettbewerb stehenden globalen Systeme sind jeweils von kooperierenden Fluggesellschaften als zentrale Reservierungs- und Vertriebssysteme aufgebaut worden. Die Systeme sind bzgl. ihrer Leistungsangebote und ihrer informationstechnologischen Struktur vergleichbar. Sie bieten im Wesentlichen die Leistungen der teilnehmenden Fluggesellschaften, großer Hotelketten und Mietwagengesellschaften an. Sie betreiben jeweils ein weltweit zentrales Rechenzentrum und verwalten und verarbeiten die Daten der angebotenen Leistungen und eingehenden Reservierungen zentral, inklusive Ticketing und Abrechnungen gemäß den Bestimmungen der **IATA** (International Air Transport Association). Auf Grund internationaler Abkommen dürfen Computer-Reservierungssysteme und Fluggesellschaften sich nicht gegenseitig ausschließen, so dass jede Airline Anspruch hat, über jedes CRS buchbar zu sein, und jedes CRS die Fluggesellschaften verpflichten kann, ihre Leistungen über das jeweilige CRS buchbar zu machen. Mit kartellrechtlichen Entscheidungen sind auch andere Verkehrsträger (z. B. Deutsche Bahn AG) veranlasst worden, ihre Leistungen nicht nur über ein CRS (START) zu vermarkten.

An AMADEUS sind derzeit über 35 000 Reisebüros in 120 Ländern (davon ca. 17 000 via START) angeschlossen. Ihnen werden die Informations- und Buchungsmöglichkeiten gegeben für ca.:

- 450 Fluggesellschaften
- 30 000 Hotels
- 40 Mietwagengesellschaften mit weltweit 17 000 Stationen.

Jährlich werden über 40 Millionen Flugsegmente über AMADEUS verkauft.

AMADEUS ist jünger als die Wettbewerber SABRE und GALILEO. Alle drei Systeme bezeichnen sich jeweils selbst als das weltweit größte CRS (zum Vergleich: Touristik REPORT 1999/2000, S. 78 ff.). Am deutschsprachigen Markt hat AMADEUS durch den Verbund mit START von deren Marktpräsenz profitiert. START fungiert als „National Marketing Company" für AMADEUS in Deutschland. Reisebüros mit START-Anschluss haben damit auch den Anschluss an das AMADEUS-System (vgl. Abb. 8-2). Die AMADEUS- und die START-Leistungen ergänzen sich zu einem vollständigen System zur Beschaffung und Distribution von Reiseleistungen und Reisen.

8.2.3 Vermittlungsunterstützende Dienste und Backoffice-Dienstleistungen

Abbildung 8-2 zeigt, dass alle Kommunikationen und Reservierungsvorgänge als Datenfernübertragungen über das zentrale Rechenzentrum des jeweiligen CRS „laufen". Das ermöglicht den Computer-Reservierungssystemen zusätzliche Dienste den Tourismusunternehmen anzubieten *(vgl. Weithöner, U., 1999 a, S. 519 ff.)*.

Vermittlungsunterstützende Dienstleistungen

- **Veranstalterübergreifende Selektions- und Preisvergleichssysteme**

Abbildung 8-3 im Eingangsbeispiel zu Kapitel 8.2.1 zeigt, dass im TOMA-Verfahren ein konkreter Veranstalter mit seinem Kürzel ausgewählt werden muss, um Preise und Vakanzen zu ermitteln. Ein veranstalterübergreifender Angebote- und Preisvergleich für konkrete Reisewünsche erfolgt nicht automatisiert, sondern nur durch (aufwendige) Katalog-Vergleiche und die Beratung im Reisebüro. Die Computer-Reservierungssysteme bieten, teilweise in Kooperation mit Partnerfirmen, Datenbanken an, in denen die Katalogangebote der wichtigsten Reiseveranstalter mit Selektionsmerkmalen und Preisen erfasst und gespeichert werden (z. B. BIS.TRO, BesTravel). Darüber hinaus betreiben sie veranstalterübergreifende Last-Minute-Datenbanken. Im Reisebüro werden die Kundenwünsche (z. B. Termin, Zielgebiet oder -hotel und Preisobergrenze) erfasst und an die Datenbank übermittelt. Als Ergebnis der Datenbankrecherche wird eine veranstalterübergreifende und z. B. nach Preisen sortierte Angebotsliste auf dem PC-Bildschirm des Reisebüros dargestellt. Nach Auswahl eines Angebotes wird automatisch in das TOMA-Buchungsverfahren mit Übernahme der Angebotsdaten umgeschaltet. Für den Bereich der Last-Minute-Reisen betreibt z. B. START eine Datenbank, die von den Reisebüros im **INFX-Verfahren** genutzt werden kann (vgl. Abb. 8-2), die aber auch öffentlich über das Internet (**„www.start.de"**, vgl. Abb. 8-5 in Kap. 8.3) abfragbar ist. Eine große Zahl namhafter Reiseveranstalter beteiligen sich, indem sie regelmäßig aktuelle Sonder- und Last-Minute-Angebote an diese Datenbanken übertragen.

- **Vermittlungsunterstützende Dienstleistungen im Bereich der Geschäftsreisen**

International tätige Unternehmen mit hohem Geschäftsreiseaufkommen betreiben eigene Mittlerdienste oder kooperieren mit spezialisierten Reisebüros (vgl. Eingangssituation zu Kap. 8.2.2). Diese Unternehmen haben häufig spezielle Tarife oder Rabattsysteme mit den jeweiligen Leistungsträgern (Linienflug, Hotel, Mietwagen) vereinbart. Diese speziellen Konditionen sowie weitere Kundendaten, z. B. Reisekostenrichtlinien, individuelle Daten der „viel-fliegenden" Mitarbeiter, speichern die Computer-Reservierungssysteme und berücksichtigen sie automatisch bei den konkreten Buchungen.

Dienste des Finanzmanagements und der Management-Information

- **Verwaltung und Abrechnung von Linienflug-Buchungen**

Die Systeme wie AMADEUS, SABRE, GALILEO und WORLDSPAN verwalten die IATA-Flugbuchungen, das heißt z. B. sie steuern und kontrollieren die Erstellung der Flugtickets und übertragen die Buchungsdaten zur Abrechnung zwischen Reisebüro und Fluggesellschaft an eine autorisierte Abrechnungsstelle (Bank Settlement Plan [BSP], z. B. im Rechenzentrum der DERDATA GmbH).

- **Vorgangs- und Kundenverwaltung, Finanzbuchhaltung und Management-Information für Reisebüros**

Die Buchungen, die ein Reisebüro z. B. im START Verbund tätigt (vgl. Abb. 8-2), werden online via START-Rechenzentrum beim Reiseanbieter gespeichert. START hat die Möglichkeit, die „durchlaufenden" Buchungsdaten im Reisebüro-Auftrag zu „kopieren" und zu speichern *(vgl. DRV [Hrsg.], 1998, S. 165 ff.):*

- START bietet den Reisebüros und Reisebüroketten die zentrale Verwaltung der touristischen Vorgänge an. Die Daten der Buchungsvorgänge werden für eine teilnehmende Agentur oder Agenturkette gespeichert. Zur Pflege und Nutzung dieser Daten haben die Büros über ihre START-PCs Zugriff. Daten aus anderen Geschäftsvorgängen, z. B. aus Eigenveranstaltungen, werden im Reisebüro gesondert erfasst und an START übermittelt. START sendet ggf. diese Daten an ein kooperierendes Dienstleistungsrechenzentrum, das im Auftrag des Reisebüros Aufgaben der Finanzbuchhaltung, der Management-Information und des Controlling wahrnimmt (z. B. START-Modus-Neu mit den Systemen Information-Manager und Finanz-Manager in Kooperation mit dem Dienstleistungsrechenzentrum der DER-DATA GmbH).
- Ein Reisebüro, das seine Vorgangs- und Kundendaten mit einer eigenen Inhouse-Software (vgl. Kapitel 8.4.1) oder über ein anderes System (z. B. STINNES data GmbH oder Zentralsystem der Reisebüro-Kooperation) verwaltet, weiterverarbeitet und auswertet, muss, nachdem die Buchungen via START auf dem Zielsystem des Reiseanbieters erfasst worden sind, diese Daten zusätzlich auch in seinem Reisebüro-System erfassen. Um diese doppelte Erfassung zu vermeiden, bietet START den Dienst an, die „Kopie" der Reservierungsdaten automatisch an das Reisebüro-System zu übertragen (Online-Schnittstelle oder periodischer Datei-Transfer).

8.2.4 Entwicklungen

Der Verbund START/AMADEUS ist in Deutschland mit einem Marktanteil von zurzeit noch fast 90 % marktführend. Die mit AMADEUS im Wettbewerb stehenden globalen Computer-Reservierungssysteme (GALILEO, SABRE und WORLDSPAN) konnten zunächst ihren angeschlossenen Reisemittlern keinen Zugriff auf die Systeme von Reiseveranstaltern bieten und stellten damit für die deutschen Reisebüros keine vollständigen Alternativen zum Verbund START/AMADEUS dar. Da daher nur wenige und auf die Vermittlung von Geschäftsreisen spezialisierte Reisemittler an die mit AMADEUS im Wettbewerb stehenden Systeme angeschlossen waren, war für die Veranstalter von Urlaubsreisen ein Anschluss an diese CRS nicht relevant. Diese monopolartige Situation befindet sich aber zurzeit im Umbruch.

Durch neue Kooperationen (z. B. TUI-Anschluss an SABRE und Merlin) und neue Systeme (vgl. Kap. 8.3.4), die jeweils erhebliche Marktanteile in Deutschland anstreben, ist im Bereich der Computer-Reservierungssysteme ein Wettbewerb auf Basis vergleichbarer Leistungsangebote entstanden *(vgl. Weithöner, U., 1999 a, S. 517 ff.).* **Reisebüros** können die Produkte der Reiseveranstalter nicht mehr nur über einen START-Anschluss vermitteln, sondern sie können alternativ ein anderes Computer-Reservierungssystem und dessen Front- und Backoffice-Dienste (ca. 4000 Reisebüros nutzen zurzeit Merlin) oder das Internet nutzen.

Da Merlin, SABRE und GALILEO ihre Marktanteile in Deutschland erhöhen, wird es für die **Reiseveranstalter** wichtig, ihre touristischen Informations- und Reservierungssysteme nicht mehr nur an START, sondern ergänzend auch an die anderen Systeme anzuschließen (im TOMA-Standard), wenn sie die entsprechenden Reisebüros nicht als Kunden verlieren wollen. Über Merlin und SABRE sind bereits mehr als 70 Reiseveranstalter im TOMA-Verfahren und die TUI buchbar.

Tourismusunternehmen, die basierend auf zukunftssicheren Technologien an internationalen Reservierungssystemen teilnehmen (wollen), haben auf Basis einer individuellen Anforderungsanalyse **Investitions- und Auswahlentscheidungen** zu erarbeiten *(vgl. Weithöner, U., 1999 b, S. 326 ff.).* Dazu ist grundsätzlich zu hinterfragen, ob die Computer-Reservierungssysteme in der skizzierten „traditionellen" Form zukunftssicher sind und geeignete Dienstleister bleiben werden. Diese traditionelle Form ist gekennzeichnet durch die zentrale Systemstruktur, durch die proprietäre Rechenzentrumstechnologie, die durch das jeweilige CRS definiert und nicht übergreifend standardisiert ist, und durch geschlossene Benutzergruppen, die als Reisemittler oder als Reiseanbieter teilnehmen und dafür Gebühren zahlen. Diese zentrale Struktur auf Basis einer proprietären, alten Großrechner-Technologie verbunden in Deutschland mit der monopolartigen Marktstellung von START/AMADEUS hat in der Vergangenheit Entwicklungen und Erneuerungen behindert (z.B. grafische Benutzer-Oberfläche zur CRS-Bedienung, Integration in Standard-PC-Betriebssysteme und -PC-Netzwerke) und hohe Teilnehmer-Gebühren bedingt.

Mit den genannten Merkmalen einer zentralen CRS-Struktur sind aber auch grundsätzliche Vorteile verbunden. Eine zentrale Struktur ist für die Teilnehmer nachvollziehbar und überschaubar, sie bietet systeminterne Standards, die auf die branchenbezogenen Bedürfnisse der Teilnehmer abgestimmt werden können. Die Teilnehmer sind bekannt und vertraglich verpflichtet, so dass vollständige Geschäftsprozesse, inklusive Zahlungsverkehr, systemintern durchgeführt werden. Das System ist gegen Eingriffe von außen gesichert, und die Elemente und Kommunikationen werden technisch kontrolliert, ihre Kapazitäten können gezielt an die Anforderungen angepasst werden.

Diesen Merkmalen steht die offene, dezentral kommunizierende, standardisierte, multimediale und tendenziell kostengünstige **Internet-Technologie** gegenüber, die zu einer Veränderung/Verschlankung der Wertschöpfungskette im Sinne des Direktvertriebs führen kann (vgl. Abb. 8-1). In Deutschland bzw. von Deutschland ausgehend werden jährlich über 30 Mio. Geschäftsreisen mit mindestens einer Übernachtung und über 60 Mio. Urlaubreisen getätigt. Der Gesamtumsatz der 17.000 deutschen Reisebüros, die mit über 90% an ein CRS angeschlossen sind, beträgt davon rund 20 Mrd. Euro. Ca. 45% der Haupturlaubsreisen (mind. 4 Übernachtungen) werden durch Veranstalter organisiert und durch Reisebüros vermittelt *(vgl. F.U.R., vgl. auch Haedrich u.a., 1998, S. 127 ff.).* Die Zahlen skizzieren die **Bedeutung der Leistungskette „Reiseveranstalter-CRS-Reisebüro"** und das Risiko, dass Reiseanbieter mit einer kurzfristigen Umstellung zum Direktvertrieb eingehen würden. Die Zahlen zeigen aber auch, dass ca. 55% der Urlaubsreisen und ein großer Teil der Geschäftsreisen individuell organisiert und direkt beim Leistungsanbieter gebucht werden. Im Deutschland-Tourismus werden über 90% der Urlaubsreisen vom Reisenden selbst und ohne Unterstützung durch Reisebüros organisiert *(vgl. Weithöner, U., 1998, S. 107 ff.).* Die Reisebüros stehen folglich im Wettbewerb mit modernen und kundenorientierten Direktvertriebssystemen, sie können aber auch das Internet zur Verbesserung ihrer Leistungen und Leistungsprozesse nutzen *(vgl. Weithöner, U., 1999 b, S. 336 ff.).*

8.3 Internet und WorldWideWeb

Frau Janßen ist mit der Beratung im Reisebüro nicht zufrieden.
Die Expedientin hat lediglich die Angebote von drei Veranstaltern geprüft, und die verfügbaren Angebote überzeugten sie nicht. Frau Janßen hatte bereits von „virtuellen Reisebüros" und „Travel-Malls" im Internet gehört und da sie mit einer Tourismus-Studentin in Wilhelmshaven befreundet ist, setzen die beiden sich an einen PC in der Fachhochschule und recherchieren. Sie finden ein „tolles" Angebot. Die Vakanzprüfung erfolgt online mit dem erfreulichen Ergebnis, Flug und Hotel sind zur gewünschten Zeit verfügbar. Frau Janßen will sofort online beim anbietenden Reiseveranstalter buchen. Sie wundert sich aber, als auf ihrem PC-Bildschirm eine Liste von Reisebüros erscheint und sie aufgefordert wird, ein Büro auszuwählen, das dann mit der Buchungsabwicklung beauftragt wird.

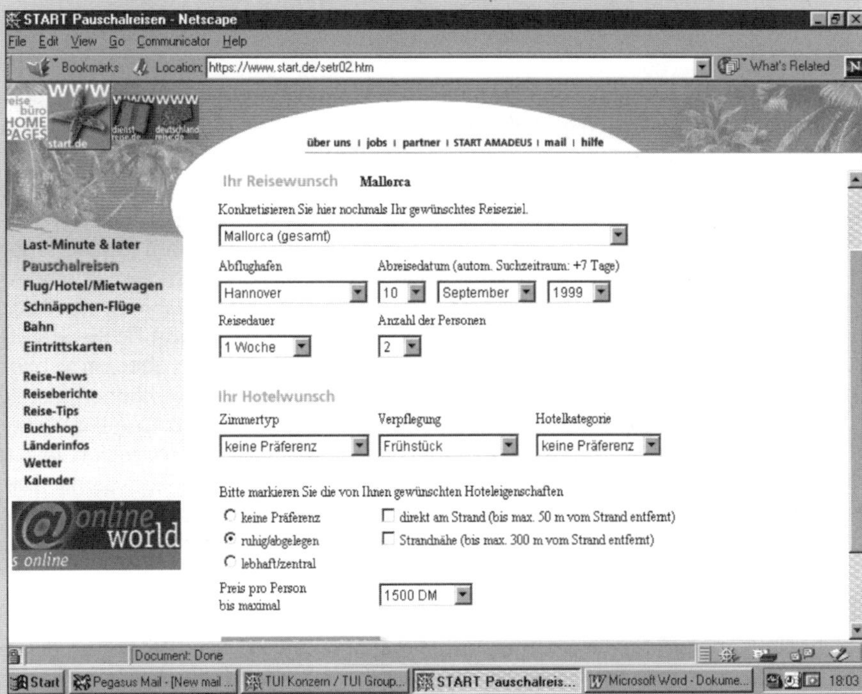

Abb. 8-5: Darstellung einer WWW-Seite auf dem PC-Bildschirm des Anwenders – WWW-Site der START Media Plus GmbH

8.3.1 Grundlagen des Internets

Die Geschichte des **Internets** geht auf die sechziger Jahre zurück. Das U.S.-Militär strebte ein zerstörungssicheres Kommunikationssystem an. Es wurde ein Netzwerk ohne zentrale Steuerung und mit redundanten/alternativen Verbindungswegen entwickelt, so dass bei Zerstörung von Netzknoten die verbleibenden Computerknoten ihre Kommunikationen aufrecht erhalten konnten. Merkmal eines solchen dezentralen Netzwerkes ist, dass das Senden, Übertragen und Empfangen von Daten nach einem einheitlichen Standard erfolgen, den alle kommunizierenden Computer erfüllen müssen. Dabei wird jede Nachricht in mehrere Datenpakete jeweils mit Empfänger- und Absenderadresse aufgeteilt. Die Datenpakete finden unabhängig voneinander über die alternativen Verbindungswege ihren Empfänger (Routing), und dort werden sie wieder zur vollständigen Nachricht zusammengesetzt. Diese Netzwerktechnologie wurde später den Hochschulen und Forschungsinstituten zur wissenschaftlichen Kommunikation überlassen. Die Kommunikationsstandards (**TCP/IP**) stehen seither öffentlich zur Verfügung.

Seit Beginn der neunziger Jahre haben sich mit der zunehmenden Leistungsfähigkeit insbesondere der PC-Hardware und -Software grafische Benutzeroberflächen und multimediale Datenverarbeitung zum Standard im Bereich der PC-Endgeräte entwickelt. Damit sind die elementaren Voraussetzungen gegeben, um mit privaten Kunden und Verbrauchern direkt elektronisch kommunizieren und handeln zu können:

- allgemein verfügbare Standards der elektronischen Kommunikation und entsprechende globale Netzwerk-Systeme,
- verbreitete Endgeräte, die über grafische Bildschirmoberflächen einfach und intuitiv bedienbar sind.

Seit Mitte der neunziger Jahre wird das Internet mit seinem multimedialen Informations- und Kommunikationsdienst **WorldWideWeb** (WWW) zunehmend kommerziell, als Basis des elektronischen Handels (electronic Commerce) genutzt.

Das Internet ermöglicht durch seine technischen Standards weltweit die Kommunikation mehrerer Millionen Netzwerke. Es ist folglich dezentral/verteilt organisiert und allgemein zugänglich. (Das WorldWideWeb-Consortium W3C [„www.w3.org"], dem weltweit mehr als 300 bedeutende Unternehmen und Organisationen angehören, fungiert als empfehlende Standardisierungs- und Kontrollinstitution.) Weltweit sind im Rahmen der Einzelnetze ...zig Millionen Rechner an das Internet angeschlossen. (Die Anzahl steigt ständig. Aktuelle Zahlen können abgefragt werden unter: „www.nic.de".) Da über einen angeschlossenen Computer mehrere Personen Zugriff zum Internet erhalten können, beträgt die Anzahl der potenziellen Internet-Nutzer ein Mehrfaches (siehe z. B. Eingangsbeispiel zu diesem Kapitel). Das Internet ist weltweit in hierarchisch strukturierte regionale oder institutionelle Verwaltungsgebiete (**Domains:** subdomain.domain.top-level-domain) aufgeteilt. Die Domains werden von kommerziellen oder nichtkommerziellen Institutionen (**Internet-Service-Provider – ISP**) verwaltet und mit folgenden Dienstleistungen betrieben (vgl. Abb. 8-6 und 8-7):

- Routing und Domain-Name-Server
- technische Anbindung der Internet-Teilnehmer und kontrollierter Zugang zu den Internet-Diensten, z. B. Anschluss an das multimediale WorldWideWeb als Informationsnachfrager (WWW-Client) oder als Informationsanbieter (WWW-Server).

Die Fachhochschule Wilhelmshaven ist beispielsweise als Provider zuständig für die Subdomain „fh-wilhelmshaven.de" („de" steht für die Top-Level-Domain „Deutschland", „fh-wilhelmshaven" steht für die Subdomain im Rahmen der Domain des deutschen Wissenschaftsnetzes).

Die Einzelnetze und ihre Endgeräte werden jeweils einer Domain zugeordnet und unter Einhaltung der internationalen Internet-Standards betrieben. Sie und ihre eingebundenen Computer erhalten weltweit eindeutige Adressen (**IP-Adresse** – Internet-Protocol), die von Domain-Name-Servern vergleichbar einem Telefonbuch verwaltet werden. Der „sprechenden" Adresse der Domain „fh-wilhelmshaven.de" (**URL** – Unified Ressource Locator) ist beispielsweise die IP-Adresse „139.13" zugeordnet. Zuständig für die eindeutige Vergabe und zentrale Kontrolle der Domain-Namen im Rahmen einer Top-Level-Domain sind **Network Information Center** (NIC, z.B. DE-NIC eG für die Top-Level-Domain „.de", Details unter „www.nic.de"). Abbildung 8-6 skizziert die globale Struktur des Internets und Abbildung 8-7 zeigt diese Struktur mit Blick auf ein Provider-Netzwerk.

Die Datenpakete werden durch Vermittlungsrechner **(Router)** übertragen, die in den Netzwerken der Provider betrieben werden. Diese Router kennen die Adressen der ihnen angeschlossenen Computer, die Adressen benachbarter, über- und untergeordneter Router und die entsprechenden Übertragungswege. Sie steuern den Datenfluss automatisch. Abhängig von der Verfügbarkeit der weiterleitenden Router auf der „Wegstrecke" wählen sie unter alternativen Übertragungswegen aus. Der Datensender kennt also nicht die Stationen und den Weg zum Datenempfänger. Die Datenübertragung erfolgt nach dem technischen Standard-Regelwerk **TCP/IP** (Transmission Control Protocol / Internet Protocol), das HyperText Transfer Protokoll **(HTTP)** ist eine Teilmenge des TCP/IP-Regelwerkes zur Übertragung und Darstellung von HTML-Dateien (s.u.) im WWW *(vgl. Hansen, H. R., 1996, S. 1058 ff.).*

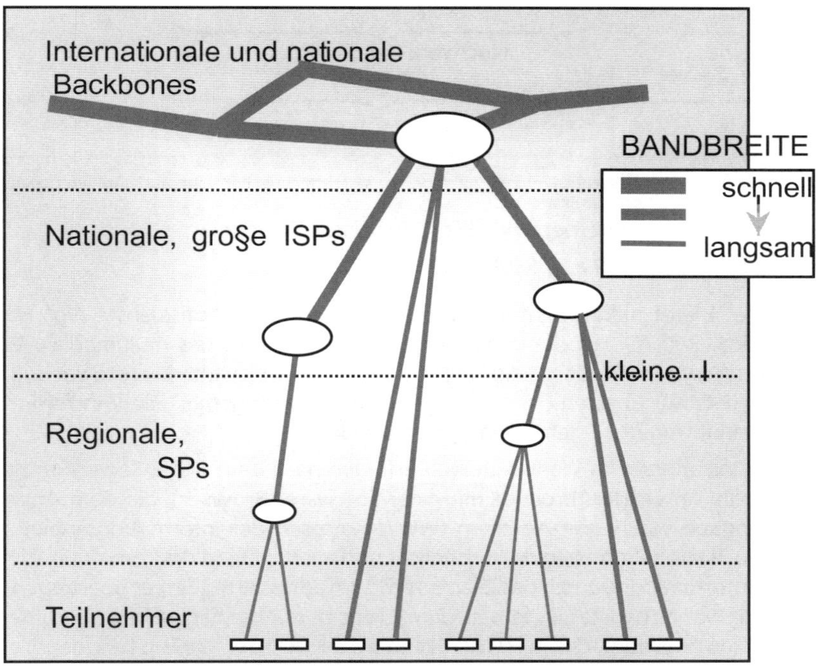

Backbone: Breitbandige Datenleitung, die eigenständige Netzwerke verbindet („Hauptverkehrsader").

Bandbreite: Übertragungskapazität einer Datenleitung in „bits pro Sekunde" (bit: binäres Zeichen. Mit einer Folge von 8 bits wird ein alphanumerisches Zeichen dargestellt). Übertragungskapazitäten bis 64 000 bits/sek. werden als **schmalbandig,** höhere Kapazitäten als **breitbandig** bezeichnet.

Die Abbildung deutet auch die **Bedeutung der Providerwahl** für teilnehmende Clients und Server hinsichtlich der Datenübertragungskapazitäten und -geschwindigkeiten an.

Abb. 8-6: Physische Infrastruktur des Internets

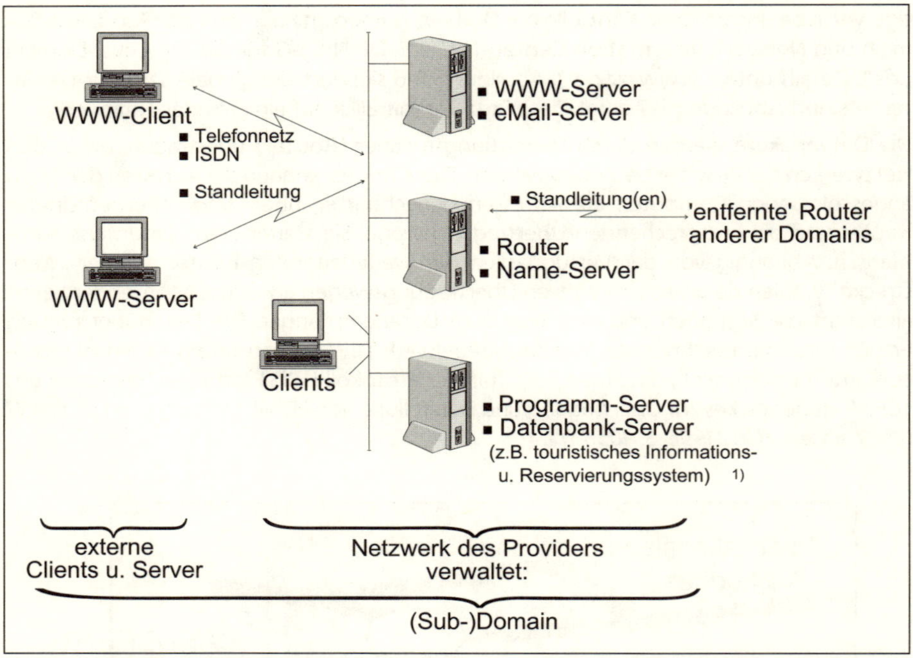

1) In diesem Beispiel ist der Internet-Provider, zumindest in systemtechnischer Sicht, auch Anbieter touristischer Leistungen (Service- und Content-Provider).

Abb. 8-7: Aufbau des Internets mit „Blick" auf einen Provider

(Aus: Weithöner, U., 1999 a, S. 530)

Das Internet bietet mehrere Informations- und Kommunikationsdienste *(vgl. Hansen, H. R., 1996, S. 380 ff.).* Für die kommerzielle Nutzung steht das multimediale **World-WideWeb** (WWW) im Vordergrund, in das auch andere relevante Dienste wie z.B. electronic Mail (**E-Mail**), Chatten (Text-Dialoge), Datei-Transfer gemäß File-Transfer-Protocol (**FTP**) und zukünftig Bild-Telefonie integriert werden.

Die Kommunikationen im WorldWideWeb erfolgen nach dem Client-Server-Prinzip. Der **Client**-PC des Anwenders arbeitet mit einer Software (**Browser**), die dem Anwender u.a. die Eingabe von Server-Adressen (WWW-Adressen der Informationsanbieter, z.B. http://www.fh-wilhelmshaven.de) ermöglicht und anschließend die Kommunikation einleitet. Der Informationswunsch des Clients wird zum adressierten Server übertragen (Routing). Der Server antwortet, indem er dem Client gemäß seiner Anfrage vorgefertigte (Text-)Dateien überträgt, die im **HTML-Standard** (HyperText Markup Language) erstellt worden sind. Der Browser stellt diese HTML-Dokumente dem WWW-Client dar.

In den HTML-Texten können Verweise (**Hyper-Links**) auf weitere Informationsquellen (Dateien desselben Servers oder WWW-Adressen anderer Server), multimediale Objekte, Funktionenaufrufe (z.B. E-Mail), Programme (z.B. Java-Skripts) und Programmaufrufe (z.B. CGI, Plug-Ins und Applets) enthalten sein *(s.u., vgl. auch Münz/Nefzger, 1997 oder unter „www.teamone.de/selfhtml").* Die Browser-Software des Clients empfängt diese Dateien und stellt sie am Bildschirm dar bzw. führt sie aus. Durch Eingabe einer neuen WWW-Adresse oder durch Nutzung („Anklicken") der im Text enthaltenen Verweise kann der Anwender seine Informationssuche interaktiv fortsetzen, oder er kann ggf. durch Ausfüllen im Text vorgesehener Eingabefelder Daten an den adressierten Server übermitteln (vgl. Abb. 8-5 in der Eingangssituation dieses Kapitels).

Java-Skripts sind aus wenigen Befehlen bestehende Software-Programme, die in ein HTML-Dokument eingebettet werden und mit Darstellung des HTML-Dokumentes durch den Browser des Clients ausgeführt werden, um z. B. einfache Animationen darzustellen, kurze Berechnungen durchzuführen oder Eingaben des Benutzers zu prüfen.

Ein **CGI-Aufruf** (Common Gateway Interface) ist ein in HTML eingebettetes Kommando. Mit „Anklicken" einer entsprechenden im HTML-Dokument angebotenen Funktion durch den WWW-Client wird zunächst auf dem WWW-Server ein **CGI-Programm** zur Ausführung gebracht, das beispielsweise übermittelte Daten des Clients auswertet und speichert (Kunden-Registrierung) oder eine Datenbank-Abfrage z. B. zur Vakanzprüfung auslöst und mit dem Ergebnis eine dynamische HTML-Seite aufbaut, die anschließend zum Client übertragen wird (s. u. Kap. 8.3.2).

Ein **Plug-In** oder **Applet** ist ein Software-Programm, das mit Aufruf einer bestimmten im HTML-Dokument angebotenen Funktion an den WWW-Client übertragen und in den Browser integriert wird **(Add-On)**. Das Plug-In oder Applet wird dezentral durch den Browser des Clients ausgeführt. Z. B. zum elektronischen Zahlungsverkehr wird ggf. ein Add-On-Programm an den Client übermittelt, das seine persönlichen Daten vor der Übertragung verschlüsselt (s. u. Kap. 8.3.2). Ein Plug-In wird nur einmal übertragen und als ergänzendes Modul des Browsers auf dem Client-PC gespeichert. Ein Applet ist nur temporär verfügbar und wird mit jedem entsprechenden Funktionenaufruf erneut zum Client übertragen. Eine bedeutende Programmiersprache zur Programmierung von Plug-Ins und Applets ist **Java.** In Konkurrenz zu Java steht die von Microsoft entwickelte **ActiveX**-Technologie.

8.3.2 WWW-Erweiterungen zum elektronischen Direktvertrieb

Den Verfasser dieses Beitrages erreichte vor wenigen Tagen das folgende E-Mail (Auszüge):

Date sent: **Mon, 2 Aug 1999**
To: **weithoener@fbw.fh-wilhelmshaven.de**
From: **info@apollocamper.com.au**
Subject:

Hallo Herr Weithoener !

Ich bin gerade am Praxissemestern bei Apollo Motor Home Holidays in Brisbane, Australia.

Es ist erstaunlich wieweit das Internet hier schon eingesetzt wird. Ca. 60% der Direktbuchungen werden ueber die Webpage (www.apollocamper.com.au) abgewickelt und bis auf einige Deutsche und ein paar skeptische Neuseelaender werden Kreditkartendetails ohne weiteres in emails verschickt. (soviel zur Diskussion Sicherheit und Vertrauen im Zahlungsverkehr).

Ich wuensche Ihnen einen schoenen Urlaub.

MfG

Holger Lies

Um Reiseleistungen an einem anonymen Markt automatisiert und direkt zu vermarkten, ist das WWW-System eines Anbieters (Web-Site) insbesondere um zwei Komponenten zu erweitern (eine umfassendere Betrachtung zum WWW-basierten Marketing und electronic Commerce bieten z.B. *Krause, J., 1999, Fuzinski/Meyer, 1997, Weithöner, U., 1999 a, S. 535 ff., vgl. auch unter „www.ecin.de", „www.electronic-commerce.de").*

Online-Schnittstelle zum Reservierungssystem des Unternehmens

Grundsätzlich basiert das WorldWideWeb auf der Übertragung von **statischen HTML-Dokumenten.** Damit können einem Interessenten aber nur Informationen gegeben werden, die zu einem früheren Zeitpunkt vorbereitet worden sind und die nicht automatisiert durch die laufenden Unternehmensprozesse und Wertebewegungen (z.B. Reisereservierungen und Verfügbarkeiten) aktualisiert werden.

- Um als Reiseanbieter die Interessenten zum Zeitpunkt ihrer Online-Anfrage aktuell, in Echtzeit, informieren zu können,
- um Interessenten- und Kundendaten zu registrieren/zu speichern,
- um auf Basis registrierter Nutzerdaten Web-Seiten individuell, z.B. mit persönlicher Anrede, gestalten zu können und
- um Buchungen verbindlich bestätigen zu können,

werden HTML-Seiten zunehmend mit **dynamischen Elementen** erstellt *(vgl. z.B. „www.tui.de").*

Die Web-Sites enthalten Formulare, in die die Clients ihre Daten eingeben, z.B. Reisewünsche, persönliche Daten, Inkassodaten. Die ausgefüllten Formulare werden per Hyper-Link an den Server zurückübertragen. Dieser Link verweist auf ein Schnittstellen-Programm (z.B. .../cgi-bin/ ... *.exe). Dieses Software-Programm wird automatisch auf dem WWW-Server aktiviert und übernimmt die vom Client erfassten Daten. Das Programm konvertiert die Daten in die Standard-Datenbank-Sprache **SQL** (Structured Query Language) und übermittelt das generierte SQL-Kommando (z.B. zur Speicherung von Kundendaten oder zur Vakanzanfrage) an das **Datenbank-Managementsystem (DBMS)** der Reservierungsdatenbank (vgl. Abb. 8-8 in Kap. 8.4.2). Das DBMS führt das SQL-Kommando aus und übermittelt ggf. die Ergebnisse einer Anfrage an den WWW-Server bzw. an das Schnittstellen-Programm. Das Interface-Programm konvertiert die Ergebnisse in das HTML-Format, so dass sie anschließend an den anfragenden WWW-Client übertragen werden können. Diese dynamischen Online-Datenbank-Schnittstellen werden bereits in touristischen Web-Sites eingesetzt.

In vielen WWW-Anwendungen werden jedoch nur Möglichkeiten angeboten, bei denen es sich nur um statische Vakanzlisten und einfache E-Mail-Funktionen handelt. Der Interessent füllt am Bildschirm ein Buchungsformular aus, das als E-Mail im Sinne einer Buchungsanfrage an den Anbieter übermittelt wird, der die Anfrage anschließend (evtl. „händisch" und mit Zeitverzug) bearbeitet. Dem WWW-Client dargestellte Angebots- und Vakanzlisten sind oft nur periodisch oder unregelmäßig aktualisierte HTML-Texte, die nicht aus einer aktuellen und online durchgeführten Abfrage der Reservierungsdatenbank resultieren.

Systemkomponenten zur Transaktionssicherung

Um elektronischen Handel (**E-Commerce**) vollständig automatisiert durchführen zu können, sind die Anforderungen der Transaktionssicherheit zu erfüllen *(vgl. Liedke, B., Kap. 6 und 7, Pohlmann, N., 1998, Höller u.a., 1998, S. 244 ff., vgl. auch z.B. unter „www.ecin.de", zu den rechtlichen Grundlagen vgl. das Informations- und Kommunika-*

*tionsdienste-Gesetz **[IuKDG]**, z. B. unter „www.iid.de", Krause, J., 1999, vgl. auch „www.netlaw.de", „www.online-recht.de"):*

- Durch das flexible Routing zur Datenübertragung im Internet kennt der Datensender nicht die Wege und die Routerstationen zum Datenempfänger. An jedem weiterleitenden Router können die Daten zum Missbrauch kopiert oder verändert werden. Sensible und persönliche Daten, wie z. B. Bankverbindungen, Kreditkartennummern oder Kenn-/Passwörter, sind folglich so zu verschlüsseln, dass nur der adressierte Datenempfänger sie decodieren kann und prüfen kann, ob sie missbräuchlich verändert worden sind. Die Voraussetzung der **Sicherheit und Authentizität der übermittelten, sensiblen Daten** ist tourismuswirtschaftlich relevant, wenn Reisen und Reiseleistungen kurzfristig vor Reisebeginn gebucht werden und für eine traditionelle Abwicklung und Bezahlung der Buchung keine ausreichende Zeit verbleibt oder wenn Reiseanbieter durch vollständige Automatisierungen innerbetriebliche Rationalisierungseffekte und Prozesskosten-Reduzierungen anstreben (vgl. Eingangssituation zu Kap. 8.3).
- Wenn elektronisch handelnde Geschäftspartner „sich kennen", d. h. in einem Vertragsverhältnis stehen, identifiziert sich der Kunde im System des Anbieters mit Kennwörtern, die dem Anbietersystem als Stammkundendaten bekannt sind und die nach Übermittlung überprüft werden. Beispielsweise beim Homebanking wird die Berechtigung und die Echtheit des Kontoinhabers durch eine persönliche Identifikationsnummer (PIN) und durch Transaktionsnummern (TAN) geprüft. Elektronische Marktplätze fordern teilweise die Registrierung eines neuen Online-Kunden auf herkömmlichen brieflichen oder telematischen Wegen, bevor er das erste Geschäft online durchführen kann. Die Echtheit der Handelspartner ist damit gewährleistet. Wenn aber Reiseleistungen (z. B. Last-Minute-Angebote) kurzfristig am anonymen Markt der Reiseinteressenten vertrieben werden, sind die **Authentizitäten der Anbieter und Nachfrager** zu gewährleisten, um sie gegenseitig vor Missbrauch zu schützen. Da im Internet über IP-Nummern und abstrakte E-Mail-Adressen kommuniziert wird, erhält beispielsweise ein Reiseanbieter die Internet-Adresse des Computers, von dem eine Reisebuchung abgesendet worden ist, er kann damit aber nicht prüfen, ob die mit der Buchung übermittelten persönlichen Kundendaten richtig sind. Dem direkt und anonym buchenden Kunden kann er daher eine Reise nur reservieren, wenn er die gesicherten und echten Zahlungsinformationen des Kundens erhält und die Buchung damit sofort und gesichert bezahlt wird.

Der **gesicherte elektronische Zahlungsverkehr** ist Voraussetzung für die Nutzung des WorldWideWeb als vollständig automatisiertes Distributionssystem. Das **SSL-Verfahren** (Secure Socket Layer) ist bereits als Standard in die aktuelle Browser-Software integriert (Plug-In) und Teil des HTTP-Protokolles (als HTTPS). Durch umfangreiche kryptografische Verfahren mit transaktionsspezifischen Parametern werden die sensiblen Kundendaten so codiert, dass nur die Server-Software des Anbieters sie decodieren kann. Der Händler muss dazu durch eine behördlich beaufsichtigte Zertifizierungsstelle (z. B. Telekommunikationsunternehmen oder Banken) elektronisch zertifiziert sein.

Mit dem Verfahren **SET** (Secure Electronic Transaction) ist von Kreditkarteninstituten und Banken ein offener Verfahrens- und Technik-Standard für sichere Kreditkartenzahlungen über unsichere Netzwerke entwickelt worden. SET erfüllt, über SSL hinausgehend, die Anforderungen der Transaktionssicherheit dadurch, dass auch die Kunden elektronisch zertifiziert werden und dadurch, dass die Banken und Kreditkartengesellschaften der Handelspartner in die Geschäftsprozesse online einbezogen werden. Bestelldaten und Inkassodaten werden getrennt verschlüsselt. Der Anbieter kann nur die Bestelldaten entschlüsseln, die Kreditkartendaten werden an die Bank des Händlers weitergeleitet, dort entschlüsselt und online bei dem Institut des Kundens verifiziert. Die Bonität des Kundens wird ggf. dem Händler online bestätigt. Es wird erwartet, dass der SET-Standard zukünftig umfassend genutzt werden wird, der SSL-Standard wird bereits heute genutzt (z. B. „www.tui.de", „www.start.de").

Im Rahmen vollständig automatisierter Prozesse sind integriert mit dem elektronischen Zahlungsverkehr auch Bestätigungen und **Reisedokumente** (z. B. Tickets und Voucher) elektronisch auszustellen. Die Übermittlung von Textdateien zum Ausdruck beim Web-Client ist nicht fälschungssicher. Zurzeit werden für den Bereich der Geschäftsreisen Chipkarten-Systeme entwickelt, so dass die Daten der Reisedokumente an den Client übertragen und mit einem Karten-Schreib/Lesegerät seines PCs auf seinen elektronischen Karten-Chip gespeichert werden. Diese bespeicherten **Chipkarten** (Smart card) bieten im Ablauf der Reise weitere Möglichkeiten der Automatisierung, z. B. automatischer „Check-In" mit Kartenlesegeräten an den Flughafen-Gateways *(vgl. Touristik REPORT 1999/2000, S. 110).* Es ist zu erwarten, dass Schreib-/Lesegeräte für Chipkarten zu PC-Standard-Komponenten werden (äußerlich vergleichbar einem Diskettenlaufwerk).

Anmerkung: Die Möglichkeiten technisch sicherer elektronischer Prozesse schließen aber nicht aus, dass z. B. ausreichend langfristig gebuchte Reisen mit „traditionellen" Möglichkeiten abgewickelt werden. Soweit möglich, sollte zumindest zurzeit noch dem Kunden die Auswahl eines Zahlungs- und Abwicklungsprozesses gemäß seinem individuellen Sicherheitsbedürfnis angeboten werden.

Jeder Abruf eines HTML-Dokumentes durch WWW-Clients wird aus sicherheits- und netzwerktechnischen Gründen vom WWW-Server in Zugriffsprotokoll-Dateien (**Logfiles**) protokolliert. Diese Zugriffsdaten ermöglichen auch marketing-relevante Nutzungsanalysen *(vgl. Höller u. a., 1998, S. 227 ff., Krämer, I., 1998).*

8.3.3 Intranet und Extranet

Das Internet ist grundsätzlich für jedermann offen, es verbindet die Computer und Computer-Netzwerke der Teilnehmer zu einem globalen Kommunikationssystem. Das schließt aber nicht aus, dass kooperierende Teilnehmer dieses Verbundes sich zu einer Benutzergruppe zusammenschließen und sich für definierte Aufgaben und Kommunikationen abschirmen, z. B. entfernte Betriebsstellen eines Unternehmens oder kooperierende Unternehmen einer Branche. Eine definierte Benutzergruppe und ihre technischen Systeme, die auf Basis der Internet-Technologie kommunizieren, aber gegen unberechtigte Zugriffe geschützt werden, wird als Intranet bezeichnet. Die eingehenden, abgehenden Kommunikationen eines Intranets werden bezüglich ihrer Berechtigungen kontrolliert und bei fehlenden Rechten abgewiesen **(Firewall).** Auf Basis einer einheitlichen Technologie kann damit sowohl global und offen als auch intern und abgeschirmt in einer definierten Benutzergruppe kommuniziert werden *(vgl. Höller u. a., 1998, Liedtke, B., 1998, Kap. 6.3, Pohlmann, N., 1998, Teil 3/4).*

Vielfach wird darüber hinaus zwischen Intranet und **Extranet** unterschieden. Unter einem Intranet wird in dieser Unterscheidung ein unternehmensweiter und ggf. Unternehmensstandorte verbindender Netzwerke-Verbund verstanden, während der Begriff Extranet für übergreifende Netzwerkverbindungen kooperierender Unternehmen und registrierter Handelspartner auf Basis der Internet-Technologie steht. In einem Extranet werden Zugriffsberechtigungen z. B. durch Passwort-Schutz überwacht.

Im Unterschied zum Internet werden **kommerzielle Online-Abonnement-Systeme,** z. B. **T-Online,** America Online (**AOL**) und **CompuServe,** zentral betrieben und verwaltet.

Ihre Nutzung ist kostenpflichtig. Sie ermöglichen den angeschlossenen Abonnenten die Kommunikation mit ihren angeschlossenen Informations- und Leistungsanbietern und als Provider den Zugang zum WorldWideWeb. Durch ihre zentrale Struktur können sie darüber hinaus Abrechnungs-, Inkasso- und ähnliche Dienste ihren registrierten Kunden anbieten. Die kommerziellen Online-Abonnement-Systeme sind schon wesentlich länger verfügbar als das WorldWideWeb. T-Online beispielweise existiert mit seinen Vorläufern Bildschirmtext (Btx) und Datex-J bereits seit Beginn der achtziger Jahre. Sie stehen, grundsätzlich betrachtet, im Wettbewerb zum Internet. Als geschlossene Abonnement-Systeme haben sie in Deutschland keine wesentliche Bedeutung erlangt. Mit der Entwicklung des WWW und der technischen Anbindung ihrer Netzwerke als Internet-Provider konnten die kommerziellen Online-Systeme ihre Anzahl registrierter Nutzer erheblich steigern. Die Abonnenten nutzen die Systeme, um Zugang zum globalen WorldWideWeb zu erlangen, und die Leistungsanbieter offerieren ihre Produkte global und öffentlich im WWW, wobei die Online-Systeme nicht nur als Provider, sondern z.B. auch durch die Übernahme von Clearing- und Inkasso-Funktionen als Dienstleister des E-Commerce agieren. In diesem Sinne betreiben sie ein Extranet für ihre Abonnenten. Die kommerziellen Online-Systeme werden vollständig in das Internet integriert werden, sie sind dann als Provider, Dienstleister und als virtuelle/elektronische Marktplätze im Internet zu sehen *(vgl. Krause, J., 1999, S. 89, DRV [Hrsg.], 1998, S. 136).*

8.3.4 WorldWideWeb und tourismuswirtschaftliche Absatz- und Beschaffungsprozesse

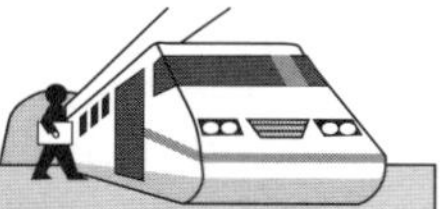

Marktforschungsinstitute haben ermittelt (vgl. unter „www.comcult.de", „www.gfk.cube.net", „www.w3b.de", „www.wuv.de"):

- **Der Online-Werbemarkt in Deutschland boomt**

  Der deutsche Werbemarkt profitiert vom Internet. So werden die Nettowerbeeinnahmen bis zum Jahr 2010 auf 72 Milliarden Mark steigen. In Deutschland soll die Online-Werbung rund 4,6 Milliarden Mark erzielen.

- **Im Business-to-Business-Handel liegt die Zukunft**

  In 5 Jahren werden statt der derzeit 2 etwa 23 Prozent des Business-to-Business-Handels in Deutschland über das Internet abgewickelt.

- **Web-Shopper sind Top-Verdiener**

  Hochgebildete und gutverdienende Männer zwischen 30 und 49 Jahren sind die fleißigsten Web-Shopper.

Inhalte, die den Internet - Nutzern wichtig sind	Angaben in %
E-Mails versenden	56 %
Produktinformationen	34 %
Wirtschaftsinformationen	34 %
Herunterladen von Dateien	31 %
Fahrplan- und Flugauskünfte	30 %
Homebanking	28 %
Chatten	27 %
Theater, Kino usw.	24 %
Reisebuchungen	23 %
Politik – Nachrichten	22 %

Die Nutzung des WorldWideWebs im Rahmen tourismuswirtschaftlicher Marketingprozesse kann wie folgt systematisiert werden:

Business-to-Consumer-Prozess

- **Information und Kommunikation**

  Tourismusunternehmen auf allen Stufen der Wertschöpfungskette können die Leistungen, die sie den Endkunden anbieten, textlich und multimedial darstellen und Kommunikationen, z. B. durch Angabe von Adressen und Telefonnummern, durch E-Mail- und Chat-Funktionen und zukünftig durch Bild-Telefonie, ermöglichen. Eine Vielzahl von Providern bieten nicht nur den technischen Internet-Anschluss (Internet-Service-Provider), sie bieten auch die benötigten Funktionen und Speicherkapazitäten des WWW-Servers an (Content-Provider) und in Zusammenarbeit mit Werbeagenturen die Leistungen zur Gestaltung und Programmierung der Web-Site (Full-Service-Provider). Die Tourismusunternehmen können eigenständig und/oder im Rahmen elektronischer Marktplätze (Travel-Malls – Merchandise Hall) auftreten. Beispielweise die CRS-Unternehmen haben neben ihren traditionellen Systemen (vgl. Kap. 8.2) Travel-Malls aufgebaut und bieten den Tourismusunternehmen die Integration und die genannten Provider-Leistungen an *(vgl. z. B. „www.start.de", „www.travelocity.com" [SABRE])*.

- **Direktvertrieb**

  Reiseveranstalter, Leistungsträger und andere Anbieter touristischer Leistungen können über Information und Kommunikation hinausgehend ihre Angebote direkt an den Endkunden vermarkten. Erforderliche oder optionale Erweiterungen der Web-Sites zur Abwicklung der Geschäftsprozesse sind in Kapitel 8.3.2 dargestellt worden. Sie können selbst auf Basis vorhandener Standards entwickelt oder durch Full-Service-Provider zur Verfügung gestellt werden. Die Anbieter können einzeln (z. B. „www.tui.de", „www.ltur.de", „www.lufthansa.com") und/oder im Verbund eines elektronischen Marktplatzes auftreten (z. B.: konzerngebunden „www.tui.com"; branchenbezogen „www.start.de"; spezialisiert im Rahmen eines Hotelführes „www.tourisline.de" oder als Flug-Consolidator „www.tiss.com"; regional „www.die-nordsee.de" oder allgemein „www.my-world.de". Zum regionalen System „www.die-nordsee.de" *vgl. auch Weithöner, U., Ehbrecht, O., 1998. .)*

  Beispielsweise über „www.start.de" werden veranstalterübergreifend Last-Minute- und Pauschalreisen, Leistungen des AMADEUS-Systems und Eintrittskarten direkt angeboten (vgl. Eingangsbeispiel zu Kap. 8.3). Nachdem ein WWW-Kunde seine gewünschten Leistungen ausgewählt und seine persönlichen Daten eingegeben hat, werden sie von START an das Reservierungssystem des Anbieters zur Vakanzprüfung geleitet. Bei Verfügbarkeit wird die Buchung aber nicht direkt abgeschlossen, sondern dem WWW-Kunden wird eine Liste von Reisebüros in seiner Nähe angezeigt. Er wählt ein Büro aus, und START übermittelt die Buchungsdaten per E-Mail an das gewählte Reisebüro, das anschließend den Buchungsvorgang über das START-CRS und den Zahlungsverkehr in traditioneller Weise abwickelt und „normale" Provisionen erhält. Reisebüros, die über einen traditionellen START-CRS-Anschluss verfügen und über START als WWW-Client an das Internet angeschlossen sind, werden in diesen Prozess einbezogen *(vgl. unter „www.start.de", zur Integration der Reisebüros in das WorldWideWeb vgl. auch Weithöner, U., 1999 b, S. 336 ff.)*. Die TUI bietet konzernbezogen ein vergleichbares System an („www.tui.com"). Die Beispiele zeigen, dass den Kunden Sicherheit durch persönliche Ansprechpartner im Reisebüro gegeben werden soll und dass die Reisebüros als wichtige Vermittler nicht zu schnell durch den Direktvertrieb konkurrenziert werden sollen. (Dies kann auch als Grund gesehen werden, warum in den Massenmedien nur sehr zurückhaltend Werbung für den Internet-Vertrieb gemacht wird. Zur Integration dieser Systeme in das Tourismus-Marketing *vgl. Weithöner, U., 1999 a) S. 535 ff.)*

Business-to-Business-Prozess

In Kapitel 8.2 ist der Geschäftsprozess zwischen Reisemittlern und Reiseanbietern auf Basis der „traditionellen" CRS beschrieben worden. Alternativ dazu bieten große Leistungsträger(-ketten), CRS-Betreiber und neue Internet-Dienstleister den Reisemittlern (Reisebüros und Dienstreise-Abteilungen) den Zugang zu den Reservierungssystemen via WorldWideWeb an. Die Reisemittler werden als Web-Clients registrierte Teilnehmer mit spezifischen Rechten, ggf. besonderen Preis- und Rabattbedingungen und Provisionen im Extranet eines Internet-Dienstleisters.

In technischer Sicht schaffen diese Provider Schnittstellen zwischen dem Internet und den proprietären CRS-Netzwerken. Die Kommunikationen mit den Kunden (hier: Reisemittler) erfolgen über das WorldWideWeb und die Kommunikationen mit den Leistungsanbietern erfolgen über die vorhandenen CRS-Netzwerkverbindungen.

Die Computer-Reservierungssysteme werden damit zu offenen und brancheninternen Systemen mit umfangreichen differenzierten Service und Dienstleistungsangeboten in Business-to-Consumer- und Business-to-Business-Prozessen.

Prozessautomation durch virtuelle Reisebüros

Virtuelle Reisebüros integrieren und automatisieren den Prozess zum Kunden und den Prozess zum Reiseanbieter. Sie sind Web-Sites, die auf Basis einer Datenbank die wesentlichen Leistungen eines Reisemittlers erbringen:

- Touristische Informationen und Informationen über vermittelbare Reiseangebote werden mit vereinheitlichten Selektionskriterien (z. B. Preisklasse, Unterkunftsart und -ausstattung, Lage) in der Datenbank gespeichert, so dass das virtuelle Reisebüro „weiß, wer was anbietet". WWW-Nutzer haben durch Eingabe ihrer Auswahlkriterien in ein Formular der Web-Site die Möglichkeit, Reiseangebote abzufragen und sich Informationen über selektierte Angebote multimedial darstellen zu lassen. Diese Datenbank-Recherche entspricht der Kundenberatung zur Entscheidungsfindung. Travel-Malls sind, wenn sie diese „Beratungsleistungen" auf Datenbank-Basis anbieten, als virtuelle Reisebüros zu betrachten (z. B. TraXXX-Reisen unter „www.focus.de", vgl. auch die oben genannten elektronischen Tourismus-Marktplätze).
- Findet der Interessent ein geeignetes Angebot, wird die Verbindung zum Anbieter hergestellt, um online Zugriff zu seinem Reservierungssystem zu nehmen. Der Interessent kann eine Vakanzprüfung und Preisrechnung veranlassen. Verfügbare Reisen werden auf dem Bildschirm des Interessenten dargestellt und zur verbindlichen Vermittlung angeboten. Der Interessent wählt aus, und seine Buchungsdaten werden an den Server des virtuellen Reisebüros zurückübertragen, der die Buchung automatisch in dem anbietenden Reservierungssystem platziert. Der Zahlungsverkehr kann elektronisch, z. B durch Übermittlung der Kreditkarten-Daten des Kundens abgewickelt werden.

Anmerkung: Die **rechtliche Stellung** virtueller Reisebüros gegenüber den Kunden unterscheidet sich von der „traditioneller" Mittler. Traditionelle Reisebüros schließen mit dem Kunden einen Geschäftsbesorgungsvertrag im Sinne des Bürgerlichen Gesetzbuches *(vgl. Degott, P., 1999, S. 590 ff.)*, die rechtliche Stellung virtueller Internet-Büros hingegen ergibt sich aus der Verantwortung der Betreiber für im WWW veröffentlichte Inhalte *(vgl. Jaeger-Lenz, A., 1999).*

8.4 Unternehmensinterne Prozesse und Informationsysteme

8.4.1 Reisemittler-Systeme

Die Aufgabenbereiche eines Reisebüros können wie folgt systematisiert werden *(vgl. Schulz, A., 1999, S. 141 ff., Freyer/Pompl, 1999, S. 11 ff.):*

- Zum **Front-Office** zählen alle Leistungen, die im unmittelbaren Zusammenhang mit dem Kunden und seiner Reisebuchung stehen (Geschäftsbesorgung). Diese Dienste erbringen die Reisebüros durch Teilnahme an branchenbezogenen, konzerngebundenen oder offenen Kommunikations- und Reservierungssystemen, wie in den vorangehenden Kapiteln ausführlich dargestellt.
- Verkaufsvorbereitende und -unterstützende Leistungen werden als **Mid-Office-Funktionen** bezeichnet. Hier stehen die Verkaufssteuerung und -optimierung und zielgruppen-orientierte Marketing-Maßnahmen im Vordergrund.
- Die Aufgaben der Buchhaltung, des Controlling und der Management-Information sowie die Abrechnungen mit den Reiseanbietern werden dem **Back-Office-Bereich** zugeordnet.

Die getätigten Vermittlungen im Front-Office-Bereich sind die Grundlage der Mid- und Back-Office-Funktionen (Ausnahme z. B. Gehaltsabrechnungen). Zur Unterstützung der Mid- und Back-Office-Funktionen nutzen die Reisebüros **Systeme der Informationsverarbeitung.** Sie basieren auf Datenbanken, die die Stammdaten der kooperierenden Reiseanbieter, die Daten der durchgeführten Vermittlungen und der Reisekunden sowie daraus abgeleitete Daten z. B. der Finanzbuchhaltung verwalten. Zur Auswahl eines geeigneten Informationssystems bieten sich den Reisebüros grundsätzlich folgende **Alternativen:**

- **Nutzung zentraler Dienstleistungssysteme**

  In Kapitel 8.2.3 ist bereits erläutert worden, dass Reisebüros über ihren CRS-Anschluss oder im Verbund ihrer Reisebüro-Kooperation ihre Daten an zentrale Dienstleistungsrechenzentren übermitteln lassen können, die für das jeweilige Reisebüro die Daten im Sinne der Mid- und Back-Office-Funktionen verarbeiten (Outsourcing).

- **Betrieb eines dezentralen Inhouse-Systems**

  Dezentrale Reisebüro-Software wird im Rahmen des lokalen Netzwerkes eines Büros betrieben. (In den tourismuswirtschaftlichen Fachzeitschriften wird regelmäßig und aktuell über Branchen-Software berichtet, auf der jährlichen Internationalen Tourismus Börse ITB in Berlin stellen die Anbieter ihre Software-Produkte regelmäßig vor, *vgl. auch DRV [Hrsg.], 1998, S. 176 ff.)* Der Einsatz einer **Reisebüro-Software** erfordert die **Vernetzung der PCs im Reisebüro,** um von allen PC-Arbeitsplätzen die notwendigen Zugriffe auf die zentrale Datenbank des Reisebüros zu ermöglichen. Die PCs der Anwender sind damit **multifunktional:**

  - Sie haben Zugriff zum hausinternen Reisebüro-System.
  - Sie können PC-Standard-Software, z. B. zur Textverarbeitung, nutzen.

Dabei ist es automatisiert möglich, Daten der Reisebüro-Datenbank zu selektieren und sie mit der PC-Standard-Software weiterzuverarbeiten (z. B. Selektion von Kundendaten und automatischer Druck eines Serienbriefes für alle selektierten Kunden oder Auswertung und grafische Darstellung von Umsatzzahlen mit einer Standard-Software zur Tabellenkalkulation).

- Die PCs haben Anschluss zu einem CRS.

  Buchungen, die via CRS auf dem System des Reiseanbieters erfasst worden sind, müssen zusätzlich auch in dem internen Reisebüro-System erfasst werden. Um diese doppelte Erfassung zu vermeiden, bietet z. B. START den Dienst an, eine Kopie der an den Reiseanbieter geleiteten Buchungsdaten automatisch an das Reisebüro-System zu übertragen (Online-Schnittstelle oder täglicher File-Transfer, vgl. Kap. 8.2.3).

- Die Reisebüro-PCs haben Zugang zu weiteren Kommunikationsdiensten, z. B. ISDN-Anschluss des lokalen Netzwerkes zum:
  - Internet-Provider
  - automatischen, papierlosen Faxversand
  - Dateitransfer an die Zentrale einer Reisebüro-Kooperation.

    In eine Kooperation eingebundene Reisebüros, die eigene Inhouse-Systeme betreiben, übertragen periodisch ihre Vermittlungsdaten an ein Zentralsystem zur Konsolidierung und Auswertung der Daten für die Kooperation.

8.4.2 Reiseveranstalter-Systeme

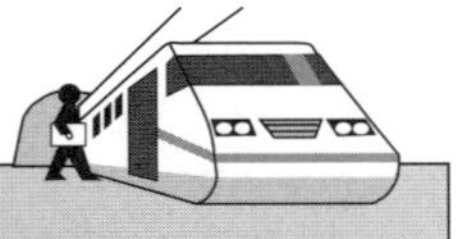

Frau Janßen möchte ihre Reise buchen. Egal welchen Weg sie wählt (Internet oder Reisebüro/CRS), der konkrete Buchungswunsch wird erfasst und elektronisch an das unternehmensinterne Reservierungssystem des Veranstalters übermittelt. Frau Janßen erwartet, dass in wenigen Sekunden ihr Reisewunsch bzgl. der Verfügbarkeit geprüft und ggf. reserviert wird und dass sie eine verbindliche Reisebestätigung inklusive Reisepreis erhält.

Folgende Beispiele zeigen **Faktoren, die den Reisepreis beeinflussen** können:

- **Zeitpunkt der Buchung**

  Wenn die Reise innerhalb einer bestimmten Frist nach Erscheinen des Kataloges (z. B. 6 Wochen) gebucht wird, wird ein reduzierter Frühbucherpreis berechnet.

  Wenn die Reise erst spät, z. B. 7 Tage vor dem geplanten Reisebeginn, gebucht wird, gilt evtl. ein sehr günstiger Last-Minute-Preis.

- **Saisonzeiten und Reisedauer**

  Der Reisepreis ist abhängig von der Saisonzeit, in der die Reise stattfinden wird. Die Saisonzeiten werden in der Saisonvorbereitung festgelegt, abhängig von der Kalenderzeit, dem Zielgebiet und dem Abflughafen. Aber wie wird der Preis berechnet, wenn die Saisonzeit während der Reisedauer wechselt und z. B. die erste Reisewoche in die Zwischensaison und die zweite Woche in die Hauptsaison fällt:
  - Wird abhängig vom Abreisetag der Zwischensaison-Preis für die gesamte Reisedauer berechnet oder

- wird reisedauerbezogen differenziert und für die zweite Woche der höhere Hauptsaison-Preis herangezogen?

- **Preis pro Wohneinheit oder Preis pro Person, Berücksichtigung der Zimmerbelegung und des Alters der Kinder**

  Wenn Frau Janßen eine Ferienwohnung oder ein Ferienhaus bucht, wird der Preis für diese Wohneinheit i.d.R. unabhängig von der Personenzahl berechnet.

  Bucht sie ein Doppelzimmer für 2 Personen im Hotel, wird der Preis pro Person bei Standardbelegung (2 Pers.) herangezogen. Reist sie allein, so hat sie einen Zuschlag für die Einzelbenutzung des Doppelzimmers zu zahlen.

  Möchte sie eine dritte Person mitnehmen, die ebenfalls in diesem Doppelzimmer in einem Zustellbett übernachten soll, sind folgende Faktoren zu berücksichtigen:

  - Ist die 3. Person ein Baby (jünger als 2 Jahre) zahlt sie evtl. einen Baby-Zuschlag.
  - Ist die 3. Person ein Kind (älter als 2, jünger als 12 Jahre), zahlt sie für das Kind z.B. den um 50% reduzierten Erwachsenenpreis.
  - Ist die 3. Person älter als 12 Jahre, zahlen alle drei Personen einen reduzierten Betrag, oder nur für die 3. Person wird ein Preisnachlass gewährt.

- **Reisedauer, Abreisetermine und Rabatte**

  Bei Pauschalreisen ist i.d.R. im Preis der ersten Reisewoche die Hin- und Rückbeförderung enthalten, der Preis der folgenden Woche ist ein Verlängerungspreis für die zusätzlichen Übernachtungen.

  Wenig nachgefragte Abreisetermine werden durch Preisnachlässe, die nur an diesen Abreisetagen gelten, gefördert, z. B. „14 für 10" (14-Tage-Reise zum Preis für 10 Tage). Wie wird dieser reduzierte Reisepreis berechnet:

  - 10/14 des normalen Reisepreises oder
  - normaler Preis der ersten Reisewoche zuzüglich 3/7 des Preises der zweiten Woche?

- **Zu- und Abschläge,** z.B.:

  Zuschläge für bestimmte Abflughäfen

  Zu- oder Abschläge für abweichende Verpflegungsarten

  Preisnachlässe für direkte Internet-Buchungen.

  Wird mit der Reise eine optionale Zusatzleistung, z.B. ein Mietwagen gebucht, wird für diese Leistung ein Preisnachlass gewährt.

- **Sonstige,** z.B.:

  Frau Janßen hat eine Stammkunden-Kreditkarte, die der Veranstalter herausgibt. Zahlt sie ihre Reise mit dieser Karte, erhält sie die Reiserücktrittskosten-Versicherung kostenfrei, und sie kann ohne zusätzliche Gebühr einen konkreten Sitzplatz für den Hin- und Rückflug reservieren lassen.

Zusätzliche Komplexität ist gegeben, wenn Frau Janßen eine Bausteinreise ausgesucht hat, die bestehend aus Pflichtleistungen, optionalen Wahlleistungen und alternativen Wahlpflichtleistungen individuell zusammengestellt werden kann.

Abbildung 8-8 zeigt den unternehmensinternen Leistungsprozess eines Reiseveranstalters im Überblick. Die Aufgaben im Rahmen dieses Prozesses werden durch Software-Module unterstützt oder automatisiert ausgeführt. Die erforderlichen Daten werden in einem unternehmenszentral verwalteten Datenbank-System gespeichert und durch das Datenbank-Management-System kontrolliert zur Verfügung gestellt (zu Datenbank-Grundlagen *vgl. Hansen, H. R., 1996, S. 941 ff., Beispiele werden dargestellt in Kleinschmidt/Rank, 1997).* Durch diese zentral verwaltete Datenbasis werden die einzelnen Aufgabenbereiche zu einem Prozess integriert.

Die detaillierten Anforderungen, die die konkreten Prozessaufgaben eines Reiseveranstalters an die **Software-Module** stellen, und die erforderlichen Daten können hier nicht im Einzelnen dargestellt werden. Dazu bedarf es einer unternehmensspezifischen Analyse, die abhängig von den angebotenen Reisearten und Produkten, den speziellen Ablauforganisationen und Kundenbeziehungen und mit Ausblick auf geplante Unternehmensentwicklungen einen konkreten Anforderungskatalog für den Reiseveranstalter zum Ergebnis hat. Auf der Basis eines detailliert erarbeiteten Anforderungskataloges können Investitionsentscheidungen zur Auswahl von Reiseveranstalter-Systemen vorgenommen werden: Individuelle Software-Entwicklung oder Auswahl eines Standard-Reiseveranstalter-Systems. (*Vgl. Weithöner, U., 1995, sowie ders., 1996.* Zu investitionsrechnerischen Methoden und Finanzplänen *vgl. Drees-Behrens, Ch., 1998.* Zur Integration in das Marketing-Management *vgl. Weithöner, U., 1999 a, S. 555 ff.* In den tourismuswirtschaftlichen Fachzeitschriften wird regelmäßig und aktuell über Reiseveranstalter-Software berichtet, auf der jährlichen Internationalen Tourismus Börse ITB in Berlin stellen die Anbieter ihre Software-Produkte regelmäßig vor.)

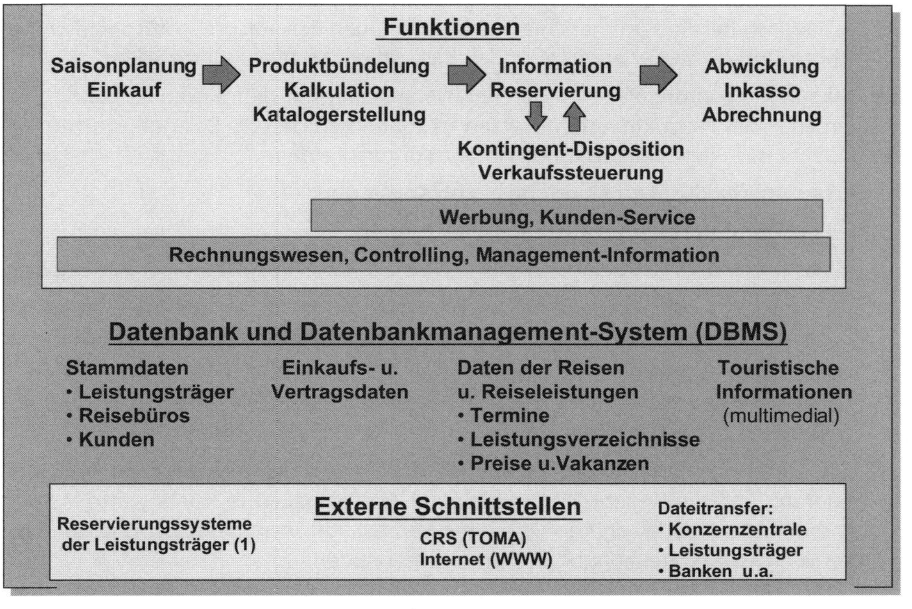

Abb. 8-8: Reiseveranstalter-System im (groben) Überblick

Im Folgenden werden auf Basis der Abbildung 8-8 ausgewählte, weil neuere, Anforderungen und Möglichkeiten der Reiseveranstalter-Systeme beispielhaft aufgeführt.

Einkauf

In Abstimmung mit der Saisonplanung (Teilnehmer-, Umsatz- und Ergebnisplanung) vereinbaren die Reiseveranstalter Belegungsrechte für touristischen Leistungen mit den jeweiligen Leistungsträgern. D.h. beispielweise Beförderungskontingente werden für bestimmte Strecken „gechartert" (z.B. Charterverträge mit Fluggesellschaften/Carriern), Hotelkontingente werden durch Belegungsverträge mit den Hoteliers „eingekauft" (zu den rechtlichen Grundlagen *vgl. Degott, P., 1999, S. 597 ff.)*.

Der Einkauf im Rahmen der Saisonvorbereitung ist i.d.R. zeitkritisch. Daher werden **Rationalisierungen** angestrebt, die durch das Informationssystem des Reiseveranstalters unterstützt werden müssen:

- Die Einkäufer nutzen in den Verhandlungen mit den Leistungsträgern tragbare PCs (Notebooks). Auf diesen **Notebooks** wird ein Informationssystem gespeichert, das einkaufsrelevante Daten bereithält, die aus dem zentralen Datenbank-System selektiert worden sind, z.B. Einkaufsdaten und Buchungszahlen der Vergangenheit, Reklamationen, Planzahlen der vorzubereitenden Saison. Weiterhin werden standardisierte Vertragsformulare gespeichert und im Verhandlungsprozess am Bildschirm ausgefüllt. Die so erfassten Vertragsdaten werden als Dateien über Dienste der Datenfernübertragung an das zentrale Veranstalter-System übermittelt und automatisiert in der Datenbank gespeichert. Damit stehen sie dem Kalkulationsprozess zur Verfügung.
- Beispielsweise Reiseveranstalter, die Ferienhaus-Reisen anbieten, schließen mit den Ferienhausbesitzern **mehrjährige Verträge** mit jährlichen Preissteigerungsraten ab. Das Veranstalter-System muss hier die jeweils neuen Einkaufspreise automatisch berechnen und damit der anschließenden Kalkulation zur Verfügung stellen.

Der Einkauf von Leistungen ist für den Reiseveranstalter mit dem **Risiko** verbunden, sie im Rahmen seiner Produkte nicht absetzen zu können, so dass die Belegungsrechte verfallen. Daher ist in den Einkaufskonditionen zu unterscheiden:

- **Einkauf mit exklusivem Belegungsrecht/Kontingent**
  - **Fest/garantiert eingekaufte Reiseleistungen**

    Das Risiko der Nichtbelegung/des Verfalls trägt der Veranstalter, er hat in jedem Fall den Leistungsträger für die Bereitstellung der Leistung zu bezahlen.
  - **Reiseleistungen mit Option der kostenfreien Rückgabe**

    Wenn eine Unterkunft nicht spätestens z.B. 14 Tage vor einem Belegungstermin reserviert worden ist, geht das Belegungsrecht an den Hotelier zurück, und der Veranstalter kann kurzfristig nur noch nach Rücksprache reservieren.

  Diese Unterscheidung ist wichtig für die den Saisonablauf begleitende Verkaufssteuerung und Kontingent-Disposition (s.u.). Fest eingekaufte Kontingente müssen bei drohendem Verfall an kooperierende Veranstalter weiterverkauft oder im Rahmen von Last-Minute-Angeboten vermarktet werden.

- **Konditionen zur Nutzung fremder Belegungsrechte**

  Hochwertige Reisen beispielsweise beinhalten Linienflüge und Übernachtungen in noblen Stadthotels. Diese Reiseleistungen werden nicht als Vorleistungen eingekauft, sondern es werden **Einkaufskonditionen für den Fall einer Reservierung** vereinbart und gespeichert. Das Belegungsrecht verbleibt beim Leistungsträger, der Reiseveranstalter hat damit das Risiko, dass zum Zeitpunkt seiner Kundenbuchung das Kontingent bereits ausgebucht ist. Der konkrete „Einkauf" findet erst mit der Kundenbuchung statt. Größere Veranstalter mit einer Spezialisierung für diese Reisearten nutzen automatische Schnittstellen zwischen ihrem Reservierungssystem und dem CRS, das als Reservierungszentrale für die entsprechenden Leistungsträger fungiert (Punkt (1) in Abb. 8-8, z. B. AMADEUS). Das heißt, eine z. B. via START/TOMA beim Veranstalter eingehende Buchungsanfrage wird automatisch z. B. zur Flugvakanzprüfung und ggf. zur Reservierung an das kontingentführende CRS der Linienfluggesellschaft weitergeleitet. Das CRS bestätigt ggf. die Reservierung dem Veranstalter-System, das dann automatisch via START/TOMA den Reisenden informiert.

Bündelung der Reiseleistungen zu Reisepaketen/Pauschalreisen und Kalkulation der Verkaufspreise und -konditionen

- Nach der Datenerfassung der eingekauften Reiseleistungen und der durch den Veranstalter selbst zu erbringenden Reiseleistungen (z. B. Busbeförderung durch den Busreise-Veranstalter, Reiseleitung u. Ä.) mit ihren Preisen, Konditionen oder Verrechnungssätzen sind die Einzelleistungen zu Reisepaketen bzw. Pauschalreise-Angeboten zu bündeln. Dazu werden in der Datenbank Reisetermin-Tabellen und **Leistungsverzeichnisse** für die Reisepakete angelegt. Mit diesen Verzeichnissen werden die Reiseleistungen und ihre Bedingungen im Rahmen der Pauschalreise festgelegt, z. B. zeitliche Einordnung, Dauer und Status (Pflicht-, optionale Kann- oder Wahlpflichtleistung) der eingehenden Reiseleistungen, besondere Preisbedingungen (vgl. „Mietwagen" in der Eingangssituation zu diesem Kapitel). Diese Leistungsverzeichnisse sollten möglichst flexible und individuelle Produktgestaltungen ermöglichen.
- Auf dieser Basis sind **die Reisepreise und Verkaufskonditionen zu kalkulieren.** (Zur Preiskalkulation und -gestaltung vgl. Kirstges, T., 2000, S. 162 ff.) Die Kalkulation eines Reisepreises besteht nicht nur in der Addition der Einkaufspreise und ihrer Multiplikation mit Zuschlagsfaktoren zur Gemein-/Fixkosten-Deckung und Gewinnerzielung. Mit der Preiskalkulation sind auch alle Preiskonditionen festzulegen, wie sie beispielhaft in der Eingangssituation zu diesem Kapitel dargestellt worden sind.

  Kalkulierte Preise und Preiskonditionen werden, bevor sie ausgeschreiben und zur Buchung freigegeben werden, bzgl. der Marktsituation und ihres Einflusses auf das Unternehmensergebnis geprüft und ggf. angepasst:

  - **Marktpreisvergleichssystem:** Die kalkulierten Preise werden mit den Preisen der Wettbewerber für ähnliche Produkte verglichen. Dieser Vergleich vollzieht sich zunächst auf Basis von Vergangenheitswerten, er wird aber im Saisonablauf auf Basis aktueller Preise fortgesetzt, so dass im Rahmen der Verkaufssteuerung Preisaktivitäten (z. B. spezielle Rabatte und Sonderpreise) durchgeführt werden können.

    Um den Vergleich automatisiert durchführen zu können, sind die Wettbewerberdaten erforderlich. Um ihre (zu) aufwendige Erfassung zu vermeiden, können Standard-Vergleichssysteme eingesetzt werden (z. B. BIS.TRO), wenn ein Veranstalter entsprechende Standard-Pauschalreisen anbietet.

  - **Deckungsbeitragssimulation:** Der Reiseveranstalter setzt als Basis der Einkaufsprozesse Planzahlen/Planteilnehmer für seine Reiseziele und Reiseangebote fest. Diese Planzahlen können mit den kalkulierten Reisepreisen und Preiskonditionen bewertet werden. Damit werden Planumsätze ermittelt und reduziert um die jeweiligen Einkaufspreise Deckungsbeiträge simuliert. Entsprechen die simulierten Deckungsbeiträge nicht den Zielen des Unternehmens für die vorzubereitende Saison, können, sofern es die Marktsituation zulässt, die kalkulierten Preise und ggf. die Planzahlen und die Marketingaktivitäten zur Realisierung der Planzahlen angepasst werden. Bedingt durch die Datenmenge sind derartige Deckungsbeitragssimulationen nur automatisiert durch das Informationssystem des Reiseveranstalters leistbar.

Katalogerstellung

Die Reiseangebote werden mit ihren Leistungen, Terminen und Preisen sowie mit beschreibenden touristischen Informationen in Katalogen ausgeschrieben.

- Traditionell handelt es sich um **„Papier-Kataloge"**, deren Layout mit PC-Software (Desk-Top-Publishing – DTP) konzipiert und erstellt wird (durch den Veranstalter selbst oder durch Werbe-/DTP-Agenturen).
- Zunehmend bieten Reiseveranstalter ihre Kataloge auch auf Basis elektronischer Medien an: **Offline auf CD-ROM** oder **online via WorldWideWeb.** Mit diesen neuen Medien können die Produkte nicht nur mit statischen Texten und Bildern, sondern vollständig multimedial z.B. mit Videos und Audio-Elementen präsentiert werden. Elektronische Medien werden über die Katalogerstellung hinausgehend als Werbemittel und Werbeträger genutzt.

Die touristisch-beschreibenden Text-, Bild-, Video- und Ton-Daten sind verbunden mit den zu beschreibenden Reiseangeboten in der Datenbank zu verwalten, so dass sie gezielt selektierbar sind und automatisiert in die Katalog-Produktionen und Werbemittel-/Werbeträger-Gestaltungen übernommen werden können.

Vertrieb

Die internationalen Systeme zur verkaufsvorbereitenden Information und Reisebuchung und die erforderlichen Schnittstellen zu den Veranstalter-Systemen sind in den Kapiteln 8.2 und 8.3 ausführlich beschrieben worden. Diese CRS- und WWW-Systeme schließen sich für einen Reiseanbieter nicht gegenseitig aus.

- Zum **Vertrieb über Reisemittler** ist es für die Reiseveranstalter wichtig, ihre Reservierungssysteme nicht mehr nur an START, sondern ergänzend auch an die anderen Systeme, die das TOMA-Verfahren nutzen, anzuschließen. Über Merlin beispielweise haben heute ca. 4000 Reisebüros Zugriff auf über 70 Reiseveranstalter-Systeme im TOMA-Verfahren und auf das TUI-System (IRIS).

  Folgende Zahlen geben einen Eindruck über die technische Systembelastung und die technischen Sicherheits- und Geschwindigkeitsanforderungen, die an das Reservierungssystem eines mittelständischen Reiseveranstalters, der (nur) an START/TOMA angeschlossen ist, gestellt werden (aus einer Analyse, die der Verfasser für diesen Veranstalter erstellt hat, Weithöner, U., 1996):

  - Ca. 90 000 Buchungen pro Jahr, davon ca. 50 % via START.
  - 4500 der an START angeschlossenen Reisebüros haben einen Agenturvertrag mit diesem Veranstalter und damit via START Zugriffsrechte zu seinem Reservierungssystem.
  - 75 % der Buchungen werden in der Zeit von Januar bis März getätigt, in diesen Hauptbuchungsmonaten werden pro Tag in der Zeit von 9.00 bis 18.00 Uhr bis zu 18 000 Transaktionen von Reisebüros via START automatisiert im Reservierungssystem des Veranstalters ausgeführt (Vakanzanfragen, Buchung, Stornierung, Umbuchung u.a.), davon ca. 80 % besonders systembelastende Vakanz- und Preisanfragen.

START überwacht und protokolliert alle Transaktionen und fordert, dass die Antwortzeiten eines Veranstalter-Systems geringer als 20 Sekunden sind und im Durchschnitt weniger als 10 Sekunden betragen. Werden diese und andere vertraglich vereinbarten Bedingungen verletzt, hat START das Recht, das Veranstalter-System auszuschließen. Für die Dienstleistung „Kommunikation im TOMA-Verfahren" berechnet START dem Reiseveranstalter einmalig Anschluss- und Einführungskosten und eine Gebühr pro getätigter Buchung (z.B. je Flugpauschalreise).

- Der zunehmende **Direktvertrieb** insbesondere einfach strukturierter Pauschal- und Last-Minute-Reisen über das Internet und zukünftig auch über die mit dem WorldWideWeb verbundenen TV-Systeme (Digital-TV und Web-TV) erfordern die Anbindung der Veranstalter-Systeme an das WorldWideWeb mit dem Ziel automatisierter direkter Online-Buchungen.

Die Anforderung, **„fremde" Reiseleistungen,** die über unternehmensexterne Reservierungszentralen vermarktet werden, selbst produzierten Reisen gemäß konkreter Kundenanfrage automatisiert zuzubuchen, ist bereits im Zusammenhang mit dem Einkaufsprozess oben dargestellt worden (Punkt [1] in Abb. 8-8).

Disposition und Verkaufssteuerung

Der Einkauf von Reiseleistungen, die Produktbündelung und die Preiskalkulationen mit Ergebnissimulationen basieren auf Planteilnehmerzahlen und auf erwartetem Kundenverhalten im Zusammenhang mit den Werbeaktivitäten. Um die nach Buchungsfreigabe der Kataloge und im Saisonablauf eingehenden Buchungen **(Istzahlen)** mit den **Planzahlen** und mit den **Vorjahreszahlen** kontinuierlich vergleichen zu können, hat das Veranstalter-System regelmäßig und automatisiert sachgerechte Auswertungen zu erstellen, z.B. Belegungslisten, die jede Nacht automatisiert erstellt werden. Diese Auswertungen sind die Basis der Disposition und Verkaufssteuerung:

- Wird erkannt, dass die Nachfrage nach bestimmten Reisen und Zielgebieten die Planwerte übersteigt, sind ggf. kurzfristig entsprechende Reiseleistungen zu beschaffen, um das Angebot zu erhöhen und zusätzliche Deckungsbeiträge zu erzielen.
- Wird eine zu geringe Nachfrage erkannt, so dass Angebote zu verfallen drohen, sind Preis- und Werbeaktivitäten vorzunehmen, oder fest eingekaufte Kontingente (s.o.) sind an kooperierende Veranstalter und Last-Minute-Anbieter, z.B. im Konzern-Verbund, weiterzuverkaufen, um statt Angebotsverfall zumindest reduzierte Deckungsbeitrage zu realisieren. (Die TUI beispielsweise hat den Last-Minute-Anbieter l'tur in den Konzern integriert und vermarktet darüber Restplatz-Angebote.) In das Veranstalter-System können Software-Module integriert werden, die nach Freigabe durch die Verkaufssteuerung automatisch die Angebotsdaten an Last-Minute-Anbieter-Systeme transferieren.

  Um eine geringe Nachfrage durch Preisaktivitäten verbessern zu können, muss ein Reservierungssystem der Verkaufssteuerung vielfältige Möglichkeiten zur Gestaltung der Preis- und Rabattbedingungen geben und damit eine differenzierte Preisrechnung ermöglichen. (Die Eingangssituation zu diesem Kapitel deutet die Komplexität an. Zum Yield Management vgl. Kirstges, T., 2000, S. 227 ff.)

Abwicklung der Reisebuchungen und Abrechnungen

Eine gebuchte Reise ist mit den Leistungsträgern und mit dem vermittelnden Reisebüro und dessen Kunden bzw. direkt mit dem Reisenden abzuwickeln und abzurechnen:

- **Inkasso, Provisionsabrechnungen und Reiseunterlagen**

  - **Reisebüro-Vertrieb**

    Der Ablauf ist abhängig vom Agenturvertrag, der zwischen dem Reiseveranstalter und dem vermittelnden Reisebüro geschlossen worden ist. Der **Agenturvertrag** regelt z. B., ob das Reisebüro das Inkasso beim Kunden durchführt oder ob der Veranstalter direkt beim Reisenden den Reisepreis einzieht. Die relevanten Vetragsdaten werden in den **Reisebüro-Stammdaten** des Veranstalter-Systems gespeichert, um abhängig davon die Abläufe des Veranstalters automatisiert steuern und durchführen zu können, z. B.:

    - **Reisebüro-Inkasso**
      - Die Adress- und Zahlungsinformationen der Reisenden sind mit der Reisebuchung nicht anzufordern und nicht zu speichern.
      - Die Reiseunterlagen werden automatisch erstellt und in Papierform an das Reisebüro geschickt oder bei kurzfristigen Reisebuchungen am Abflughafen hinterlegt.
      - Rechnungsempfänger und Debitor des Veranstalters ist das Reisebüro. Es erhält eine Nettorechnung (Reisepreis abzüglich Provision) zeitnah zum Hinreisetermin der Buchung. Der Agenturvertrag regelt die Zahlungsart, z. B. automatischer Bankeinzug: Das Veranstalter-System übermittelt periodisch die Zahlungsdaten an die Bank des Veranstalters, die die Zahlungen automatisiert mit den Banken der entsprechenden Reisebüros abwickelt und ggf. den Zahlungseingang dem Veranstalter-System per Datentransfer bestätigt.
    - **Direkt-Inkasso**
      - Die Adress- und Zahlungsinformationen der Reisenden sind mit der Reisebuchung, z. B. im TOMA-Verfahren, zwingend anzufordern und als Kundendaten zu verwalten.
      - Rechnungsempfänger und Debitor des Veranstalters ist der Reisende. Er erhält eine Bruttorechnung unmittelbar nach Buchung der Reise, die bei ausreichend langfristiger Buchung in Anzahlung und Restzahlung gestaffelt wird. Zahlungsarten werden vom Veranstalter zur Wahl gestellt, z. B. Lastschrift oder Kreditkartenzahlung. Die Zahlungsabwicklung erfolgt automatisiert.
      - Nach Erhalt bzw. Absicherung der (Rest-)Zahlung werden die Reiseunterlagen automatisch erstellt und in Papierform an das Reisebüro oder, abhängig von den Vereinbarungen im Agenturvertrag, direkt an den Reisenden geschickt. Bei kurzfristigen Reisebuchungen werden sie am Abflughafen hinterlegt.
      - Das Veranstalter-System ermittelt monatlich die Provisionsabrechnungen, und das Reisebüro erhält automatisiert entsprechende Zahlungen vom Veranstalter.

  - **Direktvertrieb**

    Der Direktvertrieb ist verbunden mit Verfahren zum Direktinkasso, vergleichbar dem oben skizzierten Ablauf. Zu den besonderen Anforderungen und Möglichkeiten des elektronischen Zahlungsverkehrs und der elektronischen Ticket-Ausstellung im WorldWideWeb vergleiche Kapitel 8.3.2.

- **Avisierungen und Leistungsträger-Abrechnungen**

  Die Reservierungen sind mit ausreichendem zeitlichen Vorlauf den Leistungsträgern anzukündigen/zu avisieren. Dazu muss ein Modul der Veranstalter-Software regelmäßig, z. B. täglich nach Geschäftsschluss, alle neuen Reservierungen selektieren und je Leistungsträger auswerten und auflisten. Diese **Avisierungsdaten** werden nicht mehr in Papierform an die Leistungsträger versandt, sondern sie werden automatisch z. B. als Faxlisten, als E-Mails oder als Dateien übermittelt. Das Übertragungsmedium wird abhängig von der Telekommunikations- oder Datenfernübertragungseinrichtung gewählt, über die der jeweilige Leistungsträger verfügt. Reiseveranstalter kooperieren zur Avisierung häufig mit Service-Agenturen in den Zielgebieten. Die Daten der Unterkunftsreservierungen werden dann an die Zielgebietsagentur elektronisch übermittelt und durch diese an die Beherbergungsbetriebe in der Destination weitergeleitet. Die Daten zur automatischen Steuerung des Kommunikationsweges werden mit den Stammdaten der Leistungsträger und Zielgebietsagenturen in der Datenbank des Veranstalters gespeichert.

  Leistungsträger-Abrechnungen sind, im engen Sinne, Rechnungen, die der Leistungsträger dem Reiseveranstalter stellt und die daher nicht durch den Veranstalter zu erstellen sind. Es ist jedoch sinnvoll, im Rahmen der Veranstalter-Software ein Modul einzusetzen, das periodisch die Abrechnungen mit den Leistungsträgern auf Basis der vorliegenden Reservierungen und der entsprechenden Einkaufspreise ermittelt. Diese Abrechnungen dienen der Kontrolle der eingehenden Rechnungen und sie können zur kurzfristigen Finanz- und Devisenplanung herangezogen werden.

Begleitende Funktionsbereiche

Die mehrere oder alle Stufen des Leistungsprozesses begleitenden Bereiche, z. B. Finanzbuchhaltung, Kostenrechnung und Controlling, Werbung und Kunden-Service, werden hier nicht näher betrachtet. Sie sind ebenfalls in das Informationssystem des Reiseveranstalters zu integrieren.

Konzerngebundene Reiseveranstalter übermitteln regelmäßig Daten, die den aktuellen Verlauf einer Saison zusammenfassend darstellen, an das Berichtswesen bzw. das Management-Informationssystem des Konzerns zur übergeordneten Steuerung. Die konzernweit abgestimmte Aufbereitung und der Transfer der Daten erfolgen automatisch durch das Informationssystem des Veranstalters.

8.5 Informationsmanagement

Dieser Beitrag zeigt, ohne Anspruch auf Vollständigkeit, den Umfang und die Bedeutung der Informationstechnologie und entsprechender unternehmensweiter und internationaler Systeme in der Tourismuswirtschaft. Aufgabe des Informationsmanagements ist es, ein unternehmensweites Informationssystem mit Kommunikationsverbindungen und Datenflüssen zur relevanten Umwelt des Unternehmens zu planen und aufzubauen. Die Systemkonzeption ist auf Basis der zukunftsorientierten Anforderungen und Unternehmensziele und damit im Einklang mit dem strategischen Management zu entwickeln.

Das zielgerichtete Zusammenwirken der Systemelemente ist zu organisieren, regelmäßig zu kontrollieren und zu steuern. Die Anforderungen und Entscheidungen des instrumentellen, operativen Managements und die informationstechnologischen Einsatzbedingungen sind kontinuierlich und kooperativ abzustimmen. Informationsmanagement ist in Unternehmen der Tourismuswirtschaft eine gleichrangige Managementaufgabe auf höchster Ebene der Unternehmensorganisation *(vgl. Weithöner, U., 1999 a, S. 500 ff.).*

Aufgaben

1. Warum sind traditionelle Computer-Reservierungssysteme (nur) Distributionssysteme, während das WorldWideWeb als integriertes Informations-, Kommunikations- und Distributionssystem genutzt werden kann?
2. In den Eingangsbeispielen der Kapitel 8.3.2 und 8.3.4 werden Hinweise auf die Nutzung und Nutzungsentwicklung des WorldWideWeb gegeben. Gehen Sie diesen Hinweisen nach:

   Recherchieren Sie im Internet aktuelle Marktforschungsergebnisse zur WWW-Nutzung und zum E-Commerce und diskutieren Sie ihre Ergebnisse mit Bezug zur Tourismuswirtschaft.
3. In Kapitel 8.3.4 werden grundsätzliche tourismuswirtschaftliche Prozesse dargestellt. Recherchieren Sie im Internet Beispiele für diese Prozessstrukturen, analysieren und vergleichen Sie diese WWW-Systeme bzgl. ihrer Qualität und Eignung zum Tourismus-Marketing und E-Commerce.
4. Sie sind MitarbeiterIn im Marketing eines Reiseveranstalters. Der Veranstalter benötigt ein neues Software-System, und Sie erhalten die Aufgabe, die Anforderungen, die das Marketing an das neue System stellen wird, grob darzustellen:

   (Vorab: Beschaffen Sie sich die Kataloge eines Reiseveranstalters.)

   Analysieren Sie die Kataloge bzgl. Produktgestaltung (Reisearten, Reiseleistungen, Bündelung), bzgl. der Preisgestaltung und der Preisbedingungen.

   Diskutieren Sie zukünftige Änderungen und Erweiterungen in der Produkt- und Preisgestaltung und zur Nutzung elektronischer Systeme.

Quellen und weiterführende Literatur

Bastian, H.; Born, K.; Dreyer, A. [Hrsg.], Kundenorientierung im Touristikmanagement, München/Wien 1999

Degott, P., Recht im Tourismus, in: Dettmer; Hausmann; Kloss; Meisl; Weithöner, Tourismus-Marketing-Management, München/Wien 1999, S. 577–689

Dettmer, H.; Hausmann, T.; Kloss, I.; Meisl, H.; Weithöner, U., Tourismus-Marketing-Management, München/Wien 1999

DRV – Deutscher Reisebüro Verband e.V. [Hrsg.], Personal Computer im Reisebüro, 5. Aufl., im Eigenverlag, Frankfurt 1998

Drees-Behrens, Ch., Die Vorteilhaftigkeit von Investitionsobjekten im Tourismus unter Berücksichtigung von Ertragssteuern, in: Tourismus Jahrbuch Jg. 2, 1998, Heft 2, Limburgerhof, S. 37–58

Freyer, W., Tourismus-Marketing, München/Wien 1997

Freyer, W.; Pompl, W., Reisebüro-Management, München/Wien 1999

F.U.R. – Forschungsgemeinschaft Urlaub und Reisen e.V., Die Reiseanalyse Urlaub + Reisen, erscheint jährlich im Eigenvertrieb

Fuzinski, A.; Meyer, Ch., Der Internet-Ratgeber für erfolgreiches Marketing mit umfangreichen Checklisten, Düsseldorf/Regensburg 1997

GFK – Gesellschaft für Konsumforschung, Online Monitor 2/98, im Eigenvertrieb (oder unter: „www.gfk.cube.net")

Haedrich, G.; Kaspar, C.; Klemm, K.; Kreilkamp, E. [Hrsg.], Tourismus-Management – Tourismus-Marketing und Fremdenverkehrsplanung, 3. Aufl., Berlin/New York 1998

Hansen, H. R., Wirtschaftsinformatik I – Grundlagen der betrieblichen Informationsverarbeitung, 7. Aufl., Stuttgart 1996

Hesselmann, G., Verbände in der Tourismuswirtschaft, in: Haedrich, G.; Kaspar, C.; Klemm, K.; Kreilkamp, E. [Hrsg.], Tourismus-Management – Tourismus-Marketing und Fremdenverkehrsplanung, 3. Aufl., Berlin/New York 1998

Höller, J.; Pils, M.; Zlabinger, R., Internet und Intranet, Betriebliche Anwendungen und Auswirkungen, Berlin u. a. 1998

Illik, J., Electronic Commerce, Grundlagen und Technik für die Erschließung elektronischer Märkte, München/Wien 1999

Jaeger-Lenz, A., Neue Medien und elektronischer Handel in der Tourismuswirtschaft, Folge 5: Rechtliche Fragen der Homepage- und Website-Entwicklung, in: Tourismus Jahrbuch Jg. 3, 1999, Heft 1, Limburgerhof, S. 165–178

Kirstges, T., Expansionsstrategien im Tourismus, 2. Aufl., Wiesbaden1996

Kirstges, T., Management von Tourismusunternehmen, 2. Aufl., München/Wien 2000

Kirstges, T.; Schusdziara, D., Strukturanalyse des deutschen Reiseveranstaltermarktes – Konsequenzen der Marktkonzentration für den Mittelstand, Wilhelmshavener Schriftenreihe Tourismuswirtschaft Band 6, Limburgerhof 1999

Kleinschmidt, P.; Rank, Ch., Relationale Datenbanksysteme – eine praktische Einführung, Berlin u.a. 1997

Krämer, I., Neue Medien und elektronischer Handel in der Tourismuswirtschaft, Folge 4: Auswertung der WWW-Kontakte mittels Logfile-Analyse als Instrument der Marktbeobachtung, in: Tourismus Jahrbuch Jg. 2, 1998, Heft 2, Limburgerhof, S. 173–194

Krause, J., Electronic Commerce: Geschäftsfelder der Zukunft heute nutzen, 2. Aufl.. München/Wien 1999

Liedke, B., Internet Business: Netzwerke, Sicherheit, E-Commerce

Münz, S.; Nefzger, W., HTML-Referenz, Grundlagen, Alternativen und Erweiterungen, Feldkirchen 1997 (oder unter: „www.teamone.de/selfhtml")

Pohlmann, N. [Hrsg.], Organisationshandbuch Netzwerksicherheit – Praxislösungen für den Netzwerkverantwortlichen, Augsburg 1998

Schulz, A.; Frank, K.; Seitz, E., Tourismus und EDV – Reservierungssysteme und Telematik, München 1996

Schulz, A., Potenzialmanagement, in: Freyer, Pompl [Hrsg.], Reisebüro-Management, München/Wien 1999, S. 141–160

Stahlknecht, P.; Hasenkamp, U., Einführung in die Wirtschaftsinformatik, 8. Aufl., Berlin u.a. 1997

Steinmetz, R., Multimedia-Technologie – Grundlagen, Komponenten und Systeme, 2. Aufl., Berlin u.a. 1999

TMS – Tele-Marketing-Service GmbH [Hrsg.], Dokumentationen zu den ITB-Kongressen 1998 und 1999 „Elektronik in der Touristik – Von der Vision zur Praxis", im Eigenvertrieb

Touristik REPORT extra Computer & Kommunikation 1999/2000

Weinknecht, J.; Bellinghausen, I., Multimedia-Recht für Autoren, Produzenten und Nutzer, Heidelberg 1997 (oder unter „www.weinknecht.de")

Weithöner, U., Anforderungskatalog zur Auswahl von Software für Bus-Reiseveranstalter – ein Arbeitspapier, im Eigenvertrieb 1995

Weithöner, U., Konzept zur Software-Entwicklung für einen mittelständischen Reiseveranstalter mit heterogener Angebotsstruktur – ein Arbeitspapier, im Eigenvertrieb 1996

Weithöner, U., Informationsmanagement, in: Dettmer, H. [Hrsg.], Tourismus 1 – Tourismuswirtschaft, Köln 1998, S. 94–129, S. 347–351

Weithöner, U.; Ehbrecht, O., Neue Medien und elektronischer Handel in der Tourismuswirtschaft, Folge 2: Konzept zur regionalen Integration örtlicher Informations- und Reservierungssysteme und Nutzung serviceorientierter internationaler Vertriebswege für das Gebiet der Nordsee Tourismus Marketing GmbH, in: Tourismus Jahrbuch Jg. 2, 1998, Heft 1, FBV Medien-Verlags GmbH, S. 129–144

Weithöner, U., a), Informationstechnologie, in: Dettmer; Hausmann; Kloss; Meisl; Weithöner, Tourismus-Marketing-Management, München/Wien 1999, S. 498–559, 768–771

Weithöner, U., b), Informationssysteme und neue Medien, in: Freyer; Pompl [Hrsg.], Reisebüro-Management, München/Wien 1999, S. 315–340

Weithöner, U., Programmiersprachen und Software-Entwicklungsumgebungen zur Erstellung tourismuswirtschaftlicher Anwendungssysteme, in: Tourismus Jahrbuch Jg. 3, 1999, Heft 1, Limburgerhof, S. 144–164

Als Beispiele verwendete WWW-Adressen

Touristische Anbieter

www.focus.de

www.ltur.de

www.lufthansa.com

www.my-world.de

www.die-nordsee.de

www.start.de

www.tiss.com

www.tourisline.de

www.travelchannel.de

www.travelocity.com

www.traveloverland.de

www.travelshop.de

www.tui.com

www.tui.de

Informationsquellen zur Web-Marktforschung

www.comcult.de

www.gfk.cube.net

www.w3b.de

www.wuv.de

Rechtliche Fragen der Web-Nutzung

www.iid.de

www.netlaw.de

www.nic.de

www.online-recht.de

E-Commerce und Zahlungsverkehr

www.ecin.de

www.electronic-commerce.de

www.visa.de

WWW-Systemtechnik

www.teamone.de/selfhtml

www.w3.org

Sonstige

www.fh-wilhelmshaven.de

www-touristikreport.de

www.fvw.de

www.reiselinks.de

www.u-weithoener.de

9. Reiserecht

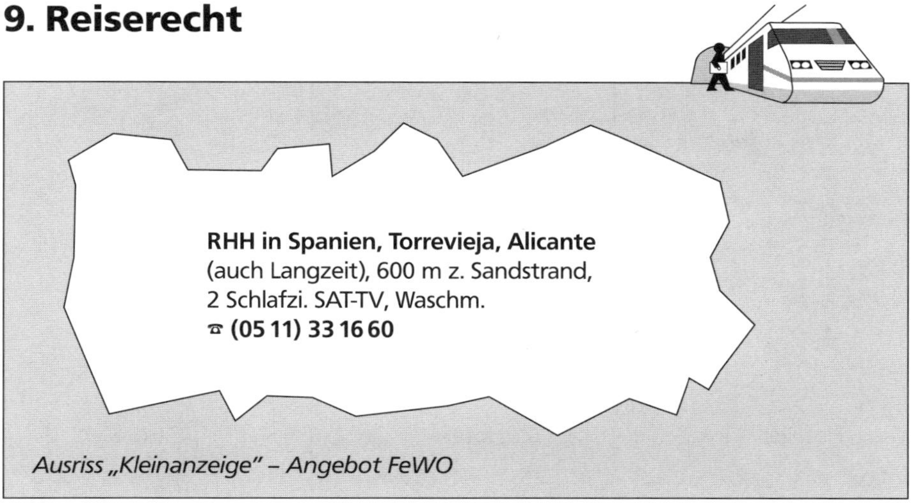

Ausriss „Kleinanzeige" – Angebot FeWO

9.1 Abgrenzung Individual-/Pauschalreise

Sie interessieren sich vielleicht für eines der obigen „Reiseangebote", etwa während Ihres Urlaubs in Alicante/Spanien eine Reihenhaushälfte in Strandnähe zu bewohnen. Nur zu. Wenn Sie sich jedoch neben der Reiseplanung auch die Rechtslage überlegen, müssen Sie alles ausblenden, was Sie zum Pauschalreiserecht und zu den Einstandspflichten des **Reiseveranstalters** gehört haben.

Gehen Sie auf obiges Angebot oder ein ähnlich gelagertes Angebot ein und organisieren Sie sich etwa um dieses Angebot herum selbst Ihren Urlaub, steht Ihnen das **deutsche Pauschalreiserecht** nicht zur Seite. Ist der Anbieter nämlich der am Ferienort wohnende Eigentümer bzw. Hotelier, gilt ausschließlich Mietrecht nach der Rechtsordnung vor Ort. Sie sind Individualreisender und tragen alleine das Risiko, wenn die versprochenen Leistungen nicht oder mangelhaft erbracht werden. Zwar gibt es im EU-Bereich auf der Grundlage der sogenannten **Pauschalreise-Richtlinie** (EG-Richtlinie 90, 314/EWG des Rates vom 13. 6. 1990 über Pauschalreisen, Abl. EG Nr. L 158/59 vom 23. 6. 1990, S. 59) ein einheitliches System für die Rechte des Pauschalreisenden gegenüber seinem Reiseveranstalter, aber nur des Pauschalreisenden.

Als **Individualreisender** kommen Sie nicht in den Genuss des auf der Grundlage der Pauschalreise-Richtlinie in den EU-Staaten neu verfassten Pauschalreiserechts. Wenn Sie zum Beispiel von zu Hause aus eine Rundreise in Spanien geplant und – etwa über Internet oder über die Kontaktadressen der Kleinanzeigen – gebucht haben, sind Sie ein ganzes Bündel von Vertragsbeziehungen eingegangen, die sich folgendermaßen darstellen können:

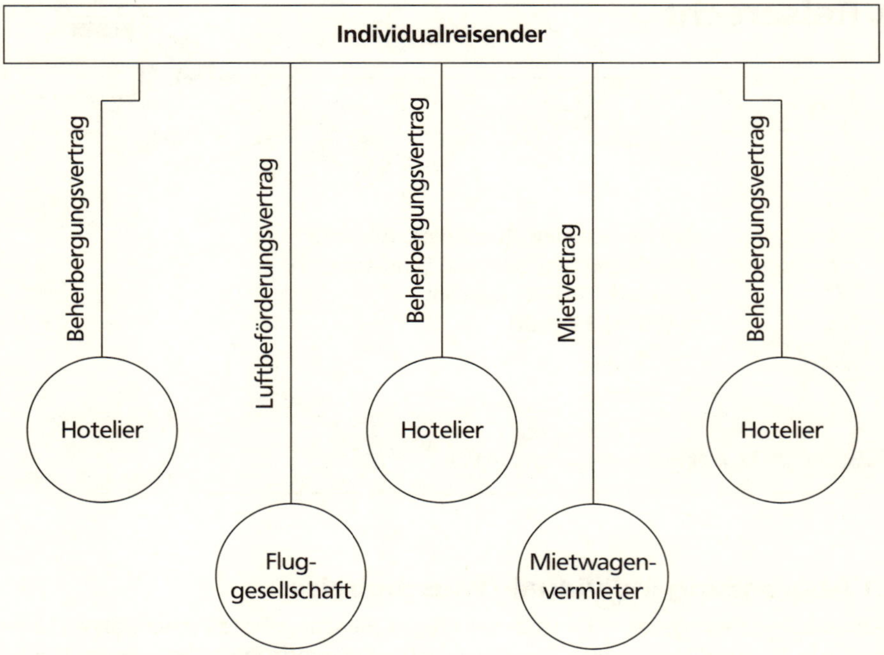

Gerichtsstand: grundsätzlich im Urlaubsland
anzuwendendes Recht: das des Urlaubslands

Abb. 9-1: Rechtsbeziehungen des Individualreisenden

Sie werden also erhebliche eigene organisatorische Vorkehrungen treffen und zahlreiche, meist nicht kalkulierbare Risiken auf sich nehmen müssen, bei deren Verwirklichung die Durchsetzung von rechtlichen Ansprüchen zumindest ungewiss ist.

Etwa 2/3 der Urlaubsreisenden sind Individualreisende und unterstehen nicht dem Schutz des Pauschalreiserechtes, in Deutschland der §§ 651 a–651 l BGB.

Halten sich Ihre Vertragspartner im Urlaubsland nämlich nicht an die gegebenen Zusagen und Versprechen, sind Sie darauf angewiesen, vor Ort, während Ihres Urlaubs in einer Ihnen regelmäßig unbekannten Rechtsordnung Ihre Gewährleistungs- bzw. Schadenersatzansprüche zu ermitteln und diese grundsätzlich vor Ort auch durchzusetzen. Sie werden meist davon absehen, etwa in der spanischen Provinz eine gerichtliche Auseinandersetzung mit Ihrem Hotelier oder Ferienwohnungsvermieter anzufangen, der Ihnen das telefonisch reservierte Hotelzimmer bzw. die Ferienwohnung bei Anreise nicht zur Verfügung stellen kann.

Für den Individualreisenden gelten also keine rechtlichen Besonderheiten. Wie auch sonst im täglichen Leben trägt er alleine das Risiko, ob sein (touristischer) Vertragspartner leistungsfähig und leistungsbereit ist.

Wenn Sie jedoch bei einem **Pauschalreiseveranstalter** eine von diesem vorgefertigte Reise buchen, haben Sie eine ungemein komfortablere Stellung. Der Reiseveranstalter nimmt Ihnen nämlich das Organisationsrisiko ab, ob und wie die touristischen Leistungsträger die einzelnen Reiseleistungen erbringen. Geht etwas „schief", können Sie sich ausschließlich an Ihrem inländischen Reiseveranstalter im Rahmen der Ihnen bekannten Rechtsordnung schadlos halten.

Ob und wie der Reiseveranstalter im Innenverhältnis Regress bei seinen zur Erfüllung des einzelnen Pauschalreisevertrages eingesetzten Vertragspartnern/Leistungsträgern bei Schlechtleistung oder Leistungsverweigerung nehmen kann, braucht Sie als Pauschalreisenden nicht zu interessieren.

Die Durchführung von **Pauschalreisen** setzt ein rechtliches Beziehungsgeflecht voraus.

9.2 Beteiligte an Abschluss und Erfüllung des Pauschalreisevertrages

Reise-Telegramm
Sardinien
Termin: 1. bis 8. April.
Preise: 700 Euro, EZ-Zuschlag 150 Euro, Ausflugspaket 165 Euro.
Mindestteilnehmerzahl: 30.
Leistungen: Linienflüge Alitalia Hannover/Alghero, 7 Übernachtungen im gehobenen 4-Sterne-Hotel El Faro (Zi. mit Bad oder DU/WC), Halbpension, Steuern und Gebühren, Transfers inkl. Gepäckbeförderung, deutschsprachige Reiseleitung.
Buchungen: Hapag-Lloyd Reisebüro, Georgstr. 16, 30159 Hannover, Tel. (05 11) 3 01 92 43.

Ausriss Sardinien-Reise / Reisebüro

Wenn Sie sich mit vorstehender Reiseausschreibung nach Sardinien befassen, fällt Ihnen vielleicht Folgendes auf:

Angeboten ist eine typische Pauschalreise mit Hin- und Rückflug nach Sardinien, Hotelaufenthalt, Transfer und deutschsprachiger Reiseleitung.

Aber: Die Buchungen sollen über ein Reisebüro laufen, welches möglicherweise hinter dem Reiseangebot steht.

Kann denn ein Reisebüro auch Reiseveranstalter sein oder ist etwa ein Reisebüro immer auch Reiseveranstalter oder immer nur Vermittler?

Damit stellt sich die Frage danach, welche Beteiligte wie bei einer Pauschalreise zusammenarbeiten (müssen), damit der mit dem **Pauschalreisevertrag** gem. § 651 a Abs. 1 BGB zu erreichende **Reiseerfolg** auch eintreten kann und welche Rechtsbeziehungen zwischen diesen Beteiligten jeweils bestehen.

Dieses **Beziehungsgeflecht** geht weit über die Beziehung Reisebüro – Reiseveranstalter – Reisekunde hinaus.

Es ergibt sich folgendes typisches Bild:

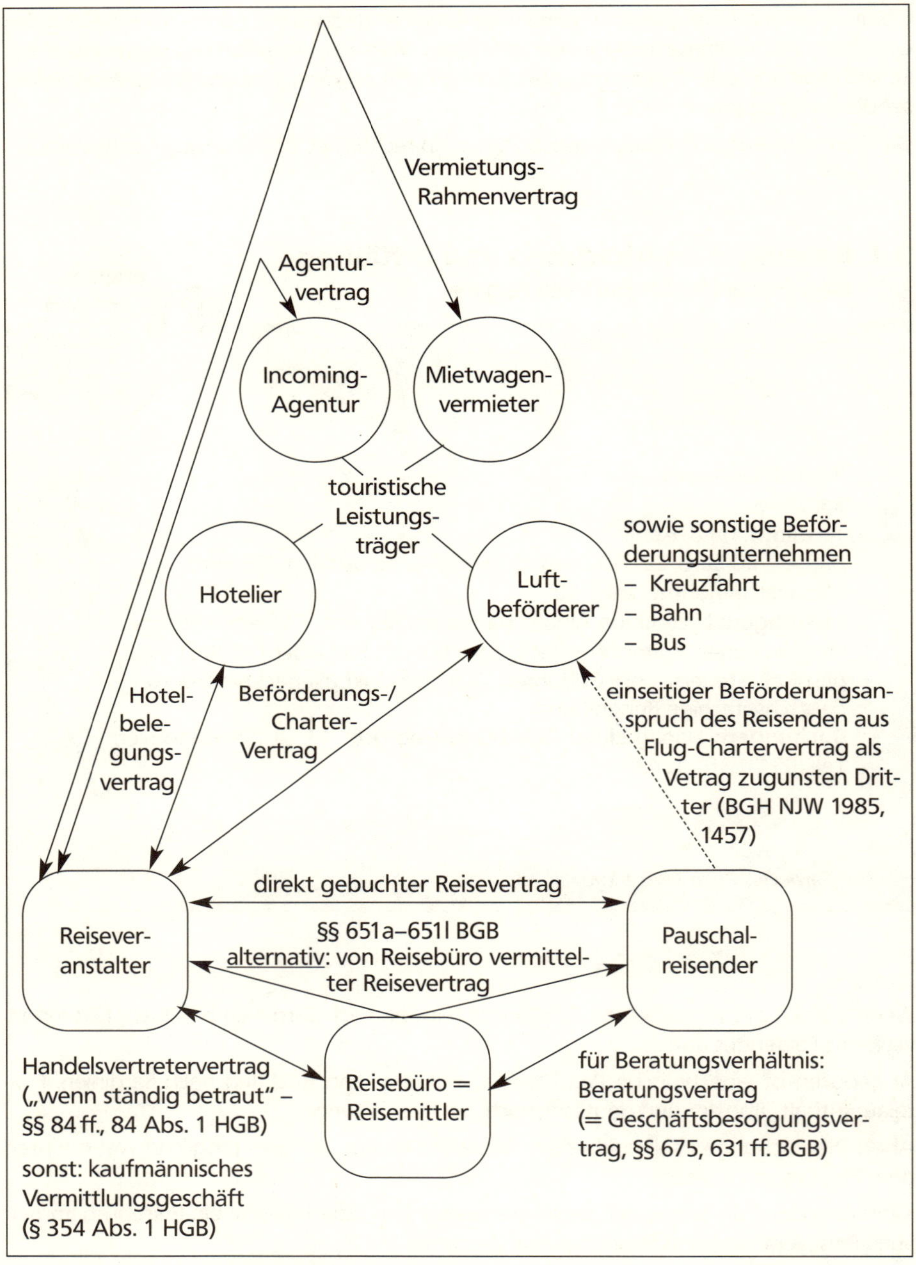

Abb. 9-2: Touristische Beziehungspyramide

Der Reiseveranstalter kann die beworbenen und im einzelnen Reisevertrag versprochenen Reiseleistungen, aus denen die jeweilige „Reise“ zusammengesetzt ist, nur erbringen, wenn er vorher diese Leistungen bei Fluggesellschaft, Kreuzfahrt-Reederei, Bahn- und Busgesellschaft, Hotelier, Mietwagen-Vermieter, lokaler Incoming-Agentur, Transferunternehmen etc. „eingekauft“, d. h. vertraglich abgesichert hat.

Diese Unternehmen sind die so genannten **Leistungsträger** des Reiseveranstalters, die als dessen selbstständige **Erfüllungsgehilfen** (§ 278 BGB) die einzelnen Reiseleistungen dem Reisenden gegenüber entsprechend dem mit dem Reiseveranstalter abgesprochenen Plan erbringen.

Bei fehlerhafter Leistungserbringung durch diese Leistungsträger hat der Reiseveranstalter hierfür gerade zu stehen und zu haften.

Der Leistungsträger bleibt demnach eigenverantwortlicher Unternehmer und ist in den Betrieb des Reiseveranstalters regelmäßig weder eingegliedert noch sonst mit ihm wirtschaftlich verbunden. Der Reiseveranstalter hat gegenüber dem Leistungsträger lediglich ein mittelbares Weisungsrecht im Rahmen der Vertragsabwicklung. Er hat deshalb für deliktisches Verhalten (§§ 823 ff. BGB) von Leistungsträgern und deren Personal nicht einzustehen, weil Leistungsträger regelmäßig keine **Verrichtungsgehilfen** des Reiseveranstalters im Sinne des § 831 BGB sind.

Der Reisende selbst hat keine direkten **Leistungsansprüche** gegen die Leistungsträger seines Reiseveranstalters; Leistungsansprüche hat er ausschließlich auf der Grundlage des Reisevertrages gegenüber dem Reiseveranstalter als seinem einzigen Vertragspartner (Ausnahme: direkter Beförderungsanspruch des Reisenden gegenüber der vom Reiseveranstalter eingesetzten Fluggesellschaft auf der Grundlage des Chartervertrages als eines **Vertrages zugunsten Dritter,** also des Reisenden nach § 328 ff. BGB, BGH, NJW 1985, 1457).

Oder anders formuliert: Die eingesetzten Leistungsträger erbringen dem Reisenden die Beförderungs-, Unterbringungs- oder Verpflegungsleistungen nicht auf der Grundlage dessen Reisevertrages mit dem Reiseveranstalter, sondern zur Erfüllung ihres eigenen Charter-, Hotelbelegungsvertrages etc. mit dem Reiseveranstalter.

Lediglich bei Haftungstatbeständen mit Ansprüchen auf Schadenersatz wegen Körper- oder Sachschäden ergibt sich regelmäßig eine direkte „Haftungsbeziehung" zwischen Leistungsträger und Reisendem.

	Erfüllungsgehilfe *§ 278 BGB*	**Verrichtungsgehilfe *§ 831 BGB***
Anwendungsbereich	Schaden entsteht durch Verletzung eines Vertrages. Der Schaden wird dem Reisenden durch Verschulden des Gehilfen des Reiseveranstalters zugefügt.	Schaden entsteht durch unerlaubte Handlung *§§ 823 ff. BGB.* Der Schaden wird einem Reisenden durch den Gehilfen zugefügt.
Gehilfe (Begriff)	Wer mit Wissen und Wollen des Reiseveranstalters bei der Erfüllung des Vertrages tätig wird, z. B. Reiseleitung, Hotelpersonal	Jeder, der in einem Abhängigkeitsverhältnis für den Reiseveranstalter weisungsgebunden tätig wird, z. B. Reiseleiter.
Haftungsgrundlage	Haftung für fremdes Verschulden innerhalb eines bestehenden Schuldverhältnisses *§ 278 BGB,* z. B. Pauschalreisevertrag	Haftung für eigenes vermutetes Verschulden bei der Auswahl und eventuellen Überwachung des Gehilfen. **aber:** tour. Leistungsträger und deren Gehilfen regelmäßig **nicht** weisungsgebunden/abhängig gegenüber Reiseveranstalter **deshalb:** keine Verrichtungsgehilfen des Reiseveranstalters **deshalb:** keine Haftung des Reiseveranstalters für deren Verschulden

Abb. 9-3: Begriff Erfüllungsgehilfe/Verrichtungsgehilfe

(Nach: Dettmer, Wirtschaftslehre für Hotellerie und Gastronomie, Hamburg 1999, S. 165)

So haften dem Reisenden z. B. bei Schäden während der Luftbeförderung – neben den Ansprüchen aus Reisevertrag – sowohl der Reiseveranstalter als **vertraglicher Luftfrachtführer** als auch die Fluggesellschaft als **ausführender Luftfrachtführer** gemeinsam (gesamtschuldnerisch) auf Schadenersatz.

9.3 Abgrenzung Reiseveranstalter/Reisemittler

Da Sie sich immer noch für die von einem Reisebüro angebotene Pauschalreise nach Sardinien interessieren, nun aber die in Abbildung 9-2 gezeigte touristische „Beziehungspyramide" vor Augen haben, sehen Sie, dass zwischen der Figur des Reiseveranstalters und der des **Reisemittlers (Reisebüro)** unterschieden werden muss.

Sie haben jedoch in Abbildung 9-2 auch gesehen, dass der Reisevertrag nicht ausschließlich über ein Reisebüro, sondern auch direkt zwischen Reiseveranstalter und Reisendem zu Stande kommen kann.

Dies hängt mit den unterschiedlichen Vertriebswegen zusammen, die dem Reiseveranstalter für den Absatz seiner Produkte zur Verfügung stehen.

Es ergibt sich in etwa folgendes Bild:

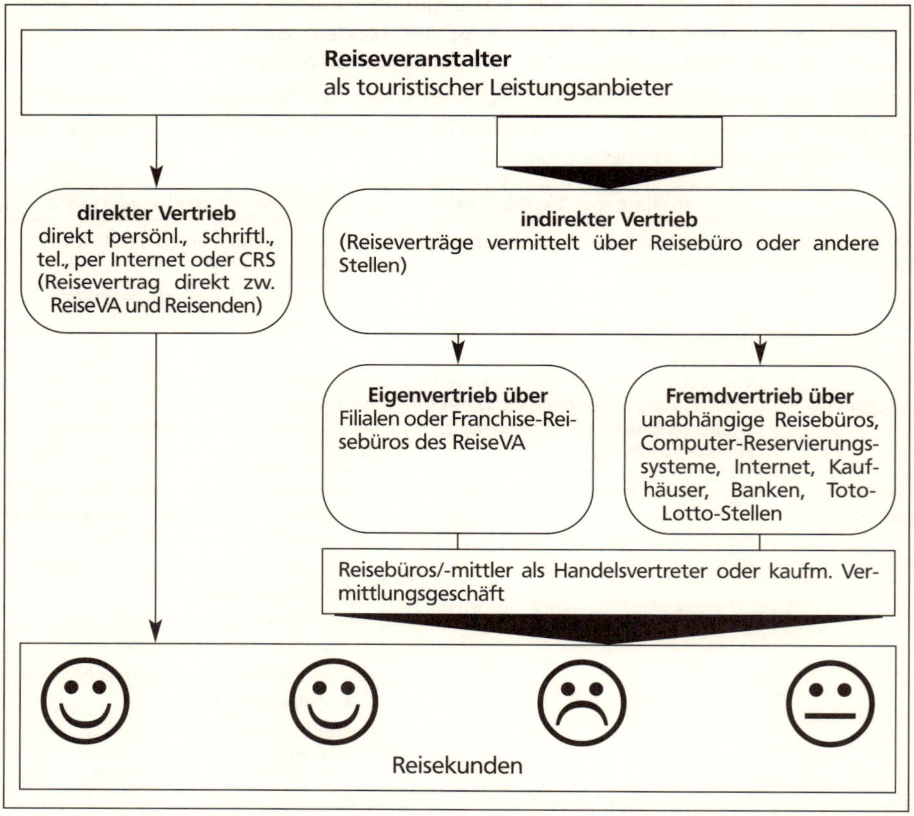

Abb. 9-4: Vertriebswege des Reiseveranstalters

Trotz **CRS** (Computer-Reservierungs-Systeme), Internet und sonstigen Direktvermarktungssystemen geht auch heute noch der **klassische Reisevertriebsweg über das Reisebüro.**

Die Vermittlung von Pauschalreisen ist nach wie vor die wichtigste Funktion des Reisebüros. Reisen können jedoch nicht nur über Reisebüros vermittelt, sondern etwa auch von Zeitungsverlagen angeboten werden, die „Leserreisen" ausschreiben, von Toto-Lotto-Annahmestellen, von Versandhäusern und sogar über Tankstellen.

Regelmäßig erfolgt die Reisevermittlung über **Reisebüros,** die mit dem jeweiligen Reiseveranstalter über ein so genanntes „Agentur-Verhältnis" verbunden sind. Diesem liegt ein **Handelsvertreter-Verhältnis** im Sinne der §§ 84 ff. HGB zu Grunde, wonach die Agentur „ständig mit der Vermittlung von Pauschalreisen für den Reiseveranstalter betraut ist" (§ 84 I 1 HGB).

Jedoch gibt es eine große Anzahl zumeist kleinerer Reiseveranstalter, die kein aufwendiges Agenturnetz betreiben, sondern ihre Kataloge an Reisebüros zum jeweiligen Saisonstart ohne Vorabsprache übermitteln, verbunden mit der Aufforderung, gelegentlich und bei entsprechender Nachfrage durch Reisekunden auch aus den Katalogen dieser Reiseveranstalter Reisen gegen Zahlung einer Provision zu vermitteln.

Ein ständiges Betrauungsverhältnis zwischen Reiseveranstalter und Reisebüro besteht in diesen Fällen nicht, also auch kein **Handelsvertreter-Verhältnis.** Das Reisebüro stellt auf Nachfrage lediglich die Buchungsmöglichkeit zur Verfügung und bekommt dafür die versprochene Provision. Es liegt ein **kaufmännisches Vermittlungsgeschäft** im Sinne des § 354 Abs. 1 HGB vor; teilweise wird auch ein Handelsmakler-Verhältnis im Sinne der §§ 93 ff. HGB angenommen.

Das **Verhältnis des Reisekunden zum Reisebüro** ist davon geprägt, dass der Kunde bei der Inanspruchnahme der Dienste eines Reisebüros auf seinen Reisewunsch hin angemessene Beratung und entsprechende Vorschläge erwartet. Entspricht dieses „Angebot" den Vorstellungen des Reisekunden nach Reisetermin, -ziel, -preis, Abflughafen etc., konkretisiert sich das Beratungsgespräch auf das Angebot eines bestimmten Reiseveranstalters. Der entsprechende Reisevertrag zwischen Reiseveranstalter und Reisekunden wird vom Reisebüro vermittelt, der Vertragsabschluss vorbereitet und durchgeführt. Der regelmäßig konkludent zwischen Reisebüro und Reisekunden mit Beginn der Beratungstätigkeit zu Stande gekommene **Beratungs- und Reisevermittlungsvertrag** wird als **Geschäftsbesorgungsvertrag** (§§ 675, 631 ff. BGB) angesehen.

Das Reisebüro schuldet im Rahmen dieses Vertrages die ordnungsgemäße Beratung und Vermittlung wie ein **ordentlicher Reisebürokaufmann** (OLG München, MDR 1984, 492; LG Hannover, NJW-RR 1987, 497). Berät das Reisebüro falsch oder gibt es fehlerhafte Auskünfte z. B. über Abfahrtszeiten oder zu Einreisebestimmungen, Pass- und Visafragen, haftet es wegen Schlechterfüllung des Beratungsvertrages auf Schadenersatz.

Um auf die Anfangsfragestellung zurückzukommen:

Für die Beteiligten: Reisebüro-Reiseveranstalter-Reisekunden ist entscheidend, dem jeweils anderen Teil die eigene Vertragsbeziehung und Verantwortlichkeit deutlich zu machen. Vor allem: wenn das Reisebüro Reisen „anbietet", sollte es deutlich machen, dass es diese für einen bestimmten, namentlich zu benennenden Reiseveranstalter vermittelt, will es nicht in die Rolle des Reiseveranstalters geraten, weil es dem Reisekunden gegenüber wie ein Reiseveranstalter aufgetreten ist. Das Gleiche gilt, wenn das Reisebüro auf Wunsch des Reisekunden einzelne Reiseleistungen aus den verschiedenen **„Baukasten-Systemen"** elektronischer Reservierungssysteme zusammenstellt.

Zur Verdeutlichung einige Zitate aus Gerichtsurteilen:

- „Ein Reisebüro ist in der Regel Vermittler der Reise. Anders ist es jedoch, wenn es für eine bestimmte, von ihm zusammengestellte Reise wirbt, sie als Gesamtleistung anbietet und so selbst als Reiseveranstalter auftritt. Auch auf einen Vertrag mit einem Reisebüro, der lediglich die Bereitstellung eines Wohnmobils zum Gegenstand hat, ist Reisevertragsrecht entsprechend anwendbar" (OLG Düsseldorf, RRa 1997, 222).
- „Vermittelt ein Reisebüro mehrere Einzelleistungen und rechnet diese auch getrennt ab, kommt kein Reiseveranstaltungsvertrag über die Gesamtheit dieser Leistungen zustande" (LG Frankfurt, RRa 1998, 98).
- „Allein der Umstand, dass sich die Reisebürotätigkeit auch auf touristische Leistungen bezieht, die eine Pauschalreise sein könnten, begründet noch keine Veranstalterstellung des Reisebüros. Voraussetzung für eine eigene Veranstalterstellung des Reisebüros ist, dass eine bestimmte Gestaltung der Reise durch das Reisebüro in eigener Verantwortung erfolgt" (AG Stuttgart-Bad Cannstatt, RRA 1998, 5).
- „Lässt der Reisende die Reise individuell nach seinem Zeitplan zusammenstellen, liegt auch bei einer Zusammenstellung durch das Reisebüro kein Reisevertrag vor" (AG Heidelberg, RRa 1997, 243).
- „Die Erbringung mehrerer Leistungen, wie z. B. einzelner Flugverbindungen, einer Hotelunterkunft und der Vermietung eines Pkw zu einem Gesamtpreis, stellt einen Geschäftsbesorgungsvertrag dar, wenn das Reisebüro nicht in eigener Verantwortung die Gestaltung der vom Reisekunden geplanten Reise übernommen, sondern die einzelnen Leistungen nach den Vorgaben des Reisekunden zusammengestellt hat" (Hanseatisches OLG, RRa 1997, 136).
- „Die Vorschriften der §§ 651 a ff. BGB sind auf ein Reisebüro, das lediglich eine Flugreise zur Verfügung stellt, jedenfalls dann analog anzuwenden, wenn aus der Sicht des Reisenden von einer Reiseveranstaltung auszugehen ist" (LG Aachen, NJW-RR 2000, 133).

Natürlich kann das Reisebüro als unabhängiger Unternehmer nach eigenem Plan selbst Reiseleistungen bündeln und zum Gesamtreisepreis verkaufen. Es wird dann eben im Rahmen dieser **„Eigenveranstaltung"** selbst Reiseveranstalter mit allen rechtlichen Konsequenzen.

Berät das Reisebüro jedoch den Reisenden bei der Auswahl der in Betracht kommenden Reiseangebote nur, um dann den Reisevertrag anzubahnen und zu vermitteln, ist es auch nur verantwortlich für die ordnungsgemäße **Vermittlung** *(vgl. Seyderhelm, 1997, S. 28).*

Jeder der Beteiligten sollte im Interesse der Rechtsklarheit darauf achten, den eigenen Auftritt eindeutig so zu gestalten, dass der Reisekunde positiv erkennt, er hat es entweder mit einem Reisemittler oder mit einem Reiseveranstalter zu tun *(vgl. Führich, 1998, S. 88 m. w. N.).*

Aus der Werbung für die Sardinienreise im Ausgangsbeispiel und aus dem Hinweis auf die Buchungsmöglichkeit bei dem genannten Reisebüro alleine lässt sich noch nicht entscheiden, ob dieses Reisebüro im Rechtssinne „nur" Vermittler oder der voll verantwortliche Reiseveranstalter für diese Reise ist. Da in der Ausschreibung kein weiteres Unternehmen als Reiseveranstalter benannt ist, spricht zunächst der äußere Eindruck dafür, dass das Reisebüro für diese Reise „der" Reiseveranstalter im Sinne des § 651 a Abs. 1 BGB ist.

Jedoch ist zusätzlich zu bewerten:

- Wie tritt das Reisebüro bei der konkreten Buchung auf?
- Wird auf einen Reiseveranstalter verwiesen?
- Wird auf der Grundlage des Reisekataloges eines Reiseveranstalters gebucht?

- Wer wird auf den **Reiseunterlagen,** der **Reisebestätigung** und den **Leistungsgutscheinen** sowie in den ggf. zu Grunde gelegten **Allgemeinen Reisebedingungen** als der „Reiseveranstalter" benannt?

Wer auch immer am Ende der Bewertung dieses Einzelfalles als Reiseveranstalter im Sinne des § 651 a Abs. 1 BGB anzusehen ist:

Reiseveranstalter ist jeder, der eine Gesamtheit von touristischen Reiseleistungen als eigene Leistung anbietet, der sich also nach dem Inhalt des Vertrages dazu verpflichtet, dem Reisenden die einzelnen Reiseleistungen vollständig zu erbringen und die Reise erfolgreich durchzuführen. Auf die Gewerbs- oder Geschäftsmäßigkeit dieser Tätigkeit kommt es nicht an. Schon die einmalige und auch nur gelegentliche Durchführung einer Reise in vorbeschriebener Weise reicht aus, um den betreffenden Organisator in die Rolle des Reiseveranstalters im Sinne des Gesetzes zu bringen. Auch der Veranstalter von Pfarrgemeindefahrten, der Sportverein bei der Organisation von Jugendfreizeiten usw. ist Reiseveranstalter im Rechtssinne *(vgl. Führich, 1998, S. 77).*

Er muss die übernommenen Leistungen vollständig erbringen, hat sein **Insolvenzrisiko** grundsätzlich gem. § 651 k BGB abzusichern und ist bei Nichterbringung den reiserechtlichen **Gewährleistungs- und Schadenersatzansprüchen** ausgesetzt.

Vertragspartner des Reiseveranstalters ist der **Reisekunde,** also derjenige, der mit dem Reiseveranstalter im eigenen Namen einen Vertrag über eine bestimmte Gesamtheit von Reiseleistungen abschließt.

Bei **Gruppenbuchungen** erklärt der Buchende regelmäßig – stillschweigend durch sein Verhalten (konkludent) oder ausdrücklich –, dass er in Vertretung der anderen angemeldeten Personen handelt. Über den Buchenden als Vertreter kommen also die einzelnen Reiseverträge direkt und unmittelbar zwischen dem Reiseveranstalter und jedem der angemeldeten Personen zu Stande. Denkbar ist jedoch auch, dass der Buchende im eigenen Namen zugunsten aller angemeldeten Personen Reiseverträge abschließen will. Dies wird angenommen z. B. bei **Incentive-Reisen:** Schuldner des Reisepreises für alle angemeldeten Personen ist dann z. B. das buchende Unternehmen; nur von ihm können ggf. reiserechtliche Ansprüche geltend gemacht werden. Die angemeldeten Firmenmitglieder, denen die Incentive-Reise zugute kommen soll, erhalten nach den Grundsätzen des Vertrages zu Gunsten Dritter lediglich einen eigenen Leistungsanspruch gegenüber dem Veranstalter. Bei einer Buchung des Familienvaters für seine gleichnamigen Familienangehörigen wird im Zweifel angenommen, dass auch hier lediglich der Buchende Vertragspartner des Reiseveranstalters sein will, seine Angehörigen hingegen nur Mitreisende. Der anmeldende Familienvater schuldet alleine den Reisepreis und kann ggf. die Gewährleistungsansprüche der gesamten Familie durchsetzen *(vgl. Führich, 1998, S. 96).*

Umgekehrt deutet die gemeinsame Buchung für den Träger eines fremden Namens regelmäßig darauf hin, dass der Anmeldende als Vertreter des Dritten handelt und damit mehrere Reiseverträge vorliegen (LG Stuttgart, NJW-RR 1993, 1018; AG Düsseldorf, RRa 1995, 162; RRa 1997, 238; RRa 1997, 240).

9.4 Pauschalreisevertrag

9.4.1 Inhalt und Zustandekommen

§ 651 a Abs. 1 BGB definiert den **Pauschalreisevertrag** in der Weise, dass durch ihn der Reiseveranstalter verpflichtet ist, dem Reisenden eine Gesamtheit von Reiseleistungen zu erbringen. Im Gegenzug ist der Reisende verpflichtet, für das Paket an Reiseleistungen den vereinbarten Reisepreis zu zahlen.

Der Reisevertrag wird als werksvertragsähnlicher Vertrag angesehen, so dass zusätzlich zur Erbringung der Reisedienstleistungen auch der bestimmte, vom Veranstalter z. B. in der Katalogausschreibung versprochene **Reiseerfolg** erreicht werden muss. Dieser Reiseerfolg ist je nach **Reiseart** unterschiedlich. Bei der „Strand- und Sonne-Reise" wird regelmäßig die Erholung den Reiseerfolg ausmachen. Bei der Studienreise steht der Bildungserfolg im Vordergrund; bei der Sportreise die Möglichkeit, sich sportlich zu betätigen; bei der Sprachreise das Ziel, die Kenntnisse in der jeweiligen Fremdsprache zu vervollkommnen.

Die **Gesamtheit von Reiseleistungen,** das sogenannte „Reisepaket", welches der Reiseveranstalter als eigene Leistung anbietet, muss nach der gesetzlichen Definition mindestens zwei **touristische Hauptleistungen** enthalten, die einander zugeordnet und zum Paket zusammengefasst sind.

Die Tätigkeit des Reiseveranstalters ist also nicht nur dadurch geprägt, dass er die versprochenen touristischen Dienstleistungen „einkauft" und damit sicherstellt; seine unternehmerische Leistung besteht vor allem darin, diese einzelnen Leistungen organisatorisch miteinander so zu verbinden, dass der versprochene Reiseerfolg erreicht wird.

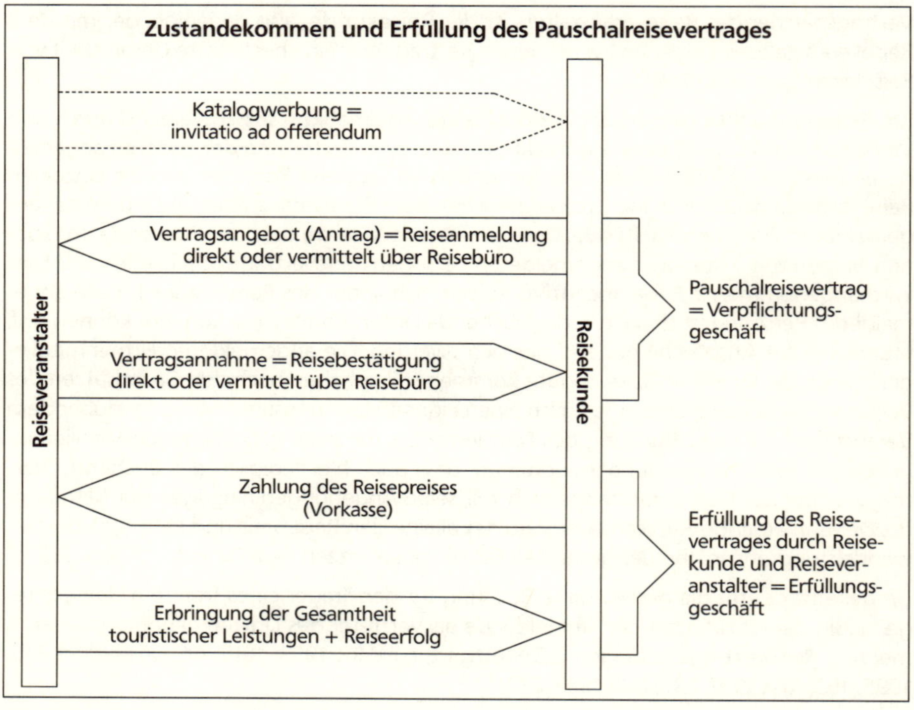

Abb. 9-5: Zustandekommen und Erfüllung des Pauschalreisevertrages

(Nach: Dettmer, Wirtschaftslehre für Hotellerie und Gastronomie, Hamburg 1999, S. 85)

Daraus leitet sich ein weiteres Merkmal der Reiseveranstalter-Eigenschaft ab: Den angebotenen Reisen muss ein vom Reiseveranstalter vorgefertigtes Programm zu Grunde liegen, ein **Reiseplan,** nach dem die einzelnen „Reisepakete" sozusagen konfektioniert als Fertigprodukte auf den Markt kommen.

Die vorzitierten Gerichtsentscheidungen zur Abgrenzung des Reiseveranstalters zum Reisemittler machen regelmäßig an diesem Merkmal fest, nämlich an der Frage, ob die einzelnen Leistungen sozusagen vom Reisekunden nach dessen Plan bestellt und einzeln gebucht wurden oder ob dem Reisenden ein Bündel an zuvor zusammengestellten Reiseleistungen angeboten wird.

Werden die touristischen Einzelleistungen zum „Paket" gebündelt dargeboten, ergibt sich hieraus konsequenterweise, dass dies entsprechend der gesetzlichen Definition zu einem vom Reiseveranstalter ermittelten Gesamtpreis erfolgt. Der Preis für die jeweiligen Einzelleistungen ist im **Gesamtpreis** nicht mehr zu erkennen.

Als Reiseveranstalter gilt, wer z. B. die nachfolgenden **touristischen Hauptleistungen** zu einem „Paket" verschmilzt:

Touristische Hauptleistungen

- Beförderung und Unterkunft mit Verpflegung (Regelfall)
- Kreuzfahrt mit Verpflegung
- Unterkunft und Sprachschule
- Unterkunft und Hobbykurs
- Unterkunft und Sportangebot
- „fly and drive"-Programm
- Beförderung und Mietwagen

Demgegenüber verneint die Rechtsprechung ein „Reisepaket" mangels Bündelung touristischer Hauptleistungen, wenn zu einer solchen Hauptleistung lediglich Nebenleistungen zugeordnet werden, die nach allgemeinem Verständnis lediglich untergeordnete Bedeutung haben.

Touristische Hauptleistungen und unbedeutende Nebenleistung

- Unterkunft mit Verpflegung
- Flug mit Bordverpflegung
- Fähre mit Unterbringung an Bord
- Autoreisezug
- Beförderung im Schlafwagen
- Beförderung und Abschluss einer Reiseversicherung
- Unterkunft mit Vermittlung von Ausflügen *(vgl. Führich, 1998, S. 73, 74).*

Im Sinne des Verbraucherschutzes hat die Rechtsprechung die Schutzvorschriften des Pauschalreiserechts auch auf solche touristische Angebote entsprechend angewendet, die nach dem Vorstehenden eigentlich kein Pauschalreisepaket darstellen, wenn sie nur von einem Reiseveranstalter wie Pauschalreisen über einen Katalog angeboten werden.

Ausgangsfall war das Angebot einer **einzelnen touristischen Leistung**, nämlich die „Vermietung" einer Ferienwohnung an einen Reisenden über die Ausschreibung im Katalog eines kommerziellen Reiseveranstalters.

Der Reiseveranstalter sei insoweit aufgetreten wie beim Angebot von echten Pauschalreisen und es entspreche der Interessenlage des Kunden, dass er dann auch wie ein Pauschalreisender dem Schutz des Pauschalreiserechts unterstellt wird (BGH, NJW 1985, 906).

Inzwischen wird das Reiserecht auch **analog** angewendet für das katalogmäßige Angebot eines Wohnmobils, für Bootscharter mit und ohne Skipper sowie für Planwagenfahrten mit Kutscher.

Was den **Abschluss des Reisevertrages** angeht, gilt das allgemeine Schuldrecht; wie jeder Vertrag kommt auch der Reisevertrag durch ein Vertragsangebot und einer diesem entsprechenden Annahmeerklärung des Reisekunden zu Stande (§§ 145 ff. BGB).

Regelmäßig werden Reiseangebote über **Reisekataloge** beworben. Diese enthalten jedoch noch keine Vertragsangebote. Der Reisekatalog ist lediglich die Aufforderung an den interessierten Reisekunden zur Abgabe eines Vertragsantrages an den Reiseveranstalter **(invitatio ad offerendum).**

Der Reisekatalog hat rechtlich die Bedeutung eines „Schaufensters" in diesem Sinne.

Die Anmeldung des Reisenden – direkt gegenüber dem Reiseveranstalter oder dem vermittelnden Reisebüro – ist das Vertragsangebot, welches vom Reiseveranstalter angenommen wird. Vertragsangebot und Annahmeerklärung müssen sich inhaltlich decken.

Nach **§ 3 Informationsverordnung** ist dem Reisenden bei oder unverzüglich nach Vertragsschluss eine schriftliche Reisebestätigung auszuhändigen, die alle Informationen und Daten zur Reisedurchführung enthält.

Erfolgt der Vertragsschluss über das vermittelnde Reisebüro, ist dieses **Empfangsvertreter des Veranstalters** und hat dafür zu sorgen, dass die wechselseitigen Willenserklärungen zum Abschluss des konkreten Reisevertrages unverzüglich an den jeweils anderen Teil weitergeleitet werden.

9.4.2 Informationspflichten des Reiseveranstalters

Im Rahmen der Umsetzung der vorgenannten Pauschalreise-Richtlinie in deutsches Recht ist über § 651 a Abs. 5 BGB die Verordnung über die Informationspflichten von Reiseveranstaltern vom 14. 11. 1994 (BGBl I 3436) erlassen worden. Diese sieht für den Reiseveranstalter spezielle ausformulierte Informationspflichten je nach dem Stadium des Vertragsanbahnung vor, die im Prospekt, dann bei Buchung, sodann in der Reisebestätigung und schließlich rechtzeitig vor Reisebeginn zur Verfügung zu stellen sind.

In den einzelnen Stadien kann auf früher gegebene Informationen verwiesen werden, wenn sich die zu Grunde liegenden Tatsachen zwischenzeitlich nicht geändert haben. Viele Pflichtangaben sind nur erforderlich, wenn sie für die konkrete Reise von Bedeutung sind. Grundsätzlich gilt diese Informationsverordnung nicht für private **Gelegenheitsveranstalter** (§ 5 Informationsverordnung).

Zu den Einzelheiten:

INFORMATIONSPFLICHTEN **gem. § 651a Abs. 5 BGB**

Im Prospekt	**Bei Buchung**	**In der Reisebestätigung**	**Rechtzeitig vor Reisebeginn**
stets: deutlich lesbare, klare und genaue Angaben über 1. Reisepreis 2. Höhe der Anzahlung 3. Fälligkeit d. Restzahlung	**stets:** Übermittlung von Allgemeinen Reisebedingungen (sofern vorhanden)	**stets:** schriftliche Reisebestätigung 1. Reisepreis 2. Höhe der Anzahlung 3. Fälligkeit der Restzahlung	
Verweisungsmöglichkeit (soweit zwischenzeitlich keine Änderungen)			
Soweit für die Reise von Bedeutung: a) Bestimmungsort b) Transportmittel (Merkmale u. Klasse) c) Unterbringung (Beschreibung und Einstufung) d) Mahlzeiten e) Reiseroute f) Einreise- und Gesundheitserfordernisse für Inländer g) evtl. Mindestteilnehmerzahl und Datum bis wann diese erreicht sein muss ABER: Änderungsvorbehalt möglich: z. B. Änderungen vorbehalten, maßgeblich ist die Reisebestätigung	Einreisebestimmungen und gesundheitspolizeiliche Formalitäten	a) Endgültiger Bestimmungsort, ggf. Dauer d. Einzelaufenthalte b) Transportmittel (Merkmale und Klassen) c) Unterbringung (Beschreibung und Einstufung) d) Mahlzeiten e) Reiseroute f) Tag, voraussichtliche Tageszeit, Ort von Abreise u. Rückkehr g) Mindestteilnehmerzahl h) Besuche, Ausflüge u. sonstige Leistungen i) Preisänderungsvorbehalt m. Berechnungsfaktoren j) Zusätzliche Gebühren z. B. Airport-tax k) Sonderwünsche des Reisenden l) Name u. Anschriftt d. RVA u. ggf. des Versicherers m) Möglichkeit des Abschlusses einer Reiserücktritts- sowie Rückführungsversicherung bei Unfall o. Krankheit sowie Name u. Anschrift des Versicherers n) Obliegenheiten des Reisenden zu Mängelrüge u. Abhilfe-Verlangen m. Fristsetzung vor evtl. Selbsthilfe u. Recht zur Kündigung d. Reisevertrages, Ausschluss- u. Verjährungsfristen gem. § 651g BGB o) Angabe d. Stelle gegenüber der Ansprüche geltend gemacht werden müssen. **Last-minute-Buchungen** Bei Last-minute-Buchungen (weniger als 7 Werktage zwischen Buchung u. Reisebeginn) entfallen sämtliche in dieser Spalte aufgeführten Angaben für die Reisebestätigung, außer den mit n) u. o) gekennzeichneten Info's über Fristen u. Adressaten.	a) Abfahrts- u. Ankunftszeiten, Zwischenstationen u. Anschlussverbindung b) Sitzplatz (nur bei vorab festgelegten Plätzen) c) Name, Anschrift u. Telefonnummer der örtlichen Vertretung d. RVA's, falls nicht vorhanden, andere Hilfe vor Ort bzw. Notrufnr. des RVA's d) (nur bei Auslandsreisen erkennbarer Minderjähriger) Unterrichtung der bei Buchung angegebenen Person, wie unmittelbare Verbindung mit dem Kind bzw. dem vor Ort Verantwortlichen hergestellt werden kann.

Abb. 9-6: Informationspflichten gem. § 651 a Abs. 5 BGB/Informationsverordnung

(Aus: DRV-Deutscher Reisebüro- und Reiseveranstalterverband e. V., Auswirkungen des neuen Reisevertragsrechts auf Reiseveranstalter und Reisemittler, 1997, S. 10)

§ 1 der Informationsverordnung hält u. a. die Selbstverständlichkeit fest, dass in Katalog und Reiseprospekt deutlich lesbare, klare und genaue Angaben über den wesentlichen Inhalt des Reisevertrages wie Reisepreis, Zahlungsmodalitäten und die geschuldeten Reiseleistungen gemacht werden müssen. Dies ergibt sich jedoch schon aus dem aus den §§ 1, 3 UWG abgeleiteten Grundsatz der **„Prospektwahrheit und -klarheit"**.

§ 2 der Informationsverordnung stellt im Wesentlichen auf die Information über Pass- und Visumserfordernisse für Angehörige des Staates ab, in welchem die Reise angeboten und gebucht wird.

§ 3 der Informationsverordnung befasst sich mit dem notwendigen Inhalt der Reisebestätigung, die nun verbindlich vorgeschrieben ist. Außerdem ist festgelegt, dass Allgemeine Geschäftsbedingungen bei Vertragsschluss vollständig zu übermitteln sind. Dies geschieht entweder durch Abdruck im Prospekt und Verweisung hierauf in der Reisebestätigung oder durch Aushändigung bei Reiseanmeldung bzw. bei Übergabe der Reisebestätigung. Diese Obliegenheit verschärft die Voraussetzungen für die Einbeziehung von Allgemeinen Geschäftsbedingungen in den Reisevertrag noch über die Voraussetzungen des § 2 AGB-Gesetz hinaus. Nach § 2 AGB-Gesetz muss der anderen Vertragspartei lediglich die Möglichkeit verschafft werden, in zumutbarer Weise von den AGB Kenntnis zu erlangen, ohne dass diese zwangsläufig in Papierform ausgehändigt werden müssen.

§ 4 der Informationsverordnung verpflichtet zu Informationen rechtzeitig vor Beginn der Reise über Abfahrts- und Ankunftszeiten, über den reservierten Sitzplatz und ähnliche abwicklungstechnische Details, sowie über die Anschrift der Reiseleitung.

Allerdings sind keine Sanktionen zur Durchsetzung der Informationspflichten festgelegt. Verletzt der Veranstalter die vorbeschriebenen Informationspflichten, kann dies jedoch zu Mängelgewährleistungs- und sogar zu Schadenersatzansprüchen nach den Regeln des Reisevertragsrechtes führen.

9.4.3 Geltung der Allgemeinen Geschäftsbedingungen

Auch die Geschäftsabwicklung im Zusammenhang mit Reiseverträgen kommt ohne Allgemeine Geschäftsbedingungen, gemeinhin als Allgemeine Reisebedingungen bezeichnet, nicht aus. Denn die modernen Reiseveranstalter, insbesondere die Großveranstalter, wickeln die mit ihnen abgeschlossenen Reiseverträge als Massengeschäft ab.

Da es dem Reiseveranstalter regelmäßig nicht möglich ist, mit all seinen Kunden die Vertragskonditionen, die über das eigentliche touristische Leistungspaket hinausgehen, individuell zu verhandeln und eine entsprechende Vereinbarung herbeizuführen, muss er mit Allgemeinen Geschäftsbedingungen arbeiten, die für eine Vielzahl von Verträgen vorformuliert sind (§ 1 Abs. 1 AGB-Gesetz).

Damit diese Bedingungen für den einzelnen Reisevertrag Bedeutung erlangen, müssen sie in diesen einbezogen und vom Reisekunden akzeptiert werden.

Dies wird in der Phase des Vertragsabschlusses regelmäßig konkludent geschehen, wenn dem Kunden die Reisebedingungen, wie auch immer, zugänglich gemacht werden. Der Reisekunde schließt den Reisevertrag ab, ohne der Einbeziehung der Allgemeinen Reisebedingungen zu widersprechen, womit diese Vertragsgegenstand werden *(vgl. Heinz, 1994, S. 9)*.

Das gesamte vom Reiseveranstalter aufgestellte Klauselwerk untersteht der **Kontrolle des AGB-Gesetzes.** So werden **überraschende Klauseln**, die so ungewöhnlich sind, dass der Reisekunde nicht mit ihnen zu rechnen braucht, nicht Vertragsbestandteil (§ 3

AGB-Gesetz). Zweifel bei der Auslegung Allgemeiner Geschäftsbedingungen gehen zu Lasten des Verwenders **(Unklarheitenregel** – § 5 AGB-Gesetz). Haben die beiden Vertragsparteien individuell zu dem einen oder anderen Punkt eine abweichende Regelung getroffen, so geht diese Individualabrede den Allgemeinen Geschäftsbedingungen vor (§ 4 AGB-Gesetz).

Der wesentliche Schutz des Reisekunden als Verbraucher gegen unbillige Klauseln in Allgemeinen Geschäftsbedingungen leitet sich jedoch aus den §§ 9, 10 und 11 AGB-Gesetz ab.

Zunächst sind Klauseln grundsätzlich unwirksam, die den Reisekunden entgegen den Grundsätzen von **Treu und Glauben** unangemessen benachteiligen. Hiervon ist im Zweifel auszugehen, wenn eine Klausel den wesentlichen Grundgedanken – hier des Reisevertrages – widerspricht oder wesentliche Rechte oder Pflichten, die sich aus der Natur – hier des Reisevertrages – ergeben, so einschränkt, dass die Erreichung des Vertragszweckes gefährdet ist (§ 9 AGB-Gesetz).

§ 10 AGB-Gesetz enthält aufgelistet Beispiele von Klauseln, die in bestimmten Fallgestaltungen unzulässig sind; § 11 AGB-Gesetz listet Klauseln auf, die grundsätzlich verboten sind *(vgl. Führich, 1998, S. 19 f.).*

Um in diesem Bereich eine gewisse Rechtsklarheit und Rechtssicherheit zu schaffen, haben die großen Reisebüro- und Reiseveranstalterverbände sogenannte **Konditionenmodelle** entwickelt, die als solche vom Bundeskartellamt genehmigt sind. Diese Konditionenmodelle enthalten Musterbeispiele für die Abfassung von Allgemeinen Reisebedingungen, die der einzelne Veranstalter verwenden und entsprechend dem eigenen Geschäftsbetrieb und dessen Abwicklungsbedürfnissen ausformulieren soll.

In den Konditionenmodellen bzw. in Allgemeinen Reisebedingungen der Reiseveranstalter finden sich regelmäßig folgende **Regelungskomplexe:**

- Buchungsverfahren (Reiseanmeldung, Reisebestätigung)
- Fälligkeit des Reisepreises, Betrag und Zahlungszeitpunkt für Anzahlung und Restzahlung des Reisepreises
- Leistungs- und Preisänderungsvorbehaltsklauseln
- Stornoregelungen und Höhe der Stornokosten (Prozentsatz des Reisepreises abhängig vom Zeitpunkt des Rücktritts vor dem vertraglich vereinbarten Reisebeginn; differenziert nach den verschiedenen Reisearten)
- Rücktritts- und Kündigungsvorbehalt für den Reiseveranstalter (Nichterreichen der Mindestteilnehmerzahl; Ausschluss eines störenden Reiseteilnehmers von der Reise)
- Haftungsbegrenzung für vertragliche und deliktische Schadenersatzansprüche
- Informationen zum Verfahren der Geltendmachung von Gewährleistungs- und Schadenersatzansprüchen, von Ausschluss- und Verjährungsfristen, zum Sicherungsschein
- Gerichtsstandsregelung *(vgl. Führich, 1998, S. 17).*

9.4.4 Insolvenzabsicherungspflicht des Reiseveranstalters bei Vorkasse, § 651 k BGB

Vor allem weil der Reiseveranstalter zur Darstellung seines Programmes an seine Leistungsträger Anzahlungen leisten muss, hat sich in der Pauschalreisebranche eingebürgert, dass über eine entsprechende **Vorkasse-Klausel** in den Allgemeinen Reisebedingungen der Reisekunde verpflichtet wird, bei Buchung eine Anzahlung und sodann kurz vor Reiseantritt den restlichen Reisepreis zu zahlen.

Auch wenn die Handhabe umstritten war, hat der Bundesgerichtshof die Vorkasse in zwei Urteilen (BGH NJW 1986, 1613 und NJW 1987, 1931) akzeptiert, sofern nur eine „relativ geringe Anzahlung" kassiert und die Restzahlung erst „relativ kurz vor Reiseantritt" dann fällig wird, wenn dem Reisenden die Reiseunterlagen ausgehändigt werden.

Damit soll vor allem das Risiko des Reisenden minimiert werden, dass er den Reisepreis zwar zahlt, der Reiseveranstalter jedoch die Reise als Gegenleistung deshalb nicht mehr erbringen kann, weil er in der Zeit zwischen Buchung bzw. Zahlung des Reisepreises und Antritt der Reise oder auch während der Reise insolvent wird.

Dieses Risiko ist durch den Gesetzgeber mit § 651 k BGB aufgefangen worden, wonach der Reiseveranstalter nunmehr verpflichtet ist, vor jeglicher Zahlung dem Reisenden einen sogenannten **Sicherungsschein** auszuhändigen.

Dieser Sicherungsschein muss ausgestellt sein von einer **Versicherung** oder auch **Bank** und dem Reisenden einen **direkten Zahlungsanspruch** gegen diese verbriefen für den Fall, dass der Reiseveranstalter vor Reiseantritt oder während der Reise insolvent wird und nicht mehr in der Lage ist, die Reise bis zu Ende durchzuführen.

So trägt der Reisende nicht mehr das Risiko, dass er im Falle der **Insolvenz** des Reiseveranstalters nur einen Erstattungsanspruch gegen die Insolvenzmasse des Reiseveranstalters hat, was ihm allenfalls eine Quote auf seinen Anspruch bringt, wenn nicht der Anspruch sogar vollständig ausfällt.

Tritt die Insolvenz des Reiseveranstalters vor Reiseantritt ein, ist der Reisepreis vom jeweiligen Sicherungsgeber zurückzuerstatten, so wie er an den Reiseveranstalter geleistet wurde. Tritt die Insolvenz während der Reise ein, muss der Reisepreis erstattet werden, soweit Reiseleistungen ausfallen. Die Erstattung muss auch erbrachte, aber nutzlose Reiseleistungen umfassen, insbesondere die Beförderung, wenn der Urlaub vor Ort gar nicht erst angetreten werden konnte.

Wird der Urlaub vorzeitig abgebrochen, ist der Reisepreis anteilig zu erstatten und nicht nur der auf die Unterbringung entfallende Anteil. Denn die Beförderung hat für den Reisenden keinen Eigenwert, sondern ist nur ein Mittel zum Zweck. Außerdem sind notwendige Aufwendungen zu erstatten, wenn der Reisende seinem Hotelier den Aufenthaltspreis nochmals zahlen muss um zu vermeiden, dass der Hotelier ihn auf die Straße setzt *(vgl. Heinz, 1994, S. 118).*

Häufig ist der **Sicherungsschein** auf der Rückseite der Reisebestätigung abgedruckt, die bei Vertragsabschluss ausgehändigt wird. Vor allem kleinere Reiseveranstalter geben demgegenüber separate Sicherungsscheine zusätzlich zur Reisebestätigung über das buchende Reisebüro aus.

Die **Insolvenzabsicherungspflicht** trifft jeden Reiseveranstalter, d.h. jeden, der eine Gesamtheit von Reiseleistungen zum Gesamtpreis als Paket anbietet, wobei gleichgültig ist, ob es sich um einen **kommerziellen Reiseveranstalter** oder um einen **Gelegenheitsveranstalter** handelt.

Gem. § 651 k Abs. 6 BGB sind nur solche Reiseveranstalter von der Insolvenzabsicherungspflicht ausgenommen, die nur gelegentlich, also höchstens eine bis zwei Reiseveranstaltungen im Jahr durchführen, und zwar außerhalb einer gewerblichen Tätigkeit. Dies erfasst Vereine, Kirchengemeinden, karitative Organisationen oder auch Jugendorganisationen. Die Insolvenzabsicherungspflicht gilt außerdem nicht für solche Reisen, die nicht länger als 24 Stunden dauern, keine Übernachtung einschließen und deren Reisepreis 150,– DM (= 76,69 Euro) nicht übersteigt. Dies meint vor allem Tagesreisen, etwa in der Form von „Kaffeefahrten".

Da aus der Sicht des Gesetzgebers juristische Personen des öffentlichen Rechts nicht insolvent werden können, sind auch der Staat (Bund, Länder, die Gemeinden und Kreise) sowie die sonstigen Körperschaften, Anstalten und Stiftungen des öffentlichen Rechts von der Insolvenzabsicherungspflicht für die von diesen Institutionen durchgeführten Pauschalreisen ausgenommen. Gemeint sind staatliche Schulen, kommunale Volkshochschulen, städtische Tourismusbüros, staatliche Hochschulen, Kirchen und kommunale Tourismusämter *(vgl. Führich, 1998, S. 473).*

Der Insolvenzversicherer bzw. das Kreditinstitut kann seine Haftung für die von ihm in einem Jahr insgesamt nach § 651 k BGB zu erstattenden Beträge auf 200 Mio. DM (= 102,258 Mio. Euro) begrenzen.

Übersteigen sodann die in einem Jahr von diesem Versicherer bzw. Kreditinstitut insgesamt zu erstattenden Beträge die genannte **Höchstgrenze,** so verringern sich die einzelnen Erstattungsansprüche in dem Verhältnis, in dem der Gesamtbetrag zum Höchstbetrag steht.

Der Sicherungsgeber wird also im Falle eines Schadens zunächst an den geschädigten Kunden eine **Abschlagszahlung** leisten und den Verlauf des Versicherungsjahres abwarten. Wird die Höchstgrenze überschritten, werden entsprechende **Abzüge pro rata** gemacht.

Der Verstoß gegen die Insolvenzabsicherungspflicht ist eine **Ordnungswidrigkeit,** für die der Reiseveranstalter mit einem Bußgeld belegt werden kann. Im Wiederholungsfalle droht ihm der Verlust der Gewerbezulassung. Dennoch ist jeder Reisende selbst aufgefordert, auf die Vollständigkeit seiner Reiseunterlagen zu achten, wozu es auch gehört, dass er vor Zahlung auch nur von Teilen des Reisepreises auf der Aushändigung eines Sicherungsscheins besteht.

9.5 Einseitige Rechte des Reisenden

Da Pauschalreisen regelmäßig längere Zeit vor Reiseantritt gebucht werden, kann es geschehen, dass in der Zeit zwischen Vertragsabschluss und Reisebeginn für den Reisekunden eine Situation eingetreten ist, die es ihm unmöglich macht oder auch wenig sinnvoll erscheinen lässt, die Reise anzutreten.

Das Reisevertragsrecht trägt dem Rechnung und macht Ausnahmen von dem allgemeinen Grundsatz des Vertragsrechts, wonach einmal abgeschlossene Verträge von beiden Vertragspartnern auch einzuhalten und zu erfüllen sind (pacta sunt servanda).

9.5.1 Vertragsübertragung auf Ersatzperson, § 651 b BGB

Nach § 651 b Abs. 1 Satz 1 BGB kann der Reisekunde bis zum Beginn der Reise vom Reiseveranstalter verlangen, dass ein Dritter, also eine Ersatzperson, an seiner Stelle in die Rechte und Pflichten aus dem Reisevertrag eintritt. Einer besonderen Begründung für dieses Verlangen bedarf es nicht. Der Reiseveranstalter ist grundsätzlich gehalten, diese Ersatzperson zu akzeptieren; seine Einverständniserklärung ist nicht erforderlich – im Gegensatz zum sonstigen Schuldrecht, wo es ausgeschlossen ist, dass ein Vertragspartner dem anderen Vertragsteil einen neuen Vertragspartner statt seiner aufoktroyiert. Denn im Rahmen der **Vertragsfreiheit** kann jeder seinen Vertragspartner sorgfältig aussuchen und frei entscheiden, mit wem er vertragliche Beziehungen eingehen will; er wird überprüfen, ob der Vertragspartner die erforderliche Vertrauens- und Kreditwürdigkeit hat *(vgl. Seyderhelm, 1997, S. 82).*

All dies gilt für den Reiseveranstalter jedoch nicht. Der Reisekunde hat nach § 651 b BGB ein einseitiges Lösungsrecht vom Reisevertrag, weil es dem Reiseveranstalter regelmäßig gleichgültig ist, welche Individualpersonen konkret an den von ihm ausgeschriebenen Reisen teilnehmen.

Der Reiseveranstalter hat lediglich ein Widerspruchsrecht, wenn er erkennt, dass die ihm nun angebotene Ersatzperson den besonderen Reiseerfordernissen nicht genügt oder ihrer Teilnahme gesetzliche Vorschriften oder behördliche Anordnungen entgegenstehen.

Hat der Reisende z. B. einen Segel-Trip gebucht, bei dem die Reiseteilnehmer selbst Hand anlegen müssen, kann der Reiseveranstalter widersprechen, wenn statt des gebuchten Teilnehmers jemand teilnehmen soll, der die notwendigen nautischen Kenntnisse und Segelfertigkeiten nicht besitzt. Oder der Ersatzreisende genügt anderen Reiseerfordernissen nicht; es fehlt z. B. die Tropentauglichkeit; wegen Alters, Schwangerschaft oder Impfunverträglichkeiten werden gesundheitliche Anforderungen nicht erfüllt. Oder es fehlt die Zugehörigkeit zu dem homogenen Personenkreis, für den die Reise ausgeschrieben ist, z. B. bei einer Jugend-, Senioren- oder Studentenreise. Oder aber die Buchung bezieht sich auf eine Unterbringung im Mehrbettzimmer und die angebotene Person hat das andere Geschlecht.

Als Rechtsfolge der Vertragsübertragung haften sowohl der Dritte als auch der ursprünglich gebuchte Reisende dem Reiseveranstalter als Gesamtschuldner für den Reisepreis und die durch den Personenwechsel entstandenen Mehrkosten.

9.5.2 Storno/Rücktritt vor Reisebeginn, § 651 i BGB

Nach § 651 i BGB kann der Reisende jederzeit vor Reisebeginn formlos vom Reisevertrag ohne Angabe eines Grundes zurücktreten. Auf den Rücktritt hin wird der Vertrag rückabgewickelt, d. h. der Reiseveranstalter verliert den Anspruch auf den vereinbarten Reisepreis und muss diesen – soweit schon gezahlt – zurückzahlen. Als Ausgleich dafür kann er jedoch eine angemessene Entschädigung verlangen, den Ersatz der sogenannten **Stornokosten.**

Zur Berechnung der angemessenen Höhe der Entschädigung stellt das Gesetz zwei Berechnungsmethoden zur Verfügung:

Der Reiseveranstalter kann entweder für den einzelnen Stornofall einen Ausfallschaden konkret berechnen: nach dem Reisepreis unter Abzug des Wertes der vom Reiseveranstalter ersparten Aufwendungen sowie unter Berücksichtigung dessen, was der Reiseveranstalter durch die anderweitige Verwendung der Reiseleistung erwerben kann *(vgl. Seyderhelm, 1997, S. 292 f.).*

Dies würde jedoch für den Reiseveranstalter einen enormen verwaltungstechnischen Aufwand bedeuten; er müsste bei der Vielzahl der Stornierungen in jedem Einzelfall entsprechend seiner Kalkulation und der weiteren Verwendung dieser konkreten Reise den Einzelschaden ausrechnen.

Anstatt dieses aufwendigen Berechnungsweges nutzen die Reiseveranstalter regelmäßig die zweite Berechnungsmethode, die das Gesetz zur Verfügung stellt. Die Reiseveranstalter vereinbaren in ihren Allgemeinen Reisebedingungen bestimmte **Stornopauschalen.** Die Höhe der pauschalierten Stornokosten richtet sich nach der Art der Reise und dem Zeitpunkt der Stornierung. Die Pauschalsätze müssen durchschnittlichen Erfahrungswerten dieses Reiseveranstalters entsprechen, also wiedergeben, welchen Schaden er gewöhnlich hat, wenn er – alles über alles gerechnet – stornierte Reisen mal wiederverwenden kann, mal nicht *(vgl. Führich, 1998, S. 422 f.).*

Wegen dieser Pauschalierung darf über die Allgemeinen Reisebedingungen dem Reisenden nicht der Nachweis abgeschnitten werden, dass in seinem konkreten Einzelfall der als Stornopauschale geltend gemachte Stornierungsschaden nicht oder nicht in der geltend gemachten Höhe eingetreten ist.

Das Risiko, ggf. Stornopauschalen zahlen zu müssen, lässt sich über die sogenannte **Reiserücktrittskosten-Versicherung** absichern. Allerdings tritt diese Versicherung regelmäßig nur dann ein, wenn der Reisende besonders gewichtige Gründe für die Stornierung vortragen kann, wie z. B. Unfall oder unerwartete schwere Erkrankung, Schaden am Eigentum infolge Feuers, Sturms oder Überschwemmung oder auch überraschende Arbeitslosigkeit.

9.6 Rücktritts- und Kündigungsrechte des Reiseveranstalters

Für bestimmte Gruppenreisen kann es sinnvoll und wirtschaftlich notwendig sein, dass der Reiseveranstalter die Durchführung der konkreten Einzelreise davon abhängig macht, eine bestimmte **Mindestteilnehmerzahl** zusammen zu bekommen.

Hierüber ist der Reisekunde gem. § 1 Abs. 1 g) Informations-Verordnung rechtzeitig bei der Reiseausschreibung oder in den Allgemeinen Reisebedingungen, spätestens aber bei der Buchung hinzuweisen. Die konkrete Mindestteilnehmerzahl ist ebenso zu nennen wie der späteste Absagezeitpunkt, bis zu welchem der Reisende ggf. die Absageerklärung erhalten haben muss *(vgl. Heinz, 1994, S. 80).*

Denn der Reisende soll möglichst rechtzeitig darüber informiert sein, dass die ursprünglich gebuchte Reise eben doch nicht stattfindet und er nach Alternativen Ausschau halten kann. Allerdings hat der Reiseveranstalter dem Reisekunden bei Absage der Reise die Teilnahme an einer gleichwertigen **Ersatzreise** ohne Mehrpreis aus seinem Katalog anzubieten (§ 651 a Abs. 4 BGB).

Wird die ausgeschriebene oder in Ausnahmefällen auch behördlich festgelegte Mindestteilnehmerzahl nicht erreicht, ist der Reiseveranstalter verpflichtet, den Reisekunden unverzüglich nach Eintritt der Voraussetzungen für die Nichtdurchführung der Reise hierüber zu informieren und eindeutig den Rücktritt vom Reisevertrag zu erklären. Kommt auch eine Ersatzreise nicht in Betracht, erhält der Reisekunde den eingezahlten Reisepreis unverzüglich zurück.

Obwohl der Reisevertrag als Dauerschuldverhältnis schon von Gesetzes wegen aus wichtigem Grund gekündigt werden kann, behalten sich viele Reiseveranstalter in ihren Allgemeinen Reisebedingungen ausdrücklich das Recht vor, nach Antritt der Reise den **Reisevertrag fristlos zu kündigen,** wenn der Reisende trotz Abmahnung die Durchführung der Reise so erheblich stört, dass seine weitere Teilnahme dem Reiseveranstalter und/oder den Mitreisenden nicht zumutbar ist (z. B. alkoholbedingte Ausfälle).

Im Falle einer solchen fristlosen Kündigung steht dem Reiseveranstalter der Reisepreis weiterhin zu; er hat jedoch ersparte Aufwendungen oder Vorteile durch anderweitige Verwertung von Reiseleistungen ggf. zu erstatten *(vgl. Führich, 1998, S. 304).*

9.7 Verschuldensunabhängige Mängelgewährleistungs-/Kündigungsrechte

Im Rahmen des Pauschalreisevertrages verspricht der Reiseveranstalter die Erbringung von Reise-Dienstleistungen, wofür er seine in- und ausländischen Leistungsträger einsetzt.

Im Unterschied zu gegenständlichen Werken, deren **Qualitätsmerkmale** abstrakt definiert werden können, lassen sich die Merkmale einer Reiseleistung in den Reisekatalogen und sonstigen Reiseunterlagen nur beschreiben.

Im Verlaufe einer Reise können sich demnach **Wertungsunterschiede** zwischen dem Qualitätsverständnis des Reiseveranstalters und dem des Reisekunden auftun. Oder aber Reiseleistungen werden seitens der Leistungsträger mangelhaft erbracht.

Sind vertraglich geschuldete Reiseleistungen mangelhaft, stellt das Pauschalreiserecht dem Reisenden eine Reihe von **Gewährleistungs- und auch Schadenersatzansprüchen** zur Verfügung:

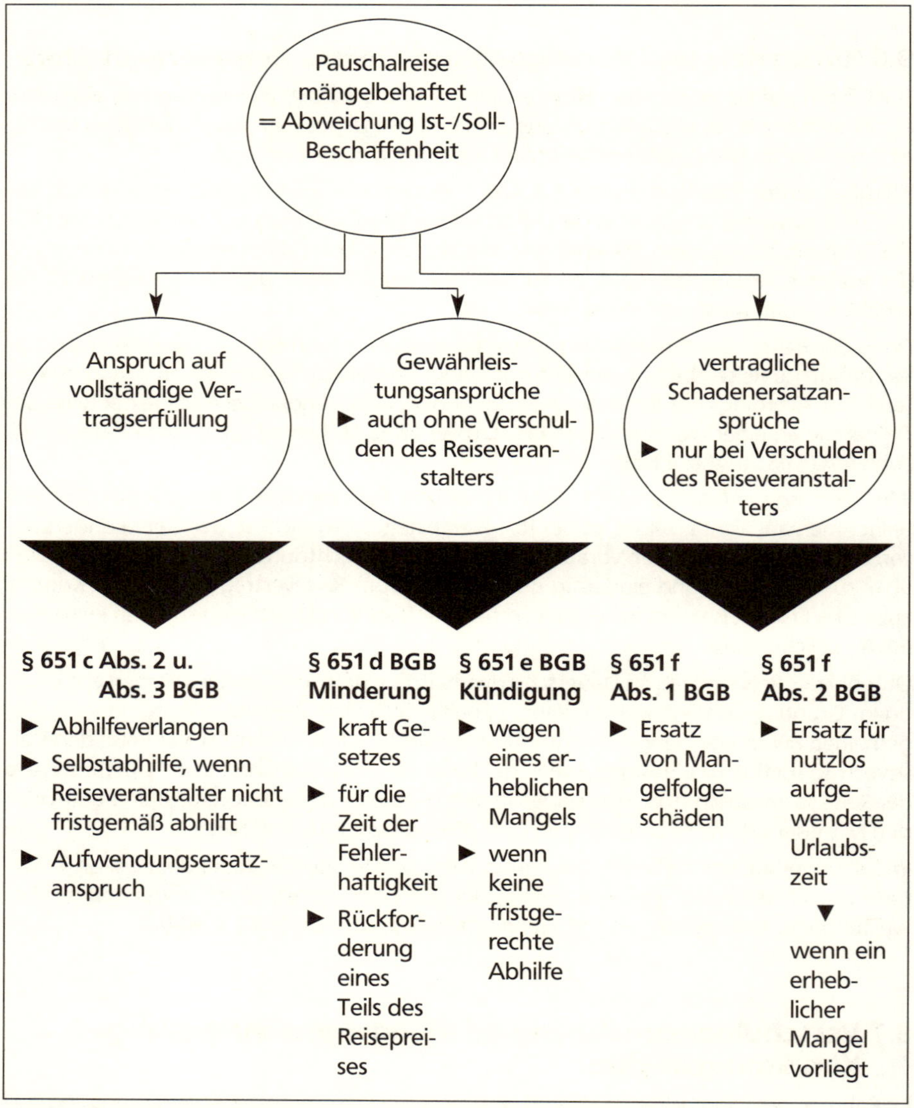

Abb. 9-7: Reiserechtliche Gewährleistungs- und Schadenersatzansprüche

9.7.1 Begriff des Reisemangels/Abgrenzung zu Unannehmlichkeiten, zu allgemeinem Lebensrisiko, zu Umwelt- und Umfeldrisiko

Nach § 651 c Abs. 1 BGB muss die Pauschalreise nicht nur alle zugesicherten Eigenschaften aufweisen. Die einzelnen Reiseleistungen dürfen auch keine **Fehler** haben, die ihren Wert oder ihre Tauglichkeit zu dem gewöhnlichen oder nach dem Vertrag vorausgesetzten Nutzen aufheben oder mindern *(vgl. Seyderhelm, 1997, S. 92).*

Maßstab ist der Gesamtcharakter der Reise, wie er sich aus den Zusicherungen des Reiseveranstalters etwa im Reisekatalog ergibt. Maßgeblich ist also das vertraglich vereinbarte Reiseprogramm. Aus den Zusicherungen des Reiseveranstalters leitet sich der **„Soll-Zustand"** der Reise ab. Weichen die tatsächlich erbrachten Reiseleistungen in qualitativer oder quantitativer Hinsicht hiervon ab, deckt sich also der **„Ist-Zustand"** der Reise nicht mit dem „Soll-Zustand", ist die Reise mangelbehaftet.

Es gilt ein **subjektiver Fehlerbegriff,** wobei Maßstab hierfür die Art, das Niveau und die Preisklasse der Pauschalreise ist *(vgl. Führich, 1998, S. 191 f.).*

Der Umfang des vertraglich geschuldeten **Leistungsprogrammes** der Reise ergibt sich jedoch nicht nur aus der Leistungsbeschreibung im Reisekatalog, sondern auch aus den Angaben zur Reise in der Reisebestätigung und ggf. aus verbindlichen Zusagen und Zusicherungen des Reisemittlers, die vom Reiseveranstalter ausdrücklich bestätigt werden.

Zu den **Preis- und Reiseangaben** im Prospekt und den notwendigen Angaben der Reisebestätigung, insbesondere zu den Angaben über den Reisepreis und dessen Zahlungsmodalitäten, machen §§ 1 und 3 Abs. 2 Informations-Verordnung Mindestangaben zur Pflicht. Für den Vertragsinhalt bedeutsam sind außerdem ergänzende Umstände, die sich aus dem Zweck und dem Nutzen des geschlossenen Reisevertrages und aus den nach der Verkehrssitte berechtigten Erwartungen des Reisenden an den Reiseerfolg ergeben. Das Leistungsprogramm des Veranstalters ist also auch vom **Reisecharakter** z. B. als Erholungsreise, Seniorenreise, Vergnügungsreise, Abenteuerreise, Besichtigungsreise, Studienreise, Sprachreise, Kreuzfahrt, Billigreise oder Fortuna-Reise geprägt *(vgl. Führich, 1998, S. 204 f.).*

Auch **Orts- und Landesüblichkeiten** des Reiselandes beeinflussen den Gesamtcharakter der Reise *(vgl. Führich, 1998, S. 183 f.).*

Sind die tatsächlich erbrachten Reiseleistungen also nicht so, wie sie nach dem vereinbarten Inhalt des Reisevertrages sein müssten, ist die Reise fehlerhaft.

Die Reise ist fehlerhaft, wenn:

- eine einzelne Reiseleistung überhaupt nicht oder schlecht erbracht wird und hierdurch der vereinbarte Nutzen der Reise für den Reisenden beeinträchtigt ist
- der vertraglich vereinbarte Zweck verfehlt wird
- einzelne Reiseleistungen nicht sachgerecht aufeinander abgestimmt sind (Koordinierungsmangel)
- Aufklärungs-, Mitteilungs- oder Sorgfaltspflichten missachtet werden.

Wegen solcher Reisemängel kann der Reisende die **Mängelgewährleistungsansprüche** des Reisevertragsrechts geltend machen. Die allgemeinen Regeln des Rechts der Leistungsstörungen, insbesondere die Anwendung der Unmöglichkeits- und Verzugsregeln, sind regelmäßig ausgeschlossen.

Jedoch bleiben **unbeachtliche Beeinträchtigungen** außer Betracht, können also dem Reiseveranstalter nicht angelastet werden und keine Gewährleistungsansprüche begründen.

Auszugehen ist immer von dem vertraglich vereinbarten Leistungsprogramm.

Wird der Reiseerfolg von einer Störung außerhalb dieses, vom Reiseveranstalter beherrschbaren und organisierbaren Leistungsbereichs gestört, liegt im Rechtssinne **kein Reisefehler** vor. In diesen Bereich fallen Umstände der **Höheren Gewalt** wie Naturkatastrophen, Epidemien, Krieg oder innere Unruhen. Hierzu gibt § 651 j BGB eine abschließende Sonderregelung.

Auch hat der Reisende Beeinträchtigungen der Reise hinzunehmen, wenn sie insgesamt im Verhältnis zum Reisepaket **völlig unerheblich** sind.

Solche **Unannehmlichkeiten** lassen sich bei dem Massencharakter von Pauschalreisen nicht vermeiden, was dem modernen Reisenden schon vor Abschluss des Reisevertrages auch bewusst ist. Solche Unannehmlichkeiten muss der Kunde ersatzlos hinnehmen. Auch bei optimaler Reisevorbereitung durch den Reiseveranstalter kann der Reisende nicht damit rechnen, dass alles auf der Reise 100%-ig abläuft. Auch **ortsübliche Beeinträchtigungen** sind hinzunehmen, wenn sie die Geringfügigkeitsgrenze nicht überschreiten.

So ist beispielsweise als bloße **Unannehmlichkeit** angesehen worden:

- ausländischer Hotelstandard
- geringer Ungezieferbefall
- für südliche Länder typisches höheres Lärmaufkommen
- Verspätung bis zu vier Stunden bei Flugreisen
- vorverlegter Rückflug mit zumutbarer Verkürzung der Nachtruhe
- Nil-Reise flussabwärts anstatt flussaufwärts
- Magenverstimmung nach dem Essen
- vom Programm abweichende Zwischenlandung mit entsprechender Verlängerung der Reisezeit
- unfreundlicher Service
- Stimmen aus Nachbarzimmern und vereinzelte Tanzveranstaltungen
- 40%-Passagieranteil einer Jodlergruppe bei Kreuzfahrt
- körperliche Anstrengung bei Studienreise
- normaler Straßenlärm bei Stadthotel
- gelegentliches Hundegebell
- Aushändigung des Reisegepäcks am Tag nach Ankunft am Zielort *(vgl. Führich, 1998, S. 209).*

Auch das **allgemeine Lebensrisiko** des Reisenden wird mit Abschluss des Pauschalreisevertrages nicht vom Reiseveranstalter übernommen.

Beeinträchtigungen in diesem Zusammenhang können nicht zu einer Einstandspflicht des Reiseveranstalters führen.

Unter das **allgemeine Lebensrisiko** des Reisenden fallen Vorgänge, die diesem überall passieren können, die also nicht reisespezifisch sind. Hierzu gehören etwa:

- Risiko des allgemeinen Straßenverkehrs
- allgemeine Überfall- oder Diebstahlsgefahr
- polizeiliche Kontrollen

- allgemeine Wetterlage
- überfüllter und verschmutzter öffentlicher Strand
- sexuelle Belästigungen am öffentlichen Strand
- Algenplage, Quallen oder Verschmutzungen im Meer
- Läuten von Kirchen- oder Kuhglocken *(vgl. Seyderhelm, 1997, S. 108; Führich, 1998, S. 184).*

Eine Einstandspflicht des Reiseveranstalters kommt allenfalls dann in Betracht, wenn sich Umstände des allgemeinen Lebensrisikos zu einer besonderen Gefährdung von Reisenden in bestimmte Urlaubsgebiete ausgewachsen haben.

Zu denken ist etwa an:

- örtlich bekannte, verschärfte Überfallgefahr auf Ferienbungalows, z.B. auf Jamaika
- als sicher zu erwartende neuerliche Quallenplage in der Adria
- nach Meteorologen-Auskunft ein sicher bevorstehender Wirbelsturm
- starke Teeranschwemmungen, die ein Baden am Strand auf Dauer unmöglich machen *(vgl. Führich, 1998, S. 188).*

Auch wenn der Reiseveranstalter für die einzelnen Vorfälle nichts kann und ihnen auch nicht gegensteuern kann, hat er dennoch die Verpflichtung, die von ihm angebotenen Urlaubsgebiete daraufhin zu überwachen und zu kontrollieren, ob derartige Umstände bevorstehen oder eingetreten sind sowie die weitere Verpflichtung, dem Reisenden so frühzeitig wie möglich hierüber **Informationen** zu geben, damit dieser sich auf die besondere Situation einstellen kann.

Über seine Reiseleitung ist der Reiseveranstalter zu derartigen **Kontrollen** auch in der Lage. Unterlässt der Reiseveranstalter gebotene Informationen im Reisekatalog, bei der Buchung oder vor Reiseantritt, begründet diese **Informationspflichtsverletzung** einen Reisemangel, der zu Preisminderung und Schadenersatz führt, ggf. auch zu Schadenersatzansprüchen aus unerlaubter Handlung (§§ 823 ff. BGB).

Mängel im Sinne von § 651 c Abs. 1 BGB sind demnach erhebliche Abweichungen von den vereinbarten Reiseleistungen, die die Schwelle der bloßen Unannehmlichkeit bzw. des allgemeinen Lebensrisikos, des Umwelt- oder Umfeldrisikos deutlich überschreiten.

Typische **Mangelsituationen** sind etwa gegeben bei:

- nicht vertragsgerechter Unterbringung (Hotel/Pension entspricht nicht der gebuchten Kategorie; Unterbringung muss wegen Überbuchung in einem anderen als dem vereinbarten Hotel erfolgen)
- erheblicher Lärmbelästigung durch Baumaßnahmen, Verkehr oder Diskothek
- den Urlaubsaufenthalt beeinträchtigenden Schwierigkeiten bei der Strom- oder Wasserversorgung
- Mängeln des Hotels und seiner Einrichtungen (mangelhafte Ausstattung der Zimmer, Schmutz und fehlende Reinigung, erheblicher Ungezieferbefall, nicht ausreichende oder eintönige Verpflegung, Ausfall des Aufzugs, verschmutzter Swimming-Pool, nicht bespielbare Tennisplätze, Kinderspielplatz mit nicht verkehrssicherem Spielgerät)
- verschmutztem Hotelstrand, Fehlen der Sonnenschirme und Liegen, obwohl diese zugesichert
- bei Studien- und Besichtigungsreisen: Nichteinhaltung des Reiseprogramms und Ausfall von Besichtigungspunkten; unzulängliche Qualifikation des Studienreiseleiters

- bei Abenteuer- und Expeditionsreisen: erhebliche Änderung der Reiseroute, fehlende Ausrüstungsgegenstände, Fehlen der zugesagten Jagd- oder Besichtigungsmöglichkeiten *(vgl. Führich, 1998, S. 266 ff.; Strangfeld, 1993, S. 122).*

Es ergibt sich also folgende quantitative Rangfolge von **Reisebeeinträchtigungen,** mit jeweils unterschiedlichen Rechtsfolgen:

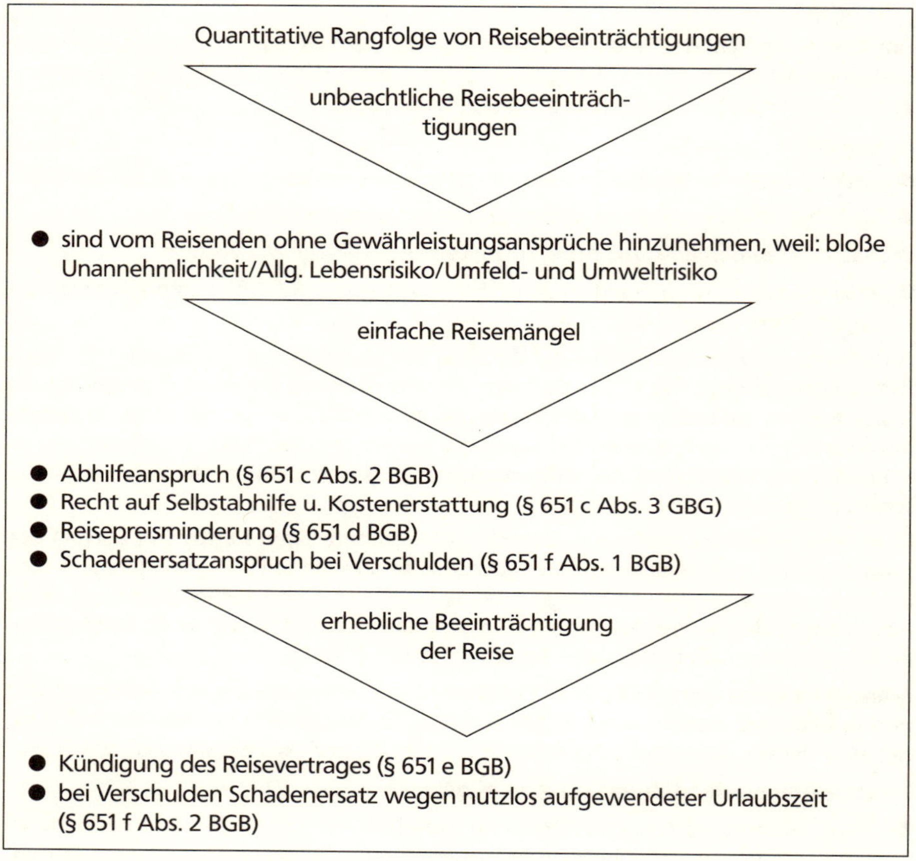

Abb. 9-8: Quantitative Rangfolge von Reisebeeinträchtigungen

Dem Vorliegen eines Mangels steht es gleich, wenn der Reise **zugesicherte Eigenschaften** fehlen, die mit dem Reiseveranstalter vereinbart waren.

Eigenschaften sind die tatsächlichen und rechtlichen Verhältnisse und Beziehungen, sofern sie nach der Verkehrsanschauung für die Wertschätzung der Reise von Bedeutung sind.

Zunächst haben die konkreten Eigenschaftsangaben in Reiseprospekten, Reisebeschreibungen und Informationsheften des Reiseveranstalters die Qualität von Eigenschaftszusicherungen. Denn der Reisende ist bei der Auswahl seines Urlaubsziels alleine auf die Informationen des Reiseveranstalters im Reiseprospekt u. Ä. angewiesen und muss sich auf die dortigen Zusagen verlassen können.

Der Reiseveranstalter weiß auch, dass die Reiseprospekte u. Ä. die wichtigste Informationsquelle für den Reisenden sind und nimmt damit ein besonderes Vertrauen in die Richtigkeit und Verlässlichkeit der Angaben im Reisekatalog für sich in Anspruch. Es gilt für die Katalogwerbung der Grundsatz der **Prospektwahrheit und -klarheit** (§ 1 Informationsverordnung).

Der Reiseveranstalter muss sich an seinen Aussagen im Katalog o. Ä. festhalten lassen. Hat er zuviel versprochen, wird der Reisevertrag mangelbehaftet.

Der Reiseveranstalter verstößt bei fehlerhaften Ausschreibungen gegen § 1 Informationsverordnung, welcher die Anforderungen an die Qualität der Prospektangaben festschreibt.

Eine falsche oder irreführende Aussage im Werbemedium Katalog unterfällt außerdem den Verboten der **§§ 1, 3 UWG.**

Der Reiseveranstalter kann sich in solchen Fällen damit konfrontiert sehen, dass ihm wettbewerbswidrige Werbeaussagen in Reisekatalogen u. Ä. gerichtlich verboten werden, so dass er daran gehindert ist, dieses Werbemedium weiter zu verwenden *(vgl. Führich, 1998, S. 194 f.).*

Schuldhaft irreführende Angaben in Reisekatalogen, die den Reisenden zum Abschluss eines Reisevertrages verleiten, können außerdem unter dem Gesichtspunkt des Betruges (§ 263 StGB) strafbar sein.

9.7.2 Mängelgewährleistungsansprüche des Reisenden/Mängelrüge, Abhilfeverlangen

Wie bei jedem schuldrechtlichen Vertrag kann der Reisende von seinem Vertragspartner, dem Reiseveranstalter, verlangen, dass dieser die versprochenen Leistungen erbringt. Stellt sich während der Reise, also vor oder während der Beförderung, während des Transfers zum Hotel, am Urlaubsort oder im Zusammenhang mit der Rückreise heraus, dass die tatsächlichen Leistungen nicht mit den Versprechungen und Zusagen des Reiseveranstalters übereinstimmen, kann der Reisende darauf bestehen, dass der Reiseveranstalter den Vertrag auf seine Kosten ordentlich erfüllt. Der Reisende verlangt also **Abhilfe** und **Mängelbeseitigung** *(vgl. Heinz, 1994, S. 4).*

Der Reisende muss eine **Mängelrüge** auch aussprechen und Abhilfe verlangen, will er nicht seine Gewährleistungsansprüche und ggf. Schadenersatzansprüche verlieren (§ 651 d Abs. 2 BGB).

Das Abhilfeverlangen ist an den Reiseveranstalter bzw. an dessen örtliche Vertretung am Urlaubsort zu richten, nur ausnahmsweise an den Leistungsträger (Hotelier, Beförderungsunternehmen pp.) unmittelbar.

Keinesfalls ist das Reisebüro Adressat des Abhilfeverlangens bzw. der Mängelanzeige, da regelmäßig die Rolle des Reisebüros als Vermittler der Reise in dem Moment endet, in dem alle Vorbereitungshandlungen zum Antritt der Reise erbracht sind und die Reise angetreten wird *(vgl. Führich, 1998, S. 221).*

9.7.3 Abhilfe, Selbstabhilfe, Aufwendungsersatz (§ 651 c Abs. 3 BGB)

Die Abhilfe darf vom Reiseveranstalter nur verweigert werden, wenn sie einen unverhältnismäßigen Aufwand erfordern würde (§ 651 c Abs. 2 Satz 2 BGB).

Der Reiseveranstalter kann der Mangelsituation entweder durch Beseitigung des Mangels oder durch eine **mangelfreie Ersatzleistung** abhelfen. Einfache, alltägliche Reisemängel wie nicht funktionierende Klimaanlage, unzureichend gereinigte Zimmer, fehlende Zimmereinrichtung oder defekte Beleuchtung wird der Reiseveranstalter selbst oder über seine Leistungsträger kurzfristig tatsächlich abstellen.

Ist die Mängelbeseitigung, z. B. bei Überbuchung des Hotels, tatsächlich nicht möglich, leistet der Reiseveranstalter Abhilfe durch Zuweisung einer zumutbaren Ersatzunterkunft in mit dem gebuchten Hotel vergleichbarer Lage.

Die Ersatzleistung muss also mindestens gleichwertig, kann aber höherwertiger sein.

Soweit diese Art der Mängelbeseitigung für den Reisenden zumutbar ist, muss er die Ersatzleistung als **modifizierte Vertragserfüllung** annehmen *(vgl. Seyderhelm, 1997, S. 118).*

Ist der Reiseveranstalter nicht bereit oder in der Lage, innerhalb einer vom Reisenden bestimmten, je nach den Umständen angemessenen **Frist** den Mangel zu beseitigen, ist der Reisende berechtigt, **selbst Abhilfe** zu schaffen und Ersatz der erforderlichen Aufwendungen zu verlangen.

Einer Fristbestimmung bedarf es nicht, wenn die geforderte Abhilfe vom Reiseveranstalter verweigert wird, etwa weil der Reiseveranstalter eine Mangelsituation nicht erkennen will oder die Abhilfe einen unverhältnismäßigen Aufwand erfordern würde oder eine Abhilfe objektiv nicht möglich ist oder schließlich, wenn die sofortige Abhilfe durch ein besonderes Interesse des Reisenden geboten ist (§ 651 c Abs. 3 BGB).

Wer z. B. nachts mit schreienden Kleinkindern vor der Rezeption seines gebuchten Hotels ankommt um festzustellen, dass das Hotel überbucht ist, braucht nicht bis zum nächsten Morgen in der Hotelhalle auszuharren, bis sich der Reiseveranstalter abschließende Gedanken gemacht hat, was mit dem Reisenden wohl geschehen könnte. Der Reisende kann in solchen Fällen das Gebotene tun, um so kurzfristig wie möglich für sich und seine Familie eine Unterkunft vor Ort zu besorgen.

Allerdings darf der Reisende nicht zu Lasten des Reiseveranstalters **unangemessene Aufwendungen** tätigen; die Aufwendungen haben sich im erforderlichen Rahmen einer gleichwertigen Ersatzleistung zu bewegen. Dies ergibt sich aus der den Reisenden treffenden Pflicht zur **Schadensminderung (§ 254 Abs. 2, Satz 1 BGB).**

Zu den vom Reiseveranstalter zu ersetzenden Aufwendungen einer **Selbstabhilfe** zählen die Mehrkosten der unmittelbaren Mängelbeseitigung, die der Reisende hat, wie etwa Mehrkosten für das ersatzweise genommene Hotel oder die Ersatzbeförderung per Linienflug.

Auch die übrigen Aufwendungen zur Besorgung einer Ersatzleistung wie zusätzliche Kommunikationskosten müssen vom Reiseveranstalter erstattet werden. Steht eine gleichwertige Ersatzleistung nicht zur Verfügung, kann der Reisende auch die Kosten für eine höherwertigere Leistung verlangen, solange diese Mehrkosten das vertretbare Ausmaß nicht übersteigen und er zuvor versucht hat, eine gleichwertige Ersatzleistung zu erhalten *(vgl. Führich, 1998, S. 236).*

Das Risiko der Gleichwertigkeit der Selbstabhilfe und der Erstattungsfähigkeit der damit verbundenen Kosten trägt der Reisende. Er hat aber das Recht, vom Reiseveranstalter einen **Vorschuss** für die zu erwartenden Aufwendungen der Selbstabhilfe zu verlangen.

9.7.4 Minderung und Kündigung, §§ 651 d, 651 e BGB

Für den Zeitraum der Mangelhaftigkeit von Reiseleistungen **mindert** sich der Reisepreis kraft Gesetzes (§ 651 d Abs. 1 BGB). Der Reisende hat nämlich zu 100 % den vereinbarten

Reisepreis gezahlt, jedoch nicht 100 % der versprochenen, schon bezahlten Reiseleistungen vom Reiseveranstalter erhalten.

Der Reisende hat also Anspruch auf Rückzahlung eines Teils des Reisepreises: Aus dem **Soll-Ist-Vergleich** ergibt sich eine Differenz, die im Wege der Minderung vom Reiseveranstalter auszugleichen ist. Darauf, warum es zu der Minderleistung gekommen ist und ob den Veranstalter hierfür ein Verschulden trifft, kommt es grundsätzlich nicht an.

Solange ein Reisemangel nicht abgestellt ist, mindert sich der Reisepreis automatisch für die Dauer des Mangels.

Zeitlich kann die Minderung also für die Dauer der mangelhaften Leistung geltend gemacht werden, unter Umständen für die Dauer der gesamten Reise. Hilft der Reiseveranstalter oder der Reisende selbst im Wege der Selbstabhilfe dem Mangel ab, tritt die Reisepreisminderung nur für die Dauer der Mangelsituation ein *(vgl. Führich, 1998, S. 242).*

Die **Mängelanzeige** ist formelle Voraussetzung für ein Minderungsverlangen; unterlässt der Reisende diese schuldhaft, entfallen jegliche Gewährleistungs- und Schadenersatzansprüche aus dem Reisevertrag (§ 651 d Abs. 2 BGB).

Grundlage für die **Berechnung der Minderung** ist grundsätzlich der Gesamtreisepreis, da der Mangel einer Reiseleistung in der Regel auch den Wert der anderen Reiseleistungen beeinträchtigt. Die mangelhafte Einzelleistung strahlt auf die Gesamtreise aus.

Berechnet wird die Minderung als geschätzter Abschlag vom Tagesreisepreis, also wie folgt: Gesamtreisepreis dividiert durch die Anzahl der Reisetage; je nach Umfang des Mangels erfolgt nun ein prozentualer Abschlag vom Tagesreisepreis, welcher sodann mit der Anzahl der mangelbehafteten Reisetage multipliziert wird *(vgl. Führich, 1998, S. 248).*

Beispiel-Rechnung:

100 % = 1.500,00 EUR Gesamtreisepreis für 7 Urlaubstage. Also: Tagesreisepreis = 214,30 EUR

Für 3 Urlaubstage folgende Mangelsituation: Unterbringung im Hotel anstatt im gebuchten Bungalow / Minderungssatz geschätzt: 10 %.

Minderungsberechnung:

214,30 EUR x 10% x 3 = 64,29 EUR.

Es ist für den Reisenden schwierig zu ermitteln, welcher **Minderungs-Prozentsatz** der Minderungsberechnung zu Grunde zu legen ist. § 651 d Abs. 1 BGB verweist auf die kaufmännische Berechnungsformel in § 472 BGB; dennoch läuft die Berechnung auf einen geschätzten Prozentsatz hinaus.

Es ist ein objektiver Maßstab anzulegen, wobei die Art der Leistung ebenso eine Rolle spielt wie die Umstände und Gegebenheiten der jeweiligen Reise. Mängel der Hotelunterbringung sind bei einem Ferienaufenthalt in einem Hotel schwerwiegender als Mängel bei der Hotelunterkunft während einer Studienreise mit häufig wechselnden Übernachtungsorten. Auch ist bedeutsam, ob es sich um eine „Billigreise" oder „Luxusreise" handelt. Denn selbstverständlich hängt die Qualität der einzelnen Reiseleistungen zwingenderweise damit zusammen, welche geldwerte Wertigkeit diese Leistungen haben.

Von einer einwöchigen Flugreise nach Mallorca für 200,00 Euro kann man keinen Luxusurlaub erwarten. Selbstverständlich müssen auch bei preiswerten Reisen die versprochenen Leistungen fehlerfrei sein, jedoch hängt die Wertigkeit der Reiseleistung eben von dem für sie zu zahlenden Preis ab.

Das Landgericht Frankfurt hat den Versuch gemacht, anhand seiner eigenen Rechtsprechung die Höhe der Minderung mit der sogenannten **„Frankfurter Tabelle zur Reisepreisminderung"** zu schematisieren. Andere sind diesem Beispiel gefolgt *(vgl. Führich, 1998, S. 255).*

Dennoch verbleibt bei der Berechnung von **Minderungsansprüchen** ein hohes Bewertungsrisiko; auch Prozent-Angaben in den Minderungstabellen können allenfalls Anhaltspunkte für die Einzelfallbewertung geben. Auch wenn ein Gericht bei einer vergleichbaren Reise und einer vergleichbaren Mangelsituation einen bestimmten Prozentsatz ausgeworfen hat, steht nicht fest, dass ein anderes Gericht in gleicher Weise urteilt. Es bestehen Bewertungsspielräume, die jedes Gericht mit etwas anderen Vorzeichen nutzt.

Hat der Mangel zu einer **erheblichen Beeinträchtigung** der Reise oder zur Unzumutbarkeit geführt, die Reise weiter fortzusetzen, liegt ein wichtiger Grund für die **Kündigung des Reisevertrages** gem. § 651 e BGB vor. „Erhebliche Beeinträchtigungen" sehen einige Gerichte erst bei Erreichen eines Minderungssatzes von 50 %, andere schon bei einem Minderungssatz von 20 % *(vgl. Führich, 1998, S. 307).*

Rechtsfolgen der Kündigung gem. § 651 e BGB:

- der Reiseveranstalter verliert seinen Anspruch auf den schon vor Reiseantritt vereinnahmten Reisepreis und muss ihn zurückzahlen
- er kann jedoch für die bereits erbrachten oder bis zur Beendigung der Reise noch zu erbringenden Reiseleistungen Entschädigung verlangen: dies kann der Reisende mit der **Einwendung** verhindern, die vom Reiseveranstalter schon erbrachten oder bis zur Beendigung der Reise noch zu erbringenden Leistungen hätten infolge der Aufhebung des Vertrages für ihn kein Interesse mehr
- ab dem Zeitpunkt der Kündigung hat der Reiseveranstalter gem. § 651 e Abs. 4 BGB dafür Sorge zu tragen, dass der Reisende unverzüglich zum Ausgangspunkt der Reise zurückbefördert wird. Die dadurch eventuell entstehenden Mehrkosten fallen dem Reiseveranstalter zur Last
- soweit der Reisende zur Selbstabhilfe für die umgehende Rückreise greift, hat er wegen evtl. Mehrkosten ebenfalls einen Erstattungsanspruch *(vgl. Führich, 1998, S. 317 f.).*

9.8 Verschuldensabhängige Schadenersatzansprüche

Erleidet der Reisende während der Reise einen **Personen- oder Sachschaden,** haftet ihm der Reiseveranstalter, wenn diesem **Verschulden** nachgewiesen werden kann. Als Verschulden gilt **Vorsatz, Fahrlässigkeit** oder **grobe Fahrlässigkeit** (§§ 276, 277 BGB); für das Verschulden seiner Mitarbeiter und von ihm eingesetzte Leistungsträger, also seiner **Erfüllungsgehilfen,** hat der Reiseveranstalter ebenfalls einzustehen (§ 278 BGB).

Der Reiseveranstalter haftet danach dem Reisenden gem. § 651 f Abs. 1 BGB wegen eines über den Reisepreis hinausgehenden **Folge- oder Begleitschadens** auf Schadenersatz.

Ggf. kann eine Entschädigung für **nutzlos aufgewendete Urlaubszeit** nach § 651 f Abs. 2 BGB beansprucht werden.

9.8.1 Schadenersatz für Mangelfolge- oder Begleitschäden, § 651 f Abs. 1 BGB

Der Reisende kann neben dem Anspruch auf Minderung auch Schadenersatz für Folgeschäden gegenüber dem Reiseveranstalter geltend machen (§ 651 f Abs. 1 BGB). Diese **Schadenersatzpflicht** erfasst alle durch die Nichterfüllung des Vertrages entstandenen Schäden, einschließlich aller Mangelfolge- und Begleitschäden, die in einem ursächlichen Zusammenhang mit der fehlerhaften Durchführung der Reise stehen und begrifflich über den Minderungsanspruch hinausgehen. Nach § 651 f Abs. 1 BGB hat der Reiseveranstalter geradezustehen für **Vermögensschäden** (z. B. nutzlose Aufwendungen und Mehrkosten infolge des Mangels), **Sachschäden** (z. B. Verlust und Beschädigung von Reisegepäck), aber auch **Körperschäden** (z. B. Verletzung bei der Benutzung von Hoteleinrichtungen, die nicht verkehrssicher sind oder bei Gesundheitsschäden wegen verdorbener Speisen; *vgl. Seyderhelm, 1997, S. 227).*

Voraussetzung auch für den Schadenersatzanspruch ist Mängelanzeige und Abhilfeverlangen gegenüber dem Reiseveranstalter. Natürlich kann der Reisende Schadenersatz nur dann verlangen, wenn ihm tatsächlich ein Schaden entstanden ist. D. h., der Reisende muss den konkret bei ihm eingetretenen **Schaden** auch **nachweisen.** Ein **Mitverschulden** des Reisenden bei der Schadenentstehung ist bei der Bemessung des Schadenersatzes zu berücksichtigen (§ 254 BGB).

Der Reiseveranstalter hat nicht nur für eigenes Verschulden und das seiner Mitarbeiter einzustehen, sondern auch für das Verschulden aller Personen, die er zur Erfüllung und Erbringung der Reiseleistungen einsetzt. Dies sind insbesondere die Leistungsträger und deren Angestellte (§ 278 BGB).

Steht fest, dass ein Reisemangel vorliegt, wird davon ausgegangen, dass der Reiseveranstalter für den eingetretenen Schaden auch verantwortlich ist.

Sein Verschulden wird also vermutet **(Beweislastumkehr).** Es ist nunmehr Sache des Reiseveranstalters zu beweisen, dass der Mangel der Reise auf einem Umstand beruht, den er nicht zu vertreten hat (§ 651 f Abs. 1, 2. HS BGB). Dieser **Entlastungsbeweis** muss substantiiert, also mit konkretem Tatsachenvortrag geführt werden. Der Veranstalter hat lediglich solche Reisebeeinträchtigungen und Schadensfälle nicht zu vertreten, auf die er überhaupt keinen Einfluss hat. Dies sind – wie dargestellt – die Fälle der Höheren Gewalt, des allgemeinen Lebensrisikos oder auch die unvorhersehbaren und nicht abwendbaren Versäumnisse eines Dritten, der an der Erfüllung des Reisevertrages nicht beteiligt ist *(vgl. Seyderhelm, 1997, S. 224).*

9.8.2 Schadenersatz für nutzlos aufgewendete Urlaubszeit, § 651 f Abs. 2 BGB

Neben dem Anspruch auf Minderung oder Schadenersatz wegen konkreter Schäden steht dem Reisenden aus § 651 f Abs. 2 BGB auch ein **Schadenersatzanspruch wegen nutzlos aufgewendeter Urlaubszeit** zu.

Es handelt sich hierbei um Ersatz eines **immateriellen Schadens,** für den der Reisende ein angemessenes Entschädigungsentgelt verlangen kann. Dies gilt dann, wenn die Reise vereitelt oder erheblich beeinträchtigt war, sofern der Reiseveranstalter die Umstände, durch die die Reise vereitelt oder erheblich beeinträchtigt worden ist, zu vertreten hat.

Die Reise ist **vereitelt,** wenn sie nicht stattgefunden hat. Sie ist **erheblich beeinträchtigt,** wenn die aufgetretenen Mängel eine Minderung des Reisepreises um i.d.R. 50 % rechtfertigen würde. Die Beeinträchtigung muss also so schwerwiegend gewesen sein, dass der Zweck der Reise nicht erreicht werden konnte.

War die Reise jedoch vereitelt, so dass der Reisende sie wegen eines Mangels gar nicht erst antreten konnte oder wurde sie zwar durchgeführt, war aber so schwer beeinträchtigt, dass der Reisezweck ernsthaft in Frage gestellt war, hat der Reisende Urlaubstage nutzlos aufgewendet.

Für die Bemessung der Entschädigung ist entscheidend, in welchem Umfange Urlaubszeit nutzlos aufgewendet wurde. Belastet die Beeinträchtigung den gesamten Urlaub, ist die gesamte Urlaubszeit zu entschädigen; bei Mängeln, die nicht während des gesamten Urlaubs auftreten sowie bei mehreren, zeitlich auseinanderliegenden Mängeln, wird allgemein ebenfalls auf die einzelnen Reisetage abgestellt, welche den Minderungssatz von 50 % aufweisen. Kann die Reise wegen Mängel nur verspätet angetreten werden, entsteht neben dem Anspruch auf Reisepreisminderung eventuell auch Anspruch für den nutzlosen Tag der An- und Abreise zum/vom Flughafen (Führich, 1998, S. 347).

Wird die Reise abgebrochen und der Urlaub an einem anderen Ort oder zu Hause verbracht, kommt der Urlaubszeit regelmäßig, trotz der Beeinträchtigung, ein gewisser Resterholungswert zu. Dieser **Resterholungswert** wirkt sich als Schadensminderungsposten aus, der den Schadenersatzanspruch des Reisenden schmälert. Entscheidend ist, welche Möglichkeiten der sonstigen Urlaubsgestaltung der Reisende an einem anderen Ort oder eben zu Hause an seinem Heimatort hatte *(vgl. Seyderhelm, 1997, S. 224).*

Die zu ersetzende **angemessene Entschädigung** hat im Wege der richterlichen Schätzung also den jeweils vertanen Zeitabschnitt der Reise zu bewerten und alle Umstände des Einzelfalles zu erfassen. Die Schwere der Beeinträchtigung und die Schwere des Verschuldens des Veranstalters sowie der Reisepreis spielen eine entscheidende Rolle.

Die Rechtsprechung versuchte teilweise anhand des **Nettoeinkommens** des Reisenden eine Schadenbemessung daran zu orientieren, was dieser Reisende an Schaden erleiden würde, wenn er eine Ersatzreise durchführen und bei seinem Arbeitgeber unbezahlten Urlaub nehmen würde. Bei anderen Gerichten haben sich bestimmte Tagessätze herausgebildet. Die Berechnungsmethode auf der Grundlage des Nettoeinkommens von Reisenden scheitert nämlich, wenn es sich bei diesen z. B. um Schüler, Studenten, Kinder, Hausfrauen, Rentner oder Erwerbslose handelt.

Was die **Tagessätze** angeht, hat z. B. das Landgericht Frankfurt einen festen Tagessatz von 130,00 DM (= 66,47 Euro) als Höchstgrenze definiert und macht je nach Einzelfall Abzüge. Das Landgericht Hannover demgegenüber geht von einem Mindesttagessatz von 50,00 DM (= 25,57 Euro) aus, lehnt eine feste Obergrenze aber ab und schätzt nach § 287 ZPO die Entschädigungshöhe unter Berücksichtigung aller Umstände des Einzelfalles *(vgl. Führich, 1998, S. 352).*

LF Kleve /TRRa 2000, 155) stellte maßgeblich auf den gezahlten Reisepreis ab, weil dieser darstellte, was dem Reisenden der Urlaub „wert" gewesen sei. AG Hannover (RRA 2001, 37) ging von 100,00 DM (= 51,13 Euro) pro Tag und Person aus.

9.8.3 Schadenersatzansprüche aus unerlaubter Handlung wegen Haftung für Verrichtungsgehilfen oder wegen Verletzung eigener Verkehrssicherungspflichten, §§ 823 ff BGB

Wie schon dargestellt, ist das Pauschalreiserecht ein abschließendes Regelwerk auch für Schadenersatzansprüche und Ansprüche wegen Leistungsstörungen. Neben § 651 f BGB kann der Reisende jedoch **deliktische Ansprüche** geltend machen, wenn nach Maßgabe der §§ 823 ff. BGB das Leben, der Körper, die Gesundheit, die Freiheit, das Eigentum oder ein sonstiges Gut durch den Reiseveranstalter schuldhaft und widerrechtlich verletzt wird.

Diese Anspruchsgrundlagen sind für den Reisenden deshalb bedeutsam, weil nur über sie Ansprüche auf **Schmerzensgeld,** Geldrente wegen Verminderung der Erwerbsfähigkeit, Ersatzansprüche wegen entgangener Dienste oder Verluste des Unterhaltes (§§ 847, 843, 844, 845 BGB) durchgesetzt werden können.

Diese zusätzlichen Schadenersatzansprüche setzen nicht einen Reisemangel voraus, da es nicht um eine vertragliche Haftung auf der Grundlage des Pauschalreisevertrages geht. Die Haftung des Reiseveranstalters beruht vielmehr auf einem schuldhaften, mindestens fahrlässigen Verstoß gegen seine Organisationspflichten zur sicheren Durchführung der Reise, seine so genannte **Verkehrssicherungspflicht.** So hat der Reiseveranstalter nicht nur die Pflicht zur sorgfältigen Auswahl der für die Erfüllung des Reisevertrages eingesetzten Leistungsträger, sondern auch die Pflicht, regelmäßig den jeweiligen Umständen entsprechend seine Leistungsträger und deren Leistungen zu überwachen und dabei entdeckte Mängel umgehend abzustellen *(vgl. Führich, 1998, S. 356).*

Nach Auffassung der Rechtsprechung schafft der Reiseveranstalter Gefahrenquellen, wenn er dem Reisenden im Verlauf einer Reise den Zugang z. B. zu Beförderungsmitteln und Unterbringungseinrichtungen ermöglicht. Er schaffe dadurch eine potenzielle Gefahrenlage, so dass er verpflichtet ist, die nötigen Vorkehrungen zum Schutze der Reisenden zu treffen. Erfüllt er diese Überprüfungspflichten zur Beseitigung von Gefahren pflichtwidrig und schuldhaft in nicht ausreichendem Maße, haftet er auf Schadenersatz. Der Reiseveranstalter hat diese Pflichten selbst oder durch seine Angestellten, z. B. seine Reiseleiter, zu erfüllen. Für diese hat er als seine Verrichtungsgehilfen (§ 831 BGB) einzustehen (BGH, NJW 1988, 1380).

Jedoch scheidet eine Delikthaftung des Reiseveranstalters regelmäßig dann aus, wenn der Schaden vom Leistungsträger des Reiseveranstalters oder dessen Angestellten verursacht wurde. Denn etwa der Hotelier im Urlaubsgebiet oder das für die Rundfahrt eingesetzte Ausflugsunternehmen sind nicht **Verrichtungsgehilfen** des Reiseveranstalters. Es fehlt an der dafür erforderlichen **Abhängigkeit und Weisungsgebundenheit** gegenüber dem Reiseveranstalter.

Allerdings dürfen an die **Verkehrssicherungs- und Überprüfungspflichten** des Reiseveranstalters keine zu hohen Anforderungen gestellt werden, da von ihm nur zumutbare Kontrollmaßnahmen verlangt werden können. So haftet der Reiseveranstalter nicht für verborgene Mängel bzw. Sicherheitsrisiken.

9.8.4 Haftungsbegrenzungsmöglichkeiten des Reiseveranstalters, § 651 h BGB

§ 651 h Abs. 1 BGB erlaubt dem Reiseveranstalter durch Vereinbarung, etwa über eine entsprechende Klausel in seinen Allgemeinen Reisebedingungen, gegenüber dem Reisenden seine Haftung für Schäden, die nicht Körperschäden sind, also für Sach- oder Vermögensschäden, auf den dreifachen Reisepreis zu beschränken, soweit der Schaden des Reisenden in mittlerer Fahrlässigkeit herbeigeführt wurde.

Für vorsätzlich oder in grober Fahrlässigkeit verursachte Sach- oder Vermögensschäden durch den Reiseveranstalter bzw. seine Erfüllungsgehilfen haftet der Reiseveranstalter vertraglich also ebenso unbeschränkt wie für Körperschäden.

Des Weiteren kann der Reiseveranstalter seine vertragliche Haftung über seine Allgemeinen Reisebedingungen auf den dreifachen Reisepreis für Sachschäden insoweit beschränken, soweit er nur deshalb haftet, weil einen Leistungsträger bzw. dessen Mitarbeiter ein Verschulden – sei es Vorsatz oder Fahrlässigkeit – trifft.

Diese Haftungsbegrenzungen erfassen vertragliche Schadenersatzansprüche.

Soweit im Wege der **Anspruchskonkurrenz** parallel deliktische Ansprüche entstanden sind (§§ 823 ff. BGB), werden üblicherweise in den Allgemeinen Reisebedingungen Haftungsansprüche des Reisenden bei Personen- und Sachschäden summenmäßig je Kunde und Reise beschränkt, soweit der Reiseveranstalter weder vorsätzlich noch grobfahrlässig gehandelt hat *(vgl. Führich, 1998, S. 398).*

§ 651 h Abs. 2 BGB ermöglicht es dem Reiseveranstalter, sich auch auf **gesetzliche Haftungsbeschränkungen** zu berufen, die zu Gunsten eines seiner Leistungsträger eingreifen, wenn diese Beschränkungen auf internationalen Abkommen beruhen. Der Reiseveranstalter soll mangels **Rückgriffsmöglichkeiten** nicht schärfer haften müssen als der ansonsten verantwortliche Leistungsträger, wenn dessen Haftung durch **internationale Übereinkommen** beschränkt oder ausgeschlossen ist.

Bei **internationalen Flugpauschalreisen** greift das Warschauer Abkommen mit seinen Haftungsbeschränkungen bei Personen- und Gepäckschäden ein.

Für Luftfahrtunternehmen, denen von einem EU-Mitgliedstaat eine Betriebsgenehmigung erteilt worden ist, gelten nach der Verordnung (EG) Nummer 2027/97 zusätzliche Haftungsregelungen und -begrenzungen.

Bei grenzüberschreitenden **Bahnpauschalreisen** gibt das Übereinkommen über den internationalen Eisenbahnverkehr (COTIF/CIV) Haftungsbeschränkungen für Personen- und Sachschäden sowie für Reisegepäck-Schäden, bei **internationaler Seebeförderung** das internationale Seerecht nach der Anlage zu § 664 HGB.

Soweit im internationalen Bereich Haftungshöchstgrenzen gelten, haben diese Vorrang vor dem nationalen Reiserecht *(vgl. Heinz, 1994, S. 52 f.).*

9.9 Rückabwicklung des Reisevertrages wegen Höherer Gewalt, § 651 j BGB

§ 651 j BGB gibt sowohl dem Reiseveranstalter als auch dem Reisenden das Recht zur **Kündigung** des Vertrages, wenn die Reise infolge bei Vertragsabschluss nicht vorhersehbarer **Höherer Gewalt** erheblich erschwert, gefährdet, beeinträchtigt oder unmöglich gemacht wird.

Unter Höherer Gewalt wird ein Ereignis verstanden, welches bei Vertragsschluss nicht vorhersehbar war, von außen kommt, mit dem Unternehmen des Reiseveranstalters keinen betrieblichen Zusammenhang aufweist und auch durch die äußerste, vernünftigerweise zu erwartende Sorgfalt des Reiseveranstalters nicht abzuwenden ist (BGH, NJW 1987, 1938).

Das Ereignis der Höheren Gewalt darf also weder in den Leistungsbereich des Reiseveranstalters noch in das private Lebensrisiko des Reisenden fallen. Als Höhere Gewalt kommen Ereignisse in Betracht wie Naturkatastrophen, Epidemien, Krieg oder Kriegsgefahren, Umweltkatastrophen wie der Reaktorunfall von Tschernobyl oder auch hoheitliche Anordnungen wie z. B. eine Flugzeugbeschlagnahme.

Die **Rückabwicklung des Reisevertrages** nach § 651 j BGB setzt die Kündigungserklärung des Reisenden bzw. des Reiseveranstalters vor oder nach Reiseantritt voraus. Gehen Reiseveranstalter und Reisender mit einer Situation der Höheren Gewalt konstruktiv in der Weise um, dass z. B. wegen kriegerischer Ereignisse in einem Urlaubsgebiet der Reiseveranstalter den Reisenden absprachegemäß in ein anderes Urlaubsgebiet befördert, wo dieser sodann seine Reise fortsetzt, liegt demgegenüber eine **einvernehmliche Vertragsänderung** vor, die in jeder Phase der Vertragsabwicklung möglich ist (§ 305 BGB).

Wird der Reisevertrag jedoch von dem einen oder anderen Vertragsteil wirksam aus Gründen der Höheren Gewalt gekündigt, hat der Reiseveranstalter den Reisepreis zurückzuzahlen, kann aber für die schon erbrachten oder bis zum Reiseende noch zu erbringenden Leistungen eine angemessene Entschädigung verlangen und diese vom Reisepreis einbehalten *(vgl. Führich, 1998, S. 444 f.)*.

Der Reiseveranstalter hat den Reisenden bei Kündigung nach Reisebeginn zu seinem Abfahrtsort zurückzubefördern und die notwendigen Maßnahmen für die Rückabwicklung bzw. **Rückbeförderung** des Reisenden zu treffen.

Die **Kosten für die Rückbeförderung** sind von Reiseveranstalter und Kunden je zur Hälfte zu tragen, die übrigen **Mehrkosten** fallen dem Reisenden alleine zur Last. Eine Kündigung wegen Höherer Gewalt schließt reisevertragliche Gewährleistungsansprüche aus dem Umstand der Kündigung aus (§ 651 j Abs. 2 Satz 1 BGB).

Die Kündigung wegen Höherer Gewalt kann auch schon vor Antritt der Reise erklärt werden, wenn entsprechende Ereignisse im jeweiligen Urlaubsgebiet eingetreten sind. Nach überwiegender Meinung hat der Reiseveranstalter in diesem Falle den vollständigen Reisepreis zurückzuerstatten; nach Meinung des Bundesgerichtshof jedoch soll bei Kündigung vor Reiseantritt eine Teilung der Hotelstornokosten für die vom Reiseveranstalter bereits erfolgte Hotelreservierung vorgenommen und ein entsprechender Einbehalt vom Reisepreis gemacht werden können.

9.10 Einlassungs-/Ausschlussfrist, Verjährung, § 651 g/§ 852 BGB

Ansprüche aus dem Reisevertrag (§§ 651 c–651 f BGB) sind vom Reisenden innerhalb eines Monats nach der vertraglich vereinbarten Beendigung der Reise beim Reiseveranstalter geltend zu machen. Nach einer Meinung in der Rechtsprechung darf diese **Ausschlussfrist** über Allgemeine Reisebedingungen sogar auf deliktische Ansprüche erstreckt werden. Nach Ablauf der Frist kann der Reisende Ansprüche nur noch erheben, wenn er beweist, ohne Verschulden an der Einhaltung der Frist verhindert gewesen zu sein.

Wird die Ausschlussfrist versäumt, sind die Rechte des Reisenden mit Fristablauf ausgeschlossen. Die Ausschlussfrist umfasst sämtliche reiserechtlichen Ansprüche des Reisenden, nicht nur die auf Minderung oder Schadenersatz und Entschädigung wegen nutzlos aufgewendeter Urlaubszeit, sondern auch die Ansprüche auf Erstattung von Mehrkosten und Rückzahlung des bereits geleisteten Reisepreises bei Kündigung des Vertrages nach §§ 651 i und 651 j iVm 651 e Abs. 3 u. 4 BGB, ggf. sogar die Schadenersatzansprüche aus den §§ 823 ff. BGB.

Die Ansprüche sind beim Reiseveranstalter, keinesfalls beim Leistungsträger, bei der Reiseleitung oder etwa beim Reisebüro anzumelden.

Das **Reklamationsschreiben** muss deutlich zum Ausdruck bringen, dass der Reisende eine Erstattung oder eine Schadenersatzzahlung erwartet; es reicht nicht aus, dass man sich

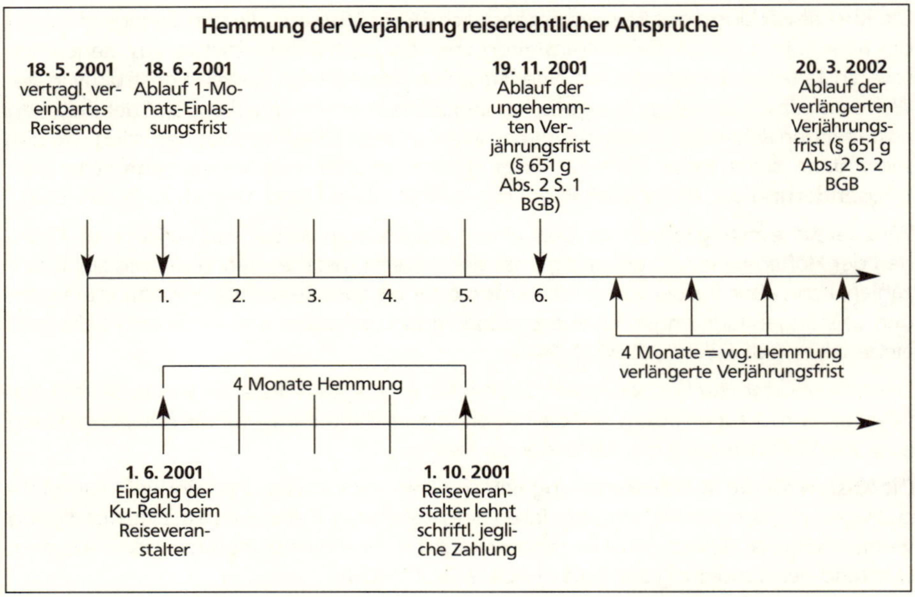

Abb. 9-9: Hemmung und Verjährung reiserechtlicher Ansprüche

allgemein z. B. über die schlechten Leistungen eines Reiseleiters beschwert. Es sind in jedem Falle sämtliche Mängel aufzuführen, weswegen der Reisende seine Ansprüche geltend macht. Nur so kann der Reiseveranstalter konkret überprüfen, ob die Anspruchsstellung berechtigt ist und ggf. entsprechende Nachforschungen im Urlaubsgebiet durchführen *(vgl. Führich, 1988, S. 377).*

Gem. § 651 g Abs. 2 BGB verjähren Ansprüche des Reisenden aus Reisevertrag in sechs Monaten ab dem Zeitpunkt der vertraglich vereinbarten Beendigung der Reise.

Der Ablauf der **Verjährungsfrist** ist für den Zeitraum gehemmt, der vom Eingang des Anspruchsschreibens bis zur schriftlichen Zurückweisung der Ansprüche durch den Reiseveranstalter vergeht. Danach kann die Verjährung durch gerichtliche Geltendmachung der Ansprüche oder durch Anerkenntnis seitens des Reiseveranstalters unterbrochen werden.

Werden im Wege der **Anspruchskonkurrenz** deliktische Ansprüche geltend gemacht, verjähren diese gem. § 852 BGB in drei Jahren ab dem Zeitpunkt, zu welchem der Verletzte von dem Schaden und der Person des Ersatzpflichtigen Kenntnis erlangt hat.

Nach **§ 651 l BGB** darf von den Vorschriften der §§ 651 a bis 651 k BGB nicht zum Nachteil des Reisenden abgewichen werden. Lediglich Verbesserungen sind zulässig.

Aufgaben

1. Wie definieren Sie den Begriff der Pauschalreise im Sinne von § 651 a BGB?
2. Mit wem schließt der Individualtourist welche Verträge für seinen Urlaub?
3. Wer ist „Reiseveranstalter"?

4. Wer ist Erfüllungsgehilfe des Reiseveranstalters?
5. Wer ist Verrichtungsgehilfe des Reiseveranstalters?
6. Erläutern Sie den Begriff des Handelsvertreters.
7. Welche Vertragsbeziehung hat das vermittelnde Reisebüro regelmäßig zu seinen Kunden?
8. Was verstehen Sie unter einer „Eigenveranstaltung" des Reisebüros?
9. Herbert Meier setzt sich mit dem Sunshine-Reisebüro in Verbindung, da er eine Urlaubsreise nach Südafrika plant. Er hat sich mit seinem Reiseprojekt schon intensiv auseinandergesetzt und alle gängigen Reisekataloge genau studiert. Er gibt dem Sunshine-Reisebüro also konkret auf, an welchen Tagen er womit wohin reisen will. Auch über die Unterbringungsmöglichkeiten hat er sich schon informiert und bittet das Reisebüro, die entsprechenden Buchungen vorzunehmen. Gleiches gilt für die Stationen der von ihm geplanten Rundfahrt. Sunshine-Reisebüro führt alle Buchungen aus, besorgt Herbert Meier die entsprechenden Reiseunterlagen und rechnet mit ihm ab. Bei Ankunft in Südafrika stellt Herbert Meier jedoch fest, dass in zwei Fällen das gebuchte Hotel überbucht war, so dass er sich selbst eine Ersatzunterkunft suchen musste; in einem Fall lag das Hotel nicht – wie in der Hotelbeschreibung angegeben – direkt am Safaripark, sondern 50 km davon entfernt. Herbert Meier möchte reiserechtliche Gewährleistungsansprüche gegen Sunshine-Reisebüro geltend machen. Mit Recht?
10. Wie kommt ein (Reise-)Vertrag zu Stande?
11. Welches sind die vertraglichen Hauptpflichten der Partner eines Reisevertrages?
12. Was regelt die so genannte Informations-Verordnung?
13. Was verstehen Sie unter dem Grundsatz der Prospektwahrheit und -klarheit?
14. Was verstehen Sie unter Allgemeinen Geschäftsbedingungen?
15. Was ist der wirtschaftliche Sinn der Insolvenzabsicherungspflichten nach § 651 k BGB?
16. In welchen Fällen gibt das Reisevertragsrecht dem Reisenden die einseitige Möglichkeit, sich vom wirksam abgeschlossenen Reisevertrag zu lösen?
17. Was bedeutet der Grundsatz »pacta sunt servanda«?
18. Was verstehen Sie unter einem „Reisemangel"?
19. Hat der Reiseveranstalter für jegliches Missgeschick des Reisenden während der Reise einzustehen?
20. Was ist rechtliche Voraussetzung für die Geltendmachung von reiserechtlichen Gewährleistungs- und Schadenersatzansprüchen?
21. Was ist als erstes festzustellen, um zu einem Minderungsanspruch zu kommen?
22. Bruno Badefroh hat einen Hotel- und Badeurlaub auf Kuba gebucht. Bei seiner Ankunft erfährt er, dass sein gebuchtes Hotel ausgebucht ist. Auch im gebuchten Urlaubsort ist keine Ersatzunterkunft verfügbar; jedoch bietet ihm der Reiseveranstalter ein Hotel gleicher Ausstattung in etwa 150 km Entfernung vom ursprünglichen Urlaubsort an, wenn auch etwas abseits vom Badestrand. Bruno Badefroh ist wütend. Er reist sofort wieder zurück und macht reisevertragliche Ansprüche geltend. Welche? Mit Recht?

23. Welches subjektive Merkmal muss erfüllt sein, damit überhaupt Schadenersatzansprüche entstehen können?
24. Wann haftet der Reiseveranstalter wegen Verletzung von Verkehrssicherungspflichten; auf Grund welcher Vorschrift?
25. Otto Ohnesorg bucht einen Badeurlaub in Kenia. Am Urlaubsort angekommen, plagt ihn nach einigen Tagen die Neugierde nach der sehenswerten Tierwelt seines Urlaubslandes. In seinem Urlaubshotel bucht er einen mehrtägigen Ausflug in die Safari-Gebiete von Kenia. Die Buchung erfolgt über die Reiseleitung seines Reiseveranstalters, wobei jedoch deutlich erkennbar ist, dass die Reiseleitung die Ausflugsmöglichkeiten für das Ausflugsunternehmen lediglich vermittelt. Anstatt die kenianische Tierwelt Auge in Auge zu erleben, ereignet sich schon auf der Hinfahrt in das Safarigebiet bei schlechtem Wetter und auf schlammiger Straße ein schwerer Verkehrsunfall mit dem Ausflugsbus, in welchem Otto Ohnesorg sitzt. Er erleidet erhebliche Körperverletzungen, muss stationär behandelt werden, bricht seinen Urlaub ab und fliegt vorzeitig nach Hause zurück. Dort macht er fristgerecht Schadenersatzansprüche gegen den Reiseveranstalter geltend. Besteht eine Haftpflicht des Reiseveranstalters?
26. Warum ist die Geltendmachung deliktischer Ansprüche neben vertraglichen Schadenersatzansprüchen wirtschaftlich bedeutsam?
27. Definieren Sie den Begriff der „Höheren Gewalt".
28. Wodurch und wie lange ist die reiserechtliche Verjährungsfrist des § 651 g Abs. 2 BGB gehemmt?
29. Rosi Rüssel bucht eine Badereise nach Antalya, an die türkische Riviera. Kurz vor Reisebeginn gerät der kurdische PKK-Führer in türkische Gefangenschaft, was die PKK veranlasst, vor Urlaubsreisen in die Türkei zu warnen, da Bombenattentate geplant seien. Rosi Rüssel möchte nun den Reisevertrag kündigen, fürchtet aber, sehr hohe Stornogebühren zahlen zu müssen, weil der Reisebeginn kurz bevorsteht. Ist die Befürchtung berechtigt?

Quellen und weiterführende Literatur

Bechhofer, Jack, Reisevertragsrecht, München 1995

Dettmer, Harald, Wirtschaftslehre für Hotellerie und Gastronomie, Hamburg 1999

Führich, Ernst, Reiserecht, Heidelberg 1998

Führich, Ernst, Mein Recht bei Pauschalreisen, München 1997

Führich, Ernst, Wirtschaftsgesetze in Privatrecht und Tourismus, Haan-Gruiten 1997

Heinz, Thomas K., Reisevertragsgesetz von A–Z, Herne/Berlin 1994

Seyderhelm, Bernhard, Reiserecht, Heidelberg 1997

Strangfeld, Rochus P., Rechtliche Rahmenbedingungen, in: Haedrich, Tourismus-Management, Berlin/New York 1993

10. Steuerrecht der Tourismusindustrie

10.1 Allgemeine Grundsätze

10.1.1 Tourismusspezifische Schwerpunkte im Steuerrecht

Rund 914 Milliarden DM (ca. 467 Milliarden Euro) an Steuern haben Bund, Länder und Gemeinden im Jahr 2000 eingenommen. In den letzten drei Jahren (1997 bis 2000) ist das gesamte Steueraufkommen damit um 15 Prozent angestiegen. Diesen Anstieg verdankt der Staat vor allem der Erhöhung der Mehrwertsteuer auf 16 Prozent, der Lohnsteuer-Entwicklung, sowie einem Plus von knapp 13 Milliarden DM (ca. 6,6 Milliarden Euro) an Körperschaftssteuer durch die Änderung der Kapitalertragsteuer. Schließlich ist seit 1999 die Stromsteuer neu hinzugekommen. Die Einnahmen aus dieser „Ökosteuer" beliefen sich im vergangenen Jahr immerhin auf 6,6 Milliarden DM (ca. 3,4 Milliarden Euro).

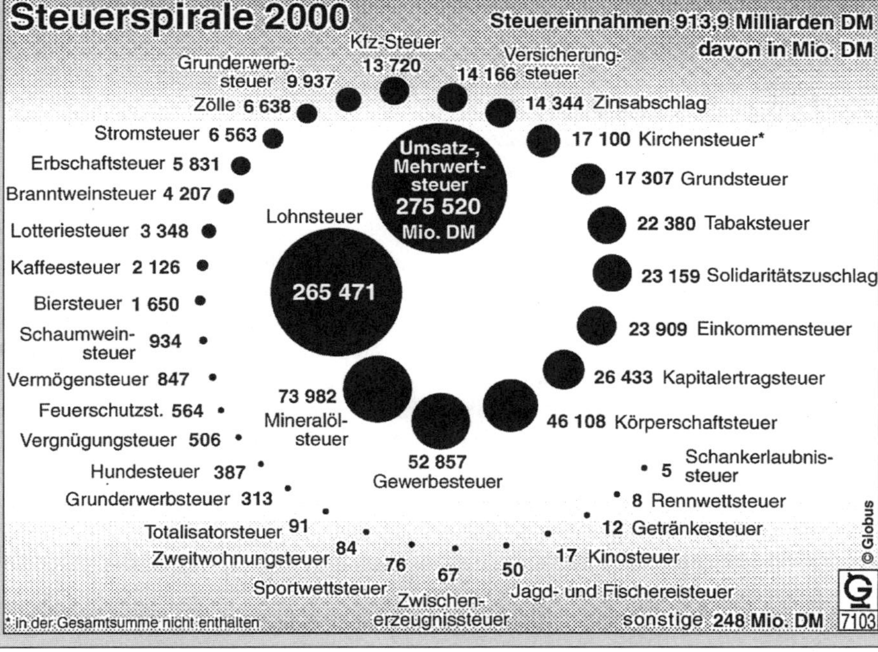

Abb. 10-1: Die Steuerspirale

10.1.1.1 Hauptsteuerarten

In der Touristik engagierte Unternehmen (in erster Linie Leistungsträger, Reiseveranstalter, Reisebüros*)) sind regelmäßig gewerbliche Betriebe, für die alle Steuerarten zur Anwendung kommen, die mit der gewerblichen Betätigung verbunden sind, so unter anderem:

UMSATZSTEUER	für die vom Unternehmen erzielten Leistungsentgelte,
EINKOMMENSTEUER	für die im Unternehmen erzielten Gewinne oder Überschüsse in der Form von „Einkünften aus Gewerbebetrieb",
KÖRPERSCHAFTSTEUER	als Einkommensteuer für Unternehmen in der Rechtsform von juristischen Personen (insbesondere Kapitalgesellschaften, z. B. AG und GmbH),
GEWERBESTEUER	in der Form einer Gewerbeertragsteuer, deren Bemessungsgrundlage aus dem Gewinn eines gewerblichen Betriebes entwickelt wird,
LOHNSTEUER	für die vom Arbeitslohn der Arbeitnehmer zu zahlende Einkommensteuer, die beim Arbeitgeber im Wege des Abzugs vom Arbeitslohn erhoben wird.

Daneben existiert eine Vielzahl von weiteren Steuerarten, die jedoch weitestgehend keine Besonderheiten für touristische Unternehmen aufweisen. Ein tourismusspezifisches Steuerrecht hat sich bei der Umsatzsteuer entwickelt, das somit – neben speziellen Fragen der Lohnbesteuerung – als Schwerpunkt dieses Beitrages zu behandeln ist. Als Folge der zunehmenden Internationalisierung gewinnen ferner das Außensteuerrecht und das internationale Steuerrecht der Niederlassungs- oder Zielgebietsstaaten an Bedeutung. Insbesondere die Verrechnungspreise für Leistungen im internationalen Geschäftsverkehr werden von der Finanzverwaltung kritisch untersucht.

10.1.1.2 Umsatzsteuer

Nach dem UStG 1967 und der Einführung der Mehrwertsteuer zum 1. 1. 1968 war die Besteuerung von Reiseleistungen nur unvollkommen geregelt. Die Geschäftsvorfälle der touristischen Praxis wurden im Wesentlichen nach einem Verwaltungserlass (BMF, Erlass v. 29. 12. 1969 – IV A/3 – S 7143 – 18/69, BStBl. I 1970, 168 = UR 1970, 30, „Reisebüroerlass") und nach einer Grundsatzentscheidung des BFH (BFH v. 20. 11. 1975 – V R 138/73, BStBl. II 1976, 307 = UR 1976, 75) beurteilt. Danach war zwischen Vermittlungsleistungen und Eigenleistungen der Veranstalter zu differenzieren, wobei die Eigenleistungen als eine „Mehrheit von Einzelleistungen" zu verstehen und entsprechend ihrer Bewirkung im In- oder Ausland steuerbar oder nicht steuerbar waren.

Für Reisebüros verblieb die Unsicherheit, ob ihre Leistungen für ausländische Auftraggeber als steuerfreie Vermittlungsleistungen anzuerkennen waren. Bei der Vermittlung von Linienflügen aufgrund von IATA-Agenturverträgen ergaben sich keine Probleme. Dagegen blieben alle Bereiche offen, in denen mit mündlichen oder stillschweigenden Vereinbarungen oder ohne einen gesonderten Provisionsausweis des Leistungsträgers gearbeitet wurde.

Mit dem UStG 1980 und auf der Grundlage von Art. 26 der 6. EG-Richtlinie wurde die Umsatzbesteuerung von Reiseleistungen abweichend von den allgemein gültigen Vorschriften des UStG geregelt. Entsprechend § 25 UStG sind Reiseleistungen, die im eige-

*) Für Reisemittler wird im fortlaufenden Text der Ausdruck „Reisebüro" oder der (umsatzsteuerliche) Begriff „Reisevermittler" benutzt.

nen Namen an Endabnehmer unter Inanspruchnahme von Reisevorleistungen erbracht werden, der Sonderbesteuerungsform des § 25 UStG („Margenbesteuerung") zu unterwerfen.

Für touristische Unternehmer folgt daraus, dass

- die Vorschriften der Margenbesteuerung anzuwenden sind, soweit Leistungen im Sinne von § 25 UStG erbracht werden.
- die Vorschriften der Regelbesteuerung anzuwenden sind, soweit Leistungen (für Leistungsträger oder Reiseveranstalter) vermittelt werden oder Eigenleistungen (im Sinne von „Leistungen mit eigenen Mitteln") erbracht werden.
- die Vorschriften der Regelbesteuerung anzuwenden sind, soweit Reiseleistungen für das Unternehmen des Leistungsempfängers (also nicht für private Endabnehmer) bestimmt sind.

Die Konsequenzen für die Steuerbarkeit der Geschäftsvorfälle (nach Maßgabe des Leistungsortes / §§ 3 a + b UStG), für die Anwendung von Steuerbefreiungsvorschriften (§ 25 Abs. 2 / § 4 Nr. 5 b UStG) sowie für die Bemessungsgrundlage und den Vorsteuerabzug sind je nach der Besteuerungsform unterschiedlich. Hierin liegen die hauptsächlichen Probleme bei der Subsumtion der Geschäftsvorfälle in der Touristik.

Maßgeblich für die umsatzsteuerliche Beurteilung ist nicht der jeweilige (Haupt-)Erwerbszweck eines Unternehmens oder die Frage, in welcher typisierten Rechtsform ein touristischer Unternehmer auftritt, sondern die einzelne Leistung. Daraus folgt, dass

- Leistungsträger, die ihr eigenes Angebot mit einer zweiten Leistung bündeln (z. B. Flug und Hotel, Hotel und Eintrittskarte), insoweit als Reiseveranstalter zu besteuern sind.
- Reiseveranstalter, die einzelne Leistungen ersichtlich nur vermitteln, insoweit als Vermittler zu besteuern sind.
- Reisebüros, die neben ihrer Vermittlungstätigkeit selbst Veranstaltungsleistungen produzieren (typischer Grundfall: Gruppenreisen), insoweit als Reiseveranstalter zu besteuern sind.
- vertikal organisierte Reisekonzerne, die die gesamte Anbieterkette in einem Unternehmen führen, nicht unerhebliche Wettbewerbsvorteile erreichen können. Beispielsweise bleibt die Regieleistung auf den Einsatz eigener Flugzeuge unbelastet (Eigenleistungen, damit Regelbesteuerung und § 26 Abs. 3 UStG).

10.1.1.3 Einkommen-/Körperschaft-/Gewerbesteuer

Hier sind Fragen der Bilanzierung und Bewertung in den Steuerbilanzen von Bedeutung für

- die Bestimmung des Leistungszeitpunktes:
  Prinzipiell hat sich die Gewinnrealisierung aus Leistungen der Touristik an der Beendigung von Reisen oder Reiseleistungen zu orientieren. Dies bedeutet, dass Regieaufschläge und Provisionen für das Unternehmen verdient sind, wenn der Abnehmer seine Reise beendet hat.
- Rückstellungen und Wertberichtigungen:
  Diese können sich aus tourismusspezifischen Besonderheiten ergeben und somit eine arteigene Bedeutung haben (z. B. ausstehende Leistungsträgerabrechnungen, Risiken und Gewinne aus Devisengeschäften, Forderungsbewertung, Bilanzierung von Anzahlungen als Verbindlichkeiten).

- Auslandsbeteiligungen und Zielgebietsagenturen:
  Sowohl die Bewertung von Auslandsbeteiligungen als auch von Ansprüchen und Verbindlichkeiten aus Verträgen mit Zielgebietsagenturen können Besonderheiten aufweisen.

10.1.1.4 Lohnsteuer

Leistungsträger und Reiseveranstalter gewähren vielfältige Leistungsanreize für das Verkaufspersonal in den Reisebüros. Daneben werden Fachstudienreisen veranstaltet und private Urlaubsreisen von Reisebüroexpedienten verbilligt, um Produkt- und Zielgebietskenntnisse zu vermitteln, die für den Verkauf am Counter unerlässlich sind. Trotz jahrelanger Bemühungen der Fachverbände ist es nicht gelungen, eindeutige Abgrenzungskriterien

- für Privat- und Dienstreisen,
- für die Rabattgewährung durch Dritte und
- für die Anwendung des Rabattfreibetrages nach § 8 Abs. 3 EStG

zu entwickeln. Die vorliegenden BMF-Schreiben (BMF vom 27. 9. 1993 – IV B 6 – S 2334 – 152/93 zu Drittrabatten; BMF vom 14. 9. 1994 – IV B 6 – S 2334 – 115/94 zu Fachstudienreisen) arbeiten weitgehend mit unbestimmten Rechtsbegriffen, die für konkrete Fallgestaltungen in der Touristik noch auszulegen sind.

10.1.2 Organisation des Geschäftsgebarens in der Touristik

Die speziellen Organisationsformen der Touristik sind maßgeblich dafür, dass – insbesondere im Bereich der Umsatzsteuer – vielfältige Abgrenzungsfragen existieren. Abweichend von der regelmäßigen Wertschöpfungskette (Produktion, Groß- und Einzelhandel) hat die Touristik arteigene Organisationsformen entwickelt, die sich schwerpunktmäßig wie folgt darstellen lassen:

- **Leistungsträger** im In- und Ausland erbringen die originären touristischen Dienstleistungen für Reisende. Leistungsträger sind Beförderungsunternehmer (Flug, Bahn, Bus), Hotel- und Gastronomiebetriebe sowie Veranstalter oder Agenturen vor Ort. Regelmäßig ist der Leistungsträger Erfüllungsgehilfe des Reiseveranstalters bei der Durchführung von Gesamtreiseleistungen.
- **Reiseveranstalter** fassen selbstständige Reiseleistungen aus dem eigenen Unternehmen (Leistungen mit eigenen Mitteln) und/oder von Dritten (Reisevorleistungen) zu Pauschalreisen zusammen und bieten diese als vorgefertigte Produkte katalogmäßig an. Der Reiseveranstalter ist Vertragspartner des (Pauschal-)Reisenden (§ 651 a BGB).
- **Reisemittler** (Reisebüros) sind selbstständige Handelsvertreter. Sie übernehmen (regelmäßig mit Hilfe von Agenturverträgen) die Vermittlung von Pauschalreisen für Reiseveranstalter und von einzelnen Reiseleistungen für Leistungsträger. Reisebüros sind regelmäßig nicht für den Reisenden tätig. Sie erhalten ihr Vermittlungsentgelt in Form von Provisionen von ihren Auftraggebern oder berechnen selbst Regieaufschläge beim Nettoeinkauf von Reiseleistungen.

Neben diesen schon klassischen Organisationsformen existieren weitere touristische Unternehmen in außerordentlich vielfältiger Ausprägung. Dazu gehören z. B. Management-Firmen (Organisation von Kongress- oder Incentive-Reisen), Incoming-Agenturen (Besorgung von Inlandsleistungen für ausländische Touristen), Zielgebietsagenturen (Transfer, Reisebetreuung, Ausflüge etc.) und Consolidators, die als „Großhändler" für Flugtickets,

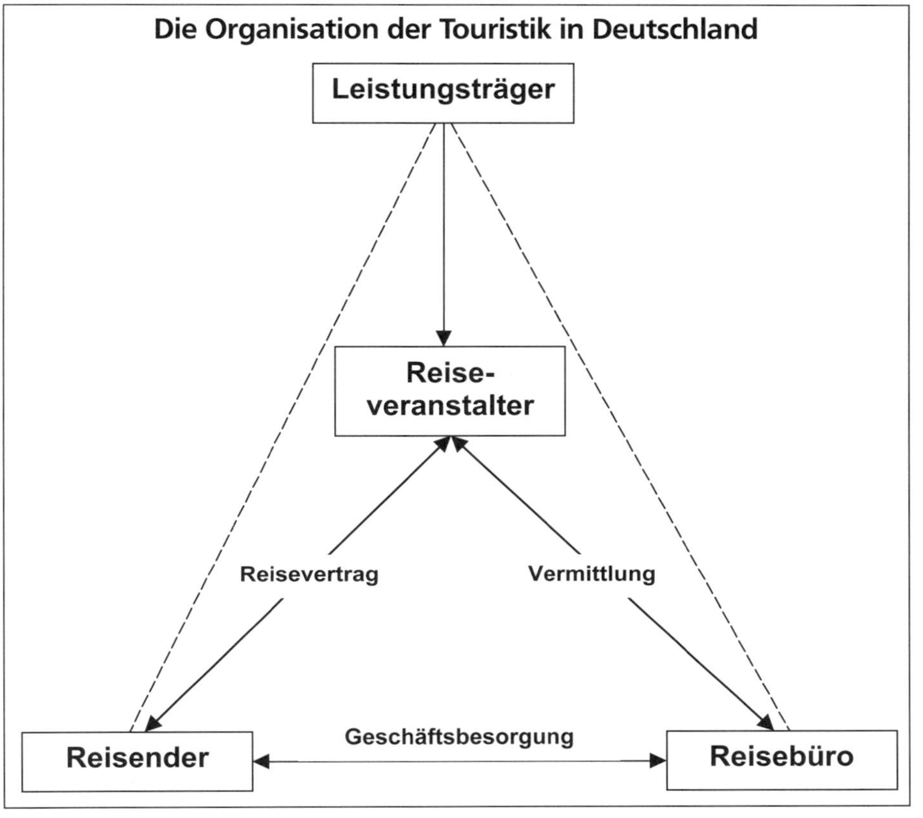

Abb. 10-2: Die Organisation der Touristik in Deutschland

Hotelkapazitäten, Kreuzfahrten oder Mietwagen auftreten und reservierte Kontingente zu eigenen Preisen an Reiseveranstalter, Reisebüros und Endkunden abgeben.

10.1.3 Steuerliche Besonderheiten touristischer Unternehmer

BGB § 651 a. [Reisevertrag] (1) Durch den Reisevertrag wird der Reiseveranstalter verpflichtet, dem Reisenden eine Gesamtheit von Reiseleistungen (Reise) zu erbringen. Der Reisende ist verpflichtet, dem Reiseveranstalter den vereinbarten Reisepreis zu zahlen.

(2) Die Erklärung, nur Verträge mit den Personen zu vermitteln, welche die einzelnen Reiseleistungen ausführen sollen (Leistungsträger), bleibt unberücksichtigt, wenn nach den sonstigen Umständen der Anschein begründet wird, dass der Erklärende vertraglich vorgesehene Reiseleistungen in eigener Verantwortung erbringt.

HGB § 84. [Begriff des Handelsvertreters] (1) Handelsvertreter ist, wer als selbstständiger Gewerbetreibender ständig damit betraut ist, für einen anderen Unternehmer Geschäfte zu vermitteln oder in dessen Namen abzuschließen. Selbstständig ist, wer im Wesentlichen seine Tätigkeit frei gestalten und seine Arbeitszeit bestimmen kann.

(2) Wer, ohne selbstständig im Sinne des Absatzes 1 zu sein, ständig damit betraut ist, für einen Unternehmer Geschäfte zu vermitteln oder in dessen Namen abzuschließen, gilt als Angestellter.

(3) Der Unternehmer kann auch ein Handelsvertreter sein.

10.1.3.1 Leistungsträger, Reiseveranstalter und Reisemittler

	Reiseleistungen
Beförderung	– *Flug, Bus, Bahn*
Unterkunft	– *Hotels, Pensionen, Ferienwohnungen*
Betreuung	– *Reiseleiter*
Verpflegung	– *Restauration*
Veranstaltungen	– *Events, Kongresse*

Leistungsträger, Reiseveranstalter und Reisebüros sind gewerbliche Unternehmen, die Dienstleistungen des Fremdenverkehrs in unterschiedlicher Form zum Verkauf anbieten. Während Leistungsträger (z. B. Beförderungs- und Unterkunftsleistungen) und Reiseveranstalter (Reiseleistungen) im eigenen Namen und für eigene Rechnung anbieten, sind Reisebüros im Regelfall Agenturen, die solche Dienstleistungen für Leistungsträger oder Reiseveranstalter an Endkunden vermitteln. Sie treten in fremdem Namen und für fremde Rechnung auf, erhalten das Entgelt für ihre Vermittlungstätigkeit aber nicht vom Kunden, sondern vom jeweiligen Geschäftsherrn. Dieser ist Empfänger der Vermittlungsleistung und schuldet Leistungsentgelte (regelmäßig in Form von Provisionen) nach Agenturverträgen, die mündlich oder schriftlich vereinbart sein können.

Wenn Reisebüros in Ausnahmefällen (z. B. bei eigenveranstalteten Gruppenreisen) selbst als Reiseveranstalter auftreten, sind sie insoweit zivilrechtlich und steuerrechtlich als Reiseveranstalter zu behandeln. Es gelten sämtliche Vorschriften für eine Betätigung als Reiseveranstalter, so z. B. §§ 651 a ff. BGB und § 25 UStG. Soweit das Reisebüro dagegen Vermittlungsgeschäfte für Dritte tätigt, tritt es lediglich als Geschäftsbesorger auf und haftet nicht für Leistungsstörungen des Veranstaltervertrages, sondern nur für die Einhaltung der üblichen Sorgfalts- und Beratungspflichten.

Im Ergebnis kann ein Reisebüro

- fremde Reiseleistungen für Leistungsträger oder Reiseveranstalter vermitteln, und zwar in der Form von Einzelleistungen (Hotelübernachtung, Busbeförderung, Flugticket) oder von Pauschalreisen (als Erfüllungsgehilfe eines Reiseveranstalters).
- einzelne Reiseleistungen im eigenen Namen anbieten (z. B. Reisebüro eines Omnibusunternehmers).
- selbst als Reiseveranstalter auftreten, indem es einzelne Leistungen zu einer Reisegesamtheit bündelt oder jedenfalls in eigenem Namen anbietet (Gruppen- und Sonderreisen, Ferienhausvermietung).

Als wesentliche Merkmale für die steuerliche Anerkennung von **Vermittlungsleistungen** gelten

- die Fakturierung gegenüber dem Kunden. Danach muss der Kunde für jede einzelne Leistung erkennen können, dass er zu einem anderen Unternehmer Rechtsbeziehungen begründet.
- die Preisgestaltung für die vermittelten Produkte. Soweit das Reisebüro nicht die vom Leistungsträger oder Reiseveranstalter vorgegebenen Preise, sondern eigene Preise darstellt, fehlt ein wichtiges Merkmal für die Vermittlereigenschaft (Ausnahmen: Regelbeförderungsleistungen und Nettopreistickets).

10.1.3.2 Branchenspezifische Wertschöpfungskette

Die atypische Unterbrechung der regelmäßigen Wertschöpfungskette an den Schnittstellen zur Einschaltung von Reisebüros als Vermittler ist die Ursache dafür, dass in mehreren Steuerarten, so insbesondere bei der Umsatzsteuer und Lohnsteuer, spezielle Probleme entstehen. Unstreitig ist deshalb, dass viele Steuerfragen nicht relevant sein würden, wenn Reisebüros – wie in anderen Gemeinschaftsstaaten – im eigenen Namen auftreten würden.

Wenn Reiseleistungen nicht vermittelt, sondern als eigene Leistungen des Reisebüros angeboten würden, könnten erhebliche Vereinfachungseffekte in der steuerlichen Beurteilung erzielt werden. Ebenso unstreitig ist natürlich, dass gewichtige Gründe (so z. B. die Haftungsbegrenzung) für die Aufrechterhaltung des Handelsvertreterstatus sprechen.

10.1.3.3 Konsequenzen für Unternehmer und Steuerberater

Aus den Besonderheiten der Organisationsformen in der Touristik folgt die Feststellung, dass sich – insbesondere im Bereich der Umsatzsteuer und der Lohnsteuer – ein spezialisiertes Steuerrecht entwickelt hat, das für Steuerberater ohne eingehende Schulung kaum verständlich erscheint. Bei der Margenbesteuerung von touristischen Leistungen wird sogar von einer „Insider-Besteuerungsform" gesprochen, die nur von wenigen Spezialisten durchschaut wird. Unternehmer der Touristik sind daher regelmäßig darauf angewiesen, ergänzend zur Beauftragung eines Steuerberaters und eines Buchführungssystems Beratungsleistungen von Branchenspezialisten in Anspruch zu nehmen. Weil auch die Prüfungsdienststellen der Finanzverwaltung erhebliche Probleme mit der Anwendung dieser Spezialvorschriften haben, ist es nicht verwunderlich, dass in vielen Bereichen „Grauzonen" existieren. Damit sind Anwendungsdefizite zu Gunsten wie zu Ungunsten der Unternehmer gemeint, die entweder Steuerrisiken in der Form von Steuernachzahlungen begründen oder zu hohe Steuerbelastungen zur Folge haben.

Die hier bestehende Rechtsunsicherheit wirkt sich insbesondere zu Lasten mittelständischer Unternehmer aus, die sich eine qualifizierte oder spezialisierte Beratung nicht leisten können und mit der Anwendung komplizierter Vorschriften häufig überfordert sind. Aus rechtsstaatlicher Sicht ergeben sich erhebliche Bedenken, ob die Prinzipien der Gerechtigkeit und Gleichmäßigkeit der Besteuerung noch gewährleistet sind. Es bleibt zu hoffen, dass sowohl im nationalen Bereich wie anlässlich der weiteren Harmonisierung der Besteuerung von Personenbeförderungs- und Reiseleistungen vereinfachte Besteuerungsgrundsätze durchgesetzt werden können.

Besonders problematisch ist die Situation für international agierende Unternehmen und für grenzüberschreitende Leistungen. Insoweit ist festzustellen, dass die Besteuerungsgrundsätze für touristische Unternehmer nicht nur in den Zielgebietsländern des Drittlandsbereiches, sondern vor allem in den Staaten der Europäischen Gemeinschaft unterschiedlich ausgelegt und angewendet werden. Natürlich führt dies zu Wettbewerbsvorteilen für Unternehmer, die sich in der Lage sehen, diese Besteuerungsunterschiede durch internationale Unternehmens- oder Konzerngestaltung zu nutzen.

10.2 Lohnsteuer von Arbeitgebern und Arbeitnehmern in der Touristik

10.2.1 Geldwerte Vorteile im Blickfeld der Finanzverwaltung

Im Gegensatz zu Mitarbeitern von Industrie- und Handelsunternehmen, die ihre waren- oder leistungskundlichen Fachkenntnisse am Ort des Unternehmens oder jedenfalls in Deutschland erlangen können, sind Mitarbeiter im Verkauf von touristischen Leistungen darauf angewiesen, sich Zielgebiets- oder Produktkenntnisse durch Auslandsreisen anzueignen. Arbeitgeber, insbesondere aber Reisebüroinhaber, bewerten die beruflichen Fähigkeiten ihrer Expedienten vorrangig nach diesem Erfahrungswissen. Leistungsträger und Reiseveranstalter sind notwendigerweise bestrebt, den Mitarbeitern im Vertrieb Kenntnisse ihrer Produkte zu vermitteln, die anlässlich von Beratungsgesprächen am Counter des Reisebüros mit Priorität zur Anwendung gelangen sollen.

Stellenanzeige

Wir sind ein internationales Touristikunternehmen und suchen zum nächstmöglichen Termin eine

Reisebüro-Fachkraft

zur Verstärkung unseres Teams. Ihre Aufgabe umfaßt die Konzeption, den Einkauf und die Durchführung von touristischen Angeboten.

Sie sind Reiseverkehrskauffrau/-mann mit mehrjähriger Berufserfahrung in der Touristik. Mit den gängigen Reservierungs- und Buchungssystemen sowie Textverarbeitungsprogrammen kennen Sie sich bestens aus. Die Beherrschung der englischen Sprache in Wort und Schrift sowie fundierte Zielgebietskenntnisse (vorzugsweise Europa und Nordamerika) setzen wir voraus.

Wenn Sie flexibel, engagiert und teamfähig sind sowie Spaß an einer verantwortungsvollen Tätigkeit in der Tourismusbranche haben, würden wir Sie gern kennenlernen.

Ihre vollständigen Bewerbungsunterlagen senden Sie bitte an die Chiffre-Nr. [redacted].

Weil Auslandsreisen dieser Art vorwiegend zu „bevorzugten Zielen des Tourismus" führen, ist für die steuerliche Anerkennung solcher Reisen eine kritische Grundeinstellung der Finanzverwaltung vorgeprägt. In erster Linie geht es dabei um die Abgrenzung von Dienst- oder Geschäftsreisen zu Urlaubsreisen und um die Frage, ob und in welchen Fällen Zuwendungen des Arbeitgebers als „geldwerte Vorteile" der Lohnbesteuerung zuzuführen sind. Grundsätzlich zu unterscheiden sind

- Dienstreisen der Mitarbeiter
- Fachstudienreisen von Reisebüro-Expedienten
- verbilligte oder kostenlose Urlaubsreisen.

10.2.2 Abgrenzung von Dienst- und Urlaubsreisen

Reisekostenabrechnung Nr. vom bis Kostenstelle

Name Bank

Anschrift Konto-Nr. BLZ

Datum	Reise-Beginn/Ende Uhr	Reiseanlaß und Reiseweg (besuchte Orte angeben, Ort der Übernachtung unterstreichen)	Std.	Verpflegung	Übernachtung (ohne Frühstück)	Fahrtkosten (ohne MwSt.-freie Kosten)	Neben-kosten	Beleg-Nr.	Summe	Sonstiges (MwSt.-freie Kosten)

geprüft | Zahlungsanweisung | gebucht

Abrechnung erstellt / Betrag erhalten

Ort Datum

Unterschrift

Buchungsvermerke

Kfz.-Kosten lt. Rückseite	+	
Summe für Vorsteuer-pauschale %	=	
Sonstiges	+	
Gesamt-summe	=	Aus-/Rückzahlung
Vorschuß	-	=

Dienstreisen sind Reisen, die im ganz überwiegenden betrieblichen Interesse des Arbeitgebers durchgeführt werden. Die Reise muss betriebsfunktional begründet sein, z. B. durch Verhandlungen mit einem Geschäftspartner oder zur Vorbereitung von Objektbeschreibungen in einem Reisekatalog.

Voraussetzungen für Dienstreisen:

1. Durchführung der Reise auf Anordnung des Arbeitgebers.
2. Unentgeltlichkeit der Reise für die Mitarbeiter.
3. Reisetage sind wie normale Arbeitstage mit beruflicher Tätigkeit ausgefüllt.
4. Keine Anrechnung auf den Urlaub des Mitarbeiters.
5. Nachweis durch Unterlagen, aus denen sich der Anlass der Reise und der Arbeitsauftrag ergeben (Reisemeldung).

Während Dienstreisen regelmäßig von Arbeitnehmern (einschließlich der Gesellschafter-Geschäftsführer einer GmbH oder der Vorstandsmitglieder einer AG) ausgeführt werden, versteht man unter Geschäftsreisen solche von Inhabern einer Einzelfirma oder Gesellschaftern von Personengesellschaften. Auch insoweit gilt grundsätzlich, dass touristische Programmpunkte einer Reise oder auch die Mitnahme des Ehegatten zur Versagung des Betriebsausgabenabzuges führen können.

10.2.3 Fachstudienreisen

Informationsreise
TENERIFFA/GOMERA
10. bis 16. Juni 2001

10.6.2001
14.30 Uhr Ankunft Teneriffa, Transfer zum Hotel Rui Bonanza, Puerto des la Cruz, Check in.
19.00 Uhr Begrüßung/Vorstellung durch Infoleitung, Abendessen, Übernachtung.

11.06.2001
09.00 Uhr Eröffnungsseminar
anschließend Begrüßungscocktail mit Gästen
Hotelbesichtigung La Pinta, Guayarmina Princess und Abingque, hier Mittagessen.
Danach Weiterfahrt und Besuch der Anlagen Las Palmeras und Club Noelia.
19.00 Uhr Abendessen im Hotel Parque Club Europe.
Der restliche Abend steht zum Kennenlernen von Playa de las Americas zur Verfügung.

12.06.2001
08.00 Uhr Abfahrt zum Hafen von Los Cristianos. Überfahrt mit der Fähre nach Gomera, Inselrundfahrt, Besichtigung Hotel Tecina mit Mittagessen.
Abends Rückfahrt mit der Fähre nach Teneriffa.
Seminar und Abendessen im Hotel.

13.06.2001
09.00 Uhr Abfahrt zur Besichtigung der Anlagen Jardin Tropical, Bahia del Deque und Parque Santiago IV.
Mittagessen.
Nachmittags besichtigung der Häuser Oasis Moreque und Arona Gran in Los Cristianos.
Seminar und Abendessen im Hotel.

14.06.2001
09.00 Uhr Abfahrt nach Los Gigantes zur Besichtigung des Hotel Santiago.
Weiterfahrt über den Teide, Mittagessen in El Portillo.
Rückfahrt zum Hotel Rui Bonanza, Seminar, Abendessen.
Abends Kennenlernen von Puerto de la Cruz.

15.06.2001
09.00 Uhr Abfahrt zur Besichtigung der Hotels Melia Botanica, Parque Tajinaste und Casablanca. Danach Stadtbummel und Besichtigung der Meerwasserschwimmbäder von San Telmo. Mittagessen im Loro Parque und Delfinshow. Besichtigung Hotel MARITIM und Abschlußseminar.

16.06.2001 Rückflug der Teilnehmer

Im Gegensatz zu Dienstreisen, denen ein unmittelbarer betrieblicher Anlass zu Grunde liegt, sind Reisen zur beruflichen Fortbildung von Mitarbeitern als Fachstudienreisen nur dann steuerfrei, wenn umfangreiche Voraussetzungen nebeneinander erfüllt sind:

Voraussetzungen für Fachstudienreisen:

1. Der teilnehmende Mitarbeiter muss im Reisevertrieb oder mit der Reiseprogrammbeschreibung, -gestaltung oder -abwicklung beschäftigt sein.
2. Der Arbeitgeber wertet die Teilnahme an der Reise als Arbeitszeit und rechnet jeden Reisetag, der auf einen regelmäßigen Arbeitstag entfällt, mit mindestens sechs Stunden pro Arbeitstag auf die vereinbarte regelmäßige Arbeitszeit an.
3. Der Reise liegt eine feste Programmgestaltung zu Grunde, wobei das Programm auf die konkreten beruflichen Qualifikations- und Informationsbedürfnisse der teilnehmenden Mitarbeiter zugeschnitten ist.

   Das Programm muss Fachveranstaltungen mit einer Gesamtdauer von mindestens sechs Stunden arbeitstäglich enthalten.

   Beruflich bedingte Programmpunkte können sein:

   - Kennenlernen der Leistungsträger-Organisation vor Ort,
   - Vorstellung verschiedener Unterkünfte und Hotelbesichtigungen,
   - länderkundliche Referate, Zielgebietsschulungen,
   - ortskundige Führungen.
4. Der Mitarbeiter nimmt grundsätzlich an allen fachlichen Programmpunkten teil und erstellt ein Protokoll über den Reiseablauf.
5. Der Mitarbeiter nimmt keine Begleitperson mit, es sei denn, die Mitnahme ist aus zwingenden betrieblichen Gründen erforderlich.
6. Der Arbeitgeber muss zum Nachweis seines ganz überwiegenden betrieblichen Interesses folgende Unterlagen aufbewahren:
   - Einladung zur Fachstudienreise,
   - Programmunterlagen,
   - Bestätigung über die Teilnahme des Arbeitnehmers,
   - Protokoll des Arbeitnehmers über den Reiseverlauf sowie die Teilnehmerliste.
7. Private Anschlussaufenthalte dürfen nicht mehr als 10 v. H. der gesamten Reisezeit in Anspruch nehmen, sonst werden die Kosten der Hin- und Rückreise nicht anerkannt.

10.2.4 Verbilligte oder kostenlose Urlaubsreisen

Abb. 10-3: Berufliche Qualifikation durch Privatreisen

10.2.4.1 Allgemeine Grundsätze

Neben Fachstudienreisen sind auch Urlaubsreisen der Mitarbeiter im Reisevertrieb geeignet, Zielgebiets- und Produktkenntnisse zu vermitteln. Leistungsträger und Reiseveranstalter gewähren daher regelmäßig Preisnachlässe für Reisebüro-Expedienten, wenn diese Reisen aus ihrem Angebot in Anspruch nehmen. Im Gegensatz zu Dienstreisen und Fachstudienreisen liegt bei Urlaubsreisen keine betriebliche, sondern eine private Veranlassung zum Reiseantritt vor.

Zu den Einkünften aus nichtselbstständiger Tätigkeit nach den Vorschriften des Einkommensteuergesetzes gehören neben Löhnen und Gehältern alle anderen Bezüge und Vorteile, die für eine Beschäftigung gewährt werden. Die Gewährung verbilligter oder kostenloser Urlaubsreisen durch den Arbeitgeber oder durch Dritte stellt daher für den einzelnen Mitarbeiter einen geldwerten Vorteil aus seinem Dienstverhältnis dar.

Diese Vorteile sind als **Sachbezüge** einkommensteuer- und (bei Einschaltung des Arbeitgebers) lohnsteuerpflichtig. Die Bewertung dieser Vorteile richtet sich nach § 8 Abs. 2 EStG, wenn ein Dritter die Vorteile gewährt, und nach § 8 Abs. 3 EStG, wenn der Arbeitgeber die Vorteile selbst gewährt. Während nach § 8 Abs. 2 EStG der Vorteil mit 96 v. H. des Endpreises für Letztverbraucher abzüglich Zahlung des Mitarbeiters bewertet wird, kommt nach § 8 Abs. 3 EStG zusätzlich ein steuerfreier Rabattfreibetrag von 1.224,00 Euro pa zur Anwendung. Aus dieser Differenzierung folgt, dass

- Mitarbeiter von Leistungsträgern oder Reiseveranstaltern für Leistungen ihres Arbeitgebers regelmäßig den Rabattfreibetrag nutzen können.
- Mitarbeiter selbstständiger Reisebüros benachteiligt sind, weil insoweit die Arbeitgeberleistung – und damit die Anwendung des Rabattfreibetrages – der Höhe nach auf die übliche Reisebüroprovision beschränkt wird. Lediglich in dieser Höhe soll eine „unentgeltliche Arbeitgeberleistung" durch den Rabattfreibetrag begünstigt sein.

Diese aus der Organisationsform des Arbeitgebers resultierende Ungleichbehandlung von Mitarbeitern der Touristik ist rechtlich umstritten.

10.2.4.2 Rabattgewährung durch Dritte

Ob Preisvorteile, die Arbeitnehmern von dritter Seite eingeräumt werden, der Lohnsteuer unterliegen, hängt von der Mitwirkung des Arbeitgebers bei der Vorteilserlangung ab.

Eine Mitwirkung des Arbeitgebers **liegt vor,** wenn

- aus dem Handeln des Arbeitgebers ein Anspruch des Arbeitnehmers auf den Preisvorteil entstanden ist,
- der Arbeitgeber für den Dritten Pflichten übernommen hat, z. B. Inkassotätigkeit oder Haftung,
- zwischen dem Arbeitgeber und dem Dritten eine enge wirtschaftliche oder tatsächliche Verpflichtung besteht, z. B. in Form einer organschaftlichen Bindung (Konzernrabatte),
- den Arbeitnehmern Preisvorteile von einem Unternehmen eingeräumt werden, dessen Arbeitnehmer ihrerseits Preisvorteile vom Arbeitgeber erhalten (Wechselrabatte).

Eine Mitwirkung des Arbeitgebers liegt **nicht** vor, wenn diese sich darauf beschränkt, dass

- Angebote Dritter im Betrieb bekanntgemacht werden,
- die Rabattgewährung lediglich geduldet wird,
- nur die Betriebszugehörigkeit für Arbeitnehmer bescheinigt wird.

Nach einer (rechtlich umstrittenen) Aussage der Finanzverwaltung (BMF-Schreiben vom 27.9.1993 IV B 6 – S 2334 – 152/93) sollen Preisvorteile **auch ohne Arbeitgebermitwirkung** Arbeitslohn darstellen, wenn sie

- Entgelt für eine Leistung sind, die der Arbeitnehmer im Rahmen seines Dienstverhältnisses für den Arbeitgeber erbringt und
- üblicherweise von einem Dritten für eine Arbeitsleistung gewährt werden.

Die Verwendung unbestimmter Rechtsbegriffe in den Anweisungen der Finanzverwaltung (z. B.: Wann werden Vorteile **üblicherweise** von Dritten gewährt?) hat erhebliche Rechtsunsicherheit zu Lasten der touristischen Arbeitgeber geschaffen. Insbesondere in Verbindung mit der Anzeigeverpflichtung der Arbeitnehmer (siehe hierzu Nr. 4.4) muss der Arbeitgeber in der Lage sein, seinen Mitarbeitern zu erklären, welche Vorteile anzeigepflichtig sind. Problematisch ist dies z. B. bei Vorteilen, die „ohne Wissen und Wollen des Arbeitgebers" zustande kommen. Diese sind weder der Lohnsteuer zu unterwerfen noch dem Arbeitgeber zu melden.

Preisnachlässe für Urlaubsreisen von Reisebüro-Expedienten stellen Einkünfte aus unselbstständiger Tätigkeit dar, sofern der „geldwerte Vorteil" durch ein individuelles Dienstverhältnis vermittelt wird. Im Wege einer negativen Abgrenzung kann Arbeitslohn daher nicht vorliegen, wenn der Arbeitnehmer

- die verbilligte Reise ohne Einschaltung des Arbeitgebers besorgt und zwischen dem Arbeitgeber und dem Veranstalter bzw. Leistungsträger, der den Rabatt gewährt, keine Leistungsbeziehungen bestehen,
- ein Angebot eines auf Expedienten-Reisen spezialisierten Veranstalters wahrnimmt oder
- ein in der Fachpresse veröffentlichtes Rabattangebot in Anspruch nimmt, für das lediglich die Zugehörigkeit zur Zielgruppe der Reisebüro-Expedienten, nicht aber ein bestimmtes Dienstverhältnis Voraussetzung ist.

10.2.4.3 Anwendung des Rabattfreibetrages

Geldwerte Vorteile, die ein Arbeitgeber seinen Mitarbeitern aus seinem Leistungsspektrum gewährt, sind lohnsteuerpflichtig, aber nach § 8 Abs. 3 EStG unter Berücksichtigung eines Rabattfreibetrages von 1.224,00 Euro je Mitarbeiter und Kalenderjahr zu bewerten.

Die Gewährung des Rabattfreibetrages setzt voraus:

- Der Vorteil muss dem Mitarbeiter aufgrund seines Dienstverhältnisses zugewendet werden.
- Der Vorteil muss sich als eine verbilligte oder kostenlose Überlassung von Dienstleistungen darstellen.
- Die Dienstleistungen müssen vom Arbeitgeber erbracht werden.

Für Expedienten selbstständiger Reisebüros, die verbilligte Urlaubsreisen von Reiseveranstaltern in Anspruch nehmen, die solche dem Arbeitgeber in einem Agenturvertrag zugesagt haben, stellt sich die Frage, wer die wirtschaftliche Bereicherung des Mitarbeiters bewirkt. Während die Finanzverwaltung Preisnachlässe, die übliche (Normal-)Provisionen überschreiten, als Leistungen von Dritten ansieht, vertritt die Tourismuswirtschaft die Auffassung, dass der Preisnachlass dem Arbeitgeber als Bestandteil seiner Provisionsregelung zugesagt ist und die „unentgeltliche Vermittlungsleistung" des Arbeitgebers folglich mit dem Betrag zu bewerten ist, der – bis zur Höhe des dem Arbeitgeber zustehenden Rabattanspruchs – dem Arbeitnehmer zufließt.

Maßgeblich ist nicht, wer den Vorteil (ganz oder teilweise) finanziert, sondern wer entsprechend den vorliegenden Rechts- und Leistungsbeziehungen den Vorteil gewährt. Wenn der Reisebüroinhaber über eigene Ansprüche zu Gunsten seiner Mitarbeiter verfügt, gewährt der Arbeitgeber und nicht der Dritte den Vorteil. Somit ist der Rabattfreibetrag in voller Höhe anwendbar, während die Rechtsauffassung der Finanzverwaltung zu einer gesetzwidrigen Limitierung des Rabattfreibetrages führt.

Die unterschiedlichen Auswirkungen für Mitarbeiter eines Reiseveranstalters (einschließlich veranstaltereigener Reisebüros) – A – und eines selbstständigen Reisebüros – B – einerseits sowie der Rechtsauffassung der Finanzverwaltung – C – andererseits sind dem nachfolgenden Beispiel zu entnehmen.

Mitarbeiter erhalten auf eine Urlaubsreise im Katalogwert von 2.000,00 Euro einen Nachlass von 25 v. H. Die Reisebüro-Provision beträgt üblicherweise 10 v. H. von 2.000,00 Euro = 200,00 Euro.

	Fall A **Mitarbeiter Reiseveranstalter**	Fall B **Mitarbeiter Reisebüro**	Fall C
Reisepreis	2.000	2.000	2.000
./. Arbeitgeberleistung			
Vorwegabschlag 4 %	80	20	8

./. Rabattfreibetrag	420	480	192
Veranstalterleistung	1.500	1.500	1.800
./. Vorwegabschlag Veranstalterleistung 4 %	0	60	72
	1.500	1.440	1.728
./. Zahlung Mitarbeiter	1.500	1.500	1.500
Geldwerter Vorteil	0	0	228

Ergebnis

Der Rabatt in Höhe von 25 v. H. des Reisepreises = 500,00 Euro bleibt für Mitarbeiter von Reiseveranstaltern einschließlich der Mitarbeiter im Eigenvertrieb in voller Höhe lohnsteuerfrei nach § 8 Abs. 3 EStG, weil der Rabattfreibetrag von 1.224,00 Euro pa nicht überschritten wird.

Für Mitarbeiter in selbstständigen Reisebüros soll die Rabattgewährung nach Auffassung der Finanzverwaltung einen geldwerten Vorteil vom 228,00 Euro begründen, weil die Arbeitgeberleistung nur in Höhe üblicher Provisionen begünstigt sein soll und für die Veranstalterleistung nach § 8 Abs. 2 EStG lediglich der Vorwegabschlag von 4 v. H., nicht dagegen der Rabattfreibetrag zur Anwendung kommen soll.

Nach der Gegenmeinung (Fall B) ist demgegenüber der Rabatt von 500,00 Euro als Vermittlungsentgelt für den Reisebüroinhaber anzusehen, so dass die unentgeltliche Vermittlungsleistung mit 500,00 Euro zu bewerten und der geldwerte Vorteil auf 0,00 Euro zu bemessen ist.

10.2.4.4 Anzeigeverpflichtung des Arbeitnehmers

Nach Auffassung der Finanzverwaltung haben Mitarbeiter die Erlangung von geldwerten Vorteilen durch Dritte dem Arbeitgeber für jeden Lohnzahlungszeitraum schriftlich anzuzeigen. Der Mitarbeiter muss die Richtigkeit seiner Angaben durch Unterschrift bestätigen. Der Arbeitgeber hat die Anzeigen als Belege zum jeweiligen Lohnkonto aufzubewahren.

Zu den Konsequenzen dieser Anzeigeverpflichtung hat der Bundesfinanzhof mit Urteil vom 27. 10. 1997, DStR 1997, 2016, zum vergleichbaren Fall der Trinkgelder die Auffassung vertreten, dass Vorteile von dritter Seite nur insoweit der Lohnbesteuerung unterliegen, als der Arbeitgeber über deren Höhe in Kenntnis gesetzt wird. Danach scheidet eine Inanspruchnahme des Arbeitgebers für Drittvorteile aus, wenn er nicht eingeschaltet war und ihm die Höhe auch nicht angezeigt wurde.

10.2.4.5 Haftung des Arbeitgebers

Arbeitgeber haften grundsätzlich für die Lohnsteuer, die sie einzubehalten und abzuführen haben. Im gleichen Rahmen gilt dies auch für Sozialversicherungsbeiträge.

Der Arbeitgeber haftet nicht für Lohnsteuer, die er infolge unrichtiger oder unvollständiger Angaben des Arbeitnehmers nicht oder nicht vollständig einbehalten hat.

10.3 Umsatzsteuer touristischer Unternehmen

10.3.1 Allgemeine Grundsätze der Umsatzbesteuerung in Deutschland

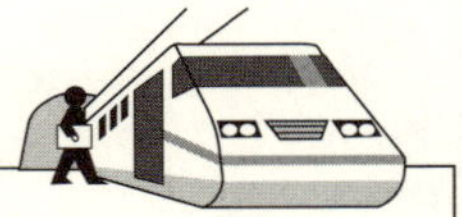

2000

– Bitte weiße Felder ausfüllen oder ☒ ankreuzen, Anleitung beachten –

An das Finanzamt

Eingangsstempel

Fallart	Steuernummer	Unter-fallart	Jahr	Vor-gang		Sach-bereich
11		50	00	1	99	11

Umsatzsteuererklärung 121

Berichtigte Steuererklärung (falls ja, bitte eine „1" eintragen) 110

EURO ⟶ **Betragsangaben in Euro (= EUR)** (falls ja, bitte eine „1" eintragen) 132

A. Allgemeine Angaben

Name des Unternehmers | ggf. abweichender Firmenname

Art des Unternehmens

Straße, Haus-Nr.

PLZ, Ort | Telefon

Dauer der Unternehmereigenschaft (nur ausfüllen, falls nicht vom 1. Januar bis zum 31. Dezember 2000)		vom Tag	vom Monat	bis zum Tag	bis zum Monat
1. Zeitraum	200				
2. Zeitraum	201				

Die Abschlusszahlung ist binnen einem Monat nach der Abgabe der Steuererklärung zu entrichten (§ 18 Abs. 4 UStG).
Ein Erstattungsbetrag wird auf das dem Finanzamt benannte Konto überwiesen, soweit der Betrag nicht mit Steuerschulden verrechnet wird.

Verrechnung des Erstattungsbetrages erwünscht./Der Erstattungsbetrag ist abgetreten. (falls ja, bitte eine „1" eintragen) 129

Geben Sie bitte die Verrechnungswünsche auf einem besonderen Blatt an oder auf dem beim Finanzamt erhältlichen Vordruck „Verrechnungsantrag".

Ein Umsatzsteuerbescheid ergeht nur, wenn von Ihrer Berechnung der Umsatzsteuer abgewichen wird.

Hinweis nach den Vorschriften der Datenschutzgesetze: Die mit der Steuererklärung angeforderten Daten werden auf Grund der §§ 149 ff. der Abgabenordnung sowie der §§ 18, 18 b des Umsatzsteuergesetzes erhoben. Die Angabe der Telefonnummern ist freiwillig.

B. Angaben zur Besteuerung der Kleinunternehmer (§ 19 Abs. 1 UStG)

Die Zeilen 23 und 24 sind nur auszufüllen, wenn der Umsatz **1999** (zuzüglich Steuer) nicht mehr als **32 500 DM** betragen hat und auf die Anwendung des § 19 Abs. 1 UStG nicht verzichtet worden ist.

		Betrag volle DM/EUR
Umsatz im Kalenderjahr 1999 } (Berechnung nach § 19 Abs. 1 und 3 UStG)	238	
Umsatz im Kalenderjahr 2000	239	

Unterschrift

Ich habe dieser Steuererklärung die Anlage UR

☐ beigefügt.

☐ nicht beigefügt, weil ich darin keine Angaben zu machen hatte.

Ich versichere, die Angaben in dieser Steuererklärung wahrheitsgemäß nach bestem Wissen und Gewissen gemacht zu haben.

Datum, eigenhändige Unterschrift des Unternehmers

Bei der Anfertigung dieser Steuererklärung einschließlich der Anlagen hat mitgewirkt:

612/033 – USt 2 A – Umsatzsteuererklärung 2000 · OFD Rostock 10/2000

10.3.1.1 Rechtsgrundlagen

Mit Wirkung zum 1. 1. 1968 wurde die Umsatzsteuer in Deutschland zu einer „Allphasen-Netto-Umsatzsteuer mit Vorsteuerabzug" umgestaltet. Wegen ihrer Wirkungsweise – jeder Unternehmer hat wegen des Vorsteuerabzuges nur den auf seiner Stufe in der Leistungskette erzielten „Mehrwert" zu versteuern – wird die Umsatzsteuer auch als **Mehrwertsteuer** bezeichnet. Diese Bezeichnung wird auch im Gemeinschaftsrecht verwendet.

Mit dem Umsatzsteuergesetz 1980 wurde das deutsche Umsatzsteuerrecht an die vom Rat der EWG am 17. 5. 1977 erlassene 6. USt-Richtlinie EWG angepasst. Zu diesem Zeitpunkt wurden auch die besonderen Besteuerungsformen für touristische Leistungen, so insbesondere § 25 UStG, rechtswirksam.

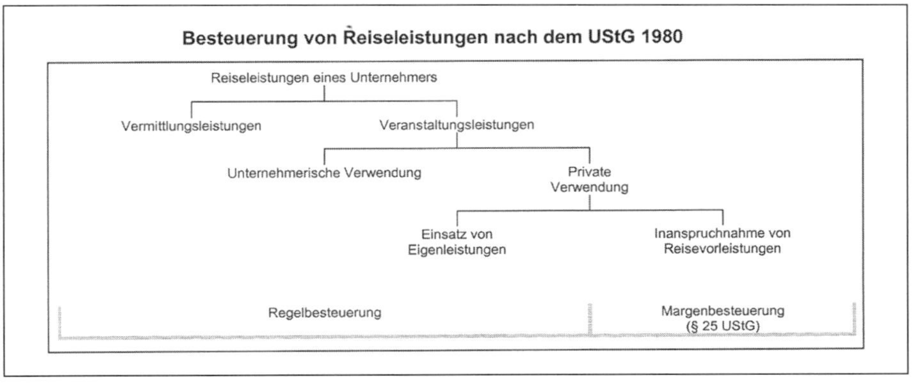

Abb. 10-4: Besteuerung von Reiseleistungen nach dem UStG 1980

Eine weitere umfassende Reform des Umsatzsteuerrechts ist mit Wirkung ab 1. 1. 1993 durch das Umsatzsteuer-Binnenmarktgesetz erfolgt. Zum 1. 1. 1994 und zum 1. 1. 1999 sind zahlreiche weitere Änderungen in Kraft getreten, die allerdings für die Besteuerung der Touristik keine spezielle Bedeutung haben.

10.3.1.2 Umsatzsteuer als Verkehr- und Verbrauchsteuer

Nach ihrem Zweck und nach der Belastungswirkung wird die Umsatzsteuer als allgemeine Verbrauchsteuer eingestuft. Dies entspricht den gemeinschaftsrechtlichen Vorgaben, wonach der Verbrauch von Leistungen in der Gemeinschaft einer einmaligen Belastung mit Umsatzsteuer zugeführt werden soll. Im Rahmen der steuertechnischen Einteilung nach Besitz- und Verkehrsteuern einerseits sowie Zöllen und Verbrauchsteuern andererseits gilt die Umsatzsteuer dagegen als Verkehrsteuer, weil sie an Leistungen des Wirtschaftsverkehrs anknüpft.

10.3.1.3 Wirkungsweise der Umsatzsteuer

Ein einfaches Beispiel mag die Wirkungsweise der Mehrwertsteuer erläutern:

Unternehmer A liefert eine Ware für 800,00 Euro zuzüglich 16 % Umsatzsteuer an Unternehmer B. Dieser veräußert die Ware für 1.000,00 Euro zuzüglich 16 % Umsatzsteuer.

	Netto	USt	Brutto
Einkaufspreis	800,00	128,00	928,00
Verkaufspreis	1.000,00	160,00	1.160,00
Wertschöpfung	200,00	32,00	232,00

Unternehmer B hat eine Umsatzsteuer von 160,00 Euro abzüglich Vorsteuer von 128,00 Euro = 32,00 Euro an sein Finanzamt abzuführen. Bei Abgabe in den Endverbrauch wäre die Ware mit 16 % (= 13,79 % von 1.160,00 Euro) belastet.

10.3.1.4 Steuerbare Umsätze

Nach dem Hauptttatbestand des UStG (§ 1 Abs. 1 Nr. 1) unterliegen **Lieferungen und sonstige Leistungen (❶)**, die ein **Unternehmer (❷) im Inland (❸) gegen Entgelt (❹) im Rahmen seines Unternehmens (❺)** ausführt, der Umsatzsteuer. Ob und inwieweit Umsätze touristischer Unternehmer steuerbar sind, ergibt sich aus den folgenden fünf Voraussetzungen:

❶ LIEFERUNGEN UND SONSTIGE LEISTUNGEN

Unter dem Oberbegriff der Leistungen gliedert das UStG wie folgt:

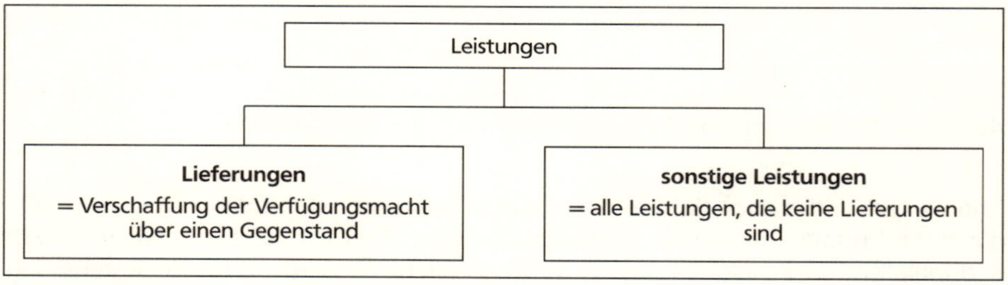

Abb. 10-5: Lieferungen und sonstige Leistungen

Leistungen touristischer Unternehmer in der Form von Reiseleistungen, Beförderungsleistungen, Unterkunftsleistungen und sonstigen Leistungen touristischer Art fallen regelmäßig als sonstige Leistungen im Sinne des UStG an. Nach Änderung des § 3 Abs. 9 UStG zum 27. 6. 1998 gilt dies auch für Verpflegungsleistungen. Diese gelten nicht mehr als Lieferungen (am Ort des Verzehrs), sondern als Dienstleistungen (am Sitzort des anbietenden Unternehmers).

Sonstige Leistungen können in einem Tun, Dulden oder Unterlassen bestehen. Der Aspekt der Duldung ist für die Besteuerung von Reiseleistungen besonders wichtig.

Reiseveranstalter kaufen bei Fluggesellschaften, Hotels und sonstigen Leistungsträgern Kontingente im eigenen Namen und für eigene Rechnung ein und erlangen dadurch Nutzungsrechte. Diese werden im Rahmen von gebündelten Leistungen (Pauschalreisen) Reisenden zur Nutzung überlassen. Damit ist der Tatbestand der Duldung erfüllt.

❷ UNTERNEHMER

Unternehmer im Sinne des UStG ist, wer eine gewerbliche oder berufliche Tätigkeit selbstständig ausübt. Mit dieser Definition sind Leistungsträger, Reiseveranstalter und Reisebüros immer Unternehmer, und zwar ohne Rücksicht darauf, in welcher Rechtsform die unternehmerische Tätigkeit ausgeübt wird.

Maßgeblich für die Einordnung nach den Vorschriften des UStG ist der einzelne Umsatz, bei dem die Tatbestandsmerkmale erfüllt sind. Auch wenn z. B. Reiseveranstalter nur gelegentlich oder einmalig Reiseleistungen erbringen, ist das Tätigkeitskriterium des Unternehmers gegeben.

Der Vorsitzende eines Sportvereins bucht im Namen des Vereins für eine Reisegruppe Hotelunterkünfte in Österreich, verpflichtet einen Omnibusunternehmer zur Beförderung der Reisegruppe und beauftragt eine Incoming-Agentur in Wien mit der Organisation des Aufenthaltes (Stadtrundfahrt, Besichtigungen). Die Reiseteilnehmer zahlen einen Pauschalpreis an den Verein.

Der Verein ist Unternehmer im Sinne des UStG und als Reiseveranstalter zu besteuern.

❸ INLAND

Steuerbar sind Leistungen, die im Inland erbracht werden. Im Rahmen der Regelbesteuerung, d. h. der Anwendung der allgemeinen Grundsätze des UStG, ist jede einzelne Leistung einem Leistungsort zuzuordnen (§§ 3 a/b UStG). Liegt dieser im Inland, ist die erbrachte Leistung steuerbar.

Inland ist das Gebiet der Bundesrepublik Deutschland mit Ausnahme des Gebiets von Büsingen, der Insel Helgoland, der Freihäfen, der Gewässer und Watten zwischen der Hoheitsgrenze und der jeweiligen Strandlinie sowie der deutschen Schiffe und der deutschen Luftfahrzeuge in Gebieten, die zu keinem Zollgebiet gehören.

Wird ein Umsatz im Inland ausgeführt, so kommt es für die Besteuerung nicht darauf an, ob ein Unternehmer deutscher Staatsangehöriger ist, seinen Wohnsitz oder Sitz im Inland hat, im Inland eine Betriebsstätte unterhält, die Rechnung erteilt oder die Zahlung empfängt.

Ausland ist das Gebiet, das nicht Inland ist.

Im Rahmen der Margenbesteuerung von Reiseveranstaltern ist prinzipiell der Ort maßgeblich, von dem aus der Unternehmer sein Unternehmen betreibt (§ 3 a Abs. 1 UStG). Liegt dieser Unternehmensort (hilfsweise der Ort der Betriebsstätte, die Veranstaltungsleistungen selbst erbringt) im Inland, sind die Reiseleistungen umsatzsteuerbar. Dies gilt unabhängig davon, ob die eingekauften Reisevorleistungen (Unterkunft, Verpflegung, Beförderung etc.) im Inland oder im Ausland erbracht werden.

❹ ENTGELT

Lieferungen und sonstige Leistungen sind nur steuerbar, wenn sie „gegen Entgelt" erbracht werden. Leistung und Gegenleistung müssen durch den Zweck des Handelns wirtschaftlich verknüpft sein (Finalität). Für touristische Unternehmer bedeutet dies, dass die Abnehmer der Leistungen einen Reisepreis zu entrichten haben, um die Leistung in Anspruch nehmen zu können.

Unter bestimmten Voraussetzungen können auch unentgeltliche Leistungen eines Arbeitgebers an seine Arbeitnehmer oder deren Angehörige steuerbar sein (§ 1 Abs. 1 Nr. 1 Buchst. b UStG).

❺ AUSFÜHRUNG IM RAHMEN DES UNTERNEHMENS

Das Unternehmen umfasst die gesamte gewerbliche oder berufliche Tätigkeit des Unternehmers. Jeder Unternehmer kann daher nur ein Unternehmen haben, dem die gesamte unternehmerische Betätigung im In- und Ausland zuzurechnen ist.

Lediglich in Organschaftsfällen werden die verbundenen Unternehmen umsatzsteuerlich als ein Unternehmen angesehen. Die Wirkungen der Organschaft (nicht steuerbare Innenumsätze zwischen den Unternehmensteilen) beschränken sich auf im Inland gelegene Unternehmen eines Organkreises.

Innerhalb eines Unternehmens können keine Leistungen im Sinne des UStG bewirkt werden, da sich insoweit kein Leistender und Leistungsempfänger gegenüberstehen.

10.3.2 Stand und Perspektiven der EU-Harmonisierung von Reiseleistungen und Personenbeförderungsleistungen

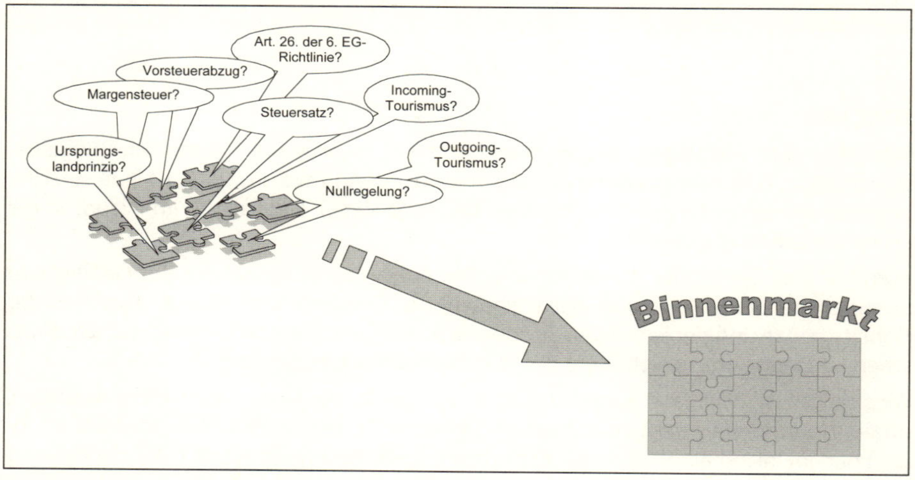

Abb. 10-6

10.3.2.1 Rechtsgrundlagen

Nach Art. 99 EWG-Vertrag sind die Rechtsvorschriften über die Umsatzsteuern innerhalb der europäischen Gemeinschaft zu harmonisieren. Damit sollen gleiche Wettbewerbsbedingungen für einen Binnenmarkt der Gemeinschaftsstaaten geschaffen und Wettbewerbsverfälschungen vermieden werden.

Die Harmonisierung erfolgt durch Rechtsakte der Gemeinschaft. Grundlegende Bedeutung erlangte die 6. USt-Richtlinie vom 12. 5. 1977 mit materiellen und verfahrensrechtlichen Bestimmungen eines gemeinsamen Mehrwertsteuersystems.

10.3.2.2 Stand der Harmonisierung

Rund 20 Jahre nach der Verabschiedung der 6. EG-Richtlinie ist für die Besteuerung von Reiseleistungen das Gegenteil einer Harmonisierung eingetreten. Die Besteuerungsunterschiede in den Gemeinschaftsstaaten sind gravierend, so dass die international agierende Reisebranche sich auf diese langfristig wirksamen Gegebenheiten einstellt. Länder wie Dänemark, Irland und die Niederlande haben den Art. 26 der 6. EG-Richtlinie bis heute nicht umgesetzt. Andere Staaten arbeiten mit Anwendungserleichterungen, systembedingten Auslegungsunterschieden sowie mit unterschiedlichen und begünstigten Steuersätzen.

Reiseveranstalter mit Sitz in Deutschland sind folglich im Wettbewerb benachteiligt

- gegenüber Reiseveranstaltern in anderen EU-Staaten, weil diese die Margenbesteuerung entweder nicht oder mit geringeren Belastungen praktizieren,
- gegenüber Veranstaltern in (angrenzenden) Drittlandsstaaten, weil diese Reiseprodukte ohne Umsatzsteuerbelastung im Eigen- oder Fremdvertrieb auf dem deutschen Reisemarkt anbieten können.

10.3.2.3 Perspektiven der Harmonisierung

Die weitere Harmonisierung von Reise- und Personenbeförderungsleistungen wird sich auf lange Sicht nicht am Ursprungslandprinzip (Besteuerung im Produktionsland) orientieren können, weil insoweit ein Einvernehmen der 15 EU-Staaten nicht erreichbar sein wird. Im Rahmen des gültigen Bestimmungslandprinzips (Besteuerung im Land des Verbrauchs = Entlastung des Exports und Belastung des Imports) sollen „Detailverbesserungen" diskutiert werden, so z. B. die Frage, ob Margen auf Drittlandsleistungen (wie in Belgien und Portugal) besteuert werden sollten. Der deutsche Fiskus wird seine Zustimmung in jedem Fall von der Aufhebung der Übergangsvorschriften des Art. 28 der 6. EG-Richtlinie abhängig machen. Diese dürfte (in Form eines einstimmigen Ratsbeschlusses) wiederum nicht durchsetzbar sein.

Im Ergebnis wird man davon ausgehen können, dass das derzeit gültige Übergangssystem in den Gemeinschaftsstaaten und insbesondere auch in Deutschland noch viele Jahre Bestand haben wird. Dies wird aller Voraussicht nach auch für die Anwendung des Nullsatzes (mit Vorsteuerabzug) für grenzüberschreitende Flugleistungen gelten (siehe dazu § 26 Abs. 3 UStG).

10.3.2.4 Divergenz von Outgoing- und Incoming-Tourismus

Während Reiseveranstalter und Reisebüros vorwiegend im **Outgoing-Tourismus** tätig sind und insoweit umsatzsteuerlich nach dem jeweiligen Zielland zwischen touristischen Leistungen im Gemeinschaftsgebiet und in Drittländern zu unterscheiden ist, betätigen sich Leistungsträger zu einem mehr oder weniger großen Anteil im Incoming-Tourismus, beispielsweise Hotelbetriebe, die Ausländern Unterkunft gewähren. Aber auch Reiseveranstalter und Reisebüros sind im Incoming-Tourismus engagiert, soweit Ausländern touristische Leistungen im Inland angeboten werden.

Die Umsatzbesteuerung nach der 6. EG-Richtlinie stellt nicht darauf ab, ob der Empfänger einer Reiseleistung Inländer oder Ausländer ist. Entscheidend ist vielmehr, **wo die jeweilige Reiseleistung erbracht wird.** Diese Frage beurteilt sich nach dem Leistungsort der einzelnen Reiseleistung, und zwar differenziert nach Beförderungs-, Unterkunfts- und Verpflegungsleistungen, Veranstaltungs- und Vermittlungsleistungen. Daraus folgt als Grundprinzip, dass

- **Leistungen im Gemeinschaftsgebiet im jeweiligen EU-Staat besteuert werden,**
- **Leistungen in Drittländern im Gemeinschaftsgebiet unbesteuert bleiben.**

Dieses Prinzip gilt nach Art. 26 der 6. EG-Richtlinie auch für Reiseveranstalter, allerdings mit der Maßgabe, dass die Regieleistung (in den meisten EU-Staaten) steuerfrei gestellt wird, soweit sie auf eingekaufte Drittlandsvorleistungen entfällt. Mit der Regelung der Besteuerung nach dem Leistungsort wurde die Zielsetzung der 6. EG-Richtlinie umgesetzt, wonach jede im Gemeinschaftsgebiet bewirkte (Reise-)Leistung einer einmaligen Besteuerung zugeführt werden soll, und zwar ohne Rücksicht darauf, wo der Empfänger der Reiseleistung ansässig ist. Dabei werden allerdings Regieleistungen und Reisevorleistungen getrennt (in unterschiedlichen Mitgliedstaaten) besteuert. Die von den Leistungsträgern erbrachten Reisevorleistungen werden im Reiseland, die Regieleistungen der Reiseveranstalter in dem Mitgliedstaat, in dem diese ansässig sind, besteuert.

10.3.3 Grundregeln und Umsetzung der 6. EG-Richtlinie

Art. 26 der 6. EG-Richtlinie

Sonderregelung für Reisebüros

(1) Die Mitgliedstaaten wenden die Mehrwertsteuer auf die Umsätze der Reisebüros nach den Vorschriften dieses Artikels an, soweit die Reisebüros gegenüber den Reisenden im eigenen Namen auftreten und für die Durchführung der Reise Lieferungen und Dienstleistungen anderer Steuerpflichtiger in Anspruch nehmen. Die Vorschriften dieses Artikels gelten nicht für Reisebüros, die lediglich als Vermittler handeln und auf die Artikel 11 Teil A Absatz 3 Buchstabe c) anzuwenden ist. Im Sinne dieses Artikels gelten als Reisebüros auch Reiseveranstalter.

(2) Die bei Durchführung der Reise vom Reisebüro erbrachten Umsätze gelten als eine einheitliche Dienstleistung des Reisebüros an den Reisenden. Sie wird in dem Mitgliedstaat besteuert, in dem das Reisebüro den Sitz seiner wirtschaftlichen Tätigkeit oder eine feste Niederlassung hat, von wo aus es die Dienstleistung erbracht hat. Für diese Dienstleistung gilt als Besteuerungsgrundlage und als Preis ohne Steuer im Sinne des Artikels 22 Absatz 3 Buchstabe b) die Marge des Reisebüros, das heißt die Differenz zwischen dem vom Reisenden zu zahlenden Gesamtbetrag ohne Mehrwertsteuer und den tatsächlichen Kosten, die dem Reisebüro durch die Inanspruchnahme von Lieferungen und Dienstleistungen anderer Steuerpflichtiger entstehen, soweit diese Umsätze dem Reisenden unmittelbar zugute kommen.

(3) Werden die Umsätze, für die das Reisebüro andere Steuerpflichtige in Anspruch nimmt, von diesen außerhalb der Gemeinschaft erbracht, so wird die Dienstleistung des Reisebüros einer nach Artikel 15 Nummer 14 befreiten Vermittlungstätigkeit gleichgestellt. Werden diese Umsätze sowohl innerhalb als auch außerhalb der Gemeinschaft erbracht, so ist nur der Teil der Dienstleistung des Reisebüros als steuerfrei anzusehen, der auf die Umsätze außerhalb der Gemeinschaft entfällt.

(4) Beim Reisebüro ist der Vorsteuerabzug oder die Rückerstattung der Steuern in jedem Mitgliedstaat für die Steuern ausgeschlossen, die dem Reisebüro von anderen Steuerpflichtigen für die in Absatz 2 bezeichneten Umsätze in Rechnung gestellt werden, welche dem Reisenden unmittelbar zugute kommen.

10.3.3.1 Besteuerung von Reise- und Personenbeförderungsleistungen

Entsprechend der 6. EG-Richtlinie werden die Leistungen der **Leistungsträger** und **Reisebüros** der Regelbesteuerung (standard system) zugeführt. Dabei erfolgt die Besteuerung der Beförderungsunternehmer nach Maßgabe der Streckenanteile, soweit nicht (für grenzüberschreitende Beförderungen) aufgrund der Übergangsbestimmungen in Art. 28 Abs. 3 der 6. EG-Richtlinie ein Nullsatz oder eine Steuerbefreiung vorgesehen ist.

Vermittlungsleistungen der Reisebüros werden dort besteuert, wo die vermittelte Leistung erbracht wird. Besteuerungsgrundlage ist die vereinbarte Provision, die entweder steuerfrei gestellt oder mit dem Recht zum Vorsteuerabzug steuerpflichtig ist.

Reiseveranstalter unterliegen ebenfalls der Regelbesteuerung, soweit sie

- ihre Leistungen als Eigenleistungen (mit eigenen Mitteln) erbringen oder

- Leistungen (im fremden Namen und für fremde Rechnung) vermitteln.

Daraus folgt, dass die Sonderbesteuerungsform des Art. 26 der 6. EG-Richtlinie nur anzuwenden ist, **soweit Reiseleistungen im eigenen Namen unter Inanspruchnahme von Reisevorleistungen an Endabnehmer erbracht werden** (margin system). Nur insoweit stellt sich die Frage, ob die Margenbesteuerung oder die Regelbesteuerung in einem europäischen Binnenmarkt den Prämissen des EWG-Vertrages am ehesten gerecht wird.

Die Beschränkung der Besteuerung von Reiseveranstaltungsleistungen (am Sitzort des Veranstalters) auf die Regieleistungen (Marge) schließt ein, dass

- die in den Leistungsträgerabrechnungen enthaltene Umsatzsteuer nicht als Vorsteuer zu verrechnen ist, sondern als Kostenbestandteil in den Reisepreis eingeht und als Bestandteil der Reisevorleistung die Marge mindert,
- die den Reisebüros gewährten Provisionen nicht als Reisevorleistungen gelten und somit die Marge nicht mindern, aber zum Vorsteuerabzug berechtigen mit der Folge, dass die darauf entfallende Steuer nicht Kostenbestandteil wird.

Die derzeitige Besteuerung von Reiseleistungen in den Staaten der Gemeinschaft ist in den Abb. 10-7, 10-8, 10-9 und 10-10 dargestellt. Daraus ergibt sich, dass jeweils drei Länder entweder Drittlands- oder EU-Margen freistellen oder Margen ohne Differenzierung besteuern, und zwar auf Grund der Übergangsbestimmungen nach Art. 28 der 6. EG-Richtlinie Anhang E 15 und F 27. Darüber hinaus ergeben sich vielfältige Unterschiede im Vergleich der Steuersysteme, die vor allem die Kompliziertheit bei der Subsumtion der praktischen Fälle zur Folge haben. Wichtig ist auch die Feststellung, dass Reiseveranstalter mit einem weltweiten Katalogangebot und diversen Abflughäfen nur die Gesamtmargenermittlung praktizieren können. Dies bedeutet, dass die tatsächlich erzielte Marge erst nach Ablauf eines Jahres zu ermitteln ist und folglich die in der Kalkulation zu erfassende Margensteuer nur näherungsweise zu berechnen ist – ein bedenkliches Phänomen angesichts des Verbrauchsteuercharakters der Mehrwertsteuer.

Im Ergebnis ist festzustellen, dass die Margenbesteuerung zwar praktiziert werden kann, dass aber vielfältige Unterschiede im internationalen Vergleich und Mängel in der systematischen Umsetzung zu **Wettbewerbsverzerrungen** geführt haben.

Weitere Wettbewerbsdivergenzen ergeben sich zu Reiseveranstaltern und Incoming-Agenturen mit Sitz im Drittland, die ihre Produkte ohne Belastung der Marge im Gemeinschaftsgebiet vertreiben können.

10.3.3.2 Das Besteuerungsrecht für Reiseleistungen in Deutschland

Auf der Grundlage der 6. EG-Richtlinie, hier insbesondere Art. 26, wurde in Deutschland mit Wirkung ab 1. 1. 1980 ein neuartiges Besteuerungssystem eingeführt. Danach sind die originären Leistungen der Leistungsträger (Flug, Bahn, Bus, Hotel) ebenso wie die Vermittlungsleistungen der Reisebüros (für Leistungsträger und Reiseveranstalter) nach wie vor der Regelbesteuerung zu unterwerfen.

Für Reiseveranstaltungsleistungen im Sinne von § 25 UStG wurde dagegen als Sonderbesteuerungsform (lex speciales) die Margenbesteuerung eingeführt. Veranstaltungsleistungen im Sinne von § 25 UStG liegen vor, wenn

- Reiseleistungen
- im eigenen Namen

- unter Inanspruchnahme von Reisevorleistungen
- an private Endabnehmer

erbracht werden. Damit sind die typische Pauschalreise in Form einer „einheitlichen sonstigen Leistung", aber (im Gegensatz zum Zivilrecht des § 651 a BGB) auch einzelne Reiseleistungen der Margensteuer unterworfen.

1. Besteuerung von Reiseleistungen in der Gemeinschaft

Mitgliedstaaten	Innerhalb der Gemeinschaft	Außerhalb der Gemeinschaft
Belgien	Besteuerung	Besteuerung *)
Dänemark	Befreiung **)	Befreiung
Deutschland	Besteuerung	Befreiung
Griechenland	Besteuerung	Besteuerung
Spanien	Besteuerung	Befreiung
Frankreich	Besteuerung	Befreiung
Irland	Befreiung ***)	Befreiung
Italien	Besteuerung	Befreiung
Luxemburg	Besteuerung	Befreiung
Niederlande	Befreiung ***)	Befreiung
Portugal	Besteuerung	Besteuerung
Vereinigtes Königreich	Besteuerung	Befreiung

*) Anwendung der Übergangsbestimmungen (Anhang E 15)
**) Anwendung der Übergangsbestimmungen (Anhang F 27)
***) Leistungen für Reisen innerhalb des Landes ausgenommen (Besteuerung)

Abb. 10-7: Besteuerung von Reiseleistungen in der Gemeinschaft

2. Besteuerung inländischer Personenbeförderungen in der Gemeinschaft *)

Mitgliedstaaten	Luft	See	Binnenwasserstraßen	Schiene	Straße
Belgien	E	E	E	E	E
Dänemark	B	B	B	B	B/A
Deutschland	A	E	E	A/E	A/E
Griechenland	E	E	E	E	E
Spanien	A	A	A	E	E
Frankreich	E	E	E	E	E
Irland	B	B	B	B	B
Italien	A	E	E	E/B	E/B
Luxemburg	E	-	B	E	E
Niederlande	E	E/B	E/B	E	E
Portugal	E	E	E	E	E
Vereinigtes Königreich	N	N	N	N	N

*) Quelle: Begründung des Richtlinienvorschlages der Kommission vom 5.11.1992 „Mehrwertsteuerregelung für die Personenbeförderung (Dok. KOM (92)416 endg."

Schlüssel: A = Allgemeiner Satz (Normalsatz)
E = Ermäßigter Satz
B= Steuerbefreiung
N = Nullsatz

Abb. 10-8: Besteuerung inländischer Personenbeförderungen in der Gemeinschaft

3. Besteuerung grenzüberschreitender Personenbeförderungen in der Gemeinschaft *)

Mitgliedstaaten	Luft	See	Binnenwasserstraßen	Schiene	Straße
Belgien	N	N	E	E	E
Dänemark	N	N	-	B	B/A
Deutschland	N	N	E	A/E	A/E
Griechenland	N	N	-	E	E
Spanien	N	N	A	E	E
Frankreich	N	N	E	N	E/B
Irland	N	N	-	N	N
Italien	N	N	N	N	N
Luxemburg	N	-	B	N	N
Niederlande	N	N	E	E	E/N
Portugal	N	N	N	N	N
Vereinigtes Königreich	N	N	-	N	N

*) Quelle: Begründung des Richtlinienvorschlages der Kommission vom 5.11.1992 „Mehrwertsteuerregelung für die Personenbeförderung (Dok. KOM (92)416 endg."

Schlüssel: A = Allgemeiner Satz (Normalsatz)
E = Ermäßigter Satz
B= Steuerbefreiung
N = Nullsatz

Abb. 10-9: Besteuerung grenzüberschreitender Personenbeförderungen in der Gemeinschaft

4. Umsatzsteuersätze in den EU-Mitgliedstaaten

EG-Staaten (Mehrwertsteuer)	Bezeichnung der Umsatzsteuer	Steuersätze in v. H.			
		Normalsatz	ermäßigte Sätze	erhöhte Sätze	Nullsatz
Belgien	taxe sur la valeur ajoutée (TVA) *oder* belasting over de toegevoegde waarde (BTW)	21	1; 6; 12	-	ja
Dänemark	omsaetningsavgift (MOMS)	25	-	-	ja
Deutschland	Umsatzsteuer	16	7	-	-
Finnland	arvonlisärvero (AVL) *oder* mervärdesskatt (ML)	22	8; 17	-	ja
Frankreich	taxe sur la valeur ajoutée (TVA)	19,6	2,1; 5,5	-	-
Griechenland	foros prostithemenis axias (FPA)	18	4; 8	-	-
Irland	value added tax (VAT)	21	3,3; 12,5	-	ja
Italien	imposta sul valore aggiunto (IVA)	20	4;10	-	ja
Luxemburg	taxe sur la valeur ajoutée (TVA)	15	3; 6; 12	-	-
Niederlande	omzetbelasting (OB) *oder* belasting over de toegvoegde waarde (BTW)	17,5	6	-	-
Österreich	Umsatzsteuer	20	10; 12; 16	-	-
Portugal	imposto sobre o valor acrescentado (IVA)	17	5; 12	-	-
Schweden	mervärdeskatt (ML)	25	6; 12	-	ja
Spanien	impuesto sobre el valor añadido (IVA)	16	4; 7	-	-
Vereinigtes Königreich	value added tax (VAT)	17,5	2,5; 5	-	ja

Abb. 10-10: Umsatzsteuersätze in den EU-Mitgliedstaaten

Die umsatzsteuerliche **Bemessungsgrundlage** ergibt sich nicht aus den Reiseerlösen, sondern aus der Differenz zwischen den Aufwendungen des Reisenden für die Reiseleistung (Reiseerlöse) und den Aufwendungen des Reiseveranstalters für Reisevorleistungen, und zwar abzüglich einer anfallenden Umsatzsteuer. Als Reisevorleistungen gelten Leistungen, die im Auftrag des Reiseveranstalters von einem Dritten erbracht werden und dem Reisenden unmittelbar zugute kommen, insbesondere Beförderung, Unterbringung, Verpflegung und Zielgebietsleistungen (Transfer, Reiseleitung). Aus dieser Definition folgt, dass Leistungen mit eigenen Mitteln des Veranstalters (eigene Beförderungsmittel, selbst bewirtschaftete Hotelbetriebe) nach Maßgabe der Kostenrelation zu den gesamten Eingangsaufwendungen aus der Margenbesteuerung auszugliedern und der Regelbesteuerung zuzuführen sind. Gleiches gilt für Vermittlungsleistungen, die unbeschadet ihrer Bündelung in bestimmten Fällen (Regelbeförderung Bahn, Fährtickets) ebenfalls nach den Grundsätzen der Regelbesteuerung zu beurteilen sind.

Die Systematik der Besteuerung von Reiseleistungen ist in Tz. 10.3.4.1.6 zusammenfassend dargestellt. Im Folgenden wird der Wortlaut von § 25 UStG wiedergegeben:

Wortlaut des § 25 UStG:

§ 25
Besteuerung von Reiseleistungen

(1) [1]Die nachfolgenden Vorschriften gelten für Reiseleistungen eines Unternehmers, die nicht für das Unternehmen des Leistungsempfängers bestimmt sind, soweit der Unternehmer dabei gegenüber dem Leistungsempfänger im eigenen Namen auftritt und Reisevorleistungen in Anspruch nimmt. [2]Die Leistung des Unternehmers ist als sonstige Leistung anzusehen. [3]Erbringt der Unternehmer an einen Leistungsempfänger im Rahmen einer Reise mehrere Leistungen dieser Art, so gelten sie als eine einheitliche sonstige Leistung. [4]Der Ort der sonstigen Leistung bestimmt sich nach § 3 a Abs. 1. [5]Reisevorleistungen sind Lieferungen und sonstige Leistungen Dritter, die den Reisenden unmittelbar zugute kommen.

(2) [1]Die sonstige Leistung ist steuerfrei, soweit die ihr zuzurechnenden Reisevorleistungen im Drittlandsgebiet bewirkt werden. [2]Die Voraussetzung der Steuerbefreiung muß vom Unternehmer nachgewiesen sein. [3]Das Bundesministerium der Finanzen kann mit Zustimmung des Bundesrates durch Rechtsverordnung bestimmen, wie der Unternehmer den Nachweis zu führen hat.

(3) [1]Die sonstige Leistung bemisst sich nach dem Unterschied zwischen dem Betrag, den der Leistungsempfänger aufwendet, um die Leistung zu erhalten, und dem Betrag, den der Unternehmer für die Reisevorleistungen aufwendet. [2]Die Umsatzsteuer gehört nicht zur Bemessungsgrundlage. [3]Der Unternehmer kann die Bemessungsgrundlage statt für jede einzelne Leistung entweder für Gruppen von Leistungen oder für die gesamten innerhalb des Besteuerungszeitraums erbrachten Leistungen ermitteln.

(4) [1]Abweichend von § 15 Abs. 1 ist der Unternehmer nicht berechtigt, die ihm für die Reisevorleistungen gesondert in Rechnung gestellten Steuerbeträge als Vorsteuer abzuziehen. [2]Im übrigen bleibt § 15 unberührt.

(5) Für die sonstigen Leistungen gilt § 22 mit der Maßgabe, dass aus den Aufzeichnungen des Unternehmers zu ersehen sein müssen:

1. der Betrag, den der Leistungsempfänger für die Leistung aufwendet,
2. die Beträge, die der Unternehmer für die Reisevorleistungen aufwendet,
3. die Bemessungsgrundlage nach Absatz 3 und
4. wie sich die in den Nummern 1 und 2 bezeichneten Beträge und die Bemessungsgrundlage nach Absatz 3 auf steuerpflichtige und steuerfreie Leistungen verteilen.

Die aus der verbleibenden Differenz (zwischen Reiseerlösen im Sinne von § 25 UStG und Reisevorleistungen) ermittelte Bruttomarge ist entsprechend § 25 Abs. 2 UStG steuerfrei gestellt, **soweit** Drittlandsleistungen zum Einsatz kommen. Zur Abgrenzung des Leistungsortes von Reisevorleistungen verwendet das Gesetz den Terminus „bewirken" im Sinne der tatsächlichen Ausführung von Vorleistungen. Unstreitig ist aber, dass zur Bestimmung des Leistungsortes von Reisevorleistungen die Vorschriften der §§ 3 a und 3 b UStG heranzuziehen sind.

Steuerpflichtige Margen entstehen somit nur insoweit, wie Reisevorleistungen im Gemeinschaftsgebiet der 15 EU-Staaten bewirkt werden. Gleichzeitig ist ein Vorsteuerabzug oder die Inanspruchnahme einer Vorsteuervergütung (durch den Zielgebietsstaat) für Reisevorleistungen ausgeschlossen. Nach der Systematik von Art. 26 der 6. EG-Richtlinie

- verbleibt die auf Reisevorleistungen in Form von Landleistungen lastende Umsatzsteuer dem Zielgebietsland und
- wird lediglich die Regieleistung des Veranstalters (Marge) insoweit am Unternehmensort des Reiseveranstalters besteuert, als sie auf Reisevorleistungen im Gemeinschaftsgebiet entfällt.

Eine Besonderheit gilt für Beförderungsleistungen, die als Reisevorleistungen zum Einsatz kommen. Insoweit sieht die Besteuerungssystematik prinzipiell eine Aufteilung entsprechend den Streckenanteilen im Gemeinschaftsgebiet und außerhalb des Gemeinschaftsgebietes (Drittland, offenes Meer) vor. Nach einer Kontroverse zwischen der EU-Kommission und der Bundesregierung wurde diese durch EuGH-Entscheidung vom 27. 10. 1992 (Rs. C – 74/91) verurteilt, die bis dahin geltende Befreiung von grenzüberschreitenden Flug- und Schiffsreisen aufzugeben. Statt dessen gilt ab 1. 11. 1993 (neben dem Streckenprinzip) die Zielortregelung, wonach die Zuordnung von Flugleistungen zum Gemeinschaftsgebiet sich nach dem Ankunftsort richtet. Liegt dieser im Gemeinschaftsgebiet, sind steuerpflichtige Vorleistungen mit entsprechenden Folgen für die (anteilige) Marge anzunehmen.

10.3.3.3 Besteuerung von Reisevermittlungsleistungen

Nach Art. 15 Nr. 14 der 6. EG-Richtlinie sind die Mitgliedstaaten berechtigt, Dienstleistungen von Vermittlern von der Umsatzsteuer freizustellen, wenn sie

- in fremdem Namen und für fremde Rechnung erbracht werden und
- Leistungen betreffen, die entweder in Nr. 1–12 der Vorschrift aufgeführt oder im Außengebiet getätigt werden.

Mit dem UStG 1980 hat der deutsche Gesetzgeber die Richtlinienvorschrift übernommen. Danach muss

- die ausgeführte Leistung ihrer Art nach eine Vermittlungsleistung darstellen und
- der vermittelte Umsatz eine grenzüberschreitende Beförderung von Personen mit Luftfahrzeugen oder Seeschiffen darstellen oder ausschließlich im Außengebiet bewirkt werden.

Mit Wirkung ab 1. 1. 1993 wurde § 4 Nr. 5 Buchst. c UStG dahingehend eingeschränkt, dass nur die Vermittlung von im Drittland bewirkten Umsätzen befreit ist. Gleichzeitig wurde als Leistungsort für Vermittlungsleistungen der Ort bestimmt, wo der vermittelte Umsatz ausgeführt wird, und nicht mehr der Unternehmensort des Vermittlers.

Für Reisebüros bedeutet dies, dass Leistungen außerhalb des Gemeinschaftsgebietes nicht steuerbar sind, während Leistungen im Inland (so z. B. die Vermittlung einer Pauschalreise für einen im Inland ansässigen Reiseveranstalter) in Deutschland und Leistungen im Gemeinschaftsgebiet (so z. B. die Vermittlung für einen Reiseveranstalter mit Sitz in Frankreich oder für ein Hotelunternehmen in Österreich) im jeweiligen EU-Staat steuerbar sind.

10.3.3.4 Vor- und Nachteile der Margenbesteuerung im Vergleich zur Regelbesteuerung

Die Beantwortung der Frage, welches Besteuerungssystem für Reiseveranstaltungsleistungen im europäischen Binnenmarkt zu präferieren ist, ergibt sich aus nachstehenden Überlegungen:

Im Rahmen der Margenbesteuerung

- bleibt die Steuerbelastung der Reisevorleistungen definitiv und mindert lediglich die Marge des Veranstalters.
- wird die Marge des Veranstalters mit dem Normalsteuersatz des jeweiligen EU-Sitzstaates zur Besteuerung herangezogen.

Im Ergebnis sind somit die einzelnen Bestandteile des Reisepreises in unterschiedlicher Höhe steuerbelastet.

Dies ist vorteilhaft, wenn Reiseleistungen zu einem unter dem Normalsatz liegenden Steuersatz eingekauft werden, was ohne eine Steuersatzharmonisierung immer noch möglich ist. Unterkunft, Verpflegung und Personenbeförderung unterliegen vielfach ermäßigten Sätzen oder sind befreit. Nachteile ergeben sich, wenn Leistungen zu über dem Normalsatz liegenden Sätzen eingekauft werden.

Im Rahmen der Regelbesteuerung

ist es ohne Bedeutung, ob Leistungen zu höheren oder zu niedrigeren Steuersätzen oder steuerfrei eingekauft werden. Entscheidend für die steuerliche Gesamtbelastung ist aufgrund der Nachholwirkung **allein der Steuersatz auf der Endstufe im Sitzstaat des Veranstalters.** Für Reiseleistungen im Gemeinschaftsgebiet hat der Reiseveranstalter immer eine Steuerbelastung in Höhe des Normalsatzes zu kalkulieren.

Ein deutscher Reiseveranstalter bietet eine Spanien-Reise für zwei Personen mit einem Reisepreis von 5.000,00 Euro an. Die Reisevorleistungen setzen sich zusammen aus

		Euro	Euro	Euro
der Flugbeförderung	(2 x	750,00)	1.500,00	
der Landleistung Spanien	(2 x	1.250,00)	2.500,00	4.000,00

In der Abrechnung der Vorleistungen sind Umsatzsteuern in Höhe von

a) 6 % = 240,00 Euro

b) 12 % = 480,00 Euro

c) 18 % = 720,00 Euro enthalten.

Margenbesteuerung	Euro
Reiseerlös	5.000,00

./. Reisevorleistungen (ausschließlich EU)			4.000,00
Bruttomarge			1.000,00
Steuerbelastung	a) Euro	b) Euro	c) Euro
Margenbesteuerung (13,79 % von 1.000,00)	137,90	137,90	137,90
Vorleistungen	240,00	480,00	720,00
Gesamtbetrag	377,90	617,90	857,90
Regelbesteuerung			
Reiseerlös 5.000,00 Euro davon 13,79 %	689,50	689,50	689,50

Ergebnis

Deutlich wird, dass die Gesamtbelastung des Veranstalters im Vergleich der Systeme von der Höhe der auf Reisevorleistungen lastenden Umsatzsteuern abhängig ist.

Die Margenbesteuerung ist immer dann günstiger, wenn die Steuer auf Reisevorleistungen weniger als 13,79 % von 4.000,00 Euro = **551,60 Euro** beträgt.

Für die **Besteuerung von Drittlandsleistungen** ergeben sich keine Belastungsunterschiede, wenn

- im Rahmen der Margenbesteuerung die Freistellung von Drittlandsmargen und
- im Rahmen der Regelbesteuerung die Freistellung von Drittlandsleistungen

vorzusehen ist. Dies gilt auch für die Besteuerung der EU-Streckenanteile im Rahmen der Personenbeförderung, weil deren Besteuerung entweder die Reisevorleistungen oder die Reiseerlöse gleichermaßen belastet.

Erforderlich ist allerdings, dass Entscheidungen über die endgültige Besteuerung von Personenbeförderungen (Nullsatz, ermäßigter Satz, Normalsatz) und deren Anwendung für die einzelnen Verkehrsträger getroffen werden.

Nach alledem ist die Frage, **welches Besteuerungssystem für Verbraucher, Unternehmer und Mitgliedstaaten zu präferieren ist,** für alle Beteiligten wie folgt zu beantworten:

- Solange die Übergangsregelung für die Umsatzbesteuerung Gültigkeit hat, ist die **Margenbesteuerung für Reiseleistungen** nach Art. 26 der 6. EG-Richtlinie in jedem Fall vorzuziehen.

In ihrer **Belastungswirkung** ist die Margenbesteuerung aber immer vorteilhafter, wenn man davon auszugehen hat, **dass bestimmte Reisevorleistungen** auch im endgültigen System einheitlich in allen Mitgliedstaaten **nicht dem Normalsatz unterliegen werden,** so z. B. grenzüberschreitende Flugreisen weiterhin mit dem Nullsatz oder einem ermäßigten Satz und andere Personenbeförderungen mit einem ermäßigten Satz besteuert werden.

- Die **Regelbesteuerung** wäre sicherlich systemgerecht, weil sie dem Grundsatz einer allgemeinen Verbrauchsteuer entspricht (Art. 2 Abs. 1 und 2 der 1. EG-Richtlinie) und proportional zum Preis der Dienstleistung (Gesamtreisepreis) anfällt. Die Verrechenbarkeit sämtlicher Vorsteuern aus Vorleistungen im Gemeinschaftsgebiet und die daraus folgende Unabhängigkeit der Veranstalterkalkulation von der Besteuerung der Vorleistungen wären weitere Vorteile einer Regelbesteuerung.

Demgegenüber ist zu bedenken, dass der grenzüberschreitende Vorsteuerabzug und dessen Kontrolle für die Abrechnung von Reisevorleistungen erhebliche praktische Probleme aufwerfen kann.

Schließlich scheitert ein Plädoyer für den Übergang zur Regelbesteuerung aber daran, dass die Belastungswirkungen mit dem Normalsteuersatz des jeweiligen EU-Staates immer als nachteilig zu bezeichnen sind. Dabei ist die problematische Angleichung der Steuersätze zu bedenken.

- Erhebliche Bedenken grundsätzlicher Art gegen das Gesamtkonzept der Kommission und dessen Anwendung für Reiseleistungen nach Art. 26 der 6. EG-Richtlinie ergeben sich aus unübersehbaren Haushaltsrisiken der Mitgliedstaaten, die mit dem grenzüberschreitenden Vorsteuerabzug und dem erforderlichen Finanzausgleich verbunden sind. Solche Haushaltsrisiken entfallen jedenfalls für den Sektor der Reiseleistungen, wenn die Margenbesteuerung beibehalten wird. In diesem Fall bleiben ein grenzüberschreitender Vorsteuerabzug und ein Finanzausgleich für Reiseleistungen entbehrlich, und die Steuer aus Reisevorleistungen verbleibt endgültig im Reiseland (Land des Endverbrauchs).

10.3.4 Margenbesteuerung von Reiseveranstaltungsleistungen

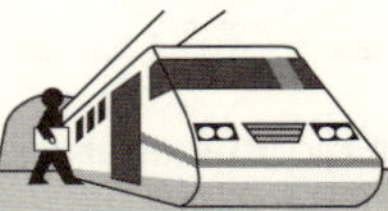

Fragen zur Margenbesteuerung:

1. Als Reisebüro veranstalten wir gelegentlich Gruppenreisen nach London. Wir besorgen Plätze im Touring-Bus, Hotelplätze sowie Veranstaltungstickets und bilden daraus zzgl. Regieaufschlag einen einheitlichen Reisepreis. Müssen wir für sämtliche Eingangsleistungen die Marge versteuern? (StBT 10/98, 7)
2. Ein Yogalehrer hat 1997 zwei Gruppenreisen nach Indien durchgeführt. Sein Steuerberater stellt fest, dass
   - der Reiseveranstalter persönlich Freiplätze in Anspruch genommen hat,
   - die Reisen von einer selbstständig tätigen Dolmetscherin mit Wohnsitz in Deutschland gegen Gewährung von Freiplätzen begleitet wurden,
   - eine Reisende auf den Reisepreis einen Rabatt in Höhe von 50 % erhielt.

   Wie ist die Margenbesteuerung für 1997 durchzuführen? (StBT 4/98, 8)
3. Unser Reisebüro führt Gruppenreisen durch. In 1995 haben wir eine Reise mit einer negativen Marge abgeschlossen und diese mit positiven Margen aus den anderen Gruppenreisen verrechnet. Unser Betriebsprüfer verlangt nun die Nachzahlung der auf den Verrechnungsbetrag entfallenden Umsatzsteuer, da auch Gruppenmargen nur mit ± 0 anzusetzen seien. Ist diese Auffassung zutreffend? (StBT 3/98, 8)
4. Ein Reisebüro fragt, warum die Umsatzsteuer aus einer Bruttomarge statt mit 15 % (bis März 1998) immer mit 13,04 % zu berechnen ist und wie sich die Umsatzsteuerbelastung bei einem Steuersatz von 16 % (ab April 1998) errechnen wird. (StBT 10/97, 4)
5. Der Maschinenbauunternehmer X, der einen Betriebsausflug für seine Belegschaft durch ein Reisebüro organisieren ließ, fragt an, ob es zutrifft, dass dieser Betriebsausflug als Reiseleistung nach § 25 UStG zu besteuern ist. (StBT 8/97, 10)

(Alle Anfragen entnommen aus: „SteuerBrief Touristik", Leserforum; IWW Verlag Nordkirchen)

10.3.4.1 Inhalt und Besonderheiten der Besteuerungsform

10.3.4.1.1 Voraussetzungen für die Annahme von Reiseleistungen

Die ab 1. 1. 1980 gültige Sonderbesteuerungsform des § 25 UStG (lex speciales) ist anzuwenden, wenn

- Reiseleistungen
- im eigenen Namen
- unter Inanspruchnahme von Reisevorleistungen
- an Nichtunternehmer (Endabnehmer)

erbracht werden. Sämtliche vier Voraussetzungen müssen kumulativ erfüllt sein, um Reiseveranstaltungsleistungen im Sinne von § 25 UStG annehmen zu können.

Abb. 10-11: Voraussetzungen für die Margenbesteuerung

Typische Fallgestaltung ist die „Pauschalreise", die als Paketleistung oder „einheitliche sonstige Leistung" definiert ist.

Reiseleistungen sind alle Leistungen, die der Durchführung einer Reise (zwischen Reiseantritt und Reiseende) dienen, insbesondere

- die Beförderung der Reisenden vom Wohnort zum Urlaubsort und zurück sowie der Transfer im Zielgebiet,
- die Unterkunft während der Reise,
- die Verpflegung der Reisenden,

- die Betreuung der Reisenden, z. B. durch Reiseleiter,
- Veranstaltungen zur Information oder Unterhaltung im Zielgebiet.

Im eigenen Namen werden Reiseleistungen erbracht, wenn der Unternehmer als Vertragspartner der Reisenden auftritt und damit die Verantwortung für die Durchführung der Reise übernimmt.

Reisevorleistungen sind Leistungen Dritter, die den Reisenden unmittelbar zugute kommen.

Nichtunternehmer oder Endabnehmer sind anzunehmen, wenn die Reiseleistung nicht an einen Unternehmer zur unternehmerischen Verwendung abgegeben wird.

Reiseleistungen, die eine der Voraussetzungen nicht erfüllen, unterliegen der Regelbesteuerung (d. h. der Besteuerung nach den allgemeinen Vorschriften des Gesetzes), so insbesondere

- Vermittlungsleistungen, weil diese nicht im eigenen Namen erbracht werden.
- Eigenleistungen (im Sinne von „Leistungen mit eigenen Mitteln"), weil insoweit keine Leistungen von Dritten in Anspruch genommen werden.
- Leistungen an Unternehmer zur unternehmerischen Verwendung, weil insoweit nicht an Endabnehmer abgegeben wird.

10.3.4.1.2 Entgeltlichkeit von Reiseleistungen

Für die Besteuerung von Reiseleistungen ist nicht das vom Reisenden (oder dem Besteller der Reiseleistung) aufgewendete Entgelt, sondern die Differenz zwischen dem Reisepreis und den Reisevorleistungen als Bemessungsgrundlage maßgeblich. Im Einzelfall kann diese Marge ± 0 Euro betragen oder negativ sein. Im Rahmen von Gruppenmargen (für Zielgebiete oder Beförderungsarten) oder von Gesamtmargen (der Bruttogesamtmarge für ein Kalenderjahr) sind negative Einzel- oder Gruppenmargen zu verrechnen.

Im Gegensatz zur Regelbesteuerung (Mehrwertsteuer mit Vorsteuerabzug) stellt die Margenbesteuerung eine Mehrwertsteuer mit Vorumsatzabzug dar. Die Wirkungsweise der Margensteuer ergibt sich aus dem nachstehenden Beispiel (im Anschluss an 10.3.1.3 = Regelbesteuerung).

Reiseerlöse (einschl. Umsatzsteuer)	1.160 Euro
./. Reisevorleistungen (einschl. Umsatzsteuer)	928 Euro
Bruttomarge	232 Euro
./. Umsatzsteuer (13,79 %)	32 Euro
Nettomarge	200 Euro

10.3.4.1.3 Steuerbelastung von Reisepreisen

Der Vergleich der Regelbesteuerung mit der Margenbesteuerung führt zu dem Ergebnis, dass die Steuerbelastung

- für Inlandsleistungen immer gleich ist, weil für Reisevorleistungen und Marge gleiche Steuersätze gelten.
- für Leistungen im Gemeinschaftsgebiet und in Drittländern unterschiedlich ausfällt, weil die Steuersätze der Reisevorleistungen divergieren, ein Vorsteuerabzug unzuläs-

sig ist und Margen aus Reisevorleistungen im Gemeinschaftsgebiet steuerpflichtig und solche im Drittlandsgebiet steuerfrei sind (§ 25 Abs. 2 UStG).

Steuerbelastung einer Spanienreise

Reiseerlös für eine Spanienreise	1.000 Euro	
./. Reisevorleistungen (Hotel in Spanien = 7 %)	800 Euro	
Bruttomarge	200 Euro	
Die Steuerbelastung ergibt sich		
– aus der vollen Steuerpflicht der Marge mit 20 % x 13,79 %		2,75 %
– aus den Reisevorleistungen mit 80 % x 6,54 %		5,23 %
Belastung des Reisepreises:		7,98 %

10.3.4.1.4 Steuerfreiheit von Reiseleistungen

Reiseleistungen sind umsatzsteuerfrei, soweit die zuzurechnenden Reisevorleistungen im Drittlandsgebiet erbracht werden. Werden Reisevorleistungen nur zum Teil im Drittlandsgebiet erbracht, so ist die Reiseleistung nur insoweit steuerfrei, als die Reisevorleistungen im Drittlandsgebiet bewirkt werden.

Während der Leistungsort von Unterkunftsleistungen verhältnismäßig einfach zu bestimmen ist (Hotelbelegenheit im Drittland), gilt für Beförderungsleistungen das Streckenprinzip. Die jeweilige Beförderungsleistung ist daher nach Maßgabe des jeweiligen Streckenanteils auf Drittlands- und Gemeinschaftsstrecken aufzuteilen.

Ein Reiseveranstalter bietet eine Flugpauschalreise ab Düsseldorf in die USA an.

Die Reiseleistung (in Gestalt der Marge) ist insoweit steuerpflichtig, als die Personenbeförderung mit dem Flugzeug (= Reisevorleistung) über Gemeinschaftsgebiet führt.

Erstreckt sich eine Personenbeförderung im Luftverkehr sowohl auf das Drittlandsgebiet als auch auf das Gemeinschaftsgebiet, so kann der Veranstalter eine von der Finanzverwaltung zugelassene Vereinfachungsregelung in Anspruch nehmen:

- Liegt der Zielort der Personenbeförderung im Drittlandsgebiet, gilt die Beförderungsleistung insgesamt als im Drittlandsgebiet erbracht.

Ein Reiseveranstalter bietet eine Flugreise nach Kanada ab Düsseldorf zu einem Pauschalpreis an. Da der Zielort der Reise im Drittlandsgebiet liegt, gilt die Beförderungsleistung insgesamt als im Drittlandsgebiet erbracht.

- Liegt der Zielort der Flugbeförderung im Gemeinschaftsgebiet, so gilt die Beförderungsleistung insgesamt als im Gemeinschaftsgebiet erbracht.

Im Rahmen einer Flugpauschalreise nach Athen bleibt die Tatsache, dass ein Teil des Fluges über Drittländer (oder offenes Meer) verläuft, unbeachtlich. Die Beförderungsleistung gilt insgesamt als im Gemeinschaftsgebiet erbracht. Die auf die Beförderungsleistung entfallende Marge ist damit ebenso steuerpflichtig wie die Marge aus Landleistungen in Griechenland.

- Bei Anwendung der Vereinfachungsregelung sind Hin- und Rückflug als eine Reisevorleistung anzusehen. Der Zielort bestimmt sich nach dem Hinflug. Verwendet ein Reiseveranstalter die Vereinfachungsregelung, muss er diese bei allen von ihm veranstalteten Reisen anwenden.

10.3.4.1.5 Vorsteuerabzug

Soweit die Umsatzbesteuerung für Reiseleistungen nach § 25 UStG durchzuführen ist, dürfen die für Reisevorleistungen gesondert in Rechnung gestellten Umsatzsteuerbeträge nicht als Vorsteuern abgezogen werden. Insoweit ist ein Vorsteuerabzug ausgeschlossen. Dagegen können alle anderen dem Unternehmer in Rechnung gestellten Umsatzsteuerbeträge (z. B. aus Katalogkosten, aus Reisebüroprovisionen sowie aus anderen Verwaltungs- und Vertriebskosten) als Vorsteuern abgezogen werden.

Reiseveranstalter, die ausschließlich oder überwiegend steuerfreie Drittlandsmargen darzustellen haben (z. B. USA-Spezialveranstalter), deklarieren somit regelmäßig Vorsteuerüberhänge.

10.3.4.1.6 Besteuerungssystem von Reiseleistungen

Unter welchen Bedingungen für die Besteuerung von Reiseleistungen die Margen- oder die Regelbesteuerung anzuwenden ist, zeigt das nachfolgende Besteuerungsschema.

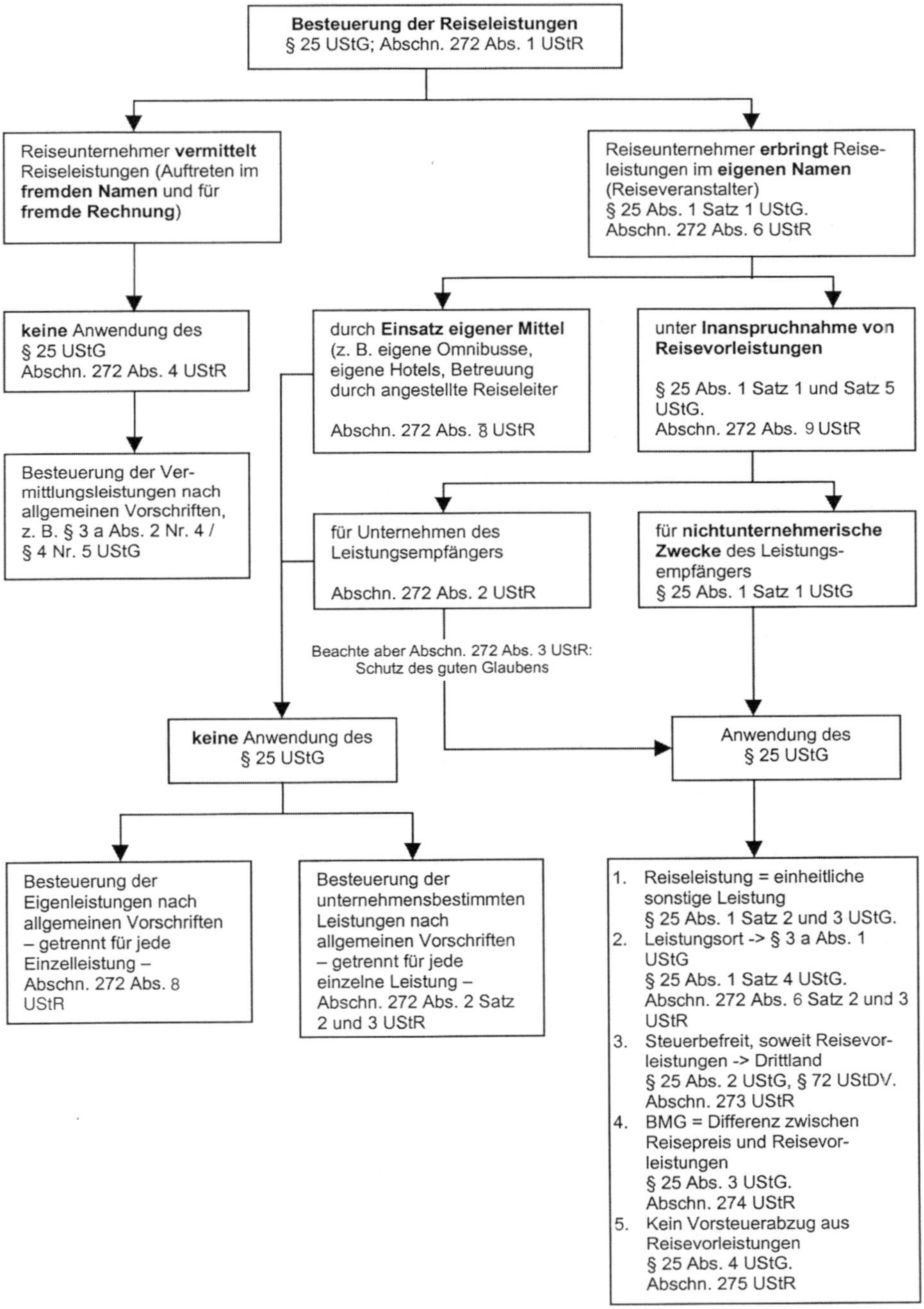
Besteuerung der Reiseleistungen
§ 25 UStG; Abschn. 272 Abs. 1 UStR
Reiseunternehmer **vermittelt** Reiseleistungen (Auftreten im **fremden Namen** und für **fremde Rechnung**)
Reiseunternehmer **erbringt** Reiseleistungen im **eigenen Namen** (Reiseveranstalter) § 25 Abs. 1 Satz 1 UStG. Abschn. 272 Abs. 6 UStR
keine Anwendung des § 25 UStG Abschn. 272 Abs. 4 UStR
durch **Einsatz eigener Mittel** (z. B. eigene Omnibusse, eigene Hotels, Betreuung durch angestellte Reiseleiter
Abschn. 272 Abs. 8 UStR
unter **Inanspruchnahme von Reisevorleistungen**
§ 25 Abs. 1 Satz 1 und Satz 5 UStG. Abschn. 272 Abs. 9 UStR
Besteuerung der Vermittlungsleistungen nach allgemeinen Vorschriften, z. B. § 3 a Abs. 2 Nr. 4 / § 4 Nr. 5 UStG
für Unternehmen des Leistungsempfängers
Abschn. 272 Abs. 2 UStR
für **nichtunternehmerische Zwecke** des Leistungsempfängers § 25 Abs. 1 Satz 1 UStG
Beachte aber Abschn. 272 Abs. 3 UStR: Schutz des guten Glaubens
keine Anwendung des § 25 UStG
Anwendung des § 25 UStG
Besteuerung der Eigenleistungen nach allgemeinen Vorschriften – getrennt für jede Einzelleistung – Abschn. 272 Abs. 8 UStR
Besteuerung der unternehmensbestimmten Leistungen nach allgemeinen Vorschriften – getrennt für jede einzelne Leistung – Abschn. 272 Abs. 2 Satz 2 und 3 UStR
1. Reiseleistung = einheitliche sonstige Leistung § 25 Abs. 1 Satz 2 und 3 UStG.
2. Leistungsort -> § 3 a Abs. 1 UStG § 25 Abs. 1 Satz 4 UStG. Abschn. 272 Abs. 6 Satz 2 und 3 UStR
3. Steuerbefreit, soweit Reisevorleistungen -> Drittland § 25 Abs. 2 UStG, § 72 UStDV. Abschn. 273 UStR
4. BMG = Differenz zwischen Reisepreis und Reisevorleistungen § 25 Abs. 3 UStG. Abschn. 274 UStR
5. Kein Vorsteuerabzug aus Reisevorleistungen § 25 Abs. 4 UStG. Abschn. 275 UStR

10.3.4.2 Geregelte und offene Zweifelsfragen der Besteuerung

10.3.4.2.1 Abgrenzung von Veranstaltungs- und Vermittlungsleistungen

Die in den Tz. 10.3.3.2. und 10.3.3.3 geschilderten Besonderheiten der Wertschöpfungskette in der Tourismuswirtschaft, so insbesondere der Direktverkauf von Reiseleistungen durch die Produzenten und der Vertrieb über Reisevermittler, ist ein wesentliches Merkmal für die Kompliziertheit der Umsatzbesteuerung. Hinzu kommen die Schwierigkeiten bei der Eingliederung der Sonderbesteuerungsform für Reiseveranstalter in ein historisch gewachsenes Mehrwertsteuersystem und die bestehenden Unzulänglichkeiten im Rahmen der Harmonisierung der Besteuerungssysteme in der Gemeinschaft.

Dabei liegen die Hauptprobleme darin, dass die national wie international unterschiedlichen Anwendungssysteme eine Subsumtion nach Maßgabe des einzelnen Sachverhaltes erfordern. Bevor z. B. nach den Vorschriften über den jeweiligen Leistungsort (§§ 3 a und b UStG) Aussagen möglich sind

- zur Steuerbarkeit von einzelnen Reiseleistungen oder von Reiseveranstaltungsleistungen,
- zur Steuerpflicht der (anteiligen) Marge aus Reisevorleistungen und
- zur Steuerbarkeit von Reisevermittlungsleistungen (§ 3 a Abs. 2 Nr. 4 UStG),

ist zunächst zu prüfen, ob Veranstaltungs- oder Vermittlungsleistungen vorliegen.

Während der Reiseveranstalter die von ihm konzipierten Reisen im eigenen Namen anbietet, tritt der Vermittler regelmäßig im fremden Namen und für fremde Rechnung auf. Maßgeblich ist der „Gesamteindruck des Reisenden" (oder der objektive Empfängerhorizont) mit der Feststellung, wer sich gegenüber den Reisenden zur Erbringung der Reiseleistungen verpflichtet.

Regelmäßig ist dies zwar der Leistungsträger (wenn das Reisebüro Einzelleistungen für diesen vermittelt) oder der Reiseveranstalter (der katalogmäßig vorfabrizierte Reiseleistungen anbietet). In einer Vielzahl von Fallgestaltungen, so z. B. bei Gruppen- oder Sonderreisen, tritt allerdings das Reisebüro selbst als Reiseveranstalter auf. In diesen Fällen werden aus durchlaufenden Posten (bei Inkassovollmacht für vermittelte Leistungen) Reisevorleistungen, die das Reisebüro für eigene Veranstaltungsleistungen in Anspruch nimmt.

Das Zivilrecht des § 651 a f. BGB gibt zwar die Grundlage für die Unterscheidung von Veranstaltungs- und Vermittlungsleistungen, kommt aber wegen der unterschiedlichen Intentionen (Verbraucherschutz versus fiskalische Betrachtungsweise) häufig zu abweichenden Ergebnissen.

Ein Kunde möchte eine USA-Rundreise, bestehend aus Flugbeförderung, Hotelvoucher und Mietwagen, vom Reisebüro zusammengestellt haben. Je nach Absprache kann das Reisebüro

- die einzelnen Leistungen zuzüglich eines eigenen Regieaufschlages oder
- eine Gesamtleistung „USA-Rundreise" (für z. B. 5.000,00 Euro je Pax)

darstellen und fakturieren.

Im ersten Fall kommen Zivil- und Steuerrecht übereinstimmend zu dem Ergebnis, dass mehrere Vermittlungsleistungen vorliegen. Im zweiten Fall wird das Reisebüro zivilrechtlich regelmäßig Vermittler bleiben, weil das Produkt nicht vorgefertigt bereitstand und somit vom Reisenden selbst gebündelt wird. Steuerlich ist dagegen eine Veranstaltungsleistung anzunehmen, weil der Verkauf im eigenen Namen und für eigene Rechnung erfolgte.

10.3.4.2.2 Bedeutung von Haupt- und Nebenleistungen

Neben der Bestimmung des Leistungsortes ist die Definition des Leistungsinhaltes wesentliche Voraussetzung für die umsatzsteuerliche Zuordnung von Reiseleistungen. Wiederum unterscheiden sich die zivilrechtliche und umsatzsteuerliche Einordnung von Leistungen, weil die Grundlagen der Beurteilung unterschiedlich ausgeprägt sind.

So gilt das Angebot einer Kreuzfahrt zivilrechtlich als Reiseveranstaltung, weil mit der Unterkunft und Verpflegung an Bord „nicht unerhebliche Leistungen" im einheitlichen Reisepreis erfasst werden. Umsatzsteuerlich gelten die Unterkunfts- und Verpflegungsleistungen an Bord dagegen als Nebenleistungen der Schiffsbeförderung, weil diese (ähnlich wie die Bordverpflegung in Flugzeugen) erforderlich sind, um die Beförderungsleistung mit dem Seeschiff erbringen zu können. Als Folge dieser Beurteilung

- bietet der Reiseveranstalter keine Pauschalreise, sondern eine Beförderungsleistung im eigenen Namen an, wenn er Kreuzfahrtleistungen katalogmäßig weitergibt,
- vermittelt ein Reisebüro eine Beförderungsleistung, wenn es die Kreuzfahrt als Einzelleistung für den Reeder anbietet.

Reiseveranstalter und Reisebüros sind dagegen mit Veranstaltungsleistungen zu besteuern, wenn die Anreise mit dem Flugzeug nach Genua (Beginn der Kreuzfahrt) in einem einheitlichen Reisepreis gebündelt wird. Vermittlungsleistungen werden demgegenüber erbracht, wenn die Anreise mit der Bahn (Regelbeförderung) erfolgt und diese Transferleistung für den Reisenden (durch Fakturierung oder Verwendung eines Bahntickets) ersichtlich wird.

10.3.4.2.3 Abgrenzung von Eigenleistungen und Reisevorleistungen

Im Rahmen der Subsumtion stellt auch die „Ausgliederung von Eigenleistungen" aus der Margenbesteuerung für Reiseveranstaltungsleistungen eine schwierige Fragestellung dar. Da nur Leistungen von Dritten zur Annahme von Reisevorleistungen und damit zur Margenbesteuerung führen, sind nachfolgende „Leistungen mit eigenen Mitteln" der Regelbesteuerung zu unterwerfen:

- Beförderungsmittel, die unter Verantwortung des Veranstalters für die Beförderungsleistung zum Einsatz kommen (z. B. Busanmietung),
- Unterkunfts- und Verpflegungsleistungen in einem vom Reiseveranstalter bewirtschafteten Hotel,
- Reisebetreuungsleistungen durch Einsatz angestellter Mitarbeiter als Reiseleiter oder Animateure.

Die Ausgliederung selbst hat so zu erfolgen, dass das einheitliche Gesamtentgelt für die Reise nach Maßgabe der Kosten für Eigen- und Fremdleistungen aufzuteilen ist (siehe hierzu das Beispiel unter 10.4.2.2).

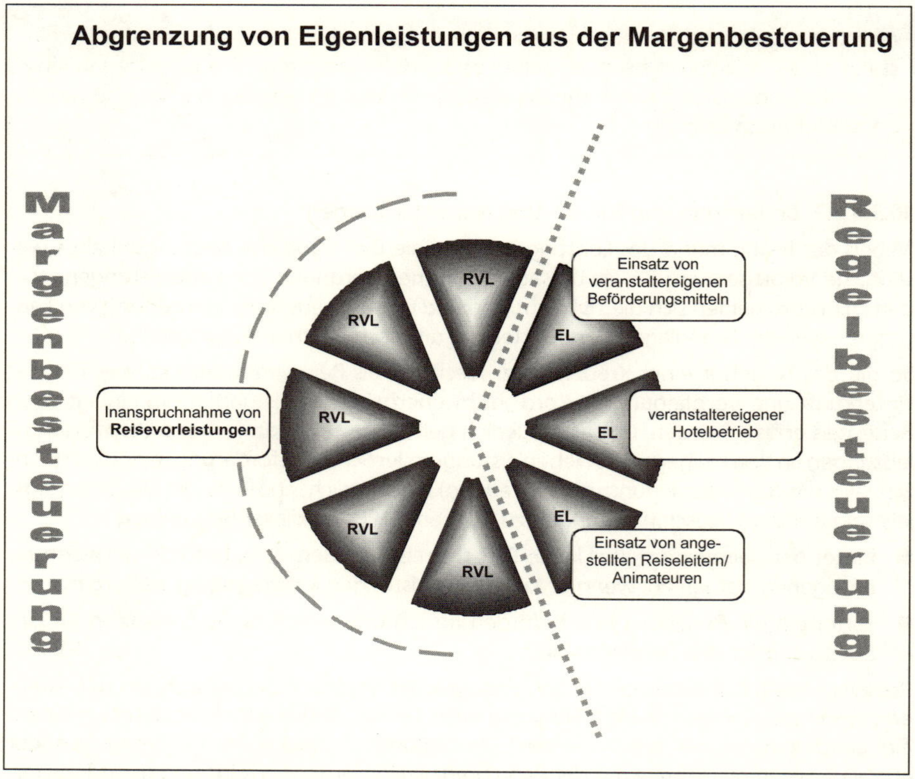

Abb. 10-12: Abgrenzung von Eigenleistungen aus der Margenbesteuerung

10.3.4.2.4 Beratungsergebnisse der Bund- /Länder-Arbeitsgruppe „Reiseleistungen"

In den Jahren 1994–1998 wurden insgesamt zwanzig offene Besteuerungsfragen der Reiseindustrie in einer Arbeitsgruppe des BMF beraten und in zwei BMF-Schreiben bekannt gegeben.

BMF vom 27. 11. 1997 – Umsatzsteuer beim Handel mit Flugtickets

Nach dieser „Vereinfachungsregelung" soll der Einzelverkauf von Linien- und Charterflugtickets durch Consolidators und Reisebüros immer als steuerfreie Vermittlungsleistung nach § 4 Nr. 5 b UStG zu behandeln sein, und zwar ohne Rücksicht darauf, ob eine „Provision" (mit Bruttoabrechnung der Fluggesellschaft) oder ein „Regieaufschlag" (beim Einkauf von Nettopreistickets) dargestellt wird. Auch der Regieaufschlag (im Regelfall: Handeln für eigene Rechnung) schließt hiernach die Annahme eines Vermittlungsentgeltes nicht aus.

BMF vom 7. 4. 1998 – IV C 3 – S 74 19 – 9/98, UR 1998, 245

Untergliedert nach neun Hauptthemen wurden die folgenden Ergebnisse dargestellt, die teilweise von der derzeitig gültigen Fassung der UStR abweichen:

1. Anzahlungen auf Reiseleistungen

Diese können bei gemischten Reiseleistungen mit Schätzwerten und bei Reiseleistungen im Sinne von § 25 UStG mit einer „Anzahlungsmarge" der Besteuerung zugeführt werden.

2. Reiserücktrittskostenversicherungen

Diese teilen das Schicksal der Reiseleistung, wenn sie obligatorisch im Reisepreis gebündelt werden. Steuerfreie Vermittlungsentgelte sind anzunehmen, wenn das Entgelt neben der Reiseleistung (fakultativ) berechnet wird.

3. Sachzuwendungen an Arbeitnehmer

Nach „Sinn und Zweck der Vorschrift des § 25 UStG" sollen die Kosten des Arbeitgebers als „Ersatzerlöse" angesetzt werden, so dass sich regelmäßig keine Marge ergibt.

4. Vergütung an Zielgebietsagenturen (Handling fee)

Für die Betreuung der Reisenden im jeweiligen Zielgebiet nehmen Reiseveranstalter Serviceleistungen von selbständigen Zielgebietsagenturen in Anspruch, so u. a. die Organisation des Hoteltransfers, Ausflüge und Besichtigungsreisen. Daneben werden auch Verwaltungsarbeiten oder Einkaufsleistungen für Reiseveranstalter erbracht.

Die Leistung der Zielgebietsagenturen, die mit einer einheitlichen Handling fee vergütet wird, ist in vollem Umfang als Reisevorleistung anzusehen, weil diese den Reisenden unmittelbar zugute kommt. Da das Schwergewicht der Leistungen bei der Betreuung liegt, sind im Zusammenhang damit ausgeführte Verwaltungsarbeiten als unselbständige Nebenleistungen anzusehen.

Hier führt die Annahme von Nebenleistungen somit zu dem Ergebnis, dass die Leistungen typisierend und nicht differenziert zu beurteilen sind.

5. Drittlandsleistungen im Zusammenhang mit Reiseleistungen

Die Bestimmung des Leistungsortes für Reisevorleistungen entscheidet darüber, ob die anteilige Marge (für Leistungen im Gemeinschaftsgebiet) steuerpflichtig oder (für Leistungen in Drittlandsgebieten) steuerfrei ist. Maßgeblich sind die Vorschriften der §§ 3 a und b UStG. Das BMF-Schreiben hat folgende Fallgestaltungen exemplarisch geprüft.

5.1 Einkauf von Veranstaltungsleistungen im Drittland

Sofern Reiseveranstalter gebündelte Leistungen einkaufen, die Bündelung ganz oder teilweise nicht selbst durchführen, soll nach Meinung des BMF ein „Kettengeschäft" auf der Vorstufe anzunehmen sein.

Bsp.

Ein deutscher Reiseveranstalter erwirbt eine gebündelte Landleistung in Portugal von einem in der Schweiz ansässigen Paketveranstalter und bietet diese unter Hinzufügung der Flugleistung Deutschland – Portugal an.

Maßgeblich soll sein, wo die einzelnen Leistungen des Paketveranstalters tatsächlich ausgeführt werden. Wenn sämtliche Vorleistungen in Portugal erbracht werden, soll die anteilige Marge unabhängig vom Unternehmensort des Paketveranstalters steuerpflichtig sein.

Gegen die Rechtsauffassung des BMF spricht die Tatsache, dass der Paketveranstalter und nicht der Reiseveranstalter die einzelnen Landleistungen als Reisevorleistungen in Anspruch nimmt und dass das Institut des Kettengeschäftes nur in Deutschland existiert, dagegen nicht in der Schweiz oder in anderen Gemeinschaftsstaaten.

5.2 Serviceleistungen durch Drittlandsunternehmer

Wenn der im Drittland ansässige Unternehmer Reisebetreuungsleistungen durch angestellte Reiseleiter für den deutschen Veranstalter erbringt, ergibt sich eine andere Rechtslage. Die Betreuungsleistungen werden nach § 3 a Abs. 1 UStG am Unternehmensort des Serviceunternehmers, also im Drittland bewirkt. Die anteilige Marge des deutschen Veranstalters bleibt steuerfrei.

5.3 Vertrieb von im Drittland produzierten Reisen

Wenn ein im Drittland ansässiger Reiseveranstalter die von ihm produzierten Reisen über eigene Betriebsstätten im Inland anbietet, ist auf den Schwerpunkt der erbrachten Leistungen abzustellen. Dieser liegt nach Auffassung des BMF beim Vertrieb und nicht bei der Produktion. Die Reiseleistung ist daher am Ort der Betriebsstätte im Inland steuerbar.

6. Abgrenzung von Eigenleistungen zu Reisevorleistungen

6.1 Beim Vertrieb von Ferienhäusern und -wohnungen kommt es darauf an, ob die jeweiligen Leistungsträger (Besitzer, Schlüsselhalter, Agenturen) im Zielgebiet gegenüber den Reisenden tatsächlich tätig werden. Wenn dagegen der Reiseveranstalter die Abwicklung vor Ort selbst oder durch eigene Mitarbeiter betreibt, sind keine Reisevorleistungen, sondern Eigenleistungen des Veranstalters anzunehmen, die der Regelbesteuerung unterliegen.

6.2 Aus der Übernahme von Kontingenten (im Charterflugverkehr oder in Hotelbetrieben) folgt regelmäßig nicht, dass Eigenleistungen statt Reisevorleistungen anzunehmen sind. Somit sind auch die Aufwendungen für nicht ausgenutzte Kontingente als Reisevorleistungen zu behandeln.

Nur wenn der Veranstalter sowohl die Weisungsbefugnis als auch die Verantwortung für den Einsatz des Beförderungsmittels (Flugzeug, Omnibus) trägt, können Eigenleistungen vorliegen, deren Leistungsort im Rahmen der Regelbesteuerung zu bestimmen ist.

7. Reiseleitereinsatz

7.1 Betreuungsleistungen durch angestellte Reiseleiter unterliegen als „Leistungen mit eigenen Mitteln" nicht der Margenbesteuerung. Für die Ausgliederung mit der Kostenrelation zu den gesamten Eingangskosten sind – ebenso wie bei den Leistungen einer Zielgebietsagentur – anteilige Verwaltungstätigkeiten der Reiseleiter nicht zu kürzen.

7.2 Im Rahmen von Kettengeschäften (Unternehmer A gibt Pauschalreisen an Unternehmer B. Dieser ist mit dem Verkauf an Endabnehmer Reiseveranstalter) gilt nur der Einsatz eigener Reiseleiter durch B als Eigenleistung. Ist die Reiseleitung durch Mitarbeiter von A im Abgabepreis abgegolten, liegen für B Reisevorleistungen (mit der Folge der Margenbesteuerung) vor.

7.3 Wenn, z. B. im Rahmen von „Gruppen- und Sonderreisen", der Reisebüroinhaber selbst die Reiseleitung übernimmt, liegen ebenfalls Eigenleistungen vor. Für die Ausgliederung aus dem Gesamtentgelt der Reisen sind die tatsächlichen Kosten ohne kalkulatorischen Unternehmerlohn anzusetzen.

8. Zusammentreffen von Vermittlungsleistungen und Reiseleistungen

In der Regel erbringen Reisebüros Vermittlungsleistungen. Sowohl aus der Bündelung von Leistungen als auch aus eigener Preisgestaltung kann jedoch folgen, dass das Reisebüro Veranstaltungsleistungen zu besteuern hat.

In der Folge davon ist der Vorsteuerabzug eingeschränkt und sind Margen aus Leistungen im Gemeinschaftsgebiet steuerpflichtig.

Andererseits kann ein Reisebüro aber auch mehrere Vermittlungsleistungen nebeneinander erbringen, wenn diese einzeln unter Hinweis auf den jeweiligen Leistungsträger angeboten und fakturiert werden.

9. Stornogebühren/Umbuchungs- und Änderungsgebühren

Während die anlässlich eines Rücktritts vom Reisevertrag zu entrichtenden Stornogebühren als Schadensersatz nicht zu steuerbaren Entgelten des Reiseveranstalters führen, sollen Umbuchungs- und Änderungsgebühren das Entgelt für die Reiseleistung erhöhen und damit deren Schicksal teilen.

Auch in diesem Fall ist die Rechtsauffassung des BMF nicht überzeugend, weil Umbuchungsgebühren ebenso wie Stornogebühren Anbahnungsaufwand des Veranstalters abgelten und aus einem stornierten Reisevertrag entstehen.

10.3.4.2.5 Fazit

Zum Ergebnis des Abstimmungsprozesses mit der Finanzverwaltung ist festzustellen, dass zwar einige Probleme gelöst, andere aber neu entstanden sind, die gravierende Rechtsunsicherheit bei der Anwendung der gesetzlichen Vorschriften aber verblieben ist. Die Kompliziertheit der nationalen Besteuerung hat ein Szenario geschaffen, das sich partiell einer „Zufallsbesteuerung" annähert. Von Gleichmäßigkeit der Besteuerung kann jedenfalls keine Rede sein.

10.3.5 Regelbesteuerung von Reiseleistungen

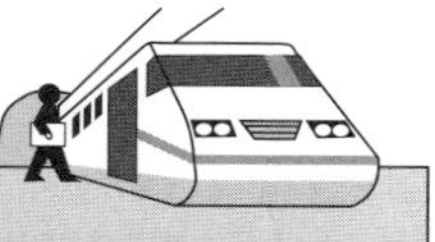

Fragen zur Regelbesteuerung:

1. Als Reiseveranstalter bieten wir Pauschalreisen nach Ägypten inklusive Tauchlehrgängen an. Die Lehrgänge werden von einem Hotel durchgeführt, das auch den Tauchlehrer stellt. Wir bezahlen die Tauchlehrgänge neben der Hotelunterbringung mit einem Pauschalpreis pro Pax. Als Besonderheit haben wir die gesamte Tauchausrüstung dem Hotel zur Verfügung gestellt, um sicher zu sein, dass für die Tauchlehrgänge modernes Gerät vorhanden ist. Ein in unserer Firma tätiger Umsatzsteuerprüfer möchte die „Gestellung der Tauchausrüstung" als Eigenleistung aus der Margenbesteuerung ausnehmen und in Höhe der anteiligen Erlöse mit 16 v.H. der Umsatzsteuer unterwerfen. Ist diese Vorstellung des Prüfers richtig? (StBT 2/99, 6)
2. Als Incoming-Veranstalter organisieren wir Rundreisen in Deutschland und in EU-Staaten für russische und chinesische Staatsangehörige. Während die Reisen für Russen im Wege von Kettengeschäften an einen Reiseveranstalter mit Sitz in Moskau fakturiert werden, existiert in China eine Betriebsstätte unseres Unternehmens, welche die von uns produzierten Reisen vertreibt. Wie sind die beiden Vorgänge umsatzsteuerlich zu beurteilen? (StBT 12/98, 5)
3. Als Reisebüro mit Unternehmenssitz in Wien haben wir Probleme mit der Besteuerung von Entgelten, die wir von Carriern oder Reiseveranstaltern in Deutschland für Vermittlungsleistungen erhalten. Kann unser Auftraggeber im Firmengeschäft die Vergütung für deutsche Umsatzsteuer beantragen, die für Inlandsflugtickets in Deutschland fällig wird? (StBT 11/98, 9)
4. Unser Reisebüro organisiert im Auftrag einer deutschen Firma eine Außendiensttagung in Stockholm. Die Reiseleistungen umfassen Flug, Hotel, Rahmenprogramm, Reiseleitung durch unsere Reiseleiter, Organisation. Wie ist diese Reise umsatzsteuerlich abzurechnen, wenn wir nur den Gesamtpreis (Reiseleistungen zzgl. Regieaufschlag) fakturieren? (StBT 8/98, 4)

(Alle Anfragen entnommen aus: „SteuerBrief Touristik", Leserforum; IWW Verlag Nordkirchen)

10.3.5.1 Regelbesteuerung der Leistungsträger

Soweit Leistungsträger ihre Leistungen einzeln, also nicht in gebündelter Form, zur Verfügung stellen, unterliegen sie der Regelbesteuerung. Hinsichtlich der Steuerbarkeit nach Maßgabe des Leistungsortes ist dabei wie folgt zu unterscheiden:

Hotelbetriebe sind nach Maßgabe des Belegenheitsprinzips steuerbar, wenn das Hotel im Inland belegen ist. Gleiches besitzt Gültigkeit für Hotelketten, weil das einzelne Hotel regelmäßig als Betriebsstätte gilt.

Für Verpflegungsleistungen der Hotelrestauration gilt

- die Einnahme des Frühstücks regelmäßig als Nebenleistung der Hotelunterkunft,
- die Verabreichung von weiteren Mahlzeiten (ggf. in der Form von Halb- oder Vollpension) als Dienstleistung, deren Leistungsort nach § 3 a Abs. 1 UStG (Unternehmensort oder Betriebsstätte) zu bestimmen ist.

Für Personenbeförderungsleistungen (mit Bus, Bahn, Flugzeugen, Binnenschiffen) gilt prinzipiell das Streckenprinzip. Erstreckt sich eine Personenbeförderung nicht nur auf das Inland, so fällt (nach Streckenanteilen) nur der Teil der Leistung unter das deutsche UStG, der auf das Inland entfällt. Grenzüberschreitende Beförderungen sind somit in einen steuerbaren und einen nicht steuerbaren Leistungsteil aufzugliedern.

Diese Aufteilung unterbleibt jedoch bei grenzüberschreitender Beförderung mit kurzen inländischen oder ausländischen Beförderungsstrecken, wenn diese Beförderungen insgesamt als steuerbar oder als nicht steuerbar zu behandeln sind.

Entsprechend § 26 Abs. 3 UStG wird die Umsatzsteuer für grenzüberschreitende Beförderungen im Luftverkehr nicht erhoben, wenn diese

- von einem ausländischen Flughafen zu einem Flughafen im Inland oder umgekehrt oder
- von einem ausländischen zu einem ausländischen Flughafen über das Inland verläuft.

10.3.5.2 Regelbesteuerung der Reiseveranstalter

Unabhängig davon, dass Reiseveranstalter regelmäßig Paketleistungen (oder Pauschalreisen) anbieten, die insoweit der Margenbesteuerung unterliegen, als Reisevorleistungen eingesetzt werden, sind Vermittlungsleistungen und „Leistungen mit eigenen Mitteln" (Eigenleistungen im engeren Sinne) aus der Margenbesteuerung auszugliedern.

Diese Leistungen sind nach den Grundsätzen der Regelbesteuerung zu erfassen. Gleiches gilt für Reiseleistungen, die an Unternehmer zur unternehmerischen Verwendung abgegeben werden (siehe hierzu 10.3.4.1.5).

10.3.5.2.1 Vermittlungs- und Eigenleistungen

Die Ausgliederung und damit die Aufteilung eines einheitlichen Gesamtentgeltes für eine Reiseleistung hat nach der Relation der Kosten für Vermittlungs- und/oder Eigenleistungen einschließlich Umsatzsteuer zu den gesamten Eingangskosten einschließlich Umsatzsteuer zu erfolgen.

Ein Omnibusveranstalter führt eine Pauschalreise mit eigenem Bus im Inland durch. Die Übernachtung und Verpflegung erfolgt in (fremden) Hotelbetrieben. Die Reise wird von einem Angestellten des Veranstalters als Reiseleiter begleitet.

In diesem Fall ist zunächst das prozentuale Verhältnis der Eigenleistungen zu den Fremdleistungen zu ermitteln (nach den Eingangskosten einschließlich Umsatzsteuer) und danach die Bemessungsgrundlage für die Margenbesteuerung nach Maßgabe der eingesetzten Reisevorleistungen.

I.	**Eigenleistungen:**			
	Beförderung mit eigenem Bus		4.000 Euro	einschl. USt
	Reiseleitung		1.000 Euro	einschl. USt
	Summe	20 %	5.000 Euro	
	Reisevorleistungen:			
	Unterkunft und Verpflegung	80 %	20.000 Euro	einschl. USt
	Summe der Eingangsleistungen		25.000 Euro	
II.	**Reisepreis:**		30.000 Euro	einschl. USt
	./. Eigenleistungen	20 %	6.000 Euro	einschl. USt
			24.000 Euro	
	./. Reisevorleistungen		20.000 Euro	
Bruttomarge			4.000 Euro	

Diese Marge ist voll steuerpflichtig, weil sämtliche Reisevorleistungen im Inland erbracht wurden.

Margensteuer:	13,79 % von 4.000 Euro	551,60 Euro

III. Steuerlast:

Umsatzsteuer aus Eigenleistungen		
	13,79 % von 6.000 Euro	827,40 Euro
Umsatzsteuer aus Reiseleistungen		551,60 Euro
		1.379,00 Euro

Die Vorsteuer aus Reisevorleistungen ist nicht absetzbar. Dagegen kann die auf Eigenleistungen entfallende Vorsteuer ebenso abgesetzt werden wie Vorsteuern aus Verwaltungs- und Vertriebskosten.

10.3.5.2.2 Leistungen an Unternehmer zur unternehmerischen Verwendung

Soweit Reiseleistungen für das Unternehmen des Leistungsempfängers bestimmt sind, liegen die Voraussetzungen des § 25 UStG nicht vor und bleibt die Regelbesteuerung maßgeblich. Anwendungsfälle ergeben sich insbesondere bei Kettengeschäften, Incentive-Reisen und Dienst- bzw. Geschäftsreisen.

Statt der Margenbesteuerung (ohne Vorsteuerabzug aus den Reisevorleistungen) ist die Regelbesteuerung (Besteuerung des Ausgangsumsatzes abzüglich Vorsteuer aus Eingangsleistungen) anzuwenden.

10.3.5.2.3 Bestimmung des Leistungsortes im Rahmen der Regelbesteuerung

Die Steuerbarkeit von Reiseleistungen ist in Fällen der Regelbesteuerung nach folgenden Vorschriften zu bestimmen:

- § 3 b Abs. 1 UStG (Streckenprinzip) — für Personenbeförderungsleistungen. Für Leistungen im grenzüberschreitenden Luftverkehr ist die auf inländische Streckenanteile entfallende Umsatzsteuer nach § 26 Abs. 3 UStG (Nullsatz) nicht zu erheben.
- § 3 a Abs. 2 Nr. 1 Buchst. a UStG (Belegenheitsprinzip) — für Beherbergungsleistungen (Hotels, Ferienwohnungen, Ferienhäuser)
- § 3 a Abs. 1 UStG (Sitzortprinzip) — für Verpflegungsleistungen und Betreuungsleistungen mit angestellten Reiseleitern.

Im Ergebnis sind damit alle Leistungen steuerbar, die im Inland erbracht werden. Leistungen im Gemeinschaftsgebiet sind nach den Besteuerungsvorschriften des jeweiligen EU-Staates zu besteuern.

10.3.5.3 Die Regelbesteuerung der Reisemittler

Soweit das Reisebüro als Vermittler tätig ist, handelt es gegenüber seinen Kunden nicht im eigenen Namen und für eigene Rechnung, sondern es vermittelt den Kunden Leistungen fremder Leistungsträger oder Reiseveranstalter. Reisebüros unterliegen insoweit der Regelbesteuerung, allerdings mit einer Bemessungsgrundlage, die auf gewährte Provisionen oder eigene Regieaufschläge beschränkt ist.

Ein Vorsteuerabzug aus Verwaltungs- und Vertriebskosten ist regelmäßig zulässig. Die Einschränkung für Provisionen, die nach § 4 Nr. 11 UStG (Versicherungsvermittlung) steuerfrei gestellt sind, bleibt nach dem Prinzip der direkten Zuordnung ohne Folgen, weil insoweit keine vorsteuerbelasteten Kosten anfallen.

Vermittlungsleistungen werden seit einer Gesetzesänderung zum 1. 1. 1993 grundsätzlich dort erbracht, wo der vermittelte Umsatz ausgeführt wird, und nicht mehr an dem Ort, von dem aus der Vermittler sein Unternehmen betreibt. Damit sind viele Vermittlungsleistungen in Deutschland nicht mehr steuerbar:

- Die Vermittlung von Pauschalreisen für im Ausland ansässige Reiseveranstalter ist in Deutschland nicht steuerbar. Für Leistungen im Gemeinschaftsgebiet besteht Steuerbarkeit und Steuerpflicht im jeweiligen EU-Staat (Abzugsverfahren, ggf. Null-Regelung).
- Die Vermittlung von Einzelleistungen für Leistungsträger ist im Inland nicht steuerbar, wenn die vermittelte Leistung nach den Grundsätzen der Regelbesteuerung (§§ 3 a und b UStG) nicht im Inland ausgeführt wird.

Steuerbar sind danach im wesentlichen die folgenden Vermittlungsleistungen:

- Die Vermittlung von Pauschalreisen für Reiseveranstalter mit Sitz im Inland.
- Die Vermittlung von Personenbeförderungsleistungen hinsichtlich des inländischen Streckenanteils. Insoweit kommt für die Vermittlung von grenzüberschreitenden Per-

sonenbeförderungen mit Luftfahrzeugen und Seeschiffen die Steuerbefreiung nach § 4 Nr. 5 Buchst. b UStG in Betracht.

- Die Vermittlung von Beherbergungs- und Verpflegungsleistungen im Inland.

10.4 Ausblick

10.4.1. Internationalisierung, Gestaltungsmöglichkeiten, Wettbewerbsunterschiede

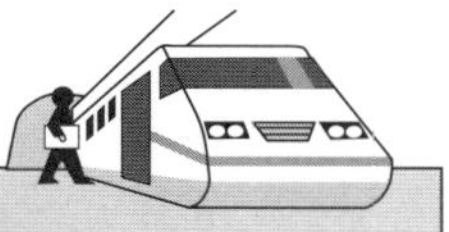

Im Rahmen der EU-Harmonisierung *„bestehen allein 25 unterschiedliche Regelungen zur Ortsbestimmung des Umsatzes, 66 im Rahmen der Übergangsregelung eingeräumte Sonder- und Übergangsvorschriften sowie rund 130 durch den Rat genehmigte Ausnahmeregelungen".*
(Prof. Dr. Dziadkowski, StuW 1997, 147)

Weil die Tourismusindustrie (speziell im Outgoing-Tourismus) Reisen in alle Länder der Erde durchführt, hat sich schon frühzeitig ein internationales Geschäftsgebaren entwickelt. In erster Linie mussten Reiseleistungen in den Zielgebieten eingekauft und die Aufnahme der Reisenden organisiert werden.

Vielfach lohnt es sich für Reiseveranstalter, sich an Zielgebietsagenturen zu beteiligen und Hotelbetriebe oder Clubanlagen selbst zu bewirtschaften. Heute liegen die Prioritäten bei der Sicherung von Beförderungs- und Hotelkapazitäten sowie bei der Einflussnahme auf die Vertriebsmärkte im nationalen wie internationalen Raum.

Diese Internationalisierung des Geschäftsgebarens eröffnet eine Vielzahl von Gestaltungsmöglichkeiten zur Optimierung von Steuerbelastungen. Relativ neu ist dabei die Erkenntnis, dass auch die Umsatzsteuerbelastung der Reisepreise beeinflussbar ist und dass durch Reduzierung dieser Belastung Wettbewerbsvorteile erzielbar sind.

Im Gegensatz zu mittelständischen Reiseunternehmen können z. B. vertikal organisierte Reisekonzerne nicht unerhebliche Steuervorteile erreichen. Was liegt näher, als Reisevorleistungen in Gestalt des Einsatzes von Flugzeugen zu EU-Destinationen durch „Leistungen mit eigenen Mitteln" zu ersetzen, z. B. durch Eingliederung einer Fluggesellschaft in den Konzernverbund. Weil (im Rahmen der Regelbesteuerung solcher Leistungen) die grenzüberschreitende Personenbeförderung mit Flugzeugen dem Nullsatz unterliegt (in Deutschland durch Freistellung nach § 26 Abs. 3 UStG), bleibt der Regieaufschlag auf die eingesetzte Flugleistung unbelastet.

10.4.2 Konsequenzen

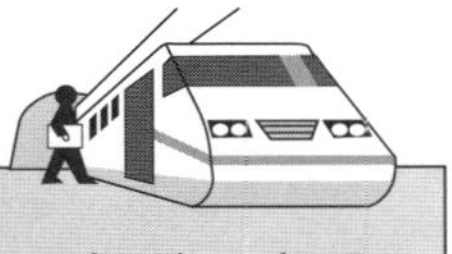

„Der Tourismus kann als eine der wenigen Boombranchen helfen, die Massenarbeitslosigkeit zu senken. Deswegen werden wir alle den Tourismus berührenden Fragen intensiv diskutieren: Wir wollen beispielsweise gleiche Mehrwertsteuersätze für touristische Dienstleistungen innerhalb Europas."
(Ernst Hinsken, Vorsitzender des Tourismusausschusses des Bundestages; Interview in der fvw international Nr. 2 v. 15. 1. 1999)

Wenn festzustellen ist, dass der nationale Gesetzgeber und die deutsche Finanzverwaltung überfordert sind, ein gleichmäßig anwendbares Regelwerk für die Besteuerung touristischer Leistungen darzustellen und anzuwenden, verbleibt lediglich die Hoffnung auf Maßnahmen des Richtliniengebers in Brüssel. Bislang hat dieser allerdings völlig versagt, was die Schaffung gleichartiger Wettbewerbsbedingungen im Rahmen eines einheitlichen Mehrwertsteuersystems anbetrifft. Zudem sind einstimmige Ratsbeschlüsse als Voraussetzung für entsprechende Änderungen der 6. EG-Richtlinie kaum erreichbar.

Diese insbesondere für den Mittelstand in der Touristik bedenkliche Perspektive gewährt zurzeit nur einen Lichtblick:

Wenn – was die EU-Kommission angedacht hat – ein einheitlicher ermäßigter Umsatzsteuersatz für alle touristischen Leistungen durchgesetzt werden könnte, wären fast alle Probleme gelöst. Die europäischen Reiseveranstalter könnten auf die Margenbesteuerung mit allen Konsequenzen verzichten. Die Reisepreise in der europäischen Gemeinschaft würden einer einheitlichen Steuerbelastung unterliegen. Leistungsträger, Reiseveranstalter und Reisebüros wären ohne Rücksicht auf ihre Organisationsform im Wettbewerb um Marktanteile in der Touristik steuerlich gleichgestellt.

Aufgaben

1. Ein Reisebüro ordert bei einem Reiseveranstalter 80 Reisen nach Mallorca, organisiert selbst Besichtigungsrundreisen im Zielgebiet mit Hilfe eines Busunternehmers und berechnet seinen Kunden aus den Einstandspreisen von 800,00 Euro (Reiseveranstalter) und 100,00 Euro (Busunternehmer) eine „Sonderreise" für einen Gesamtpreis von 1.080,00 Euro je Pax. Nach dem Verkauf von 70 Reisen werden die restlichen 10 Reisen als Veranstalterreisen für 800,00 Euro ohne Rundreise vermittelt.

   Wie ist der Marktauftritt des Reisebüros zu beurteilen?
2. Ein Kunde lässt vom Reisebüro seine USA-Rundreise in der Weise organisieren, dass das Reisebüro Flugtickets, Hotelvoucher für zwei Personen und einen Mietwagen im Zielgebiet besorgt. Das Reisebüro rechnet die Leistungen einzeln unter Hinweis auf den jeweiligen Leistungsträger ab.
   a) Wie ist die Tätigkeit des Reisebüros zu beurteilen?
   b) Unter welchen Voraussetzungen könnte das Reisebüro als Reiseveranstalter auftreten?
3. Worin unterscheiden sich Dienst- oder Geschäftsreisen, Fachstudienreisen und Urlaubsreisen, und zwar nach Maßgabe der Veranlassung?
4. Nach welchen Grundsätzen sind geldwerte Vorteile aus verbilligten Urlaubsreisen zu differenzieren?
5. In welchen Fällen können verbilligte Urlaubsreisen unter Einschluss des Rabattfreibetrages bewertet werden?
6. Erläutern Sie, warum ein deutscher Reiseveranstalter regelmäßig die Voraussetzungen für die Steuerbarkeit seiner Umsätze erfüllt.
7. Eine Volkshochschule organisiert einmal jährlich im eigenen Namen Reisen in europäische Länder. Die eingekauften Leistungen bestehen aus Beförderung, Unter-

kunft und Verpflegung der Reiseteilnehmer. Die Reisenden entrichten einen Pauschalpreis, der einen Regieaufschlag für die Kosten der Reiseorganisation einschließt.

Prüfen Sie, ob die Volkshochschule als Unternehmer im Sinne des UStG gilt.

8. Ein Reiseveranstalter bietet eine Studienreise nach Griechenland und in die Türkei an. Die Beförderung erfolgt von Köln nach Athen, von Athen nach Izmir und von Izmir nach Köln mit Charterflügen. Von Athen und Izmir aus werden Besichtigungsrundreisen per Bus zu antiken Stätten ausgeführt. Unterkunft und Verpflegung (Vollpension) in Hotels sowie die Reiseleitung durch eine Angestellte des Veranstalters vervollständigen das Angebot.

   Welche dieser Leistungen sind (bei Anwendung der Zielortregelung) steuerfrei, welche steuerpflichtig? Geben Sie zu jeder Position eine kurze Begründung.

9. Ein Reiseveranstalter führt eine Omnibuspauschalreise von Düsseldorf nach Paris mit 40 Teilnehmern durch. Der Reisepreis beträgt 400,00 Euro pro Person (einschl. Umsatzsteuer), insgesamt also 16.000,00 Euro

   Für Reisevorleistungen fallen folgende Aufwendungen an:

Omnibusbeförderung durch einen fremden Busunternehmer (einschl. deutscher und französischer Umsatzsteuer)	4.000,00 Euro
Unterbringung, Verpflegung, Eintrittsgelder (einschl. französischer Umsatzsteuer)	9.000,00 Euro
Summe der Reisevorleistungen	13.000,00 Euro

   Berechnen Sie die Nettomarge der Reise sowie die anfallende Umsatzsteuer des Reiseveranstalters.

10. Ein deutsches Reisebüro organisiert für einen Kunden eine Irland-Reise. Der Kunde möchte eine Ferienwohnung in Irland anmieten und die Tickets für eine Autofähre besorgt haben.

    Beide Leistungen werden

    a) getrennt fakturiert unter Hinweis auf den jeweiligen Leistungsträger,
    b) in einer Gesamtrechnung einschließlich eines Regieaufschlages als „Irland-Reise" fakturiert.

    Ist das Reisebüro in den Fällen a) und b) als Reisevermittler oder als Reiseveranstalter zu besteuern?

11. Ein Reisebüro vermittelt eine Spanienreise für einen deutschen Reiseveranstalter im Gesamtwert von 8.000,00 Euro.

    a) Welchen Umsatz muss das Reisebüro versteuern, wenn die Provision 10 % beträgt?
    b) Welche Umsatzsteuer hat das Reisebüro an das Finanzamt abzuführen?

12. Unterliegen die folgenden Vermittlungsleistungen dem deutschen Umsatzsteuergesetz? Geben Sie zu jeder Position eine kurze Begründung.

    - Reisebüro A vermittelt eine Pauschalreise in Form einer Bodensee-Rundreise in Deutschland und der Schweiz für einen Reiseveranstalter mit Sitz in Frankreich.
    - Reisebüro B vermittelt einem Kunden Unterkunft mit Halbpension in einem Hotel in Reichenhall.

- Reisebüro C vermittelt einen Mietwagen auf Mallorca. Der Wagen wird von einer spanischen Mietwagenfirma gestellt, die keine Betriebsstätte in Deutschland hat.

13. Ein deutsches Reisebüro vermittelt Ferienhäuser und -wohnungen in Norwegen und Schweden nach dem Katalog eines norwegischen Reiseveranstalters.

    In welchem Land werden die Vermittlungsleistungen erbracht?

14. **Fallgestaltung:**

    Zur Durchführung einer Karibik-Kreuzfahrt ab Miami/USA stehen folgende Leistungsträgerangebote zur Verfügung:

    - Reederei Miami 5.000,00 Euro je Person
    - Flug Düsseldorf–Miami u. zurück 1.500,00 Euro je Person

    a) Reisebüro A vermittelt beide Leistungen durch Hinweis auf die Leistungsträger gegen Provision von 9 v. H.

    b) Reisebüro B bündelt aus beiden Leistungen eine „Sonderreise Karibik" und bietet diese Reiseleistung im eigenen Namen für 7.000,00 Euro je Person an.

    c) Reisebüro C vermittelt die „Sonderreise Karibik" des Reisebüros B gegen eine Provision in Höhe von 10 v. H.

    Wie ist die Tätigkeit der Reisebüros umsatzsteuerlich zu beurteilen, welcher Umsatz ist zu deklarieren, und wie ist dieser zu besteuern?

15. **Fallgestaltung:**

    a) Der Omnisbusveranstalter X beauftragt den Omnibusunternehmer Y, am 15.6.2002 eine Gruppe von 50 Personen von Hamburg nach Goslar und zurück zu transportieren. X organisiert eine Städtereise nach Goslar unter Einschluss von Mittag- und Abendessen in Restaurants sowie Eintrittskarten zu einem Gesamtpreis von 100,00 Euro je Person.

    Wie sind die Leistungen von X und Y umsatzsteuerlich zu beurteilen?

    b) Der Omnibusveranstalter Z erteilt dem Omnibusunternehmer Y den Auftrag, einen Omnibus mit Fahrer zur Verfügung zu stellen. Z organisiert eine Gruppenreise, bestimmt die Reiseroute und trägt die Verantwortung für die Durchführung der Reise.

    Wie sind die Leistungen von Z und Y umsatzsteuerlich zu beurteilen?

    c) Der Omnibusveranstalter „Holiday-Reisen" führt eine Omnibus-Rundreise nach Frankreich/Spanien mit einem eigenen Omnibus und einem Mitarbeiter als Reiseleiter durch. Die Kunden werden mit einem Taxenservice abgeholt und zum Abfahrtsstandort transportiert. Für diese Gruppenreise fallen die folgenden Abrechnungsdaten an:

Reiseerlöse	50 Personen x 400,00		20.000,00 Euro
Kosten der Reise:			
Hotel Frankreich		4.000,00 Euro	
Hotel Spanien		4.000,00 Euro	
Taxenservice Deutschland		1.000,00 Euro	
Omnibuseinsatz (Kosten einschl. Fahrer)		6.500,00 Euro	
Reiseleitung (Kosten)		500,00 Euro	

Streckenanteil Inland	20 %
Streckenanteil Frankreich/Spanien	80 %

Wie ist die Gruppenreise umsatzsteuerlich zu beurteilen, und welche Umsatzsteuer (Margen- und Regelsteuer) fällt an?

16. **Fallgestaltung:**

Der Reiseveranstalter „Städte-Tours" mit Sitz in Kiel bietet eine Wochenend-Städtereise per Flugzeug von Hamburg nach München für 1.000,00 Euro pro Person an. Zur Durchführung der Reisen hat der Veranstalter je 500 Flugtickets zu 400,00 Euro (einschl. 55,16 Euro Umsatzsteuer) und Hotelplätze (Halbpension) zu 484,00 Euro (einschl. 66,74 Euro Umsatzsteuer) eingekauft. 400 Plätze werden zum Normalpreis verkauft. 90 Plätze müssen im Last-Minute-Geschäft für 800,00 Euro abgegeben werden. 10 Plätze können nicht verkauft werden.

Berechnen Sie die Einzelmarge für den Normalverkauf und für den Last-Minute-Verkauf sowie die Gesamtmarge aus allen Reiseleistungen. Welche Umsatzsteuerbelastung fällt für das Produkt insgesamt an?

17. **Fallgestaltung:**

Die unter Fallgestaltung Nr. 16 geschilderte Städtereise wird mit den Zielorten Barcelona und Istanbul durchgeführt. Wie ermittelt sich die Umsatzsteuerbelastung aus der Gesamtmarge und aus den Reisevorleistungen, wenn

- die Hotelleistung in Spanien mit 7 % (= 6,54 %) besteuert wird und
- die Flugtickets ohne Umsatzsteuerbelastung für 400,00 Euro eingekauft werden?

18. **Fallgestaltung:**

Ein Reisebüro vermittelt eine Türkei-Reise aus dem Katalog eines deutschen Reiseveranstalters für zwei Personen und zwei Wochen. Der Kunde möchte den Rückflug aber erst nach drei Wochen antreten und bittet darum, ihm für die dritte Woche ein Hotel im Zielgebiet zu besorgen. Das Reisebüro erhält von den Leistungsträgern folgende Abrechnungen:

Reiseveranstalter	Katalogreise Türkei		
	für zwei Personen		4.000,00 Euro
	./. 10 % Provision	400,00	
	zzgl. USt 16 %	64,00	464,00 Euro
	Belastung		3.536,00 Euro
Hotel Türkei			500,00 Euro
	./. 10 % Provision		50,00 Euro
			450,00 Euro

Das Reisebüro rechnet mit dem Kunden wie folgt ab:

a)	Vermittlung für Reiseveranstalter	4.000,00	
	Vermittlung Hotel Türkei	500,00	4.500,00 Euro
b)	Türkei-Reise		4.600,00 Euro

Welche Umsatzsteuer hat das Reisebüro in den Fällen a) und b) abzuführen?

Welche Umsatzsteuer würde sich im Fall b) ergeben, wenn das Reiseland Griechenland wäre?

11. Leistungsträger des Tourismus – unter besonderer Berücksichtigung der Verkehrsmittel

Eine entscheidende Basis der deutschen Tourismuswirtschaft bilden die touristischen Leistungsträger. Hierzu zählen die Beherbergungs- und Bewirtungsbetriebe, Betriebe des Kur- und Bäderwesens, die Verkehrsunternehmen, die kommunalen Tourismusstellen sowie Reiseveranstalter und Reisemittler. Neben den Leistungsträgern spielen die Destinationen (Tourismusregionen und -orte) selbst mit ihren natürlichen Gegebenheiten (Landschaft, Klima etc.) und ihrer Infrastruktur (Kurpark, Freizeitanlagen etc.) eine wesentliche Rolle *(vgl. Deutscher Tourismus-Bericht, S. 29).* An dieser Stelle gilt es jedoch, die Träger der Personenbeförderung respektive die Verkehrsmittel im Rahmen des Tourismus besonders zu betrachten.

11.1 Das Gastgewerbe (Hotellerie und Gastronomie)

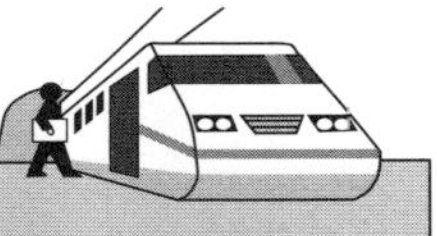

Unternehmen

Betriebsartengruppe	**Anzahl**
Gastgewerbe insgesamt	**247.142**
Hotels, Gasthöfe, Pensionen, Hotels garnis	39.553
Sonstiges Beherbergungsgewerbe	20.146
Beherbergungsgewerbe insgesamt	**59.699**
Restaurants, Cafés, Eisdielen, Imbisshallen	108.677
Sonstiges Gastgewerbe	69.068
Gaststättengewerbe insgesamt	**177.745**
Kantinen und Caterer	9.698

(Aus: http://www.dehoga.de/daten/betriebe.htm; Stand 30. April 2001)

Zum **Beherbergungsgewerbe** zählt neben der klassischen Hotellerie (Hotel, Hotel garni, Pension, Gasthöfe) und den speziellen Beherbergungsbetrieben (Motel, Aparthotel, Kurhotel, Kurheim, Feriendorf) auch der Bereich der **Parahotellerie,** die so genannte „zusätzliche oder ergänzende" Hotellerie. Sie umfasst vor allem Privatappartements, Ferienwohnungen, Privatzimmer, Camping, Caravaning, Jugendherbergen, Bauernhöfe und Kollektivunterkünfte, insbesondere Ferien- und Vereinsheime. Betriebe der Parahotellerie werden oft als Nebenerwerbsbetriebe geführt.

Die Struktur des Gastgewerbes bleibt weiterhin von mittelständischen, meist von der Inhaberfamilie geführten Betrieben maßgeblich geprägt – trotz des Vordringens von Kettenunternehmen und der als Reaktion darauf sich vor allem im Hotelbereich ausbreitenden Tendenz zur Kooperationsbildung. Diese machen z. B. im Bereich der vier klassischen Beherbergungstypen Hotel, Hotel garni, Gasthof und Pension ca. 95 % aller Betriebe aus *(vgl. Deutscher Tourismus-Bericht, S. 33).*

Innenfinanzierungsschwäche und ungenügende Eigenkapitalausstattung machen dem Gastgewerbe zu schaffen. Ein starker Fixkostenblock (Personalkosten, Sachkosten usw.) sowie die ausgeprägte Kapitalintensität unterstreichen die Notwendigkeit, gastgewerbliche Betriebe angesichts des zunehmenden Kosten- und Wettbewerbsdruckes verstärkt mit professioneller Betriebsberatung zu begleiten.

Weitergehende Ausführungen zum Gastgewerbe finden sich in Band 2 der vorliegenden Reihe zum Tourismus. Ausführungen zum Kur- und Bäderwesen sowie zu den Destinationen sind in Band 1 zu finden.

11.2 Verkehrsleistungen

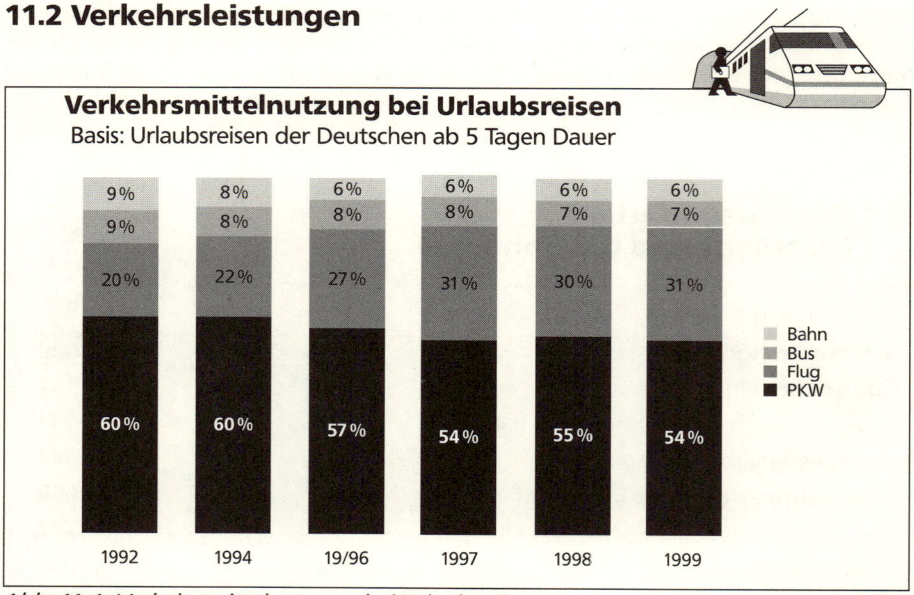

Abb. 11-1: Verkehrsmittelnutzung bei Urlaubsreisen
(Nach: DRV [Hrsg.], Fakten und Zahlen zum deutschen Reisemarkt 2000)

Mobilität ist in unserer auf Erlebnis und Regeneration ausgerichteten Gesellschaft ein wesentliches Element persönlicher Freiheit und Lebensqualität. Sie gilt es insgesamt zu erhalten und gleichzeitig weiter zu verbessern.

So drängen der Bundesverband der Tourismuswirtschaft (BTW) und der Deutsche Tourismusverband (DTV) auf einen beschleunigten Ausbau leistungsfähiger Verkehrsmittel und -wege in den neuen Bundesländern. Es wird jedoch auch eine Angebotsverbesserung unter dem Aspekt einer autofreien Freizeit- und Urlaubsgestaltung in den Ferienzielgebieten, Naherholungsräumen, Urlaubsorten und Städten, namentlich durch den Ausbau des öffentlichen Personennahverkehrs, befürwortet *(vgl. Deutscher Tourismusbericht, S. 44).*

Nachstehend werden die im Tourismus überwiegend benutzten **Verkehrsträger** gemäß ihrer Bedeutung als Reisetransportunternehmen im Tourismus vorgestellt. Die jeweiligen Kapitel zum Straßenverkehr (Pkw und Bus), Schienenverkehr, dem Luftverkehr und der Schifffahrt stellen vor allem auf die Ansprüche und Erwartungen der Reisenden und die speziellen Produktelemente, z. B. Komfort, Schnelligkeit, ab.

11.2.1 Straßenverkehr

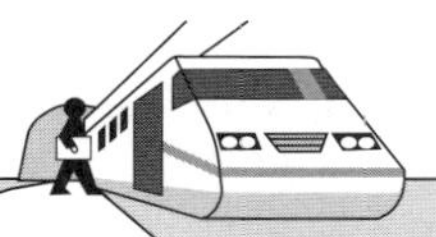

Den Urlaub gibt's jetzt auch an der Tankstelle

Da sich die Tankstellen immer mehr zu Supermärkten entwickelt haben, wird nun ein neues Geschäftsfeld erschlossen.

Seit einigen Tagen liegt in mehr als 1000 Aral-Stationen ein Urlaubskatalog mit Reisen in die Sonne, in den Schnee oder zum Wochenend-Shopping aus.

Im Angebot sind Skitouren in die Dolomiten, Strandaufenthalte in Florida, eine Nilkreuzfahrt oder ein fünftägiger Shopping-Trip nach New York, wie die Tankstellengesellschaft in Bochum verspricht. Die Beratung übernimmt indessen nicht der Tankwart, sondern das Direktvertriebs-Unternehmen Berge & Meer am Telefon.

Ein Jahr den Markt beobachtet

Aral hatte nach eigenen Angaben ein Jahr lang den Reisemarkt mit Einzelangeboten getestet, bevor nun die Entscheidung für einen kompletten Urlaubskatalog fiel.

Das zunächst auf Drei- und Vier-Sterne-Hotels beschränkte Angebot soll in den nächsten Monaten um „exclusive Erlebnisreisen im Fünf-Sterne-Bereich" erweitert werden.

(Aus: Goslarsche Zeitung vom 25. 9. 1999)

Für Hunderte von Milliarden Euro haben Bund, Länder und Gemeinden in den zurückliegenden Jahrzehnten ein modernes Straßennetz geschaffen, das die Entwicklung des Straßenverkehrs gefördert und für weite Teile der Bevölkerung zu einer starken Ausweitung der Mobilität geführt hat. Deutschland ist mit seinen neun Nachbarstaaten das Transitland Nr. 1 auf der Straße geworden, was aus Gründen der Umweltbelastung, der erhöhten Unfallgefahren sowie der Staubildung sehr bedenklich ist *(Deutscher Tourismusbericht, S. 46).*

Mobilität heißt in Deutschland immer mehr **Freizeitmobilität** und immer weniger Berufsverkehr. Auf einen Kilometer Arbeitsweg kommen heute schon zwei Kilometer Wegstrecke zu Freizeitfahrten. Nach der B.A.T.-Repräsentativbefragung haben knapp zwei Drittel der Bevölkerung (63 %) bei ihrem letzten Tagesausflug das Auto als Verkehrsmittel benutzt. Jeder Zehnte (10 %) unternahm eine Busfahrt und 8 % fuhren mit dem Fahrrad los. Bei Kurzreisen war der Pkw-Anteil 59 %.

Auch in Zukunft sind beim Freizeitverkehr die meisten Zuwächse zu erwarten. Wachsende Freizeitmobilität ist ein verkehrspsychologisches Problem. So will z. B. die deutsche Automobilindustrie die CO_2-Emissionen in zehn Jahren um mindestens ein Viertel (gegenüber 1990) senken – vor allem durch geringeren Kraftstoffverbrauch. Diese Rechnung geht aber nur auf, wenn die Nutzer der Verkehrswege im gleichen Zeitraum nicht mehr Auto fahren als heute. Alle Anzeichen sprechen jedoch dafür, dass die freizeitmobile Lust am Autofahren in den nächsten Jahren weiter zunimmt.

In der wachsenden Umweltbelastung durch mehr Autoverkehr „sieht" die Bevölkerung zwar das größte Zukunftsrisiko der Freizeitentwicklung – „handelt" selbst aber ganz anders *(Opaschowski, Freizeit und Mobilität, S. 1).*

So hat der Straßenverkehr insgesamt für den Tourismus eine herausragende Bedeutung. Hier soll allerdings das Augenmerk vor allem auf die Verkehrsmittel Bus und Mietwagen gelegt werden, bei denen Beförderung gegen Entgelt erfolgt.

11.2.1.1 Bustouristik

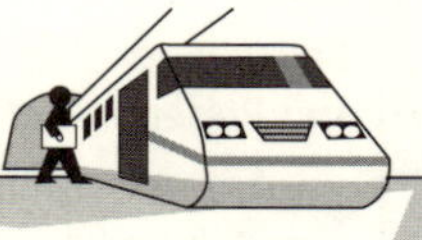

Zwei Veröffentlichungen im Internet unter dem Meeting Point der Adresse: http://www.busreisen.de/:

Umweltfreundilch und sicher
Busreisen sind umweltfreundlich und sicher. Dies belegen die Statistiken der zurückliegenden Jahre; so sind beispielsweise im vergangenen Jahr im Deutschland-Tourismus 10 Verkehrsunfalltote durch Busunfälle zu verzeichnen gewesen. Dagegen starben bei touristischen Fahrten mit dem PKW/Wohnmobil 50 Menschen bei Unfällen. Zur Relation: Im vergangenen Jahr waren insges. 63,4 Mio. Urlaubsreisen zu verzeichnen.

Kooperation und Zusammenarbeit
Wir suchen Aufträge zur Auslastung unseres neuen Reisebusses Mercedes Benz Tourismo O350 Baujahr April 2000, Ausstattung 48 +1 + 1 Sitzplätze, Küche, Toilette, Klapptische, Fußstützen, CD, Navigationssystem mit Monitor für Reisegäste, Klimaanlage und Skikoffer. Sollten Sie an einer Zusammenarbeit interessiert sein, wenden Sie sich bitte an Brigit's Reisecenter Tel. 03935/212805.

Die **Bustouristik** stellt einen wesentlichen Bestandteil des umweltfreundlichen Reiseangebots in Deutschland dar.

Die wichtigsten Busreiseziele befinden sich überwiegend im relativ nahegelegenen europäischen Ausland. Hierbei bilden insbesondere Städtereisen ein wichtiges Marktsegment. Bei den Reisemotiven wird eine heterogene Struktur sichtbar. Im Vordergrund steht zwar der Geselligkeitsaspekt der Busreise als „Gesellschaftsreise". Danach kann allerdings eine Unterscheidung getroffen werden zwischen dem Urlaubertyp, der eine Bade-/Erholungsreise bucht und dem, der Studien-/Besichtigungsreisen bevorzugt. Daraus lässt sich auch der relativ hohe Anteil bestimmter Zielländer ableiten, z. B. Italien, das sich sowohl bei Bade- und Erholungsreisenden wie auch bei Rund- und Studienreisenden einer großen Attraktivität erfreut. Auch bezüglich der sozio-demographischen Daten der Busreisen ist von einer heterogenen Struktur auszugehen. Überproportional zur Gesamtbevölkerung vertreten sind im Reisebus Jugendliche sowie Reisende über 50 Jahre und Bezieher niedriger Einkommen *(vgl. Gauf, Tourismus-Management, S. 661).*

Nach dem Personenbeförderungsgesetz (PBefG) lassen sich als Verkehrsformen beim Omnibusverkehr unterscheiden:

Linienverkehr	Gelegenheitsverkehr
Allgemeiner Linienverkehr	Ausflugsverkehr
Berufsverkehr	Ferienzielreisen
Schülerverkehr	Verkehr mit Mietomnibussen
Marktfahrten	Verkehr mit Mietwagen
Theaterfahrten	

(Aus: Pompl, Wilhelm, Touristikmanagement 1, Beschaffungsmanagement, Heidelberg 1994, S. 215)

Gem. dem PBefG wird der Linienverkehr nach § 42 wie folgt definiert:

„Linienverkehr ist eine zwischen bestimmten Ausgangs- und Endpunkten eingerichtete regelmäßige Verkehrsbindung, auf der Fahrgäste an bestimmten Haltestellen ein- und aussteigen können. Er setzt nicht voraus, dass ein Fahrplan mit bestimmten Abfahrts- und Ankunftszeiten besteht oder Zwischenhaltestellen eingerichtet sind."

Als Merkmale gelten:

- die Betriebspflicht (§21)
- die Beförderungspflicht (§22)
- verbindliche „einheitliche Beförderungsbedingungen" (§ 39)

Von großer Bedeutung für die Touristik ist der **Busgelegenheitsverkehr**, denn hierzu zählen z.B. Urlaubs- oder Studienreisen. Demzufolge wird hier das Produkt Busreise untersucht, und zwar im Vergleich zu den anderen Verkehrsträgern.

422 Braunlage – Oderbrück – Torfhaus – Bad Harzburg ← 422

RBB Regionalbus GmbH, Geschäftsstelle Goslar, ☎ (05321) 19449
Kraftverkehrsgesellschaft mbH Braunschweig, KVG-Betrieb 38667 Bad Harzburg, ☎ (05322) 5 20 17

Schienenfahrausweise gelten nicht in KVG-Bussen. Gruppenfahrten in RBB-Bussen bitte in Goslar anmelden.

Am 24.12. und 31.12. Verkehr wie Samstag

	Montag – Freitag																			
Fahrtnummer	0000 001	0519 002	0000 003	0519 004	0000 005	0519 008	0519 010	0000 007	0000 009	0000 011	0519 014	0519 214	0519 016	0000 013	0519 018	0519 020	0000 015	0519 022	0000 017	0519 024
Verkehrsbeschränkungen											S	F								
Anmerkungen	K		K 6		K 6	1		K 6	K	K 6	6 1	1		K 6			K		K	
68 ab Hohegeiß			*7 00*		*8 40*	*9 35*	*10 35*	*11 40*	*12 40*	*13 40*	*14 40*		*15 30*	*16 40*	*17 35*					
Braunlage, Omnibusbahnhof	5 55	6 25	7 15	7 55	8 55	9 55	10 55	11 55	12 55	13 55	14 55	14 55	15 55	16 55	17 55	18 55	19 55	20 55	21 55	22 55
Braunlage, Herzog-Wilhelm-Str.	5 56	6 26	7 16	7 56	8 56	9 56	10 56	11 56	12 56	13 56	14 56	14 56	15 56	16 56	17 56	18 56	19 56	20 56	21 56	22 56
Braunlage, Trinitatiskirche	5 57	6 27	|	7 57	8 57	9 57	10 57	11 57	12 57	13 57	14 57	14 57	15 57	16 57	17 57	18 57	19 57	20 57	21 57	22 57
Braunlage, Eisstadion	5 59	6 29	7 19	7 59	8 59	9 59	10 59	11 59	12 59	13 59	14 59	14 59	15 59	16 59	17 59	18 59	19 59	20 59	21 59	22 59
Braunlage, Jermerstein	6 00	6 30	7 20	8 00	9 00	10 00	11 00	12 00	13 00	14 00	15 00	15 00	16 00	17 00	18 00	19 00	20 00	21 00	22 00	23 00
Königskrug	6 06	6 36	7 26	8 06	9 06	10 06	11 06	12 06	13 06	14 06	15 06	15 06	16 06	17 06	18 06	19 06	20 06	21 06	22 06	23 06
Abzw. Oderteich	6 08	6 38	7 28	8 08	9 08	10 08	11 08	12 08	13 08	14 08	15 08	15 08	16 08	17 08	18 08	19 08	20 08	21 08	22 08	23 08
Oderbrück	6 11	6 41	7 31	8 11	9 11	10 11	11 11	12 11	13 11	14 11	15 11	15 11	16 11	17 11	18 11	19 11	20 11	21 11	22 11	23 11
Ehrenfriedhof	6 12	6 42	7 32	8 12	9 12	10 12	11 12	12 12	13 12	14 12	15 12	15 12	16 12	17 12	18 12	19 12	20 12	21 12	22 12	23 12
Torfhaus	6 15	6 45	7 35	8 15	9 15	10 15	11 15	12 15	13 15	14 15	15 15	15 15	16 15	17 15	18 15	19 15	20 15	21 15	22 15	23 15
Forstsiedlung	6 18	6 48	7 38	8 18	9 18	10 18	11 18	12 18	13 18	14 18	15 18	15 18	16 18	17 18	18 18	19 18	20 18	21 18	22 18	23 18
Marienteich-Baude	6 19	6 49	7 39	8 19	9 19	10 19	11 19	12 19	13 19	14 19	15 19	15 19	16 19	17 19	18 19	19 19	20 19	21 19	22 19	23 19
Radau-Wasserfall	6 23	6 53	7 43	8 23	9 23	10 23	11 23	12 23	13 23	14 23	15 23	15 23	16 23	17 23	18 23	19 23	20 23	21 23	22 23	23 23
Gabbro-Steinbruch	6 24	6 54	7 44	8 24	9 24	10 24	11 24	12 24	13 24	14 24	15 24	15 24	16 24	17 24	18 24	19 24	20 24	21 24	22 24	23 24
Bad Harzburg, Hotel Seela	6 25	6 55	7 45	8 25	9 25	10 25	11 25	12 25	13 25	14 25	15 25	15 25	16 25	17 25	18 25	19 25	20 25	21 25	22 25	23 25
Bad Harzburg, Berliner Platz	6 26	6 56	7 46	8 26	9 26	10 26	11 26	12 26	13 26	14 26	15 26	15 26	16 26	17 26	18 26	19 26	20 26	21 26	22 26	23 26
Bad Harzburg, Realschule	6 27	6 57	7 47	8 27	9 27	10 27	11 27	12 27	13 27	14 27	15 27	15 27	16 27	17 27	18 27	19 27	20 27	21 27	22 27	23 27
Bad Harzburg, Lutherkirche	6 28	6 58	7 48	8 28	9 28	10 28	11 28	12 28	13 28	14 28	15 28	15 28	16 28	17 28	18 28	19 28	20 28	21 28	22 28	23 28
Bad Harzburg, Marktplatz	6 29	6 59	7 49	8 29	9 29	10 29	11 29	12 29	13 29	14 29	15 29	15 29	16 29	17 29	18 29	19 29	20 29	21 29	22 29	23 29
Bad Harzburg, Bahnhof	6 33	7 03	7 53	8 33	9 33	10 33	11 33	12 33	13 33	14 33	15 33	15 33	16 33	17 33	18 33	19 33	20 33	21 33	22 33	23 33
407 nach Goslar	*6 45*	*7 05*	*8 15*	*9 00*	*9 55*	*10 50*	*12 15*	*13 12*	*13 55*	*15 15*	*15 33*	*15 33*	*17 05*	*18 15*	*19 15*	*20 15*	*21 15*	*22 15*		
353 nach Braunschweig	*6 52*	*7 12*		*8 47*	*9 47*	*10 47*	*11 47*	*12 47*	*13 47*	*14 47*	*15 47*	*15 47*	*16 47*	*17 47*	*18 47*	*19 47*	*20 47*	*21 47*		
320 nach Hannover	*6 40*	*7 43*		*9 10*	*9 43*	*10 40*	*11 43*	*13 10*	*13 43*	*14 40*	*15 43*	*15 43*	*17 10*	*17 43*	*18 40*		*20 40*			
353 nach Kreiensen	*7 06*		*8 18*	*9 18*	*10 18*	*11 18*	*12 18*	*13 18*	*14 18*	*15 18*	*16 18*	*16 18*	*17 18*	*18 18*	*19 18*	*20 18*	*21 18*			

Abb. 11-2: Auszug eines Linienbusfahrplanes

Betrachtet man die Qualität von Busreisen im Rahmen des Gelegenheitsbusverkehrs, so ergeben sich aus der Sicht der Fahrgäste:

Vorteile	Nachteile
● Mobilität (z. B. ohne Wechsel des Verkehrsmittels lässt sich das Urlaubsziel erreichen) ● Flexibilität (Gästewünsche lassen sich noch während der Reise berücksichtigen,z. B. Routen- oder Pausenänderung) ● Bequemlichkeit (Busse der gehobenen Kategorie verfügen über Zusatzausstattungen, die ein stressfreies Reisen ermöglichen; auch das Gepäck wird mitgeführt und kommt zeitgleich am Urlaubsziel an) ● Gruppenvorteil (die Kontakt- und Kommunikationsmöglichkeiten sind auf Grund der relativ kleinen Gruppen auf begrenztem Raum gegeben) ● Umweltverträglichkeit (geringere Umweltbelastung als beim Auto oder Flugzeug) ● Preisgünstigkeit (Busfahrten sind preisgünstiger als die mit dem Flugzeug, Schiffsreisen oder die Benutzung des privaten Pkws)	● Gruppenzwang (z. B. mangelnde Bewegungsfreiheit) ● Unbequemlichkeit (z. B. Lärm- und Geruchsbelästigung durch Raucher) ● unsicheres Verkehrsmittel (z. B. Medienbericht über Stau und Unfälle fördern das negative Image) ● Verkehrsmittel für Unterprivilegierte, weil preisgünstig (z. B. Rentnerjet) ● Erfahrungen des Busses als Nahverkehrsmittel werden unreflektiert auf Fernreisebusse übertragen

(Nach: AKAD [Hrsg.], Allgemeine Tourismuslehre, Arbeitsheft 4, S. 26 ff.)

Inwieweit der einzelne Busreiseveranstalter sein Produkt Buspauschalreisen am Markt absetzen kann, hängt auch davon ab, inwiefern er sich des zielgerichteten Einsatzes der Marketingstrumente bedient, z. B. adäquater Public Relations- (PR), Sales Promotion- (SP) oder Werbemaßnahmen.

Die Veranstalter von Busreisen bieten vornehmlich an:

Pauschalreiseprodukte		
Kurzreisen	=	2- bis 4-tägige Reisen als Rundreise oder mit festem Aufenthaltsort
Städtereisen	=	mehrtägige Reisen in touristisch interessante Großstädte
Rundreisen	=	3- und mehrtägige Reisen an unterschiedliche Orte
Ferienzielreisen	=	mehr als 4 Tage dauernde Reisen mit vorwiegendem Erholungscharakter Merkmale der Ferienzielreise (§ 48/2 PBefG): Erholungszweck, Unternehmerplan, Gesamtentgelt, Rückfahrschein, Abfahrtsort, Reiseziel, Rückbeförderung, Zusteigeverbot
Sonderfahrten	=	Reisen zu besonderen sportlichen, unterhaltenden oder kulturellen Ereignissen, z. B. Fußballgroßveranstaltungen, Open-Air-Festivals, Musicals; bei diesen wird das Besucherarrangement vom Reiseveranstalter organisiert

(Nach: Mundt, Jörn, Reiseveranstalter, München/Wien, 1993, S. 86)

Besonders zu erwähnen ist der **Pendelverkehr**, z.B. Fahrten in die Toskana von April bis Juni und September bis Oktober, sonntags ab Berlin. Dabei handelt es sich um einen Verkehrsdienst mit mehreren Hin- und Rückfahrten von einem Ausgangsort zu einer festgelegten Destination: Eine solche Reise wird durch Buchung beim Reiseveranstalter in Gruppen organisiert. Falls ein anderer als das Busunternehmen die Reise veranstaltet, so liegt nach § 49 PBefG **Mietomnibusverkehr** vor *(vgl. ebenda).*

Zur Komplettierung ist nach § 48,1 PBefG der Begriff des **Ausflugsverkehrs** zu nennen. Diese im Gesetz genannte Art des Gelegenheitsverkehrs lässt sich jedoch nicht genau vom Ferienziel-Reiseverkehr abgrenzen, denn auch der Ausflugsverkehr kann mehrtägig sein. Damit ist das Reisemotiv entscheidend für die Einordnung, denn der Ausflugsverkehr ist nach dem Gesetz zur Freizeitgestaltung zu zählen, während die Ferienfahrt der Erholung dient. Der Ausflugsreiseverkehr wird nach einem bestimmten Plan durchgeführt, wobei der Ausflugszweck für alle Teilnehmer gleich ist und die Busreisenden an den Ausgangspunkt zurückgebracht werden, (z.B. bei Musicalbesuchen). Eine Ausflugsfahrt wird also unter einem bestimmten Motto durchgeführt und von einer Reiseleitung betreut *(vgl. AKAD [Hrsg.], Allgemeine Tourismuslehre, Arbeitsheft 4, S. 30).*

Da der Busreiseverkehr heute zu großen Teilen im grenzüberschreitenden Verkehr (international) stattfindet, soll hier noch ein zusammenfassender Überblick der **Busreisearten** gemäß der EU-Richtlinie gegeben werden:

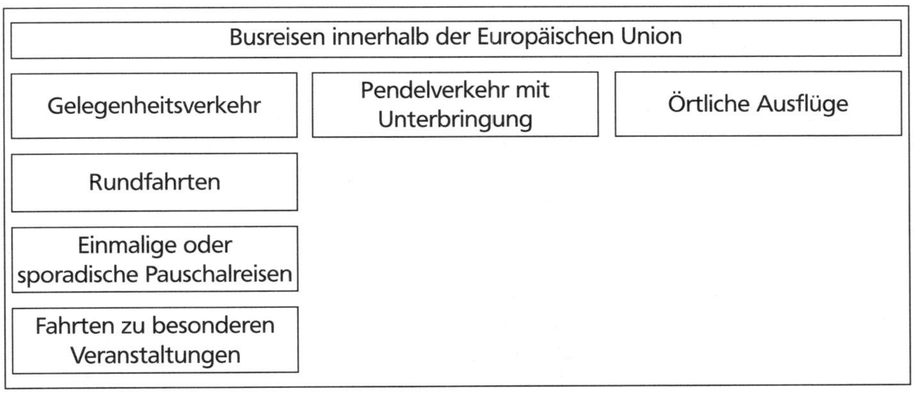

(Aus: AKAD [Hrsg.], Allgemeine Tourismuslehre, Arbeitsheft 4, S. 33)

Einen wesentlichen Beitrag zur Qualitätssicherung und -verbesserung in der Bustouristik leistet die Gütergemeinschaft Buskomfort e.V., um das Verkehrsmittel Bus für die Reisenden attraktiv zu gestalten.

Sie klassifiziert die Busse nach Ausstattungsmerkmalen unabhängig von der Herstellermarke. Dadurch sollen die Kunden wie die Bustouristik-Unternehmen selbst einen Maßstab erhalten, um sich über das Busangebot zu orientieren. Diesem Klassifizierungsverfahren kann sich der jeweilige Unternehmer freiwillig unterziehen. Damit ist eine Qualitätsbewertung nach objektiven Kriterien möglich, was gleichzeitig einen Ausgangspunkt für die Vermarktung des Verkehrsträgers Bus darstellt *(vgl. Rudolph, 1999, S. 220).*

„Die **Klassifizierung** erfolgt mit Sternen und inzwischen mit entsprechenden Klassenbezeichnungen:

Ausstattung Gütestufe 1	*	TRANSPORT CLASS,
Ausstattung Gütestufe 2	**	STANDARD CLASS (Ausflugsbus),

Ausstattung Gütestufe 3 *** TOURISTIK CLASS (Reisebus),
Ausstattung Gütestufe 4 **** COMFORT CLASS (Fernreisebus),
***** EXCLUSIVE CLASS (Fernreisebus).

Die Zuerkennung der Gütestufen ist verbunden mit der Berechtigung, am Fahrzeug das Gütezeichen *Buskomfort RAL* zu führen. Es muss jedes Jahr neu verliehen bzw. nach einer Überprüfung durch den TÜV oder DEKRA verlängert werden" *(ebenda).*

11.2.1.2 Mietfahrzeuge

Die Leistungen der Autovermieter, Broker und Veranstalter im Überblick:

Anbieter/ Broker	Provision*)	kostenlose Hotelzustellung	Sonderleistungen
Alamo	15%	in Deutschland auf Anfrage	Straßenkarte liegt im Auto
Avis	15%	nein	Straßenkarte liegt im Auto
Budget Rent a Car	20%	teilweise möglich	Straßenkarte liegt im Auto
Europcar	5 bis 20%, bei Toma-Buchungen 15%	Balearen, Kanaren, spanisches Festland, Griechenland, Türkei, Portugal. Außerdem: europaweit an Accor-Hotels	Straßenkarte liegt im Auto
Hertz	15%	nein	Straßenkarte liegt im Auto
Sixt	15%	Balearen, Kanaren, Griechenland, teils Portugal und spanisches Festland	Straßenkarte erhältlich, Tips für die Urlaubsregion liegen Voucher bei
Holiday Autos	11,5 bis 16%	Balearen, Kanaren, Algarve	Straßenkarte liegt im Auto
Dertour Ferienauto	15%, Superprovision von 17% bis Ende Dezember möglich	Mallorca, Alicante, Costa Blanca, Costa del Sol	keine
Drive FTI	fließt in Staffelprovision des Veranstalters	Balearen, Kanaren, griechische Inseln	keine
Sunny Cars	12 bis 15%	Balearen, Kanaren, Algarve, teils griechische Inseln	keine

TUI Cars	fließt in Staffelprovision des Veranstalters *)	Balearen, Kanaren, griechische Inseln, teils spanisches Festland	kostenloser Reiseführer

Wichtig zu beachten: Teilweise werden Provisionen nur auf den reinen Mietwagenpreis gezahlt. Zusatzleistungen wie Versicherungen werden nicht immer verprovisionisiert.

(Aus: tm, Das Tourismus-Magazin, 10/99, S. 62)

Mietfahrzeuge zählen ebenfalls zum Gelegenheitsverkehr. Sie lassen sich nachfragegerecht unterteilen in:

- Mietfahrzeuge für Reisende aus geschäftlichen Gründen
- Mietfahrzeuge für Reisende aus privaten Gründen.

Wird ein Mietfahrzeug bei Geschäftsreisen genutzt, so erfolgt das z.B. kombiniert mit Flugreisen oder es wird dabei von einem Autovermieter über eine bestimmte Zeitspanne, z.B. einem Monat gemietet.

Hier ist das Mietfahrzeug vor allem für touristische Zwecke von Interesse.

„Mietfahrzeuge (Pkw, Wohnmobil, Motorrad) werden alternativ als

- Teil eines Pauschalreisepakets (z.B. „Fly and Drive-Angebote"),
- separat zu buchende, zusätzliche Leistung im Veranstalterkatalog,
- Vermittlungsleistung des buchenden Reisebüros oder
- Service durch die örtliche Reiseleitung/Agentur im Zielgebiet angeboten"

(Pompl, 1994, S. 299).

In den meisten Ferienorten orientieren sich Mietwagenunternehmen an den Bedürfnissen der Touristen, die die Umgebung ihrer Ferien-Destination auf eigene Faust kennenlernen möchten und sich deshalb für einen oder mehrere Tage einen Mietwagen nehmen. Die Wagen werden im Allgemeinen an den Hotels bereitgestellt und können dort auch wieder abgegeben werden. Da die Wagen bei diesem Geschäft anders als bei vielen Geschäftsreisen am gleichen Ort wieder zurückgegeben werden, entfallen teure Positionierungsfahrten; entsprechend preisgünstig lassen sich die Fahrzeuge vermieten. Für Hotels und Reiseveranstalter sind die Provisionseinnahmen durch das Vermitteln von Mietwagen für ihre Gäste ein willkommenes Zusatzgeschäft. Große Reiseveranstalter wie die TUI haben darüber hinaus eigene Autovermietungen, um über dieses Zusatzgeschäft ihre Wertschöpfung zu erhöhen *(vgl. Mund, 1998, S. 278).*

Branchenentwicklung der deutschen Autovermieter 1996–2000

Jahr	Zahl der Unternehmen	Zahl der Mietwagen	Umsatz in Mrd. DM
1996	950	150000	3,2
1997	850	160000	3,6
1998	800	160000	4,3
1999	< 800	170000	4,6
2000	< 800	175000	4,7

(Aus: FVW 20/00, S. 71)

11.2.2 Luftverkehr

Aufkleber aus dem Gründungsjahr.

Lufthansa gegründet

Durch Zusammenschluss der Junkers-Luftverkehrs-Gesellschaft mit der Aero-Lloyd-AG entsteht die deutsche Lufthansa. Sie hat 110 Maschinen von Junkers, Fokker und Dornier, mit Plätzen für vier bis acht Passagiere und fliegt 57 Orte an, darunter auch Braunschweig. Ein Flug von Essen nach Dortmund (20 Minuten) kostet 20 Mark, von Frankfurt am Main nach München (zwei Stunden und 45 Minuten) 70 Mark. Jeder Fluggast darf zehn Kilogramm Gepäck kostenlos mitnehmen.

(Rückblick in das Gründungsjahr der Lufthansa durch die Goslarsche Zeitung, 10. 9. 1999)

In den vergangenen Jahrzehnten verzeichnete der Luftverkehr in Deutschland neben dem Individualverkehr auf der Straße den relativ größten Verkehrszuwachs. Auf Grund fortschreitender internationaler Arbeitsteilung, der Zunahme der Wettbewerbsintensität und dem Entstehen neuer Märkte in Osteuropa und Asien nimmt der Austauschprozess auf internationaler Ebene immer stärker zu.

Die **Globalisierung** der Wirtschaft ist ohne die zeit- und raumüberwindenden Möglichkeiten des Luftverkehrs nicht denkbar *(vgl. Sterzenbach, 1996, S. 28).*

Der deutsche Tourismus ist namentlich im Incoming-Bereich (Europa, Übersee) auf eine technisch wie wirtschaftlich leistungsfähige Luftverkehrs-Infrastruktur angewiesen.

Die so genannte **Flugindustrie** besteht aus:

- Internationalen Luftverkehrsgesellschaften
- Personen- und Frachtverkehr
- Charterfluggesellschaften
- Nationalen Fluggesellschaften (Regionalverkehr)
- Flughäfen (als eigenständige Wirtschaftseinheiten)
- Verschiedenen Zulieferern (z. B. Verpflegung).

„Mit **Luftverkehr** wird die Gesamtheit aller Vorgänge, die der Ortsveränderung von Personen, Fracht und Post auf dem Luftweg dienen, bezeichnet. Der Begriff Luftverkehr schließt alle mit der Ortsveränderung unmittelbar oder mittelbar verbundenen Dienstleistungen mit ein. Von Luftfahrt spricht man, wenn zum Luftverkehr inhaltlich auch die Sachleistungsbetriebe wie die Hersteller von Flugzeugen, Flughäfen und Flugsicherungsanlagen hinzugezählt werden" *(Sterzenbach, 1996, S. 17).*

Der Luftverkehr ist ein prägender Faktor bei der Durchsetzung bedeutsamer **Tourismustrends** um die Jahrtausendwende; dazu zählt der **Trend**

- zur Individualisierung der Reiseformen,
- zum zweiten Zuhause,
- zu sonnigen Fernreisezielen,
- zu anspruchsvollen Reisen,
- zu spontanen Reiseentscheidungen *(vgl. Rudolph, 1999, S. 136).*

11.2.2.1 Linienflugverkehr

Die Beförderungsleistungen der einzelnen Verkehrsträger gehen aus nachstehender Abbildung hervor.

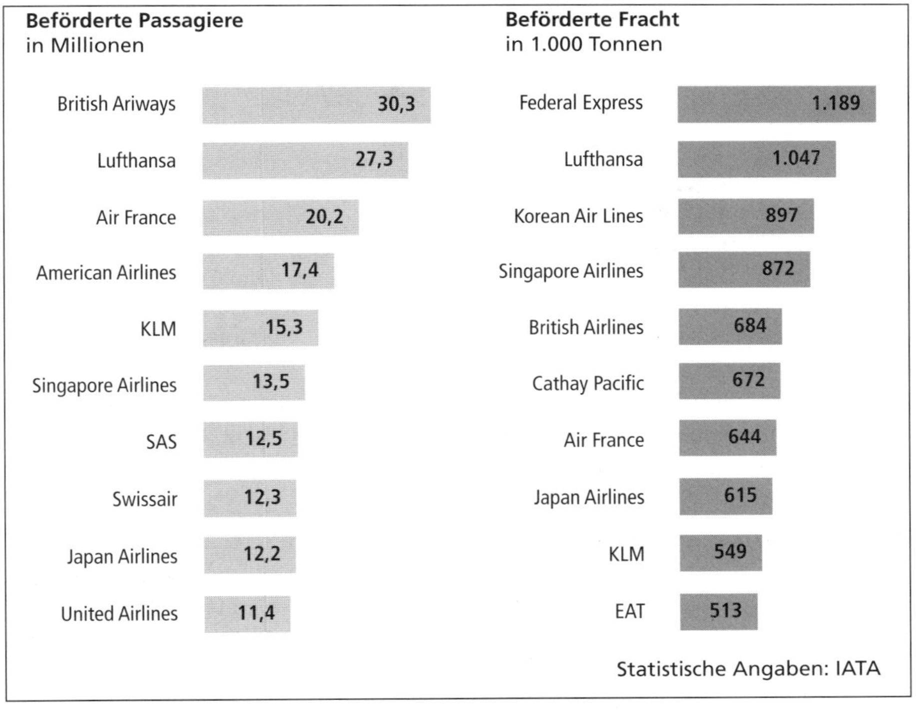

Abb. 11-3: Die größten Fluggesellschaften – Angaben zum internationalen Linienluftverkehr

Die Reise- und damit Produktanforderungen sind jedoch nicht zuletzt davon abhängig, um welche Art von Reise es sich handelt.

Reisearten

- Reisen
  - Berufliche Reisen
    - Geschäftsreisen
    - Incentive-Reisen
    - Messe-, Kongressreisen
    - Kombinierte Geschäfts- und Urlaubsreisen
  - Privatreisen
    - Urlaubsreisen
    - Besuchsreisen (Visiting Friends and Relatives)
    - Sonstige Privatreisen

(Nach: Pompel, Wilhelm, Touristikmanagement 1, Beschaffungsmanagement, Heidelberg 1994, S. 173)

Resultierend aus den verschiedenen Reiseanlässen und Nutzergruppen ergeben sich grob unterteilt als Flugreiseformen der Linienverkehr sowie der Charterflugverkehr.

„Die von der ICAO auf ihrer Chicagoer Gründungskonferenz verabschiedete Convention on International Civil Aviation ist der Ausgangspunkt für die definitorische Abgrenzung von Linienflugverkehr und Gelegenheitsflugverkehr (Charterflugverkehr) im deutschen Luftverkehrsgesetz (LuftVG). Dort sind zunächst für den **Fluglinienverkehr** folgende Merkmale bestimmt:

- **Gewerbsmäßige Beförderung** von Personen mit Luftfahrzeugen, sie bedingt
  - die Genehmigung/Registrierung des Luftfahrtunternehmens (Gewerbebetrieb);
  - die Pflicht, den Betrieb ordnungsgemäß einzurichten, aufzunehmen und während der Dauer der Genehmigung aufrechtzuerhalten;
- **öffentliche und regelmäßige Beförderung** auf bestimmten Linien, sie bedingt
  - die Beförderungspflicht, wenn den geltenden Beförderungsentgelten, -bedingungen und den behördlichen Anordnungen entsprochen wird und die Beförderung mit den regelmäßigen Beförderungsmitteln möglich ist, sofern sie nicht durch Umstände verhindert wird, die das Unternehmen nicht zu vertreten hat;
  - die Genehmigung/Registrierung und Einhaltung von Flugplänen, Beförderungsentgelten und Beförderungsbedingungen" *(Rudolph, 1999, S. 151).*

Der ständig steigende Trend zugunsten des Luftverkehrs bedeutet auch, dass den Produkterwartungen der Fluggäste weitgehend Rechnung zu tragen ist.

Produkterwartungen der Kunden	
Sicherheit	Keine physischen/psychischen oder materiellen Schäden
Berechenbarkeit des Flugplans	Einhaltung der Ankunfts- und Abflugszeiten, des Streckenverlaufs, evtl. Zwischenlandungen usw.
Flexibilität	Sicherer Erhalt eines Boardplatzes mit evtl. Umbuchungsmöglichkeiten zwischen den Anbietern/ Fluggesellschaften bei gleichem Streckenverlauf (Interlining)
Service	Freundlichkeit, Hilfsbereitschaft und professionelle Abwicklung stehen für dieses Qualitätskriterium
– vor dem Flug	Bsp. – Boardplatzreservierung bei Buchung
– am Flughafen	Bsp. – extra Check-in für Schwerbehinderte
– während des Fluges	Bsp. – Raucher-/Nichtraucherzonen
– am Zielort	Bsp. – Transfer zum Zielort

(Nach: AKAD [Hrsg.], Allgemeine Tourismuslehre, Arbeitsheft 4, S. 6 f.)

Natürlich ist die Wertigkeit der vorgenannten Produkterwartungen/ Qualitätskriterien bei den einzelnen Passagieren unterschiedlich – ausgenommen die Sicherheit *(vgl. ebenda, S. 7).*

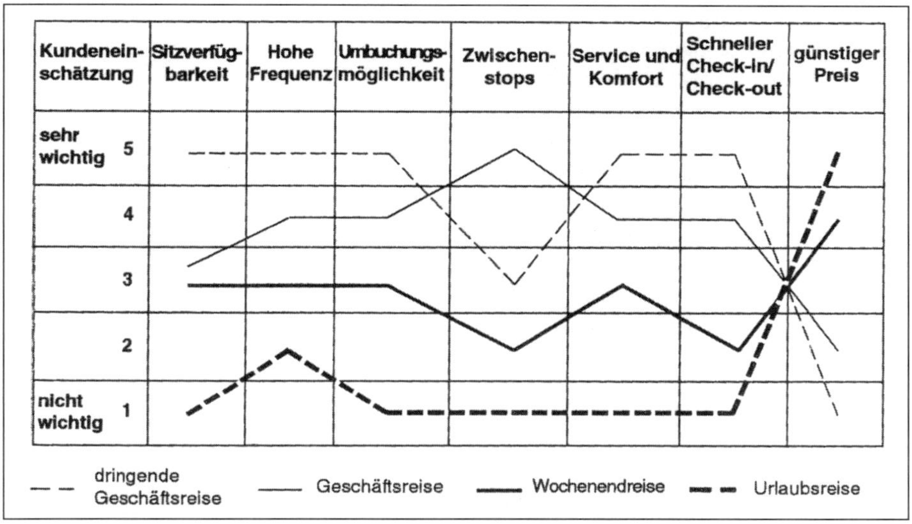

Abb. 11-4: Produktanforderungen unterschiedlicher Nachfragegruppen

(Aus: Pompl, Wilhelm, Touristikmanagement, Berlin 1994, S. 179)

Die Flugpreistarife der Linienfluggesellschaften basieren auf den errechneten Kosten des Transports:

Abb. 11-5: Was ein Flug die Airline kostet
(Aus: Focus 30/1999, S. 136)

Die Kosten, die pro Flugzeug anfallen, bilden für die Luftfahrtgesellschaften eine entscheidende Kalkulationsgrundlage und schlagen sich selbstverständlich in der Tarifgestaltung nieder.

Der Ausdruck **Flugtarif** umfasst sowohl den Preis, der für eine Beförderung gezahlt werden muss, als auch die *Bedingungen,* zu denen er angewandt werden darf. Wenn der Preis gemeint ist, spricht man vom *materiellen Tarif,* im Zusammenhang mit den Anwendungsbedingungen vom *formellen Tarif.*

Bei der Tarifgestaltung gilt im Allgemeinen folgender Grundsatz: Je niedriger der materielle Tarif, desto restriktiver ist der formelle Tarif.

Dieser Grundsatz weist bereits darauf hin, dass es unterschiedliche Flugtarife gibt. Zu beachten ist, dass weder die Preise noch die Anwendungsbestimmungen oder die Bezeichnungen der Tarife bei den Fluglinien einheitlich sind. Grundsätzlich lässt sich jedoch festhalten, dass es bei allen Fluggesellschaften *Normaltarife, Ermäßigungen, Sonderflugpreise* und *Kombinationstarife* gibt *(vgl. AKAD [Hrsg.], o. J., S. 15).*

Die Deutsche Lufthansa erzielt ihren Umsatz zu etwa 80 % durch Personentransport und 20 % durch Frachtflüge. Der Personenflugverkehr wird zu 53 % von Geschäftsreisenden, 29 % von Urlaubsreisenden und 19 % von (sonstigen) Privatreisenden genutzt. Der Großteil der Nicht-Geschäftsreisenden entfällt mit 71 % (des gesamten Privaten- und Urlaubsverkehrs) auf den Charterflugverkehr *(vgl. Freyer, W., 1995, S. 133).*

Um die sich verschärfenden Wettbewerbsverhältnisse in den Griff zu bekommen, werden weltweit strategische Allianzen zwischen den Fluggesellschaften geschlossen. Die „Star-Alliance“ umfasst beispielsweise die Deutsche Lufthansa, die SAS Scandinavian Airlines, die United Airlines, die Thai Airways International, Air Canada, VARIG. Sie ist der umfassendste Airline-Verbund im Weltluftverkehr.

Eine andere Form der Kooperation wird für Team Lufthansa (Augsburg Air, Contact Air) gekennzeichnet. Hier wird mit kleineren Fluggesellschaften auf Basis von Franchise-Verträgen unter einheitlichem Markennamen und Marktauftritt zusammengearbeitet.

Auf Grund der Deregulierung und Liberalisierung im Linienverkehr gibt es keine abgestimmten Tarife mehr, sondern einen kaum noch überschaubaren Tarifdschungel. Gemeinsam lässt sich lediglich festhalten:

Der **Flugtarif** umfasst:

- Beförderungsbedingung
- Beförderungspreis

  unterteilt in:

  - materiellen (zu zahlender) und formellen Tarif (auf Anwendungssortiment bezogen)

  unterschieden in:

  - Normaltarife – z. B. für Geschäftsleute
  - Ermäßigungen – z. B. für bestimmte Personengruppen
  - Sonderflugpreise – z. B. Last Minute
  - Kombinationstarife – z. B. Flugzeug + Bahnreise
Flugzeug + Schiffsreise

(vgl. Freyer, W., 1995, S. 133).

Die Überwachung der Flugpreise und -tarife gehört u. a. zu den Aufgaben nationaler und internationaler Organisationen. Im Rahmen der Marktregulierung des Linienverkehrs auf nationaler und internationaler Ebene sind zu unterscheiden:

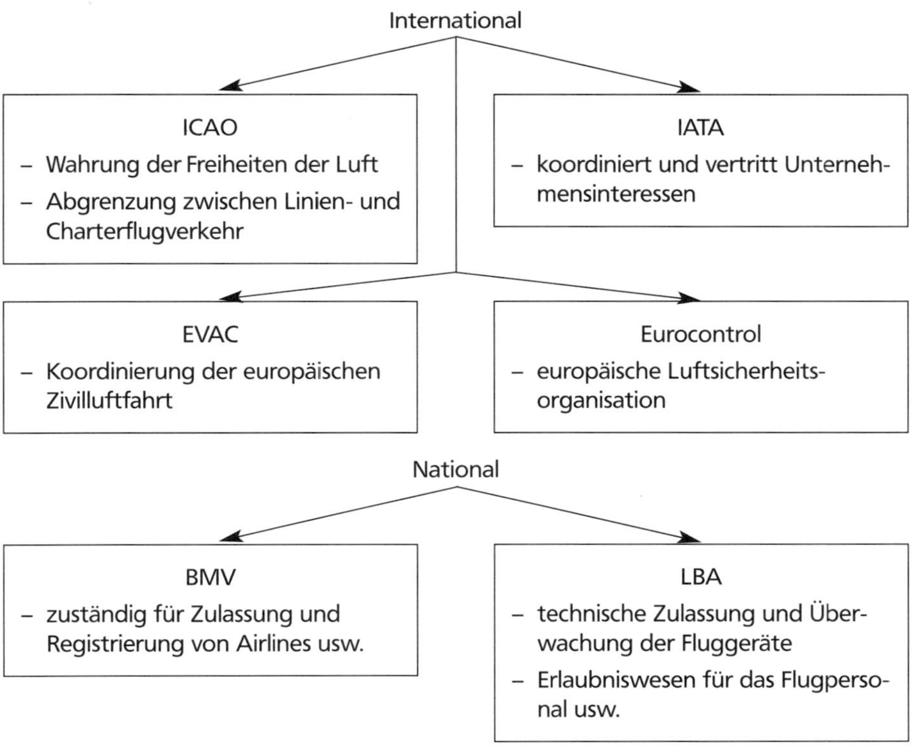

Die ICAO hat als besondere Aufgabe im Rahmen der bilateralen Luftverkehrsabkommen die so genannten „Freiheiten der Luft" zu überwachen, da sie die Basis der Luftfahrt darstellen. In der Convention on International Civil Aviation sind die Vereinbarungen der Mitgliedsstaaten festgelegt (Flugsicherheit, wirtschaftl. Zusammenarbeit des Zivilluftverkehrs, rechtl. Ordnung der Zivilluftfahrt). Dazu zählen auch die **Freiheiten der Luft:**

1. Freiheit: das Recht, ein Land zu überfliegen;
2. Freiheit: das Recht zu einer technischen Zwischenlandung (Auftanken, Reparaturen u. a.), ohne dass Passagiere, Post und Fracht be- und entladen werden dürfen;
3. Freiheit: das Recht, Passagiere, Fracht und Post vom Heimatstaat in ein Zielland zu befördern;
4. Freiheit: das Recht, Passagiere, Fracht und Post vom Zielland in den Heimatstaat zu befördern;
5. Freiheit: das Recht, Passagiere, Fracht und Post zwischen zwei Drittländern zu befördern, wobei der Flug im Heimatstaat beginnen und enden muss;
6. Freiheit: das Recht, Passagiere, Fracht und Post zwischen zwei Drittstaaten zu befördern, wobei eine Zwischenlandung im Heimatstaat der Airline erfolgt;
7. Freiheit: das Recht, Passagiere, Fracht und Post zwischen zwei Drittstaaten ohne Zwischenlandung im Heimatstaat zu befördern;
8. Freiheit: das Recht, Inlandsflugverkehr in einem Drittstaat zu betreiben (Kabotagerecht).

(vgl. Rudolph, 1999, S. 140 f.)

Als wichtiger Faktor im Bereich des Flugverkehrs ist neben der Tarifstruktur (Yield-Management) die Vertriebsstruktur (IATA-Reisebüros) zu erwähnen.

Der Vertrieb von Flugreisen erfolgt im Luftverkehr über verschiedene Vertriebssysteme; diese können hier nur in einem Überblick dargestellt werden:

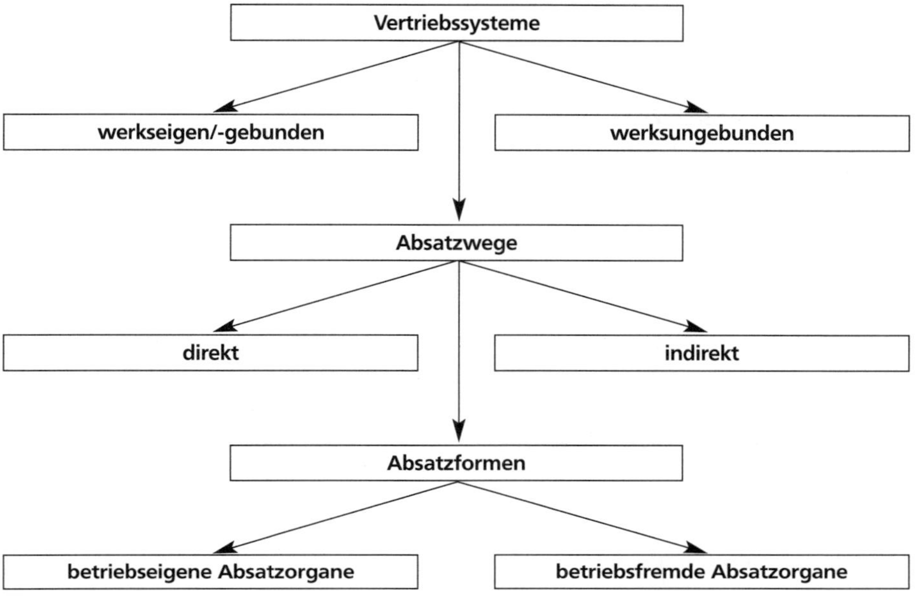

- Eigenes Verkaufsbüro der Airline (Stadtbüro, Flughafenschalter)
- Direktverkauf im Firmengeschäft (Reisestelle)
- Ticketautomat
- Elektronische Medien
- Call Center

- IATA-Agentur
- Non-IATA-Agentur
- Other Agent
- Consolidator
- Tochterfirma der Airline als Reiseveranstalter
- Beteiligung an RB-Kette

Abb. 11-6: Vertriebsorganisation für Flugreisen

(Aus: Rudolph, Harry, Tourismus-Betriebswirtschaftslehre, München/Wien 1999, S. 166)

11.2.2.2 Charterflugverkehr

Ist eine der für den Linienflugverkehr o. g. Kriterien nicht erfüllt, so handelt es sich um **Charterflugverkehr.** Grundsätzlich ist der Zugang zum Charterflugverkehr jedem Unternehmen offen, weswegen das Bundesverkehrsministerium das Angebot durch verschiedene Auflagen begrenzt *(vgl. Füth und Partner [Hrsg.], 1999, S. 83).*

„Der **Gelegenheitsverkehr** (Charterflugverkehr) wird im LuftVG als derjenige gewerbliche Luftverkehr bestimmt, der nicht Fluglinienverkehr ist. Die bis zur zweiten Stufe der EU-Liberalisierung für Passagierbeförderung geltende strenge Abgrenzung von Linien- und Charterflügen, wonach ein Charterflug nur im Rahmen einer Pauschalflugreise eines Veranstalters angehoben werden durfte. Der seat-only-Verkauf in Chartermaschinen ist legalisiert, die großen Charterfluggesellschaften vermarkten ihre regelmäßig angeflogenen Charterziele wie Liniendienste, womit eine höhere Kapazitätsauslastung erzielt wird. Dennoch behält die Unterscheidung nach Charter-Kategorien und Charterkonzepten wegen der Notwendigkeit, auf die differenzierte Nachfrage des Marktes mit unterschiedlichen technisch-organisatorischen Lösungen einzugehen, weiterhin ihre volle Gültigkeit" *(Rudolph, 1999, S. 152).*

Charter-Kategorien

Bezeichnung	Allgemeine Merkmale
Flüge zu humanitären Zwecken oder zur Behebung eines Notstandes (mercy flights)	–
Taxiflüge	auf Anforderung, Luftfahrzeuge mit maximal 10 Sitzplätzen
Selbstbenutzer-Charterflüge (own use oder single entity charter)	Benutzung für eigene Zwecke des Charterers
Affinitätsgruppen-Charterflüge	Zusammengehörigkeit der Reiseteilnehmer
Studenten-Charterflüge	Studenten, Schüler
Nordantlantik-Charterflüge (NAC)/ Veranstalter	Gruppenreise ohne Pauschalarrangement nach USA/Kanada, auch Beförderung nach Linienflugzeug, mindestens 20 Teilnehmer
Special event-Charterflüge	Teilnahme an einem besonderen Ereignis
Pauschalcharterflüge (ITC=inclusive tour-Charterflüge)	Pauschalarrangement, nur durch Reiseveranstalter (Gesamtheit von Reiseleistungen zum Endpreis)
Gastarbeiter-Charterflüge	Beschäftigung als Gastarbeiter in Deutschland
Militär-Charterflüge	Zivile Charterflüge für Militärangehörige der USA und Großbritanniens
Frachtcharterflüge	Nur Frachtbeförderung

Charterkonzepte

Plane-load-charter	Inanspruchnahme des gesamten Flugzeuges durch einen Charterer
Split-charterer	Inanspruchnahme des Flugzeugs durch mehrere Charterer
Commingling	Inanspruchnahme des Flugzeuges durch mehrere Gruppen verschiedener Charterkategorien
Intermingling	Rückflug der commingling-Gruppen erfolgt zu verschiedenen Zeiten und mit unterschiedlichen Flugzeugen
Part-charter	Inanspruchnahme eines Linienflugzeuges durch eine Gruppe zu Charterflugbestimmungen
mix-charter	Beförderung von Personen und Fracht gemeinsam
Konsolidierung	Zusammenfassung der Nachfrage mehrerer Reiseveranstalter zu einem plane-load-charter durch einen Consolidator
Pro-rata-charter	Charterer zahlt nur die tatsächlich abgenommenen Plätze

(Aus: Rudolph, Hary, Tourismus-Betriebswirtschaftslehre, München/Wien 1999, S. 152 f.)

Nachstehend werden die wichtigsten Ferienfluggesellschaften (Charter), die deutsche Urlauber in die verschiedenen Destinationen bringen vergleichsweise aufgeführt:

	Name	Airline-Code	Gründung	Wichtigste Reiseveranstalter
Deutschland	Aero Lloyd	YP/AEF	1980	NUR, IST, Alltours, TUI, Öger Tours, Bucher Reisen, TUI ab Österreich
	Air-Berlin	AB/BER	1978	IST, NUR, Alltours, Kreuzer, Phoenix
	Britannia	BN/DBY	1997	FTI
	Condor	DE/CEFG	1955	NUR, Alltours, Kreutzer, TUI, Condor Individuell, Öger Tours
	Eurowings	EW/EWG	1993	FTI
	FlyFTI	FTI	1998	k. A.
	Germania	ST/GMI	1978	TUI, Berliner Flugring, LTU-Touristik
	Hamburg International	HHI	1998	NUR, Bucher Reisen, TUI, Öger Tours
	Hapag-Lloyd	HF/HLF	1972	TUI, ITS, NUR, LTT, HFS, 1,2,Fly
	LTU	LT/LTU	1955	LTT, Tjaereborg, Jahn-Reisen, Meier's Weltreisen, Olimar, 1,2,Fly, Transair
	TransAer Cologne	TLA	1998	gesamte LTU-Gruppe, TUI
Spanien	Air Europa	UX/AEA	1984	NUR, Bucher Reisen
	Futura	FH/FUA	1989	k. A.
	Iberworld	TY/IWD	1998	NUR, Iberostar
	Spanair	JK/SPP	1987	k. A.
Griechenland	Air Greece	JG/AGJ	1994	Air Greece, eigene Veranstalter
	Cronus Airlines	X5/CUS	1995	k. A.
	Macedonian Airlines	MCS	1992	k. A.
	Princess Air	PER	1998	Siokas Reisen
	Axon Air	AXO	1998	k. A.
Türkei	Air Alfa	H7/LFA	1992	Transatlas Reisen
	Anatolla	TD/NTL	1996	Sultan Reisen, GTI-Travel

	Name	Airline-Code	Gründung	Wichtigste Reiseveranstalter
noch Türkei	Istanbul Airlines	IL/IST	1985	Öger Tours, Bucher Reisen, TTR, ATT, TT Türkei Reisen, NUR
	Kibris Türk Hava Yollari	KYV	1974	k. A.
	Onur Air	8Q/OHY	1992	Onur Flug Center OSC, Sunny Travel Service, Nazar Reisen
	Pegasus Air	PGT	1990	Öger Türk Tour, ATT
	Sun Express	XQ/SXS	1990	Öger Tours, NUR, Alltours, ATT GmbH, ITS
	Turkish Airlines	TK/THY	1933	zahlreiche kleine Veranstalter
Ägypten	AMC Aviation	AMV	1994	k. A.
	Egyptair	MS/MSR	1932	zahlreiche kleine Veranstalter
	Lotus Air	TAS	1997	Nazar Reisen
	Pharaoh Airlines	PHR	1998	Al Farana
	Shorouk Air	7Q/SHK	1992	k. A.
Portugal	Porugalia	NI/PGA	1989	k. A.
	TAP Air Portugal	TP/TAP	1945	k. A.
Tunesien	Nouvelair	BJ/LBT	1989	ITS, NUR, TUI, Öger Tours
	Tunis Air	TU/TAR	1948	TUI, NUR, Bucher Reisen, ITS
Italien	Air One	AP/ADH	1983	k. A.
Marokko	Royal Air Maroc	AT/RAM	1953	NUR, Öger Tours, Bucher Reisen
Zypern	Eurocypria	UI/ECA	1990	Alltours, FTI, DER, Jahn-Reisen, Tjaereborg, ITS
Kroatien	Croatia Airline	OU/CTN	1989	NUR, ITS, TUI
Malta	Air Malta	KM/AMC	1973	NUR, Öger Tours, TUI, Kreutzer, FTI, Jahn-Reisen, Tjaereborg
Bulgarien	Balkan Air	LZ/LAZ	1947	ITS, NUR, Balkan Holidays, Arko Reisen, BFR, BG-Tours
	Air VIA	VL/VIM	1990	BG-Tours, TUI, Transair, Tjaereborg, 1,2,Fly
Kasachstan	VIP Air	9V/VPA	1996	Vogelmann

	Name	Airline-Code	Gründung	Wichtigste Reiseveranstalter
noch Kasachstan	Transasian Airlines	T7/SRT	1996	Aeroservice, Olympia-Reisen
Russland	Pulkovo Airlines	Z8/PLK	1932	Luftbrücke GmbH, Olympia-Reisen, Aero-service
	Sibir Airlines	S7/SBI	1992	Expressreise GmbH, Aero-service/Olympia-Reisen
Kanada	Air Transat	TS/TSC	1986	TUI, Air Marin, FTI, LTT
	Canada 3000	2T/CMM	1988	Canusa

Abb. 11-7: Airline-Check
(Nach: Focus 30/1999 , S. 130 ff.)

„Für den Reiseverkehr in Urlaubsgebiete sind die **Pauschalcharterflüge** besonders bedeutend, da sie fast 90 % des gesamten Charterflugaufkommens erbringen. Hierbei chartert ein Reiseveranstalter meist über die gesamte Reisesaison ein Fluggerät eines (Charter-)Flugunternehmens (meist einmal pro Woche zu einem festen Flugtermin), stellt ein Pauschalreiseangebot zusammen, wobei er in seiner Preiskalkulation vollkommen frei ist, und sorgt mit eigenem Risiko für die Auslastung der Maschinen.

Für die Zulassung zum Charterflugverkehr bestehen bestimmte Auflagen, um vor allem eine Konkurrenz zwischen Charter- und Linienflügen aufkommen zu lassen. Die wichtigsten Vorschriften sind: Hin- und Rückreise von denselben Flughäfen, Mindestaufenthalt der beförderten Gäste, Zusatzleistungen durch Reiseveranstalter am Urlaubsort" *(Füth und Partner [Hrsg.], 1999, S. 83).*

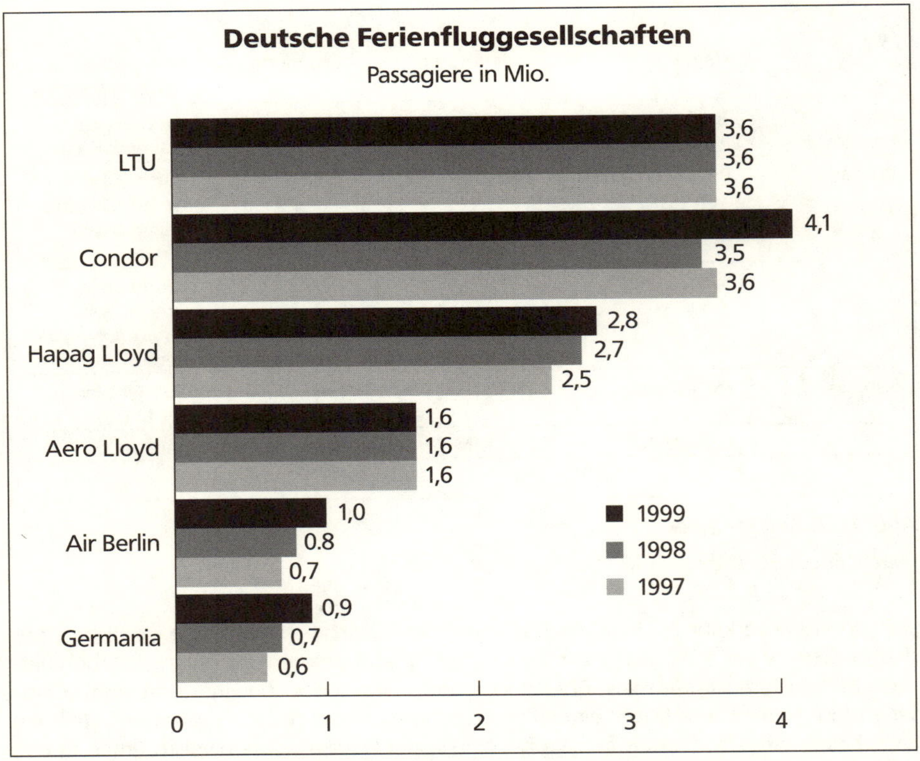

Abb. 11-8: Deutsche Ferienfluggesellschaften - Passagiere in Millionen (Nach: DRV [Hrsg.], Fakten und Zahlen zum deutschen Reisemarkt, Frankfurt 2000)

11.2.2.3 Zivilflughäfen

Um einen reibungslosen Ablauf des Luftverkehrs zu gewährleisten, kommt der Verkehrsinfrastruktur eine herausragende Bedeutung zu.

Hierzu zählen vor allem die Flughäfen.

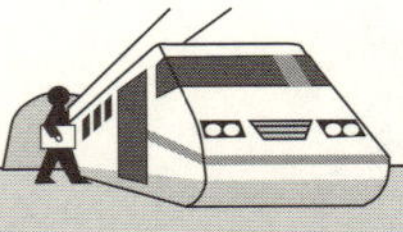

Auf den deutschen Flughäfen gab es im vergangenen Jahr einen neuen Rekord. Das Statistische Bundesamt zählte insgesamt 71,6 Millionen Fluggäste, sieben Prozent mehr als 1999. Seit 1991 hat die Zahl derjenigen, die jährlich in die Luft gehen, um 85 Prozent zugenommen. Bei Inlandsflügen gab es 2000 (im Vergleich zu 1999) ein Plus von fünf Prozent auf 22Millionen Fluggäste. Bei Flügen ins Ausland wurden 49 Millionen Passagiere registriert; das war ein Zuwachs von knapp sieben Prozent.

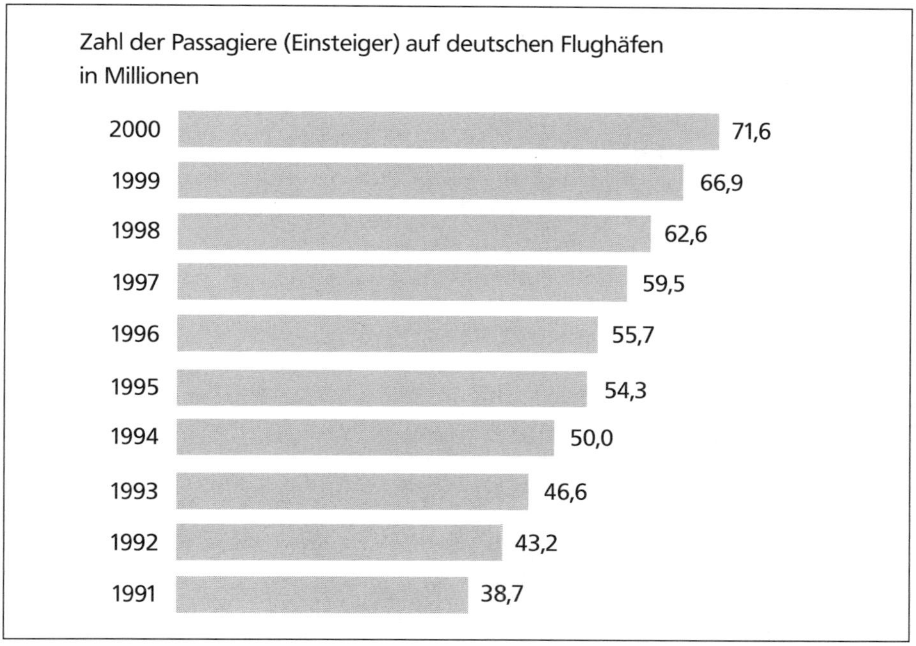

Abb. 11-9: Die in die Luft gegangen

Die Zivilflughäfen:

Aufgabe: Abwicklung der Passagierbeförderung (Linien und Charterverkehr)
Durchführung des Frachtverkehrs

Struktur: Terminals (Flugabfertigung)
- passenger area mit Serviceangebot
- Frachtumschlagseinrichtungen
- Kontrollorgane (z. B. Fluglotsen, Flugabfertigungspersonal)
- Airportverwaltung (z. B. Zoll, BGS, Polizei)
- Verkehrsanbindung (z. B. Shuttle, Parkplätze, Bahnhof, Mietwagen)
- Hotel, Motel

Flughäfen im 1. Halbjahr 2000

Flughafen	Fluggäste absolut	Veränderungen in Prozent	Flughafen	Fluggäste absolut	Veränderungen in Prozent
Frankfurt	23 340 174	+ 7,9	Berlin-Tempelhof	377 518	– 7,1
München	10 874 616	+ 8,5	Saarbrücken	216 396	+ 12,1
Düsseldorf	7 548 069	+ 0,6	Erfurt	185 229	+ 29,2
Berlin-Tegel	4 974 361	+ 10,9	**Internationale Airports**	**67 259 461**	**+ 7,0**
Hamburg	4 681 070	+ 4,8			
Stuttgart	3 726 503	+ 6,6	Paderborn/Lippstadt	628 239	+ 15,0
Köln/Bonn	2 967 052	+ 7,2	Dortmund	337 601	+ 2,6
Hannover	2 498 218	+ 4,4	Friedrichshafen	184 002	+ 17,4
Nürnberg	1 452 080	+ 14,6	Augsburg	155 066	+ 5,2
Leipzig/Halle	988 581	+ 6,2	Hahn	152 463	+ 95,2
Berlin-Schönefeld	945 616	+ 19,0	Karlsruhe/Baden-Baden	92 540	+98,2
Bremen	903 061	+ 2,7	Mönchengladbach	86 773	– 25,8
Dresden	800 948	+ 1,5	Kiel	72 955	+ 14,5
Münster/Osnabrück	778 969	+ 10,7	Lübeck	64 076	+ 30,9

Flughafen	Fluggäste absolut	Veränderungen in Prozent
Rostock-Laage	42 639	+ 3,8
andere	127 243	+ 12,1
Regionalflughäfen	**1 943 597**	**+ 15,1**[1)]

1) Bereinigt um den Flughafen Braunschweig, der im vorigen Jahr noch in der Statistik enthalten war.

(Aus: FVW 20/00, S. 66)

11.2.3 Schienenverkehr

Die FerienTicket-Regionen auf einem Blick.

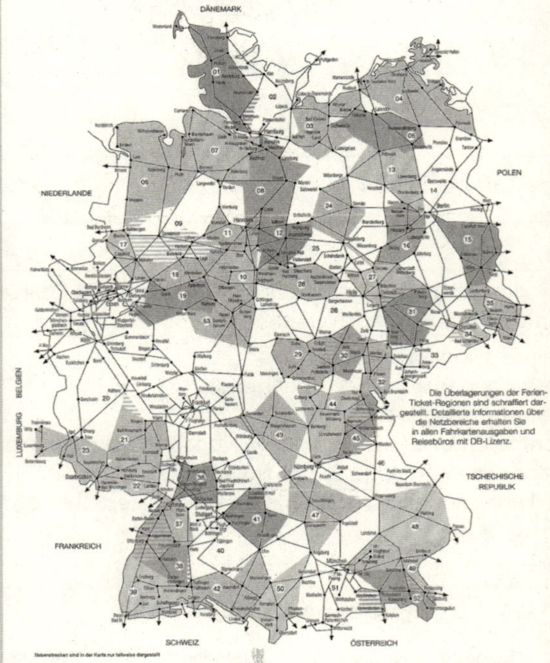

Übersicht FerienTicket-Regionen

Netz 01 Schleswig-Holstein Nordseeküste
Netz 02 Schleswig-Holstein Ostseeküste
Netz 03 Mecklenburg
Netz 04 Vorpommern
Netz 05 Mecklenburgische Seenlandschaft
Netz 06 Grüne Küste Niedersachsen
Netz 07 Nordheide/Cuxhavener Land
Netz 08 Lüneburger Heide
Netz 09 Osnabrücker Land
Netz 10 Weserbergland
Netz 11 Mittelweser
Netz 12 Vorharz/Elm
Netz 13 Prignitz/Ruppin
Netz 14 Uckermark/Barnim
Netz 15 Spreewald/Niederlausitz
Netz 16 Potsdam/Havelland/Fläming
Netz 17 Münsterland
Netz 18 Ostwestfalen
Netz 19 Sauerland
Netz 20 Rhein/Mosel
Netz 21 Rheinhessen/Nahe
Netz 22 Westpfalz/Südliche Weinstraße
Netz 23 Saarland/Luxemburg
Netz 24 Altmark
Netz 25 Magdeburger Börde
Netz 26 Harz
Netz 27 Anhalt-Wittenberg
Netz 28 Burgen- und Weinland Saale/Unstrut
Netz 29 Thüringer Wald
Netz 30 Thüringer Schiefergebirge
Netz 31 Leipzig/Sächsisches Burgen- und Heideland
Netz 32 Vogtland
Netz 33 Erzgebirge
Netz 34 Sächsische Schweiz/Dresden/Meißen
Netz 35 Oberlausitz/Niederschlesien
Netz 36 Neckartal/Kraichgau-Stromberg
Netz 37 Schwarzwald Nord
Netz 38 Schwarzwald Mitte
Netz 39 Schwarzwald Süd
Netz 40 Schwäbische Alb West
Netz 41 Schwäbische Alb Ost
Netz 42 Bodensee/Oberschwaben
Netz 43 Rhön/Fränkisches Weinland/Haßberge/Steigerwald/Romantisches Franken
Netz 44 Frankenwald/Fichtelgebirge/Oberes Maintal-Coburger Land
Netz 45 Frankenalb/Fränkische Schweiz/Fichtelgebirge
Netz 46 Oberpfalz
Netz 47 Naturpark Altmühltal/Neues Fränkisches Seenland/Donautal/Nordschwaben
Netz 48 Bayerischer Wald/Südliches Niederbayern
Netz 49 Rottaler Bäderdreieck/Inn-Salzach
Netz 50 Allgäu/Bayerisch Schwaben
Netz 51 Kur- und Ferienland Garmisch-Partenkirchen/Oberbayerisches Alpenvorland
Netz 52 Berchtesgadener Land/Chiemgau/Rosenheimer Land
Netz 53 Nordhessen

Durch den unaufhaltsamen Aufstieg der Flugtouristik, vor allem im touristischen Chartersegment, verlor die Bahn nach und nach an Bedeutung für die gesamte Touristikbranche sowie für weite Teile des Individualtourismus. Auch durch die zunehmende „Automobilität" wuchs naturgemäß die Zahl der Individualreisenden, die mit ihrem Statussymbol in den Urlaub reisen wollten. Nur zögernd gaben die Reiseveranstalter diesem Trend nach und erlaubten auch die Buchung des „Nur-Aufenthaltes", also mit eigener Anreise. Die Konsequenz war der stetige Verlust an Marktanteilen, der durch die Privatisierung der Bahn und durch die konsequente Ausrichtung marketing- und vertriebsseitiger Aktivitäten auf den Tourismus aufgefangen und bis zu Anfang des nächsten Jahrtausends in eine Trendwende umgekehrt werden soll.

Durch die personelle Umbesetzung im Vorstand der Deutschen Bahn AG im Herbst 1999 will die Bahntouristik einen einsetzenden Aufwind nutzen. Neue Konzepte und eine auf Partnerschaft ausgerichtete Kooperations- (Marketingkooperationen mit deutschen Tourismusorganisationen) und Synergiepolitik haben Einzug gehalten und stärken die angestrebte Marktdurchdringung mittels der eingeschalteten Multiplikatoren innerhalb der Touristikbranche. Die Deutsche Bahn AG hat eine Renaissance des Bahntourismus eingeläutet. Durch eine glaubhafte Produkt-, Service- und Preisausrichtung, nicht nur den Transport, sondern die gesamte Reisedienstleistung betreffend, sollen – gerade im Hin-

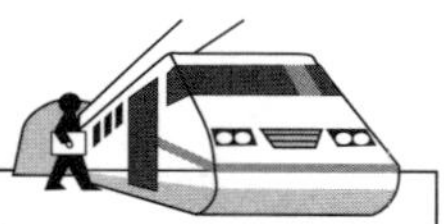

Beim Bahnfahren sind die Schweizer nicht zu übertreffen. In keinem anderen Land wird die umweltfreundliche Schiene so intensiv genutzt wie in der Schweiz: Mit 1.850 Kilometern je Einwohner und Jahr nehmen die Eidgenossen den Spitzenplatz auf der Rangliste der Bahnfahrer ein. Rang zwei in unserer Grafik belegen die Weißrussen, die durchschnittlich 1.656 Kilometer pro Kopf und Jahr schaffen. Die Deutschen erreichen lediglich einen Platz im Mittelfeld. Trotz des gut ausgebauten Schienennetzes und vieler Spar- und Lockangebote bewältigt im klassischen Land der Autobahnen jeder Einwohner nur 891 Kilometer jährlich mit der Bahn. Der Pkw hat bei der Personenverkehrsleistung einen Anteil von 79 Prozent, die Bahn kommt nur auf acht Prozent, die restlichen 13 Prozent teilen sich U-Bahn, Straßenbahn, Bus und Flugzeug.

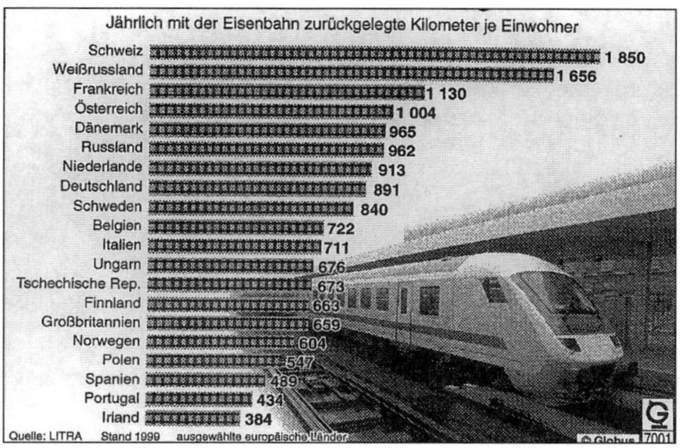

Abb. 11-9: Mit der Bahn auf Reisen

blick auf touristische Zielgruppen – neue Kunden gewonnen und alte Kunden zurückgewonnen bzw. erhalten werden.

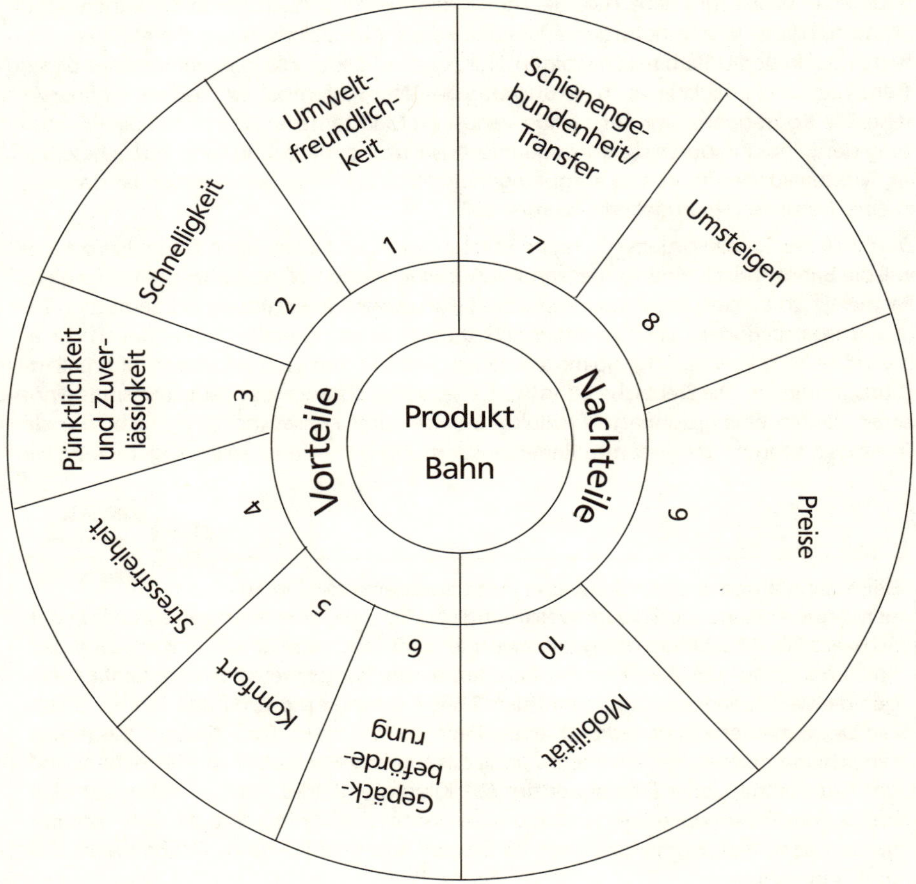

Abb. 11-10: Produkt Bahn

Wie alle anderen Verkehrsträger hat auch die Bahn spezielle Vor- und Nachteile wie Merkmale, auf die im Folgenden einzugehen ist.

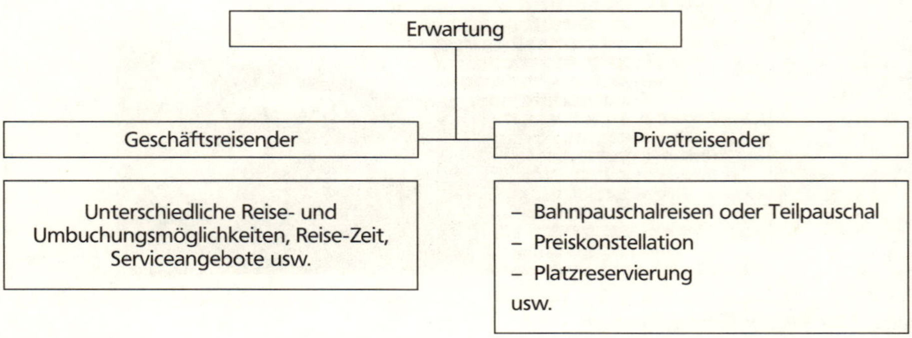

Ob trotz bestehender Vor- und Nachteile ein Reisender sich für oder gegen die Bahn entscheidet, ist auch davon abhängig, welche Erwartungen an den Verkehrsträger speziell gestellt werden. So sind die Ansprüche eines Geschäftsreisenden nicht immer deckungsgleich mit denen des Privatreisenden.

Produkte der Bahn

> **Neue Namen für 1. und 2. Klasse**
>
> Die Deutsche Bahn (DB) will ihre Abteile nicht mehr 1. und 2. Klasse nennen und ihnen „zeitgemäße Namen" verpassen. Auch verkauft das Unternehmen, wie ein internes Papier weiter zeigt, künftig in Zügen Reisen der Tochtergesellschaft Ameropa und setzt Busse ihrer deutschen Touring als Zubringer zu den Fernzügen ein. Zudem sollen Kunden bei Auslandsreisen künftig nur noch eine statt derzeit mehrere Reservierungsgebühren entrichten. Bahnreisende erwartet außerdem ein besseres Informationsprogramm. Die 58 Einzelsysteme werden bis 2003 in einem Info-Pool zusammengeführt *(AHGZ vom 25. 9. 1999).*

„Die Produktpalette der Deutschen Bahn umfasst die Beförderung in unterschiedlichen Zügen sowie verschiedene Serviceleistungen" *(Mundt, 1999, S. 104).*

Danach lassen sich die Leistungen der Bahn grob differenzieren nach den:

Zuggattungen	Beförderungsklassen	Tarifklassen
ICE – InterCityExpress EC – EuroCity IC – InterCity IR – InterRegio D – Schnellzug UEx – UrlaubsExpress (Fahrplanabhängig) THA – THALYS CIS – CISALPINO MET – METROPOLITAN EXPRESS TRAIN NZ – DB NachtZug EN – EuroNight CNL – CityNightLine RE – Regionalexpress RB – Regionalbahn SE – StadtExpress DNR – Nahreisezug von Dritten Auswirkung auf Reisedauer	1. Klasse > Wagenklassen 2. Klasse Unterscheiden sich in Ausstattung, Komfort, Service, Preis	Normalfahrpreis Zuschläge z. B. ICE Ermäßigung z. B. Bahn Card
Wagenart Sitz-, Schlaf-, Liegewagen Sonderwagen z. B. Bistrowagen Gesellschaftswagen		

Auf die Produktgestaltung der Bahn hat der Reiseveranstalter keinen Einfluss; es stellt sich ihm die Wahl zwischen den unterschiedlichen Angeboten der Bahn-Touristik. Allerdings werden in der Saison oftmals Sonderzüge der Reiseveranstalter eingesetzt. Überwiegend erfolgt die Beförderung der Pauschalreisenden in Regelzügen *(vgl. Mundt, 1999, S. 104).*

Die Deutsche Bahn AG arbeitet dabei mit

- *Produktstrategien* (unterschiedliche Maßnahmen im Linien- sowie Charter- und Turnuszugsystem)
- *Touristischen Kernstrategien* (Ausbau der Vertriebswege in der Bahntouristik, Verbesserung des Dienstleistungsangebotes bei Bahnreisen, Erweiterung der Angebotsbasis für touristische Zielgruppen, Neupositionierung der Bahntouristik im Markt und Verbesserung der Produktqualität im touristischen Verkehr) *(vgl. Baumbach, S. 649 f.).*

In diesem Zusammenhang soll auf die Service-Pakete der Deutschen Bahn hingewiesen werden:

Reservierung	– Platzreservierungen bereits drei Monate vor Reiseantritt möglich
Kreditkarten	– Akzeptanz von Kreditkarten in ca. 1.100 Bahnhöfen, Reisebüros mit DB-Lizenz, in Bistros und Restaurants der Fernverkehrszüge
Park & Ride im Regionalverkehr	– Parkplätze an über 3000 kleineren Bahnhöfen
Park & Rail	– wer mehr als 100km mit der DB reist, kann sein Fahrzeug zu ermäßigten Preisen abstellen
ParkService/ Park&Check	– Abgabe des Pkws mit Fahrzeugschlüsseln – Parken erfolgt durch Mitarbeiter der DB
BahnTaxi	– Beförderung mit BahnTaxi zum Pauschalpreis
DB Lounges	– Aufenthaltsmöglichkeit für Reisende der ersten Klasse
Fahrrad am Bahnhof – zur Miete	– Vermietstationen am Bahnhof oder in unmittelbarer Nähe
Fahrradmitnahme in Zügen	–
GepäckträgerService	– Gepäckträger helfen beim Koffertragen und Einsteigen
KurierGepäck	– Gepäcktransport von Haus zu Haus
PostGepäck	– Reisegepäckaufgabe bei der Post möglich – Beförderung erfolgt innerhalb von 1–2 Werktagen
Reiseschutz	– Reiseschutz durch die EUROPÄISCHE Reiseversicherung

Abb. 11-11: Service DB

Die vorstehende Übersicht stellt das derzeitige Servicepaket der Deutschen Bahn AG vor. Nähere Auskünfte über regional begrenzte oder aktuelle Sonderangebote sind bei den Servicecountern einzuholen.

11.2.4 Schifffahrt

Abb. 11-12: Die neue „Europa"
(Aus: AHGZ Nr. 42, S. 11)

Als Verkehrsmittel für den Personentransport spielt das Schiff in Deutschland nur eine untergeordnete Rolle. Weder der Binnenverkehr, der vorwiegend aus Ausflugsverkehr besteht, noch die Bereiche gewerbliche Personenbeförderung, Seeschifffahrt oder Kreuzfahrten besitzen einen bedeutenden Anteil am Reiseaufkommen.

Lediglich als spezielle Angebotsform für den Urlaubsreiseverkehr hat die **Seetouristik** eine gewisse Bedeutung. Doch auch hier ist das Reiseaufkommen (mit weniger als 1% der jährlichen Urlaubsreisen) äußerst gering.

Der Schiffsverkehr umfasst:

- die Linienschifffahrt
- die Bedarfsschifffahrt
- Sonderformen des Seetourismus.

Schiffsreisen stellen eine interessante Angebotsvariante des Tourismus dar, bei der die eigentliche Transportleistung zumeist in den Hintergrund tritt und der Aufenthalt „an Bord" des Transportmittels zur wesentlichen Angebotsform wird.

Zunächst sollen die oben genannten Hauptformen des Schiffsverkehrs unterschieden werden:

11.2.4.1 Linienschifffahrt

Die Linienschifffahrt erfolgt regelmäßig gemäß Fahrplan zwischen See- oder Flusshäfen, dafür muss eine Betriebsgenehmigung vorliegen.

Zu den Sonderformen zählen:

Fährverkehr

- auf Flüssen
- auf Binnenseen
- auf dem Meer

Die Fährschifffahrtsdienste unterstützen den Tourismus auf Straße und Schiene durch den Transport von Autos, Wohnwagen, Eisenbahnwaggons usw. Exemplarisch sei auf den Fährverkehr auf Nord- und Ostsee hingewiesen.

Frachtschifffahrt

Bis zu 12 Personen dürfen auf einem Frachtschiff mitfahren (ohne Arzt an Bord)

Diese Tourismusart ist jedoch rückläufig.

11.2.4.2 Bedarfsschifffahrt

Abb. 11-13: MS „Costa Victoria"
(Aus: AKDA [Hrsg.] o. J., S. 47)

Diese Art Schiffsverkehr erfolgt nicht regelmäßig und ohne Beförderungspflicht. Trotzdem wird diese Art des **See- bzw. Flusstourismus** oft zu bestimmten Zeiten in bestimmten Regionen durchgeführt und stellt den Kern des heutigen Aufkommens an Passagieren auf dem Schiffsmarkt dar *(vgl. Rudolph, 1999, S. 188).*

Eine für die See- und Flusstouristik relevante Art der Bedarfsschifffahrt sind die **Kreuzfahrten.** Letztere sind Urlaubsreisen mit dem Schiff auf offener See oder auf Binnengewässern, bei denen mehrere Häfen angelaufen werden. Das Arrangement schließt Beförderung, Unterkunfts- und Verpflegungsleistungen sowie Sport- und Unterhaltungsprogramme mit ein. Außerdem werden Landausflüge angeboten. Die Kosten für die Teilnahme an Landausflügen ist meistens nicht im Preis inbegriffen.

Die Hauptformen sind:

Kreuzfahrten (mit verschiedenen Unterkunftsangeboten) und **Segeltörns.**

Rund 80 % aller Kreuzfahrten werden über Seereiseveranstalter, 20 % über Reedereien vermarktet. Hauptzielgebiete sind das Mittelmeer und Europ. Nordland. Von den Überseegebieten werden insbesondere Fahrten in der Karibik nachgefragt *(vgl. Freyer, 1995, S. 146).*

Bedingt durch seine Größe kann es sich der deutsche Kreuzfahrten-Markt leisten, ein eigenes nationales Angebot mit eigenen und gecharterten Schiffen zu unterhalten, das von deutschen Reedereien und Seereiseveranstaltern bereitgestellt wird. Im vergangenen Jahr bestand dieses nationale Kreuzfahrten-Angebot aus:

Hochseekreuzfahrten

Schiffe	Betten	Einsatztage	Kapazität (PTs)
18	8372	5524	2 605 186

Hochsee-Kreuzfahrten

Global	ca. Anteil %
Europäische Gewässer	66 %
Überseeische Gewässer	34 %

Regional	ca. Anteil %
Europ. Nordland	23
Westeuropa/Atl. Inseln	11
Mittelmeer	32
Karibik/USA	22
Übersee (ohne USA)	12

Gefolgt von der Karibik/USA und Westeuropa/Atl. Inseln hatten Nordland-Kreuzfahrten den größten Passagierzuwachs gegenüber dem Vorjahr. Auch das Mittelmeer hatte in diesem Zeitvergleich einige Pax mehr, wobei sein Marktanteil etwas kleiner geworden ist.

Fluss-Kreuzfahrten

Fahrtgebiete	ca. Anteil %
Deutsche Flüsse	30
Donau	45
Franz. Flüsse	9
Russ. Flüsse	11
Nil	3
Sonstige	2

(Nach: Pollak, Alf, Der Kreuzfahrten-Markt Deutschland, S. 6ff.)

Die Donau, die wieder bis zum Schwarzen Meer befahrbar ist, konnte mit einem erweiterten Angebot gegenüber dem Vorjahr kräftig zulegen (vgl. ders., ebd., S. 15).

Insgesamt ist aufgrund von „Unruhen" das Ergebnis der **Flusskreuzfahrten** zurückgegangen.

Kreuzfahrten lassen sich unterteilen nach:

der Motivation der **Reiseteilnehmer**	**ihrer Organisation**	**der Fahrroute**
– Erholungskreuzfahrt (Erholung/Entspannung steht im Vordergrund)	– klassische Kreuzfahrt (Rundreisen von mindestens 5 Tagen Auslauf- und Ankunftshafen oder Fahrt zwischen zwei Häfen) z. B. Karibik Kreuzfahrt	– Hochseekreuzfahrt – Küstenkreuzfahrt – Flusskreuzfahrt
– Themenkreuzfahrt (Fahrtroute, Bordprogramm und Landausflüge tragen ein Motto)	– Flug-Schiff-Kombinationen (z. B. Weltreisen)	
– Studienkreuzfahrt (z. B. Reiseroute und Reiseverlauf sind auf kulturelle Sehenswürdigkeiten abgestellt)	– Fly and Cruise–Arrangement (Flug zum Abfahrtshafen und Rückflug vom Zielhafen sind Bestandteil der Pauschalreise (z. B. Flug bis Kapstadt, Kreuzfahrt um Kap der guten Hoffnung, Rückflug von Nairobi), wodurch Teilpassagen längerer Kreuzfahrten möglich sind	
– Abenteuer-Kreuzfahrt (z. B. Piratentörns)	– Sail and stay-Kreuzfahrt (Kombination von Kreuzfahrt und Landaufenthalt)	
– Fun Cruises (überwiegend kurze Kreuzfahrten, deren Zielgruppe junge Leute und/oder Familien mit Kindern sind und eine umfassende Animation/Unterhaltungsprogramm anbieten)		

(Nach: AKAD [Hrsg.], Allgemeine Tourismuslehre, Arbeitsheft 4, Stuttgart o. J., S. 58.f.)

Zur Bedarfsschifffahrt zählen auch Frachterreisen. Immer weniger Reedereien bieten touristisch diese Möglichkeit an, denn sie ist mit dem gehobenen Ambiente einer Kreuzfahrt nicht zu vergleichen. Aber diese Touristikart wird von Individualisten – auch aus finanziellen Gründen – genutzt.

Nicht zu vergessen sind in diesem Zusammenhang die Ausflugsfahrten. Bisher hat sich ein ganzer „Industriezweig" von z. B. „Butterfahrten" ernährt.

Sonderformen der Seetouristik

„Besondere Menschen verlangen besondere Angebote"; nach diesem Motto ist der Seetourismus weiterentwickelt worden. Hierzu zählen:

- Reisen mit Segeljachten
  (Tall Ships)

- Expeditionskreuzfahrten
  (meist kleine, speziell ausgerüstete Schiffe, z. B. für Fahrten ins Eismeer oder zum Amazonas)
- Segelkreuzfahrten
  (Fahrten mit Großseglern)
- Bootscharter von Kreuzfahrtschiffen mit dazugehöriger Besatzung
- Fahrten mit Postschiffen
  (z. B. um Norwegen)

(vgl. Rudolph, 1999, S. 189).

Seereisen werden u. a. von folgenden Veranstaltern angeboten:

Air Maritim Seereisen
Delphin Seereisen
DER
Gastager-Smaragd-Seereisen
Holiday Kreuzfahrten
Intermaris Kreuzfahrten
Karawane Studienreisen
Nicko tours
NUR
Olympia Reisen
Phönix Reisen
Plantours
Seetours International
Transocean Tours

(vgl. Pollak, 1998, S. 5).

Die Seereisen-Veranstalter bieten Kreuzfahrten zur See wie auf Flüssen an. Dabei erstreckt sich das zeitliche Angebot fast über das ganze Jahr hinweg.

Während beispielsweise Mittelmeerreisen ganzjährig in den Katalogen zu finden sind, stehen Ostseeraumfahrten im Winter nicht auf dem Programm.

Kreuzfahrtreedereien und Schiffe

Deutsche Reedereien

Arkona Touristik (DSR)

Hapag Lloyd Seetouristik

Köln-Düsseldorfer – Deutsche Flusskreuzfahrten

Peter Deilmann Reederei

Internationale Reedereien

Alsace Croisieres

Carnival Cruises

Costa Kreuzfahrten

Cunard Line

Discoverer Reederei

Festival Kreuzfahrten

NCL

Norwegische Schifffahrts-Agentur

RCI/ Celebrity

Sea Cloud Cruises

Silversea Cruises

Star Clippers Kreuzfahrten

Star Line Cruises

(Aus: Pollak, Alf, Der Kreuzfahrten-Markt Deutschland 1998, S. 4)

„Die Reederei ist der Schiffseigentümer. Aus steuerlichen und sicherheitstechnischen Gründen werden die Schiffe häufig ausgeflaggt, d.h. in einem Land mit entsprechenden günstigeren Bedingungen registriert. Deshalb stimmt das für ein Schiff genannte Heimatland nicht immer mit dem Firmensitz der Reederei überein“ *(Rudolph, a.a.O., S. 191).*

Nobel-Kreuzfahrtschiff. Das erste Kreuzfahrtschiff der Welt mit Eigentums-Appartements wird auf der norwegischen Werft Fosen Mek bei Trondheim gebaut. Die Kieler Werft HDW kam nicht zum Zuge. Die Werft ist derzeit voll ausgelastet und konnte so die gewünschte kurze Lieferzeit für das Schiff nicht erfüllen. *(Aus: Goslarsche Zeitung vom 30. 9. 1999)*

Schiffe sind von der Bauart sehr unterschiedlich; diese ist davon abhängig, wo bzw. wofür die Schiffe eingesetzt werden sollen. Schiffe sind auf Grund folgender Merkmale vergleichbar:

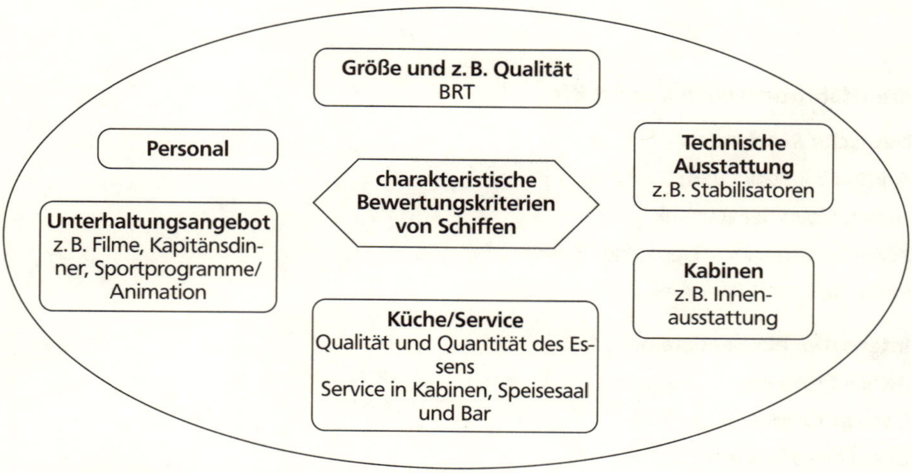

(Aus: AKAD [Hrsg.], a.a.O., S. 48 ff.)

Bootcharter

Ähnlich wie bei den Fahrzeugen – siehe Kapitel Straßenverkehr – können auch Schiffe/Boote von Personen/Urlaubern angemietet werden, und zwar direkt oder über den Reiseveranstalter i. R. eines Pauschalarrangements. Voraussetzung dafür ist in der Regel, dass der Mieter einen gültigen Bootsführerschein besitzt. In diesem Fall ist es ohne Einschränkungen möglich, einen Segler, eine Yacht usw. in Binnengewässern oder auf See zu steuern.

Dieser gesamte Bereich hat inzwischen an touristischer Bedeutung zugenommen, was das nachstehende Angebot untermauert.

Abb. 11-14: Bootstouren

11.2.5 Bergbahnen: die „Zugpferde" alpinen Sports und Vergnügens

„Die Bergbahnen sind ein oft verkannter Zweig unserer Verkehrsinfrastruktur. Zu Unrecht. Denn in den Alpenländern haben zwischen 10 und 15 Prozent des Bruttosozialproduktes ihren Ursprung im Tourismus. Der größere Teil davon ist Bergtourismus im weitesten Sinne, und dieser wäre ohne Bergbahnen ganz einfach nicht mehr vorstellbar. Nur die Bergbahnen ermöglichen breiten Bevölkerungsschichten den Zugang zur Alpenwelt; nur sie machen Alpweiden, Bergblumen, Gletscher, Felsen, Skiabfahrten und Panorama-Aussichten auch jenen Menschen zugänglich, die nicht die körperliche Kondition eines Alpinisten haben. Darüber hinaus erschließen sie abgelegene Siedlungen und verhelfen unzähligen Familien zu einem Einkommen." *(Aus: Moser, S., Aufwärts, Die faszinierende Geschichte und Technik der Bergbahnen, Zürich 1998, S. 6)*

Wie gecharterte Boote sind auch Bergbahnen Transportmittel und Leistungsträger am Ferienort. Im Alpenraum und im Wintertourismus sind sie ein wichtiger Entscheidungsfaktor für die potenziellen Gäste. Ohne diese Leistungsträger mit den High-Tech-Anlagen und ganzheitlichen Angeboten bis zur Schneegarantie wären die Alpen in der Schweiz, Deutschland, Frankreich und Österreich kein Ferienziel in dieser Größe. Eine vertiefte Betrachtung der Bergbahnbranche in den Alpenländern – mit all ihren Nutzen und Gefahren – schließt sich daher an:

11.2.5.1 Bergbahnen – Motor des Bergtourismus

Bergbahnen sind aus dem Bergtourismus, speziell aus dem Wintersport, nicht mehr wegzudenken. Als die ersten Transportanlagen in den wilden Alpengebieten entstanden, wurden sie als Wunderwerke gefeiert. Die Wertschätzung hat sich geändert. Die „Aufstiegshilfen" sind weit verbreitet, die neuen Anlagen sind technisch auf höchstem Niveau, führen auf extremste Gipfel (Kleinmatterhorn, Schweiz, 3820 m. ü. M) und erschließen entlegenste Gebiete. Die Entwicklung ist und bleibt rasant, weshalb auch heftige Diskussionen um Sinn und Machbarkeit, speziell im Hinblick auf Ökologie, geführt wurden. Die neueren Tendenzen der künstlichen Pisten-Beschneiung mit Schneekanonen sind ebenfalls kontroverser Natur. Auf der anderen Seite steht die Bergbahnbranche in hartem Konkurrenzkampf mit den Billig- und oder Ferndestinationen: Badeferien im Winter heißt heute die Alternative. Die 90-er Jahre der Rezession und der schneearmen Winter, bzw. der Lawinenwinter 1998/99, brachten manche Bergbahn an den Rand des Konkurses. Die Aussage „Ohne Bergbahn stirbt der Bergkurort" ist trotzdem auch heute noch in vielen Fällen gültig.

11.2.5.2 Technik und Bedeutung

11.2.5.2.1 Begriffe und Systeme

Abb. 11-15: Doppelstock-Pendelbahnkabine in Samnaun / 180 Plätze
(Aus: Moser; Sepp, Aufwärts, 1998, S. 81)

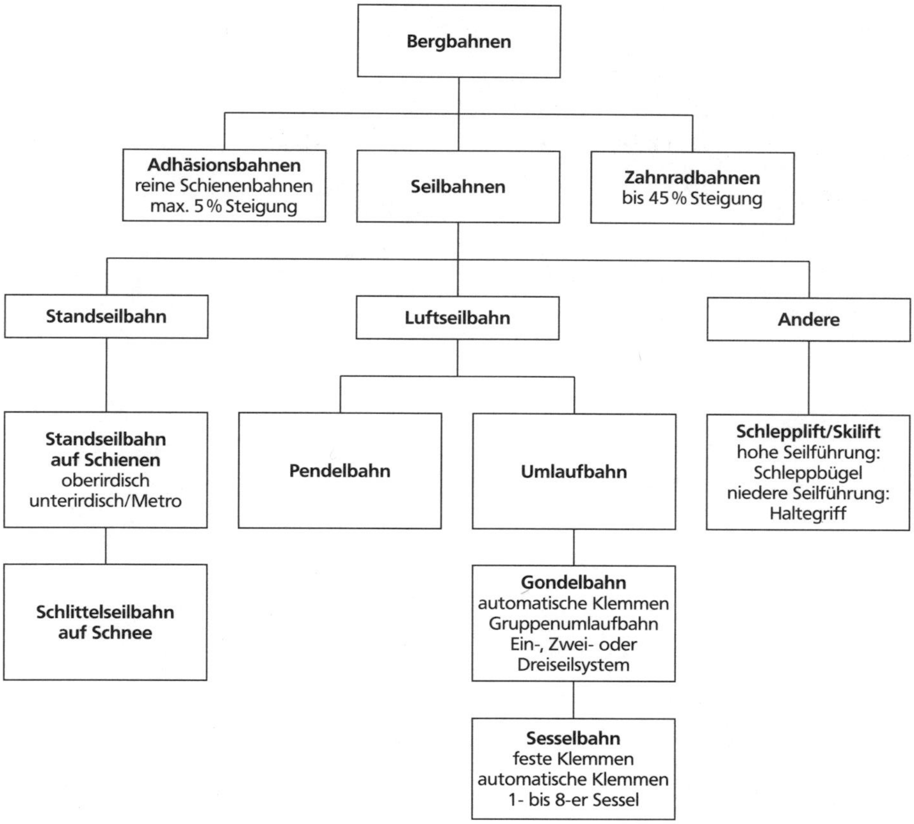

Abb. 11-16: Bergbahnsysteme im Überblick
(Nach: Verband Deutscher Seilbahnen [Hrsg.], Zahlen – Daten – Fakten, S. 20)

Bahnanlagen haben diverse Nutzungszwecke. Man unterscheidet deshalb Primär- und Sekundäranlagen bzw. Zubringer- und Beschäftigungsanlagen. Erstere setzen eine große Kapazität voraus, da die Bewältigung des Gästestromes innerhalb kurzer Zeit vom Ort ins eigentliche Skigebiet nötig ist, und diese evtl. bei schlechter Schneelage auch für den Rücktransport benötigt werden. Beschäftigungsanlagen sind Bahnen, die für die Ausführung des eigentlichen Sports benutzt werden.

Bergbahnen, Seilbahnen und Schlepplifte haben sich im Zuge des Fortschrittes und bei wachsenden Bedürfnissen der Benutzer und Betreiber ständig weiter entwickelt. Diverse neue Systeme sind in den letzten Jahren auf den Markt gekommen:

- Titlis (CH), 1992, erste drehbare Luftseilbahnkabine
  innerhalb von 45 Minuten dreht sich die Kabine um 360 Grad
- Samnaun (CH) 1995, erste doppelstöckige Luftseilbahn
  180 Plätze auf 2 Etagen mit 2 Ein- und Ausstiegsebenen
- Vradal (N), 1998, erste 8-plätzige Sesselbahn, koppelbare Sessel
- Alpine-Metros: Zermatt, Saas-Fee (CH)

(Aus: tt revue 11/1994, S. 32)

Abb. 11-17: Titlis-Rotair (CH) / 80 Plätze
(Aus: Rund um Titlis Rotair, 1997, S. 4)

Für den **Wintertourismus** sind Seilbahnen und Skilifte wichtige technische Voraussetzungen. Die Bedürfnisse der Wintersportler haben sich in den letzten Jahren rasant geändert. Schneller, besser, bequemer sind die Stichworte, die auch die neuen Anlagen erfüllen müssen. Der **Snowboard**boom hat diesbezüglich die Entwicklung noch verstärkt. Skilifte sind bei diesen Gästegruppen „out", mindestens Sessellifte mit bequemem Einstieg und Schutzhaube oder gar Gondelbahnen sind gefragt. Dies hat auch eine Neuorientierung bei den Investitionen zur Folge. Wirklich neue Anlagen in neuen Gebieten werden kaum mehr erstellt. Ersatzinvestitionen bei Abbruch von alten kapazitätsarmen Anlagen in schnellere, bequemere und kapazitätsstärkere Anlagen sind die Regel: Mehrere Skilifte werden durch eine kuppelbare Vierer- oder Sechsersesselbahn ersetzt.

11.2.5.2.2 Geschichtliche Entwicklung

Seilzüge zur Überwindung schwerer Transporte sind seit Menschengedenken bekannt. Aber erst mit der Entwicklung von Metalldrähten ist ihr Einsatz für große Zugkräfte möglich. So wurde auch bei der ersten dem Personenverkehr dienenden Eisenbahn, von Liverpool nach Manchester im Jahre 1830, auf den Seilzug zurückgegriffen, als sich eine Steigung von 20 Promille als zu steil für die damaligen Dampfmaschinen erwies. Die Schweiz war im Bergbahnbau ein Pionierland, so entstand 1871 die erste europäische

Zahnradbahn mit Dampfbetrieb zwischen Vitznau und Rigi (Zentralschweiz). Aussichtspunkte waren beliebte Ziele von Bergbahnprojekten. Erst 1934 entstand der erste Skilift in Davos, der zu einem Siegeszug dieser Technik und der skisportlichen Entwicklung führte.

Skitouristische Entwicklungsstufen	Landschaftsprägende Nutzung
bis 60-er Jahre mäßiger Skitourismus Mitte 70-er Jahre Aufschwung der Fremdenverkehrsorte, Ausbau des Skitourismus und Erweiterung der Skigebiete	traditionelle Berglandwirtschaft mit Skiliften und Umlaufbahnen kleiner bis mittlerer Kapazität; traditionelle Berglandwirtschaft und viele große, gut sichtbare skisportbedingte Landschaftseingriffe; Erosionsgefahr
Mitte 80-er Jahre betriebliche Qualitätsverbesserung der Skigebiete: Engpässe/Gefahrenstelle eliminieren, Präparierung mit Maschinen, Kapazitätserhöhung	schleichende Verarmung des Landschaftsbildes durch viele kleine Landschaftseingriffe, einhergehend mit Alpmelioration: Entwässerungen, Nivellierungen, Wiederbegrünungen;
90-er Jahre unsichere Entwicklung, Einbruch und Stagnation; Aufschwung und große Investition: Intensivierung, neue Wintersportarten, Diversifizierung, Kunden-Spezialisierung	Aufbau tiefer gelegener Pisten und kleiner schneearmer Skigebiete; forcierter Ausbau zu großräumigen Freizeitanlagen: bodenunabhängige Anlagen, Beschneiung, großräumige Sicherung; Ausdehnung in höhere Gebiete

Abb. 11-18: Die skitouristischen Entwicklungsstufen
(Aus: Hirsch-Jemma, M., Innovation im Berggebiet, Montagna 3/99, S. 27)

11.2.5.2.3 Alpengebiet – klassische Bergbahnländer

Weltweit sind heute ca. 30.000 Bergbahnanlagen in Betrieb.

In den **klassischen** europäischen **Skiländern** (F, A, I, CH, D) befinden sich rund die Hälfte der Anlagen. In diese europäische Allianz dringt alleine Japan an dritter Stelle ein. Klassische Skiländer in Übersee sind im Weiteren natürlich die USA und Kanada. Auch dort hat der Wintersport eine lange Tradition. Die Anlagen sind meist auf hohem technischen Niveau.

Die zweite Gruppe umfasst die **europäischen Länder mit Mittelgebirgen.** Die skandinavischen Länder sowie die ehemaligen Ostblockstaaten gehören in diese Kategorie. Es sind keine riesigen Skigebiete, die Anlagen sind eher auf veraltetem Niveau, aber mit starker Tendenz zur Erneuerung. Ein Hindernis zur Neuorientierung und Ausrichtung ist die in den letzten Jahren verschlechterte Schneelage in diesen eher tieferen Regionen.

Zu den späteren **Wintersport-Einsteigern** gehören Neuseeland, Australien, Argentinien und Chile. Der Wintersport entwickelte sich erst in den letzten 20 Jahren. Trotz neuer Anlagen setzte in diesen Ländern kein Wintersportboom ein. Die klassischen Skiländer sind attraktiver.

Bergbahnen sind aber auch in **Ländern ohne Wintersporttourismus** anzutreffen. Es sind hauptsächlich Ausflugsbahnen auf markante Berge und Gipfel (Südafrika),Ortserschließungsanlagen und eine Vielzahl von Transportbahnen für die Forst- und Landwirtschaft.

Wichtigste Bergbahnländer nach Systemen

Land	Standseilbahnen	Pendelbahnen (Ein- u. Zweiseil)	Zweiseilumlaufbahnen; kontinuierlich	Einseilumlaufbahnen mit Kabinen	Doppelseilumlaufbahnen (DMC)	Gruppenkabinenbahnen (Pendelb. o. Umlaufb.)	Sesselbahnen kuppelbar	Sesselbahnen festgeklemmt	Skilifte	Total
Frankreich	20	42	1	125	7	15	102	723	2945	3980
Österreich	25	56	11	131	2	5	134	474	2550	3388
Japan	27	88	2	93	6	1	410	2446	39	3112
Italien	20	97	0	68	2	3	90	609	1694	2583
davon Südtirol	*2*	*24*		*25*			*30*	*109*	*210*	*400*
Schweiz	56	32	5	107	2	6	111	183	1600	2202
Deutschland	17	27	10	13			4	91	1220	1383
USA	1	7	2	12			112	571	169	874
Schweden	3	2	1	3			7	36	719	771
Norwegen	4	5	0	0	0	1	12	39	628	689
Polen	2	4		2			2	18	577	605
Finnland								17	443	460
Spanien	10	6	1	6		2	15	115	227	382
China		17		12				124	0	153
Andorra				1			7	21	62	91
Bulgarien							6	21	53	80
Rumänien		8						19	36	63
Ungarn	1							1	57	59
Slowakei	1	2		4			5	19		31
Tschechien	4	2	1			1	6	15		29
Australien				1				1	0	2
Hongkong		1	1							2
Total	191	496	35	578	19	34	1023	5543	13019	20747

Abb. 11-19: Anzahl Bergbahnen nach Ländern und Systemen

(Aus: O.I.T.A.F, Statistik der Seilbahnen 1997; Landesamt für Seilbahnen, Bozen, Seilbahnen im Südtirol 1997)

11.2.5.3 Nutzen und Auswirkungen der Bergbahnen

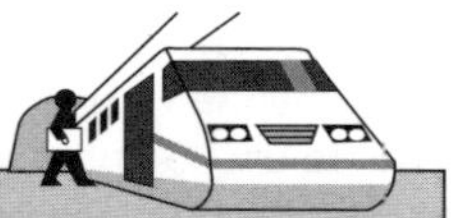

Weltweit fast 30.000 Bergbahnen und Skilifte

Stuttgart (tdt). Auf der Welt gibt es 29.889 Seilbahnen und Skilifte, die pro Stunde bis zu 21,9 Millionen Menschen befördern können. Das zeigt eine alle sechs Jahre erscheinende Statistik. Aus der – vom Institut für Förderwesen der Universität Stuttgart vorgelegten – neuesten Analyse wird deutlich, dass die Transportleistung seit 1999 weltweit dank einer wachsenden Zahl komfortabler Sesselbahnen und Seilbahnen um über 15 Prozent zunahm, aber immer weniger Skilifte schnurren. „Typisch für das Liftsterben ist Deutschland", so Projektleiter H. Dieter Schmoll. Allein in der Bundesrepublik sei die Zahl der Schlepplifte seit 1999 um 350 geschrumpft. Mit 4229 Aufstiegshilfen werden die meisten Anlagen derzeit in Frankreich gezählt. Es folgen die USA (3342), Österreich (3300), Japan (3138), Italien (2581), Schweiz (2215), Deutschland (1305), Slowakei (1030), Tschechien (971) und Schweden (954). *(Aus: AHGZ, Nr. 21/22. Mai 1999, S. 17)*

Die Bergbahnbranche ist eingebettet in diverse gesellschaftliche Einflussbereiche, von denen sie abhängig ist oder profitiert. Ihre Tätigkeit hat ebenfalls positive Nutzeffekte oder negative Schadenseinflüsse. Insbesondere können vier wichtige Ebenen oder Umwelten unterschieden werden. Als fünfte Umwelt wäre der ganze Bereich der Technik anzufügen.

Wirkungs- und Abhängigkeitsbereiche der Bergbahnen

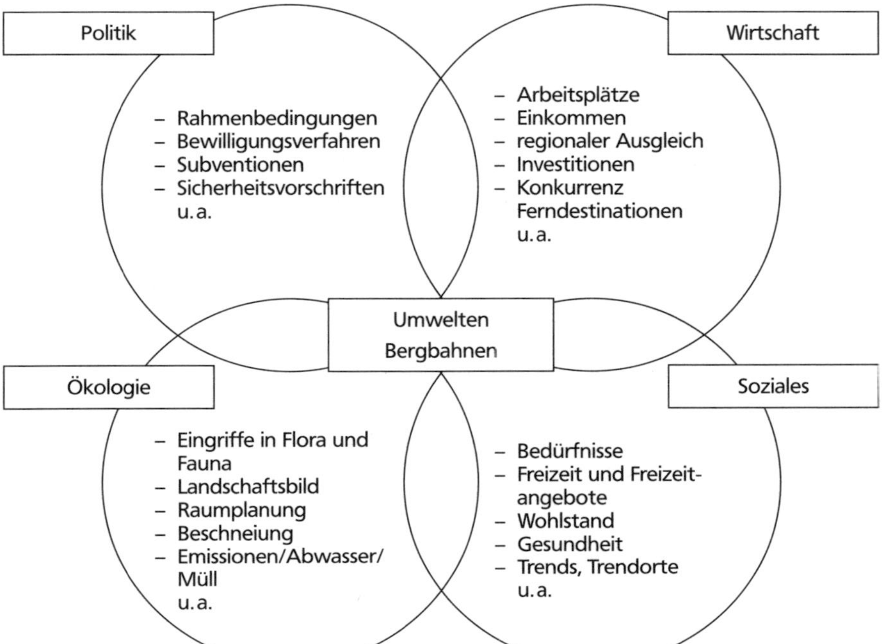

Abb. 11-20: Wirkungs- und Abhängigkeitsbereiche der Bergbahnen

Diese Übersicht zeigt nur die allerwichtigsten Faktoren und ist keineswegs abschließend. Im Folgenden sollen einige Einflüsse der Bergbahnbranche aus heutiger Sicht – Nutzeffekte und Gefahrenpotenziale – diskutiert werden. Wo es sich als möglich und sinnvoll erweist, werden die wichtigsten Zahlen zu den Auswirkungen für die hier beschriebenen Länder Schweiz, Deutschland, Österreich sowie der Region Südtirol angegeben.

11.2.5.4 Ökonomische Auswirkungen

Land	CH	D	A	Südtirol
Arbeitsplätze	11 000	6 000	12 000	1 700

Ganzjahresangestellte und Saisonkräfte in Bergbahnunternehmungen

(Aus: Schweizer Tourismus in Zahlen, 1998; Leistungsbericht Seilbahnen Österreich 97/98, S. 12; Verband Deutscher Seilbahnen, Zahlen, Daten, Fakten; Seilbahnen in Südtirol, Landesamt für Seilbahnen 1997, S. 27)

11.2.5.4.1 Direkte ökonomische Auswirkungen

Die **Bergbahnen** leisten als **Arbeitgeber** und indirekt als Motor der touristischen Entwicklung einen entscheidenden Beitrag zur Erhaltung von Arbeitsplätzen im Berggebiet. Wohlstand und Freizeitbeschäftigung der Einheimischen sind materielle und immaterielle positive Pluspunkte dank der technischen Investitionen in der Branche.

Die Seilbahnbranche ist ein großer Arbeitgeber in Gebieten, wo andersweitige Industrie- oder Handelsbetriebe kaum existieren können. Man spricht deshalb auch vom regionalen Ausgleich des Tourismus. Der Tourismus übernimmt eine wirtschaftliche Entwicklungsfunktion, die kein anderer Wirtschaftszweig in diesen Gebieten übernehmen kann.

Die rasante Entwicklung der Seilbahnen hat auch die Berufsbilder stark verändert. Nicht mehr „nur" Bergbauern als Saisonkräfte zur Aufsicht werden benötigt, sondern in der Technik und der Administration werden Spezialkräfte eingestellt: Elektroniker, EDV-Spezialisten, Marketing-Manager. Der Aus- und Weiterbildung wird in allen Ländern, insbesondere auch von den betreffenden Seilbahnbranchen-Verbänden, große Beachtung geschenkt. Die Transportleistung ist heute nur noch ein Teil der gesamten Dienstleistung. Ihre Qualität und die der Zusatzleistungen wie Events, Spezialangebote (Mountain-Bike Downhill, Rodeln, Winterwanderwege usw.) und der Verpflegung ist heute mit entscheidend für den Markterfolg.

Eng mit den Seilbahnen verknüpft sind **weitere Arbeitsplätze** insbesondere im Bereich Ski- und Snowboardschulen, Bergrestaurants, Sportgeschäfte u. a. Im Weiteren hängen auch viele Arbeitsplätze in der Seilbahnherstellungsindustrie, sprich Technik und Elektronik, von den Bahnbetrieben ab. Diese Arbeitsplätze sind aber oft in großen Agglomerationen und nicht im Berggebiet angesiedelt. Die Wertschöpfung fließt also von den Tourismuszentren in diesem Bereich in die Industriegebiete ab.

Zusätzliche direkt wirtschaftliche Effekte sind neben den Löhnen, Investitionen und Sachausgaben auch die Einnahmen der Gemeinden via Steuern, Einnahmen aus Grundstückentschädigungen (Überfahrrechte, Baurechte, Minderertrag u. a.) sowie allenfalls Erträge aus Dividenden.

11.2.5.4.2 Indirekte ökonomische Auswirkungen

Weitere Branchen hängen eng mit den Bergbahnen zusammen: Hotellerie, Gastronomie, Skischulen, örtliches Gewerbe und Detailhandel. Indirekt von den Bergbahnen abhängige Umsätze werden getätigt durch Touristen in Läden oder bei Dienstleistungsangeboten (Coiffeur, Massage usw.), von den Tourismusbetrieben durch Vorleistungen (Lebensmittel, Aufträge an Gewerbe) sowie durch die Angestellten der Tourismusbetriebe, die sich selbstverständlich ebenfalls im Ort mit Gütern und Dienstleistungen eindecken.

11.2.5.4.3 Ausgaben- und Einnahmenstruktur

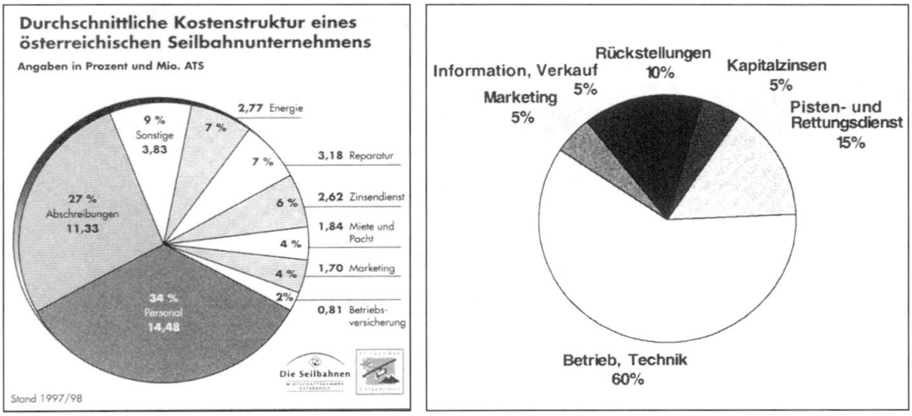

Abb. 11-21: Durchschnittliche Kostenstruktur der Bergbahnen in A und CH
(Aus: Fachverband Seilbahnen Österreichs [Hrsg.], Zahlen-Daten-Fakten, S. 15; Schweiz. Verband der Seilbahnunternehmungen SVS [Hrsg.], Seilbahnen der Schweiz 1997, S. 17)

Zum Verständnis der wirtschaftlichen Effekte ist die Kenntnis der Ausgabenstruktur der Bergbahnen wichtig. Betrachtet man die Kosten eines typischen österreichischen oder schweizerischen Seilbahnunternehmens, erkennt man den Dienstleistungscharakter der Branche. Mehr als ein Drittel der Gesamtaufwendungen eines Unternehmens sind Personalkosten. Rund ein weiteres Drittel sind Abschreibungen auf die kostenintensiven Investitionen. Die Marketinganstrengungen werden laufend höher und schlagen heute mit rund 4–5 % der Ausgaben zu Buche. Dies spiegelt den Konkurrenzkampf unter den Bahnen und mit den Anbietern der entfernteren Badedestinationen wider.

Diese Ausgaben können nur getätigt werden, wenn die Einnahmen bzw. die Umsätze stimmen. Letztere haben in den vergangenen Jahren z.T. markante Einbußen erlitten. Die Umsatzerlöse der Bergbahnen machen nur etwa 16 % der gesamten Ausgaben aus, die von den Urlaubs- und Ausflugsgästen getätigt werden. Die übrigen 84 % verbleiben dem Umfeld wie den Beherbergungsbetrieben, der Gastronomie, dem Handel und sonstigen Dienstleistungen insbesondere Skischulen und Vermietungsgeschäfte.

Rund 80 % der Umsätze der Bahnen werden in der Wintersaison getätigt. Der Umsatz der meisten Bergbahnen im Sommer ist minimal, der Betrieb oft defizitär. Deutschland ist in diesem Fall eine Ausnahme, von den rund 7 Millionen Fahrgästen werden nur 2,5 Millionen im Winter befördert. Ebenfalls Ausnahmen sind natürlich Bahnen mit spektakulären Aussichtspunkten, die für viele Einheimische und Europareisende einen Tagesausflug wert sind (Jungfraujoch, Zugspitze, Säntis, Titlis u. a.)

11.2.5.4.4 Preisstruktur

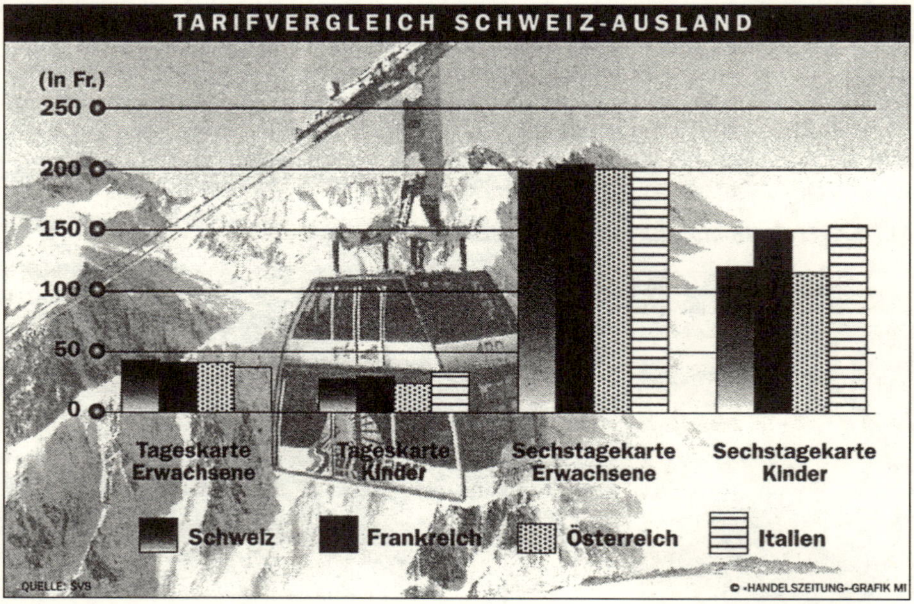

Abb. 11-22: Tarifvergleich Schweiz-Ausland 1997/98
(Aus: Köchli, Markus, in: Handelszeitung, Nr. 45, 6. 11. 1997, S. 32)

Die Preise für die Dienstleistung der Bahnen sind vor dem Hintergrund der hohen Investitionen und der Personalkosten zu betrachten. Ein Tarifvergleich hat ergeben, dass die Unterschiede im Alpenraum sehr gering sind. Zu betrachten sind bei diesen Vergleichen natürlich immer gleichartige Angebote, d.h. Top-Orte wie Zermatt mit Lech oder Innsbruck sowie kleinere Orte untereinander. Innerhalb der Länder, bei unterschiedlicher Angebotsvielfalt und -qualität, sind immer noch markante Unterschiede festzustellen.

11.2.5.5 Soziale Auswirkungen

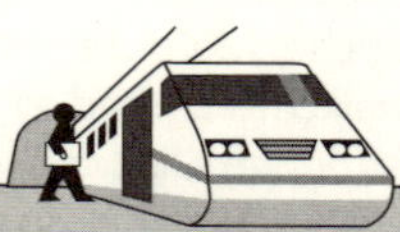

Sicherheit und Unfälle

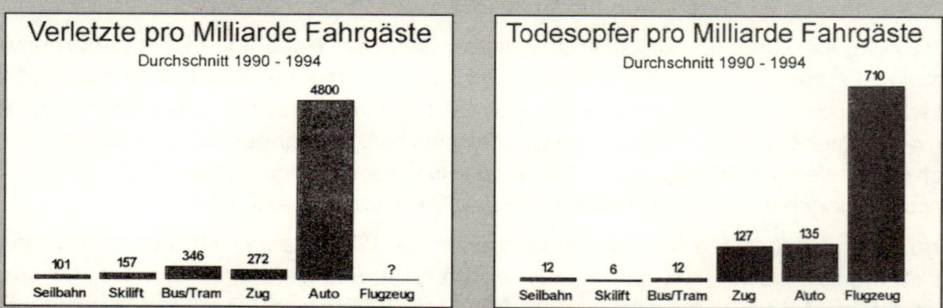

Verletzte und Todesopfer pro Milliarde Fahrgäste (CH)
(Aus: SVS [Hrsg.], Jahresbericht 1996/97, S. 11)

In den klassischen Skiländern ist der **Wintersport** der Volkssport Nr. 1. Somit trägt er zur Gesundheit bei und ist als gemeinsamer Interessenspunkt eine integrierende Kraft breiter Bevölkerungsschichten.

Ein wichtiger sozialer Aspekt dabei ist, dass Einwohner von Berggebieten zu einem Freizeitvergnügen kommen, das sie ohne Tourismus nicht zur Verfügung hätten. Dadurch steigen auch der Wohlstand und die Bereitschaft im Berggebiet zu bleiben bzw. dahin zurückzukehren, die Abwanderung kann an vielen Orten dank Arbeitsplätzen und attraktiven Freizeitmöglichkeiten gestoppt werden.

Unglücksmeldungen über den privaten Straßenverkehr gehören heute zum Tagesgeschäft der Medien. Ungewöhnlich sind dagegen Schadenereignisse im öffentlichen Verkehr und bei den Bergbahnen. Diese werden sehr genau erfasst und kommentiert. Die offiziellen Verkehrs- und Unfallstatistiken zeigen aber, dass – bezogen auf die Fahrgastzahlen – im Vergleich zu den anderen Verkehrsmitteln die technischen Anlagen der Bergbahnen sehr sicher sind. Trotz dieser vergleichsweise erfreulichen Zahlen bleibt für die Seilbahnbranche die Sicherheit oberstes Gebot. Strenge Kontrollen, systematische Revisionsarbeiten, regelmäßige Investitionen und gut geschultes Personal verbessern den hohen Standard weiter.

11.2.5.6 Ökologische Auswirkungen

Bergbahnen stehen in einem besonderen Verhältnis zur Natur. Sie berühren sehr sensible Räume und abgelegene Gebiete. Im Winter werden in Folge des Skitourismus Massen von Leuten in sonst unberührte Täler und auf Bergspitzen befördert. Lärm, Abfall, Wasser- und Energieverbrauch sowie Beeinträchtigung von Luft, Fauna und Flora sind die Folge davon. Ein aufwendiges Bewilligungsverfahren über mehrere Stufen mit vielen Auflagen ist in den meisten Ländern zum Bau einer Bergbahn notwendig.

Genehmigungsverfahren für Bau und Betrieb einer Seilbahn-Anlage im Alpengebiet der Bundesrepublik Deutschland (Bayern)

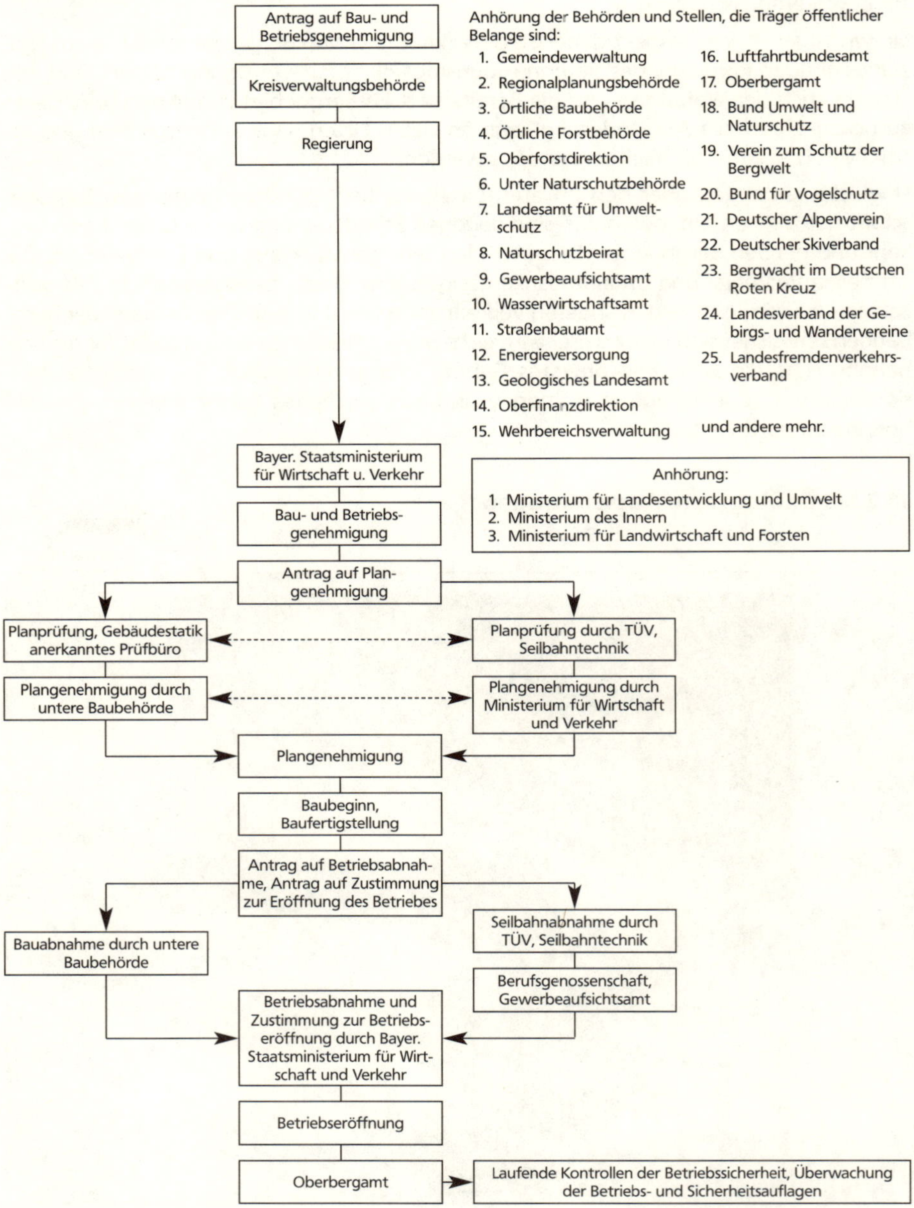

Abb. 11-23: Konzessionierungsverfahren für Luftseilbahnen in Deutschland (Aus: Verband Deutscher Seilbahnen [Hrsg.], Zahlen-Daten-Fakten, S. 53)

Da diese Problematik allgemein im Tourismus an diversen Orten besprochen wird, soll nur ein besonderer und für den Wintertourismus neuer wichtiger Aspekt näher erläutert werden: die künstliche Beschneiung.

11.2.5.6.1 Schneekanonen oder Beschneiungsanlage

Bereits die verwendeten Ausdrücke zeigen den Konflikt auf, der im Bereich der technischen Produktion von Schnee vorhanden ist. Insbesondere der Energieverbrauch ist immer wieder Ansatzpunkt von Diskussionen:

ENERGIEBEDARF EINIGER AUSGEWÄHLTER VERBRAUCHER IN 1000 KWH PRO JAHR

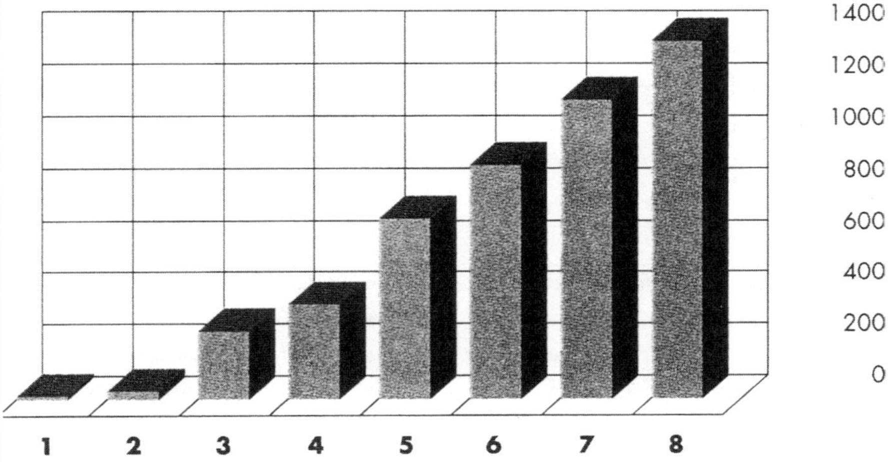

Verbraucher	Energiebedarf/Jahr
1. Kleine Schneeanlage (20 cm Schneedecke, 1 ha)	<9
2. Einfamilienhaus (130 m²)	30
3. Große Schneeanlage (20 cm Schneedecke, 30 ha)	260
4. Städtische Sauna (Stadt mit 10.000 Einw.)	360
5. Hallenbad	700
6. Mittleres Hotel in Wintersportort (60 Betten)	900
7. 60 Pkw*	1147
8. Allmend-Eisstation Bern	1376

*Entspricht je 20.000 km bei 10 Liter/100 km
Quelle: Fachverband der Seilbahnen, Bundessektion Verkehr – Graf/Stromberg

Abb. 11-24: Energiebedarf einiger ausgewählter Verbraucher
(Aus: Fachverband Seilbahnen Österreich [Hrsg.], Wasser und Luft … sonst nichts!, S. 5)

Beschneit wird vorwiegend in den wasserreichen und energieverbrauchsschwächeren Monaten November und Dezember. Dafür wird vorwiegend Überschussstrom während der Nachtstunden verwendet. Im Hinblick auf den Energieverbrauch schneiden Schneeanlagen im Vergleich mit anderen Einrichtungen also relativ gut ab.

11.2.5.6.2 Die Beschneiungsanlagen

Beschneiungsanlagen

- … beruhen auf der technischen Nachahmung eines ganz natürlichen Vorganges: der Entstehung von Rauhreif.
- … mischen Wasser und kalte Luft in einem bestimmten Verhältnis, wodurch das zerstäubte Wasser zu Schnee kristallisiert.
- … haben nichts mit Chemie zu tun
- … können erst nach Abschluss eines umfassenden Behördenverfahrens errichtet werden.

Wichtige meteorologische Voraussetzungen, um erfolgreich schneien zu können, sind:

- Temperaturen unter –3° bis –4° Celsius
- nicht zu hohe relative Luftfeuchtigkeit, ideal unter 50–60%
- Wind minimal 2 m/sec.
- Wasser in naher Umgebung oder Stausee.

	Vorteile	Nachteile
Wirtschaft	• Konkurrenzvorteile • sicherer Saisonstart • kalkulierbare Saisondauer • weniger Arbeitsausfälle • höherer Umsatz und Ertrag • keine Einbuße bei tourismusabhängigen Unternehmungen (Gastgewerbe, Skischule, Gewerbe u.a.)	• hohe Investitionskosten • hohe Betriebskosten • Bedarf von Fachleuten • Konkurrenz anderer Skigebiete
Ökologie	• gesicherte Schneedecke • weniger maschinelle Präparierungen • weniger Treibstoffverbrauch (→ Umweltverschmutzung) • schont Boden und Vegetation dank fester Schneedecke • weniger Verletzungen der Grasnarben • evtl. weniger Pistenkorrekturen und Rodungen • weniger Variantenfahrer	• höhere allg. ökologische Belastung (mehr Skifahrer, mehr Verkehr usw.) • Eingriff in Wasserhaushalt • vermehrter Energieverbrauch* • Lärmimmissionen* • teilweise Beeinträchtigung der Tier- und Pflanzenwelt * abhängig vom System der Schneeanlage

Abb. 11-25: Vor- und Nachteile der technischen Beschneiung

Diverse Studien haben die Auswirkungen der künstlichen Beschneiung wissenschaftlich untersucht. Grundsätzlich kann gesagt werden, dass bei der Flora sich positive und negative Faktoren die Waage halten. Besonders problematisch erscheint den meisten Fachleuten der vermehrte Wasserentzug des Bodens durch die Beschneiungsanlagen neben dem bereits erwähnten Energieverbrauch. Nicht allein die ökologischen Faktoren setzen Grenzen, sondern der wirtschaftliche Faktor ist oft stark mitentscheidend. Vollautomatische Beschneiungsanlagen verursachen pro km beschneiter Pisten Investitionskosten von rund einer Million Schweizer Franken, die Unterhaltskosten pro Jahr werden nochmals mit rund sFr. 30.000.– beziffert. Investitionen in die technische Beschneiung müssen also gut überlegt sein.

11.2.5.6.3 Snowmax – Backpulver zur Beschneiung

Bis vor kurzer Zeit wurde die künstliche Beschneiung ohne Zusätze durchgeführt. Neuerdings werden auch im Alpenbogen Beschleuniger eingesetzt: „Snowmax ist ein in den USA entwickeltes Zusatzmittel, das eiskeimbildend wirkt und den Kristallisationsprozess des Wassers bereits bei minus 3 Grad einleitet. Daraus resultiert eine bessere Beschneiungs-Leistung bei Randtemperaturen und ein größeres Schneevolumen bei gleicher Wassermenge. Snowmax ist ein Eiweissstoff der Bakterienart Pseudomonas Syringae und soll gemäß einer Untersuchung des Bundesamtes für Wald und Landschaft in der Schweiz (Buwal) unschädlich und vollkommen abbaubar sein." *(Aus: Maurhofer, Felix, in: Hotel+Tourismus Revue, Nr. 50, 11. 12. 1997, S. 2)*

In der heutigen Wintersituation des Schneemangels bieten sich für Seilbahnunternehmungen drei Alternativen:

- Ausdehnung in höhere Regionen
- Nutzung der technischen Beschneiung
- Rückzug aus wintersport-touristisch ungeeigneten Gebieten (keine Gebiete mehr unter 1500–1800 m. ü. M.)

Es gibt keine Patentlösung: Die volkswirtschaftlichen, gesellschaftlichen und ökologischen Konsequenzen sind in jedem Einzelfall genau abzuwägen. Österreich hat bereits früh auf die künstliche Beschneiung gesetzt. In der Schweiz wurde der Boom der Beschneiungsanlagen erst in den 90-er Jahren entfacht und dies auf Grund der schlechten Tourismuszahlen.

1997	CH	A	D	I	F
Total Pistenfläche in km^2	223	221	33.5	9.5 davon Südtirol 2.9	1426
Beschneite Pistenfläche in km^2	10	79.3	k. A.	k. A.	2.5
Beschneite Pistenfläche in %	4.5 %	34 %	k. A.	k. A.	1.6 %

Abb.: 11-26: Anteil der künstlichen Beschneiung 1997

(Aus: Unterlagen Seilbahnverbände der entsprechenden Länder/eigene Berechnungen; VDS Zahlen – Daten – Fakten, S. 42)

11.2.5.7 Perspektiven

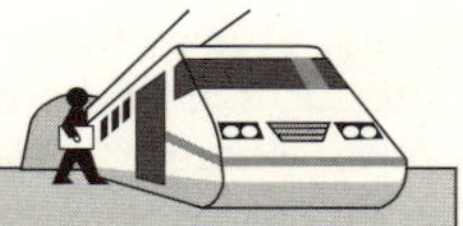

„Für Aufsehen sorgten 1997 Vail Resorts: Nachdem sich das größte Skigebiet der USA – Partnerort von St. Moritz – bereits die benachbarten Resorts von Beaver Creek und Arrowhead (Colorado) einverleibt hatte, folgten auf den Winter 1997/98 überraschend Keystone und Breckenridge, die weniger als eine Autofahrstunde von Vail entfernt sind. Sie werden nun in einem Ticket angeboten. ... Aspen (Colorado) ist damit bald das letzte unabhängige große Resort der USA. ... Aspen soll, ..., kein ‚Playland' mit schrillen Attraktionen wie Vail werden, sondern Qualität vor Wachstum setzen. Die exklusive Station hat 1997 daher einen veralteten Zweiersessel nicht durch einen Vierer oder Sechser ersetzt, sondern durch einen schnellen Komfortzweier. Motto: Mehr muss nicht immer besser sein." *(Aus: Keller, Roger, in: Tages-Anzeiger v. 20. 11. 1998, S. 89)*

11.2.5.7.1 Nachfrage: Wintersport aus der Sicht des Gastes

80 Mio. Menschen betreiben weltweit regelmäßig oder gelegentlich Skisport, davon rund 50 Millionen Menschen alpin. In Europa dürfte die Zahl der Alpin-Skiläufer und Snowboarder etwa bei 22 Millionen liegen *(vgl. Verband Deutscher Seilbahnen [Hrsg.], Zahlen – Daten – Fakten, S. 41).*

Die absolute Zahl der Skifahrer blieb in den letzten Jahren konstant oder ist sogar leicht gesunken. Dank dem Snowboard-Boom und neuerdings mit Aufkommen der Carving-Skien konnten aber die Zahlen der Wintersportler gehalten werden. Es sind, dank diesen neuen Trendangeboten, auch neue Gästesegmente dazugekommen, speziell Jugendliche die normale Skier nie angeschnallt hätten. Die Gäste werden in Zukunft noch vermehrt qualitativ und technisch bestens ausgerüstete Bergbahnen mit vielen Zusatzangeboten aufsuchen. Kleinere Skigebiete ohne Events und besondere Dienstleistungen gehen schweren Zeiten entgegen.

11.2.5.7.2 Angebote: Szenarien für die Zukunft

Die aus der Situation ersichtliche amerikanische Entwicklung wird sich auch in den Alpenländern durchsetzen. Grundsätzlich stehen den Bergbahnen drei Ausrichtungen offen:

- Kooperation bzw. Zusammenschluss zu großen Wintersportzentren oder Regionen mit Erlebnischarakter. Spitzentechnik und Events sind Mussfaktoren für das Massenpublikum, das hauptsächlich aus Trendigen, Jungen und Junggebliebenen besteht.
- Die Entwicklung zu einem Skigebiet mit qualitativ sehr hochstehenden Dienstleistungen. Gäste werden aus den mittleren bis höheren Einkommensschichten rekrutiert. Ruhe und Erholung sind aber ein wichtiger Teil des Angebotes.
- Der dritte Bereich werden Familiengebiete für Low-Budget-Kunden sein. Diese Angebote können auch mit eher älterer Infrastruktur Kunden anziehen, wobei der Preis und eine spezielle Kinderbetreuung die ausschlaggebenden Verkaufsargumente sein werden.

In diese ganze Thematik muss auch das Thema Klimaveränderung integriert werden. Speziell der Wintertourismus wird unter dieser Naturveränderung leiden. Die alpinen, höher gelegenen (ab ca. 1800 m. ü. M.), schneesicheren Wintersportorte werden vorerst von der kleiner gewordenen Konkurrenz profitieren. Weniger Schneefall in den Quellgebieten im Flachland lässt allerdings, wie die Erfahrung gezeigt hat, die Nachfrage nach Wintersportmöglichkeiten allgemein eher stagnieren. Die wachsende Konzentration der Schneesportler auf kleinere Flächen wird zudem größere Zusatzinvestitionen (schnellere Bahnen, Schneeanlagen) und Eingriffe in bisher intakte Landschaften nötig machen.

11.2.5.7.3 Fazit

Die wirtschaftliche und ökologische Situation der Branche der Bergbahnen ist heute sehr ungewiss. Klar ist, dass nur innovative Unternehmungen in höher gelegenen Gebieten mit Schneesicherheit überleben werden. Die Bergbahnunternehmungen haben keine Monopolstellung im Wintertourismus mehr, sind sie doch nicht die einzigen Anbieter von Freizeit- und Tourismusdienstleistungen. Insbesondere Freizeitanbieter in den Agglomerationen sind große Konkurrenten nebst den entfernteren Badedestinationen, die dank der Wettersicherheit, die die Alpen nie garantieren können, „Winterferiengäste" anlocken. Ob die Bergbahnbranche durch diese Faktoren zur Talfahrt gezwungen wird oder eine bessere Marktausrichtung eine weitere Bergfahrt ermöglicht, ist in diesen sich schnell ändernden Zeiten sehr ungewiss.

Aufgaben

1. Nennen Sie die im Tourismus überwiegend genutzten Verkehrsträger?
2. Das Personenbeförderungsgesetz sowie die EU-Richtlinien regeln in Deutschland die Busreisen. Dabei unterscheidet das Gesetz zwischen dem Linienverkehr sowie dem Gelegenheitsverkehr.

   Ordnen Sie diesen beiden Größen die verschiedenen Verkehrsformen nach dem TBEFG zu.
3. Eine Studentengruppe aus Stralsund plant eine Fahrt nach Hamburg für drei Tage. Am Zielort ist vorgesehen
   - eine Hafenrundfahrt
   - Besuch des Flughafens Fuhlsbüttel
   - Besichtigung des Überseemuseums.

   Stellen Sie Pro und Contra dieser Fahrt mit dem Reisebus nebeneinander.
4. Ein Kunde betritt das Reisebüro am Markt; für das Buchen der geplanten Urlaubsreise bei der Reise & Touristik der Deutschen Bahn AG ist für ihn wesentlich, welche Serviceleistungen die Bahn anbietet. Berichten Sie objektiv über die Angebote.
5. Ein Sportverein hat in der nächsten Saison im In- und Ausland Punktspiele zu absolvieren. Das für den Transport der Spieler zuständige Vereinsmitglied erhält vom Vorstand den Auftrag, sich beim Reisebüro zu erkundigen, welche Busse es überhaupt gibt und wie sie ausgestattet sind.
6. Nennen Sie wichtige Anbieter/Broker für Autovermietungen.
7. Was versteht man unter Luftverkehr und Luftfahrt?

8. Flugreiseformen können nach verschiedenen Reiseanlässen und Nutzergruppen unterteilt werden. Wie heißen die Reiseformen und welche Merkmale haben diese?
9. Welche Produkterwartungen/Qualitätskriterien stellen Fluggäste an den Luftverkehr?
10. Sie arbeiten bei einer Fluggesellschaft und Anja, Praktikantin für drei Wochen bei Ihnen, möchte den Begriff des Flugtarifes erklärt haben.
    a) Wie erklären Sie der Praktikantin diesen Ausdruck?
    b) Sie haben die Wissbegierigkeit bei Anja geweckt; sie fragt nach, was der Flugtarif im Allgemeinen umfasst. Geben Sie ihr bitte Auskunft.
11. a) Mit welchen strategischen und operativen Maßnahmen sind Fluggesellschaften in der Vergangenheit vorgegangen, um dem verschärften Wettbewerbsdruck zu begegnen?
    b) Geben Sie Beispiele an.
12. Nennen Sie die wichtigsten Charterkategorien und -konzepte.
13. Geben Sie nach dem nationalen Sitz geordnete Beispiele für Ferienfluggesellschaften (Charter).
14. Welche Umstände haben dazu geführt, dass die Deutsche Bahn an Bedeutung verlor und wie will die Gesellschaft diese Negativentwicklung wieder stoppen?
15. Welche Unternehmen und Betriebe bezeichnet man als touristische Leistungsträger?
16. Isabelle und Adam haben in den letzten Jahren Urlaub per Flugzeug, Bus, Auto und Bahn gemacht. Beim nächsten beabsichtigen sie auch einmal eine Kreuzfahrt zu machen. Zuvor möchten sie jedoch von Ihnen wissen, wie sich das Schiff von den vorstehend genannten Verkehrsmitteln unterscheidet.
17. Nennen Sie verschiedene Haupt- und Sonderformen im Schiffsverkehr.
18. Sie sind auf einem Kreuzfahrtschiff und sprechen mit dem Kapitän. Im Gespräch erzählt er Ihnen über seine diversen Kreuzfahrten auf den unterschiedlichsten Schiffen. Dies führt zu der Frage: Nach welchen Differenzierungskriterien können Schiffe verglichen werden? Beantworten Sie die Frage.
19. Weltweit kann man die Länder in Bezug auf die Bergbahnen in 4 Kategorien einteilen. In welche?
20. Welche drei Länder haben die meisten Bergbahnen und an welcher Stelle liegen Deutschland und die Schweiz?
21. Welches sind wichtige technische Errungenschaften der Bergbahnen, die in den letzten Jahren erreicht wurden?
22. Was bedeutet die Unterscheidung zwischen Primär- und Sekundäranlagen in der Praxis und welche Begriffe werden dafür auch verwendet?
23. Beschneiungsanlagen können nur bei gewissen Bedingungen Schnee produzieren. Welches sind die wichtigsten Faktoren?
24. Weshalb bezeichnet man Bergbahnen als Motor des Bergtourismus?
25. Sie sind Bergbahndirektor und haben die Aufgabe 4–5 veraltete Anlagen in den nächsten Jahren zu ersetzten. Welches sind grundsätzliche Kriterien für Ihre Entscheidung, welche Anlagen gebaut werden sollen?

26. Ihre Bergbahn plant die Installation von Schneeanlagen. An einem Abend werden nun Gegner und Befürworter zu einem Podiumsgespräch eingeladen. Sie bereiten sich als Bergbahndirektor mit einer Argumentationsliste vor. Erstellen Sie diese Liste und auch die Liste der Gegner. Ergänzen Sie die Liste der Gegner mit Gegenargumenten (Diese Aufgabe ist auch gut anwendbar zu einem Klassenpodiumsgespräch, wobei diverse Studenten und Studentinnen unterschiedliche Rollen einnehmen, wie z.B.: Befürworter: Bergbahndirektor, Tourismusdirektor, Hotelier, Sportgeschäftinhaber, usw. Gegner: WWF-Delegierter, Naturschutzbund-Abgeordneter, Einheimischer, Jäger usw. Moderation: TV, Radio oder Zeitungsjournalist).
27. Welche Konsequenzen haben die Klimaveränderungen in Bezug auf den Wintersport und die Bergbahnen in den Alpengebieten?
28. Viele Bergbahnen haben auf Grund der Nachfrage und der klimatischen Verhältnisse Mühe über die Runden zu kommen? Erstellen Sie eine Liste von möglichen Angebotserweiterungen, um dem Konkurs zu entgehen.

Quellen und weiterführende Literatur

AKAD [Hrsg.], Allgemeine Tourismuslehre, Arbeitsheft 4, Stuttgart o. J.

Allgemeine Hotel- und Gaststättenzeitung (AHGZ), Stuttgart 1999

Baumbach, R., Tourismusmanagement

Bieger Th.; Rüegger E. [Hrsg.], Management einer Bergbahnunternehmung, Luzern 1991

Dehoga [Hrsg.], Dehoga-Jahresbericht, Bonn 1999

Deutsches Fremdenverkehrspräsidium [Hrsg.], Deutscher Tourismus-Bericht, Bonn 1998

Diverse Geschäftsberichte von Bergbahnen aus CH, D, A, und Südtirol

DRV [Hrsg.], Fakten und Zahlen zum deutschen Reisemarkt, Frankfurt/Main 1999

Fachverband Seilbahnen Österreich [Hrsg.], Wasser und Luft… sonst nichts!

Fachverband Seilbahnen Österreichs [Hrsg.], Leistungsbericht Seilbahnen Österreichs 1997/98

Focus, Heft 30, München 1999

Freyer, W., Tourismus, München/Wien 1995

Füth und Partner [Hrsg.], Spezielle Betriebswirtschaftslehre für Reiseverkehr- und Tourismusunternehmen, Frankfurt/Main 1999

fvw international, Zeitung für die Tourismuswirtschaft, Nr. 29, 3. 12. 1999

Gauf, D.,Tourismus-Management

Globus-Bilderdienst, Bild 5748, Hamburg 1999

Haedrich, Günther; Kasper, Claude u. a. [Hrsg.], Tourismus-Management, Berlin/New York 1998

Hirsch-Jemma M., Innovation im Berggebiet, Montagna 3/99

Internationale Organisation für das Seilbahnwesen (O.I.A.T.F.), Statistik der Seilbahnen 1997

Keller, Roger, in: Tages-Anzeiger v. 20.11.1998

Köchli, Markus, in: Handelszeitung, Nr. 45, 6.11.1997

Landesamt für Seilbahnen I-Bozen [Hrsg.], Seilbahnen in Südtirol 1997

Maurhofer, Felix, in: Hotel+Tourismus Revue, Nr. 50, 11.12.1997

Moser; Sepp, Aufwärts – Die faszinierende Geschichte und Technik der Bergbahnen, Zürich 1998

Mundt, Jörn, W., Einführung in den Tourismus, München/Wien 1998

Mundt, Jörn, W., Reiseveranstalter, München/Wien 1993

Opaschowski, Horst W., Freizeit und Mobilität. Analyse einer Massenbewegung im B.A.T. Freizeit-Forschungsinstitut, Hamburg 1995

Pollak, Alf, Der Kreuzfahrten-Markt Deutschland, Frankfurt 1998

Pompl, Wilhelm, Touristikmanagement 1, Beschaffungsmanagement, Heidelberg 1994

Rudolph, Harry, Tourismus-Betriebswirtschaftslehre, München/Wien 1999

Schweiz. Verband der Seilbahnunternehmungen SVS [Hrsg.], Seilbahnen der Schweiz 1997
SVS [Hrsg.], Jahresbericht 1996/97

Sterzenbach, Rüdiger, Luftverkehr. Betriebswirtschaftliches Lehr- und Handbuch, München/Wien 1996

tm-touristik management – Das Tourismus-Magazin, Nr. 12/99

touristik management – Das Tourismus Magazin, Heft 10, Darmstadt 1999

tt revue 11/1994

Verband Deutscher Seilbahnen VDS [Hrsg.], Zahlen-Daten-Fakten 1993

Internet:

Organisationen:

http://www.seilbahnen.de – Verband der deutschen Seilbahnen und Schlepplifte (VDS), München

http://www.svs.ch – Schweizerischer Verband der Seilbahnunternehmungen, Bern

http://www.oitaf.org – Internationale Organisation für das Seilbahnwesen

http://www.seilbahnen.at – Fachverband Seilbahnen Österreichs, Wien

Technik:

http://www.doppelmayr.com – Doppelmayr©, Wolfurt, Österreich

http://www.pistenbully.com – Käsbohrer Geländefahrzeug GmbH

http://www.garaventa.ch

12. Controlling bei Reiseveranstaltern

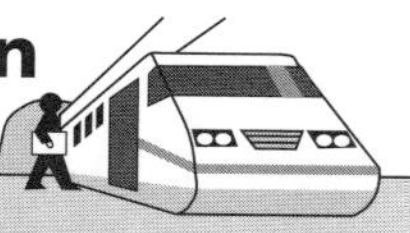

Controlling bei einem Reiseveranstalter, unabhängig von seiner Größenordnung, unterscheidet sich prinzipiell nicht von dem eines anderen Unternehmens jedweder Branche. Der wesentlichste Unterschied besteht in seiner branchenspezifischen Terminologie und seinen Kennzahlen.

Mit der Vertriebsliberalisierung Ende 1994 begann sich in Deutschland das Veranstaltergeschäft zu wandeln. Der Reisemarkt wurde neu verteilt. Großveranstalter begannen, teilweise mit Unterstützung von Banken, mittels Übernahme kleinerer Veranstalter oder Fusionen größere Marktanteile zu erringen. Zur Absicherung ihres Angebots und zur Konzentration auf allen Wertschöpfungsstufen verstärkten sie die vertikale Integration der Leistungsträger. Dies sind die eigenen Vertriebsketten, Fluggerät, Hotels, Clubdörfer, Ferienanlagen und Beschaffungsagenturen in den Zielgebieten.

Die Expansion der Reiseveranstalter wurde durch den Markteintritt branchenfremder Unternehmen wie der Westdeutschen Landesbank und der Preußag AG vorangetrieben. Der Einstieg des englischen Veranstalters Airtours Plc. bei FTI mit gleichzeitiger Aufnahme des Flugchartergeschäftes gab das Signal für weitere Veranstalterübernahmen auf europäischer Ebene wie der Beteiligung der Swiss Air (SAr) Group an LTT.

Folgende Schlagzeilen dominierten die Fachpresse:

„1998 war ein Jahr der Übernahmen und Fusionen"; „Wenige Veranstalter tragen das Marktwachstum"; „Der Shareholder Value regiert Europas Reisebranche"; „Die Großveranstalter halten mehr als 80 % der Marktanteile."

Diese Entwicklung ist noch nicht abgeschlossen. Mittelständische Veranstalter haben immer mehr Probleme, diesem Wettbewerbsdruck standzuhalten. Eine Marktbereinigung hat begonnen.

Auch die rasante Entwicklung neuer Medien wie das **Internet** wird den Touristikmarkt in naher Zukunft wesentlich verändern.

Das Touristikgeschäft wird immer mehr unter industriellen Gesichtspunkten gemanagt. Der Bedarf an Controllern und die Anforderungen an sie werden zunehmen.

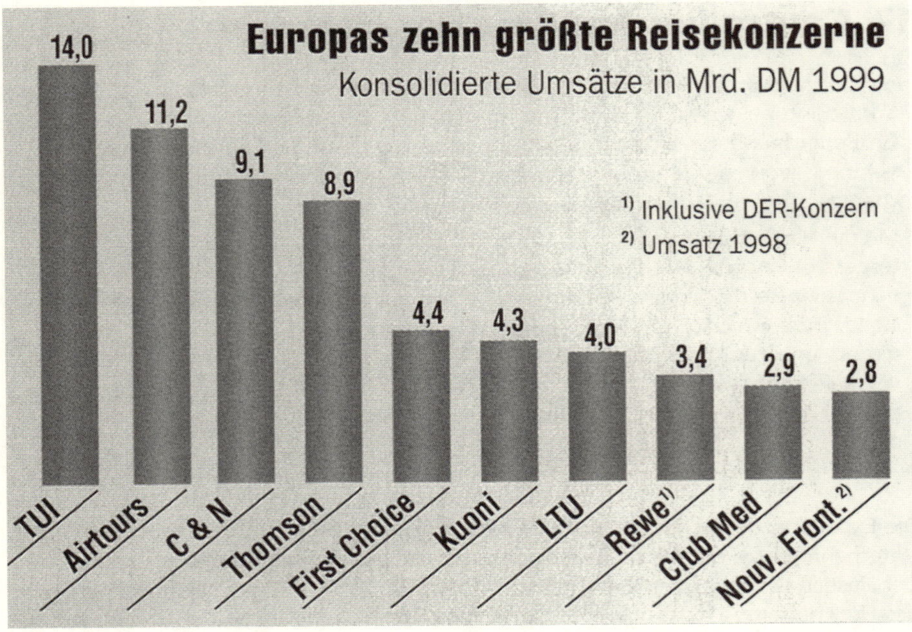

Abb. 12-1: Europas zehn größte Reisekonzerne
(Aus: fvw Heft Nr. 13/2000)

12.1 Begriffe des Veranstaltergeschäftes

12.1.1 Reiseveranstalter

Bei nur ca. 1300 haupterwerblichen Veranstaltern (1997) in Deutschland – ohne Busunternehmen und Gelegenheitsveranstalter – hat diese Branche einen relativ bedeutenden Stellenwert in der Bevölkerung. Mit den angebotenen Produkten – Urlaub, die schönsten Tage des Jahres – beschäftigt sich nahezu jeder mindestens einmal, wenn nicht mehrmals pro Jahr.

Von dieser eher kleinen Branche sind allenfalls die 50 größten Veranstalter durch ihre überregionale Werbung prominent. Der Rest ist lokal oder bestenfalls regional bekannt und führt ein unbedeutendes Schattendasein *(vgl. Torsten Kirstges: Wirtschaftlichkeit von Reiseveranstaltern, in: touristik management Heft 4/97, S. 67).*

Ein **Reiseveranstalter** bündelt einzelne Reiseleistungen Dritter zu einem Angebotspaket und verkauft sie im eigenen Namen, auf eigenes Risiko und zu einem Paketpreis an den Reisewilligen. Er betreibt sein Geschäft im Normalfall regelmäßig.

Gelegenheitsveranstalter wie Vereine, Volkshochschulen, kirchliche und kommunale Organisationen haben wenig Bedeutung. Sie sind meist nicht gewerblich tätig.

Die Auswahl der Zielgebiete kann sowohl regional, national, europäisch als auch global sein.

12.1.2 Produkttypen

Die Produkte, Dienstleistungen, dienen im privaten Bereich der Erholung oder der Befriedigung der Neugier, andere Länder und Menschen kennenzulernen.

12.1.2.1 Pauschalreiseangebot

In England wurde das Produkt Pauschalreise entwickelt. Sie besteht aus mehreren, sich ergänzenden Dienstleistungen fremder Leistungsträger, welche von dem Veranstalter zu einem nicht veränderbaren Leistungsbündel unter seinem Namen zu einem Pauschalpreis angeboten werden. Die Pauschalreise hält den größten Anteil am Veranstaltergeschäft.

Die 6 Kriterien der Pauschalreise sind:

- Dienstleistung: Planung, Organisation, Abwicklung der Reisen
- Leistungsbündelung der verschiedenen touristischen Einzelleistungen in Verbindung mit der „Software" Beratung und Information
- vorgefertigtes Programm: Produktgestaltung auf Basis angenommener Kundenbedürfnisse
- Pauschalpreis: Einzelpreise sind nicht ersichtlich
- Risikoübernahme durch den Reiseveranstalter: Investitions-, Auslastungs-, Währungs-, Mängelrisiko
- Problemlösungskompetenz: bequemer, preiswerter, besser organisiert

(vgl. Mundt, J., Reiseveranstaltungen, München 1994, S. 69 f.).

Folgende Angebotstypen werden unter dem Begriff **Pauschale** angeboten:

- Landgestützte Reisen (mit und ohne Transport wie Hotelpauschalen, Vermietung von Ferienwohnungen/-häusern, Autorundreisen, Bustouristik, Bahnpauschalreisen, Cluburlaub
- Gruppenreisen, Studienreisen (begleitet/unbegleitet)
- Kreuzfahrten
- Linienflugreisen, Nah- und Fernreisen mit Landarrangement
- Flugpauschalreisen (Charterflug)

(vgl. auch Dettmer, Harald [Hrsg.], Tourismus – Marketing – Management, München 1999, S. 149 ff.).

12.1.2.2 Baustein-Reiseangebot

Der Kunde, das Reisebüro, stellt aus verschiedenen Leistungsmodulen sein individuelles Reisepaket zusammen. Hier ist jede einzelne Leistung individuell ausgepreist und eventuell von unterschiedlichen Leistungsträgern angeboten. Hier besteht völlige Preistransparenz. Bei dieser Angebotsart kann dem Kunden sein individueller Reisewunsch weitestgehend erfüllt werden. Es besteht die Möglichkeit, sich aus den preiswertesten Angeboten selbst eine Reise zusammenzustellen.

Die Nachteile dieser Angebotsart sind:

- verschiedene Vertragspartner, mehrere Rechnungen
- hoher Organisations- und Buchungsaufwand
- Umbuchungen und nachträgliche Reiseverlaufsänderungen müssen bei mehreren Leistungsträgern mit hohem Aufwand durchgeführt werden

- ungeplante Störungen des Reiseverlaufes (z. B. verspätete Ankunftszeit des Flugzeuges verhindert den rechtzeitigen Antritt einer Busrundreise oder die Übernahme des Mietwagens) können nicht wie beim Pauschalreiseveranstalter reklamiert werden und sind nicht erstattungsfähig.

Die Beschaffung von IATA-Flugtickets ist bei Baustein-Reiseangeboten als Alternative zur Charterflug-Pauschalreise von großer Bedeutung.

Daraus entwickelte sich das **Consolidatorgeschäft.**

Neben den offiziellen IATA-Agenturen haben sich so genannte Consolidator Tickethändler darauf spezialisiert, in Zusammenarbeit mit kleineren IATA-Fluggesellschaften unter den offiziellen IATA-Tarifen anzubieten. Aus dieser Zeit, bis Anfang der 90-er Jahre, stammt auch der Begriff Graumarkttickets. Mit der globalen Liberalisierung der Airlinemärkte fielen die Flugtarife drastisch. Als Folge musste die Auslastung der Maschinen, der Sitzladefaktor, erheblich gesteigert werden. In Deutschland nutzten daraufhin auch die großen IATA-Fluggesellschaften diesen Vertriebsweg.

Zur Abgrenzung zu den offiziellen Tarifen unterliegen die so genannten **Specials** meist vielen Beschränkungen (Wochenende, Routing, Umbuchbarkeit, Stornogebühren etc.).

Der Flugpreis wird vom **Consolidator** und eventuell nochmals vom Reisebüro kalkuliert. Dadurch ist der Consolidator kein Vermittler. Sowohl Veranstalter wie Spezialisten betreiben dieses umfangreiche Geschäft *(vgl. Dettmer, Harald [Hrsg.], Tourismus – Marketing – Management, München 1999, S. 153 ff.).*

12.2 Controlling bei einem Veranstalter

12.2.1 Aufgaben des Controllers

Seine Aufgabengebiete unterscheiden sich von denen seiner Kollegen aus der übrigen Wirtschaft nur durch Spezifika seiner Branche.

Als seine drei Hauptaufgaben werden genannt:

- Federführung bei Planungs- und Budgetarbeiten
- Mitwirkung bei der Einrichtung und Weiterentwicklung von operativen Informations-, Entscheidungs-, Planungs- und Berichtssystemen
- Kontrolle zum Beispiel durch SOLL-IST-Vergleiche und den Vergleich externer mit betriebsinternen Daten.

12.2.2 Eingliederung in die Organisationshierarchie

Controlling bei Reiseveranstaltern und deren hierarchische Eingliederung ist analog denen anderer branchenfremder Unternehmen gleicher Größenordnung.

- **Controlling als zentrale Stabsstelle der Geschäftsleitung:**
  Sie ist meist gegliedert nach unternehmerischen Funktionsbereichen, z. B. Finanzen, Marketing, Sparten, EDV-Projekten, Beteiligungen. Die Ausstattung mit Personal ist abhängig von der Unternehmensgröße. Bei mittelständischen Veranstaltern ist das Controlling meist auf ein bis zwei Mitarbeiter beschränkt. Bei kleinen Veranstaltern wird das Controlling meist in Personalunion durch die Geschäftsleitung abgedeckt. Damit wird deutlich, dass die Chancengleichheit immer weniger gegeben ist. Je größer das Unternehmen, umso bessere Fachleute und Betriebsmittel können eingesetzt werden.

- **Controlling als einheitlicher Servicebereich auf der zweiten Leitungsebene:** Das Controlling erfolgt meist im Rahmen der Abteilung Betriebswirtschaft und ist zuständig für alle kaufmännischen Bereiche, welche nicht durch den Bereich Finanzwirtschaft abgedeckt werden. Hier wird auch die Unternehmensplanung zur Aufstellung der verschiedenen Geschäftspläne durchgeführt. Dies ist die Grundlage der SOLL-IST-Vergleiche und der entsprechenden Abweichungsanalysen. In diesem Leitungsbereich ist meist auch die Abteilung Datenverarbeitung angesiedelt.

12.2.3 Planungsprozess

Jeder Planungsprozess teilt sich auf in lang- bzw. mittelfristige und kurzfristige Planungsperioden. Unter Berücksichtigung der Ausgangsposition, der Umfeld-/Marktbedingungen und der eigenen Ressourcen bestimmt die Unternehmensleitung in regelmäßigen Abständen die Gesamtunternehmensziele. Insbesondere in Zeiten schneller Markt- und Produktveränderungen durch die Internationalisierung des touristischen Marktes (Fusionen und Aufkäufe von Konkurrenzunternehmen) und den technischen Fortschritt der immer preiswerteren Kommunikationstechnologien (Reservierungssysteme, Internet, Call-Center) sind die Veranstalter heute gezwungen, ihre Position in relativ kurzen Abständen zu überprüfen und neu festzulegen.

12.2.3.1 Strategischer Zielbildungsprozess

Es gibt verschiedene Methoden und Techniken, die den strategischen Zielbildungsprozess unterstützen. Beispielhaft werden hier zwei davon dargestellt.

12.2.3.1.1 Portfolio-Analyse und Portfolio-Politik

Strategieschwerpunkte	Portfolio-Kategorien			
	„Nachwuchs"	„Stars"	„Cash-Cows"	„Probleme"
	Marketing-Strategien			
	Offensiv-Strategien	Investitions-Strategien	Abschöpfungs-Strategien	Desinvestitions-Strategien
Programmpolitik	Produkt-spezialisierung	Sortiment ausbauen, diversifizieren	Imitation	Programmbegrenzung (keine neuen Produkte, Aufgeben ganzer Produktsparten)
Abnehmermärkte und Marktanteile	gezielt vergrößern	Gewinn-Basis verbreitern durch – neue Regionen – neue EDV-Anwendungen	Position verteidigen Konkurrenzabwehr	Aufgeben zu Gunsten von Erträgen durch – Kundenselektion – regionalen Rückzug
Preispolitik	tendenziell Niedrigpreise	Anstreben der Preisführerschaft	Stabilisieren des Preisniveaus	tendenzielle Hochpreispolitik (Preisabschläge nicht mitmachen)
Vertriebspolitik, Werbung und Absatzkanäle	stark forcieren	aktiver Einsatz von – Werbemitteln – Zweitmarken – Markennamen	gezielte Produktwerbung, Verbesserung des Kundendienstes	zurückgehender Einsatz des vertriebspolitischen Instrumentariums
Risiko	akzeptieren	akzeptieren	begrenzen	vermeiden
Investitionen	Erweiterungsinvestitionen, hoch	vertretbares Maximum: Investitionen > Abschreibungen	Ersatzinvestitionen unter Berücksichtigung des Cash Flows. Investition ≙ Abschreibung	Minimum bzw. Produktaufgabe Investition < Abschreibung

Abb. 12-2: Portfolio-Kategorien und marketingbezogene Anpassungsstrategien
(Nach: Kiener, Joachim, Controller-Praxis, 2., Darmstadt 1980, S. 193)

Mit Hilfe der Portfolio-Analyse lässt sich die Position des eigenen Unternehmens im Verhältnis zu den Wettbewerbern ermitteln.

Die Ableitung von strategischen Planungszielen können sein:

- Marktanteil, Wachstum, Konkurrenzabwehr
- Ausweitung des Angebotes, neue Destinationen
- Beschränkung des Angebotes auf Marktnischen und/oder Produktpotenziale (Spezialisierung)
- Produkterweiterung zum Risikoausgleich, z. B. Zielgebietsmix zum Ausgleich der Abhängigkeiten von Umweltkatastrophen und politischen Krisen in den jeweiligen Destinationen
- Entwicklung und Einsatz neuer technischer Plattformen zur Schaffung neuer Distributionssysteme (Reservierungssysteme, Inter-/Intranet, Call-Center)
- Produktanpassung an die technischen Möglichkeiten, jederzeit veränderbarer virtueller Katalog, Preisanpassungen, Schnäppchenangebote, täglich wechselndes Angebot, Kurzfristangebote
- Produktanpassungen an das Potenzial der Kundenzielgruppen (Auswertung von Kundenbefragungen), Familien-/Senioren-/Single-/Club-Angebote, hoch-/niedrigpreisig)
- Preis-/Kostenführerschaft
- Qualitäts-/Serviceimage
- Umsatzrendite

(vgl. Dettmer, Harald [Hrsg.], Tourismus – Marketing – Management, München 1999, S. 106 ff.).

12.2.3.1.2 Zielkostenmanagement

Eine weitere in der Industrie erfolgreich praktizierte Methode ist das Zielkostenmanagement oder **Target Costing** (siehe Abbildung 12-3). Hier wird das Ziel-/Wunschangebot nach vorheriger Bedarfsermittlung und Marktbeobachtung definiert und sein Marktpreis fixiert. Anschließend haben sich alle Geschäftsprozesse diesem Vorhaben unterzuordnen. Ausgangspunkt ist ausschließlich der am Markt durchsetzbare Preis. Mit den vorgegebenen Zielkosten wird ein enormer Druck auf alle Prozessstufen ausgeübt. Zu erreichen ist dies durch konsequentes Prozesskostenmanagement, bis dieses Ziel erreicht ist. Die wesentlichen Komponenten sind:

- die Reduzierung der Einkaufspreise zu Lasten der Vertragspartner (Direkteinkauf, Garantieverträge, Kontingentserweiterung, Kooperationen, eigene Airline, Unterkunft und Zielgebietsagentur)
- die Senkung der externen Kosten: CRS und eigene Buchungsgebühren, Vertriebsprovisionen (Marktmacht, Direktvertrieb über Internet, siehe Airlinevertrieb in den USA), eigene Reisebüroketten mit optimierter Vertriebssteuerung
- die Senkung der internen Unternehmenskosten nach einer Gemeinkosten-Wertanalyse durch Optimierung oder Outsourcing geeigneter Arbeitsprozesse (Standortverlagerung, Einkaufsverlagerung in die Zielgebiete, Buchhaltung, Reklamationsbearbeitung, Softwareoptimierung, um Mengensprünge bei degressiven Fixkosten zu ermöglichen, Kooperation, Fusion oder Aufkauf eines Mitwettbewerbers, um schneller die optimalere, kostengünstigere Unternehmensgröße zu erreichen).

Abb. 12-3: Zielkostenmanagement
(Aus: fvw Heft Nr. 17/1999)

Zur Umsetzung der einzelnen Maßnahmen ist im Allgemeinen der Anwenderkreis auf die großen marktbeherrschenden Veranstalter mit entsprechendem Durchsetzungsvermögen beschränkt.

12.2.3.2 Zeitlich-inhaltliche Planstrukturierung

Die Erarbeitung und Mithilfe bei der Aufstellung eines Geschäftsplanes zur Vorbereitung der nächsten Planperiode ist die Grundvoraussetzung für das Controlling eines laufenden Geschäftsjahres.

Dazu sind notwendig die Überarbeitung und Aktualisierung der

- Planungsrichtlinien auf entsprechenden Planungsformularen pro Planungsbereich
- generellen Vorgabewerte wie Einkaufsrichtlinien, Devisenkalkulationskurse, Kalkulationsaufschläge, das Erreichen bestimmter Kennziffern wie Auslastungs-/Belegungsquote, Zielgebiets-/Sparten-/Katalogseiten-/Gesamtdeckungsbeitrag, prozentualer Vertriebsprovisionsaufwand
- übrigen Unternehmenskosten als Ausgangsbasis zu deren Planung bzw. Vorgaben

(vgl. Bramsemann, R., Handbuch Controlling/Methoden und Techniken, München 1993, S. 76).

Die Durchführung des Planungsprozesses geschieht durch Festlegung der zeitlichen Abfolge der einzelnen Planungsstufen (siehe Planungskalender Abb. 12-4).

Jahres-Termin-Kalender

Veranstalter — *** Sortierfolge: C-(a-,T-)Termin *** — erstellt von: — erstellt — am:

Lfd Nr.	Bezeichnung der Aktivitäten	Vorgänger	Dauer i.Tg	Nov 1 2 3 4	Dez 1 2 3 4	Jan 1 2 3 4	Feb 1 2 3 4	Mrz 1 2 3 4	Apr 1 2 3 4	Mai 1 2 3 4	Jun 1 2 3 4	Jul 1 2 3 4	Aug 1 2 3 4	Sep 1 2 3 4	Okt 1 2 3 4	Ausführungsverantwortung
1	Jahresterminkalender			U	A											BWT
2	Produktkonzept Winter			C	A											GLtg
3	Produktkonzept Sommer					C	A									GLtg
4	Reiseleiterkonzept				A							C	T			BWT
5	Preisvergleich			C	A	A						C	A		C	Vertrieb
6	Preispolitik Winter									A						GLtg/FB
7	Preispolitik Sommer			A											A	GLtg/FB
8	Qualitätskontrolle Winter													A		QualitKontr
9	Qualitätskontrolle Sommer				C	A										QualitKontr
10	Einkaufplanung Winter					A										KatProd
11	Einkaufplanung Sommer						A									KatProd
12	Katalogerstellung Winter				C	T				A A A A	A A A A	A A A A	F			Vertrieb
13	Katalogerstellung Sommer			A A A A	A			C T					A	A A A A	A A A A	Vertrieb
14	Programmvorstellung Winter									C T			A			Vertrieb
15	Programmvorstellung Sommer			A	A A					C	F	T				Vertrieb
16	Vertriebskonzeption								C	T	A A A	F				Vertrieb
17	Vertriebswegeplanung									C	A A	U				Vertrieb
18	Vetriebsleiter			A										C		Vertrieb
19	Pressekonferenz			A							C T	A				GLtg
20	Reiseanalyse										A					BWT
21	Messe ITB						A A	A		CFF			T			Vertrieb
22	Chefgespräche			A	A	A		A	A		C			A A		Vertrieb
23	Aufsichtsrat			A					A							GLtg
24	Beirat					C	A						C	A		Vertrieb
25	Mittelfriststrategie									A						GLtg/FB
26	Devisengerüst Winter/Sommer grob			A										A		BWT
27	Devisenkurse festlegen										A			A		BWT
28	1. Hochrechnung/vorl. Plan Folgjahr					C		A A A A								BWT
29	2. Hochrechnung										T	A A				BWT
30	3.Hochr./endg. Plan/Mittelfrist-Planung											C T		A A A A	A	BWT
31	Jahresabschluß			A A A A	A A A	A A A								C T	A	BWT
32	Planung Vertriebsprovision											C A A	U	F		Vertrieb
33	Preisvergleich Winter										T		A A A	A A		Vertrieb
34	Konten-,KST-,Kost.träger-Plg .So./GJ													A F		BWT
35	Organigramm					C			A							BWT
36	Schulungsprogramm									C						GLtg
37	Beurteilungsplan				A											FachBer.
38	Beurteilung AT-Mitarbeiter									A	A	A	A	A		FachBer.
39	Workshop AT-Mitarbeiter														C	GLtg
40	Quartalsberichterstattung an MA					A			A			A			A	GLtg
41	Urlaubsplanung				A A A	F										FachBer.
42	Unterschriftsregelung							A								BWT

LEGENDE: A=Ausführung C=Checkliste F=Freigabe T=Termin-/Aktivitätenplan U=Überprüfung

Abb. 12-4: Planungskalender eines Veranstalters

12.2.3.3 Abstimmungsprozess

Nach Fertigstellung der Einzelpläne werden diese hinsichtlich der Einhaltung der Vorgaben und auf Plausibilität hin überprüft und gegebenenfalls unter Mitarbeit der Planungsverantwortlichen nachbearbeitet. Die Einzelpläne werden anschließend konsolidiert und zu einem vorläufigen Gesamtplan verdichtet.

Hier entscheidet sich, ob das Gesamtunternehmensziel erreicht werden kann oder einzelne Teilpläne nochmals überarbeitet werden müssen. Dieser Abstimmprozess erfordert meist große Anstrengungen, Flexibilität und Kreativität aller Beteiligten.

12.3 Controllinginstrumente zur Feststellung und Analyse von Abweichungen

12.3.1 Management-Informationssystem (MIS)

Voraussetzung eines wirkungsvollen Controlling ist die Feststellung des aktuellsten Standes aller Geschäftstätigkeiten und deren Ergebnisse. Dazu stehen heute vielfältige programmtechnisch unterstützte MIS-Systeme zur Verfügung. Dies können sowohl Standard- und/oder individuell entwickelte Programme sein. Dabei sollten verschiedene Anforderungen berücksichtigt werden:

- **Systemtechnische Anforderungen**

(1) Integration	Einbeziehung sämtlicher Unternehmensbereiche und deren optimale Einbindung in die bestehende DV-Umgebung
(2) Aktualität	Verfügbarkeit der Daten im erforderlichen zeitlichen Rhythmus, je nach Bedarf jährlich, monatlich oder auch täglich
(3) Schnittstellen	einfacher Import und Export von Daten; Voraussetzung zur Praktibilität und Aktualität
(4) Flexibilität	Anpassung an geänderte Rahmenbedingungen; flexible Auswertungen; flexibler Zugriff auf die Daten mit verschiedenen Verdichtungsmöglichkeiten
(5) Datenarten	Zugriff auf verschiedene Datenarten, z. B. IST, PLAN, VORJAHR, PROGNOSE, SIMULATION
(6) Datenstruktur	weitgehend hoch verdichtete Daten mit der Möglichkeit des *„drill down"*; redundanzarme Vorhaltung der Daten

- **Anforderungen an die Benutzerfreundlichkeit**

(1) Komfort	einfache und problemlose Bedienung
(2) Schnelligkeit	sekundenschnelle Ergebnisse
(3) Datensicherheit	Sicherung der Daten gegen Verlust und unbefugtem Zugriff

- **Betriebswirtschaftliche Anforderungen**

(1) Kennzahlen	systematische Verdichtung und Aufbereitung der relevanten Basiszahlen; schnelle Ursachenanalyse *(drill down)*
(2) Grafik	Möglichkeit zur geeigneten grafischen Darstellung
(3) Alarm-/ Ampelfunktion	Hinweis auf signifikante Abweichungen durch entsprechende Symbole oder Farben *(traffic lighting)*

(4) Simulation	Berechnung und Darstellung von Alternativen (Szenarien)
(5) Prognose	automatische Hochrechnung bei Anwendung geeigneter Parameter (linear, Vorjahres-/Saisontrend, Vorgabe, etc.)
(6) Wirtschaftlichkeit	positive Kosten-Nutzen-Relation

(vgl. Bramsemann, R., Handbuch Controlling/Methoden und Techniken, München 1993, S. 83 f.).

Statistiken

Standardmäßig sind in den meisten Programmen einige der folgenden Statistiken bereits enthalten:

- Umsatz/Teilnehmer (Paxe)
- Auslastung von Garantieobjekten (Transport, Unterkunft, Event)
- Belegungswochen (Unterkunft, Garantie und Allotement)
- Reklamationen (Produkt, Vertragspartner, Kunden)
- Zielgebiete
- Produktmix

Abhängig von der Beinflussungsmöglichkeit der Geschäftssteuerung (z. B. variabler Verkaufspreis und/oder Kapazitätsanpassung) ist die Erstellung der Statistiken täglich, wöchentlich, monatlich, saisonal notwendig bzw. sinnvoll. Zu einem wichtigen Instrument zur Ergebnissteuerung ist die **„Yield-Steuerung"** bei Airlines und Hotelketten geworden. Über geeignete **Marketingmaßnahmen** werden rechtzeitig drohende Leerstände vermieden bzw. verringert. Grundsätzlich gilt, daß Statistiken allein den Zweck haben, den zurückliegenden Geschäftsverlauf möglichst aktuell, je nach Bedarf, übersichtlich verdichtet aufzuzeigen. Unnütze Statistiken kosten Geld und werden nicht ausgewertet.

12.3.2 Kosten- und Leistungsrechnung aus der Finanzbuchhaltung (Kostenstellen/-trägerrechnung)

Standardmäßig sind in den modernen Buchhaltungsprogrammen neben der reinen Finanzbuchhaltung auch Auswertungen nach Kostenstellen und -trägern möglich, eine Verbuchung nach entsprechenden vorgegebenen Schlüsselsystemen vorausgesetzt. Damit kann man neben dem **Gesamtergebnis** des Unternehmens dieses herunterbrechen auf **Kostenträgerebene** (Spartenergebnisse, z. B. Hotelpauschale, Flugpauschale, Garantieobjekte, etc.) und deren finanziellen Erfolg **ad hoc** dokumentieren. Nicht direkt Sparten zuzuordnende Bereiche **(Kostenstellen)** wie Geschäftsleitung, Buchhaltung, Vertrieb und sonstige administrative Stellen können mit Hilfe von Kostenstellenauswertungen überwacht und dargestellt werden. Ein Vergleich über eine Zeitreihe oder Kosten pro Mitarbeiter oder in Prozent zum Umsatz ergeben Hinweise auf Fehlentwicklungen oder Rationalisierungsreserven, insbesondere im Branchenvergleich. Es sei darauf hingewiesen, daß die Aussagekraft von Auswertungen der Finanzbuchhaltung im Allgemeinen erst nach Fertigstellung des Jahresabschlusses Bestand haben. Die Buchhaltungssysteme buchen täglich die fakturierten Umsätze, auch nach Leistungsperioden (Reisetag/-monat), aber die zeitgleiche Buchung des periodengerecht zugeordneten Aufwandes (Hotel-, Transport- und Nebenkosten) ist im Allgemeinen nicht möglich. Diese Aufwände werden erst nach Rechnungseingang oder -bezahlung periodengerecht (Winter-/Sommersaison) verbucht. Nur mit Hilfe eines aufwendigen, mit der Finanzbuchhaltung gekoppelten, ständig aktualisierten, Stammdatensystems, lässt sich analog der in der Industrie angewandten **„permanenten Inventur"** eine zeitgleiche Buchung des Leistungsaufwandes (SOLL-Kosten) ermöglichen. Eine aktuelle Ergebnisdarstellung lässt Kalkulationsfehler oder sonstige Fehlentwicklungen frühzeitig erkennen und durch entsprechende Steuerungsmaßnahmen minimieren.

12.3.3 Aufdeckung von Schwachstellen

12.3.3.1 Periodisch abzuarbeitende Checklisten

Zur Aufdeckung von Schwachstellen dienen periodisch abzuarbeitende Checklisten für:

- Besonders zu überwachende Produkte/Objekte wie bei Garantieverträgen (Unterkunft, Transport, Mengenpreisstaffeln). Diese sind auslastungabhängig extrem ergebniswirksam.
- Zielerreichungsgrade zur Ermittlung von **„break-even-Punkten"** bei besonderen Fixkostenabhängigkeiten (z. B. eigene Zielgebietsagenturen oder Einsatz von Reiseleitern)
- SOLL-IST-Abweichungen des Produktmixes und deren Auswirkungen auf die Durchschnittskalkulation
- Veränderungen des Zielgebietsmixes: Periodische Ermittlung seiner Margenentwicklung, von Kapazitätsengpässen, des Buchungsverhaltens der Kunden, Abfrage von Zielgebietsagenturen/Reiseleitern zur Konkurrenzbeobachtung („Bettenkrieg")
- den Devisenbedarf/-verbrauch und eine daraus abzuleitenden Über-/Unterdeckung des noch zu erwartenden Bedarfes und seine Folgen, z. B. Stop von Marketingmaßnahmen für ein Zielgebiet, Reduzierung von Kapazitäten bei zu erwartenden Kursverlusten
- Veränderungen der Kundenstruktur und des Buchungsverhaltens (Altersstruktur, durchschnittliche Aufenthaltsdauer, Früh-/Spätbucher, VK-Preisabhängigkeiten)
- die Gesamtliquiditätssituation.

Für die Checklisten sollten vorher Toleranzgrenzen definiert werden. Bei Überschreitungen (Ampel-/Alarmfunktion) muss an die Steuerungsstellen berichtet werden. Maximale DV-Unterstützung macht dies erst praktikabel. *(vgl. auch Bramsemann, R., Handbuch Controlling/Methoden und Techniken, München 1993, S. 62).*

12.3.3.2 Entwicklung von Kennzahlen aus betrieblichen Schwachstellen

Zur Entscheidung und Urteilsbildung über das Ausmaß der Zielerreichung lassen sich verschiedene Hilfsmittel heranziehen. Die Kennzahlensysteme sind eines davon. Sie sollten je nach Berichtsebene in verschiedenen Verdichtungsstufen periodisch ermittelt und übersichtlich berichtet werden (Alarm-/Ampelfunktion).

Folgende **Kennzahlen** sind zu ermitteln:

- Kennzahlen nach einzelnen Funktionsbereichen, Produktivität
- Finanzierungs- und Liquiditätskennzahlen
- Erfolgskennzahlen
- ROI-Kennzahlensysteme
- Kennzahlen zur Risikostruktur

Sinnvoll ist der Vergleich mit entsprechenden Kennzahlen

- gleichartiger Betriebe, Branchenkennzahlen

- Zeitvergleiche; diese sind aber nur beschränkt für zukünftige Entwicklungen zu verwenden, da sie lediglich innerbetriebliche Vergangenheitswerte darstellen *(vgl. auch Bramsemann, R., Handbuch Controlling/Methoden und Techniken, München 1993, S. 178 f.).*

Entwicklung von Kennzahlen aus betrieblichen Schwachstellen			
Bereich	Schwachstelle	Mögliche Ursachen	Kennzahlen, Einsatzbereich
Produktionsprogramm und Markt	– Umsätze nach Produkten, Regionen, Absatzwegen – Marktanteile – Erlösschmälerungen – Buchungsbestand – Markterschließung, Neueinführung	– Sortiment nicht marktgerecht – falsche Absatz- und Vertriebspolitik – Nachfrageverschiebungen – ungenügende Vertriebsplanung und -steuerung – verschärfte Konkurrenz	– Umsatzstatistiken – Buchungsmeldungen – Außendienstberichte, Branchenverband, Fachpresse
Kundenbeziehungen	– Zufriedenheit der Kunden – Reklamationen – Werbung, PR – Konditionen – Sortiment	– falsche Sortimentspolitik – unzureichender Personaleinsatz – ungenügende Personalauslese und -ausbildung – unzureichende Kundenbetreuung	– Teilnehmer-/Paxentwicklung – Umsatzstatistik – Reklamationsquoten
Personal	– Auslastungsgrad der Mitarbeiter im Einkauf, Vertrieb, Call-Center	– unzureichende Ausbildung und Training der Mitarbeiter – überzogene Mengenbelastungen, Anzahl Verträge und Vertragspartner, Größe des zu bereisenden Zielgebietes	– Relation Verträge/Vertragspartner pro Einkäufer – Relation von Neuobjekten zum Objektbestand/Katalogproduktion

Bereich	Schwachstelle	Mögliche Ursachen	Kennzahlen, Einsatzbereich
		– Unterbesetzung im Bereich Abwicklung und Call-Center – Unzureichende Vergütungssysteme	– Relation angenommene Anrufe zu abgefallenen (ACD-Auswertungen/automatische Telefonstatistik)
Bestände	– Über-/Fehlkapazität – Auslastung	– falsche Absatz-/Produktplanung – unzureichendes Instrumentarium – inflexible, unzuverlässige Vertragspartner	– Auslastungsquote – Sitzladefaktor – Belegungswochen pro Objekt – Yield
Kosten, Erträge, Liquidität	– Kosten – Deckungsbeiträge nach Bezugsgrößen – Gewinn – Cash-Flow	– ungeplante Kostensteigerungen – falsche Preispolitik – inflexible Organisationsstruktur – fehlende Planung	– BAB-, Bilanz- und GuV-Kennzahlen – ROI

Abb. 12-5: Entwicklung von Kennzahlen aus betrieblichen Schwachstellen (vgl. auch Bramsemann, R., Handbuch Controlling/Methoden und Techniken, München 1993, S. 341)

12.3.3.2.1 Zielsetzung der Kennzahlen

Kennzahlen dienen dem Leistungsvergleich mit ähnlichen Produkten, Wettbewerbern, Mitarbeitern, Abteilungen in einem vergleichbaren Zeitraum.

Ein SOLL-IST-Vergleich sollte Kennzahlen zur Formulierung der Ziele enthalten.

Die Erfüllung der Ertragsziele wie Gewinn, Rendite und Leistungsziele wie Reklamationsquote und Auslastungsquote sollte regelmäßig festgestellt und auf Maßnahmen hin überprüft werden.

Ein Problem ist meist die Aktualität der vorliegenden Werte.

Trendrechnung Reklamationseingang im Geschäftsjahr 1999/2000

		Anzahl Fälle Vorjahr			Anzahl Fälle lfd. Jahr mit Trendrechnung			Diff. Stück	Prognose Reklamationsquote				
		Stück Stand Aug. 98	Stück Endstand Vorjahr	(2:3) in %	Stück Stand Aug. 99	Stück Prognose Endstand	(6:3) in %	Stand Aug. 99		Diff. Stück (Sp. 6-3)	Vorjahr	lfd. Jahr	Differenz
	Sp. 1	Sp. 2	Sp. 3	Sp. 4	Sp. 5	Sp. 6	Sp. 7	Sp. 8					
Winter 99/00	Prod 1	573	577	99 %	542	516	89 %	−61	Prod 1	−61	6,4 %	5,1 %	−1,3 %
	Prod 2	64	64	100 %	50	50	78 %	−14	Prod 2	−14	2,4 %	2,5 %	−0,1 %
	Prod 3	24	24	100 %	23	23	96 %	−1	Prod 3	−1	2,8 %	2,4 %	−0,4 %
	Prod 4	2	2	100 %	5	5	250 %	3	Prod 4	3	0,2 %	0,2 %	0,0 %
	Prod 5	26	26	100 %	27	27	104 %	1	Prod 5	1	1,6 %	1,9 %	0,3 %
	Summe	689	693	99 %	617	621	90 %	−72	Summe	−72	1,6 %	1,9 %	1,9 %
Sommer 00	Prod 1	1469	1886	78 %	1744	2239	119 %	275	Prod 1	353	4,9 %	3,5 %	−1,4 %
	Prod 2	692	734	94 %	694	736	100 %	2	Prod 2	2	4,0 %	3,8 %	−0,2 %
	Prod 3	271	292	93 %	229	247	85 %	−42	Prod 3	−45	3,8 %	2,9 %	−0,9 %
	Prod 4	7	10	70 %	10	14	143 %	3	Prod 4	4	0,2 %	0,3 %	0,1 %
	Prod 5	110	120	92 %	127	139	115 %	17	Prod 5	19	2,6 %	2,4 %	−0,3 %
	Prod 6	33	36	92 %	29	32	88 %	−4	Prod 6	−4	4,2 %	2,5 %	−1,6 %
	Prod 7	188	192	98 %	140	143	74 %	−48	Prod 7	−49	4,6 %	2,7 %	−1,9 %
	Prod 8	67	71	94 %	80	85	119 %	13	Prod 8	14	5,0 %	5,9 %	0,9 %
	Prod 9	238	274	87 %	248	286	104 %	10	Prod 9	12	8,2 %	9,9 %	1,7 %
	Summe	3075	3615	85 %	3301	3920	108 %	226	Summe	305	3,9 %	3,1 %	−0,8 %
Geschäftsjahr 99/00	Prod 1	2042	2463	83 %	2256	2755	112 %	214	Prod 1	292	5,7 %	4,7 %	−1,0 %
	Prod 2	756	798	95 %	744	786	99 %	−12	Prod 2	−12	3,8 %	3,7 %	−0,1 %
	Prod 3	295	316	93 %	252	270	85 %	−43	Prod 3	−46	3,7 %	2,9 %	−0,8 %
	Prod 4	9	12	75 %	15	19	161 %	6	Prod 4	7	0,2 %	0,3 %	0,1 %
	Prod 5	136	146	93 %	154	166	113 %	18	Prod 5	20	2,4 %	2,3 %	−0,1 %
	Prod 6	33	36	92 %	29	32	88 %	−4	Prod 6	−4	4,2 %	2,5 %	−1,6 %
	Prod 7	188	192	98 %	140	143	74 %	−48	Prod 7	−49	4,6 %	2,7 %	−1,9 %
	Prod 8	67	71	94 %	80	85	119 %	13	Prod 8	14	5,0 %	5,9 %	0,9 %
	Prod 9	238	274	87 %	248	286	104 %	10	Prod 9	12	8,2 %	9,9 %	1,7 %
	Summe	3764	4308	87 %	3918	4540	105 %	154	Summe	232	7,1 %	8,6 %	1,5 %
MJ geplant ohne Prozesse:		3,5											
Fälle pro MJ:		1297											
MJ benötigt:		3,7											
MJ Differenz:		−0,2											
Benötigte MJ bei		1231	Fällen pro MA: 3,5										

Abb. 12-6: Reklamationsstatistik

12.3.3.2.2 Verschiedene Produktivitäts-Kennzahlen

$$\textbf{Personalkostenanteil} = \frac{\textbf{Personalkosten x 100}}{\textbf{Gesamtkosten}}$$

Umsatz/Reiseteilnehmer (durchschnittlicher Reisepreis): Kennzahlen für den Periodenvergleich eines Produktes zur Analyse von Preissteigerungen, Buchungsstrukturänderungen (höherwertige Angebote werden von den Kunden bevorzugt), wichtige Kennzahl beim Vergleich mit Wettbewerbern, insbesondere bei der Beurteilung der Kennzahl Umsatz/Mitarbeiter.

Umsatz/Beschäftigte: Als Kennzahl nur im innerbetrieblichen Periodenvergleich geeignet. Die unterschiedlichen Produktstrukturen der Veranstalter machen nur Sinn für einen Vergleich mit Veranstaltern bei weitgehend ähnlichen Angeboten.

Deckungsbeitrag/Beschäftigte: Als Kennzahl der Wertschöpfung nur im innerbetrieblichen (Wettbewerbsvergleichszahlen sind in der Regel nicht bekannt) Periodenvergleich geeignet.

Anteile der Vertriebswege (Fremdvertrieb/Eigenvertrieb) vom Gesamtumsatz: Kennzahl zur Beurteilung der Vertriebsstruktur, der Möglichkeiten zur Vertriebssteuerung, der Abhängigkeiten.

Durchschnittliche Belegungswochen der Unterkünfte eines Zielgebietes: Wichtige Kennzahl insbesondere für die Kalkulation von Garantieobjekten.

$$\textbf{Reklamationsanteil} = \frac{\textbf{Anzahl reklamierter Buchungen}}{\textbf{Summe aller Buchungen}}$$

Kennzahl als Ausdruck der Produktqualität, der Katalogausschreibung, der Beratungsqualität im Verkauf, Messlatte zur Beurteilung von Vertragspartnern (s. auch Abb. 12-6).

Katalogseitenrentabilität: Umsatzvorgabe pro Katalogseite für das Produktmanagement und den Einkauf. Damit haben nur Angebote eine Chance in den Katalog aufgenommen zu werden, die durch entsprechende Kontingente und Verfügbarkeiten in der Hauptsaison unterlegt sind. In der Folgesaison erfolgt eine kritische Objektbeurteilung. Verbesserung der Katalogdarstellung und/oder ein Austausch des Angebotes sind die Konsequenzen.

12.3.3.2.3 Finanzierungs- und Liquiditäts-Kennzahlen zur Beurteilung der Substanzwerte und Steuerung der Finanzen

Liquidität 2. Grades = wichtiges Instrument zur Kontrolle der Zahlungsfähigkeit =

$$\frac{\textbf{liquide Mittel (Bargeld, Bankguthaben, kurzfr. Fremdkapital, kurzfr. Verbindlichkeiten)}}{\textbf{kurzfristiges Fremdkapital}}$$

Eine positive Zahl zeigt die Zahlungsfähigkeit des Unternehmens an.

Generell gilt der Grundsatz: Liquidität geht vor Rentabilität. Eine höhere Rendite zu Lasten der Zahlungsfähigkeit kann ein Unternehmen trotz gutem Bilanzergebnis in seiner Existenz kurzfristig gefährden. Die aktuelle Liquidität im laufenden Geschäftsbetrieb muss immer gewährleistet sein.

$$\textbf{Eigenkapitalquote} = \frac{\textbf{Eigenkapital}}{\textbf{Gesamtkapital (Bilanzsumme)}}$$

74 % aller deutschen Reiseveranstalter werden als GmbH geführt und 18 % sind meist inhabergeführte Einzelfirmen. Der Rest verteilt sich auf die Rechtsform der GmbH & Co KG (6 %), die KG (0,8 %) und je 0,6 % auf die OHG und AG.

Laut einer für das Jahr 1995 durchgeführten Studie an der Fachhochschule Wilhelmshaven, bei der rund 100 Reiseveranstalter ihre Bilanzdaten offenlegten, belief sich die **Eigenkapitalquote im Durchschnitt auf 14 %.** Zum Vergleich liegt diese Quote bei den börsennotierten AG's auf der Basis der Bilanzzahlen bei 36 %.

Der überwiegende Anteil der Reiseveranstalter sind mittelständische Betriebe mit einer geringen Eigenkapitalquote. Eine Verbesserung ist infolge der niedrigen Umsatzrendite sehr schwierig.

Dies macht sie besonders anfällig für Ertragseinbrüche oder unerwartete Zusatzkosten (z. B. fehlende Garantieauslastung, Devisenkursverluste) *(vgl. Torsten Kirstges, Wirtschaftlichkeit von Reiseveranstaltern, in: touristik management 4/97, S. 70).*

Cash-Flow = finanzwirtschaftlicher Überschuss

Der relativ hohe Cash-Flow bei Reiseveranstaltern, bedingt durch die Kundenanzahlungen als zinsloses Fremdkapital, lässt die Tourismusbranche interessant werden als Diversifikationsobjekt branchenfremder Investoren.

12.3.3.2.4 Erfolgsbezogene Kennzahlen

Wertschöpfung als Kennzahl und Messlatte zur Betriebsanalyse sowie auch für branchenübergreifende Vergleiche. Sie gilt als Maß der Eigenleistung eines Unternehmens, das angibt, welcher „Wert" im Rahmen des unternehmerischen Produktionsprozesses geschaffen wird. Je höher die Eigenleistungen, insbesondere als Folge der vertikalen Integration bei den Großveranstaltern, desto größer ist die Wertschöpfung *(touristik management 47/97, S. 67 f.).*

Deckungsbeitrag (DB):

\+ Reisebruttoumsätze

– Aufwendungen für Reisevorleistungen (Transport-, Unterkunfts- und sonstige Fremdleistungen)

– Aufwendungen für Eigenleistungen (Reiseleitung, Reiseführer, Kartenmaterial)

– Margensteuer (spezielle Umsatzsteuer für Reiseveranstalter)

= Deckungsbeitrag aus Reiseleistungen.

Je nach Reiseart wird von den Veranstaltern durchschnittlich ein DB zwischen 17 und 23 % vom Umsatz erwirtschaftet *(touristik management 47/97, S. 67 f.).*

= **DB**

– Personal-, Katalog-, Werbe-, Raum-, EDV/Kommunikationsaufwand

\+ Werbekostenzuschüsse

– sonstiger ordentlicher betriebsbedingter Aufwand

\+ sonstige ordentliche Erträge

= **Operatives Ergebnis** = Ergebnis vor Abschreibung, Zinsen und Steuern
= betriebliche Leistungserbringung im Rahmen des eigentlichen Geschäftszweckes

– Abschreibung

= **Betriebsergebnis**

$$\textbf{Umsatzrendite} = \frac{\textbf{Betriebsergebnis}}{\textbf{Umsatz}}$$

Laut der Wilhelmshavener Studie schwankte die Umsatzrendite bei den Veranstaltern 1995 zwischen 2,7 % und 5 %, im Durchschnitt waren es 1,9 %. Die großen Veranstalter sprechen bei einer Umsatzrendite von 2 bis 3 % von erfolgreichen Jahresergebnissen *(vgl. touristik management 47/97, S. 67 f.).*

Gewinn- und Verlustrechnung (GuV):

= **Betriebsergebnis**
± Zinsergebnis
± Ergebnis aus Finanzanlagen und Beteiligungen
± Ergebnis sonstiger Anlagen
= **Geschäftsergebnis**
± außerordentlicher Aufwand/Ertrag
= **Ergebnis vor Steuern**
– Ertragssteuern
= **Jahresüberschuss/-fehlbetrag**

Eine der wichtigsten Kennzahlen des modernen Controlling ist der

(ROI) Return on Investment = Rentabilität des Eigenkapitals

$$\text{ROI} = \frac{\textbf{(Ergebnis vor Steuern + Fremdkapitalzinsen) x 100}}{\textbf{Eigenkapital}}$$

Diese Kennzahl lässt sich auch im Vergleich zu anderen Unternehmen ermitteln, da die dazu benötigten Zahlen bekannt sind.

Reiseveranstalter bewegen mit einem geringen Kapitaleinsatz ein großes Geldvolumen.

Die Vorteile:

Zinserträge und hohe Liquidität wegen der üblichen 10 % Anzahlung. Dies macht Reiseveranstalter interessant als Beteiligungsobjekt institutioneller Anleger.

Gesamtkapitalrentabilität

siehe Eigenkapitalrentabilität; Eigenkapital wird durch Gesamtkapital ersetzt.

= Eigenkapital
+ **Fremdkapital**
+ **Zinsaufwand**
= Gesamtkapitalrentabilität

12.3.3.2.5 Kennzahlen zur Risikostruktur

- **Flugauslastung, Sitzladefaktor:** Wichtige Kennzahlen für die Flugdisponenten von Pauschalreiseveranstaltern mit Charterfluganteil. Je höher die Auslastung angenommen wird, desto preiswerter kann kalkuliert werden. Im gleichen Maße steigt das Veranstalterrisiko. Die Veranstalter reagieren darauf mit Last Minute Angeboten (s. Abb. 12-7).

- **Anteil der Angebote mit Garantieverträgen pro Relation bzw. pro Zielgebiet am Gesamtumsatz:** Um eine Existenzgefährdung zu verringern, ist auf ein ausgewogenes Verhältnis zwischen Garantie- und Allotementverträgen und auf eine Streuung über verschiedene Zielgebiete zu achten.

- **Devisenbeschaffung:** Bedingt durch die lange Produktionsvorlaufzeit der Kataloge sind für die Preistabellen sechs bis dreizehn Monate vor Leistungserbringung, vor Beginn der Kalkulation, sämtliche fremdwährungsrelevanten Einkaufswerte in nationale Währung umzurechnen. Dazu wird in der Regel der zu diesem Zeitpunkt an den Devisenbörsen gültige Wechselkurs zu Grunde gelegt. Diese Kurse sind immer, soweit sie variabel an den Devisenbörsen gehandelt werden, wettbewerbsrelevant. Entscheidend ist der „glücklichere" Zeitpunkt der Festlegung.

Flugverkehr zwischen München und London

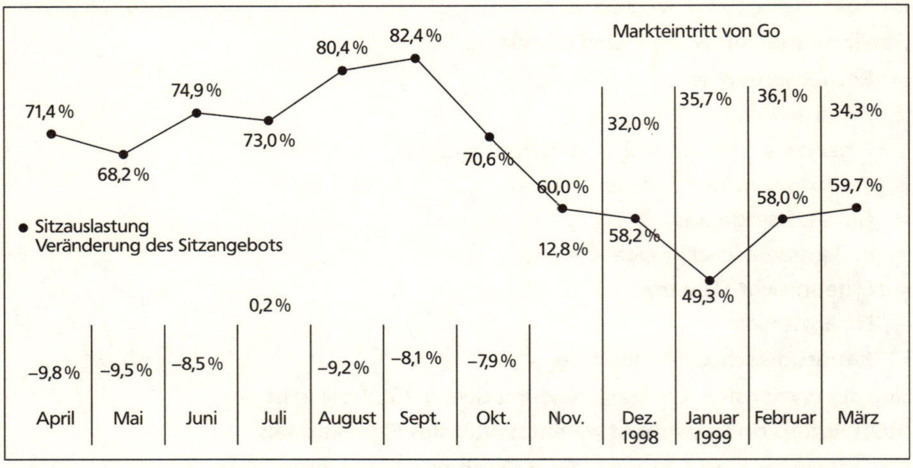

Abb. 12-7: Kennzahl Flug-Sitzauslastung
(Aus: fvw Heft Nr. 9/1999)

Entsprechend den zu erwartenden Umsätzen, verteilt auf der Zeitachse der Leistungsmonate in den ausländischen Zielgebieten, erfolgt die Beschaffung des Devisenbedarfes. Weil das Buchungsverhalten der Kunden, die Wettbewerbssituation nach dem Erscheinen der Konkurrenzkataloge, politische, wirtschaftliche und Naturkatastrophen unbekannt bzw. nicht vorhersehbar sind, ist die Kalkulationskursfestlegung und die Beschaffung der Devisen ein äußerst risikoreicher Teil des Geschäftes. Für den Euro-Wirtschaftsraum ist seit dem 1. 1. 1999 das Währungsrisiko entfallen. Dagegen unterliegt der Dollar hohen Kursschwankungen. Obwohl verschiedene Instrumente zur Reduzierung des Kursrisikos bestehen, verbleibt ein nicht unerhebliches Währungsrisiko. Abhängig von der Kursentwicklung und dem Grad der Abweichung der Umsatzentwicklung und dem Devisenkurs zum Bilanzstichtag (Bewertungsgrundlage der Restdevisenbestände) sind ungeplante Zusatzaufwendungen bzw. Zusatzerträge in der GuV auszuweisen.

Ein Devisenkursrisikozuschlag ist bei dem preisaggressiven Verhalten des Wettbewerbs kaum möglich. Zur Überwachung des benötigten Devisenbedarfes wird dieser mittels einer Software, entsprechend des aktuellen Buchungsbestandes und seiner Hochrechnung zum Saisonende, in kurzen periodischen Abständen aktualisiert. Dies ist die Grundlage für die entsprechenden Entscheidungen.

- **Gefahren und Grenzen der Kennzahlen**

- Gefahr der mangelnden Betriebsbezogenheit
- überwiegend nur für innerbetriebliche Periodenvergleiche
- extern kaum vorhanden wegen Wettbewerb.

12.3.3.3 Break-Even-Analyse

Erst ab einem bestimmten Geschäftsvolumen können die Bereitstellungskosten/Fixkosten zur Leistungserbringung durch die Kalkulationserlöse gedeckt werden; die Gewinn- oder Verlustzone beginnt. Besonders wichtig ist diese Methode zur Bestimmung der Gewinnschwelle und bei Auslastungsproblemen zur Verlustbegrenzung bei Garantieverträgen. Flug-/Schiff- und Unterkunftsgarantieverträge werden mit einer entsprechenden kostendeckenden (Minimalauslastung) und entsprechend der vorgegebenen gewinnorientierten Soll-Auslastungsquote kalkuliert. Je höher die kalkulierte Auslastungsquote, desto niedriger kann der Verkaufspreis kalkuliert werden und desto größer ist das Auslastungsrisiko.

Zur Risikobegrenzung und Ertragssteigerung wurden hier ausgefeilte Methoden und Softwareprogramme entwickelt. Abhängig von der erwarteten oder aktuellen Auslastung wird der Restplatzverkauf zu „Last Minute Preisen" bzw. bei den Linienfluggesellschaften über die Consolidatorspezialisten zu Tagespreisen gesteuert. Eine nahezu 100-prozentige Auslastung mittels eines optimalen Durchschnittspreises ist die Erfolgsgrundlage. Da die Dienstleistungsware nicht gelagert werden kann, ist es entscheidend, die vorhandene Kapazität um jeden Preis zu verkaufen. Auch der niedrigste Erlös steuert einen Deckungsbeitrag zum Ergebnis bei. Yield-Management-Softwareprogramme der IATA-Fluggesellschaften sind heute unverzichtbar. Mit ihrer Hilfe wird jedes Auslastungsrisiko laufend mit den Sollwerten verglichen und bei Überschreitung einer bestimmten negativen oder positiven Abweichungstoleranz werden Warnungen (Ampelfunktionalität) ausgegeben. Damit können rechtzeitig vor dem „Verfalldatum" Kontingentsanpassungen pro Tarifgruppe abhängig von der jeweiligen Nachfragesituation vorgenommen werden. Gleichzeitig kann mit den neuen Sollwerten das Sollergebnis ausgegeben werden. Auch große Hotelketten beginnen sich dieses Steuerungsinstrumentes zu bedienen *(vgl. auch Dettmer, Harald [Hrsg.], Tourismus – Marketing – Management, München 1999, S. 241 f., 226 ff.).*

12.4 Hilfsmittel zur Entscheidung und Urteilsbildung über das Ausmaß der Zielerreichung

- **Betriebsvergleiche**

Wie geht es dem Unternehmen im Vergleich zu den Mitwettbewerbern?

Wie ist die Situation der Branche im Vergleich zu anderen Wirtschaftszweigen?

Besteht die Möglichkeit, diese Fragen zu beantworten, liefert der Vergleich wertvolle Hinweise zum Stand des eigenen Unternehmens. Das Problem liegt in der nicht vorhandenen Transparenz der Branche. Kaum ein Unternehmen veröffentlicht abgesicherte Zahlen. Nur über die Fachpresse, z. B. fvw, werden branchenweite Umfragen auf freiwilliger Basis durchgeführt und veröffentlicht. Ihr Aussagewert ist öfters zweifelhaft *(vgl. Bramsemann, R., Handbuch Controlling/Methoden und Techniken, München 1993, S. 178).*

- **Preisvergleiche**

Jeder Veranstalter führt nach dem Erscheinen der Kataloge seiner Wettbewerber Preisvergleiche durch. Damit kann er seine Vertriebschancen für die kommende Saison abschätzen. Bei wesentlichen Preisdifferenzen werden nachträgliche Preisnachlässe und/ oder Sonderkataloge veröffentlicht. Frühbucherrabatte werden ausgelobt.

Bei Leistungsträgern wird bei Bedarf zum Zwecke der Gleichbehandlung bei den Konditionen nachverhandelt. Für die Folgesaison wird eventuell entschieden, das Objekt zu wechseln oder mit „Kampfpreisen" dem Wettbewerb zu begegnen. Um gleiche Konditionen zu erreichen, sind eventuell Belegungsgarantien zu übernehmen.

Die Erkenntnisse des Preisvergleiches fließen in die Preiskalkulation des Folgejahres ein.

ANALYSE DER ÜBERSCHNITTENEN UNTERKÜNFTE FÜR AUSGEWÄHLTE VERANSTALTER IM SOMMER 1999

	Air Marin	Alltours	ATT	DER 1)	Fischer	FTI 2)	ITS	Jahn	Kreutzer	Neckerm.	Öger	Terramar	Tjaereb.	Transair	Transeur.	TUI
MALLORCA																
Hochsaison: 17.6. bis 23.6.1999 (Belegung zwei Personen, Reisedauer zwei Wochen, Verpflegung Halbpension, Abflughafen Düsseldorf)																
Gesamtzahl Unterk.	84	106	–	56	97	73	127	83	82	213	–	58	61	41	70	154
■ davon teurer	52	40	–	28	22	48	8	46	56	51	–	28	37	14	3	38
	62 %	38 %	–	50 %	22 %	66 %	7 %	55 %	68 %	24 %	–	48 %	61 %	34 %	4 %	25 %
■ davon günstiger	27	28	–	20	51	5	94	27	23	94	–	14	16	22	39	23
	32 %	26 %	–	36 %	53 %	7 %	75 %	33 %	28 %	44 %	–	24 %	26 %	54 %	56 %	15 %
Exklusive Häuser/	5	38	–	8	24	20	23	10	3	68	–	16	8	5	28	93
Unikate	6 %	36 %	–	14 %	25 %	27 %	18 %	12 %	4 %	32 %	–	28 %	13 %	12 %	40 %	60 %
Nebensaison: 1.5. bis 14.5.1999 (Belegung zwei Personen, Reisedauer zwei Wochen, Verpflegung Halbpension, Abflughafen Düsseldorf)																
Gesamtzahl Unterk.	83	100	–	57	96	72	126	83	82	206	–	57	62	41	70	153
■ davon teurer	13	10	–	53	19	8	38	63	16	53	–	26	51	29	18	36
	16 %	10 %	–	93 %	20 %	11 %	30 %	76 %	19 %	26 %	–	46 %	82 %	70 %	26 %	23 %
■ davon günstiger	65	58	–	4	53	44	65	15	63	89	–	15	6	8	24	24
	78 %	58 %	–	7 %	55 %	61 %	52 %	18 %	77 %	43 %	–	26 %	10 %	20 %	34 %	16 %
Exklusive Häuser/	5	32	–	–	24	20	23	5	3	65	–	16	5	4	28	93
Unikate	6 %	32 %	–	–	25 %	28 %	18 %	6 %	4 %	31 %	–	28 %	8 %	10 %	40 %	61 %
TÜRKEI																
Hochsaison: 17.6. bis 23.6.1999 (Belegung zwei Personen, Reisedauer zwei Wochen, Verpflegung Halbpension; Abflughafen Düsseldorf)																
Gesamtzahl Unterk.	31	52	73	18	34	48	51	41	41	81	136	20	51	21	38	47
■ davon teurer	27	37	3	2	15	34	8	7	3	42	71	14	9	1	14	34
	87 %	71 %	4 %	11 %	44 %	71 %	16 %	17 %	7 %	52 %	52 %	70 %	18 %	5 %	37 %	72 %
■ davon günstiger	4	9	28	16	17	11	37	34	36	37	31	4	41	19	12	3
	13 %	17 %	38 %	89 %	50 %	23 %	73 %	83 %	88 %	46 %	23 %	20 %	80 %	90 %	32 %	6 %
Exklusive Häuser/	–	6	42	–	2	3	6	–	2	2	34	2	1	1	12	10
Unikate	–	12 %	58 %	–	6 %	6 %	11 %	–	5 %	2 %	25 %	10 %	2 %	5 %	31 %	22 %
Nebensaison: 1.5. bis 14.5.1999 (Belegung zwei Personen, Reisedauer zwei Wochen, Verpflegung Halbpension; Abflughafen Düsseldorf)																
Gesamtzahl Unterk.	31	52	73	18	34	48	51	41	41	81	136	20	51	21	38	47
■ davon teurer	10	34	6	8	17	11	19	20	3	53	61	12	27	2	15	36
	32 %	65 %	8 %	44 %	50 %	23 %	37 %	49 %	7 %	65 %	45 %	60 %	53 %	10 %	39 %	77 %
■ davon günstiger	21	12	25	10	15	34	26	21	36	27	35	6	23	18	11	1
	68 %	23 %	34 %	56 %	44 %	71 %	51 %	51 %	88 %	33 %	26 %	30 %	45 %	86 %	29 %	2 %
Exklusive Häuser/	–	6	42	–	2	3	6	–	2	1	40	2	1	1	12	10
Unikate	–	12 %	58 %	–	6 %	6 %	12 %	–	5 %	2 %	29 %	10 %	2 %	4 %	32 %	21 %
KRETA																
Hochsaison: 17.6. bis 23.6.1999 (Belegung zwei Personen, Reisedauer zwei Wochen, Halbpension; Abflughafen Düsseldorf. Ausnahme Frosch: Abflughafen München)																
Gesamtzahl Unterk.	39	62	–	17	27	51	40	25	71	102	45	16	12	14	63	58
■ davon teurer	26	15	–	11	4	32	3	20	20	26	38	14	7	7	2	28
	67 %	24 %	–	65 %	15 %	63 %	8 %	80 %	28 %	26 %	62 %	88 %	58 %	50 %	3 %	48 %
■ davon günstiger	11	24	–	4	22	5	29	2	45	28	6	2	3	6	22	14
	28 %	39 %	–	23 %	81 %	10 %	72 %	8 %	63 %	27 %	13 %	12 %	25 %	43 %	35 %	24 %
Exklusive Häuser/	2	23	–	2	1	14	8	3	6	48	11	–	2	1	39	16
Unikate	5 %	37 %	–	12 %	4 %	27 %	20 %	12 %	9 %	47 %	25 %	–	17 %	7 %	62 %	28 %
Nebensaison: 1.5. bis 14.5.1999 (Belegung zwei Personen, Reisedauer zwei Wochen, Halbpension; Abflughafen Düsseldorf. Ausnahme Frosch: Abflughafen München)																
Gesamtzahl Unterk.	39	61	–	17	27	51	40	25	71	102	45	16	17	14	63	58
■ davon teurer	6	6	–	6	7	17	9	13	15	32	29	13	6	5	11	38
	15 %	10 %	–	35 %	26 %	34 %	22 %	52 %	21 %	31 %	64 %	81 %	35 %	36 %	17 %	65 %
■ davon günstiger	31	33	–	10	19	20	23	9	50	22	6	3	9	8	13	4
	79 %	54 %	–	60 %	70 %	39 %	58 %	36 %	70 %	22 %	13 %	19 %	48 %	57 %	21 %	7 %
Exklusive Häuser/	2	22	–	1	1	14	8	3	6	48	10	–	2	1	39	16
Unikate	6 %	36 %	–	5 %	4 %	27 %	20 %	12 %	9 %	47 %	23 %	–	17 %	7 %	62 %	28 %

1) DER Tour Sonnenseiten; 2) Frosch

Analyse der überschnittenen Unterkünfte: Im gewählten Abflugzeitraum wurden alle Angebote (=Abflüge) des betreffenden Veranstalters für das jeweilige Objekt gemittelt und mit dem Mittelwert aller Mitbewerber-Objekte in Relation gesetzt. Somit kann es sein, daß bestimmte einzelne Mitbewerber-Angebote durchaus günstiger/teurer als der Schnittpreis des betrachteten Anbieters sind. Grundsätzlich wurden alle Zimmer-Varianten berechnet. Dies ist unter Umständen von Nachteil für diejenigen Veranstalter, die im Gegensatz zu ihren Mitbewerbern auch höherwertige Zimmertypen anbieten – beispielsweise TUI oder Jahn Reisen. Umgekehrt gilt: Bei Berücksichtigung nur der jeweils günstigsten Zimmertypen wären diejenigen Veranstalter benachteiligt, die von vornherein lediglich die höherwertigen Angebotsvarianten im Programm haben (Terramar). Generell gilt, daß die hier dargestellten Preise arithmetische Mittelwerte sind. In der Fachsprache heißen solche Zusammenfassungen »Maße der zentralen Tendenz« – und eine Tendenz ist immer etwas anderes als ein konkreter einzelner Reisepreis. »Exklusive Häuser/Unikate«: Ob ein Haus wirklich exklusiv genutzt wird oder nur ein Datenbank-Unikat ist, kann nicht eindeutig festgestellt werden. Es wurden grundsätzlich nur die hier ausgewählten Veranstalter berücksichtigt. Auch fehlen der Neckermann-Sparreisen-Katalog und das Phoenix-Produkt »Strandgeflüster« noch. Fakt ist, daß die echte Zahl der exklusiv genutzten Unterkünfte deutlich niedriger ist. Auch hier bleibt die Tendenz interessant, sich durch Exklusivbelegung dem Konkurrenzdruck zu entziehen und Wertschöpfung durch vertikale Integration zu betreiben.

fvw

Abb. 12-8: Veranstaltervergleich der überschnittenen Unterkünfte im Zielgebiet (Aus: fvw Heft Nr. 28/1998)

- **Zeitvergleiche**

Wie hat sich das Unternehmen im Vergleich zu den Vorjahren entwickelt?

Die Vergangenheitswerte und Erkenntnisse sind bekannt und abgesichert. Deshalb ist es allgemein weit verbreitet, diese Erkenntnisse für die Folgesaison linear fortzuschreiben. Diese Methode ist naturgemäß nur beschränkt in der Lage, die Urteilsbildung zu unterstützen. Den Erfolg im Zeitvergleich spiegeln die Zahlen der GuV wider.

- **Erfahrung**

Die langjährige Erfahrung des Controllers und die Erkenntnisse, die er während seiner praktischen Tätigkeit gewinnen konnte, sind ein wichtiges Mittel, die bekannten Fakten richtig einzuordnen und entsprechend zu gewichten.

Aufgaben

1. Welche Dienstleistungstypen, die als Produkte bei Reiseveranstaltern angeboten werden, kennen Sie?
2. Was sind die 6 Kriterien, welche eine Pauschalreise definieren?
3. Welche Nachteile haben die Baustein-Reiseangebote?
4. Kennen Sie die drei wichtigsten Aufgaben des Controllers?
5. Welche Methoden zur Unterstützung des Zielbildungsprozesses kennen Sie?
6. Entwerfen Sie einen Planungs-/Terminkalender für einen Reiseveranstalter.
7. Welcher Art sind die Anforderungen an das Managementinformationssystem (MIS)?
8. Welche Standardstatistiken bei einem Reiseveranstalter kennen Sie?
9. Was verstehen Sie unter dem Begriff Ampel-/Alarmfunktion?
10. Warum sind Auswertungen der Finanzbuchhaltung ungeeignet zur aktuellen Steuerung des Geschäftsverlaufes?
11. Was unterscheidet im Kennzahlen-Vergleich die Reiseveranstalterbranche von vielen anderen Wirtschaftszweigen?
12. Benennen Sie Kennzahlen zur Risikostruktur und beschreiben Sie sie.
13. Als Messlatte der Zielerreichung und zur Vorbereitung von Entscheidungen kann man welche Hilfsmittel heranziehen?
    Welche Vorteile/Nachteile haben sie?

Quellen und weiterführende Literatur

Bramsemann, Rainer, Handbuch Controlling/Methoden und Techniken, München 1993

Dettmer, Harald [Hrsg.], Tourismus 2, Köln 1999

Dettmer, Harald [Hrsg.], Tourismus – Marketing – Management, München 1999

FVW – Zeitung für die deutsche Tourismuswirtschaft, diverse Artikel

Kiener, Joachim, Controller – Praxis.2., Darmstadt 1980

Kirstges, Torsten, Wirtschaftlichkeit von Reiseveranstaltern, in: touristik management Heft 4/97

Mundt, Jörn, Reiseveranstaltung, München 1994

Reichmann, Thomas, Controlling mit Kennzahlen, München 1990

13. Reisemittler/-büro der Zukunft

SZ, 15. 5. 2010

München (dpa) – München ist um ein Unternehmen ärmer. Gestern schloss das letzte Reisebüro für immer seine Pforten. Der Inhaber des Reisebüros Sonnenschein & Palmen, Herr Müller, hat gestern beim Amtsgericht einen Insolvenzantrag gestellt. Herr Müller begründet diesen für ihn sehr schmerzhaften Schritt mit der sinkenden Buchungsbereitschaft der Kunden, die ja nur noch über Internet und interaktives TV ihre Reisen buchen würden. Darüber hinaus war der Vertrieb der Veranstalterprodukte nicht mehr kostendeckend. Verbittert ist der Inhaber über die sinkenden Provisionen der Reiseveranstalter und Leistungsträger.

Branchenspiegel Reisen & Bleiben vom 18. 7. 2010 / Betriebseinstellungen Sonnenschein & Palmen Reisebüro GBR (München). Mit Insolvenzabweisung aufgelöst. Aktenzeichen HRB 34771-AU

Diese eben geschilderte Vision muss nicht, kann aber als eine von mehreren Entwicklungsalternativen des Reisebüro-/Reisemittlermarktes eintreten.

Der Reisemittler-/Reisebüromarkt, sowohl Vertriebsschiene der Reiseveranstalter und Leistungsträger als auch stationäre Anlaufstelle zur Informationsbeschaffung und Buchungsstelle für den Reisenden, befindet sich in einem rasanten Wandel. Die Entwicklungs- und Konzentrationsprozesse, sowie die Marktbereinigungen, die vor ca. 10 Jahren im deutschen Einzel- und Großhandel stattgefunden haben, zeitigen nun ihre Auswirkung auch auf die Reisebürolandschaft.

Um sowohl diesen Wandel als auch die Zukunftsaussichten der Reisebüros besser darstellen und vermitteln zu können, bedarf es einer kurzen Skizzierung der momentanen Situation.

Diese Darlegung der aktuellen Situation soll gleichzeitig deutlich machen, in welches enge Korsett ein Reisebüro seitens des Gesetzgebers, des Kunden, des Reiseveranstalters und der Leistungsträger gezwängt wird. In diesem Spannungsfeld muss ein Reisebüro sich auch noch gegen Kostensteigerungen, gesetzlichen Neubestimmungen im Rahmen des europäischen Binnenmarktes, Ausbau des Eigen- und Direktvertriebs der Reiseveranstalter und der Leistungsträger, Provisionskürzungen, technischen Fortschritt, immer anspruchsvollere Kunden, Kette- und Kooperationsbildungen und vertikale Konzentrationen der „großen Reiseveranstalter", erfolgreich durchsetzen.

Ferner muss jeder Reisebüroinhaber, Reisebüroleiter und Reisebürounternehmer sich über die ökonomischen Unterscheidungsmerkmale seines Produktes bewusst werden. Die Vermittlung von Reisen ist eine Serviceleistung für die das Reisebüro ein Entgelt bekommt; die wirtschaftliche Aufgabe besteht darin, diese Leistung zu liefern, die ihrem Wesen nach als Reise immateriell ist und kundengerecht zugeschnitten sein muss. Je nach dem Serviceleistungsangebot leitet sich die Nachfragemotivation aus dem Nutzeffekt ab.

Reisebüros, die zu ca. 80 % die Unternehmensstruktur eines Familien- und Kleinbetriebes aufweisen, keine oder nur begrenzte Möglichkeiten zur Investition in zukunftsträchtige Technologien, z. B. EDV- und Kommunikationssysteme haben, sollen und müssen, soweit sie überleben wollen, sich noch schneller anpassen, um den Anschluss nicht zu verlieren.

13.1 Komplexdarstellung des Reisebüro-/Reisemittlermarktes

- **Rechtliche Stellung**

Ein Reisebüro/Reisevermittler ist im Verhältnis zum Reiseveranstalter Handelsvertreter im Sinne der §§ 84 ff HGB und für den Kunden/Reisenden auf der Basis eines entgeltlichen (Provision) Geschäftsbesorgungsvertrages § 675 BGB mit Werkvertragscharakter §§ 631 ff BGB tätig.

Vertragsgegenstand zwischen Reisebüro und Kunde ist die:

- Vermittlung einer einzelnen Reiseleistung eines fremden Leistungsträgers oder
- Vermittlung einer Pauschalreise eines fremden Reiseveranstalters

Der Vertragsabschluss erfolgt i. d. R. formlos, indem der Reisende das Reisebüro mündlich mit einer Buchung beauftragt und das Reisebüro entsprechend tätig wird. Die rechtliche Problematik liegt jedoch auf der Hand. Es wird bei der Beauftragung immer die Schriftform empfohlen.

- **Pflichten der Vertragsparteien**

Die Pflichten der Vertragsparteien sind:

a) Reisender

- Der Reisende zahlt für die Vermittlung ein angemessenes Entgelt als Teil des Reisepreises, den der Reiseveranstalter und/oder Leistungsträger bereits in den Gesamtpreis einkalkuliert hat und dem Reisebüro in Form der Vermittlungsprovision zukommen lässt. Bucht der Reisende doch nicht, kann das Reisebüro ein angemessenes Entgelt für seine Bemühungen sowie den Ersatz der erforderlichen Aufwendungen verlangen.

b) Vermittler

- Beschaffung der Anrechtsscheine für die vermittelten Reiseleistungen: z. B. Flugscheine, Bahnfahrkarten, Hotelgutscheine, … . Da es sich um einen Vertrag mit Werkvertragscharakter handelt, schuldet das Reisebüro eine erfolgreiche Geschäftsbesorgung. Diese besteht nach herrschender Meinung in einer umfassenden Sorgfalts- und Fürsorgepflicht bei Beratung, Buchung und Geschäftsabwicklung, v. a. Hinweis- und Aufklärungspflicht, wobei folgender Grundgedanke im Mittelpunkt steht: Der Reisende wendet sich an das Reisebüro in der berechtigten Erwartung, dass dieses ihn durch sein professionelles Wissen fachkundig berät und informiert.

Wichtige Pflichten des Reisebüros als Reisevermittler im Einzelnen:

- Am Kundenwunsch orientierte Auswahl der Reiseleistungen, z. B. kinderfreundliches Hotel und Strand
- Korrekte Errechnung des Reisepreises unter Berücksichtigung des für den Kunden günstigsten Tarifs, z. B. Rail & Fly Ticket

- Zutreffende Auskünfte über Abreisezeiten und Anschlussverbindungen, z. B. Mindestübergangszeiten bei Umsteigeverbindungen
- Sorgfältige Erstellung, Verwahrung und Weiterleitung von Buchungsunterlagen, z. B. Sonderwünschen des Kunden als „unverbindlicher Kundenwunsch"
- Rechtzeitige Weiterleitung von Reiseunterlagen und vereinnahmten Geldbeträgen, z. B. Flugscheinhinterlegung am Flughafen
- Kontrolle der Reisebestätigung und Reiseunterlagen auf Übereinstimmung mit den Buchungsunterlagen, z. B. Zimmer mit Meerblick
- Unverzügliche Weiterleitung von Informationen des Leistungsträgers bzw. Reiseveranstalters an den Reisenden, z. B. Umstellung des Routenverlaufs bei einer Studienreise
- Verweisung des Reisenden an den richtigen Adressaten bei Reklamationen und Hinweis auf einzuhaltende Fristen, z. B. Geltendmachung einer Reisepreisminderung
- Zutreffende Beantwortung der Fragen des Kunden, z. B. Gepäckbestimmungen bei der Beförderung mit einer Linienfluggesellschaft

Darüber hinaus ist das Reisebüro verpflichtet, dem Reisenden ungefragte Auskunft über folgende Informationen zu geben:

- Besondere Ein-, Aus- und Durchreisebestimmungen, z. B. Visumspflicht
- Nicht allgemein bekannte Gefahren, z. B. Epidemien
- Gesundheitsvorschriften, z. B. Gelbfieberimpfung
- Außergewöhnliche Transportbedingungen, z. B. Maximalhöhe inkl. Dachständer
- Zweckmäßigkeit von Reiseversicherungen, z. B. Reiserücktrittskostenversicherung

Das Reisebüro als Vermittler haftet nie für Mängel der touristischen Leistungen selbst, sondern immer nur für Vermittlungsfehler.

● Ausgangssituation

Die Ausgangssituation der Branche stellt sich zur Zeit wie folgt dar:

- Der Wettbewerb wird härter
- Die Konzentration und vertikale Integration nimmt zu
- Der Geschäftsreisemarkt entwickelt sich zu einem eigenständigen Markt
- Flächendeckender Eigenvertrieb der integrierten Konzerne
- Ausbau des Direktvertriebs der Reiseveranstalter
- Der Handelsvertreterstatus verhindert die strategische Weiterentwicklung des Reisebüros
- Handelsvertreter werden zu Handelsunternehmen
- Provisionssenkungen seitens der Reiseveranstalter und Leistungsträger

● Abgrenzung der Reisebüros

Der heutige Reisebüro-/Reisemittlermarkt setzt sich aus ca. 16.500 Reisebüros und reisebüroähnlichen Verkaufsstellen zusammen, generiert einen Umsatz von ca. 23 Mrd. EUR und beschäftigt ca. 95.000 Mitarbeiter (im Durchschnitt 2,8 Mitarbeiter pro Betrieb).

Im Verlauf der letzten 15–20 Jahre kam es zu einer Strukturierung der Reisebüros nach Zielgruppe, Angebotspalette, Reiseart und Reiseform sowie nach einer Reiseveranstalterorientierung. Reisebüros/Reisemittler können in folgende Arten unterteilt werden:

- **Voll-Reisebüros oder klassische Reisebüros,** die sich durch die „volle" Lizenzierung auszeichnen: D.h. diese Büros verfügen über eine IATA-Lizenz für Verkauf und Ausstellung von Flugscheinen von Linienfluggesellschaften, eine Bahn-Lizenz, eine DER-Lizenz für die Linienschifffahrt sowie mindestens einen Leitveranstalter verkaufen dürfen. Darüber hinaus verfügen sie noch über die gesamten für ein Reisebüro typischen Dienstleistungen.
- **Spezial- oder Mehrbereichsreisebüros,** die sich durch eine Teillizenzierung auszeichnen, d.h. nur über die Kombination von zwei oder drei Lizenzen wie z.B. IATA und DB wie die Firmenreisedienste oder IATA, DB, und TUI oder DER wie Touristikreisebüros. Diese Büros versuchen durch eine Spezialisierung auf der Angebotsseite und durch eine Zielgruppensegmentierung möglichst hohe Umsätze zu generieren.
- **Marken- und veranstaltergebundene Reisebüros,** die sich durch eine enge Anbindung an eine bestimmte Marke oder einen Veranstalter auszeichnen. Die Anzahl dieser Büros hat in den letzten Jahren zugenommen, da viele eigenständige und unabhängige Reisebüros die Anlehnung an einen starken Partner gesucht haben.
- **Eigenständige Reisebüros,** die sich sowohl durch eine Vielzahl von Agenturen von Reiseveranstaltern als auch durch eine mehr oder weniger stark ausgeprägte Spezialisierung nach der Reisemotivation (Erholung, Regeneration, Gesundheit, ...) und nach Zielgebieten ihren Geschäftszweck definieren.
- **Nebenerwerbsreisebüros,** die nicht ausschließlich von der Vermittlung von Reiseleistungen existieren, sondern den Geschäftsbetrieb in Kombination mit einer Versicherungsagentur, einer Fahrschule, mit einem Zeitungs- und Zeitschriftenkiosk, einer Lotto-Toto-Annahmestelle, um nur einige Beispiele zu nennen, führen. Diese Art von Reisebüros findet man hauptsächlich in ländlichen Regionen, sowie in Gegenden, bei den die Bevölkerungsdichte pro Quadratkilometer gering bis sehr gering ist *(vgl. Freyer, 1998, S. 170).*

In der Zukunft werden die Reisebüros andere Einteilungsparameter erfahren. Durch die verstärkte Ketten- und Kooperationsbildung sowie verstärktes Franchising einerseits und die stärkere Bindung der Reisebüros an die Veranstalter im Zuge der vertikalen Integration anderseits, werden die Reisebüros künftig wie folgt unterteilt:

- Veranstalter- und konzernabhängige Reisebüroketten, Reisebürokooperationen und Reisebürofranchiseunternehmen
- Veranstalter- und konzernunabhängige Reisebüroketten, Reisebürokooperationen und Reisebürofranchiseunternehmen
- Ungebundene Reisebürounternehmen, i.d.R. Einzelbüros.

Die zu erwartenden Umsatzanteile, die der Reisebüro/Reisemittlermarkt in den nächsten Jahren (prognostiziert bis zum Jahre 2010) generieren wird, stellen sich folgendermaßen dar:

– Kettengebundene Reisebüros	35 %
– Reisebüros in Kooperationen	12 %
– Selbstständige Reisebüros	11 %
– Direktvertrieb Reiseveranstalter	15 %
– Veranstalter – eigene Vertriebsstellen	10 %
– Waren-/Versandhäuser	7 %
– Direktvertrieb Leistungsträger	7 %
– Consolidator	3 %

Die **Reiseveranstalter** bauen zur Zeit mit Hochdruck den Eigen- und den Direktvertrieb aus. Der Fremdvertrieb – konzernunabhängige Agenturen – wird zunehmend abgebaut, mit der Begründung, Vertriebskosten (Provisionen, verkaufsfördernde Maßnahmen, ...) einzusparen und einen besseren und direkteren Einfluss auf den Verkauf auszuüben.

Der **Direktvertrieb,** die direkte Kundenansprache, wird vermehrt über neue Medien und Technologien wie z. B. Internet, Telefonverkauf über Call- und Service-Center, Online Info- und Buchungsdienste, Interaktives Fernsehen, Fax-Polling und Automaten abgewickelt. Der Vertrieb über e. g. Vertriebsschienen kostet zum einen nur ein Teil dessen, was der Vertrieb über eine Fremdagentur kostet und zum zweiten kann u. U. ein 24-Stunden- sowie Sonn- und Feiertagsservice kostengünstig angeboten werden.

Der **Eigenvertrieb** der Reiseveranstalter und Leistungsträger wird ebenfalls aus zwei Gründen ausgebaut: Zum einen, um einen direkten Einfluss auf den Verkauf auszuüben und zum zweiten, um an der Wertschöpfung des Reisebüros zu partizipieren. Die **Formen des Eigenvertriebs** sind:

- Veranstaltereigene Ketten/Filialen
- Veranstaltereigene Franchiseunternehmen
- Veranstaltereigene Kooperationen

Zum heutigen Zeitpunkt werden die Franchiseunternehmen und die Kooperationen bevorzugt ausgebaut, weil diese zwei Zukunftsformen als die optimalen Vertriebswege gesehen werden.

Die geringsten Überlebenschancen werden derzeit den ungebundenen Reisebüros nachgesagt, so der Nachrichtendienst für die Tourismuswirtschaft „travel tribune" vom 20. Januar 2000: „Das Reisebürosterben geht weiter – düster zeichnet die Dresdner Bank die Zukunft des Mittlergewerbes. Nicht nur Internet, Direktvertrieb und Provisionskürzungen setzten den Agenturen zu. Auch ihr Kampf gegen steigende Kosten und die Konkurrenz gerate – bei zunehmendem Konzentrationsprozess – immer aussichtsloser."
„Vor allem die vielen kleinen noch selbstständigen und ungebundenen Reisebüros werden auf Dauer diesem Druck nicht standhalten", so das Kreditinstitut in einer auf der Stuttgarter CMT-Caravan, Motor und Touristik vorgelegten Studie. Dies sei nicht zuletzt so, weil die großen Touristikkonzerne ihr Geschäft künftig „überwiegend über ihre eigenen Vertriebsketten abwickeln".
Aber auch innerhalb der Ketten führten Umstrukturierungen zu einer Ausdünnung der Reisebürolandschaft. „Auf mittlere Sicht dürfte nur weniger als die Hälfte der derzeit noch vorhandenen Vertriebsstellen am Markt überleben", bilanziert der Studienleiter Hans Peter Muntzke. Überhaupt keine Chance mehr hätten Kleinbetriebe mit einem Jahresumsatz von unter vier Millionen Mark. Schon heute sei bei den meisten das betriebswirtschaftliche Ergebnis negativ. Schwarz sehen die Banken aber auch für mittlere Gruppierungen. Diese hätten bestenfalls eine Chance, wenn sie sich von Franchise-Systemen oder -kooperationen hin zu straff geführten Ketten mit hohen Umsätzen entwickeln. Das mache sie allerdings wiederum für die großen Konzerne interessant, die durch eine Übernahme ihr Vertriebspotenzial ausbauen könnten.
So negativ und düster wie Geschäftsbanken die Zukunft der Reisemittler ausmalen ist sie jedoch nicht, denn das Reisebüro als stationäre Vertriebseinheit der Reiseveranstalter und der Leistungsträger wird weiter existieren, da ein in hohem Maße erklärungsbedürftiges Produkt verkauft bzw. vermittelt wird. Es ist jedoch eine völlige Umorientierung der Reisebüros nötig, zum anderen eine Trennung einzelner Geschäftssparten. Reisebüros mit Verkauf touristischer Leistungen und Geschäftsreisen müssen zukünftig Prioritäten setzen.

Der **Geschäftsreisemarkt** entwickelt sich zunehmend zu einem eigenständigen Markt, der sehr hohe Investitionen in neue Technologien erfordert, um die einzelnen Phasen eine Geschäftsreise abwickeln zu können. Diese Anforderungen werden zukünftig nur noch große Firmendienste mit weltweiten Büros und Niederlassungen sowie mit der entsprechenden technischen Ausstattung erfüllen können.

Die Zukunft des Geschäftsreisemarktes wird nicht mehr im Ausstellen und Hinterlegen von Flugscheinen liegen, sondern in wesentlich komplexeren Phasen unterteilt sein.

- **Steuerungsphase;** Reise-Richtlinien, Infos über MIS
- **Vorbereitungsphase;** Dienstreiseantrag/Genehmigung, Bestellung/Buchung
- **Reisephase**
- **Nachbereitung;** Reisekomplettierung, Reisekostenabgleich/Rechnungsprüfung, zentrale Reisekostenabrechnung

Im Einzelnen bedeutet dies:

- globales Netzwerk des Firmenreisedienstes
- Internet-Buchungsmöglichkeiten
- 24-Stunden Rescue Line
- Hotelprogramme mit Preferred Corporate Rates
- Mehrwertsteuer-Rückerstattung
- Ständige Qualitätskontrolle
- Verhandlungen mit Leistungsträgern über Firmenförderung
- Ausgewogene und flexible Fee-Programme
- Reporting System-MIS Management Information System
- Account Networking für Key Accounts
- Programme zur Reisekostenabrechnung
- Erstellung von Reiserichtlinien
- Reisekostenanalysen und andere Programme zur Kostenoptimierung
- Beziehungsmanagement – der Kunde braucht einen Ansprechpartner im Reisebüro oder Firmendienst.

● Zukünftige Orientierung der Reisebüros

Bei der Ausrichtung und Orientierung der Reisebüros mit touristischem Schwerpunkt sollten nachfolgende Leitsätze eine Rolle spielen, denn sie sind die Erfolgskriterien der Zukunft:

- Weg vom Umsatzdenken hin zum Gewinnstreben
- Das Wissen der Mitarbeiter managen und dem Reisebüro das Wissen seiner Mitarbeiter erschließen, denn Wissen ist die Kernkompetenz des Reisebüros
- Cash freisetzen statt neuer Kredite, Liquidität stärken
- Den Wert der Angebote für den Kunden steigern
- Wissenschaftsfeindlichkeit abbauen
- Weg von der Zielorientierung und hin zur Problemlösung der Nachfragenden
- Weg von starren Arbeitszeiten und hin zu flexiblen Arbeitszeitlösungen
- Den Begriff Reise-„Büro" durch einen aktiven und emotional bindenden Begriff ersetzen; Reisewelt, Traumfabrik, Sonnen-Bank

- Genaue Prozesskostenanalysen erstellen und danach handeln
- Die Kosten umstrukturieren, ihnen andere Wertigkeiten zuordnen
- Neue, gerechte und flexible Entlohnungssysteme für die Mitarbeiter
- Arbeitskosten, nicht Lohnkosten senken
- Weg von der bisherigen Eintönigkeit des Geschäftsalltags
- Das eigene Produkt – die Beratung und die Dienstleistung – als Marke definieren, positionieren und im Markt konsequent umsetzen
- Arbeitsprozesse rationalisieren
- Kunden und Stammkunden gewinnen, halten und binden durch konsequente und glaubwürdige Werbung, Verkaufsförderung und Marketing, denn Kunden sind das Kapital des Reisebüros
- Internetpräsenz und andere Vertriebskanäle erschließen
- Professionelle operative und strategische Unternehmensführung
- Stärkere Technologieorientierung
- Teilhabe an regionalen Vernetzungen von unabhängigen Reisebürounternehmen, denn die Kooperationsfähigkeit und nicht der Einzelkämpfer wird überleben.

● **Was das Reisebüro und Reisemittlergewerbe von anderen Branchen lernen kann**

Für das Reisebüro/Reisemittlergewerbe ist es – wie für jeden anderen Industriezweig – wichtig, über den „Tellerrand" der Branche hinaus zu schauen. Hier lassen sich Trends und übertragbare Entwicklungen erkennen, die zu Rückschlüssen auf die eigene Branche führen können. Die Frage, was das Reisebüro und Reisemittlergewerbe von anderen Branchen lernen kann, lässt sich wie folgt beantworten:

- Konzentration von Einkaufsmacht
- Marktschichtung
- Einsatz von Elektronik (Banken, Versicherungen)
- Neue Vertriebskanäle
- Reisebüros als Konsum- und Erlebnistempel
- Heimverkauf
- Differenzierung und Markenprofilierung
- Personalproduktivität steigern.

13.2 Kostenstruktur im Reisebüro

Im statistischen Durchschnitt weisen Reisebüros im Jahr 1999 folgende Kostenstruktur aus:

- Personalkosten 60 %
- Raumkosten 12 %
- EDV/Kommunikation 10 %
- Marketing/Werbung 6 %
- Sonstige Kosten 12 %

Diese o. a. Kosten können in veränderbar, bedingt veränderbar und nicht veränderbar eingeteilt werden.

- **Personalkosten**

Personalkosten sind bedingt veränderbare Kosten und sollten im Idealfall 45 bis 55 % der Gesamtkosten eines Reisebüros nicht überschreiten. Es spricht nichts dagegen, dem einzelnen Mitarbeiter ein leistungsgerechtes und hohes Gehalt zu bezahlen, sofern der von diesem Mitarbeiter erwirtschaftete Deckungsbeitrag höher ist als die gesamten Lohn- und Lohnnebenkosten für diesen Mitarbeiter.
Viel wichtiger jedoch erscheint mir bei den Personalkosten, die immer wieder als zu hoch bewertet werden, eine klare Differenzierung zwischen Lohn- und Arbeitskosten vorzunehmen. Anbei einige Ansätze zum Thema Personalkosten:

1. Lohnkosten und Arbeitskosten sind nicht dasselbe. Lohnsätze sind einfach Löhne pro Zeiteinheit. Dagegen berechnen sich Arbeitskosten danach, wie viel ein Reisebüro seinem Angestelltem bezahlt und wie viel dieser produziert. Ein Reisebüro kann seinem Mitarbeiter DM 20,00 oder DM 40,00 die Stunde bezahlen, aber was dieser Mitarbeiter relativ kostet, ergibt sich daraus, was dieser Mitarbeiter in einer Stunde leistet.
2. Die Arbeitskosten lassen sich durch Absenken der Lohnsätze nicht verringern. Arbeitskosten hängen von den Lohnsätzen und von der Produktivität ab. Gilt es, die Arbeitskosten zu senken, so müssen beide Größen verändert werden. Faktisch kann sogar eine Senkung der Lohnkosten manchmal die Arbeitskosten steigen lassen.
3. Arbeitskosten bilden einen beträchtlichen Teil der gesamten Kosten. Viele Reisebüroleiter gehen davon aus, dass Arbeitskosten in ihrer Gewinn- und Verlustrechnung der größte Ausgabeposten ist. In Wahrheit sind die Arbeitskosten lediglich der am direktesten beeinflussbare Kostenfaktor.
4. Niedrige Arbeitskosten stellen im Wettbewerb keine mächtige und nachhaltig wirksame Waffe dar. Besser ist es, einen Wettbewerbsvorteil durch Qualität, Kundenservice und Kundenorientierung, gute Beratung, schnelle Abwicklung, Reklamationsmanagement oder technische Führerschaft zu erlangen. Diese Stützen eines Wettbewerbsvorteils zu kopieren, ist für Mitbewerber wesentlich schwieriger als nur Kosten abzubauen.
5. Individuelle Vergütungsanreize steigern nicht die Leistung, sondern untergraben den Leistungswillen des Einzelnen oder des Teams. Zahlreiche Studien belegen, dass individuelle Vergütungsmodelle der Teamarbeit schaden.
6. Mitarbeiter arbeiten nicht nur für Geld, sondern auch für einen Sinn im Leben. Das Arbeitsklima, die Vertrauensbasis im Reisebüro und die Atmosphäre sind ebenso wichtige Motivationsfaktoren wie Geld.

Lohn- und Arbeitskosten lassen sich auch durch eine bewusste und sinnvolle Personaleinsatzplanung senken. Dazu ein Beispiel:

Kettenreisebüro, in einer deutschen Großstadt in der Mittagszeit, fünf Counterplätze, drei davon mit Mitarbeitern besetzt. Alle drei Mitarbeiter waren mit Kundenberatungen beschäftigt. Hinter den Beratungsplätzen bildete sich eine Ansammlung von Kunden. Nach etwa zehn Minuten wurde den Wartenden die Zeit zu knapp, sie gingen hinter den Counter bzw. unterbrachen das Beratungsgespräch mit dem Hinweis, nur Kataloge zu benötigen, ließen sich diese von dem Mitarbeiter geben bzw. bedienten sich selbst. Zwei der drei Kunden, die beraten wurden, beschwerten sich daraufhin ob der vielen Störungen. Denn Katalogabholer waren nicht die einzige Störungsquelle, sondern das Telefon läutete auch unablässig und die Mitarbeiter telefonierten während der Beratung auch noch mit anderen Kunden.

Nach ca. einer Stunde, Mittagszeit der Kunden war beendet, herrschte im Reisebüro wieder Ruhe und die Mitarbeiter beschwerten sich über die Kunden, die sich beschwert und keine Reise gebucht hatten.

Lösung:

- Besser sollten zwei Mitarbeiter den Kunden eine ungestörte Beratung zukommen lassen, eine oder zwei Buchungen realisieren und dazu noch zufriedene Kunden verabschieden.
- Der dritte Mitarbeiter verteilt Kataloge und versucht durch eine „Schlange-Führung" wie sie mittlerweile an Flughäfen, an Bankschaltern, im Handel üblich ist, die wartenden Kunden zu bedienen.
- Darüber hinaus bearbeitet der dritte Mitarbeiter auch die eingehenden Telefonate und Anfragen.
- Da es sich um ein Kettenbüro mit mehreren Filialen in dieser Stadt handelt, wäre zu Spitzen- und Stoßzeiten eine Hotline angebracht, auf welche bei großem Kundenandrang alle Mitarbeiter ihre Leitung vorübergehend aufschalten könnten und ein oder zwei Mitarbeiter in dieser Zeit nur telefonische Anfragen, Zusendungen von Katalogen oder einfache Informationen an die Nachfrager weitergeben.

Das **Reisebüro der Zukunft** sollte ein Service-Center im wahrsten Sinne des Wortes sein.

- Vier bis fünf Counterplätze, davon zwei für lange und beratungsintensive Kundengespräche
- Zwei Steh-Counter für Fahrkarten, Versicherungen, schnelle Auskünfte und Anfragen
- Ein Steh- oder Sitz-Counter für die Begrüßung der eintretenden Kunden, Katalogausgabe und Entlastung für alle anderen Counterplätze
- Darüber hinaus sollte das Reisebüro über eine Selbstbedienungsecke, eine Sitzecke und zwei bis drei Automaten zur Gewinnung reisespezifischer Informationen verfügen. Ein reger und zufriedener Kundenstrom wäre garantiert.
- Eine stringente Wochen-/Monats- oder Jahrespersonaleinsatzplanung nach Tageszeit würde hier für eine optimale personelle Abdeckung in den nachfragestarken Zeiten sorgen und nur drei bis dreieinhalb Arbeitsplätze benötigen.

● Raumkosten

Raumkosten betragen laut Statistik 12 % der Reisebürokosten, sind im laufenden Vertrag i. d. R. nicht veränderbar. Eine Veränderung dieser Position geht oftmals nur mit einem Standortwechsel einher und ist deshalb fragwürdig.

Ferner ist diese Prozentangabe wenig aussagefähig, da die Lage der Büros sehr ausschlaggebend ist. Beispiel: Reisebüro in München-Fußgängerzone mit ca. 60 m² kostet ca. 35.000,– DM Mietzins im Monat. Zwei Straßen weiter, auch München-City, gleiche Größe der Räumlichkeit: 3.800,– DM Mietzins im Monat.

● EDV- und Kommunikationskosten

EDV- und Kommunikationskosten sind in hohem Maße veränderbar. Dieser Kostenblock wäre um die Hälfte reduzierbar, würde jeder Mitarbeiter und Reisebüroleiter auf eine konsequente Nutzung vorhandener Technologie achten.

Das Reisebüro zahlt Telefongebühren für Telefongespräche, meist Ferngespräche, zahlt monatliche Gebühren für den Einsatz von Reservierungssystemen. Verschärfend wirkt sich hier noch die Streichung von Incentives und Boni seitens der Reiseveranstalter und Leistungsträger aus.

Lösung:

- möglichst viel (über 90 %) aller Reiseveranstalter und Leistungsträger sollten über ein Reservierungssystem buchbar sein
- Einschränkung aller Telefonate mit Reiseveranstaltern und Leistungsträgern
- Tarifgünstige Netze anwählen
- Laufend alle Mitarbeiter im Bereich Reservierungssysteme schulen
- Arbeitsorganisation optimieren – eine falsche arbeitsorganisatorische Entscheidung hat möglicherweise drei Telefonate zur Folge
- Soviel wie möglich und vertretbar über Fax, Internet und e-mail korrespondieren, da dieser Kommunikationsweg ein Bruchteil eines Telefonats kostet

- **Werbung/Marketing**

Werbe- und Marketingausgaben sind beliebig veränderbar. Sie sollten jedoch nicht reduziert, sondern erhöht werden. Im heutigen Marktgeschehen, wo nahezu jedes Produkt und jede Dienstleistung austauschbar ist, gehört die Kommunikationspolitik mit der Werbung, die Verkaufsförderung und das gesamte Marketing zur überlebenswichtigen Maßnahme einer erfolgreichen Geschäftspolitik.

Werben im Kleinen kann genauso erfolgreich sein wie die Medienwerbung der Großkonzerne, kann aber preisgünstiger erfolgen.

- **Sonstige Kosten**

Zu den Sonstigen Kosten zählen Verwaltungskosten, Vertretungskosten, Repräsentationskosten, u. v. m. Dieser Kostenblock ist ebenfalls in hohem Maße durch folgende Maßnahmen veränderbar:

- Mitarbeiter von Verwaltungsaufgaben entlasten – Mitarbeiter soll sich auf die Beratung und den Verkauf konzentrieren
- Rationalisierung von Verwaltungsvorgängen
- Durch EDV-Einsatz das „papierlose Büro“ verwirklichen
- Tätigkeiten auslagern, Fremdaufträge erteilen.

- **Provisionen und andere Vergütungsmodelle**

Das Reisebüro erhält bislang für seine Beratungs- und Vermittlungsleistung eine Provision vom Reiseveranstalter oder Leistungsträger, dieses Entgelt ist in dem vom Kunden zu zahlenden Reisepreis bereits enthalten.

- Die Provisionshöhe liegt zwischen 5 % und 10 %
- Incentives und Boni werden nur bei Umsatzsteigerungen gezahlt

- Sinkende Erlöse durch anhaltende Provisionskürzungen zwingen das Reisebüro, Kosten zu optimieren, bzw. mehr Umsatz zu generieren oder
- Eine Beratungs- oder Bearbeitungsgebühr vom Kunden zu verlangen.

Problematik: Solange die Zusammenarbeit zwischen Reiseveranstalter und Reisebüro auf der Basis eines Agenturvertrages nach HGB §§ 84 ff basiert, darf ein Reisebüro vom Kunden kein zusätzliches Entgelt verlangen, da der Reiseveranstalter dem Reisebüro eine Provision zahlt.

Momentan wird diskutiert und geprüft, ob eine Beratungsgebühr oder Bearbeitungsgebühr, wie sie bei der Vermittlung von Geschäftsreisen schon längere Zeit bei einigen Unternehmen üblich ist, zulässig und vom Kunden akzeptiert wird.

In der Schweiz wird seit ca. einem Jahr ein derartiges Gebührenmodell bereits praktiziert, mit gutem Erfolg. Anbei auszugsweise einige Beispiele aus dem Schweizer Modell:

1. Dossiergebühr –		pro Auftrag	20.00 sFr.
2. Hotelreservierung –		pro Reservierung	25.00 sFr.
3. Fähren –		pro Reservierung	40.00 sFr.
4. Last-Minute Angebote, Sonderangebote –		pro Auftrag	50.00 sFr.
5. Visa-Einholung –		pro Land	40.00 sFr.
6. Flugscheinverkauf	– Flugschein bis 500.00 sFr. –	pro Flugschein	25.00 sFr.
	– Flugschein bis 1000.00 sFr. –	pro Flugschein	20.00 sFr.
	– Flugschein bis 1500.00 sFr. –	pro Flugschein	15.00 sFr.
7. Änderung nach Flugscheinausstellung			25.00 sFr.
8. ersatzlose Annullation nach Flugscheinausstellung			50.00 sFr.
9. Teil-Rückerstattung von Flugscheinen			20.00 sFr.
10. Gratisflugscheine gegen Meilen (Airline-Bonustickets)			25.00 sFr.

Erläuterungen:

- Bei Fährbuchungen wird die Gebühr zusätzlich zum Reederei-Entgelt erhoben.
- Bei Änderung und Annullierung von Flugscheinen werden zusätzlich noch die von den Fluggesellschaften verlangten Gebühren erhoben.
- Bei Visa-Beschaffungen wird noch die offizielle Gebühr des Landes erhoben.

Die Beratungs- und Bearbeitungsgebühr kann die Lösung für schrumpfende Provisionsentgelte sein. Dadurch, dass der Kunde nun die Höhe des Beratungs- und/oder Beschaffungsentgeltes kennt, wird er eine noch bessere und qualifiziertere Beratung und zügige Beschaffung einfordern.

Die **zweite Alternative** wäre: das Reisebüro wird Handelsunternehmer und kalkuliert in den Verkaufspreis seine Beratungsleistung gleich mit ein; der Schuhverkäufer und Buchladen verlangt für eine Beratung auch keine Gebühr und Sie, verehrter Leser, würden diese in einem Buchladen auch kaum bezahlen.

Für jedes Unternehmen, auch für ein Reisebüro ist es von unternehmerischer Wichtigkeit, festzustellen, wie hoch die Prozesskosten für die Beratung und Abwicklung einer Buchung sind. Als geeignetes Instrument wäre hier die Prozesskostenanalyse anzuführen.

Beispiel 1: Prozessaufteilung einer Pauschalreise

– Bedarfsermittlung und Angebotsphase	= 27 %
– Abschlussphase	= 18 %
– Vorgangsbearbeitung	= 19 %
– Reiseunterlagen (Beschaffung, Überprüfung)	= 29 %
– Sonstige Tätigkeiten	= 7 %

Wird davon ausgegangen, dass für die Beratung, Buchung und Abwicklung einer Pauschalreise eine Stunde benötigt wird, die Arbeitskosten bei 33,00 Euro/pro Stunde liegen und der Provisionserlös dieser Pauschalreise bei 28,00 Euro liegt, so ist dieser Vorgang nicht kostendeckend.

Daraus ergeben sich zwei Notwendigkeiten:

- Arbeitsschritte optimieren, d.h. verkürzen, standardisieren oder rationeller gestalten
- Bearbeitungs- oder Beratungsgebühren für Teilleistungen erheben.

Beispiel 2: Prozessaufteilung Flugbuchung

– Kontakt Basisdaten	= 9 %
– Verbindung, Preis, Vakanz, Reservierung	= 47 %
– Ticketing und Inkasso, Belege und Rechnung	= 34 %
– Umbuchung, Storno oder sonstige Nachbearbeitung	= 10 %

Im Firmen- und Geschäftsreisemarkt wird die Situation auf der Grundlage der Zielsetzungen des Firmenkunden noch zusätzlich verschärft durch:

- Qualitätsanspruch bei gleichzeitiger Stückkostensenkung
- Sicherstellung der Nutzung des günstigsten Tarifs (Best Buy)
- Einhaltung der Reiserichtlinien
- Nutzung aller Einsparpotenziale
- Optimierung der internen Prozesse

Der Zielkonflikt besteht darin, dass das Ziel des Firmenkunden, die Stückkosten zu senken, im Reisebüro zu Mehraufwendungen und höheren Kosten (kreatives Ticketing, Beratungsaufwand, ...) führt. Gleichzeitig sinken bei einer Preisoptimierung die Reisebüroerlöse (weniger Umsatz = weniger Provision).

Um diesen Zielkonflikt abzubauen, wurden wie bereits erwähnt, in diesem Bereich der Touristik Gebühren eingeführt:

- **Management Fee:** Der Kunde erhält alle Provisionserlöse aus dem von ihm getätigten Umsatz. Das Reisebüro erhält im Gegenzug ein Entgelt für das Travel Management.
- **Transaction Fee:** Der Kunde erhält alle Provisionserlöse aus dem von ihm getätigten Umsatz. Das Reisebüro erhält im Gegenzug ein Entgelt pro Transaktion.
- **Provisionsrückvergütung (Kickback):** Auf die abgerechneten und bereinigten Umsätze erhält der Firmenkunde eine Rückvergütung. Je nach Provisionssatz wird für jede Sparte ein Kickbacksatz vereinbart (Flug, Hotel, Bahn, Mietwagen, ...).
- **Saving Incentive:** Jede Vergütungsvariante kann mit einem Saving Incentive kombiniert werden. Die im Verhältnis zu einem definierten DCR (Differenz zwischen C-Klasse und Rechnungspreis) erzielte Mehrersparnis wird honoriert, Mindererersparnis wird bestraft.

Stärken der Vergütungsmodelle:

- Transparente Abrechnung für den Firmenkunden
- Durch Einsatz einer Umsatzstaffel wird der Kunde zur Konsolidierung von Etats angeregt
- Höhere Umsätze = höhere Kickbacks für den Firmenkunden
- Wenn die Kosten bekannt sind, ist eine einfache Umlage pro Umsatzmillion abbildbar
- Kalkulierte Kostenerstattung durch den Firmenkunden = Einnahmen sind planbar
- Überregionale Kunden können an verschieden Standorten individuell abgerechnet werden
- Der Kunde erhält einen Anreiz, vorrausschauend zu planen, um sich unnötige Transaktionen zu ersparen
- Das Reisebüro erhält die Möglichkeit, Kosten nach dem Verursacherprinzip umzulegen.

Schwächen der Vergütungsmodelle:

- Reisebüros sind leichter vergleichbar
- Nicht der Service, sondern die Höhe des Kickbacks entscheidet
- Interessenkonflikt Reisebüro/Kunde wird verschärft, da der Travel Agent vom Leistungsträger bezahlt wird
- Kosten im Reisebüro müssen bekannt sein
- Die Firma versteht die Management Fee als Fixkosten
- Genaue Definition einer Transaktion ist erforderlich
- Aufwendige und von Firmenkunden nur bedingt nachvollziehbare Abrechnung
- Eine Reiserichtlinie und deren Einhaltung ist zwingend erforderlich
- Als Grundlage für die Berechnung dienen MIS-Reports des Reisebüros; der Kunde hat also kaum eine Kontrollmöglichkeit.

Dennoch sind Gebührenmodelle ein Lösungsansatz zu allen Problemen eines Entlohnungssystems, welches auf Kommissionsbasis (Provisionen) beruht, denn:

- das Reisebüro kann den niedrigsten Tarif verkaufen, ohne dadurch weniger Erlös zu generieren

- das Reisebüro kann selbst Problemkunden einen guten Service bieten
- Je mehr ein Reisebüro arbeitet, desto mehr wird es verdienen.

13.3 Dienstleistungsqualität und Kundenorientierung im Reisebüro

Zunächst einmal steht die Frage im Mittelpunkt, was der Kunde von „seinem" Reisebüro erwartet.

Das Reisebüro oder der Reisemittler ist die heute etablierteste und beim Reisenden/Kunden anerkannteste Einrichtung für die Umsetzung seiner Reisewünsche. Zur Erfüllung seiner Wünsche erwartet der Reisende von uns Dienste, deren Leistungsniveau über die Geborgenheit und das Ausleben seines persönlichen Erlebnishorizontes entscheidet. Der Kunde erwartet von „seinem" Reisebüro:

- Vollständige, qualifizierte und ausführliche Beratung
- Individuelle sowie freundliche und hilfsbereite Beratung
- Problemlösung für die „schönsten Wochen des Jahres"
- Zuverlässigkeit der Informationen
- Schnelligkeit bei der Auskunft über Verfügbarkeiten und Preise
- Sehr gute Zielgebietskenntnisse
- Kurze Wartezeiten sowie eine zügige und schnelle Bearbeitung des Kundenwunsches
- Kenntnisse des Beraters über Unterkunft, Beförderung und Einreisebestimmungen
- Vermittlung und Verkauf von Einzelleistungen der Leistungsträger; Bahnfahrkarten, Flugscheine, Versicherungen
- Angenehme und störungsfreie Beratungsatmosphäre
- Kenntnisse über Freizeit- und Gestaltungsmöglichkeiten am Urlaubsort
- Angebot aller Reisearten und Reiseformen
- Angebot exklusiver Nischen- und Spezialreisen
- Urlaubsvermittelnde Raumgestaltung des Reisebüros
- Selbstbedienungsecke mit freiem Zugang zu den Katalogen
- Umfassendes Angebot von Reiseveranstalter und Leistungsträger
- Zügige und schnelle Bearbeitung von Reklamationen
- Kundenorientierte und durchgehende Öffnungszeiten
- Durchgehende telefonische Erreichbarkeit ggf. auch an Wochenenden und Feiertagen
- Spielecke für die Kinder
- Kostenlose, kompetente und neutrale Beratung

Diese Erwartungshaltung des Kunden erfordert eine professionelle Anpassung des richtigen Produktes an den Kundenwunsch, der sodann auf eine technische sehr effiziente Art abgewickelt werden soll.

Die Begriffe Dienstleistungsqualität und Kundenorientierung zeigen uns bereits, auf was der Kunde/Reisende Wert legt und von welchem Grundgedanken das Tun und Handeln der Reisebüros gekennzeichnet sein muss: die Qualität der Dienstleistung und die Orientierung an den Kundenbedürfnissen.

Die Qualität der „Dienstleistung" liegt nur zum Teil in der Auswahl des passenden Produktes. Im ganz wesentlichen Teil liegt diese Qualität in der Ansprache des Kunden auf dessen Weg zur Produktentscheidung. Dieser Weg beginnt schon vor dem Eintritt des Kunden ins Reisebüro. Er beginnt mit dem ersten Kontakt, sei es durch Werbung oder auf Empfehlung, die den Kunden überhaupt erst zu dem jeweiligen Reisebüro oder Reiseveranstalter führen.

Wird die Nutzen-Frage des Kunden an ein Reisebüro schlüssig und passend beantwortet, findet eine feinfühlige und kompetente Ansprache seitens des Reisebüros statt, werden seine Wünsche mit präzise angepassten Produkten und spürbar überzeugenden Serviceleistungen erfüllt, dann und nur dann haben wir einen hochzufriedenen Kunden gewonnen oder behalten.

Die Kundenorientierung wird durch das Zusammenwirken von Effizienz, Sachkompetenz und kommunikativ hochentwickelter Beratung ausgemacht. In der Qualität der Beratungskompetenz, der originären Leistung des Reisebüros, liegt die Quelle für eine wirtschaftliche Unabhängigkeit und der Schlüsselfaktor für die Existenzsicherung des Reisebüros.

Um kundenorientiert zu agieren, bedarf es der Kenntnis von gesellschaftlichen Trends im Tourismus; hierbei sind es die wichtigsten gesellschaftlichen Trends, die auch erhebliche Auswirkungen auf das Konsum- und Buchungsverhalten haben *(Claude Kaspar und IHF-Institut für Handelsforschung Köln):*

- Zunahme der verfügbaren Zeit/Freizeit und somit die Umsetzung in „mobile Freizeit"
- Zunahme des verfügbaren Einkommens und abnehmende finanzielle Restriktionen, stärkere Akzeptanz hochwertiger und teuerer Güter, auch Zunahme der Reisehäufigkeit
- Steigendes Verkehrsvolumen und höherer Motorisierungsgrad
- Steigendes Bildungsniveau und Zunahme der Konsumerfahrung
- Veränderte Formen des Zusammenlebens (Zunahme von Singles und Ein-Personen-Haushalten)
- Wachsende Zahl der Senioren und gleichzeitige Abnahme der Jungen
- Zunahme der Menschen mit hohem Bildungsniveau (Bildungstourismus)
- Veränderte Werte und Einstellungen = Hybride Nachfrager (Arbeit steht nicht mehr im Mittelpunkt, Betonung von Unabhängigkeit, Individualität und Spontaneität)
- Die neue Rolle der Frau als Entscheidungsträgerin
- Zunehmende Umweltsensibilisierung = zunehmendes Konfliktpotenzial
- Fortschreitender Verstädterungsprozess = Stadtflucht in der Freizeit
- Die junge Konsumentengeneration = Einfluss der Kinder auf die Kaufentscheidungen.

Kundenorientierung bedeutet aber auch den Kunden zu „kennen", d. h. dass der künftige Reisende immer weniger in ein gängiges Schema passen wird, sondern sich durch eine Vielzahl von zum Teil widersprüchlichen Eigenschaften und Wesensmerkmalen kennzeichnet. Nach Kaspar zeichnet sich der zukünftige Reisende folgendermaßen aus:

- wird zunehmend qualitäts- und umweltbewusster
- ist durch seine steigende Reiseerfahrung immer kritischer dem Produzenten gegenüber
- wird ein immer größeres Informationsbedürfnis an den Tag legen

- wird immer unberechenbarer in der Wahl, Entfernung und Qualität des Zielgebietes, der Übernachtungsmöglichkeiten und der Aktivitäten am Urlaubsort
- wird zukünftig Reise- und Ausflugsentscheide noch emotionaler aus dem Bauch heraus treffen
- wird sich vermehrt von unpersönlichen Massenarrangements distanzieren, wird aber gleichzeitig All-Inclusive Anlagen und Clubs verstärkt nachfragen
- will seinen Individualismus ausleben können, braucht aber dazu die Masse
- sieht seine Reise- und Ausflugsziele nicht mehr als Statussymbol, sondern rückt eher sanfte Faktoren wie Ruhe, Erholung und Entspannung in den Vordergrund
- Trend zu kürzeren und flexibleren Reisezielen sowie zu Kultur- und Bildungsreisen

Aus diesen Wesensmerkmalen lassen sich mehrere Chancen für das Reisebüro herleiten:

- Durch das immer größer werdende Informationsbedürfnis des Kunden, durch die Einspeisung von Informationen ein und desselben Zielgebietes über viele Kommunikationswege wird das Reisebüro die Funktion haben, diese Vielzahl von Informationen für den Kunden sinnvoll zu kanalisieren, um eine Reiseentscheidung herbeizuführen.
- Die Sortimentsbereinigung, die vor einigen Jahren zum Teil sehr undifferenziert in den Reisebüros umgesetzt wurde, die sich nur an Provisionen und Zuwächsen an einzelnen Reiseveranstaltern orientiert hat, ist in geringem Umfang und sehr differenziert wieder rückgängig zu machen, d. h. verstärkt Spezial- und Nischenveranstalter ins Sortiment aufnehmen, selbst wenn die Provisionserträge u. U. niedriger sind als die der Reisekonzerne.

13.4 Ausblick

Die guten Zukunftschancen der Reisebüros:

- Beitritt in Kooperationen oder in Franchiseorganisationen
- Zufriedenstellende Einnahmen durch neue, umsatzunabhängige Vergütungsmodelle
- Schnelle, kundengerechte Abwicklung
- Technologisch neueste Kommunikationstechnik, integrierte Systeme im Reisebüro und im Geschäftsreisemarkt, Internetpräsenz
- Effizienzsteigerung der Peronaleinsatzplanung und Personalproduktivität
- Konzentration auf Verkauf und Kundenberatung/Kundenbetreuung
- Auslagerung von Verwaltungsarbeiten – können darauf spezialisierte Unternehmen besser und günstiger erledigen
- Die großen Touristikkonzerne können auf den Fremdvertrieb in absehbarer Zeit nicht verzichten
- Einzelbüros erreichen immer noch den höchsten Stammkundenanteil
- Erreichbarkeit an Wochenenden und Feiertagen über Call-Center
- Kritische Umsatzmasse erreichen; Reisebüros zwischen 4 bis 8 Millionen Umsatz haben nach wie vor die beste Umsatzrendite
- Handelsunternehmer statt Handelsvertreter
- Starke Kundenbindung schaffen; die Kundenbindung ist beim Reisebüro ohnehin größer als beim Reiseveranstalter

- Markenaufbau und Markenbindung müssen auch im Reisebüro erfolgen; das Reisebüro darf sich nicht länger nur über die von ihm verkauften Produkte definieren. Es stellt eine eigene Stufe in der touristischen Wertschöpfung dar
- Neue Vertriebsmethoden erproben: Heimverkauf
- Erlebniswerte für den Kunden im Reisebüro schaffen
- Automatisierung, Automatenräume, Selbstbedienungsecken
- Pflege eines gezielten und nicht zufälligen Kundendialogs
- Cross Selling verstärkt und zielgerichtet fördern und ausbauen
- Schnelle Anpassung an veränderte Situationen und Bedürfnisse.

Aufgaben

1. Definieren Sie die Rolle eines Reisemittlers/Reisebüros und nennen Sie die Aufgaben, die ihm vom Gesetzgeber auferlegt wurden.
2. Was erwartet der Kunde von „seinem" Reisebüro? Vergleichen Sie dies mit Ihren Erwartungen an „ihr" Reisbüro. Ist Ihre Erwartungshaltung mit der herrschenden Erwartungshaltung deckungsgleich?
3. Skizzieren Sie stichpunktartig den Reisemittlermarkt.
4. Nennen Sie Vertriebsschienen der Veranstalter, die in Zukunft stärker ausgebaut werden und begründen Sie dies.
5. Was können Reisebüros vom Handel und anderen Branchen lernen?
6. Geben Sie einen Überblick über die Kostenstruktur im Reisebüro und erläutern Sie einzelne Kostenpositionen auf ihre Veränderbarkeit hin.
7. Nennen Sie mögliche Vergütungsmodelle im Reisebüro und deren Stärken und Schwächen.
8. Was spricht für eine Beratungsgebühr im Reisebüro?
9. Was verstehen Sie unter einer Prozesskostenanalyse und wofür wird diese benötigt?
10. Durch welche Maßnahmen kann ein Reisebüro sich für den immer härter werdenden Wettbewerb rüsten?

Quellen und weiterführende Literatur

Freyer, W.,Tourismus – Einführung in die Fremdenverkehrsökonomie, München/Wien 1998

Harvard Business Manager – 6/98, 1/99, 4/99, Hamburg

Hesselmann, G., Veränderungsmanagement – von der Vision zur Realität, DRV Jahrestagung November, Bangkok 1999

Kreilkamp, E., Tourismusmanagement, Lüneburg 1999

Robrock, M., Projekt Reisebüro- und Firmendienstvergütung – Fachhochschule München 1999

Schroeder, G., Lexikon der Tourismuswirtschaft, Hamburg 1997

Touristik Report – Sondernummer, Bad Homburg Juli 1999

Touristik Report – Sondernummer, Bad Homburg Dezember 1999

Travel Tribune – Nr. 3/00 vom 20. 1. 2000, Frankfurt

Tourismus Jahrbuch, Jahrgang 2, Heft 1 und 2, Limburghof 1998

Weiermeier K.; Wöhler K. H. [Hrsg.], Personalmanagement im Tourismus – Konzepte und Strategien, Limburghof 1998

14. Internationale Ansätze

14.1 Reiseindustrie in Österreich

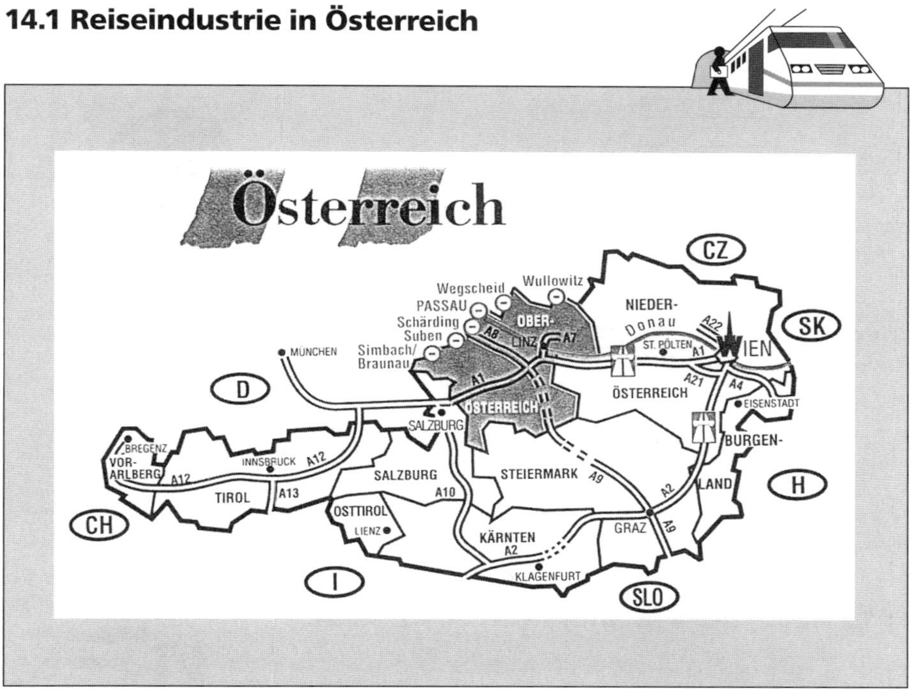

Abb. 14-1: Touristische Österreichkarte

14.1.1 Das Tourismusland Österreich

Mit Rang 6 bei den Einnahmen aus dem Tourismus und Rang 10 bei den Ankünften nimmt Österreich eine beachtliche Position im Tourismus des „Global Village" ein. Auch im Wirtschaftsleben des Landes hat der Tourismus mit einem Anteil der Deviseneinnahmen am Bruttoinlandsprodukt von 7,4 % und einer Relation von 17,6 % zur Handels- und Dienstleistungsbilanz einen hohen Stellenwert. Die jährliche Pro-Kopf-Einnahme der Österreicher aus dem Tourismus beträgt EUR 1380.– Auf dem Beherbergungssektor, der immerhin 1,2 Millionen Betten anbietet, ist die Tourismuslandschaft Österreichs überwiegend von Klein- und Mittelbetrieben geprägt, was mit ein Grund dafür ist, dass der Reisebüroanteil an den Übernachtungen gering ist, wobei Schätzungen davon ausgehen, dass jede fünfte Hotelübernachtung auf der Basis einer Reisebürobuchung erfolgt. Diese Struktur des Angebotes hat mit dazu geführt, dass sich in zunehmenden Maße kommunale und regionale Tourismusorganisationen des Incominggeschäftes annehmen, mit dem Ziel, Anfragen möglichst reibungslos in Buchungen umzuwandeln, während die Reisefreudigkeit der Österreicher das Outgoinggeschäft der Reisebürobranche belebt.

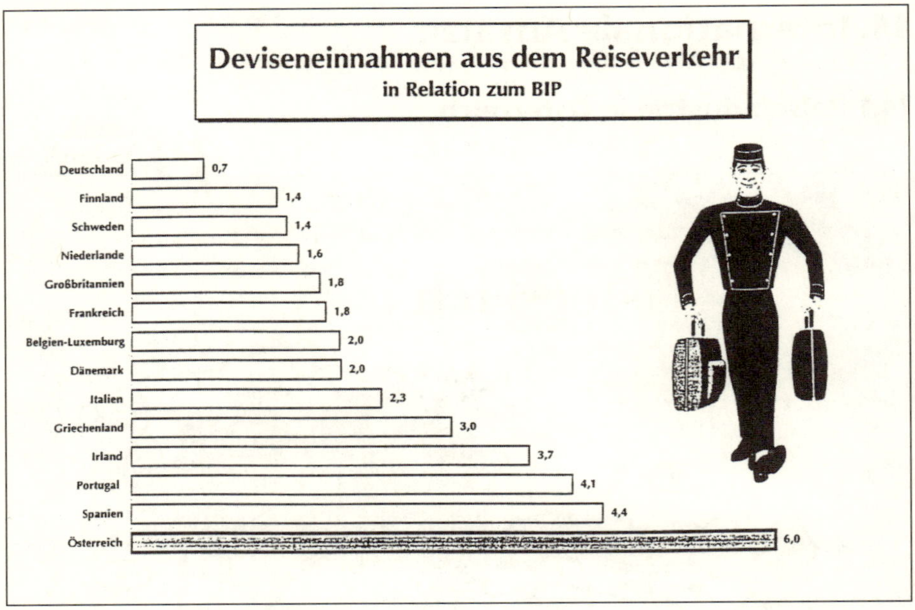

Abb. 14-2: Deviseneinnahmen aus dem Reiseverkehr

14.1.2 Träger der Reiseindustrie in Österreich

Heute muss sich jedes Unternehmen, jeder Manager, dem Wettbewerb auf zwei Ebenen stellen: jenem in der realen, der fühlbaren, der greifbaren Welt, der Welt der Ressourcen und jenem in der virtuellen Welt der Information. Letztere hat auch den elektronischen Markt geschaffen, einen neuen Schauplatz der Wertgestaltung. Diese neue Informationswelt bezeichnen wir als Marktraum („marketspace") im Unterschied zum rein physischen Markt („marketplace"). Unternehmensführer sind angehalten, die Wertgestaltung ihrer Firma in diesen beiden Welten zu beobachten. *(Anna Pollock, The Pembridge Group, Stratford-upon-Avon, Vortrag Europäisches Tourismusforum, Mayrhofen, Österreich, 1998)*

14.1.2.1 Reisebüros und Reiseveranstalter

Auf der Basis des Mitgliederstandes des Fachverbandes der Reisebüros der Wirtschaftskammer Österreich werden in Österreich 1.900 Reisebüros mit etwa 2.400 Betriebsstätten betrieben; 6.500 Mitarbeiter sind in der Branche beschäftigt, wobei der Großteil der Unternehmen weniger als 5 Mitarbeiter beschäftigt *(Manuskript Dr. Zolles, MODUL, Wien)*. Die Dichte der Reisebüros – bezogen auf die Bevölkerung – ist in Österreich mit 3.200 Einwohner pro Reisebüro relativ hoch. Im Vergleich dazu Großbritannien 10.000 und Deutschland 12.000 Einwohner pro Reisebüro.

Bedingt durch den unterschiedlichen, gesetzlich festgelegten Berechtigungsumfang der Unternehmen ist eine klare Trennungslinie zwischen Reisebüro und Reiseveranstalter nicht zu ziehen. Eine Orientierungshilfe ist die beim Wirtschaftsministerium geführte Reiseveranstalterliste, in die sich die Betriebe bei Erfüllung gewisser Kriterien (EU-Definition) eintragen lassen können. Dies Liste enthält derzeit etwa 500 Unternehmen.

14.1.2.1.1 Incoming

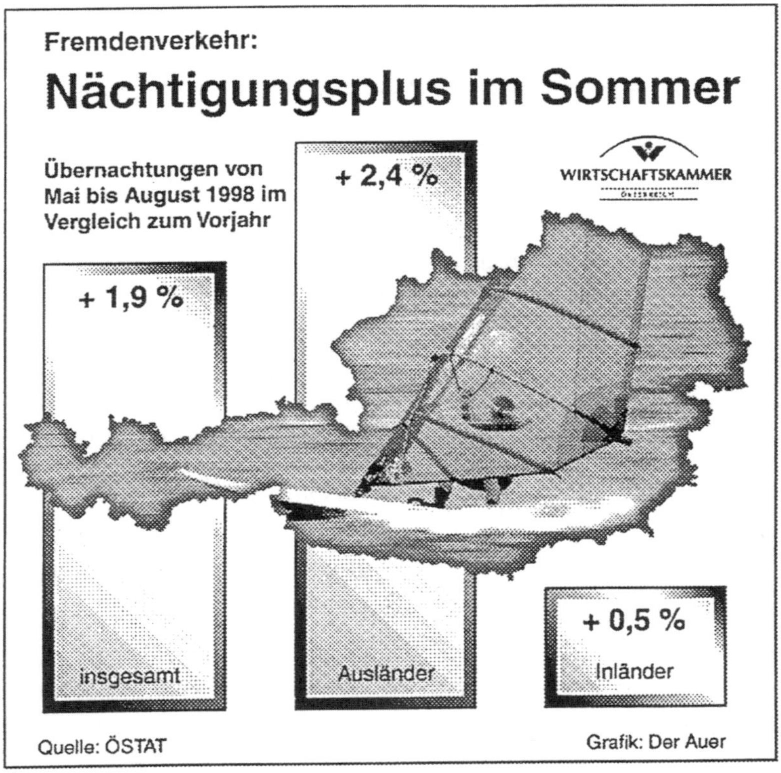

Abb. 14-3: PWK-Grafik Nr. A 70/8 – Wien, 22. Oktober 1999

Von den 1.900 Reisebüros in Österreich können etwa 25 % dem Incomingbereich zugerechnet werden, wobei hier natürlich Doppelgleisigkeiten und Überschneidungen gegeben sind. Auf den hohen Anteil der Reisebüros der Gemeinden und Regionen ist hier besonders hinzuweisen.

Bedeutsam ist das Volumen der ausländischen Reisebüros und Reiseveranstalter im österreichischen Tourismus, wobei vor allem TUI-Deutschland, wie bisher schon über das Tochterunternehmen Dr. Degener, aber auch andere Unternehmen wie etwa der Türkeispezialist ÖGER verstärkt auf den Markt drängen.

14.1.2.1.2 Outgoing

Die hohe Reiseintensität der Österreicher hat zur Folge, dass, obwohl ca. 70 % der Auslandsreisen der Österreicher Individualreisen sind, dieser Sektor der Reisebürobranche gut entwickelt ist. Hinzuweisen ist in diesem Zusammenhang auf die internationale Verflechtung der Reiseindustrie, was in einem hohen Anteil ausländischer Unternehmen am österreichischen Markt zum Ausdruck kommt. Marktleader der heimischen Reisebürobranche ist das ehemals staatliche Österreichische Verkehrsbüro, ein Mischbetrieb ebenso wie RUEFA und die Arbeitsgemeinschaft „Quality in Travel", bestehend aus Mondial, Blaguss, Austrobus, Cosmos und Kröpfel.

14.1.2.2 Verkehrsunternehmen (Österreichs Verkehrswirtschaft in Zahlen)

- **Straße**

Das überregionale Straßennetz Österreichs umfasst 12.000 km. Davon sind 1.500 km Autobahn, 300 km Schnellstraßen und 10.000 km Bundesstraßen. Das regionale Straßennetz (Landes-, Gemeinde- und sonstige Straßen) hat eine Länge von 196.000 km. Die Kapazität der Personenbeförderungsunternehmen umfasst 1.300 Autobusse und 24.000 andere Personenbeförderungsmittel (Mietwagen, Taxi, Hotelwagen, Autoverleih).

- **Schiene**

Die Länge des Schienennetzes in Österreich beträgt 6.400 km. Dieses Streckennetz wird von den staatlichen Österreichischen Bundesbahnen und etwa 40 Privatbahnen genutzt, wobei die Österreichischen Bundesbahnen 182 Millionen Personen im Jahr befördern, die Privatbahnen 22 Millionen.

- **Seilbahnen**

Im Tourismusland Österreich sind die Seilbahnen ein bedeutender Angebotsfaktor. 700 Seilbahnen befördern im Jahr 280 Millionen Personen. Dazu kommt noch etwa die gleiche Personenzahl, die durch 2.700 Schlepplifte befördert wird.

- **Wasser**

Neben dem Schiffsverkehr auf dem österreichischen Abschnitt der Donau werden auf den 23 schiffbaren Seen Österreichs 2,9 Millionen Personen im Jahr befördert.

- **Luft**

Das Passagieraufkommen auf den österreichischen Flughäfen Wien, Salzburg, Graz, Innsbruck, Linz und Klagenfurt beträgt jährlich etwa 10 Millionen Personen. Marktführer der österreichischen Luftfahrtunternehmen sind die Austrian Airlines, gefolgt von den Tyrolian Airways, den Austrian Air Services, der Lauda Air und der Rheintalflug.

14.1.2.3 Andere Organisationen der Reiseindustrie

Eine gewisse Bedeutung für die Reiseindustrie haben verschiedene Vereinigungen und Clubs, die zum Zweck gemeinsamer Reisen gegründet wurden. Hierher gehören auch die, unterschiedlichen Zielen dienenden Reiseinitiativen politischer Parteien, Interessenvertretungen und klerikaler Organisationen. Die Gruppierungen veranstalten in der Regel auf Mitglieder beschränkte Veranstaltungen in Eigenregie oder sie bedienen sich eines konzessionierten Reisebüros.

14.1.3 Rechtliche Rahmenbedingungen der Reiseindustrie in Österreich

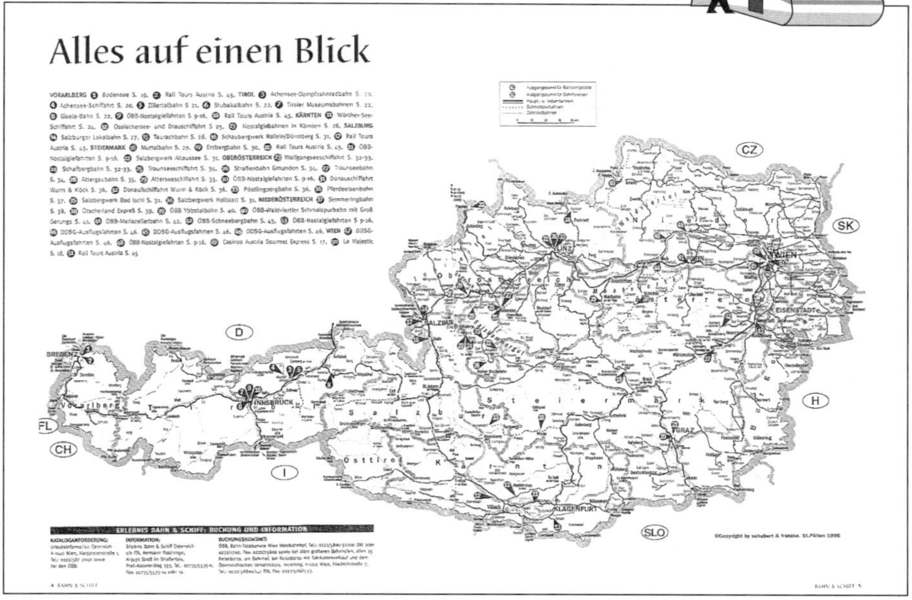

Abb. 14-4: Alles auf einen Blick

14.1.3.1 Reisebüros und Reiseveranstalter

14.1.3.1.1 Antrittsbedingungen

Der Antritt und die Ausübung eines Reisebüros unterliegt in Österreich der Gewerbeordnung. Danach versteht man unter einem Gewerbe „jede gesetzlich erlaubte regelmäßige und selbstständige Tätigkeit, die in der Absicht betrieben wird, einen Ertrag oder sonstigen wirtschaftlichen Vorteil zu erzielen, sofern diese Tätigkeit nicht ausdrücklich von den Bestimmungen ausgenommen ist".

Die Gewerbeordnung unterscheidet zwischen:

- bewilligungspflichtigen gebundenen Gewerben
- nicht bewilligungspflichtigen gebundenen Gewerben
- handwerksmäßigen Gewerben
- freien Gewerben.

Das Reisebürogewerbe ist ein nicht bewilligungspflichtiges, gebundenes Gewerbe. Zur Ausübung ist eine Anmeldung bei der Gewerbebehörde (Bezirkshauptmannschaft) und die Erbringung eines Befähigungsnachweises (Befähigungsnachweisverordnung BGBL Nr. 451/1994) erforderlich. Bei EU-Staatsangehörigen gilt der Nachweis auch dann als erbracht, wenn der betreffende Beruf im Heimatstaat eine bestimmte Zeit als Selbstständiger oder in leitender Funktion ausgeübt wurde.

14.1.3.1.2 Berechtigungsumfang (§ 166 Gewerbeordnung)

Das unbeschränkte Reisebüro ist mit folgenden Berechtigungen ausübbar:

- Ausgabe, Vermittlung und Besorgung von Fahrausweisen in- und ausländischer Verkehrsunternehmen jeder Art
- Vermittlung von durch Verkehrsunternehmen durchzuführende Personenbeförderungen
- Vermittlung vom Pauschalreisen
- Vermittlung und Besorgung von für Reisende bestimmte Unterkunft oder Verpflegung
- Veranstaltung von Pauschalreisen, die der Veranstalter direkt oder über Vermittler anbietet.

Ist die Anmeldung nicht auf die Ausübung des unbeschränkten Reisebürogewerbes gerichtet, so muss sie ausdrücklich eine Einschränkung enthalten, zum Beispiel

- Vermittlung und Besorgung von Unterkunft und Verpflegung in der Standortgemeinde
- Veranstaltung von Pauschalreisen in Kraftfahrzeugen
- Vermittlung von Pauschalreisen.

Der Bezeichnung „Reisebüro" oder „Verkehrsbüro" dürfen sich nur jene Unternehmen bedienen, die zur unbeschränkten Ausübung des Reisebürogewerbes berechtigt sind.

14.1.3.1.3 Allgemeine Reisebedingungen

Um die täglichen Geschäftsabläufe zu rationalisieren, schließen Unternehmen wie Banken, Speditionen und auch Reisebüros Geschäfte auf der Basis von Vertragsschablonen, so genannte „Allgemeine Geschäftsbedingungen" ab, im speziellen Fall „Allgemeine Reisebedingungen". Rechtlich gesehen haben diese „Allgemeinen Geschäftsbestimmungen" denselben Status wie sonstige Vertragsbestimmungen, das heißt, sie gelten nur kraft beiderseitiger Vereinbarung der beteiligten Vertragspartner.

14.1.3.1.4 Kooperationsabkommen

Das Kooperationsabkommen über die Vermittlung von Unterkunft und Verpflegung, abgeschlossen zwischen dem Fachverband der Hotel- und Beherbergungsbetriebe und dem Fachverband der Reisebüros ist eine Zusammenfassung der nationalen und internationalen Usancen, die im Geschäftsverkehr zwischen Reisebüros und Beherbergungsbetrieben angewendet werden. Diese Usancen haben sich im Laufe der Zeit herausgebildet, wie etwa bestimmte Stornoregelungen und Ähnliches. Zwischen den Vertragspartnern besteht weiter Vertragsfreiheit. In der Praxis ist das Kooperationsabkommen eine Empfehlung des Fachverbandes der Reisebüros und des Fachverbandes der Beherbergungsbetriebe diese im Geschäftsverkehr anzuwenden. Durch diese Vereinbarung wird der Abschluss von Einzelverträgen nicht verhindert, wenn sich die Notwendigkeit ergibt, Sondervereinbarungen zu treffen.

14.1.3.1.5 EU-Pauschalreiserichtlinie

Die seit 1. 1. 1993 geltende EU-Pauschalreiserichtlinie gilt nur subsidiär zu strengerem staatlichen Recht.

Die Umsetzung der EU-Pauschalreiserichtlinie erfolgte in Österreich im Rahmen des Konsumentenschutzgesetzes sowie einer Reihe von Verordnungen auf der Grundlage der Gewerbeordnung.

Die wesentlichen Bestimmungen dieser Richtlinie sind folgende:

- Artikel 1
  Ziel der Richtlinie ist die Angleichung der Rechts- und Verwaltungsvorschriften der Mitgliedstaaten für Pauschalreisen.

- Artikel 2
  Definition: Pauschalreise ist die im Voraus festgelegte Verbindung von mindestens zwei der folgenden Dienstleistungen, die zu einem Gesamtpreis verkauft bzw. zum Verkauf angeboten wird, wenn diese Leistung länger als 24 Stunden dauert oder eine Übernachtung einschließt:

  a. Beförderung

  b. Unterbringung

  c. andere touristische Dienstleistung.

  Definiert sind in diesem Artikel auch die Begriffe Veranstalter – Vermittler – Verbraucher – Vertrag.

- Artikel 3

  Dieser enthält Regelungen zum Thema Beschreibung der Pauschalreise, Preisangaben, Transportmittel, Unterbringung, Pass- und Visumserfordernisse, Anzahlung und Teilnehmerzahl. Auf die bindende Wirkung der im Prospekt enthaltenen Angaben wird ausdrücklich hingewiesen.

- Artikel 4

  Hier wird der Modus bei Vertragsrücktritt sowie Nichterfüllung des Vertrages und die sich daraus ergebenden Entschädigungsansprüche geregelt.

- Artikel 5

  Regelung der Haftungsverpflichtung gegenüber dem Vertragspartner.

- Artikel 7

  Dieser fordert den Veranstalter bzw. den Vermittler zum Nachweis des Vorhandenseins hinreichender Mittel auf, um im Fall der Zahlungsunfähigkeit oder des Konkurses einbezahlte Beträge zurückzuerstatten und somit die Rückreise des Kunden sicherstellen zu können. Es handelt sich hierbei um Mindestvorschriften zum Schutz der Verbraucher, wobei es den Mitgliedstaaten obliegt, strengere Vorschriften zu erlassen bzw. aufrecht zu erhalten. (Artikel 9)

- Artikel 10

  Die Mitgliedstaaten sind verpflichtet, die Richtlinie umzusetzen und die Kommission davon zu unterrichten. Gleichzeitig übermitteln die Mitgliedstaaten der Kommission den Wortlaut der innerstaatlichen Rechtsvorschriften, die sie in Vollzug dieser Richtlinie erlassen haben. Diese werden von der Kommission den übrigen Mitgliedstaaten zugänglich gemacht.

In einem Anhang an die Richtlinie werden Vertragsschablonen aufgestellt, betreffend Bestimmungsort, Transportmittel, Unterbringung, Mindestteilnehmerzahl, Beschreibung der Reiseroute etc.

14.1.3.2 Verkehrsunternehmen

14.1.3.2.1 Straße

Die Beförderung von Personen mit Autobus oder Personenkraftwagen ist durch das Gelegenheitsverkehrsgesetz in der Fassung 1998 geregelt.

Autobus

Die Berechtigung zum Betrieb eines Autobusgewerbes erfordert die Erbringung eines Befähigungsnachweises (Konzessionsprüfung).

Die Verleihung der Konzession erfolgt für eine bestimmte Zahl von Fahrzeugen. Für diese ist das Vorhandensein einer ausreichenden Zahl von Abstellplätzen nachzuweisen. Pro Fahrzeug muss eine Eigenkapitalgarantie von EUR 7267,– abgegeben werden.

Personenkraftwagen

Auch für die verschiedenen Arten der Personenbeförderung im Personenkraftwagen (Mietwagen, Taxi), ist ein Befähigungsnachweis zu erbringen (Konzessionsprüfung). Darüber hinaus muss eine Fahrpraxis von 3 Jahren nachgewiesen werden und eine Eigenmittelgarantie von EUR 7267,– pro Fahrzeug.

Für das Taxigewerbe gilt insofern eine Sonderregelung, als für die Fahrzeuge ein von der Gemeinde gewidmeter Standplatz auf öffentlichem Grund vorhanden sein muss und die Fahrer eine spezielle Taxifahrerprüfung ablegen müssen.

14.1.3.2.2 Schiene

Das Eisenbahngesetz (Fassung BGBL 201/1996) unterscheidet zwischen Eisenbahn-Infrastrukturunternehmen – das sind solche die für den Bau und den Betrieb der Schieneninfrastruktur zuständig sind – und Eisenbahn-Verkehrsunternehmen, die den Eisenbahnverkehr auf den Schienenanlagen durchführen. Eisenbahnunternehmen können in beiden Bereichen tätig sein. Ferner wird je nach der Bedeutung in Hauptbahnen und Nebenbahnen unterteilt. Voraussetzung für die Erbringung von Eisenbahnleistungen in Österreich ist die Erlangung einer Konzession auf der Basis des Eisenbahngesetzes. Dabei sind der Bereich der angestrebten Verkehrsleistung darzustellen sowie Unterlagen über die finanzielle Leistungsfähigkeit und die fachliche Eignung im Hinblick auf Personal, Betriebsmittel, Sicherheit und Organisation vorzulegen. Die Konzession wird auf jeweils 5 Jahre verliehen. Für Erbringung von Verkehrsleistungen im Bereich der EU wird eine „Europakonzession“ verliehen.

14.1.3.2.3 Seilförderungsanlagen

Bei den Seilförderungsanlagen wird rechtlich unterschieden in Seilbahnen und Schlepplifte.

Seilbahnen

Seilbahnen (Sesselbahnen und Kabinenbahnen) werden nach den Rechtsvorschriften des Eisenbahngesetzes genehmigt. Der Konzessionsinhaber ist verpflichtet, die Anlage während der Konzessionsdauer nach einem bestimmten Fahrplan zu betreiben. Für die Betriebsdauer ist eine gesetzliche Haftpflicht zu gewährleisten. Beim Bau der Anlage können Seilbahnunternehmen auch von dem im Eisenbahngesetz festgelegten Enteignungsmöglichkeiten Gebrauch machen.

Schlepplifte

Schlepplifte gelten als Gewerbeunternehmungen und werden nach den Regeln der Gewerbeordnung behandelt. (Siehe diesbezüglich auch die Ausführungen betreffend den Antritt des Reisebürogewerbes.)

14.1.3.2.4 Wasser

Personenbeförderung auf dem Wasser erfolgt nach den Regelungen des Bundesgesetzes über die Binnenschifffahrt (Schifffahrtsgesetz). Dabei werden unter anderem folgende Arten der Personenbefördeung zu Wasser unterschieden:

- Personenbeförderung im Linienverkehr
- Personenbeförderung in Gelegenheitsverkehr
- Fährverkehr
- Schleppen von Wasserskiläufern, Fluggeräten etc.

Die Erteilung der Konzession zur Ausübung einer dieser Tätigkeiten erfolgt unter Prüfung der fachlichen Eignung (Befähigungsnachweis), entsprechender Verlässlichkeit und dem Vorliegen finanzieller Leistungsfähigkeit. Die Konzession kann bezüglich Größe und Art des angebotenen Wasserfahrzeuge näher beschrieben werden.

14.1.3.2.5 Luft

Luftfahrtunternehmen im Sinne der geltenden gesetzlichen Regelungen sind Unternehmen zur Beförderung von Personen und Sachen im gewerblichen Luftverkehr mit Luftfahrzeugen (§ 101 Luftfahrtgesetz). Zur Ausübung dieser Tätigkeiten benötigen sie

- eine Betriebsgenehmigung und
- eine Beförderungsbewilligung.

Im Bewilligungsantrag sind, neben den Daten zur Person des Antragstellers, unter anderem anzuführen:

- die vorgesehene Tätigkeit (z. B. Rundflüge)
- der vorgesehene Flugbereich
- Anzahl und Baumuster der Flugzeuge
- Betriebsorganisation.

14.1.4 Organisation der Reiseindustrie in Österreich

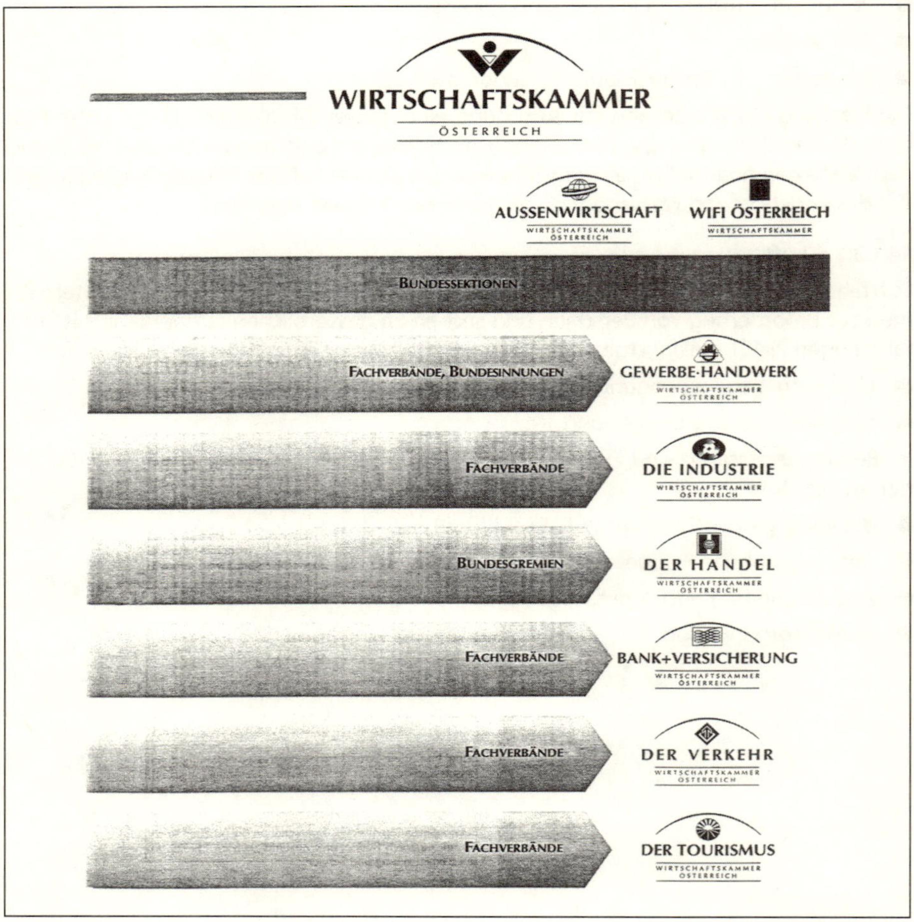

Abb. 14-5: Wirtschaftskammer Österreich

14.1.4.1 Wirtschaftskammer Österreich

Die Wirtschaftskammer Österreich ist eine öffentlich-rechtliche Körperschaft. Pflichtmitglieder sind alle physischen und juristischen Personen, die zum selbstständigen Betrieb von Unternehmen des Gewerbes, der Industrie, des Handels, des Geld-, Kredit- und Versicherungswesens, des Verkehrs, des Tourismus und der Freizeitwirtschaft berechtigt sind.

Die genannten Unternehmensgruppen sind in der Wirtschaftskammer organisatorisch in Sektionen zusammengefasst, die wiederum in Fachverbände, entsprechend ihrem Tätigkeitsbereich, gegliedert sind. Die Interessen der Reiseindustrie werden in den Sektionen Verkehr sowie Tourismus- und Freizeitwirtschaft bzw. den dort angesiedelten speziellen Fachverbänden, etwa dem Fachverband Reisebüro oder dem Fachverband Personenfuhrwerksgewerbe, wahrgenommen.

Die Wirtschaftskammer ist der gesetzliche Vertreter der Mitgliedsbetriebe in rechtlichen und wirtschaftlichen Angelegenheiten, z. B. Lohnverhandlungen. Darüber hinaus haben die Kammern auch ein Begutachtungsrecht im Gesetzwerdungsverfahren. Die der Wirtschaftskammer angeschlossenen Wirtschaftsförderungsinstitute (WIFO) sind im Aus- und Fortbildungsbereich tätig.

Entsprechend dem föderalistischen Aufbau der Republik Österreich bestehen in allen Bundesländern Wirtschaftskammern, die gleich der Wirtschaftskammer Österreich, mit Sitz in Wien, die speziellen Interessen der Mitgliedsbetriebe in den jeweiligen Bundesländern wahrnehmen.

14.1.4.2 Österreichischer Reisebüro- und Reiseveranstalter-Verband (ÖRV)

Auf Grund seiner Statuten bezweckt der Verband die Förderung und den Schutz der gewerblichen, der wirtschaftlichen sowie der Berufs- und Standesinteressen seiner Mitglieder, soweit diese nicht von der Wirtschaftskammer Österreich (öffentlich-rechtliche Interessenvertretung der Wirtschaft) zu wahren sind.

Aufgaben des Verbandes sind unter anderem:

- Förderung aller am Tourismus Österreichs interessierten Stellen und Personen
- Förderung und Heranbildung eines geeigneten Nachwuchses für das Reisebürogewerbe
- Förderung der wissenschaftlichen Forschung auf dem Gebiet des Tourismus
- Durchführung von Maßnahmen, um unlauteren Geschäftsmethoden entgegenzutreten.

Die Reiseveranstalter unter den Mitgliedern des Verbandes bilden eine eigene Sektion im Rahmen des Verbandes. Reiseveranstalter im Sinne dieses Punktes sind Mitglieder, die pro Jahr für mindestens 10.000 Passagiere Pauschalreisen veranstalten.

14.1.4.3 Österreichischer Verein für Touristik (ÖVT)

Der österreichische Verein für Touristik ist der Berufsverband für mittelständische Reiseunternehmen. Die wichtigsten Zielsetzungen des ÖVT sind:

- Erhalt und Ausbau des Mittelstandes im Reisebürogewerbe
- Moderne Betriebsführung und Verbesserung der Betriebsergebnisse
- Zentraler Einkauf von Betriebsmitteln
- Intensiver Dialog und Erfahrungsaustausch unter den Mitgliedern
- Abschluss von Rahmenverträgen mit Vorteilen für die Mitglieder
- Berufliche Information und Bildung auf allen Ebenen
- Kontinuierliche Nachwuchsschulung.

Ordentliche Mitglieder des Vereins können alle physischen und juristischen Personen mit Reisebürokonzession werden. Ausgenommen von der Mitgliedschaft sind Reisebüros, die direkt oder indirekt an einer rechtlich vom Reisebüro getrennten Leistungsträgerfirma beteiligt sind, sowie Reisebüros, an denen direkt oder indirekt ein touristischer Leistungsträger beteiligt ist.

14.2 Reiseindustrie in der Schweiz

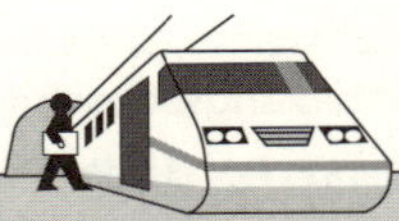

Der Entscheid von KUONI und HOTELPLAN, künftig nicht mehr die Produkte der ITV-Gruppe (Imholz-TUI Schweiz und Voegele) in ihren eigenen Reihen zu verkaufen, gleichzeitig aber auch ITV den Verkauf ihrer eigenen Produkte zu entziehen, wurde innerhalb und außerhalb der Branche mit großem Erstaunen und gemischten Reaktionen aufgenommen. Nachdem über Jahre hinweg die gegenseitigen Verkäufe zum Alltag in der Schweiz gehörten, führten diese einschneidenden Maßnahmen zu Spekulationen, die eine nicht sehr positive Entwicklung für den freien Markt erahnen ließen. Vor allem die Retailer wurden stark verunsichert, inwieweit die bis dahin offene Palette von Produktion in Zukunft „ferngesteuert" würde, und sie befürchteten einen massiven Einschnitt in ihre individuellen Angebotsfächer. Die Entwicklung, dass durch marktpolitische Eingriffe der Retailer gezwungen werden könnte, in nur beschränktem Maße seine Beraterneutralität fortführen zu können, wäre in der heutigen Zeit aus Retailersicht kontraproduktiv ...

Der Preiskampf setzte sich auch in diesem Verbandsjahr mit aller Härte und Deutlichkeit fort. Das „Last Minute-Geschäft" wurde entgegen anfänglichen Unkenrufen kaum reduziert und die Nachfrage seitens der Konsumenten war bis zum heutigen Tag ungebrochen. Auch an diesem Beispiel kann man erkennen, dass einmal eingeschlagene Wege oft eine Eigendynamik entwickeln, die nicht so leicht korrigierbar ist. Obwohl sich jeder Tour-operator und jeder Retailer wieder klarere Verhältnisse auf dem Preissektor wünscht und die Margenschrumpfung allen Beteiligten Sorgen bereitet, dürfte angesichts der fortschreitenden Globalisierung wohl kaum mit einer Trendwende in absehbarer Zeit zu rechnen sein. Die laufende Entwicklung der Elektronik erschließt heute schon neue Kanäle der Distribution, die uns nicht nur im TO-Bereich, sondern auch bei andern Leistungsträgern der Tourismusbranche zum Umdenken zwingen.

(Aus: Schweizerischer Reisebüro-Verband, Geschäftsbericht 1997/98)

14.2.1 Struktur der Schweizer Reiseindustrie

Die Schweizerische Reiseindustrie ist gekennzeichnet durch drei große Tour-operator (KUONI, HOTELPLAN und ITV), die selbst ein flächendeckendes Filialnetz besitzen, und eine Vielzahl von selbstständigen Retailern.

Die großen „Drei" der Reisebranche weisen folgende Zahlen auf:

	KUONI Schweiz	HOTELPLAN-Gruppe Schweiz	ITV
Gesamtumsatz 1998 in Mio. Fr.	1847	947	808
Eigene Filialen	100	67	61
Mitarbeiter	1950	1000	940

(Aus: Sonntagszeitung und HANDELSZEITUNG)

Der in der Eingangssituation geschilderte „Boykott" war gegen den eindringenden ausländischen TO (TUI) gerichtet. Inzwischen haben Kuoni und die TUI-Tochter – ITV – TUI Suisse ein Joint Venture beschlossen.

Galten vor zehn Jahren noch die meisten der 2000 Schweizer Reisebüros als unabhängig und verkauften die Produkte aller Anbieter, hat sich dies unterdessen geändert. Viele Reisebüros verkaufen prioritär die Produkte eines der großen Veranstalter, was mit der umsatzabhängigen Kommission zu erklären ist. Mit einem ausgeklügelten Kommissionsmodell oder gar einem Franchising-Konzept versuchen die Veranstalter, die unabhängigen Reisebüros im Sinne einer Ertragsoptimierung stärker an sich zu binden, womit die unabhängige Beratung beeinträchtigt wird. Der Druck auf diese Retailer wird etwa durch Kommissionskürzungen der Fluggesellschaften verschärft. Zudem versuchen die Fluggesellschaften, durch Optimierung ihrer Direktverkäufe über neue Medien direkt an den Kunden zu gelangen.

Die Konsolidierung ist noch nicht abgeschlossen. Immerhin wird geschätzt, dass KUONI, HOTELPLAN, ESCO und ITV z.B. den Badeferien-Markt zu 80% bis 85% beherrschen. Gerade hier wittern die grenzüberschreitenden Anbieter ein lukratives Geschäft, wenn sich die Expansion in den süddeutschen, Vorarlberger und Tiroler Raum verwirklichen lässt.

Die „großen" Reiseorganisationen, die als Operator und Retailer tätig sind, weisen zahlreiche Marken auf, welche auf verschiedenen Märkten arbeiten:

- **Kuoni Reisen Holding AG,** Zürich, ist ein multinationales Reiseunternehmen mit einer starken paneuropäischen Heimbasis. Die fünf strategischen Geschäftseinheiten sind Schweiz, Großbritannien, International, Geschäftsreisen und Incoming. Die Strategie der Kuoni-Gruppe baut auf fünf Kernkompetenzen auf, zu deren Entwicklung sich die Unternehmungsleitung verpflichtet: Führungs- und Motivationskompetenz, Markenkompetenz, Informatikkompetenz, Sortimentskompetenz und Marktkompetenz.

  Der strategischen Geschäftseinheit Schweiz gehören an: Kuoni Reisen AG Schweiz, Edelweiss Air AG, Manta Reisen AG, Privat Safaris Reisebüro AG, Railtour Suisse SA, Reisebüro Popularis-Helvetic Tours, Rewi Reisen AG, L & M Reisen AG, Rotunda Tours AG. Fusionsgespräche zwischen Kuoni AG und First Choice Holidays Plc wurden im Jahre 1998 geführt. Die Verhandlungen zu einem führenden europäischen Reisekonzern zerschlugen sich aber 1999.

  Bereits 1998 hatte Kuoni das deutsche Euro Lloyd Reisebüro GmbH in Köln übernommen. Mit dieser Übernahme setzt Kuoni die Strategie fort, sich im Bereich Geschäftsreisen auf den Kernmarkt Zentraleuropa zu konzentrieren und dort weiter zu wachsen.
- **Hotelplan Swiss Group** ist eine Tochter der Migros Genossenschaft, Zürich. Ihre Veranstalter-Marken sind: Hotelplan, Esco, M Travel und TPT. Als Vermittler von Ferienwohnungen und -häusern wirkt Interhome und Autoplan.
- **Imholz, TUI Suisse, Voegele AG** (ITV) mit Travac und Western Tour AG
- **Reisebaumeister Gruppe** mit Falcon Travel
- **Schweizer Reisekasse REKA,** Genossenschaft mit sozialtouristischer Zielsetzung, Bern.

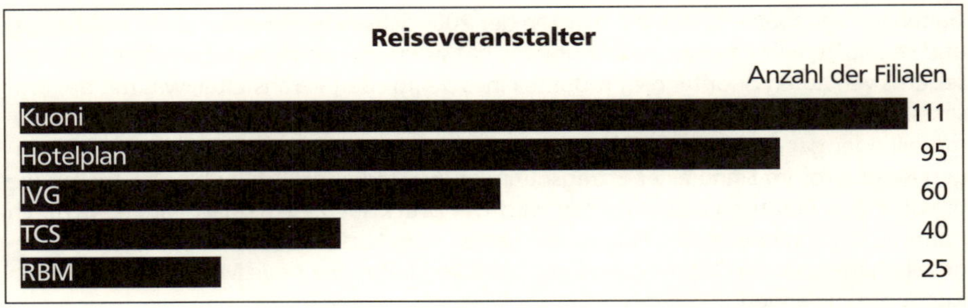

Unter den Schweizer Reiseveranstaltern besitzt Kuoni das größte Vertriebsnetz mit 111 Filialen, gefolgt von Hotelplan mit 95 und der IVG (Imholz Vertriebs AG), Jelmoli und TUI/Vögele gehörend, mit 65. Dahinter liegt TCS Reisen (40 Filialen) als größte von Veranstaltern unabhängige Vertriebskette mit Vollsortiment. Mit 25 Filialen folgt die Reisebaumeister-Gruppe (RBM) mit Carib Tours, Falcon, Salina, Sierra Mar und Wettstein Reisen auf Rang fünf. Auch sie vertreiben zurzeit nebst Eigenprodukten das Sortiment der drei großen Veranstalter.

Die zehn größten firmengebundenen Touristikketten betreiben somit 450 eigene Reisebüros. Rechnet man bei diesen Unternehmen Franchising und SBB-Kooperationen hinzu, sind es 594 Filialen. Addiert man die Business Travel Center (Carlson Wagonlit und American Express) dazu, kommen die zwölf größten Reiseunternehmen auf 600 Verkaufsstellen. Von den total 2400 Schweizer Reisebüros gehören 80 % zu den kleinsten Betrieben und erzielen 20 % des Gesamtumsatzes.

14.2.2 Verhalten der Schweizer gegenüber Reisebüros

Gemäß einer Repräsentativumfrage der Elvia Reiseversicherung buchen 30 Prozent der befragten Personen ihre Ferien im Reisebüro, während 45 Prozent (vor allem ältere Reiseerfahrene) ihre Reise selber organisieren. Zugenommen hat die Treue der Kunden zum Stammreisebüro. Rund 5 Prozent buchen am Bahnschalter, 17 Prozent mal da, mal anders. Buchungen über Internet haben von vier auf sieben Prozent zugenommen. Bereits 48 % der Befragten verfügen über diese Möglichkeit.

52 Prozent der Buchenden haben ihre Veranstalterwahl meistens vor Betreten eines Reisebüros getroffen. Für 47 Prozent spricht die Beratungsqualität für das Aufsuchen eines Reisebüros, 36 Prozent suchen aus preislichen Gründen ein Reisebüro auf.

Für knapp zwei Drittel der Pauschalreisenden ist die Fluggesellschaft sehr bis ziemlich wichtig. Nur ein Drittel der Befragten äußert Kritik am Reisebüro. Im Vordergrund stehen dabei Kriterien wie fehlendes Know-how und mangelnde Zeit für Beratung.

14.2.3 Schweizerischer Reisebüro-Verband SRV

Zwei Drittel aller schweizerischen Reisebüros und alle wichtigen Reiseveranstalter sind Mitglied des SRV mit Sitz in Zürich. Dies entspricht 260 Aktivmitgliedern mit 540 Verkaufsstellen und 143 Passivmitgliedern.

Der SRV hat sich 1991 ein Leitbild sowie verbandspolitische Rahmenbedingungen zugelegt.

Die **Globalziele** betreffen den Einsatz für eine optimale Entwicklung der Reisebranche und Stärkung des Berufsstandes, die gleichwertige Interessensvertretung aller Mitglieder, den Einsatz für einen hohen Qualitätsstandard der Dienstleistungen der Mitglieder, den Einsatz für Fairplay im Verhalten der Mitglieder im Rahmen des freien Wettbewerbs, die Wahl eines Ombudsmannes, der die Interessen der Konsumenten wahrt und schützt, die Förderung des umwelt- und sozialverträglichen Denkens und Handeln im Tourismus, die Vertretung und Förderung eines moralisch und ethisch einwandfreien Tourismus (z. B. gegen den so genannten Sex- und Drogentourismus).

Die **Leistungsziele** umfassen die Versorgung der Mitglieder mit den notwendigen Informationen (z. B. Marktdaten) und Beratung in Sachfragen der Branche, Förderung des Berufsstandes durch Mitgestaltung der Aus- und Weiterbildung (Berufsprüfung „Reisefachmann/frau mit eidg. Fachausweis", Mitwirkung bei Lehrabschlussprüfungen, Stellenbörse für Lehrabgänger), Auftritt gegenüber Behörden, Leistungsträgern und Konsumenten als kompetente Gesprächspartner, Förderung der Öffentlichkeitsarbeit als wichtiges Mittel zur Verbreitung der Brancheninteressen und der Verbandshaltung, Förderung und Unterstützung der Verfügbarkeit und wirtschaftliche Nutzung neuer Technologien, Einsatz für einen konsumentenfreundlichen und rechtssicheren Geschäftsverkehr der Mitglieder, Förderung und Pflege der Beziehungen zu nationalen und internationalen branchenbezogenen Verbänden und Organisationen, Einsatz für einen freien und sicheren Reiseverkehr.

Die **Managementziele** schließlich beziehen sich durch konkrete Zielvorgaben auf die Ermöglichung von effizienten und wirtschaftlichen Arbeitsweisen im SRV, die Pflege eines partizipativen und kollegialen Führungsstils, die Förderung der Solidarität der Mitglieder untereinander und ihre Identifikation mit dem SRV nach außen, die Schaffung einer Verbandsstruktur, die den Veränderungen des Marktes und der Gesellschaft flexibel Rechung trägt.

Die laufenden und regulären Verbandsgeschäfte werden durch Mitgliederbeiträge gedeckt. Das Ausmaß möglicher Aktivitäten richtet sich nach der Finanzlage des Verbandes.

Der SRV ist die Dachorganisation der Reisebürobranche der Schweiz und als privatrechtlicher Verein organisiert.

Das **Organigramm** weist als oberstes Organ die Mitgliederversammlung auf, gestützt durch den Vorstand (7–11 Mitglieder) sowie 7 Fachgruppen: Flug, Tour Operator (Reiseveranstalter), Retailer (Wiederverkäufer), Bahn, Incoming, Zahlungsmittel, Umwelt und Soziales.

13 regionale Reisebüro-Vereinigungen stärken die flächendeckende Arbeit des Schweizerischen Reisebüro-Verbandes.

14.2.4 Garantiefonds der Schweizer Reisebranche

Im Zusammenhang mit dem Bundesgesetz über Pauschalreisen hat der SRV einen Garantiefonds geschaffen, um das Vertrauen des Konsumenten gegenüber Tour Operators und Retailers durch eine Reisegarantie zu fördern.

Im Garantiefonds ist die von den am Fonds teilnehmenden Veranstaltern deklarierte Anzahl Pauschalreisepassagiere gespeichert. Verbunden mit der Schätzung der Pauschalreisenden der nicht erfassten Unternehmen und jenen, die an einer Spezialgruppe oder individuell zusammengestelltem Programm teilnehmen, führt dies zur Annahme, dass jährlich ca. 3.500.000 Kunden in der Schweiz pauschal ins Ausland reisen und einen Umsatz von über 5 Milliarden Franken pro Jahr generieren.

Mit rund 90 % aller von Schweizer Reisebüros organisierten oder vermittelten Pauschalreisen, deckt der Garantiefonds das Gros aller in diesem Sektor fließenden Kundengelder ab.

Etwa 500 Reiseunternehmen mit 1200 Verkaufsstellen nehmen am Garantiefonds teil.

14.3 Reiseindustrie in Südtirol

14.3.1 Südtirol, ein bereistes Land

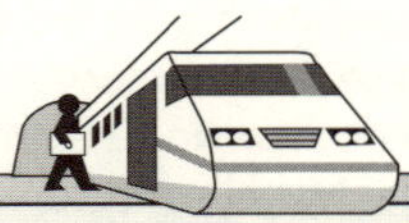

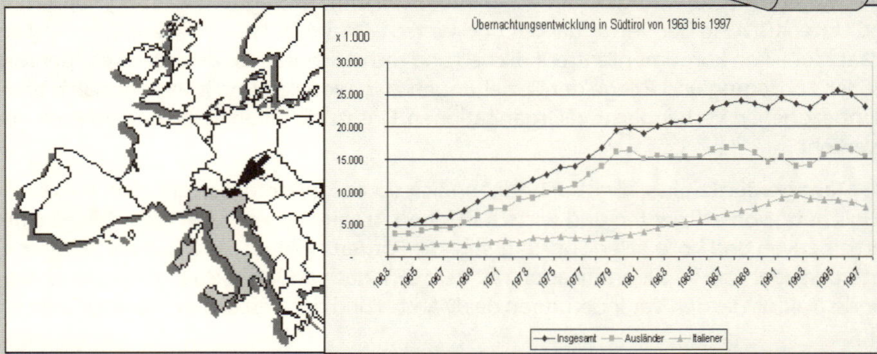

Abb. 14-6: Südtirol – Übernachtungsentwicklung

„Auch die Entwicklung im Fremdenverkehr spiegelt die derzeit stabile bis leicht positive Wirtschaftslage wider.

Nach einer zufriedenstellenden Wintersaison haben im Jahre 1999 die Nächtigungen (Januar–Juli) bisher um 1,2 % zugenommen."

(Konjunktur-Barometer des Wirtschaftsforschungsinstitutes WIFO)

Mit durchschnittlich 24 Mio. Übernachtungen und knapp 4 Mio. Ankünften zählt Südtirol zu den **tourismusintensivsten Regionalgebieten in Europa.** Gemessen an seinen 460.000 Einwohnern ergibt dies einen Intensitätsfaktor von 52 (gewertet nach den Vorgaben der EU-Richtlinie Nr. 95/57), woran auch die unmittelbare Bedeutung des Tourismusgeschäftes für das Bruttoinlandsprodukt deutlich wird. Über 210.000 Betten, wobei diese Zahl leicht rückläufig ist, stehen für Sommer- und Winterurlauber bereit; die durchschnittliche Bettenanzahl pro Betrieb (32 Betten) verdeutlicht allerdings die ausgeprägte Kleingewerblichkeit des Südtiroler Tourismusangebotes. Dies ist auch der Hauptgrund dafür, dass der Anteil jener Übernachtungen, welche über Reisebüros oder Tour-Operators ins Land gebracht werden, im Vergleich mit anderen touristischen Regionen und Ländern deutlich geringer ausfällt. Diese Klein- und Mittelbetriebsstruktur lässt es kaum zu, dass Betriebe größere **Bettenkontingente** an Reisemittler zum Verkauf abgeben; in der Folge haben örtliche und regionale Tourismusvereine und -verbände sich in letzter Zeit zunehmend als Servicestelle bei der Bettenvermittlung für den Gast bemüht. Die vielen kleineren Reisebüros, die in Südtirol angesiedelt sind, beschäftigen sich deshalb fast ausschließlich mit dem Outgoing-Geschäft und bearbeiten so ihren lokalen Kundenmarkt.

Weil Südtirol einen sehr hohen Stammgastanteil hat – rund ¾ aller derzeitigen Südtirolurlauber waren schon einmal in diesem Land – war es bisher auch einer Reiseindustrie im Vermittlungsgeschäft schwierig, in Südtirol ordentlich Fuß zu fassen. Allerdings gehört es seit jeher zu den Zielen der Südtiroler Tourismuspolitik, die bestehende Gästestruktur **stärker zu internationalisieren** (über 80 % aller Südtirol-Gäste kommen aus Deutschland bzw. Italien) und den Anteil der Südtirol-Erstbesucher zu steigern: dazu wird es – trotz allem – in Zukunft einer engen Zusammenarbeit mit Reisemittlern bedürfen.

14.3.2 Südtirol – ein Reiseland für Individualisten

„Immer mehr Urlauber fliegen ins Ausland – und das pauschal. Der Siegeszug der Flug- und Fernreise erscheint unaufhaltsam. Fernflüge sind so günstig wie noch nie. Fliegen wird immer billiger. Und zwei Wochen Mallorca können mitunter preiswerter als zwei Wochen Urlaub auf einer Nordseeinsel sein. Die Zahl der Individualreisenden wird in Zukunft weiter zurückgehen und der Pauschaltourismus bleibt eine Wachstumsbranche." *(Deutschland 2010, Horst W. Opaschowski)*

Der Begriff **„Reiseindustrie"** findet im touristischen Jargon Südtirols kaum Platz. Zu gering ist der Anteil jener Reisenden, die von professionellen Veranstaltern nach Südtirol gebracht werden, zu unterentwickelt das Pauschalreiseangebot, zu ungeeignet die Verkehrsinfrastrukturen: Seit jeher ist Südtirol eine ausgeprägte **Destination für Individualreisende.** Nach wie vor wird sommers wie winters ein überwiegender Teil der Urlaube direkt beim Vermieter gebucht.

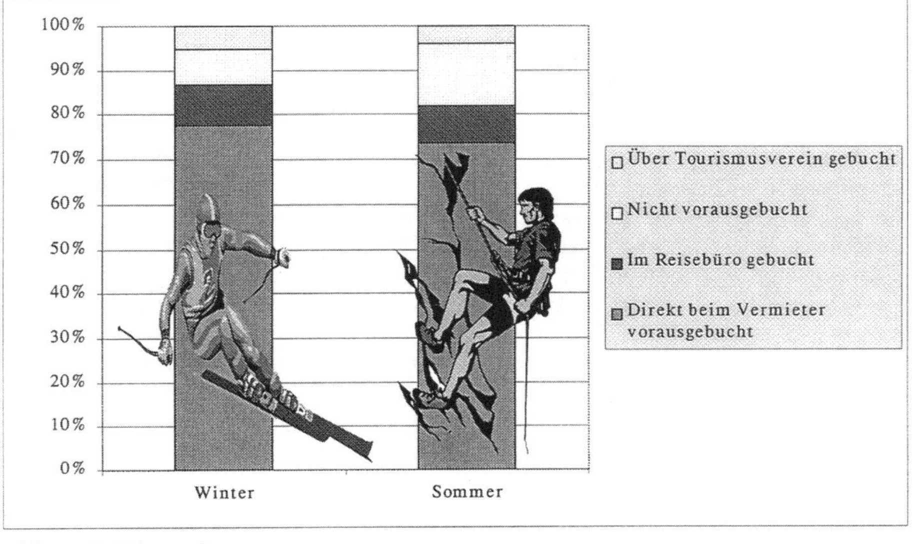

Abb. 14-7: Winter-Sommer
(Vgl. Gästebefragung Südtirol)

Laut wissenschaftlich durchgeführten Gästeumfragen buchen allerdings Alleinreisende deutlich häufiger als der Durchschnitt in Reisebüros (16 %), ebenso wie junge Südtirol-Wintergäste bis 29 Jahren (19 %). Gleichfalls ist der Anteil der Reisebürobuchungen deutlich höher bei jenen Gästen ausgeprägt, die Erstbesucher sind oder erst einmal in Südtirol waren. Auffallend hoch ist auch jener Anteil von Gästen, die im Sommer ohne Vorbuchung nach Südtirol fahren.

Auch an der **Nutzung von Verkehrsmitteln,** mit denen die Gäste nach Südtirol kommen, wird der ausgeprägte Individualreisemarkt deutlich: Wie die meisten Alpenurlauber benutzen auch Südtirol-Gäste für ihre Anreise am liebsten das eigene Auto, gefolgt von Bus und Bahn. Wegen eines fehlenden Regionalflughafens, der erst im Jahre 1999 zu einem solchen adaptiert wurde, spielte bis heute die Anreise mit dem Flugzeug so gut wie keine Rolle. Der Pkw-Anteil ist hingegen bei den Südtirolurlaubern in den letzten Jahren bis auf knapp 80 % angestiegen, während der Anteil der Bahn abnahm.

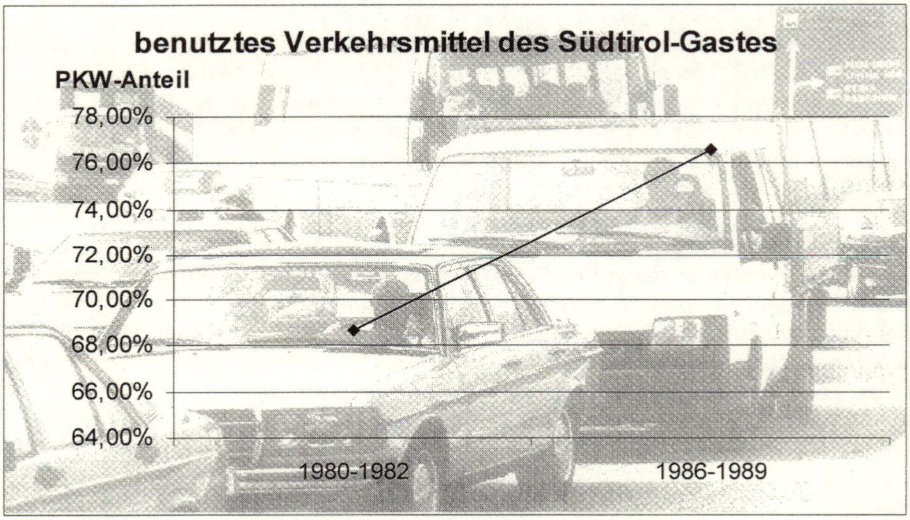

Abb. 14-8: Benutzte Verkehrsmittel

Die **Kleinstrukturiertheit** der Südtiroler Gastgewerbelandschaft hat ein breit angelegtes Kooperieren mit Reiseveranstaltern und Reisebüros kaum möglich gemacht. In der Tat lassen sich jene Betriebe, welche direkt mit Reisebüros in eine Verkaufs- und Vertriebskooperation getreten sind, an zwei Händen abzählen (insgesamt gibt es in Südtirol knapp 5.000 Hotel- und Gastbetriebe); deutlich höher liegt die Anzahl jener, die sich mit größeren Reiseveranstaltern (insbesondere des deutschsprachigen Raumes) in eine Kooperation eingelassen haben und über diese Schiene einen Teil ihrer Bettenauslastung organisieren. Zunehmend an Bedeutung gewonnen hat in letzter Zeit die **organisierte Busreise,** auf die sich mehrere Betriebe in ihrem Angebot spezialisiert haben und dabei mit lokalen oder ausländischen Busreiseveranstaltern zusammenarbeiten. Für die Zukunft dürfte auch das Pauschalreiseangebot durch die Inbetriebnahme des Regionalflughafens eine neue Möglichkeit der organisierten Reise bieten.

14.3.3 Struktur der Reiseindustrie in Südtirol

SELECT

Der erstklassige Komfort und Service, die exquisite Küche: Ganz Ihr Anspruch!

Hotel ADLER

St. Ulrich **BZB 18062**

Lage: In der Ortsmitte, jedoch ruhig, inmitten eines schön angelegten Parks. Skilift in der Nähe des Hauses.
Ortsbeschreibung auf S. 233
Das bietet Ihr Hotel: Traditionsreiches, schloßartiges Haus (Lift), in dem Gastlichkeit, Behaglichkeit und Service groß geschrieben werden. Großzügige Aufenthaltsräume, Restaurant "Stube", Hausbar und Lesezimmer. Parkplatz oder Garagenplatz inklusive. Haustier nicht erlaubt. Internationale Kreditkarten (außer Diners) werden akzeptiert.
Zimmer: 98. Nat. Kat.: 4 Sterne S.
So wohnen Sie: Geräumige, sehr gut eingerichtete Zimmer zur Nordseite mit Direktwahltelefon, Sat.-TV, Minibar, Safe, Fön, Bad, WC. Die DBBV-Zimmer liegen zur Südseite und bieten zusätzlich Balkon. Babybett (anmelden) inklusive.
Fitness: Badelandschaft "Aguana Wasserwelt" mit Sauna-Almhütte, Blütendampfbad in der Felsengrotte und Bergsee mit Wasserfall, Schwimmbad und Billard inklusive. Solarium, Massagen und Beauty-Center gegen Gebühr.
Verpflegung: Halbpension, Frühstücksbuffet. Abendessen mit Menüwahl.
Anreise: Samstags mit Flug, Bahn oder Pkw.

- **Spartermine 14=12, 7=6**
- **Sondertransfer für Gäste, die mit dem Urlaubs-Express oder mit Flug aus diesem Katalog anreisen**
- **Weihnachtsmenü**
- **Silvestergala mit Live-Musik**

1 Woche Halbpension bei eigener Anreise pro Person im Doppelzimmer ab DM *1148*
Infos und Mindestaufenthalte im Preisteil auf Seite 108.

DOLOMITEN Hotel MADONNA

St. Ulrich **BZB 18063**

Lage: Im Zentrum. Seilbahn, Sessel- und Skilift sowie Eislaufplatz in der Nähe. Hallenbad ca. 200 m entfernt.
Ortsbeschreibung auf S. 233
Das bietet Ihr Hotel: Gut geführtes Familienhotel mit Lift, TV-Raum, öffentliche Bar, kleines öffentliches Restaurant. Geschmackvoll eingerichteter Speisesaal. Parkplatz. Haustier nicht erlaubt. Kreditkarten: Visa, Eurocard und American Express.
Zimmer: 40. Nat. Kat.: 3 Sterne.
So wohnen Sie: Geschmackvoll eingerichtete Zimmer mit Farb-TV (deutsches Programm), Direktwahltelefon, Safe, Balkon, Fön, Bad oder Dusche (Kabine), WC. Babybett inklusive.
Sport und Fitness: 4 Tennis- und 2 Squashplätze stehen für Sie im ca. 3 km entfernten Tenniscenter nach Verfügbarkei ohne Gebühr bereit.
Verpflegung: Halb- oder Voll pension. Frühstücksbuffet. Be Halbpension kann die Haupt mahlzeit wahlweise mittags ode abends eingenommen werden Menüwahl. Salat- und Dessert buffet. Für Kinder bis 2 Jahre zahlbar am Ort.
Anreise: Samstags mit Flug Bahn oder Pkw.

- **Weihnachts- u. Silvestermenü inklusive**
- **Eintritt ins öffentliche Hallenbad inklusive**

1 Woche Halbpension bei eigener Anreise pro Person im Doppelzimmer ab DM *721*
Infos und Mindestaufenthalte im Preisteil auf Seite 108 .

Abb. 14-9: Hotels

„In diesem Winter fliegen wir Sie mit Tyrolean Airways nach Bozen und transferieren Sie mit dem Taxi oder Minibus ins Grödner- oder Fassatal. Abflughäfen, Flugzeiten, Preise und eingeschlossene Leistungen finden Sie im Preisteil auf S. 108" *(Aus: TUI-Winterkatalog 1999).*

14.3.3.1 Reiseveranstalter

Von den ausländischen Reiseveranstaltern, die den Südtiroler Markt bearbeiten und mit örtlichen Hotelstrukturen **Kooperationsverträge** halten, ist die deutsche „TUI" klarer Marktführer, andere Reiseveranstalter wie „Neckermann" oder „Kuoni" spielen eine untergeordnete Rolle, eine noch geringere – Reiseveranstalter aus Italien für das Inlandgeschäft. Seit wenigen Jahren haben auch einige englische Reiseveranstalter („Thomson", „Cristal") Südtirol in ihr Angebot aufgenommen. Derzeit scheinen 150 Südtiroler Hotels in italienischen und 185 Südtiroler Hotels in deutschen Veranstalterkatalogen auf. Dazu haben auch die deutlich verbesserten Englisch-Sprachkenntnisse vieler junger Hoteliers- und Gastwirte beigetragen. Dreisprachige Prospekt- und Werbematerialien sind keine Seltenheit mehr.

Was hingegen organisierte Gruppenreisen anbelangt, hat der lokale Reiseveranstalter „Falk-Tours GmbH" seit dem Jahr 1985 zunehmend an Bedeutung gewonnen. In der Zwischenzeit kooperieren 120 Hotels mit diesem Incomer, der pro Woche 75 bis 100 Busse nach Südtirol bringt. Ca. 200.000 Übernachtungen im Winter und ebenso viele im Sommer lassen sich direkt auf die Aktivitäten dieses lokalen Unternehmens zurückführen. Momentan plant dieses Unternehmen den Ausbau seiner Aktivitäten im Individualreisemarkt und baut dafür eine eigene Vertriebsstruktur auf.

Der Reiseveranstalter „TUI" bedient sich für seine Akquisition und Abwicklung eines lokalen größeren Reisebüros in Südtirol; das Reisebüro „Alpina-Tourdolomit", das über verschiedenste Stützpunkte in ganz Südtirol und auch dem benachbarten Trentino verfügt, fungiert als local-agent für das deutsche Großunternehmen. Insgesamt werden über die Individualreiseschiene der „TUI" ca. 300.000 Übernachtungen pro Jahr nach Südtirol gebracht.

14.3.3.2 Reisebüros

In Südtirol gibt es 82 Reisebüros, die in ihren verschiedenen Geschäftsstellen über 180 Mitarbeiter beschäftigen. Während in der Mitte der 90er Jahre eine hohe Anzahl von Reisebüro-Neueröffnungen zu verzeichnen war, ist diese Tendenz in den letzten Jahren stark rückläufig. Teilweise ist dies auch darauf zurückzuführen, dass zur **Eröffnung** eines Reisebüros deutlich strengere Auflagen und Bestimmungen herrschen, als dies im benachbarten Ausland der Fall ist *(siehe auch unter Kapitel 14.3.4).*

Die Südtiroler Reisebüros sind in der Hauptsache auf das **Outgoing-Geschäft** spezialisiert. Wegen des gestiegenen Organisations- und Abwicklungsaufwandes und der damit kleiner werdenden Gewinnmargen macht sich in Südtirols Reisebürolandschaft eine Strukturbereinigung breit. Die Reisebüros sind im „Verband der Kaufleute und Dienstleister" zu einer Fachgruppe zusammengeschlossen, der auch über eine eigene Geschäftsstelle verfügt.

14.3.3.3 Südtirols Verkehrsmittel als Ressource für die Reiseindustrie

Südtirol verfügt über ein äußerst **kapillares Verkehrsstraßennetz,** das insgesamt 8.736 km umfasst, die von Urlaubsgästen als Infrastruktur mitgenutzt werden können. Dagegen nehmen sich die 281 km Eisenbahnlinie als nahezu unbedeutendes Beiwerk aus; von touristischer Bedeutung ist eigentlich nur die Eisenbahnhauptverbindung von Brenner nach Bozen, während die Eisenbahnseitenlinien in das Pustertal und bis nach Meran inzwischen eine absolut untergeordnete Rolle spielen, obwohl einst der Bau der Brennereisenbahn von Innsbruck nach Bozen den Durchbruch für die Bereisbarkeit Südtirols gebracht hatte *(siehe Band I, S. 310).* Seit einigen Jahren werden aber größte politische Anstrengungen unternommen, das **örtliche Schienennetz** wieder auf den Weg eines modernen Verkehrsträgers zu führen. Auch die Wiederbelebung einer bereits aufgelassenen Lokalbahn von Meran in den Vinschgau wird mit erheblichen öffentlichen Finanzmitteln vorangetrieben.

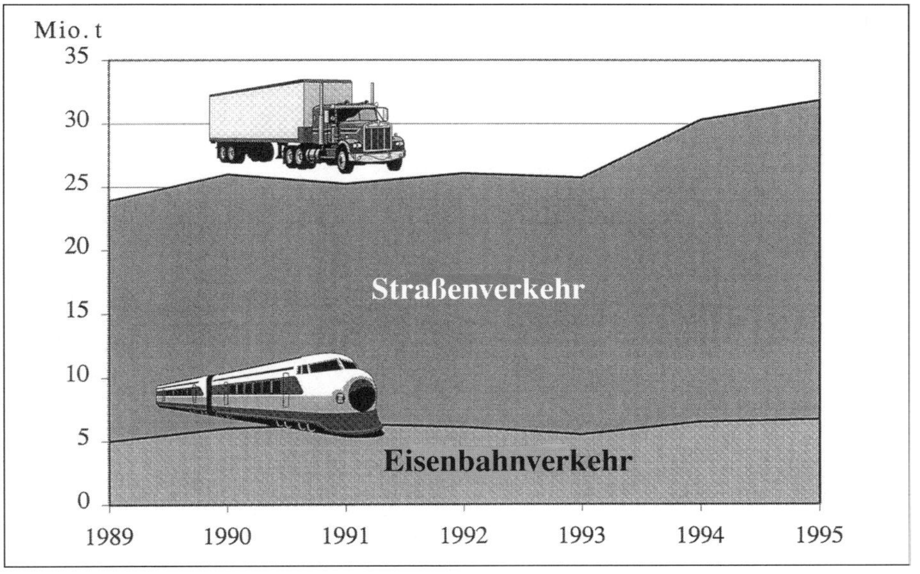

Abb. 14-10: Güterverkehr

Über 4,5 Mio. Personenkraftwagen fahren jährlich über den Brenner nach Südtirol ein, von denen allerdings sehr viele das Urlaubsland Südtirol nur durchfahren, um südlichere Ziele anzusteuern. Die Eisenbahn befördert im Jahr 1,7 Mio. Fahrgäste.

Von großer Bedeutung sind auch die **Seilbahnen und Aufstiegsanlagen,** welche vor allem für den Wintertourismus eine unverzichtbare Infrastruktur sind. Insgesamt verfügt Südtirol über 400 Aufstiegsanlagen, die 421.000 Personen pro Stunde transportieren können. Pro Jahr wurden mit diesen Anlagen 115 Mio. Personen vom Tal in die Höhe gebracht, davon 105 Mio. im Winter. Der Großteil der Seilbahnanlagen ist im Eigentum von privaten Gesellschaften und Einzelunternehmern; nur sehr wenige der Anlagen sind öffentlich geführt. Alle Seilbahnanlagen sind in einem eigenen Unternehmerverband „ANEF" zusammengeschlossen, der bei der „Südtiroler Industriellenvereinigung" seinen Sitz hat.

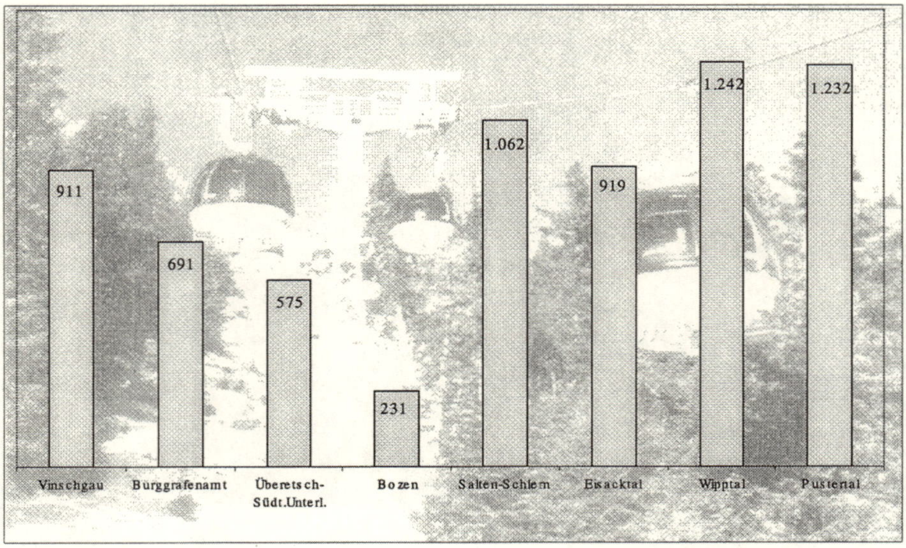

Abb. 14-11: Seilbahnen

Seit dem Jahr 1999 verfügt die Landeshauptstadt Bozen auch über einen **Regionalflughafen,** der für den Linien- und Charterverkehr geeignet ist. Bis dahin wurde der bestehende Flugplatz ausschließlich von Sportfliegern und Militärhubschraubern als Übungsplatz benutzt. Auf Grund der relativ kurzen Start- und Landepiste können allerdings nur sehr kleine Flugzeuge mit bis zu max. 70 Sitzplätzen starten und landen. Derzeit betreibt die Nordtiroler Fluggesellschaft „Tyrolean Airways" die Flüge nach Rom, Frankfurt und Wien. Für den Winter 2000 sind auch schon erste Charterflüge von Hamburg und Düsseldorf nach Bozen in Planung; auch das Liniennetz soll sukzessive ausgebaut werden, damit diese Flüge auch als Zubringer zu den großen Charterflughäfen Europas dienen können. Laut einer Studie könnte der Regionalflughafen in Bozen ein maximales Passagieraufkommen von 60.000 pro Jahr erreichen, womit im Vergleich zu anderen Tourismusdestinationen auch die klaren Grenzen einer weitreichenderen Nutzung des Flugverkehrs für das touristische Angebot in Südtirol deutlich werden.

14.3.4 Rechtliche Rahmenbedingungen für Unternehmen der Reiseindustrie

Abb. 14-12: Foto

Die Reisebüroerlaubnis ist in Südtirol nach italienischem Recht geregelt und nach wie vor ein bewilligungspflichtiges und gebundenes Gewerbe.

14.3.4.1 Reisebürogesetz

Unter welchen Bedingungen jemand in Italien und somit auch in Südtirol ein Reisebüro eröffnen darf, ist noch durch ein Königliches Dekret aus dem Jahre 1936 (!) geregelt sowie durch ein ergänzendes Staatsgesetz aus dem Jahre 1955. Entsprechend bürokratisch kompliziert ist es deshalb auch, zu einer so genannten **„Reisebüroerlaubnis"** zu kommen. Das Reisebürogewerbe ist nach wie vor ein bewilligungspflichtiges und gebundenes Gewerbe. Die Ermächtigung, ein Reisebüro zu führen, wird in drei Klassen unterteilt:

a) Verkehrs- und touristisches Reisebüro (Kategorie A),

b) Touristisches Reisebüro (Kategorie B),

c) Reisebüro für die Schifffahrt (Kategorie C).

Während Reisebüros der Kategorie A eine allumfassende Berechtigung in der Ausübung des Reisebürogewerbes innehaben (von der Ausgabe von Fahrausweisen bis zur Vermittlung und Veranstaltung von Pauschalreisen inklusive jenen, die über den Flugverkehr abgewickelt werden), ist es Reisebüros der Kategorie B nur erlaubt, im Inland tätig zu sein und Vermittlungsangebote für den unmittelbar umliegenden Ortsbereich zu stellen.

Jeder Erlaubnisinhaber hat einen tadellosen Leumund nachzuweisen, und muss, sofern er nicht selbst über die Voraussetzungen verfügt, einen **technischen Leiter für jedes Reisebüro** bzw. für jede seiner Filialen im Angestellten-Status führen. Zur technischen Leitung eines Reisebüros sind nur jene Personen befugt, die mindestens fünf Jahre diese Tätigkeit in einem Reisebüro der Kategorie A ausgeübt haben; zur Führung eines Reisebüros der Kategorie B genügt der Berufsnachweis für ein Jahr. Ebenfalls wird ein Sprachennachweis über die Kenntnis von mindestens zwei anderen europäischen Sprachen verlangt und die Erklärung, ausschließlich für das betreffende Reisebüro zu arbeiten. Der für das Reisebüro gewählte Namen muss vom „Römischen Präsidium des Ministerrates" genehmigt werden; diese Genehmigung ist zwingende Voraussetzung dafür, dass der zuständige Landesrat mittels Dekret die Erlaubnis (Lizenz) zur Führung eines Reisebüros ausstellt.

14.3.4.2 EU-Pauschalreiserichtlinie nach italienischem Recht

Die EU-Pauschalreiserichtlinie vom 1. Januar 1993 wurde in Italien mit eigenem Staatsgesetz vom 17. März 1995 umgesetzt. Dabei stützte sich der italienische Gesetzgeber weitgehend auf die Vorgaben dieser EU-Richtlinie, in einigen Teilen wurde sie hingegen verschärft. Das Gesetz definiert eindeutig, was unter dem Titel **„Pauschalreise"** verstanden wird: „Als Pauschalreise wird definiert, wenn zwei Dienstleistungen zu einem Gesamtpreis verkauft oder zum Verkauf angeboten werden, und wenn diese Leistung länger als 24 Stunden dauert oder eine Übernachtung einschließt:

a) Beförderung

b) Unterbringung

c) andere touristische Dienstleistungen, die nicht Nebenleistungen von Beförderungen oder Unterbringung sind und einen beträchtlichen Teil der Gesamtleistung ausmachen.

Auch bei getrennter Berechnung einzelner Leistungen, die im Rahmen ein und derselben Pauschalreise erbracht werden, bleibt der Veranstalter oder der Vermittler den Verpflichtungen nach diesem Dekret unterworfen."

Als **touristische Dienstleistungen** im obigen Sinne werden dann definiert:

- Besichtigungen,
- Ausflüge,
- Führungen, auch mit Begleitern,
- besondere Vereinbarungen über den Ablauf der Reise, die bei der Buchung getroffen werden.

Die Art. 3, 4 und 5 enthalten die Definition der Leistungsträger (Veranstalter oder Vermittler) und des Verbrauchers, der diese Leistungen in Anspruch nimmt. Nach Art. 3 sind deshalb Veranstalter:

a) Personen oder Rechtssubjekte, die Pauschalreisen organisieren und sich verpflichten, diese Leistungen in eigenem Namen und zu einem Gesamtpreis zu erbringen;

b) Vereinigungen ohne Gewinnabsichten, welche derartige Reisen ausschließlich für ihre Mitglieder erbringen;

Verbraucher sind hingegen Käufer oder Erwerber einer Pauschalreise.

Wer also im Reisevermittlungsgeschäft tätig ist, wird durch diese gesetzlichen Bestimmungen verpflichtet, in seinem **Vermittlungsvertrag,** den er mit dem Verbraucher abschließt, folgende Elemente anzugeben:

- genaue Beginn- und Endzeiten der Reise, die Art des oder der verwendeten Verkehrsmittel, sowie die genaue Beschreibung der gebuchten Unterkunft und die Anzahl der im Preis inbegriffenen Verpflegungsangebote;
- Angabe der genauen Stornobedingungen, nach denen der Verbraucher von der gebuchten Reise zurücktreten kann;

- Namen und Telefonnummern des Reisemittlers und seiner Vertretungen vor Ort;
- Genaue Preisangabe für das Leistungsangebot inklusive aller Steuern;
- Angabe der möglichen Preisveränderungen wegen unvorhersehbarer Kursschwankungen sowie die genauen Zahlungsabwicklungsmodalitäten;
- Angabe der Versicherungspolicen, die mit dem Verbraucher anlässlich dieser Reise abgeschlossen sind;
- Angabe des Zeitlimits, innerhalb welcher der Verbraucher Einwände bzw. Beschwerden gegen den Reiseverlauf vorbringen kann.

Weiter ist in der gesetzlichen Bestimmung vorgesehen, dass eine **Preiserhöhung** von über 10 % den Verbraucher jedenfalls berechtigt von der Reise zurückzutreten, ohne Stornogebühren entrichten zu müssen. In diesem Fall ist der Reisemittler verpflichtet, dem Konsumenten den Reisepreis innerhalb von 7 Tagen zurückzuerstatten. Ferner wird festgelegt, dass Verträge über Pauschalreisen nur Gültigkeit haben, wenn sie **schriftlich vereinbart** sind; ebenfalls werden die Reisemittler dazu verpflichtet, sich gegen alle Schäden zu versichern, welche aus einer Haftung gegenüber Dritten entstehen könnten. Ohne Zweifel wird mit diesem Regelungskorsett versucht, den Konsumenten vor finanz- und **vertragsschwachen Reisemittlern zu schützen** und im bisher nicht klar geregelten Reisevertragsrecht einen neuen Qualitätsstandard zu schaffen.

Für Südtirol hat das Inkrafttreten dieser neuen gesetzlichen Bestimmungen unmittelbare Auswirkungen gehabt: **Tourismusvereine** (in jedem Südtiroler Ort gibt es einen örtlichen Tourismusverein), die sich im Reisevermittlungsgeschäft betätigen und als Reisemittler eingestuft sind, fallen unter die strengeren Bestimmungen der EU-Pauschalreiserichtlinie; ebenso mussten ab sofort für die so genannten „weißen Wochen", die ein pauschales Wochenangebot für Winterurlauber inklusive Unterkunft und Aufstiegsanlagenbenützung beinhalten (oft auch der Besuch einer Skischule), nach den neuen Richtlinien ausgerichtet werden. Nur wenn sich Tourismusvereine weiterhin auf Informations- und Auskunftstätigkeit beschränken, sind sie vom Anwendungsbereich der EU-Pauschalreiserichtlinie ausgenommen.

Nicht weniger wichtig war die Frage, ob das normale Hotelangebot mit Unterkunft und Verpflegung, das durch betriebsinterne Ausflüge, Ausflugsangebote bzw. Angebote im Fitness-, Wellness- und Gesundheitsbereich angeboten wurde, dieser Pauschalreiserichtlinie zu unterwerfen sei. In einem Rundschreiben des Tourismusministeriums wurde geklärt, dass dies so lange nicht der Fall sei, als diese Angebote **ausschließlich für Hausgäste** zur Verfügung gestellt werden.

Aufgaben

1. Der Reisebüroanteil an den Gesamtübernachtungen Österreichs ist relativ gering. Womit ist das zu begründen?
2. Wie hoch ist die Dichte der Reisebüros in Österreich in Bezug auf die Einwohnerzahl im Verhältnis zu anderen Ländern?
3. Wie ist das Verhältnis Incoming zu Outgoing in der österreichischen Reiseindustrie?
4. Welche andere Organisationen treten in Österreich neben den Reisebüros am Reisemarkt auf?

5. Wo ist in Österreich der Antritt und die Ausübung der Reisebürotätigkeit geregelt?
6. Über welche Berechtigungen verfügt das unbeschränkte Reisebüro?
7. Welches Unternehmen darf die Bezeichnung „Reisebüro" oder „Verkehrsbüro" führen?
8. Was sind die „Allgemeinen Reisebedingungen"?
9. Was sind die wesentlichen Inhalte der EU-Pauschalreiserichtlinie?
10. Wie ist die Reiseindustrie in Österreich organisiert?
11. Welche drei führenden Tour-operator kennzeichnen die schweizerische Reiseindustrie?
12. Wie ist das Retailer-Netz aufgebaut?
13. Wie hoch ist der Buchungsanteil der schweizerischen Reisebüros?
14. Welches sind die Ziele des Leitbildes des Schweizerischen Reisebüro-Verbands?
15. Südtirol wird immer wieder als Individualreiseland bezeichnet. Verhältnismäßig wenig Gäste kommen über Reisevermittler in dieses Land. Führen Sie die wichtigsten Gründe dafür an.
16. Sie möchten in einem europäischen Reisebüro einen Südtirolaufenthalt buchen. Sie erkundigen sich nach den Möglichkeiten und fragen nach Angebotskatalogen. Welche Kataloge werden Ihnen wahrscheinlich in die Hand gedrückt?
17. Weil Sie in einer großen Illustrierten über ein Werbeinserat auf die Urlaubsmöglichkeit in Südtirol aufmerksam gemacht wurden, entscheiden Sie sich für einen Kurzurlaub in diesem Land. Mittels einer Straßenkarte wollen Sie herausfinden, mit welchen Verkehrsmitteln Sie am besten nach Südtirol gelangen können. Die Entfernung Südtirols von Ihrem Wohnort beträgt knapp 450 km (Süddeutscher Raum). Für welches Verkehrsmittel werden Sie sich entscheiden?
18. Sie haben seit fünf Jahren als Reisebüroexpedient in einem deutschen Reisebüro gearbeitet und überprüfen nun die Möglichkeit, sich in Österreich oder in Südtirol mit einem Reisebüro selbstständig zu machen. Stellen Sie fest, in welchem der beiden Länder Sie einfacher zu einer Erlaubnis zur Eröffnung eines Reisebüros kommen.
19. Die EU-Pauschalreiserichtlinie soll den Konsumenten (Reisenden) in seinen Rechten besser absichern. Gelten in diesem Sinne auch Urlaubsangebote, sofern Sie von einem Beherbergungsbetrieb seinen Gästen angeboten werden, als „Pauschalreiseangebote"?

Quellen und weiterführende Literatur

ASTAT, Statistisches Jahrbuch für Südtirol 1998

ASTAT, Sozialprodukt und Wirtschaftsentwicklung in Südtirol 1980–1993

Autonome Provinz Bozen – Landesverkehrsamt, Der Wintergast, Gästebefragung Südtirol, Winter 1990/1991

Autonome Provinz Bozen-Südtirol Tourismuswerbung, Trends im Tourismus – Perspektiven für Südtirol, 1993

Bieger, Thomas, Management von Destinationen u. Tourismusorganisation, München/Wien 1997

Kaspar, Claude, Management im Tourismus – eine Grundlage für die Führung von Tourismus. Unternehmungen und -organisationen, Bern/Stuttgart/Wien 1995

Neue Zürcher Zeitung, Schweizer Handelszeitung, Sonntagszeitung: diverse Meldungen

Opaschowski, Horst W., Deutschland 2010, Hamburg 1997

Schweizerischer Reisebüro-Verband, Geschäftsbericht 1997/1998/1999 sowie Leitbild, Zürich 1991

Studienkreis für Tourismus, Reiseanalyse 1989, Urlaubsreisen nach Südtirol 1980 bis 1989

Tappeiner, 150 Jahre Kurort Meran, Jubiläumsfestschrift 1985

Wirtschaftsforschungsinstitut, Der Fremdenverkehr in Südtirol im Jahre 1998

Lösungen der kapitelbegleitenden Aufgaben

1. Lösungen zu „Wertschöpfungskette im Tourismus"

Zu 1.

Die Statistiken zeigen, dass der Tourismus einen nicht unerheblichen Anteil in der gesamten Volkswirtschaft haben. Der Anteil beträgt ca. 8 % des gesamten Volkseinkommens (Volumen: 275 Mrd. Euro/141 Mrd. EUR) mit ca 3 Mio. Arbeitsplätzen, d. h. ca. 8 % aller Erwerbstätigen. Diese Branche bildet ca. 5 % aller Auszubildenden (91 000) aus.

Chancen:

Nationaler und internationaler Wachstumsmarkt, auch im Zeichen der immer kürzer werdenden Entfernungen durch moderne Verkehrs- und Kommunikationsmittel.

Risiken:

- Verstärkter Wettbewerb und entsprechende Preispolitik führt tendenziell im Zuge der Globalisierung zu Konzentrationen auf den nationalen und internationalen Märkten
- Sinkendes Realeinkommen kann zu Umsatzeinbußen führen.

Zu 2.

Herr Freundlich sollte folgende Informationen zusätzlich herausfiltern:

- Über welches Budget verfügt die Familie Schrader? Welche Personenzahl will reisen?
- Welche(s) Reiseziel(e) kommen überhaupt nicht in Frage (USA, Afrika usw.)?
- Hat die Familie Schrader bereits Erfahrungen mit einer solchen Reise?
- Welches Zielgebiet präferiert die Familie Schrader (z. B. Spanien)?
- Was erwartet die Familie Schrader von dem Urlaub (Events, reine Entspannung, Kultur, Sport usw.)?
- In welcher Jahreszeit ist der Urlaub geplant? usw.

Zu 3.

Siehe Abb. 1-2, S. 16.

Zu 4.

Incoming-Agenturen:

Die ersten Wertschöpfungsstufen liegen im Inland. Reisende kommen aus dem Ausland in das Land, in dem sich die Incoming-Agenturen befinden.

Outgoing-Agenturen:

Sie sorgen dafür, dass Reisende aus dem Quellenmarkt das Land, in dem sich die Outgoing-Agenturen befinden, verlassen. Das Zielgebiet liegt im Ausland.

Zu 5.

Zu den touristischen Einrichtungen gehören u. a.

- Freizeiteinrichtungen (Schwimmbäder usw.)
- Kulturelle Einrichtungen (Theater, Konzerte, Kinos, Ausstellungen usw.)
- Event-Möglickeiten (kulturelle, sportliche usw.)
- Medizinische Einrichtungen

- Kommunikationsmöglichkeiten
- PR-Maßnahmen
- Destinationsveranstaltungen
- spezielle Serviceangebote für Geschäftsleute.

Die Relevanz der touristischen Einrichtungen nimmt immer mehr zu, da die meisten Reisenden nicht nur „einfach verreisen" wollen, sondern an das Zielgebiet mit ihren Leistungsträgern weitere individuelle und kollektive Anforderungen stellen.

Dem Bereich Service im weitesten Sinn fällt daher eine immer größere Rolle zu.

Zu 6.

Die Incoming Agenturen sind die verbindende Komponente

- zwischen den Leistungsträgern und den Transportunternehmen im engen Sinn
- zwischen den Destinationen und den Reisemittlern im weiten Sinn,

wobei der Reisende als Konsument das wichtigste Bezugselement darstellt.

Zu 7.

Folgende Konsequenzen sind zu überlegen:

- Überprüfung des Angebotssortiments
- modernes Kosten- und Leistungsmanagement
- Nutzung moderner Kommunikationswege (Internet)
- Kooperation untereinander (Synergieeffekte schaffen und ausnutzen)
- Kreativität, Flexibilität und Individualität intensivieren.

2. Lösungen zu „Rahmenbedingungen des Reisens"

Zu 1.

inhaltlich:	– (allgemeine) gesellschaftliche Bedingungen
	– (räumlich-)geographische Bedingungen
	– (spezifische) individuelle Bedingungen
räumlich:	– Bedingungen im Herkunfts-/Quellgebiet
	– Bedingungen im Zielgebiet
	– Bedingungen auf dem Reiseweg
prozessual:	– Selektionsbedingungen
	– Realisationsbedingungen
	– Lokalisationsbedingungen

Zu 2.

Die Freizeit bietet den meisten Raum für touristische Aktivitäten, wobei sich aus den unterschiedlichen Zeitpunkten und Zeiträumen verschiedene Tourismusformen ableiten: Naherholung, Tagesausflug, Kurzurlaub, Urlaub. Allerdings findet auch innerhalb der Arbeitszeit Tourismus statt (Geschäftsreisen, Tagungs-/Kongresstourismus etc.), jedoch deutlich weniger als in der Freizeit und zumeist ohne Beteiligung der Familie/Partner. Damit unterscheiden sich touristische Aktivitäten in beiden Zeitkategorien hinsichtlich ihrer Motive (Erholung/Erlebnis – Geschäft/Bildung), ihres sozialen Charakters (Familien/„freiwillige" Sozialgruppen – Kollegen/„zufällige" Sozialgruppen) und ihrer infrastrukturellen Anforderungen.

Die Grenzen zwischen Arbeits- und Freizeit sind dabei nicht immer eindeutig und werden in Zukunft auch noch stärker verfließen.

Zu 3.

Maslow weist 5 Bedürfnisebenen aus, die aufeinander aufbauen bzw. miteinander verbunden sind. Die Befriedigung der grundsätzlichen physischen/physiologischen Bedürfnisse ist notwendige Voraussetzung für das menschliche Leben – und muss daher auch bei touristischen Angeboten gewährleistet sein. Die (nächst höheren) sozialen Bedürfnisse nach Sicherheit und nach Kontakten/Bindungen enthalten wichtige Motive für die Auswahl von Reiseform, Reisepartner(n) und Reiseziel. Auf den obersten Bedürfnisebenen sind die sozialen Bedürfnisse eng mit psychischen Bedürfnissen verknüpft, vor allem im Bereich der Selbstachtung und der Selbstverwirklichung. Touristisch ist dies vor allem für die Neuentwicklung bzw. Einführung von touristischen Produkten interessant (Nischen-/Spezialistenmärkte, Pioniermärkte, Prestigemärkte).

Zu 4.

individuelle Lösung

Zu 5.

Differenzen im Reiseverhalten resultieren z. B. aus unterschiedlichen natürlichen, v. a. klimatischen Bedingungen in den jeweiligen Ländern, aus religiösen Anschauungen und Verhaltensweisen, aus unterschiedlicher (individueller/familiärer) Verfügbarkeit von Geld bzw. aus unterschiedlichen Prioritäten für dessen Verwendung (=> Bedürfnisse), aus unterschiedlichen Arbeits-/Freizeitmustern oder auch aus gesetzlichen Rahmenbedingungen für Reisen (z. B. Visapflicht, Mindestumtausch). Über kürzere Zeiträume können auch Modeerscheinungen („In"-Ziele, „Trend"-Sportarten) unterschiedliches Reiseverhalten hervorrufen.

Während bei ähnlichem Entwicklungsstand zumeist die natürlichen Bedingungen, einzelne (religiöse/gesellschaftliche) Traditionen und eben die Modeerscheinungen die Unterschiede zwischen den Ländern hervorrufen, so sind es bei Ländern mit unterschiedlichem Entwicklungsstand vor allem ökonomisch-finanzielle Gründe und die auf diesem Entwicklungsstand basierenden, zumeist erheblich verschiedenen Lebensweisen/-stile.

Zu 6.

Für die Lösung dieser Aufgabe ist eine tabellarische Gegenüberstellung sehr gut geeignet:

	sozio-demographische Gruppen	**Lebensstilgruppen**
Haupt-kriterien	Alter; familiäre Situation	Interessen; Werte (soziale, materielle)
Vorteile	gute Abgrenzung; leicht quantifizierbar; „gängige", am Markt eingeführte Gruppierung; ...	sehr ähnliches touristisches Verhalten, auch über längere Zeit; gute Ansprechbarkeit über spezielle Produkte/Werbung; ...
Nachteile	touristisches Verhalten innerhalb der Gruppen nur in Grundzügen ähnlich; Wandel des Verhaltens „über die Jahre"; hoher Aufwand für umfassende Bedürfnisbefriedigung; ...	hoher empirischer Aufwand zur Bestimmung; verschiedene Varianten (in verschiedenen Ländern); schwer quantifizierbar; ...

Zu 7.

Die Globalisierung der Wirtschaft sorgt auch im Bereich des Tourismus für zunehmende Konkurrenz, größeren Preisdruck und bessere/umfassendere Vergleichbarkeit der Angebote. Letzteres liegt auch daran, dass sich viele Angebote immer ähnlicher werden. Beim Touristen steigen die Reiseerfahrung, die Ansprüche an das Preis-Leistungs-Verhältnis und die Qualität/Originalität des Angebotes oder auch die Flexibilität bei der (Selbst-)Organisation/Buchung von Reisen.

Von den Veranstaltern verlangt das z. B. „maßgeschneiderte" Produktentwicklung (Zielgruppenspezifik, Baukastenprinzip), transparente, kalkulierbare Reisekosten (Bausteine, all inclusive), Originalität der Produkte und Sicherung hoher Qualitätsstandards (Transport, Unterkunft, Betreuung „vor Ort").

Auf die Reisemittler (bzw. auf die Veranstalter, sofern sie selbst als Mittler tätig werden) kommen vor allem neue Ansprüche im Marketing und in der Informationsaufbereitung zu. Die Vielfalt der Auswahl muss für den „normalen" Kunden verständlich aufbereitet werden, neue Verkaufsargumente rücken in den Vordergrund. Die so genannten „Neuen" Medien (v. a. Internet/Telekommunikation) bzw. neue Möglichkeiten „alter" Medien (z. B. digitales Fernsehen mit interaktivem Rückkanal) werden im nächsten Jahrzehnt einen deutlich höheren Stellenwert im Marketing bekommen – sowohl im individuellen als auch im kommerziellen Bereich.

Zu 8.

individuelle Lösung (unter Nutzung von Abb. 2-10 u. 2-11)

Zu 9.

individuelle Lösung (unter Nutzung von Abb. 2-10 u. 2-12)

Zu 10.

Der Ausspruch von H. Löns lässt mehrere Diskussionsrichtungen zu. Aus dem Jahr der Publikation (1908) lässt sich am ehesten ein gesellschafts- bzw. kulturkritischer Aspekt ableiten (etwa im Sinne von: Die Länder/Kulturen werden einander immer ähnlicher, das „Originelle", Einzigartige, Besondere verschwindet mehr und mehr). Dabei ist auch eine gewisse Angst vor dem – damals allmählich sichtbar werdenden – Massentourismus denkbar; möglicherweise sogar verbunden mit dem Gefühl des Verlustes von Reiseprivilegien der wirklich „kulturvollen" Menschen (v.a. Bildungsbürgertum).

Der Ausspruch kann aber auch im ökologischen Sinne verstanden werden: Die menschliche Nutzung verändert bzw. zerstört die Naturräume so stark, dass sie als (touristische) Ziele immer unattraktiver werden.

Eine Diskussion ist aber auch in der folgenden, mehr philosophischen Richtung interessant: Werden wir möglicherweise von den realen Gegebenheiten am Ziel unserer Reise enttäuscht, da die Vermarkter – oder wir selbst – zu hohe bzw. falsche Erwartungen in uns geweckt haben? Diese Frage ist nicht zuletzt vor dem Hintergrund der (zukünftigen) Informationsgesellschaft wichtig.

3. Lösungen zu „Strategische Planung"

Zu 1.

Beim Vollchartervertrag bzw. bei der Festmiete.

Beispiel für eine Festmiete und die entsprechende Kalkulation: Der Reiseveranstalter mietet die Gesamtkapazität eines Hotels von 360 Betten für die Dauer einer Saison = 210 Tage. Der Mietpreis wird mit einer Gesamthöhe von 800.000 Euro vereinbart. Das entspricht rein rechnerisch einem Preis pro Nacht und pro Bett von 11,11 Euro. Der Veranstalter kalkuliert mit einer Auslastung der Gesamtsaison in Höhe von 80 %. Das ergibt einen Einstandspreis für die Kalkulation der Pauschalreise in Höhe von 13,89 Euro. Ist die effektive Auslastung besser als 80 %, erhöht sich der Bruttoertrag der Pauschalreise entsprechend.

Zu 2.

Sie hat die besten Kenntnisse bezüglich der Leistungen, der Preise, der Akzeptanz durch die Gäste und der richtigen Ausschreibung der Objekte.

Zu 3.

Die Möglichkeit der Kombination von Teilcharter- und Kontingentvertrag. Beispiel: Der geplante Bedarf des Reiseveranstalters beträgt 160 Plätze. Eine Boeing 737-800 hat 184 Plätze. Es werden ein Teilchartervertrag über 150 und ein Kontingentvertrag über 34 Plätze abgeschlossen. Vorteil: Bei der Planzahl von 160 wird die Festabnahme von 150 Plätzen voll ausgelastet; das Kontingent lässt den Verkauf bis zur Planzahl und darüber hinaus zu. Der Reiseveranstalter verfügt praktisch über die Gesamtkapazität des Flugzeugs; die Fluggesellschaft hat nur einen Vertragspartner und ein minimales Risiko bei den Kontingentplätzen.

Zu 4.

Nein. Reiseveranstalter ist nur, wer mindestens zwei touristische Leistungen als Paket zu einem Gesamtpreis verkauft. In diesem Fall handelt das Reisebüro lediglich als Vermittler zwischen Herrn S. und den einzelnen Leistungsträgern.

Zu 5.

Sie haben sehr gute Orts- und Zielgebietskenntnisse, sprechen die Landessprache, können bei Ausfall durch andere Mitarbeiter der Agentur sofort ersetzt werden, kennen Stärken und Schwächen aller Leistungsträger vor Ort und kennen vor allem in kleinen Zielgebieten (z. B. Karibische Inseln) „jedes und jeden".

Zu 6.

GmbH oder GmbH und Co KG. Die Reiseveranstalter und Reisebüros bevorzugen diese Rechtsform, weil ihre Haftung dadurch auf das Nominalkapital beschränkt ist. Selbst bei großen Umsätzen kann das relativ klein sein. Ein großer Kapitalbedarf ist bei vielen Dienstleistungsunternehmen nicht gegeben.

Zu 7.

Das Klima, das Flair der Insel, das stimmige Preis-Leistungs-Verhältnis, die kurze Flugzeit, das saubere Wasser, gute Wassersportmöglichkeiten.

Zu 8.

Verkehrslage: z. B. Fußgängerzone, Parkplätze, öffentliche Verkehrsmittel.

Klientel in unmittelbarer Nachbarschaft nach sozio-demographischen Daten.

Konkurrenzsituation in der nächsten Umgebung.

Zu 9.

Es sucht Formen einer Zusammenarbeit, die seine Erlössituation verbessern und gleichzeitig seine Unabhängigkeit/Selbständigkeit weiterhin gewährleisten.

Beispiel: Das alt eingeführte Reisebüro Exquisit mit einer großen Stammkundschaft (Standort in guter Geschäftslage einer Großstadt, qualifizierte Mitarbeiter) registriert stagnierenden Umsatz. Gleichzeitig sinken die Provisionssätze verschiedener Leistungsträger, die Erlöse werden also geringer. Der Inhaber unseres Reisebüros will seine Selbstständigkeit nicht aufgeben. Was kann er tun, um seine Erlössituation zu verbessern?

Er schließt sich einer Reisebürokooperation an, die ihm folgende Vorteile bietet:

Die gesamten Umsätze der Kooperationsteilnehmer erbringen bei den jeweiligen Leistungsträgern höhere Provisionssätze. Gemeinsame Systeme für Front- und Backoffice bewirken geringere Kosten. Gemeinsame Marketingstrategien sind effizienter und ebenfalls kostengünstiger. Weitere Kostenreduzierungen können sich auch für die Bereiche Rechts- und Steuerberatung, Controlling und Betriebsvergleiche ergeben.

Die positiven Effekte für seine Erlössituation erzielt das Reisebüro Exquisit, ohne seine Selbstständigkeit und Eigenständigkeit zu verlieren.

Zu 10.

Er bemüht sich, Marktnischen zu finden, die ihm eine gewisse Exklusivität gewährleisten. Denn die Aufnahme z. B. eines Zielgebietes, das von vielen Reiseveranstaltern bereits seit Jahren angeboten wird, ist kaum erfolgversprechend.

Beispiel: Die zunehmende Globalisierung verlangt von Mitarbeitern international tätiger Unternehmen Kenntnisse und besser noch Beherrschung von Fremdsprachen. Die kann man sich z. B. in Abendkursen am Heimatort aneignen. Viel effektiver ist es aber, die Sprache während eines Aufenthaltes in dem Land zu erlernen, wo sie gesprochen wird.

Unser Reiseveranstalter untersucht nach folgenden Kriterien, welches Zielgebiet sich für eine Sprachreise eignet: gute Sprachschulen, attraktiver Urlaubsort, gute Erreichbarkeit, vernünftiges Preis-Leistungs-Verhältnis, Vorhandensein von Mitbewerbern. Wenn seine Recherche überwiegend positiv ausfällt, kann er eine Pauschalreise konzipieren und vermarkten, die sowohl die Annehmlichkeiten einer Urlaubsreise als auch das Erlernen einer Fremdsprache beinhaltet.

4. Lösungen zu „Organisation und Personalwirtschaft"

Zu 1.

a) Reisemittler bilden den ersten Baustein und Reiseveranstalter den zweiten Baustein in der Wertschöpfungskette.

b) Wertschöpfung – die von einem Unternehmen in einem bestimmten Zeitraum erbrachte Wertsteigerung bezüglich eines gemeinsamen Produktes.

Zu 2.

Unter Aufbauorganisation versteht man die Gliederung (strukturelle Ordnung) des Unternehmens in aufgabenteilige Einheiten (z. B. Stellen, Abteilungen) und deren Zuordnung zueinander durch betriebliche Verkehrswege (Transport- und Kommunikationswege). Der betriebliche Aufbau wird mit Hilfe eines Organisationsplanes (Organigramm) dargestellt.

Ablauforganisation regelt Arbeitsabläufe.

Arbeitsablauf ist das zeitliche und örtliche Hinter- und Nebeneinander der zur Erreichung eines bestimmten Arbeitsergebnisses auszuführenden Arbeiten.

Während die Ablauforganisation die betriebliche Struktur festlegt, stellt die Ablauforganisation das betriebliche Geschehen dar.

Die Arbeitsablauforganisation eines Unternehmens umfasst alle zur Erfüllung der Betriebsaufgabe erforderlichen Arbeitsabläufe (unter zeitlichen, räumlichen und personellen Gesichtspunkten zusammengefasst).

Zu 3.

Reisebüros bezeichnet man als Haupterwerbsbetriebe.

Für Nebenerwerbsbetriebe ist die Vermittlung von Reisen lediglich ein untergeordnetes Geschäft, typische Vertreter sind so genannte shop-in-shop Systeme (Tankstellen, Kafféeröster, Lebensmitteleinzelhandel etc.).

Wenn sie als eigenständiger Geschäftszweig in Kauf- und Versandhäusern auftreten, rechnet man sie zu den Haupterwerbsbetrieben.

Zu 4.

Das Recht auf den Vertrieb der Produkte des Franchisegebers, unter Verwendung von:

einheitlichen Marken/ Warenzeichen, vorgegebener gleichartiger Ausstattung (Ambiente) der Verkaufsräume.

Zu 5.

– notwendige Erfahrungen für den Absatz der Produkte zu vermitteln

- gegebenenfalls entsprechendes Personal auszubilden
- laufende Unterstützung und Beratung zu leisten
- Marketingstrategien für einen langfristigen Erhalt und Stärkung der Marke zu verfolgen.

Zu 6.

Vorteile für den Franchisegeber:

- schnellere Expansionsmöglichkeiten mit daraus resultierender besserer Marktdurchdringung
- Vermeidung hoher Fixkosten
- Kontrolle des Absatzsystems
- geringeres Konkursrisiko
- eingeschränkte oder keine Haftung für Schulden der Franchisenehmer
- Franchisenehmer bringt Eigenkapital ein
- Wachstum ohne Erweiterung des eigenen Filialnetzes
- Anbau von betrieblichen Management und Mitarbeitern nicht erforderlich.

Zu 7.

Ein Franchisenehmer führt Geschäfte in eigenem Namen und auf eigene Rechnung unter dem Markennamen des Franchisegebers; verpflichtet sich, seine Geschäfte in Übereinstimmung mit den im Franchisevertrag festgelegten Auflagen zu führen, wie etwa Ausstattung, Qualitätsanforderungen, Produktpalette usw.

Die Vergütung hierfür erfolgt in der Regel variabel als Prozentsatz vom Umsatz, bei Vertragsabschluss kann eine einmalige Abschlussgebühr fällig werden.

Vorteile z. B.:

- Minderung des Risikos (besonders für Existenzgründer)
- Selbständigkeit im Rahmen des Vertrages
- Leistungen einer Systemzentrale nutzen
- Beschaffung, Absatz und Marketing nach einem bewährten Konzept, das auch betriebswirtschaftliche Organisation umfassen kann
- Nutzung einer „starken" Marke
- Imagetransfer vom Franchisegeber
- wirtschaftliche Sicherheit durch permanente Hilfestellung und Kontrolle des Systems
- abzuführende Kosten für die eigentlichen Franchiseleistungen sind umsatzabhängig und damit variabel.

Nachteile z. B.:

- Einschränkung der unternehmerischen Freiheit durch die vertraglich formulierten Weisungsgebundenheiten,
- Kontrollen durch den Franchisegeber,
- mögliche Einschränkungen des Wettbewerbes durch Gebietsaufteilungen.

Zu 8.

Beim Filialsystem

- gibt es kein Dauerschuldverhältnis und keinen Vertrag zwischen der Filiale und dem Stammhaus, damit aber auch keine Selbständigkeit im unternehmerischen Sinne,

- entfallen Kapitaleinsatz und das damit verbundene Risiko,
- fallen Weisungen und Kontrollen durch das Stammhaus durch die vollständige Integration in der Regel restriktiver aus, als bei einer Kooperation.

Zu 9.

Der gemeinsame (gleiche) Marktauftritt ist gewollt und erklärtes Ziel eines Franchisesystems. Der Franchisenehmer zahlt mit seiner Eintrittsgebühr und den laufenden Franchisegebühren, damit er den Marktauftritt (Firmennamen, Logo, Fassadengestaltung, Ladengestaltung etc.) des Systems nutzen kann.

Einerseits hat der Franchisenehmer das Recht und andererseits die Pflicht zum gemeinsamen Systemauftritt.

Zu 10.

Vermindertes Risiko durch die Einbindung in ein bestehendes System.

- Dies bedeutet: das Konzept (Betriebstyp, Zielgruppe, Angebot, Einrichtung/Ausstattung, Personalkonzept etc.) ist erprobt
- Hilfestellung bei der Eröffnung
- Schulung des Franchisenehmers und seiner Mitarbeiter
- Vergleichsdaten anderer Franchisebetriebe (Umsatz, Personalkosten etc.)
- Kontrolle und Hilfestellung durch Systembetreuer

Systemwerbung

Selbstständiger Unternehmer sein können – und doch nicht allein sein (soziale Komponente).

Zu 11.

- die Größe des Konzerns handhabender zu machen, damit man schneller, flexibler und profitabler ist;
- ein hohes Maß an Kundennähe zu bewahren und herzustellen, da man in Zukunft noch kundennäher sein muss;
- die Synergie-Reserven zu nutzen;
- die Marktpositionen abzustimmen, um im Markt nach geographischen Gliederungen, Marktsegmenten und Zielgruppen des Unternehmen, Marken, die Programme und Dienste so ordnen, dass im Konzern untereinander möglichst wenig Konkurrenz herrscht.

Zu 12.

Es werden alle Veranstalter des Konzerns einbezogen, um so den spezifischen Ansprüchen der einzelnen Veranstalter, orientiert an deren Zielgruppe, gerecht zu werden. Die Einkaufsteams stehen mit den Veranstaltern direkt in Verbindung und können vor Ort gezielt Informationen sammeln und entsprechend den Erfordernissen einkaufen. Die Veranstalter können unmittelbar mit der Produktplanung reagieren z.B.: allgemeinen Wettbewerbsdaten, Preisentwicklung oder politische Lage.

Ziel ist dabei immer, eine Qualität zu erreichen, die genau den Wünschen der Gäste entspricht.

Zu 13.

Personalwesen: umfasst nur verwaltungstechnische Aufgabenbereiche und ist somit Bestandteil der Personalwirtschaft.

Personalwirtschaft/-management ist eine klassische betriebswirtschaftliche Funktion mit den Bereichen:

Planung, Entscheidung, Zielfindung, Realisierung, Steuerung, Ausführung und Kontrolle, die sich dabei eines breiten Instrumentariums bedient. Das Aufgabenfeld ist das Personal, also der Mensch.

Zu 14.

a) Die Berufsausbildung erfolgt im dualen System, was bedeutet, dass an zwei Lernorten, einmal im Unternehmen, z.B. einem Reisebüro und des Weiteren in einer Berufsschule ausgebildet und gelernt wird. Die Ausbildung dauert drei Jahre, kann aber unter bestimmten Voraussetzungen verkürzt werden.

b) Sie agieren als Mittler zwischen den Kunden/Gästen und den Verkehrsträgern, z.B. Eisenbahn und Flugzeug, oder anderen touristischen Leistungsträgern, z.B. Hotellerie und Gastronomie. Kaufmännische Tätigkeiten, insbesondere unter Einbindung moderner Datenverarbeitungstechnik, und der oft ständige Kundenkontakt bilden den Schwerpunkt der Arbeit eines Reiseverkehrskaufmannes/einer Reiseverkehrsfrau.

c) Die Berufsausbildung von Reiseverkehrskaufleuten sieht Schwerpunkte in den Bereichen „Reisevermittlung und Reiseveranstaltung" sowie „Kur-/Fremdenverkehr" vor.

   Folgende Fächer werden mit besonderer Gewichtung unterrichtet: Betriebswirtschaftslehre, Volkswirtschaftslehre, Rechnungswesen/Controlling, Tourismusgeographie, elektronische Datenverarbeitung, Fremdsprachen: Englisch/Französisch.

d) Einsatzmöglichkeiten von Reiseverkehrskaufleuten: neben Reisemittler und Reiseveranstaltern, touristischen Leistungs- und Verkehrsträgern, kann z.B. eine Tätigkeit bei örtlichen Tourismusverbänden, Kurverwaltungen, Freizeit- und Ferienzentren oder auch im Gastgewerbe aufgenommen werden.

Zu 15.

Die Aufgaben bezüglich des Personals werden von den Vorgesetzten aller Hierarchiestufen und von der Geschäftsleitung wahrgenommen.

Mögliche Vorteile:

- der direkte Bezug zu den Mitarbeitern, da die Personalarbeit unmittelbar an der Basis durchgeführt wird
- es entstehen kaum zusätzliche Kosten für die Personalarbeit.

Mögliche Nachteile:

- eventuelle fehlende personalwirtschaftliche Kompetenz der einzelnen Vorgesetzten
- weniger Zeit für das eigentliche Tätigkeitsfeld durch zusätzliche Aufgaben (z.B. in der Personalverwaltung)
- mangelnde Koordination der Personalarbeit oder diese erweist sich als schwierig.

Zu 16.

Mögliche Einteilung: Personalplanung, Personalbeschaffung, Personalverwaltung, Personaleinsatz, Personalentwicklung, Sozialwesen etc.

Zu 17.

Allgemeine Grundsätze für die Personalorganisation:

- genaue Abgrenzung der Verantwortungsbereiche
- Verantwortung sollte mit Befugnissen verbunden werden

- Veränderungen bedingen die vorherige Information
- Anordnungen dürfen Mitarbeiter nur von einer Stelle erhalten.

Zu 18.

Coaching:

eine Betreuungsaufgabe des oftmals direkten Vorgesetzten, die Eigeninitiative des betreuten Mitarbeiters wird erwartet, was zur Selbstorganisation führen soll. Noch vorhandene Schwächen werden durch Beratung und Vertrauen durch und mit dem Vorgesetzten möglichst in Stärken umgewandelt.

Mentoring:

Eine Beziehung zwischen einer erfahrenen Führungskraft und einem Nachwuchsmanager, ein direktes Unterstellungsverhältnis muss im Gegensatz zum Coaching nicht bestehen. Die Nachwuchskraft identifiziert sich mit dem Förderer und Berater; dadurch wird ihre Entwicklung positiv beeinflusst.

Zu 19.

Unter job rotation (Arbeitsplatzwechsel) versteht man einen systematischen Arbeitsplatztausch zur Vermeidung von Arbeitsplatzmonotonie sowie Vermittlung zusätzlicher Qualifikationen. Durch einen planmäßigen Arbeitsplatzwechsel können verschiedene Aufgaben übernommen und dadurch Fachkenntnisse und Erfahrungen erweitert werden. Durch den Wechsel kommt man oft mit neuen Vorgesetzten und Kollegen zusammen, dieses fördert auch das Sozialverhalten.

5. Lösungen zu „Marketing für Reisemittler"

Zu 1.

Im Käufermarkt ist das Angebot größer als die Nachfrage und der Konsument bestimmt das Marktgeschehen. Im Verkäufermarkt ist das Angebot geringer als die Nachfrage und der Produzent/Dienstleister bestimmt das Marktgeschehen.

Zu 2.

Die Preispolitik im Käufermarkt ist marktorientiert, d. h. „Was ist der Kunde bereit für dieses Produkt zu bezahlen?", die Produktpolitik ist nachfrageorientiert. Der Verpackung kommt i. d. R. eine verkaufsfördernde Funktion zu.

Zu 3.

Marketing ist die bewusste, zielgerichtete und gestaltende Führung des Unternehmens vom Markt her.

Zu 4.

Instrumente: Produktpolitik, Leistungspolitik, Distributionspolitik, Preispolitik und die Kommunikationspolitik.

Zu 5.

Die Philosophie und Konzeption des Handelns besteht in der: Kundenorientierung, Marktorientierung, Problemorientierung, Entwicklungsorientierung, Umweltorientierung und der Gesellschaftsorientierung.

Zu 6.

Funktionen des Marketing liegen in der: Zielsetzung, Planung, Realisierung, Kontrolle und Methode.

Zu 7.

Um den Wettbewerb aufrecht zu erhalten, um Verbraucher vor unlauteren Geschäftspraktiken zu schützen und um die Ausgewogenheit zwischen wirtschaftlichen und anderen Interessen der Gesellschaft zu fördern.

Zu 8.

GWB – Gesetz gegen Wettbewerbsbeschränkung, UWG – Gesetz gegen unlauteren Wettbewerb, Rabattgesetz, Verordnung zur Regelung von Preisangaben.

Zu 9.

Dieses Gesetz sichert dem Erfinder bzw. Schöpfer ein exklusives Nutzungsrecht – jede Nutzung bedarf der Zustimmung des Erfinders. Ausnahme: Erfindung eines Arbeitnehmers. Wesentliche Inhalte des Immaterialgüterschutzrechts sind: das Patentgesetz, das Urheberrechtsgesetz und das Gebrauchsmustergesetz.

Zu 10.

Rechtsseminare, Checklisten, Auffrischungslehrgänge, Schulungen und Sensibilisierung der Mitarbeiter.

Zu 11.

Die Reisemittler haben sich immer nur über die Produkte und Marken der Einzel- und Gesamtleistungsträger definiert, das eigene Reisebüro nie als eigene Marke positioniert, nie oder nur sehr selten aktive Preis- und Leistungspolitik betrieben und nie eigene Leitsätze und Unternehmensphilosophien definiert, geprägt und festgeschrieben.

Zu 12.

Sortimentspolitik ist die optimale Gestaltung des Leistungsangebotes eines Unternehmens.

Zu 13.

Die CI setzt sich zusammen aus: Unternehmensverhalten (CB), Unternehmenserscheinungsbild (CD) und der Unternehmenskommunikation (CC).

Zu 14.

Die Bestandteile der Kommunikationspolitik sind: Werbung, Sponsoring, PR, Product Placement, Persönlicher Verkauf und Verkaufsförderung.

Zu 15.

Überprüfung der Vorjahreskonzeption, allgemeine Situationsanalyse, Bestimmung der Zielgruppen, der Werbeziele, der Werbeobjekte, Etatplanung, zeitlicher Einsatz, Kooperationen, Werbeobjekte, Werbemittel, Werbeträger, Gestaltung, Überprüfung.

Zu 16.

Funktionen der Kundenzeitschriften: Kundengewinnung, Kundenbindung, Imagepflege, Ratgeber, Kaufhilfe.

Zu 17.

Arten von Sponsoring: Kultur-, Sport-, Sozial- und Umweltsponsoring.

Zu 18.

Arten der Preisbildung: kostenorientierte, nachfrageorientierte und konkurrenzorientierte Preisbildung.

Zu 19.

Instrumente der Rabattpolitik: Skonto, Mengenrabatte, Saisonrabatte, Sonderrabatte, Händlerrabatte.

Zu 20.

Stationärer Vertrieb, Reisebüro am Telefon, Elektronisches Reisebüro, Mobiles Reisebüro – Home Selling.

Zu 21.

Einflussfaktoren auf das Konsumverhalten: kulturelle Faktoren, persönliche Faktoren, Kaufprozess, Phasen des Kaufprozesses und soziale Faktoren.

Zu 22.

Abnehmende finanzielle Restriktion bedeutet stärkere Akzeptanz hochwertiger/teuerer Produkte.

Zu 23.

Nachfragekonstellationen im Marketing sind: negative, fehlende, latente, stockende, optimale, schädigende, übersteigerte und schwankende.

Zu 24.

Die Bestandteile des strategischen Marketing für Reisemittler sind: Marktforschung und Trendanalyse, Marketingziele, Marketinginstrumente, Marketingausrichtung, Marketingarten und Marketingcontrolling.

Zu 25.

Die wesentlichen Instrumente des Marketingcontrolling sind: Jahresplankontrolle, Aufwands- und Ertragskontrolle, Effizienzkontrolle und Strategiekontrolle.

6. Lösungen zu „Zukunftsszenario Wellness"

Zu 1.

a) Der Begriff „Wellness" war überhaupt noch nicht bekannt

oder

b) Für mich bedeutete der Ausdruck früher: .... (bitte mit eigenen Worten beschreiben).

Zu 2.

Das zutreffende englische Wort für Wohlgefühl, Wohlbehagen und dergleichen lautet „Well-being".

Zu 3.

Well-being ist eine angenehme, in der Regel aber sehr labile Befindenslage des Menschen, die vom jeweiligen Zusammenspiel erfreulicher äußerer Einflüsse und positiver individueller Reaktionen darauf bestimmt wird. Bei Wellness hingegen handelt es sich um eine ganzheitliche Lebensrezeptur, welche dauerhaft stabilisierende Wirkungen professionell ansteuert. Ihr Ziel ist das langfristig optimale körperliche, geistig-seelische und kommunikative Wohlbefinden – auch und gerade unter den oft belastenden Alltagsbedingungen.

Zu 4.

Im Jahresablauf zeigt die Stimmungslage eines „Normalurlaubers" deutlich positive Ausschläge während der Ferienzeiten, sackt danach aber recht bald wieder auf das Alltagsniveau ab (vgl. Abb. 6-1). Wer sich hingegen für einen echten Wellness-Urlaub entscheidet, bekommt dort ein aufeinander abgestimmtes Instrumentarium für die künftige Selbststeuerung des Befindens geboten. Er/sie ist anschließend besser in der Lage, mit belastenden Einflüssen des Privat- und Berufslebens fertigzuwerden (vgl. Abb. 6-2).

Zu 5.

Wie bereits in Punkt 3 dargelegt, verdienen Hotels, Ferienorte, Freizeitzentren und andere touristische Einrichtungen dann das Prädikat „Wellness" (Kategorie a), wenn sie nicht lediglich für die Dauer des jeweiligen Aufenthaltes ein angenehmes Ambiente und Programme zur Steigerung des Wohlbefindens vor Ort bieten (das wäre die „Wellbeing"-Variante gemäß Kategorie b). Worauf es darüber hinaus ankommt, sind dauerhaft nachvollziehbare Anregungen und Anleitungen der Gäste zur eigenständigen Befindenssteuerung und selbstverantwortlichen Gesundheitsförderung. Am weitesten vom Sinngehalt des Begriffes Wellness entfernt sind jene „Marketingluftblasen", die sich eines vermeintlich unpräzisen Modewortes aus Amerika in der irrigen Annahme bedienen, allein dadurch im Wettbewerb attraktiver zu werden (Kategorie c).

Zu 6.

a) Die in vielen Fällen unqualifizierte Verwendung des Ausdrucks Wellness durch touristische Leistungsanbieter und -vermittler dürfte diesen auf längere Sicht erhebliche Nachteile bringen. Hauptgründe sind die zunehmende Aufgeklärtheit gesundheitsbewusster Menschen über Inhalt und Bedeutung fachkompetenter Programme sowie deren entsprechend wachsende Fähigkeit, die Spreu vom Weizen zu trennen.

b) Zu den empfehlenswerten Problemlösungen führt in erster Linie die Einsicht, dass dauerhafter Erfolg nicht durch hurtigen Zugriff auf wohlfeile Worthülsen zu erlangen ist. Vielmehr bedarf es der Bereitschaft, den umfassenden Maßnahmenfächer der Gesundheitsstrategie Wellness wahrzunehmen und darin die günstigsten Teilbereiche eigener Mitwirkungsmöglichkeiten verlässlich zu positionieren. Das setzt in der Regel einen gezielt erweiterten Kenntnishorizont voraus (durch ernsthafte Literaturauswertungen, Inanspruchnahme von Beratungs- und Kooperationskonzepten qualifizierter Institutionen, Besuch geeigneter Schulungsveranstaltungen, berufsbegleitende Teilnahme verantwortlicher Mitarbeiter an den Wellness-Studiengängen der EWU-Akademie für ganzheitliche Gesundheitskultur).

Zu 7.

Als Vermittler touristischer Dienstleistungen wäre die Reiseindustrie geradezu prädestiniert, zur Flurbereinigung unter den unkontrolliert wuchernden „Wellness"-Produkten beizutragen. Hinlängliche Sachkenntnis des eigenen Personals vorausgesetzt, lägen beispielsweise folgende Aufgaben im allseitigen Interesse:

- Angebotssektor: Motivation zu eingehenderer Beschäftigung mit dem Europäischen Wellness Modell und den (auch wirtschaftlichen) Vorteilen seiner seriösen Umsetzung

  Formulierungshilfen für glaubwürdigere Marketingbotschaften und Produktdeklarationen

- Nachfrageseite: Beratung der Kunden über die Bedeutung des Begriffes Wellness sowie insbesondere dessen praktische Verwirklichung im Tourismus

  Verzicht auf unkritische Nennung oder gar Empfehlung untauglicher „Wellness"-Offerten – wie renommiert die Adresse auch in anderer Hinsicht sein möge
- Reisevermittler selbst: Steigerung der Überzeugungskraft und des Ansehens der Branche bei den Kunden

  Verbesserung geschäftlicher Chancen.

7. Lösungen zu „Studienreisen"

Zu 1.

Zu „Kulturtourismus" gehören Sprachreisen, Studienreisen und themenorientierte Reisen, da diese Reisearten kulturbestimmend und -vermittelnd sind. Auf diesen Reisen werden einschlägiges Wissen und Informationen weitergegeben: während der Sprachreise das Erlernen oder Vertiefen einer Fremdsprache, während der Studienreise Kultur-, Kunst und Aspekte der Sozialgeschichte eines Landes und bei der themenorientierten Reise gezielte Informationen zu einem bestimmten Themengebiet (z. B. W. A. Mozart in Salzburg oder Monet in Giverny).

Zu 2.

Eine Studienreise kann als Rund- und Gruppenreise durchgeführt werden, muss dies aber nicht notwendigerweise. Die Bezeichnungen Rund- bzw. Gruppenreise definieren die äußere Form der Reise, während mit Studienreise die Motivationsebene, die Reiseart, angesprochen wird.

Eine Studienreise kann im Gegensatz zur Rundreise eine standortgebundene Reise sein, z. B. von Florenz aus Tagesausflüge in die Toskana enthalten. Eine Studienreise in die Toskana kann alternativ als Rundreise konzipiert sein mit einer bestimmten Anzahl von Ortswechseln, z. B. mit 3 Nächten in Florenz, 2 Übernachtungen in Siena und 2 Nächten in Montecatini. Auch tägliche Ortswechsel mit Übernachtung sind theoretisch denkbar, wenn auch davon abzuraten ist, um dem Kunden nicht zuviel Aufwand mit täglichem Gepäcktransport zuzumuten. In bestimmten Fällen kann ein häufigerer Ortswechsel in kurzen zeitlichen Abständen notwendig sein, um ein bestimmtes Besichtigungsprogramm überhaupt durchführen zu können oder wenn die Distanzen für tägliche An- und Abfahrten zu groß sind. Meist werden Studienreisen als Gruppenreisen durchgeführt mit einer bestimmten Teilnehmerzahl und -begrenzung (vgl. Studiosus-Reisen); auch dazu bestünde die Alternative der individuell durchgeführten Studienreise, d. h. ein Reisender könnte in Eigenorganisation ein selbst gewähltes Besichtigungsprogramm durchführen und nur „extern" und – wenn nötig – an öffentlichen Gruppenführungen teilnehmen, z. B. an Führungen in Museen oder Kirchen.

Zu 3.

Die örtliche Reiseleitung, die dem Kunden während eines Badeurlaubs vor Ort zur Verfügung steht, nimmt mehr organisatorische als inhaltliche Aufgaben wahr. Sie kümmert sich z. B. um die Transfers vom/zum Flughafen, die Zimmerzuweisung, die Ausflugsangebote und Sportmöglichkeiten sowie um evtl. anstehende Reklamationen und hilft in allen organisatorischen Fragen. Die Reiseleitung steht dem Reisenden normalerweise nur zu festgesetzten und im Hotel bekannt gegebenen Zeiten zur Verfügung. Bei der Studienreise reduzieren sich die organisatorischen Aufgaben dahingehend, dass keine Zusatzangebote „verkauft" werden müssen (Ausflüge, Bootsfahrten o. Ä.), da das Besichtigungsprogramm im Voraus feststeht. Normalerweise kümmert sich die Reiseleitung ebenfalls um Transfers und Unterkünfte, darüber hinaus fungiert die Reiseleitung jedoch auch als Vermittler zu Land und Leuten und soll ferner an die Gäste spezifische Kenntnisse über Kultur und Geschichte weitergeben. Auf Grund des meist gemeinsam mit der Gruppe absolvierten Tagesprogramms (einschl. der Mahlzeiten) und den sich daraus ergebenden persönlichen Gesprächsmöglichkeiten wird die Reiseleitung bei Studienreisen meist „rund um die Uhr" in Anspruch genommen – d. h. der Reisende identifiziert die Reiseleitung als Ansprechpartner, **der jederzeit für alle Fragen – ob organisatorischer, fachspezifischer oder allgemeiner Art –** zur Verfügung steht. Dieser besonders intensive Kontakt zum Reisenden (und unter den Reisenden selbst) trägt mit zur Beliebtheit dieser Reiseart und -form bei: Der Einzelne ist nicht auf sich selbst allein gestellt, sondern findet in jeder Situation einen Ansprechpartner.

Zu 4.

- begrenzte Teilnehmerzahl (max. 25 Personen)
- Gruppenreise
- qualifizierte Reiseleitung
- im Voraus festgesetztes Thema der Reise und entsprechender Reiseverlauf
- Kultur- und Erlebnisdimension
- Haltung und Einstellung des Reisenden (Verständnis und Aufgeschlossenheit gegenüber anderen Kulturen; Lernbereitschaft)

Zu 5.

Beispiel Zypern – Insel der Götter:

Kulturgeschichte vom Beginn der Zivilisation bis heute

1. Tag: Anreise per Flugzeug nach Paphos (Transfer zum Hotel, Zimmerverteilung)

   Begrüßungscocktail; anschl. Informationen über die Insel (Bevölkerung, Konflikte, Schwerpunkte der Kunst- und Kulturgeschichte) mit Video oder Lichtbildern.
2. Tag: Ausflug zu den mythologischen Anfängen der Insel: Fels der Aphrodite, Aphrodite-Heiligtum bei Kouklia; Wanderung im Akámas-Naturschutzgebiet zum „Bad der Aphrodite").
3. Tag: Fahrt nach Larnaka, dem „Kition" der Bibel. Fahrt am Salzsee entlang und Besuch der Hala Sultan Tekke. Auf der Rückfahrt nach Paphos vorbei an Chirokitia und Kalavossos, zwei der bedeutendsten neolithischen Siedlungsplätzen.
4. Tag: Byzantinische Kirchen und Klöster im Troodos-Gebirge (u. a. Kikkos-Kloster); Mittagessen in einem Dorf; anschl. Spaziergang im Troodos auf Naturlehrpfad.
5. Tag: Fahrt nach Nikosia: Besuch des Archäologischen Museums, Besichtigung der Kathedrale S. Johannis und des Ikonenmuseums: Gang zur „Green Line"; Bummel durch die Altstadt.
6. Tag: Fahrt nach Limassol, der bedeutendsten Hafenstadt Zyperns. Unterwegs Besichtigung von Curium (Apollon-Tempel) und Kolossi, einer Burg aus der Zeit der Johanniter. Abends Meze, die traditonell zypriotische, mehrgängige Speisenfolge mit einheimischen Gerichten.
7. Tag: Zur freien Verfügung.
8. Tag: Heimreise

In dieser Reise angesprochene **Erlebnisdimensionen:**

Die Erlebnisdimensionen finden sich in den Bereichen Natur, Politik und Land u. Leute.

- Natur (Spaziergänge im Naturschutzgebiet und im Gebirge)
- Politik: Besuch der Green Line, der Trennungslinie, die das Erlebnis der politischen Ausnahmesituation Zyperns hervorruft*
- Land und Leute: Bummel durch die Altstadt Nicosias; typisch zypriotisches Essen

* Dies soll nicht als Sensationstourismus fehlinterpretiert werden, sondern das benannte „politische" Erlebnis ist entscheidend für das Verständnis der Geschichte und Gegenwart des Landes.

In dieser Reise angesprochene **Kulturdimensionen:**

Alle für die Kunstgeschichte der Insel wichtigen Epochen werden durch eine entsprechende Besichtigung berücksichtigt; am Ende der Reise hat der interessierte Gast einen systematischen Überblick über die Kunst- und Kulturgeschichte des Landes. Durch die Berührung mit Landschaft und Natur sowie den Menschen wird das Kunsterlebnis um viele Facetten bereichert.

Zu 6.

Europäische Reiseziele

1. Italien: Rom, die Stadt der Antike (Forum Romanum, Kolosseum, Pantheon) und des Frühchristentums (Frühchristliche Basiliken: Sta. Maria Maggiore, Sta. Sabina, San Clemente)
2. Frankreich: Provence – In Frankreich auf römischen Spuren
3. Griechenland: Kreta als Zentrum minoischer Kunst – Zentrum Knossos und der Palast des Minos
4. Spanien: Andalusien und die maurische Kunst (Granada: Alhambra; Cordoba: Mezquita; Sevilla: Alcazar)

Außereuropäische Reiseziele

1. Ägypten: Pyramiden und Tempel (Gizeh, Luxor und Karnak)
2. Mexiko: Land der Maya und Azteken (Chichén Itzá, Palenque, Halbinsel Yucatán)
3. Marokko: Königsstädte (Fés, Marrakesch, Rabat)
4. Peru: Das Erbe der Inkas (Cuzco, Machu Pichu, Titicaca-See)

Zu 7.

Zunächst sollten die bereits in Aufg. 4 aufgeführten Kriterien berücksichtigt werden. Weitere wichtige Faktoren für den Erfolg der Studienreise ist die Ausgewogenheit von:

Informationsvermittlung und Erholungspausen,

Landschaftserlebnissen und Kulturbetrachtungen,

geführter Besichtigung und Zeit für eigene Erkundung,

Kontakt zur einheimischen Bevölkerung und Gespräche darüber mit Mitreisenden, Austausch von Eindrücken und Erfahrungen während des Reiseverlaufs.

8. Lösungen zu „Informationssysteme und tourismuswirtschaftliche Leistungsprozesse"

Zu 1.

Durch den geschlossenen technischen Aufbau, der gekennzeichnet ist durch eine alte, nur textorientierte Zentral-/Großrechner-Technologie, und durch die Einsatzbedingungen sind die Computer-Reservierungssysteme branchenbezogene Distributionssysteme des Business-to-Business-Handels der Reiseanbieter und der informierten Reisemittler. Die CRS unterstützen in ihrer traditionellen Form nicht/kaum die Marketinginstrumente der Kundenkommunikation und -information (Verkaufsförderung, Werbung, Produktinformation).

Die Merkmale des WorldWideWeb (insbesondere Multimedialität, Interaktivität und Transaktionsfähigkeit) ermöglichen die Integration der Marketinginstrumente. Die Marketinginstrumente der Kundenkommunikation und -information (z.B. Werbung, Verkaufsförderung, Produktinformation) und der Distribution (Ermittlung der Verfügbarkeiten und Preise, Reservierung, Bestätigung, Zahlungsabwicklung) können in einem System integriert werden. Das WWW ist damit eine vollständige Basis des elektronischen Handels. Der Kunde wird über das anbietende Unternehmen, seine Produkte und Dienstleistungen informiert und kann anschließend ohne System- und Medienwechsel verbindlich kaufen.

Zu 2. und 3.

Zu diesen Aufgaben werden keine konkreten Lösungen dargestellt. Sie sind gemäß der aktuellen Entwicklungen selbstständig zu erarbeiten und mit Beispielen zu begründen.

Nutzen Sie zum Einstieg die im Quellenverzeichnis angegebenen WWW-Adressen, und vertiefen Sie Ihre Analysen, indem Sie z.B. über Suchmaschinen weitere Informationsquellen und Beispiele recherchieren. Ihre Ergebnisse sollten in einer Arbeitsgruppe diskutiert werden.

Zu 4.

Auch zu dieser Frage kann in kurzer Form keine Musterlösung gegeben werden. Bearbeiten Sie die Projektaufgabe in einer Arbeitsgruppe (z.B. 5 Personen), und nutzen Sie die Methoden der Metaplan-Technik, um Ideen und Ergebnisse zu visualisieren, zu diskutieren und zusammenzufassen.

9. Lösungen zu „Reiserecht"

Zu 1.

Unter einer Pauschalreise im Sinne von § 651 a BGB ist die Bündelung einer Gesamtheit von touristischen Teilleistungen zu verstehen, die zum Gesamtpreis angeboten wird.

Zu 2.

Der Individualtourist muss sich seine Reise selbst zusammenstellen und deren Komponenten auf Grund jeweils isolierter Verträge „besorgen". Bei einer Flugreise schließt er also zunächst einen Beförderungsvertrag mit einem Luftfahrtunternehmen ab, sodann einen Beherbergungsvertrag mit seinem Hotelier vor Ort, ggf. einen Mietvertrag über seinen Mietwagen, einen Dienstleistungsvertrag für eine Stadtführung etc.

Zu 3.

Reiseveranstalter ist derjenige, der die Bündelung einer Gesamtheit von touristischen Teilleistungen nach seinem unternehmerischen Konzept vornimmt und dieses Paket zu einem Gesamtpreis dem Endverbraucher anbietet.

Zu 4.

Erfüllungsgehilfe ist derjenige, der mit Wissen und Wollen des Reiseveranstalters bei der Erfüllung des Pauschalreisevertrages tätig wird, z. B. Reiseleitung, Hotelpersonal, Beförderungspersonal.

Zu 5.

Verrichtungsgehilfe ist jeder, der in einem Abhängigkeitsverhältnis für den Reiseveranstalter weisungsgebunden tätig wird, z. B. der Reiseleiter. Regelmäßig sind die touristischen Leistungsträger und deren Angestellte keine Verrichtungsgehilfen, da insoweit sowohl die Weisungsgebundenheit wie auch die Abhängigkeit fehlt.

Zu 6.

Handelsvertreter im Sinne von § 84 Abs. 1 HGB ist das Reisebüro, welches ständig von einem Reiseveranstalter damit betraut ist, für diesen Reiseverträge zu vermitteln.

Zu 7.

Zwischen Reisebüro und Reisekunden entsteht regelmäßig im Rahmen des Beratungsverhältnisses ein Geschäftsbesorgungsvertrag, der das Reisebüro zur ordnungsgemäßen Beratung und Vermittlung verpflichtet.

Zu 8.

Die Tätigkeit des Reisebüros erschöpft sich nicht in der Vermittlung von Reiseleistungen oder Pauschalreisepaketen. Das Reisebüro kann sich auch selbst Reiseleistungen besorgen, diese bündeln, kalkulieren, bewerben und dem Endverbraucher „verkaufen"; das Reisebüro wird in diesen Fällen zum Reiseveranstalter im Sinne des Gesetzes. Man spricht hier von „Eigenveranstaltungen" des Reisebüros.

Zu 9.

Ein Reisebüro ist in der Regel Vermittler der Reise. Etwas anderes kann nur gelten, wenn es für eine bestimmte, von ihm zusammengestellte Reise wirbt, sie als Gesamtleistung anbietet und so selbst als Reiseveranstalter im Rahmen einer Eigenveranstaltung auftritt. Das Reisebüro ist jedoch – wie vorliegend – dann kein Reiseveranstalter, wenn es aus einem oder mehreren Veranstalterkatalogen und möglicherweise zusätzlichen Einzelleistungen bestimmter Leistungsträger für einen Kunden nach dessen konkreten Wünschen eine Anzahl von Reiseleistungen zusammenstellt, die in ihrer Gesamtheit ganz oder teilweise die für die geplante Urlaubsreise des Kunden gewünschten Leistungen enthält. Das Reisebüro bleibt in diesem Fall bloßer Vermittler und hat nicht für die mangelhafte Hotelunterbringung als Reiseveranstalter einzustehen.

Zu 10.

Wie jeder Vertrag kommt auch der Reisevertrag dadurch zu Stande, dass regelmäßig der Reisende ein entsprechendes Vertragsangebot (Antrag) macht, welches der Reiseveranstalter gleichlautend, regelmäßig per Reisebestätigung, annimmt. Mit Zugang der Reisebestätigung beim Reisenden ist der Reisevertrag zu Stande gekommen.

Zu 11.

Der Reiseveranstalter ist verpflichtet, die versprochenen touristischen Teilleistungen in der vereinbarten Abfolge zu erbringen und den zugesicherten Reiseerfolg sicherzustellen. Der Reisende ist verpflichtet, den vereinbarten Reisepreis zu zahlen.

Zu 12.

Der Reiseveranstalter ist nach der Informationsverordnung zu Informationen verpflichtet: im Prospekt, bei Buchung, in der Reisebestätigung und rechtzeitig vor Reisebeginn. Die Verordnung schreibt bestimmte Pflichtangaben vor und benennt andere Informationsgegenstände, über die informiert werden muss, soweit für die Reise von Bedeutung.

Zu 13.

Der Grundsatz der Prospektwahrheit und -klarheit verpflichtet den Reiseveranstalter in Katalog, Reiseprospekt und sonstigem Werbematerial deutlich lesbare, klare und genaue Angaben über den wesentlichen Inhalt des Reisevertrages zu machen, wie Reisepreis, Zahlungsmodalitäten und die geschuldeten Reiseleistungen. Objekt- und Zielgebietsbeschreibungen müssen richtig und vollständig sein, Katalogfotos dürfen nicht „schönen" und dadurch irreführen.

Zu 14.

Allgemeine Geschäftsbedingungen sind vorformulierte Vertragsbedingungen im Sinne des AGB-Gesetzes, die der Reiseveranstalter wegen der Vielzahl gleichartiger Vertragsabschlüsse generell festschreibt, da sie ihm für die Abwicklung der einzelnen Verträge wesentlich sind. Sie müssen dem Kunden zur Kenntnis gebracht und mit dessen Zustimmung in den Vertrag einbezogen werden. Allgemeine Reisebedingungen sind darüber hinaus dem Kunden vor Vertragsschluss auszuhändigen.

Zu 15.

Der wirtschaftliche Sinn der Insolvenzversicherungspflicht nach § 651 k BGB liegt darin, dass wegen der Vorkasse der Reisende schon lange vor Reiseantritt eine Anzahlung und den restlichen Reisepreis zahlen muss. Wird der Reiseveranstalter nun vor oder während der Reise insolvent, ist der Reisende nun nicht mehr auf den Ausgang des Insolvenzverfahrens angewiesen. Er hat vielmehr über den Sicherungsschein einen direkten Rückzahlungsanspruch gegen den Insolvenzversicherer.

Zu 16.

Der Reisende kann gem. § 651 b BGB statt seiner eine Ersatzperson im Rahmen des von ihm abgeschlossenen Reisevertrages verreisen lassen. Gem. § 651 i BGB kann der Reisende ohne Angabe von Gründen jederzeit vor Reiseantrittstermin von der Reise zurücktreten, hat jedoch regelmäßig dem Reiseveranstalter dessen Ausfallschaden etwa über Stornogebühren zu erstatten.

Zu 17.

„pacta sunt servanda" gibt den schuldrechtlichen Grundsatz wieder, dass einmal abgeschlossene Verträge Bestand haben und von beiden Vertragsparteien wie vereinbart erfüllt werden müssen, da ansonsten Gewährleistungs- und Schadenersatzansprüche drohen. Von diesem Grundsatz ist der Gesetzgeber bei den §§ 651 b und 651 i BGB abgewichen.

Zu 18.

Reisemangel ist die Abweichung der tatsächlichen Ist-Beschaffenheit der Reise von der vertraglich geschuldeten Soll-Beschaffenheit, je nach dem zwischen Reiseveranstalter und Reisendem vereinbarten Vertragsinhalt.

Zu 19.

Der Reiseveranstalter hat nur für spürbare Beeinträchtigungen des Reisevertrages einzustehen, die aus Umständen herrühren, die seinem Einflussbereich zuzuordnen sind. Er hat also weder einzustehen für bloße Unannehmlichkeiten, noch für Risiken, die sich aus dem allgemeinen Lebensrisiko, örtlichen Besonderheiten am Urlaubsort oder aus Umständen Höherer Gewalt ergeben.

Zu 20.

Die Geltendmachung reiserechtlicher Gewährleistungs- und Schadenersatzansprüche setzt voraus, dass der Reisende bei Auftreten eines Mangels diesen rügt und Abhilfe verlangt.

Zu 21.

Um zu einem Minderungsanspruch zu kommen, ist zuerst festzustellen, dass die Reise einen „Fehler" hat, also mangelbehaftet ist.

Zu 22.

Die Reise war fehlerhaft, weil der Veranstalter die versprochene Unterkunft nicht anbieten konnte. Die angebotene Abhilfe in einem Hotel weit ab vom ursprünglich gebuchten Urlaubsort und sogar noch weg vom Strand ist unzumutbar. Bruno Badefroh hat Anspruch auf Rückzahlung des Reisepreises gem. § 651 e Abs. 3 BGB, da in dem sofortigen Rückflug die Kündigung des Reisevertrages durch Bruno Badefroh zu sehen ist. Er braucht sich keinen Abzug wegen der Hin- und Rückreisekosten gefallen lassen, da er sich darauf berufen kann, dass die erbrachten Flugleistungen infolge der Aufhebung des Vertrages für ihn kein Interesse haben. Unabhängig davon kann er nach § 651 f Abs. 2 BGB Schadenersatz wegen nutzlos aufgewendeter Urlaubszeit verlangen, muss sich hier jedoch ggf. einen Abzug gefallen lassen, wenn er statt des Badeurlaubs in der Karibik auch zu Hause einen mehr oder weniger erholsamen „Balkon-Urlaub" verbringen konnte.

Zu 23.

Neben dem schadensträchtigen Verhalten und dem Eintritt eines Schadens ist subjektives Merkmal, dass der Veranstalter diese Umstände zu vertreten hat. Ihm muss also ein Verschulden nachgewiesen werden, mithin vorsätzliches oder fahrlässiges Verhalten.

Zu 24.

Nach § 823 Abs. 1 BGB haftet der Reiseveranstalter für die Verletzung von Verkehrssicherungspflichten. Er hat nicht nur die Pflicht zur sorgfältigen Auswahl der für die Erfüllung des Reisevertrages eingesetzten Leistungsträger, sondern auch die Pflicht, regelmäßig den jeweiligen Umständen entsprechend seine Leistungsträger und deren Leistungen zu überwachen und dabei entdeckte Mängel umgehend abzustellen.

Zu 25.

Der Safariausflug gehörte nicht zum ursprünglichen Leistungspaket der beim Reiseveranstalter gebuchten Reise; der Ausflug wurde vor Ort zusätzlich gebucht und zwar direkt beim Ausflugsunternehmen, wenn auch vermittelt über die Reiseleitung des Reiseveranstalters. Diese Vermittlereigenschaft war für den Kunden Otto Ohnesorg klar erkennbar. Dies hat zur Konsequenz, dass vertragliche Beziehungen – vermittelt durch die

Reiseleitung – direkt zwischen Otto Ohnesorg und dem Ausflugsunternehmen zu Stande gekommen sind. Otto Ohnesorg hätte dann allenfalls in Kenia geltend zu machende Schadenersatzansprüche gegen den Ausflugsunternehmer, jedoch keine gegen seinen deutschen Reiseveranstalter.

Zu 26.

Die Geltendmachung deliktischer Ansprüche nach den §§ 823 ff. BGB ist wirtschaftlich deshalb bedeutsam, da über die reiserechtlichen Schadenersatzansprüche nur die direkten Schäden ausgeglichen werden können. Weitergehende Ansprüche auf Schmerzensgeld, Geldrente wegen Verminderung der Erwerbsfähigkeit, Ersatzansprüche wegen entgangener Dienste oder Verluste des Unterhaltes können nur als deliktische Ansprüche durchgesetzt werden.

Zu 27.

Höhere Gewalt ist ein von außen kommendes, keinen betrieblichen Zusammenhang aufweisendes, auch durch die äußerste vernünftigerweise zu erwartende Sorgfalt nicht abzuwendendes Ereignis, welches für den Reiseveranstalter nicht vorhersehbar war. Entscheidend ist immer die Frage, ob die Umstände, die der Höheren Gewalt zugeschrieben werden, den ganz konkreten einzelnen Reisevertrag erheblich beeinträchtigen oder seine Durchführung unmöglich machen.

Zu 28.

Der Ablauf der reiserechtlichen Verjährungsfrist ist ab dem Zeitpunkt gehemmt, ab dem ein konkreter Reklamationsbrief beim Reiseveranstalter eingeht. Die Hemmung läuft so lange, bis der Reiseveranstalter es abschließend und endgültig ablehnt, die geltend gemachten Ansprüche ganz oder zum Teil zu akzeptieren.

Zu 29.

Die Kundin Rosi Rüssel fürchtet zu Recht, dass sie bei kurzfristigem Rücktritt von der Reise mit hohen Stornogebühren belastet wird. Sie könnte dieses Ergebnis nur dann vermeiden, wenn es sich bei der Drohung der PKK mit Bombenanschlägen schon um einen Umstand der Höheren Gewalt handeln würde, der nach § 651 j BGB zur Kündigung des Reisevertrages und dessen Rückabwicklung berechtigt. Eine vage Bombendrohung ist noch kein Fall der Höheren Gewalt. Es handelt sich noch nicht um ein unerwartet eingetretenes, konkretes, nicht abwendbares Ereignis. Dazu war die Drohung der PKK zu vage und es ist nicht zu erkennen, wie diese Drohung auf den konkreten Reisevertrag in der Weise einwirkt, dass dieser nicht oder kaum durchzuführen wäre.

10. Lösungen zu „Steuerrecht der Tourismusindustrie"

Zu 1.

Mit einer „Mallorca-Sonderreise", bei der die Gesamtleistung eines Reiseveranstalters und eine Busrundreise im Zielgebiet zu einer neuen Leistung mit einem selbst kalkulierten Endpreis gebündelt werden, tritt das Reisebüro als Veranstalter auf.

Der Verkauf von 10 Katalogreisen zum Originalpreis unter Hinweis auf den Reiseveranstalter als Leistungsträger ist dagegen den Vermittlungsleistungen zuzuordnen.

Zu 2.

a) Das Reisebüro vermittelt drei unterschiedliche Einzelleistungen unter Hinweis auf den jeweiligen Leistungsträger (Fluggesellschaft, Hotel, Mietwagenunternehmer). Die Bündelung zu einer „Gesamtleistung" bleibt dem Kunden überlassen.

b) Wenn das Reisebüro dagegen eine „USA-Rundreise" zu einem einheitlichen Gesamtpreis darstellen und fakturieren würde, müßte das Reisebüro selbst als Reiseveranstalter angesehen werden.

Zu 3.

Während Dienst- oder Geschäftsreise sowie Fachstudienreisen betrieblich oder beruflich veranlasst sind, kann bei Urlaubsreisen nur eine private Veranlassung zum Reiseantritt angenommen werden.

Zu 4.

Geldwerte Vorteile aus verbilligten Urlaubsreisen sind danach zu unterscheiden, ob

- sie vom Arbeitgeber gewährt werden. In diesen Fällen liegt regelmäßig Arbeitslohn vor, auf den aber ggf. der Rabattfreibetrag des § 8 Abs. 3 EStG anwendbar ist.
- sie von Dritten gewährt werden. In diesen Fällen liegt Arbeitslohn vor, wenn der Arbeitgeber bei der Vorteilserlangung mitwirkt oder Vorteile üblicherweise für eine Arbeitsleistung gewährt werden. Die Bewertung erfolgt nach § 8 Abs. 2 EStG (ohne Rabattfreibetrag).

Zu 5.

Die Anwendung des Rabattfreibetrages setzt voraus, dass Dienstleistungen auf Grund des Dienstverhältnisses **vom Arbeitgeber** verbilligt gewährt werden.

Zu 6.

Ein deutscher Reiseveranstalter erbringt steuerbare Umsätze, weil sein Unternehmensort im Inland liegt.

Zu 7.

Mit der Organisation von Reisen ist die Volkshochschule Unternehmer im Sinne des UStG, weil sie sich mit der Veranstaltung von Reisen gewerblich betätigt.

Zu 8.

Steuerfrei sind Leistungen im Drittland:

– Charterflug Athen–Izmir	Zielort Drittland
– Busrundreise Izmir	Drittland
– Unterkunft/Verpflegung Izmir	Drittland

Steuerpflichtig sind Leistungen im Gemeinschaftsgebiet:

– Charterflug Köln–Athen	Zielort EU
– Charterflug Izmir–Köln	Zielort EU
– Busrundreise Athen	EU
– Unterkunft/Verpflegung Athen	EU
– Reiseleitung	Eigenleistung des Veranstalters

Zu 9.

Reisepreis der Gruppenreise	16.000,00 Euro
./. Reisevorleistung EU	13.000,00 Euro
Bruttomarge	3.000,00 Euro
./. 13,79 v. H. Umsatzsteuer	413,70 Euro
Nettomarge	2.586,30 Euro

Die Marge ist in voller Höhe steuerpflichtig, weil sämtliche Reisevorleistungen im Gemeinschaftsgebiet erbracht werden.

Zu 10.

Fall a) Das Reisebüro vermittelt zwei Einzelleistungen (Vermietung Ferienwohnung und Fährticket).

Fall b) Das Reisebüro ist als Reiseveranstalter zu besteuern, hat aber das Fährticket aus der Margenbesteuerung auszugliedern und gesondert als Vermittlungsleistung zu besteuern (Regelbeförderung).

Zu 11.

a) Der Umsatz des Reisebüros ergibt sich aus dem Entgelt für die Vermittlungsleistung (Provision) mit 10 v. H. von 8.000 Euro = 800 Euro.

b) Die Umsatzsteuer beträgt 16 v. H. von 800 Euro = 128 Euro und ist identisch mit der Gutschrift des Reiseveranstalters.

Zu 12.

Maßgeblich für die Steuerbarkeit einer Vermittlungsleistung ist der Ort der vermittelten Leistung. Liegt dieser im Inland, ist die Vermittlungsleistung steuerbar.

Pos. A: nicht steuerbar in Deutschland, steuerbar in Frankreich

Pos. B: steuerbar in Deutschland

Pos. C: nicht steuerbar in Deutschland, steuerbar in Spanien

Zu 13.

Das Reisebüro erbringt Vermittlungsleistungen für einen Reiseveranstalter mit Sitz in Norwegen (Drittland). Die Vermittlungsleistungen sind in Deutschland nicht steuerbar, und zwar einschließlich der in Schweden (EU-Land) belegenen Ferienhäuser.

Zu 14.

a) Das Reisebüro A ist als Reisevermittler zu besteuern, weil es im fremden Namen und für fremde Rechnung handelt. Der Umsatz ergibt sich aus den Provisionsentgelten in Höhe von 9 v. H. = 450,00 und 135,00 Euro, zusammen 585,00 Euro.

   Die Vermittlung der Kreuzfahrt (Beförderungsleistung im Drittland) ist nicht steuerbar, ebenso die Vermittlung der Flugleistung, soweit die Streckenanteile auf das Ausland entfallen. Die Vermittlung des inländischen Anteils der Flugleistung ist nach § 4 Nr. 5 Buchst. b UStG steuerfrei.

   Die Vermittlungsleistungen sind somit nicht mit Umsatzsteuer belastet.

b) Das Reisebüro B ist mit Reiseveranstaltungsleistungen nach § 25 UStG zu besteuern, weil es im eigenen Namen und für eigene Rechnung auftritt. Die Marge ist wie folgt zu ermitteln:

Reiseerlös			7.000,00 Euro
./. Reisevorleistungen	5.000,00 Euro	1.500,00 Euro	
	./. 450,00 Euro	./. 135,00 Euro	
	4.550,00 Euro	1.365,00 Euro	5.915,00 Euro
Bruttomarge			1.085,00 Euro

Diese Marge bleibt steuerfrei, weil sämtliche Reisevorleistungen (im Falle der Flugleistung nach dem Zielortprinzip) im Drittland erbracht werden.

c) Das Reisebüro C tritt als Vermittler für die Veranstaltungsleistung des Reisebüros B auf. Der Umsatz ergibt sich aus der Provision mit 10 v. H. von 7.000,00 Euro = 700,00 Euro. Diese Provision ist umsatzsteuerpflichtig, weil die vermittelte Leistung am Unternehmensort von B erbracht wird. B gewinnt in Höhe der von C abzuführenden Umsatzsteuer einen Vorsteuerabzug, der – unabhängig von der steuerfreien Marge – dem Finanzamt als Vorsteuerüberhang in Rechnung gestellt werden kann.

Zu 15.

a) Der Omnibusunternehmer Y erbringt eine Beförderungsleistung, weil er für die Durchführung der Beförderung verantwortlich ist. X hat die Margenbesteuerung anzuwenden, weil er gegenüber den Reiseteilnehmern als Reiseveranstalter auftritt. Die Beförderungsleistung von Y stellt eine Reisevorleistung im Rahmen der Margenermittlung von X dar, weil ein Dritter (nämlich Y) die Reiseleistung im Auftrag von X erbringt. Die von Y (für Inlandsstrecken) zu entrichtende Umsatzsteuer ist bei X nicht als Vorsteuer absetzbar. X erzielt eine steuerpflichtige Marge.

b) Der Omnibusunternehmer Y erbringt keine Beförderungsleistung, sondern eine Vermietungsleistung, weil die Verantwortung für die Durchführung der Reise von Z übernommen wird. Y hat sein Entgelt für die Gestellung des Omnibusses (als Vermietungsentgelt) in voller Höhe der Umsatzsteuer zu unterwerfen. Für Z ergibt sich in gleicher Höhe ein Vorsteuerabzug.

Weil sich die Leistung von Y nicht als Reisevorleistung darstellt, vielmehr Z selbst die Beförderungsleistung erbringt, hat Z insoweit eine Eigenleistung (= Leistung mit eigenen Mitteln) der Umsatzsteuer zuzuführen. Diese ist mit der Relation der Kosten zu den Gesamtkosten der Reise aus der Margenbesteuerung auszugliedern. Die Erlöse sind ebenso steuerpflichtig wie die Marge aus Reisevorleistungen.

c) Der Omnibusveranstalter „Holiday-Reisen" ist als Reiseveranstalter nach § 25 UStG zu besteuern. Allerdings beschränkt sich die Margenbesteuerung auf die eingesetzten Reisevorleistungen. Soweit Leistungen „mit eigenen Mitteln" erbracht werden (eigener Omnibus, angestellter Reiseleiter), ist die Regelbesteuerung maßgeblich. Damit ergibt sich das folgende Besteuerungsschema:

Reiseerlöse:			20.000,00 Euro
./. Reisevorleistungen:			
– Hotel Frankreich	4.000,00 Euro		
– Hotel Spanien	4.000,00 Euro		
– Taxenservice Deutschl.	1.000,00 Euro		
	9.000,00 Euro	56,3 %	

Eigenleistungen:

– Omnibuseinsatz	6.500,00 Euro	40,6 %
– Reiseleitung	500,00 Euro	3,1 %
	7.000,00 Euro	43,7 %
Summe der Eingangsleistungen	16.000,00 Euro	100 %

Margenermittlung

56,3 % von 20.000,00 Euro		11.260,00 Euro
./. Reisevorleistungen		9.000,00 Euro
		2.260,00 Euro
Anteil der steuerpflichtigen Marge: 100 % (Sämtliche Vorleistungen werden im Gemeinschaftsgebiet bewirkt.)		
Margensteuer:	13,79 % von 2.260,00 Euro	311,65 Euro

Besteuerung der Eigenleistungen

Omnibuseinsatz:	40,6 % von 20.000,00 Euro	8.120,00 Euro
Inlandsstreckenanteil:	20 %	1.624,00 Euro
Reiseleitung:	3,1 % von 20.000,00 Euro	620,00 Euro
Summe der steuerpflichtigen Eigenleistungen		2.244,00 Euro
Regelsteuer:	13,79 % von 2.244,00 Euro	309,45 Euro
Summe der Umsatzsteuerbelastung:		621,10 Euro

Aufteilung der Reiseerlöse:

	Summe	Vorleistungen bzw. Ausland	Bemessungsgrundlage
Reiseleistungen	11.260,00 Euro	9.000,00 Euro	2.260,00 Euro
Omnibus-Eigenleistung	8.120,00 Euro	6.496,00 Euro	1.624,00 Euro
Reiseleitung	620,00 Euro	0,00 Euro	620,00 Euro
	20.000,00 Euro	15.496,00 Euro	4.504,00 Euro

Von den Erlösen der Gruppenreise in Höhe von 20.000,00 Euro sind Anteile von 4.504,00 Euro als steuerbare und steuerpflichtige Erlöse im Inland zu erfassen.

Zu 16.

	Normalverkauf	Last-Minute
Reiseerlös	1.000,00 Euro	800,00 Euro
./. Reisevorleistungen	884,00 Euro	884,00 Euro
Bruttomarge	116,00 Euro	./. 84,00 Euro
./. Umsatzsteuer	16,00 Euro	0,00 Euro
Steuerpflichtige Marge	100,00 Euro	./. 84,00 Euro

Im Rahmen einer Gruppen- oder Gesamtmarge können negative Einzel- oder Gruppenmargen verrechnet werden. Die Gesamtmarge rechnet sich wie folgt:

Reiseerlöse	400 x 1.000,00 Euro		400.000,00 Euro
	90 x 800,00 Euro		72.000,00 Euro
			472.000,00 Euro
./. Reisevorleistungen	500 x 400,00 Euro	200.000,00 Euro	
	500 x 484,00 Euro	242.000,00 Euro	442.000,00 Euro
Bruttomarge			30.000,00 Euro
./. Umsatzsteuer 13,79 %			4.137,00 Euro
Nettomarge			25.863,00 Euro

Das Produkt „Städtereisen" ist wie folgt mit Umsatzsteuer belastet:

Reisevorleistung Flug	500 x 55,16 Euro	27.580,00 Euro
Reisevorleistung Hotel	500 x 66,74 Euro	33.370,00 Euro
		60.950,00 Euro
Margensteuer		4.137,00 Euro
Gesamtbelastung		65.087,00 Euro

(entspricht 13,79 % der erzielten
Erlöse von 472.000,00 Euro)

Für Inlandsreisen ist die Belastung aus der Margenbesteuerung identisch mit der Belastung aus der Regelbesteuerung. Für Reisen im Gemeinschaftsgebiet sind Reisevorleistungen in der Form von Landleistungen mit dem Steuersatz des Reiselandes belastet. Für Reisen in Drittländer entfällt die Umsatzsteuerbelastung.

Zu 17.

Gesamtmargenermittlung	**Barcelona**	**Istanbul**
Reiseerlöse	472.000,00 Euro	472.000,00 Euro
./. Reisevorleistungen	442.000,00 Euro	442.000,00 Euro
Bruttomarge	30.000,00 Euro	30.000,00 Euro
./. Umsatzsteuer 13,79 %	4.137,00 Euro	0,00 Euro
Nettomarge	25.863,00 Euro	30.000,00 Euro

Die Nettomarge Spanien ist identisch mit der Nettomarge Deutschland in Fall 3, weil sämtliche Reisevorleistungen im Gemeinschaftsgebiet erbracht werden. Dagegen bleibt die Bruttomarge Türkei unbelastet, weil sämtliche Reisevorleistungen im Drittland ausgeführt werden (für die Flugleistung nach Maßgabe der Zielortregelung statt nach Streckenanteilen).

Das Produkt „Städtereise Barcelona" ist insgesamt wie folgt belastet:

Reisevorleistung Hotel			
	484,00 Euro x 6,54 % =	31,65 Euro	
	500 x 31,65 Euro =		15.825,00 Euro
Margensteuer			4.137,00 Euro
Gesamtbelastung (rd. 4,2 %)			19.962,00 Euro

Zu 18.

Im Fall a) tritt das Reisebüro als Vermittler von zwei unterschiedlichen Reiseleistungen auf. Das Vermittlungsentgelt ergibt sich aus der Summe der Provisionen mit 450,00 Euro. Die Vermittlungsleistung für den Reiseveranstalter ist steuerbar und steuerpflichtig (Leistungsort der vermittelten Leistung = Unternehmensort des Reiseveranstalters), so dass die mit 64,00 Euro gutgeschriebene Umsatzsteuer an das Finanzamt abzuführen ist.

Im Fall b) handelt das Reisebüro für eigene Rechnung. Aufgrund eigener Preisgestaltung wird ein Produkt für 4.600,00 Euro angeboten. Das Reisebüro ist mit Reiseveranstaltungsleistungen margensteuerpflichtig. Die Marge errechnet sich wie folgt:

Reiseerlös		4.600,00 Euro
./. Reisevorleistungen Reiseveranstalter	3.536,00 Euro	
./. Reisevorleistungen Hotel	450,00 Euro	3.986,00 Euro
Bruttomarge		614,00 Euro

Diese Marge ist steuerfrei, weil sämtliche Reisevorleistungen – auch die vom Reiseveranstalter im Wege eines Kettengeschäftes übernommenen Leistungen – im Drittland erbracht werden. Die vom Reiseveranstalter gutgeschriebene Provision mindert den Einkaufswert der Reisevorleistung ebenso wie die Umsatzsteuergutschrift. Diese ist vom Reisebüro nicht an das Finanzamt abzuführen.

Bei einer Griechenland-Reise und ansonsten gleichem Sachverhalt würde die Bruttomarge eine Umsatzsteuer von 13,79 % von 614,00 Euro = 84,67 Euro auslösen.

11. Lösungen zu „Leistungsträger des Tourismus – unter besonderer Berücksichtigung der Verkehrsmittel"

Zu 1.

Straßenverkehr (Pkw und Bus), Schienenverkehr, Luftverkehr und Schifffahrt

Zu 2.

Linienverkehr:
allgemeiner Linienverkehr
Berufsverkehr
Schülerverkehr
Marktfahrten
Theaterfahrten usw.

Gelegenheitsverkehr:
Ausflugsverkehr
Ferienzielreisen
Verkehr mit Mietomnibussen
Verkehr mit Mietwagen usw.

Zu 3.

Für die Exkursion der Studierenden nach Hamburg empfiehlt sich ein Reisebus, weil:

- der Zeitpunkt der Abfahrt von Stralsund entsprechend dem Gesamtplan festgesetzt werden kann.
- es möglich ist, während der Hin- und Rückfahrt – soweit es zeitlich möglich ist – weitere an der Route liegende touristisch attraktive Punkte zu besuchen.
- Auf Grund dessen, dass die Studierenden sich alle in einem Fahrgastraum befinden, ist es möglich, noch während der Fahrt Vor- bzw. Nachbereitungen gemeinsam vorzunehmen.
- Am Zielort angekommen, fallen keine zusätzlichen Kosten für das Benutzen von anderen Verkehrsmitteln an, weil der Bus selbstverständlich die Studentengruppe an die ausgewählten Ziele bringen kann bzw. von dort abholen und an eventuelle weitere Punkte (z. B. Abendveranstaltungen) fährt.
- Von Stralsund nach Hamburg käme als alternativer Leistungsträger lediglich die Bahn infrage, die jedoch kostenmäßig über den Bus liegt.

- Die Gepäckbeförderung ist erheblich einfacher als z. B. mit der Bahn, da das Gepäck ständig „an Bord" ist usw.

Zu 4.

Die Qualität der Services bestimmt entscheidend die Wettbewerbsfähigkeit der Deutschen Bahn AG. Zum Service und Komfort zählen:

- Kuriergepäck

Der Kuriergepäckservice holt das Reisegepäck von zu Hause ab und stellt es an der Zieladresse zu. Dafür notwendig ist ein Kurier-Gepäck-Ticket, womit bis zu 30 kg (international 25 kg) innerhalb von 2 Werktagen befördert und zugestellt werden.

- Postgepäck

Bei den meisten Postfilialen, -agenturen oder Landzustellern kann das Reisegepäck aufgegeben werden; notwendig ist dafür eine Postgepäck-Banderole.

- Gepäckträgerservice

Dieser Service kann vorgebucht/vorbestellt werden, aber auch beim jeweiligen Zugpersonal aufgegeben werden.

- Onlite/-in

Diese Serviceform wird Reisenden der Deutschen Bahn AG als nahtloser Übergang zum Flug angeboten. Auf Grund dieser Kooperation kann der Reisende bereits am Vorabend an seinem Bahnhof den Check-in vornehmen und am nächsten Morgen gepäckfrei mit dem Zug zum Flughafen reisen (zurzeit Frankfurt/Main).

- IC-Kurierdienst

Diese Transportlösung sorgt dafür, dass eilige Sendungen noch am selben Tag den Empfänger erreichen (bis 20 kg).

- Park and Rail

Nahverkehrskunden haben an über 3000 kleineren Bahnhöfen Parkplätze zur Verfügung.

- Park and Rail

Reisende, die mehr als 100 km mit der Bahn fahren, können ihr Auto an mehr als 90 Bahnhöfen zu ermäßigten Preisen abstellen (der Park and Rail-Parkplatz kann reserviert werden).

- Parkservice/Park and Check

Reisende, die es sehr eilig haben, mit dem eigenen Wagen zum Bahnhof fahren und auch keine Zeit mit der Parkplatzsuche verlieren wollen, können den Wagen einfach an der Serviceinsel auf dem Bahnhofsvorplatz abgeben. Mitarbeiter der Deutschen Bahn AG parken den Wagen und bei der Rückkehr des Reisenden wird dieser an der Serviceinsel vorbeigefahren. Einige Pkw-Hersteller bieten zusätzlich die Möglichkeit der Inspektion oder kleinerer Reparaturen in einer anerkannten Werkstatt an, die bis zur Rückkehr des Reisenden ausgeführt werden.

- Bahn und Auto

An allen ICE-Haltepunkten sowie in verschiedenen anderen Städten stehen am Bahnhof Mietwagen für die Reisenden bereit. Die Bestellungen der Mietwagen erfolgt meistens in den Reisezentren.

- Fahrrad im Zug und als Kuriergepäck

Bahnreisende können ihr eigenes Fahrrad mitnehmen. Fahrradmitnahmen in Zügen des Fernverkehrs sind vorher zu reservieren (= Stellplatzgarantie).

- Fahrrad am Bahnhof

Die DB hält ein großes Angebot an Mietfahrrädern an bald 200 Vermietstationen im Bahnhof oder in unmittelbarer Nähe für die Reisenden bereit. Auch an österreichischen Bahnhöfen und Stationen in der Schweiz ist dieser Mietservice gegeben.

- Servicepoint, Serviceteam

Mitarbeiter der DB geben an den zentralen Anlaufstellen und Treffpunkten gleich dem Servicepoint Auskunft und beraten die Reisenden.

- DB-Launge

In ruhiger Atmosphäre können Reisende der 1. Klasse in der DB-Launge Wartezeiten angenehm verbringen. Sitzlandschaften, in denen Getränke und Snacks gereicht werden, können auch arbeitsmäßig benutzt werden, da Laptop-Arbeitsplätze (teilweise mit Internetanschluss) zur Verfügung stehen sowie Konferenzräume mit moderner Bürokommunikation (DB-Laungee sind zurzeit in Frankfurt/Main, Leipzig und Köln vorhanden).

Zum Service der Bahn AG gehören auch Wagenstandsanzeiger auf den Bahnsteigen, die Bahntaxis sowie die in den Bahnhöfen befindlichen Gastronomie- oder Handelsbetriebe. Vielerorts sind Intercity-Hotels im Bahnhof integriert oder in unmittelbarer Nähe gelegen.

Zu 5.

Eine Mitarbeiterin des Reisebüros erläutert:

Die Gütegemeinschaft Buskomfort e. V. hat in Zusammenarbeit mit den Güterausschüssen des TÜV und der DEKRA eine Klassifizierung nach Ausstattungsmerkmalen erarbeitet; die Klassenbezeichnungen lauten:

Ausstattung Gütestufe 1*	Transport Class
Ausstattung Gütestufe 2**	Standard Class (Ausflugsbus)
Ausstattung Gütestufe 3***	Tourist Class (Reisebus)
Ausstattung Gütestufe 4****	Komfort Class (Fernreisebus)
Ausstattung Gütestufe 5*****	Exclusiv Class (Fernreisebus)

Alle so klassifizierten Busse sind berechtigt, das Gütezeichen Buskomfort RAL zu tragen.

Zu 6.

Alamo, Avis, Budget Rent a Car, Europcar, Hertz, Sixt, Holiday Autos, Dertour Ferienauto, Drive FTI, Sunny Cars, TUI Cars

Zu 7.

Mit Luftverkehr wird die Gesamtheit aller Vorgänge bezeichnet, die der Ortsveränderung von Personen, Fracht und Post auf dem Luftweg dienen. Der Begriff Luftverkehr schließt alle mit der Ortsveränderung unmittelbar oder mittelbar verbundenen Dienstleistungen mit ein. Von Luftfahrt spricht man, wenn zum Luftverkehr inhaltlich auch die Sachleistungsbetriebe wie die Hersteller von Flugzeugen, Flughäfen und Flugsicherungsanlagen hinzugezählt werden.

Zu 8.

Einteilung in Linienverkehr und Gelegenheitsflugverkehr (Charterflugverkehr).

Linienverkehr:

- Gewerbsmäßige Beförderung von Personen mit Luftfahrzeugen,
  sie bedingt:
  die Genehmigung/ Registrierung des Luftfahrtunternehmens (Gewerbebetrieb);

die Pflicht, den Betrieb ordnungsgemäß einzurichten, aufzunehmen und während der Dauer der Genehmigung aufrechtzuerhalten;

- öffentliche und regelmäßige Beförderung auf bestimmten Linien,

  sie bedingt:

  die Beförderungspflicht, wenn den geltenden Beförderungsentgelten/-bedingungen und den behördlichen Anordnungen entsprochen wird und die Beförderung mit den regelmäßigen Beförderungsmitteln möglich ist, sofern sie nicht durch Umstände verhindert wird, die das Unternehmen nicht zu vertreten hat;

  die Genehmigung/Registrierung und Einhaltung von Flugplänen, Beförderungsentgelten und Beförderungsbedingungen.

Der Gelegenheitsverkehr (Charterflugverkehr) wird im LuftVG als derjenige gewerbliche Luftverkehr bestimmt, der nicht Fluglinienverkehr ist.

Zu 9.

Die Produkterwartung der Kunden könnten lauten:

Sicherheit, Berechenbarkeit des Flugplans, Flexibilität, Service (z. B. vor dem Flug, am Flughafen, während des Fluges, am Zielort).

Zu 10.

a) Der Ausdruck Flugtarif umfasst sowohl den Preis, der für eine Beförderung gezahlt werden muss, als auch die Bedingungen, zu denen er angewandt werden darf. Wenn der Preis gemeint ist, spricht man vom materiellen Tarif, im Zusammenhang mit den Anwendungsbedingungen vom formellen Tarif.

b) Der Flugtarif umfasst:

- Beförderungsbedingung
- Beförderungspreis unterteilt in: materiellen (zu zahlender) und formellen Tarif (auf Anwendungssortiment bezogen) unterschieden in:

  Normaltarife, z. B. für Geschäftsleute

  Ermäßigungen, z. B. für bestimmte Personengruppen

  Sonderflugpreise, z. B. Last Minute

  Kombinationstarife, z. B. Flugzeug/Bahn, Flugzeug/Schiff

Zu 11.

a) Weltweit strategische Allianzen zwischen den Fluggesellschaften wurden geschlossen, z. B. „Star-Alliance" und „Oneworld".

   „Star-Alliance" umfasst: Deutsche Lufthansa, SAS Scandinavian Airlines, United Airlines, Thai Airways International, Air Canada, VARIG.

   „Oneworld" umfasst: American Airlines, British Airways, Canadian Airlines, Cathay Pacific, Iberia, Finnair, Lan Chile und Qantas.

b) Auf Basis von Franchise-Vertägen wird unter einheitlichem Markennamen und Marktauftritt zusammengearbeitet, z. B. Team Lufthansa (Augsburg Air, Contact Air).

   Yield-Management

Zu 12.

Charter-Kategorien:

Flüge zu humanitären Zwecken oder zur Behebung eines Notstandes (mercy flights), Taxiflüge, Selbstbenutzer-Charterflüge (own use oder single entity charter), Affinitätsgruppen-Charterflüge, Studenten-Charterflüge, Nordantlantik-Charterflüge (NAC)/Veranstalter, Special event Charterflüge, Pauschalchartflüge (ITC=inclusive tour-Charterflüge), Gastarbeiter-Charterflüge, Militär-Charterflüge, Frachtcharterflüge.

Charterkonzepte:

Plane-load-charter, Split-charterer, Commingling, Intermingling, Part-charter, mix-charter, Konsolidierung, Pro-rata-charter.

Zu 13.

Deutschland: Aero Lloyd, Britannia, Condor, Eurowings, Hapag Lloyd, LTU;

Spanien: Iberia;

Griechenland: Air Greece;

Türkei: Turkish Airline;

Ägypten: Egyptair;

Portugal: Portugalia; u. a. m.

Zu 14.

Die Deutsche Bahn AG hat unter anderem durch den rasanten Aufstieg der Flugtouristik, mit einem verbesserten Straßennetz, einem Mobilitätsgefühl, mit seinem „Statussymbol" zu verreisen, an Bedeutung verloren. Die Bahn, die vor einigen Jahren noch ein staatliches Unternehmen war, versucht nun durch Privatisierung, personelle Umbesetzung, konsequente Ausrichtung marketing- und vertriebsseitiger Aktivitäten sowie neue Konzepte und auf Partnerschaft ausgerichtete Kooperations- und Synergiepolitik in der Tourismusbranche weiter an Boden zu gewinnen.

Zu 15.

Touristische Leistungsträger: Beherbergungs- und Bewirtungsbetriebe, Betriebe des Kur- und Bäderwesens, die Verkehrsunternehmen, die kommunalen Tourismusstellen sowie Reiseveranstalter und Reisemittler.

Zu 16.

Das Schiff unterscheidet sich von Bahn, Bus, Auto und Flugzeug vor allem dadurch, dass es nicht nur Personen/Urlauber befördert, sondern gleichzeitig den Gästen an Bord Unterkunft gewährt, sie beköstigt und die Möglichkeit anbietet, am bordeigenen Programm teilzunehmen.

Zu 17.

Linienverkehr mit den Sonderformen: Fährverkehr und Frachtschifffahrt.

Bedarfsschifffahrt mit den Hauptformen: Kreuzfahrten, Segeltörns, Frachtreisen, Ausflugsfahrten.

Sonderformen der Seetouristik: Reisen mit Segeljachten (Tall Ships), Expeditionskreuzfahrten (meist kleine, speziell ausgerüstete Schiffe, z. B. für Fahrten ins Eismeer oder Amazonas), Segelkreuzfahrten (Fahrten mit Großseglern), Bootscharter von Kreuzfahrtschiffen mit dazugehöriger Besatzung, Fahrten mit Postschiffen, z. B. um Norwegen, nach New York.

Zu 18.

Schiffe sind auf Grund folgender Merkmale vergleichbar:

Größe, Personal, Unterhaltungsangebot, Küche, Service, Kabinen, Technische Ausstattung.

Zu 19.

Klassische Skiländer in Europa und Übersee (CH, D, FA, I, A, USA, Kanada und Japan), europäische Länder mit Mittelgebirge (nordische Länder und ehemalige Ostblockstaaten), Wintersport-Einsteiger (Neuseeland, Australien, Argentinien und Chile) und Länder ohne Wintersporttourismus (Bergbahnen mit Ausflugscharakter und Ortserschließungen sowie für Forst- und Landwirtschaft).

Zu 20.

1. Frankreich 2. Österreich 3. Japan

Schweiz: 5 Deutschland: 6.

Zu 21.

Kapazitätsstarke Bahnen wie z. B. 4-er – 8-er Sesselbahnen mit automatischen Klemmen, Großkabinenbahnen mit Erlebnis-Charakter (Doppelstock, Drehgondel) u. a.

Zu 22.

Weitere Begriffe: Zubringer- und Beschäftigungsanlage.

Die Zubringeranlagen sind Bahnen mit großer Kapazität (Pendelbahnen, Großgondelbahnen), die von den Ortszentren ins eigentliche Wintersportgebiet führen. Sie müssen innehalb kurzer Zeit (1–2 Std.) alle Passagiere morgens zu den Beschäftigungsanlagen transportieren. Allenfalls werden heute diese Bahnen auch nachmittags für den Rücktransport (Schneemangel in tieferen Lagen) benötigt. Die Beschäftigungsanlagen sind Ski- und Sessellifte, die von den Wintersportlern mehrmals für die eigentliche Ausübung zum Skifahren und Snowboarden benutzt werden.

Zu 23.

- Temperaturen unter –3° Celsius
- Luftfeuchtigkeit ideal unter 60 %
- Wind minimal 2 m/sec
- Wasservorräte vorhanden (Quelle, Stausee)

Zu 24.

Ohne Bergbahnen würde der Wintertourismus in dieser Form nicht existieren. Sie sind das zentrale Angebotselement im heutigen Wintersport. Die weiteren Anbieter von Sach- und Dienstleistungen (Hotels, Restaurants, Geschäfte usw.) sind stark von den touristischen Transportanlagen abhängig. Bei einem Ausbau dieser Anlagen werden oft auch Ausbaupläne in der weiteren Infrastruktur realisiert.

Zu 25.

Es gibt Fragen zu beantworten im Bereich Technik, Finanzen, Bedürfnis der Gäste, Ökologie und Recht.

Die wichtigsten Kriterien sind:

Technik: Kapazität, Komfort, technische Realisierbarkeit auf Grund Topographie

Finanzen: Kosten im Bereich Investition aber auch Unterhalt

Bedürfnis der Gäste: Anteil Skifahrer/Snowboarder (verlangen Sessellifte), Familien.

Ökologie: Naturschutzgebiete, Landschaftsbild, Versorgung- und Entsorgungsprobleme u. a.

Recht: gesamtes Bewilligungsverfahren, Termine einhalten.

Grundsätzlich werden bei Ersatzinvestitionen veraltete Anlagen wie Ski- und Sessellifte mit fixen Klemmen durch qualitativ hochstehende Anlagen mit hoher Kapazität (4-er Sessellift, Gondelbahnen) ersetzt. Dadurch wird auch eine Reduktion der Zahl der Anlagen und dadurch der Unterhaltskosten (insbesondere Personalbestand) erreicht.

Zu 26.

Vergleiche Abb. 11-25: Vor- und Nachteile der technischen Beschneiung.

Zu 27.

- Wintersportorte nur noch über 1500–1800 m ü. M. überlebensfähig
- technische Beschneiung in vielen Orten Bedingung für Existenz (sichere Eröffnung, Betrieb, Saisonschluss)
- Ausdehnung der Wintersportgebiete in höhere Lagen
- weniger Schnee in den Quell- und Talregionen senkt Bedürfnis nach Winterferien: Abwanderung der Gäste in Sommer- und Badedestinationen weltweit

Zu 28.

- Restaurationsbetriebe qualitativ verbessern (Nebeneinnahmen erhöhen)
- Spezielle technische Angebote: Drehkabine, Doppelstockbahn, Gondeln mit Hauben, Rodelbahnen usw.
- Spezielle Dienstleistungen: Musik-Events, Sportveranstaltungen usw.
- Preisangebote: Familien-, Regionen-, Zeit- und andere Spezialkarten, Karten verbinden mit öffentlichen Verkehrsmitteln (Vergünstigung) usw.

12. Lösungen zu „Controlling bei Reiseveranstaltern"

Zu 1.

- Pauschalreiseangebote
- Bausteinangebote

Zu 2.

- Der Veranstalter übernimmt:
- die Dienstleistung
- die Leistungsbündelung der verschiedenen touristischen Einzelleistungen
- die Produktion vorgefertigter Programme
- die Kalkulation des Pauschalpreises
- das Risiko
- die Problemlösungskompetenz

Zu 3.

- Verschiedene Vertragspartner, mehrere Rechnungen
- hoher Organisations- und Buchungsaufwand
- Umbuchungen und nachträgliche Reiseverlaufsänderungen müssen bei mehreren Leistungsträgern mit hohem Aufwand durchgeführt werden.

- ungeplante Störungen des Reiseverlaufes können nicht bei einem Veranstalter reklamiert werden und führen meist zu erheblichen Mehrkosten (Storno-/Umbuchungsgebühren) und Problemen.

Zu 4.

- Federführung bei Planungs- und Budgetarbeiten
- Mitwirkung bei der Einrichtung und Weiterentwicklung von operativen Informations-, Entscheidungs-, Planungs- und Berichtssystemen
- Kontrolle durch Vergleiche von SOLL-IST-Daten und externer Daten mit internen

Zu 5.

- die Portfolio-Analyse und Portfolio-Politik
- das Zielkostenmanagement
- Die zeitlich-inhaltliche Planstrukturierung
    - den Planungskalender
- den Abstimmungsprozess

Zu 6.

Siehe Planungskalender Abb. 12-4

Zu 7.

- systemtechnische
- die Benutzerfreundlichkeit
- betriebswirtschaftliche

Zu 8.

- Umsatz-/Teilnehmerstatistik
- Auslastungsstatistik
- Statistik nach Belegungswochen
- Reklamationsstatistik
- Zielgebietsstatistik
- Produktmixstatistik
- Yield-Auswertungen

Zu 9.

Signifikanter Hinweis bei Überschreitung von vorgegebenen Abweichungstoleranzgrenzen in Statistiken oder speziellen Auswertungen durch entsprechende Symbole ober Signalfarben (*traffic lighting*)

Zu 10.

Auswertungen der Finanzbuchhaltung beinhalten erst nach Fertigstellung des Jahresabschlusses sämtliche genau abgegrenzten Geschäftsvorfälle. Sie dienen im Allgemeinen nur zur Dokumentation eines vergangenen Zeitraumes.

Zu 11.

- eine geringe Umsatzrendite/Wertschöpfung wegen des hohen Anteils an durchlaufenden Posten. Die großen Veranstalter verbessern diese durch eine ausgeprägte vertikale Integration der Wertschöpfungsstufen.

- eine geringe Eigenkapitalquote
- einen hohen Cash-flow (finanzwirtschaftlicher Überschuss) und ROI (Rentabilität des Eigenkapitals) wegen der 10 % Reisepreisanzahlung als zinsloses Fremdkapital und den daraus resultierenden Zinserträgen.

Zu 12.

- Flugauslastung, Sitzladefaktor
- Anteil der Angebote mit Garantieverträgen pro Relation bzw. Zielgebiet am Gesamtumsatz
- Devisenkursrisiko

Zu 13.

- Betriebsvergleiche:
  - falls vorhanden sehr wertvolle Information zur eigenen Positionsbestimmung
  - selten vorhandene, zugängliche und abgesicherte Daten, da sie im Wettbewerb meist unter Verschluss gehalten werden
- Preisvergleiche:
  - Ist das Ergebnis (bei vergleichbaren Angeboten) zum überwiegenden Teil **positiv** (niedrigerer Preis als der Wettbewerb), kann man mit einem höheren Buchungsvolumen und einer besseren Auslastung rechnen; **positive** Auswirkung auf die Vertriebsstellen

    Negativ wegen nicht genutzter Kalkulationsspannen, Initiator von Preiskämpfen
  - Bei schlechtem Abschneiden im Preisvergleich fast zwangsläufig schlechter Verkauf; besonders kritisch bei Garantieobjekten; schlechte Reputation im Vertrieb; besondere Anfälligkeit für Reklamationen; eventuell Nachdruck von Katalogen mit reduzierten Preisen oder Sonderaktionen mit hohem Werbeaufwand; oftmals die Folge des Einkaufs zu überhöhten Preisen und unseriösere Vertragspartner; ungeplante Erlösschmälerungen.
- Zeitvergleiche:
  - leicht aufzubereitendes innerbetriebliches, ad hoc-Zahlenmaterial
  - als Ausgangsbasis zur Hochrechnung und Entscheidung nur sehr begrenzt zu verwenden, da sich der Markt auf allen Ebenen in immer kürzeren Zeiträumen wesentlich verändert.
- Die langjährige Erfahrung des Controllers im Zusammenspiel mit den „Praktikern"/Produzenten

13. Lösungen zu „Reisemittler/-büro der Zukunft"

Zu 1.

Der Reisemittler stellt den Vertrieb des Produzenten (Reiseveranstalter) sicher. Der Reisemittler ist im Verhältnis zum Reiseveranstalter Handelsvertreter im Sinne der §§ 84 ff. HGB und für den Kunden auf der Basis eines entgeltlichen (Provisionen) Geschäftsbesorgungsvertrages § 675 BGB mit Werksvertragscharakter §§ 631 ff. BGB tätig.

Die Aufgaben und Pflichten, die einem Reisemittler vom Gesetzgeber auferlegt wurden, sind: kundenorientierte Auswahl von Reiseleistungen, korrekte Errechnung des Reisepreises, zutreffende Auskünfte über Zielgebiet, Reisezeiten und Gesundheitsvorschriften sowie sorgfältige Erstellung, Verwahrung und Weiterleitung der Buchungsunterlagen.

Zu 2.

Der Kunde erwartet von „seinem" Reisebüro: vollständige, hilfsbereite, freundliche und qualifizierte Beratung, Problemlösung für seine Wünsche, Schnelligkeit bei der Bearbeitung, Sortimentsbreite und Sortimentstiefe, Vermittlung von Einzelleistungen und Pauschalreisen, Informationen ohne Buchungsanfrage, störungsfreie Beratungsatmosphäre, Kompetenz.

Vergleichen Sie diese generelle Erwartungshaltung mit Ihrer Erwartungshaltung an ein Reisebüro.

Zu 3.

Der Reisemittlermarkt stellt sich wie folgt dar: ca. 16.500 Reisebüros unterteilt in ungebundene Einzel- und Inhaberreisebüros, konzernabhängige Reisebüroketten, Franchiseunternehmen und Kooperationen, konzerunabhängige Reisebüroketten, Franchiseunternehmen und Kooperationen. Diese wiederum lassen sich in Vollreisebüros, Spezial- oder Mehrbereichsreisebüros, markengebundene und Nebenerwerbsreisebüros unterteilen.

Zu 4.

Die Vertriebsschienen, die die Reiseveranstalter zukünftig verstärkt ausbauen werden, sind: der Eigenvertrieb und der Direktvertrieb.

Begründung: kostengünstiger Vertrieb und Verkaufsförderung, Partizipation an der Wertschöpfung des Vertriebs, verstärkter Einfluss auf den Vertrieb, Steigerung der Marktmacht und der Umsätze, Produkte aus einem „Guss".

Zu 5.

Konzentration der Einkaufsmacht, bessere Abstimmung der einzelnen Marketinginstrumente, Marktschichtung, Heimverkauf, Einsatz von Elektronik und neuen Medien, Produkt- und Marktdifferenzierung, Steigerung der Personalproduktivität.

Zu 6.

Personalkosten ca. 60 % – bedingt veränderbar, besser wäre die Steigerung der Personalproduktivität und Senkung der Arbeitskosten.

Raumkosten ca. 12 % – nur veränderbar bei Standortwechsel oder Kauf der Immobilie.

EDV/Kommunikationskosten ca. 10 % – in hohem Masse veränderbar, setzt neueste und kostensparende Technologie sowie Mitarbeiterschulung an den Systemen voraus.

Marketing/Werbung ca. 6 % – beliebig veränderbar, sollte jedoch einer Kosteneinsparaktion nicht als erstes zum Opfer fallen. Besser die einzelnen Instrumente des Marketing, vor allem die Werbung, verstärken.

Sonstige Kosten ca. 12 % – stark veränderbar durch Rationalisierung und Standardisierung der Verwaltungsaufgaben, Outsourcing, verstärkter Einsatz von EDV, Verkaufsorientierung und nicht Verwaltungsorientierung der Mitarbeiter.

Zu 7.

Provisionen werden umsatzabhängig bezahlt, umsatzabhängiger Verkauf ist nicht immer vorteilhaft für den Kunden, Provisionseinnahmen sind nicht planbar, keine Kostendeckung für Arbeitsabläufe mit hohem Aufwand und geringem Umsatz.

Beratungsgebühren, Management Fee, Transaction Fee – werden pro Arbeitsleistung, Arbeitsschritt oder Arbeitsaufwand bezahlt. Ermöglichen kalkulierbare Einnahmen und Budgeterstellung, durch die Umsatzunabhängigkeit profitiert der Kunde. Bereitschaft der Privatkunden, eine derartige Gebühr zu bezahlen, kann auf Unwillen und Unmut stoßen.

Zu 8.

Pro Beratungsgebühr: Deckung der anfallenden Beratungsaufwendungen, stellt eine vernünftige Alternative zu den schrumpfenden Provisionen dar, bessere und neutralere Beratung für den Kunden, da Ertrag umsatzunabhängig, Nutzung von Einsparpotenzialen für den Kunden.

Contra Beratungsgebühr: Reisebüros sind leichter vergleichbar, Unwilligkeit des Kunden eine Gebühr für eine Leistung, die er als selbstverständlich und kostenlos betrachtet, zu bezahlen, Prozesskosten müssen dem Reisebüro bekannt sein, um eine prozesskostendeckende Gebühr zu erheben.

Zu 9.

Die Prozesskostenanalyse erfasst jeden einzelnen Arbeitsschritt zeitlich und ordnet die dafür anfallenden Kosten zu. Sie wird benötigt, um eine marktgerechte und kostendeckende Beratungsgebühr zu erheben.

Zu 10.

Beitritt zu Kooperationen oder Franchiseunternehmen, effizientere Personaleinsatzplanung, Cross Selling, Automatisierung, starke Kundenbindung, Handelsunternehmer werden, neue Vertriebsmethoden, Erlebniswerte für den Kunden im Reisebüro schaffen, durchgehende Erreichbarkeit sicherstellen, Auslagerung von Verwaltungsarbeiten und Buchhaltung, Kundenorientierung.

14. Lösungen zu „Internationale Ansätze"

Zu 1.

Der Grund für den geringen Reisebüroanteil an den Gesamtübernachtungen in Österreich liegt an der klein- und mittelbetrieblichen Struktur des Beherbungsgewerbes.

Zu 2.

Mit 3.200 Einwohnern ist sie in Österreich hoch im Vergleich zu 10.000 in Großbritannien und 12.000 in Deutschland.

Zu 3.

Von den 1900 Reisebüros können 25 % dem Incomingbereich zugerechnet werden. Bedingt durch die hohe Reiseintensität der Österreicher ist der Outgoingsektor sehr gut entwickelt.

Zu 4.

Interessenvertretungen, politische Parteien, klerikale Organisationen.

Zu 5.

In der Gewerbeordnung.

Zu 6.

Ausgabe von Fahrausweisen, Vermittlung von Personenbeförderung, Vermittlung und Veranstaltung von Pauschalreisen, Vermittlung von Unterkunft und Verpflegung.

Zu 7.

Jedes Unternehmen, das zur unbeschränkten Ausübung des Reisebürogewerbes berechtigt ist.

Zu 8.

Die „Allgemeinen Reisebedingungen" sind eine Vertragsschablone, die die wesentlichen Vertragsbestimmungen im Geschäftsverkehr zwischen Reisebüro und Kunden enthält.

Zu 9.

Definition der Pauschalreise, Regelungen zum Thema Beschreibung der Pauschalreise, Schutz des Kunden bei Zahlungsunfähigkeit des Reisebüros.

Zu 10.

Neben der Wirtschaftskammer Österreich als Körperschaft öffentlichen Rechts mit Pflichtmitgliedschaft sind der Österreichische Reisebüro- und Reiseveranstalterverband (ÖRV) und der Österreichische Verein für Touristik (ÖVT) zu nennen.

Zu 11.

Die schweizerische Reiseindustrie ist gekennzeichnet durch die TO Kuoni, Hotelplan und ITV (TUI Suisse, Imholz, Voegele).

Zu 12.

Die drei führenden TO besitzen ein flächendeckendes Filialnetz. Hinzu kommen zahlreiche selbstständige Reisebüros.

Zu 13.

Der Buchungsanteil beträgt rund 30 %.

Zu 14.

Das Leitbild des SRV enthält folgende 3 Ziele: Globalziele, Leistungsziele und Managementziele.

Zu 15.

Die Kleinstrukturiertheit der Beherbergungsbetriebe, der hohe Stammgastanteil von fast 80 %, der über lange Zeit fehlende Regionalflughafen, die unterentwickelte Verkehrsinfrastruktur des Schienenverkehrs.

Zu 16.

In deutschen Reisebüros die Ferienkataloge der „TUI"-Kataloge bzw. von „Neckermann"; in englischen Reisebüros jene von „Thomson" und „Cristal".

Zu 17.

Da der Regionalflughafen von Bozen nur an die Flughäfen von Frankfurt, Wien und Rom angebunden ist, bleibt Ihnen nur die Entscheidung zwischen Pkw und Bahn. Für einen Kurzaufenthalt würden Sie wahrscheinlich als schnellstes Verkehrsmittel den Pkw wählen, da das Schienenverkehrsnetz innerhalb Südtirols nicht besonders günstig und gut ausgebaut ist und Ihnen daher nicht die Erreichbarkeit aller Urlaubsorte sichern kann.

Zu 18.

In Österreich ist das Reisebürogewerbe nicht bewilligungspflichtig und auch nicht ein gebundenes Gewerbe, während dies nach italienischem Recht sehr wohl der Fall ist. In Österreich müssen Sie Ihre Reisebürotätigkeit anmelden, in Südtirol bewilligen lassen. In Österreich genügt ein Befähigungsnachweis laut EU-Recht, während Sie in Italien eine mindestens fünfjährige Berufserfahrung nachweisen müssen. Ebenso benötigen Sie für jedes Reisebüro und für jede Filiale einen technischen Leiter.

Zu 19.

Nein, diese Angebote sind nicht den Bestimmungen der Pauschalreisenrichtlinie unterworfen, sofern es sich um Angebote handelt, welche ausschließlich für Hausgäste angeboten werden und bei denen die Beherbergungsleistung die Hauptleistung im gesamten Angebot darstellt.

Sachregister

Autorenverzeichnis

Berg, Waldemar: Nach der Ausbildung zum Wirtschaftsinformatiker und Reiseverkehrskaufmann IHK sowie der Fortbildung zum Dozenten für Weiterbildung im Tourismus DSF, Berlin, folgten Tätigkeiten im Reisebüro, Firmen- und Geschäftsreisedienst, Auslandstätigkeit in Rom/Italien. Anschließende Selbstständigkeit mit vier Reisebüros in München, Lehrtätigkeit in der Erwachsenenbildung am SSI Institut für Berufsbildung und Tourismus, IHK München & Oberbayern, Bildungsträger für Tourismus in Berlin, Beratertätigkeit für Reisebüros und Nischenveranstalter sowie Gastdozentur an der Freien Universität Berlin. Schwerpunkt der Lehrtätigkeit: Internationaler Luftverkehr, Reiseveranstalter und Reisemittler sowie touristisches Marketing. Mitglied in mehreren Prüfungs- und Expertenausschüssen der IHK München und Berlin. Zur Zeit Leiter der Fort- und Weiterbildung Tourismus am SSI Institut für Berufsbildung und Tourismus in München.

Dr. Bütow, Martin: Studium der Geographie, Mathematik und Pädagogik/Psychologie; Abschluss als Dipl.-Lehrer; Promotion im Bereich Wirtschafts- und Sozialgeographie; 12 Jahre Forschung und Lehre in diesem Fachgebiet an der Universität Greifswald mit den Schwerpunkten Tourismusgeographie/-planung und Nordeuropa/Ostseeraum; daneben verschiedene Lehraufträge an Fachhochschulen und bei freien Bildungsträgern; seit 1999 Dozent und wiss. Mitarbeiter am IHK Bildungszentrum Stralsund. Nebenberuflich seit 1991 Geschäftsführer des FFTF e.V. (Förderkreis für Regional- und Tourismusforschung) – Studien, Konzepte, Beratung von Unternehmens- bis Landesebene.

Brandenburger, Urs, lic. oec. HSG: Studium der Volkswirtschaft, Vertiefungsrichtung – Wirtschaftssoziologie an der Universität St. Gallen. Anschließend tätig als Direktor von Verkehrsvereinen sowie eines Hotels und Sportcenters bis zur Gründung eines eigenen Beratungsbüros für Tourismus-, Projektberatung und Ausbildung. Außerdem Dozent eidg. dipl. Tourismusexpertenkurs (TOUREX) und Prüfungsexperte an der Int. Schule für Touristik, Zürich (IST), resp. Hotel- und Tourismusfachschule Chur (HTF). Verschiedene Auszeichnungen im Tourismus, z. B. 1. Rang SAB-Preis für „Bündner Markt der Surselva", Zusammenarbeitsprojekt Tourismus-Landwirtschaft.

Degott, Paul, Rechtsanwalt: Dem Studium der Rechtswissenschaften schlossen sich Anstellungen als wissenschaftlicher Mitarbeiter an der Justus-Liebig-Universität Gießen (1980) und als Justitiar in der Rechtsabteilung der TUI, Hannover (1980–1997; ab 1990 als Leiter) an. Im Jahre 1992 Zulassung zur Rechtsanwaltschaft bei Amtsgericht und Landgericht Hannover, zunächst als Syndikusanwalt und ab 1997 frei praktizierender Rechtsanwalt. Tätigkeitsschwerpunkte: Recht in der Touristik, Wirtschafts- und Wettbewerbsrecht.

Prof. Dr. Dettmer, Harald: Dem betriebswirtschaftlich/rechtlichen und wirtschaftspädagogischen Studium folgten die Prüfung zum Hotelfachmann sowie eine Vielzahl von beruflichen Tätigkeiten in Handel, Industrie, Hotellerie und Gastronomie, Erwachsenenbildung – hier vornehmlich als Direktor einer Hotel-(Berufs-)fachschule. Anschließend Übernahme einer Professur für Tourismuswirtschaft. Mitglied in der Internationalen Vereinigung wissenschaftlicher Tourismusexperten (AIEST) sowie Jurore der Gastronomischen Akademie Deutschlands (GAD).

Dr. Engl, Christoph: Dem Doppelstudium der Rechtswissenschaften an den Universitäten Innsbruck und Padua folgten Rechtsanwaltspraktika und Geschäftsführertätigkeiten in Wirtschaftsverbänden; seit 1989 Direktor des Südtiroler Hoteliers- und Gastwirteverbandes sowie seit 1998 geschäftsführendes Verwaltungsratsmitglied der HGV-Service Gen.m.b.H.; tätig auch in der Erwachsenenbildung, Lehrbeauftragter am Hochschulkurs für Tourismuswirtschaft der Universität Innsbruck, Referententätigkeit zu den Themenbereichen Tourismus- und Dienstleistungswirtschaft im In- und Ausland.

Dr. Glück, Elisabeth: Dem Studium und der Promotion im Fach Kunstgeschichte folgte neben der Ausbildung zur Reiseverkehrskauffrau ein Fernstudium „Touristikmanagement". Den Studien schlossen sich eine Vielzahl von beruflichen Tätigkeiten an: Veranstalterin von Kunst- und Studienreisen, Reiseleiterin bei Studienreisen mit dem Schwerpunkt Italien und Dozentin für touristische Spezialfächer (Tourismusökonomie, Konsumentenverhalten). Leitung eines städtischen Amtes für Fremdenverkehr, Kultur und Sport.

Hausmann, Thomas, Dipl.-Betriebsw.: Dem Studium der Betriebswirtschaft folgte eine Anstellung in der Holding eines großen Industrieunternehmens als Leiter der zentralen Projektorganisation; diesem Tätigkeitsfeld schloss sich die Mitgliedschaft in der zentralen Geschäftsleitung mit übergeordneter Verantwortlichkeit für alle Konzernstandorte als stellvertretender Leiter des Geschäftsbereichs „Betriebe" an. Seit 1994 wissenschaftlicher Mitarbeiter im Fachgebiet Tourismuswirtschaft. Die entsprechenden Aufgaben in Lehre und Forschung werden ergänzt durch wissenschaftliche Gutachter- und Beratungstätigkeiten in der Tourismusindustrie.

Henkel, H. Jürgen, Dipl.-Finanzw.: Als Vorstandsmitglied (1991–1998) und als Generalbevollmächtigter (seit 1999) des Deutschen Reisebüro und Reiseveranstalter Verbandes e.V. sowie als Mitglied von Gremien auf europäischer Ebene hat der Autor langjährige Praxiserfahrungen und Einblicke in die Harmonisierungsbemühungen der Europäischen Union gewonnen. Weiterhin ist er mit zahlreichen Fachaufsätzen zur Besteuerung von Leistungen der Touristik und als Verfasser einer Monographie „Die Umsatzsteuer der Reisebüros und Reiseveranstalter" hervorgetreten.

Hesselmann, Gerd, Dipl.-Kaufmann: Dem Studium der Betriebswirtschaftslehre an der Universität München folgte eine dreijährige Tätigkeit im EDV-Bereich der Siemens AG München; anschließend Auslandstätigkeit in Salt Lake City. Anstellung als Vorstandsassistent und Prokurist für Controlling. Mehrjährige Tätigkeiten beim ADAC, der ADAC-Reise-GmbH und dem abr. Ab 1994 hauptamtlicher Präsident des DRV, von 1998–2000 ehrenamtlicher Präsident. Seit 1998 Vorstandsvorsitzender der Mondia Holding AG Electronic Business Solution.

Prof. Dr. Kaspar, Claude: Studium der Wirtschaftswissenschaften an den Universitäten von Bern und Köln. Promotion an der Universität Bern. Nach Tätigkeit als Direktionssekretär und Geschäftsführer in der Verkehrswirtschaft, Übertritt in das Institut für Tourismus und Verkehrswirtschaft an der Universität St. Gallen als Direktor. Habilitation an der Universität St. Gallen. Ordinarius für Verkehrs- und Tourismuslehre. Emeritierung 1996. Honorarprofessor der TU Dresden, Prof. h.c. Hochschule Budapest für Handel, Tourismus und Gastronomie. Ehrenpräsident der AIEST und Ehrenmitglied der Internationalen Vereinigung für Balneologie und Klimatologie (FITEC).

Liesen, Fritz, Dipl.-Volksw.: Nach dem Studium der Volkswirtschaft Einstieg in die Touristik bei DSR; später Übernahme der Geschäftsführung. Nach Gründung der Touristik Union International (TUI) 1968 in Hannover Geschäftsführer für verschiedene Produktgruppen. Außerdem langjährige Dozenten- und Prüfungstätigkeit in der Aus- bzw. Fortbildung von Touristik-Fachwirten.

Dr. Malich, Siegfried, M.Sc.: Volks- und betriebswirtschaftliches Studium mit anschließender Berufstätigkeit in der Industrie, einem wirtschaftswissenschaftlichen Institut, der Europäischen Kommission, einer Dachorganisation der deutschen Ernährungswirtschaft. Gesundheitswissenschaftliche Studien in den USA (Master of Sciences; Health and Public

Services). 1986 Initiator der AKTION PRÄVENTION e.V., 1990 Gründer und Präsident der EUROPÄISCHEN WELLNESS UNION (EWU). Bundesverdienstkreuz am Bande (1989) und Bundesverdienstkreuz 1. Klasse (1995).

Dr. Oppitz, Werner, M.A.: Studium Rechtswissenschaften, Universität Wien und Staatswissenschaften, University of Oregon, USA. 25 Jahre Landestourismusdirektor, Bundesland Salzburg, Österreich. Universitätslektor in Innsbruck, Linz, Wien und Venedig. Umfangreiche Vortragstätigkeit zu touristischen Fachthemen im In- und Ausland. Tourismuskonsulent, vor allem in den Ländern der 3. Welt. Tourismusexperte der Welttourismusorganisation (WTO).

Steffens, Klaus, Dipl.-Betriebsw.: Nach einer kaufmännischen Berufsausbildung Studium der Betriebswirtschaft sowie Wirtschaftspädagogik (Dipl.-Hdl.) mit anschließender Tätigkeit im Schuldienst. Nebenamtlich Lehrbeauftragter in der Erwachsenenbildung, u.a. im Fachhochschulstudiengang Tourismus. Co-Autor an einer Vielzahl von Monographien, auch auf dem Gebiet der Tourismuswirtschaft.

Stimmelmaier, Gerd, Dipl.-Kfm.: Studium der Betriebswirtschaft an der Uni München; Tätigkeit als Controller beim ADAC München für den Bereich ADAC Reise GmbH, darauf folgten 13 Jahre Tätigkeit als kaufmännischer Prokurist oder Geschäftsführer bei verschiedenen mittelständischen Unternehmen anderer Branchen. Seit 1992 wieder beim ADAC München als Leiter der Betriebswirtschaft der ADAC Reise GmbH, verantwortlich für den kaufmännischen Bereich, Controlling, EDV und Qualitätskontrolle.

Prof. Dr. Weithöner, Uwe: Dem Studium der Wirtschaftswissenschaften an der Universität Hannover folgten Tätigkeiten als wissenschaftlicher Mitarbeiter am Institut für Unternehmensplanung der Universität Hannover, Dozent und Abteilungsleiter bei einem privaten Bildungsträger, Fachgebiet Wirtschaftsinformatik (Berufsausbildung für Abiturienten und Akademiker) und Projektleiter bei der TUI-Tochtergesellschaft TUI Software GmbH (System- und Software-Entwicklung für Reisemittler und -veranstalter). Anschließend (ab WS 1993/94) Übernahme einer Professur für Wirtschaftsinformatik mit Schwerpunkt Tourismuswirtschaft an der Fachhochschule Wilhelmshaven. Nebenamtlich: Berater für Informationssysteme in Tourismusunternehmen.